T. Kaiser · T. Köster · R. Seegmüller | Materielles Öffentliches Recht im Assessorexamen

# Materielles Öffentliches Recht im Assessorexamen

Von

Torsten Kaiser
Rechtsanwalt
Wirtschaftsjurist (Univ. Bayreuth)
Seminarleiter bei den Kaiserseminaren
Mitherausgeber der Juristischen Arbeitsblätter

Thomas Köster
Richter am Landessozialgericht NRW
Dipl.-Verwaltungswirt (FH)
Seminarleiter bei den Kaiserseminaren

Dr. Robert Seegmüller
Vorsitzender Richter am Verwaltungsgericht Berlin
Vizepräsident des Verfassungsgerichtshofes des Landes Berlin
Seminarleiter bei den Kaiserseminaren

**3., neu bearbeitete Auflage**

Verlag Franz Vahlen München 2015

Zitierweise: *Kaiser/Köster/Seegmüller* Materielles Öffentliches Recht

**www.vahlen.de**

ISBN 978 3 8006 4898 6


Wilhelmstraße 9, 80801 München
Druck: Druckerei C.H. Beck Nördlingen
(Adresse wie Verlag)

Satz: R. John + W. John GbR, Köln
Umschlagkonzeption: Martina Busch Grafikdesign, Homburg Kirrberg

Gedruckt auf säurefreiem, alterungsbeständigem Papier
(hergestellt aus chlorfrei gebleichtem Zellstoff)

# Vorwort

Viele Referendare beklagen zeitliche Probleme bei der Vorbereitung auf das Assessorexamen. Dies verwundert nicht, wenn man berücksichtigt, dass in den praktischen Ausbildungsstationen eine Reihe von Pflichtarbeiten abzuliefern sind und der Gesetzgeber den »Vorbereitungsdienst« auf zwei Jahre begrenzt hat, wovon allerdings nur wenige Monate zur effektiven Examensvorbereitung zur Verfügung stehen. Mit dem vorliegenden Buch möchten wir Ihnen aus dieser Klemme helfen. Es ermöglicht Ihnen, sich innerhalb einer überschaubaren Zeit effektiv auf die Rechtsgebiete vorzubereiten, die nach unserer Erfahrung regelmäßig in öffentlich-rechtlichen Aufgaben des Assessorexamens geprüft werden.

Für das vorliegende Werk haben wir eine Vielzahl von Examensklausuren analysiert und die typischen Rechtsschutzkonstellationen zusammengefasst. Hierbei erheben wir weder den Anspruch auf eine wissenschaftliche Darstellung der Rechtsgebiete noch auf Vollständigkeit. Unser Ziel ist vielmehr, die länderübergreifend auftretenden Klausurprobleme und einheitlichen Grundstrukturen in komprimierter Weise darzustellen. Auf eine Darstellung landesrechtlicher Besonderheiten haben wir daher bewusst weitgehend verzichtet. Hierbei ist uns natürlich bewusst, dass gerade das öffentliche Recht landesrechtlich geprägt ist. Dennoch genießen bei den Prüfungsämtern spezifisch landesrechtliche Aufgabenstellungen im Assessorexamen nach unserer Erfahrung nicht die oberste Priorität. So ist es keineswegs ungewöhnlich, dass ein Aktenauszug in leicht abgewandelter Form in verschiedenen Bundesländern als Examensaufgabe gestellt wird.

Das vorliegende Buch ist in drei Abschnitte gegliedert. Der erste Abschnitt befasst sich mit allgemein-verwaltungsrechtlichen Problemen in der Assessorklausur. Hierzu zählen etwa die Aufhebung von Verwaltungsakten, staatshaftungsrechtliche Ansprüche und die Rechtmäßigkeit von Vollstreckungsmaßnahmen. Der zweite Abschnitt behandelt die klassischen Gebiete des besonderen Verwaltungsrechts. Unser Augenmerk liegt hier vor allem auf den regelmäßig abgeprüften Rechtsschutzproblemen im allgemeinen Gefahrenabwehrrecht einschließlich seiner versammlungsrechtlichen Bezüge und dem öffentlichen Baurecht, das derzeit besonders im Fokus der Prüfungsämter steht. Daneben haben wir die examensrelevantesten Rechtsschutzkonstellationen aus denjenigen Materien des besonderen Verwaltungsrechts erörtert, die unserer Erfahrung nach ebenfalls häufig im Assessorexamen abgefragt werden. Auch hier haben wir bewusst auf eine lehrbuchartige Darstellung verzichtet und stattdessen die typischen Klausurprobleme in den regelmäßig auftretenden prozessualen Einkleidungen behandelt. Das Ziel einer konzentrierten Darstellung der wichtigsten Probleme bestimmt schließlich auch den Inhalt des dritten Abschnitts, der sich den verfassungsrechtlichen Bezügen einer Assessorklausur widmet. Die vielerorts zu beobachtende Fehlvorstellung, im Zweiten Examen spielten staatsrechtliche Fragen keine oder nur eine untergeordnete Rolle, kostet viele Kandidaten wertvolle Punkte. Aus diesem Grund haben wir neben einer zusammenfassenden Darstellung der besonders häufig zu erörternden Grundrechte die in Klausuren relevant werdenden verfassungsrechtlichen Bezüge behandelt.

Das Werk knüpft an das Buch von *Kaiser/Köster/Seegmüller* »Die öffentlich-rechtliche Klausur im Assessorexamen« an. Dort werden die relevantesten verwaltungsgerichtlichen, verwaltungsbehördlichen und anwaltlichen Klausurtypen einschließlich der prozessrechtlichen Bezüge erörtert. Dessen Lektüre sei Ihnen wärmstens ans Herz gelegt!

Die Verfasser veranstalten Wochenendseminare zur Vorbereitung auf das Assessorexamen. In dem speziellen Seminar zum materiellen öffentlichen Recht werden die in diesem Buch behandelten Rechtsgebiete in den typischen prozessualen Einkleidungen vertieft besprochen. Zudem behandeln wir in diesem Seminar auch die aktuelle examensrelevante Rechtsprechung und die aktuellen Prüfungsschwerpunkte umfangreicher als es in einem Buch möglich ist. Zusammen mit einer konzentrierten Lektüre dieses Skripts sind Sie damit optimal auf das materielle Recht im Assessorexamen vorbereitet.

Für Anregungen und Kritik unter th.koester@gmx.de oder seegmueller@live.de sind wir jederzeit dankbar.

Lübeck, Münster und Berlin, im Februar 2015 Die Verfasser

# Inhaltsverzeichnis

## Abkürzungs- und Literaturverzeichnis

aA ........................ anderer Ansicht
aaO ........................ am angegebenen Ort
AbfRRL ........................ Abfallrahmenrichtlinie
AbfG ........................ Abfallgesetz
aE ........................ am Ende
AEUV ........................ Vertrag über die Arbeitsweise der Europäischen Union
aF ........................ alte Fassung
AG ........................ Amtsgericht
AGL ........................ Anspruchsgrundlage
AGVwGO ........................ Ausführungsgesetz zur Verwaltungsgerichtsordnung
Alt. ........................ Alternative
AO ........................ Abgabenordnung
AOsofVz ........................ Anordnung der sofortigen Vollziehung
APR ........................ Allgemeines Persönlichkeitsrecht
Art. ........................ Artikel
AssEx ........................ Assessorexamen
AufenthG ........................ Aufenthaltsgesetz
aW ........................ aufschiebende Wirkung
AWaffV ........................ Allgemeine Waffengesetz-Verordnung
Az. ........................ Aktenzeichen

*Battis/Krautzberger/Löhr* ....... Battis, Ulrich/Krautzberger, Michael/Löhr, Rolf-Peter, Baugesetzbuch: BauGB, 12. Aufl. 2014
BauGB ........................ Baugesetzbuch
BauNVO ........................ Baunutzungsverordnung
BauO/BO ........................ Bauordnung
BauR ........................ Zeitschrift für das gesamte öffentliche und private Baurecht
Bay ........................ Bayern
BayVBl. ........................ Bayerische Verwaltungsblätter
Bbg ........................ Brandenburg
BBG ........................ Bundesbeamtengesetz
BBesG ........................ Bundesbesoldungsgesetz
BBodSchG ........................ Bundes-Bodenschutzgesetz
BeamtStG ........................ Beamtenstatusgesetz
BeamtVG ........................ Beamtenversorgungsgesetz
BeckRS ........................ Beck-Rechtsprechung
Beschl. ........................ Beschluss
betr. ........................ betreffend
BGB ........................ Bürgerliches Gesetzbuch
BGH ........................ Bundesgerichtshof
BGHZ ........................ Amtliche Entscheidungssammlung des BGH in Zivilsachen
BGHSt ........................ Amtliche Entscheidungssammlung des BGH in Strafsachen
BHO ........................ Bundeshaushaltsordnung
BImSchG ........................ Bundes-Immissionsschutzgesetz
BImSchV ........................ Verordnung zur Durchführung des Bundes-Immissionsschutzgesetzes
Bln ........................ Berlin
BNatSchG ........................ Bundesnaturschutzgesetz

| | |
|---|---|
| *Bosch/Schmidt* VerwgVerf | Bosch, Edgar/Schmidt, Jörg, Praktische Einführung in das verwaltungsgerichtliche Verfahren, 9. Aufl. 2012 |
| BPolG | Bundespolizeigesetz |
| Brem | Bremen |
| BRKG | Bundesreisekostengesetz |
| BRRG | Beamtenrechtsrahmengesetz |
| BT-Drs. | Bundestagsdrucksache |
| BVerfG | Bundesverfassungsgericht |
| BVerfGG | Bundesverfassungsgerichtsgesetz |
| BVerwG | Bundesverwaltungsgericht |
| BVerwGE | Sammlung der Entscheidungen des Bundesverwaltungsgerichts |
| BW | Baden-Württemberg |
| BWG | Bundeswahlgesetz |
| bzgl | bezüglich |
| BZRG | Bundeszentralregistergesetz |
| bzw. | beziehungsweise |
| c.i.c. | culpa in contrahendo |
| dh | das heißt |
| *Dietlein/Burgi/Hellermann* ÖffR NRW | Dietlein, Johannes/Burgi, Martin/Hellermann, Johannes, Öffentliches Recht in Nordrhein-Westfalen, 5. Aufl. 2014 |
| DÖV | Die öffentliche Verwaltung |
| Dreier/*Bearbeiter* | Dreier, Horst, Kommentar zum Grundgesetz, Band II, 2. Aufl. 2006 |
| *Dürr/Middeke/Schulte Beerbühl* BauR NRW | Dürr, Hansjochen/Middeke, Andreas/Schulte Beerbühl, Hubertus, Baurecht NRW, 4. Aufl. 2013 |
| DVBl. | Deutsches Verwaltungsblatt |
| eA | einer Ansicht |
| EGGVG | Einführungsgesetz zum Gerichtsverfassungsgesetz |
| EGL | Ermächtigungsgrundlage |
| EGMR | Europäischer Gerichtshof für Menschenrechte |
| Einf v | Einführung vor |
| Einl v | Einleitung vor |
| EMRK | Europäische Menschenrechtskonvention |
| Engelhardt/App/ Schlatmann/*Bearbeiter* | Engelhardt, Hans/App, Michael/Schlatmann, Arne, VwVG, VwZG, 10. Aufl. 2014 |
| *Ernst/Zinkahn/Bielenberg/ Krautzberger* | Ernst, Werner/Zinkahn, Willy/Bielenberg, Walter/ Krautzberger, Michael, Baugesetzbuch, Stand: 114. EL Juli 2014 |
| etc. | et cetera |
| EUV | Vertrag über die Europäische Union |
| evtl. | eventuell |
| Eyermann/*Bearbeiter* | Eyermann, Erich, Verwaltungsgerichtsordnung: VwGO, 14. Aufl. 2014 |
| f./ff. | folgende/fortfolgende |
| FBA | Folgenbeseitigungsanspruch |
| FeV | Fahrerlaubnisverordnung |
| FFK | Fortsetzungsfeststellungsklage |
| FGO | Finanzgerichtsordnung |
| *Fichte* Typische Fehler | Typische Fehler in Assessorklausuren, 2. Aufl. 2010 |

| | |
|---|---|
| *Finkelnburg/Domberg/Külpmann* Vorläufiger Rechtsschutz | Finkelnburg, Klaus/Dombert, Matthias/Külpmann, Christoph, Vorläufiger Rechtsschutz im Verwaltungsstreitverfahren, 6. Auflage 2011 |
| F-Plan | Flächennutzungsplan |
| FreizügG/EU | Freizügigkeitsgesetz/EU (Gesetz über die allgemeine Freizügigkeit von Unionsbürgern) |
| *Frotscher/Kramer* WirtschaftsVerfR | Frotscher, Werner/Kramer, Urs, Wirtschaftsverfassungs- und Wirtschaftsverwaltungsrecht, 6. Aufl. 2013 |
| FStrG | Bundesfernstraßengesetz |
| *Gade* WaffR | Gade, Gunther Dietrich, Basiswissen Waffenrecht, 3. Aufl. 2010 |
| GastG | Gaststättengesetz |
| GbR | Gesellschaft bürgerlichen Rechts |
| gem. | gemäß |
| GemO/GO | Gemeindeordnung |
| GewArch | Gewerbearchiv |
| GewO | Gewerbeordnung |
| GG | Grundgesetz |
| ggf. | gegebenenfalls |
| *Glaser/Klement* Öff. Wirtschaftsrecht | Glaser, Andreas/Klement, Jan Henrik, Öffentliches Wirtschaftsrecht, 2009 |
| GPA | Gemeinsames Prüfungsamt Nord |
| GoA | Geschäftsführung ohne Auftrag |
| grds. | grundsätzlich |
| GS | Großer Senat |
| *Gusy* POR | Gusy, Christoph, Polizei- und Ordnungsrecht, 9. Aufl. 2014 |
| GVG | Gerichtsverfassungsgesetz |
| h. | herrschende |
| *Hailbronner* Asyl- und AusländerR | Hailbronner, Kay, Asyl- und Ausländerrecht, 3. Aufl. 2013 |
| HandwO | Handwerksordnung |
| HaushaltsO | Haushaltsordnung |
| Hess | Hessen |
| HGB | Handelsgesetzbuch |
| Hk-VerwR/*Bearbeiter* | Fehling, Michael/Kastner, Berthold, Verwaltungsrecht VwVfG, VwGO, Nebengesetze, Handkommentar, 3. Aufl. 2013 |
| hL | herrschende Literatur |
| hM | herrschende Meinung |
| Hmb | Hamburg |
| Hs. | Halbsatz |
| HWK | Handwerkskammer |
| idR | in der Regel |
| iE | im Ergebnis |
| IFG | Informationsfreiheitsgesetz |
| IfSG | Infektionsschutzgesetz |
| IHK | Industrie- und Handelskammer |
| iHv/iHd | in Höhe von/in Höhe der/des |
| insbes. | insbesondere |
| InsO | Insolvenzordnung |
| iRd/iRe/iRv | im Rahmen der/des, im Rahmen einer/eines, im Rahmen von |

| | |
|---|---|
| iSd | im Sinne der/des |
| iSv | im Sinne von |
| iÜ | im Übrigen |
| iVm | in Verbindung mit |
| | |
| JA | Juristische Arbeitsblätter |
| *Jäde* | Bauaufsichtliche Maßnahmen |
| *Jarass* | Jarass, Hans D., BImschG, 10. Aufl. 2013 |
| JR | Juristische Rundschau |
| Jura | Juristische Ausbildung |
| JuS | Juristische Schulung |
| JuSchG | Jugendschutzgesetz |
| JZ | Juristenzeitung |
| | |
| *Kaiser/Köster/Seegmüller* Öffentlich-rechtliche Klausur | Kaiser, Torsten/Köster, Thomas, Die öffentlich-rechtliche Klausur im Assessorexamen, 3. Aufl. 2014 |
| *Kintz* ÖffR | Kintz, Roland, Öffentliches Recht im Assessorexamen, 8. Aufl. 2012 |
| *Knemeyer* POR | Knemeyer, Franz-Ludwig, Polizei- und Ordnungsrecht, 11. Aufl. 2007 |
| *Kopp/Ramsauer* | Kopp, Ferdinand O./Ramsauer, Ulrich, Verwaltungsverfahrensgesetz: VwVfG, Kommentar, 15. Aufl. 2014 |
| *Kopp/Schenke* | Kopp, Ferdinand O./Schenke, Wolf-Rüdiger, Verwaltungsgerichtsordnung: VwGO, Kommentar, 20. Aufl. 2014 |
| KostO | Kostenordnung |
| KrWG | Kreislaufwirtschaftsgesetz |
| KUG | Kunsturhebergesetz |
| *Kuhla/Hüttenbrink* VerwProz | Kuhla, Wolfgang/Hüttenbrink, Jost, Der Verwaltungsprozeß, 3. Aufl. 2002 |
| | |
| *Landmann/Rohmer* | von Landmann, Robert/Rohmer, Gustav, Umweltrecht Kommentar, Stand: 73. EL August 2014 |
| LandesR | Landesrecht |
| LBG | Landesbeamtengesetz |
| LBO | Landesbauordnung |
| Leuze-Mohr/*Bearbeiter* ÖffR | Leuze-Mohr, Marion, Öffentliches Recht für Rechtsreferendare, 3. Aufl. 2012 |
| LFGB | Lebensmittel- und Futtermittelgesetzbuch |
| LG | Landgericht |
| LK | Leistungskondiktion |
| LKV | Zeitschrift für Landes- und Kommunalverwaltung |
| LNatSchG | Landesnaturschutzgesetz |
| LSA | Land Sachsen-Anhalt |
| | |
| mAnm | mit Anmerkung |
| *Manssen* StaatsR II | Manssen, Gerrit, Staatsrecht II, Grundrechte, 11. Aufl. 2014 |
| *Maurer* Allg. VerwR | Maurer, Hartmut, Allgemeines Verwaltungsrecht, 18. Aufl. 2011 |
| *Maurer* StaatsR I | Maurer, Hartmut, Staatsrecht I, 6. Aufl. 2010 |
| maW | mit anderen Worten |
| MDR | Monatsschrift für Deutsches Recht |
| Meyer-Goßner/Schmitt/*Bearbeiter* | Meyer-Goßner, Lutz/Schmitt, Bertram, Strafprozessordnung: StPO, 57. Aufl. 2014 |

MPFormB VerwR/*Bearbeiter* .... Johlen, Heribert, Münchener Prozessformularbuch Band 7: Verwaltungsrecht, 4. Aufl. 2014
MV .......................... Mecklenburg-Vorpommern
mwN ........................ mit weiteren Nachweisen

Nds ......................... Niedersachsen
NdsRpfl. .................... Niedersächsische Rechtspflege (Zeitschrift)
NdsVBl. ..................... Niedersächsische Verwaltungsblätter
nF ........................... neue Fassung
NJ ........................... Neue Justiz
NJOZ ....................... Neue Juristische Online Zeitschrift
NJW ........................ Neue Juristische Wochenschrift
NJW-RR .................... Neue Juristische Wochenschrift – Rechtsprechungs-Report
NordÖR .................... Zeitschrift für Öffentliches Recht in Norddeutschland
Nr. .......................... Nummer
NRW ........................ Nordrhein-Westfalen
NuR ......................... Natur und Recht
NWVBl. .................... Nordrhein-Westfälische Verwaltungsblätter
NVwZ ...................... Neue Zeitschrift für Verwaltungsrecht
NVwZ-RR .................. Neue Zeitschrift für Verwaltungsrecht – Rechtsprechungs-Report
NZBau ...................... Neue Zeitschrift für Baurecht und Vergaberecht

oÄ ........................... oder Ähnliches
obj. .......................... objektiv
OLG ......................... Oberlandesgericht
OLGReport ................. OLG-Report (getrennt für jedes OLG)
OVG ........................ Oberverwaltungsgericht
OWiG ....................... Ordnungswidrigkeitengesetz

Palandt/*Bearbeiter* ............. Palandt, Otto, Bürgerliches Gesetzbuch: BGB, Kommentar, 73. Aufl. 2014
PAuswG .................... Personalausweisgesetz
ParteienG .................. Parteiengesetz
PassG ....................... Passgesetz
PBefG ...................... Personenbeförderungsgesetz
*Pieroth/Schlink/Kingreen/ Poscher* GR ....... Pieroth, Bodo/Schlink, Bernhard/Kingreen, Thorsten/ Poscher, Ralf, Grundrechte, Staatsrecht II, 30. Aufl. 2014
*Pieroth/Schlink/Kniesel* POR .... Pieroth, Bodo/Schlink, Bernhard/Kniesel, Michael, Polizei- und Ordnungsrecht, 7. Aufl. 2012
*Pietzner/Ronellenfitsch* ......... Pietzner, Rainer/Ronellenfitsch, Michael, Das Assessorexamen im Öffentlichen Recht, 13. Aufl. 2014
PolG ........................ Polizeigesetz
POR ........................ Polizei- und Ordnungsrecht
Posser/Wolff/*Bearbeiter* ........ Posser, Herbert/Wolff, Heinrich Amadeus, VwGO, 2. Aufl. 2014
ProdSG ..................... Produktsicherheitsgesetz
pVV ......................... positive Vertragsverletzung

RBB ......................... Rechtsbehelfsbelehrung
Redeker/Uechtritz/*Bearbeiter* .... Redeker, Konrad/Uechtritz, Michael, Anwaltshandbuch Verwaltungsverfahren, 2. Aufl. 2012
RG .......................... Reichsgericht
RGZ ........................ Amtliche Sammlung in Zivilsachen/Strafsachen des Reichsgerichts

| | |
|---|---|
| RhPf | Rheinland-Pfalz |
| Rn. | Randnummer |
| RSB | Rechtsschutzbedürfnis |
| Rspr. | Rechtsprechung |
| *Rux/Niehues* SchulR | Rux, Johannes/Niehues, Norbert, Schulrecht, 5. Aufl. 2013 |
| RVO | Rechtsverordnung(en) |
| S. | Seite/Satz/Siehe |
| s. | siehe |
| Saarl | Saarland |
| Sächs | Sachsen |
| *Schenke* POR | Schenke, Wolf-Rüdiger, Polizei- und Ordnungsrecht, 8. Aufl. 2013 |
| SchfG | Schornsteinfegergesetz |
| SchlH | Schleswig-Holstein |
| Schoch/*Bearbeiter* BesVerwR | Schoch, Friedrich, Besonderes Verwaltungsrecht, 15. Aufl. 2013 |
| *Schmidt/Kahl/Gärditz* UmwR | Schmidt, Reiner/Kahl, Wolfgang/Gärditz, Klaus Ferdinand, Umweltrecht, 9. Aufl. 2014 |
| Schoch/Schmidt-Aßmann/ Pietzner/*Bearbeiter* | Schoch, Friedrich/Schmidt-Aßmann, Eberhard/Pietzner, Rainer, VwGO, Loseblatt, Stand: 25. EL April 2013 |
| SGB | Sozialgesetzbuch |
| SGG | Sozialgerichtsgesetz |
| SH | Schleswig-Holstein |
| sog. | sogenannt(e/er) |
| st. | ständige(r) |
| Stelkens/Bonk/Sachs/*Bearbeiter* | Stelkens, Paul/Bonk, Heinz Joachim/Sachs, Michael, VwVfG, 8. Aufl. 2014 |
| str. | strittig |
| StGB | Strafgesetzbuch |
| StPO | Strafprozessordnung |
| StrWG | Straßen- und Wegegesetz |
| StVO | Straßenverkehrsordnung |
| StVZO | Straßenverkehrs-Zulassungs-Ordnung |
| StVG | Straßenverkehrsgesetz |
| TA | Technische Anleitung |
| *Tettinger/Erbguth/Mann* BesVerwR | Tettinger, Peter J,/Erbguth, Wilfried/Mann, Thomas, Besonderes Verwaltungsrecht, 11. Aufl. 2012 |
| Tettinger/Wank/Ennuschat/ *Bearbeiter* | Tettinger, Peter J./Wank, Rolf/Ennuschat, Jörg, Gewerbeordnung: GewO, 8. Aufl. 2011 |
| TierSchG | Tierschutzgesetz |
| Thomas/Putzo/*Bearbeiter* | Thomas, Heinz/Putzo, Hans, Kommentar zur Zivilprozessordnung, 35. Aufl. 2014 |
| Thür | Thüringen |
| uE | unseres Erachtens |
| UIG | Umweltinformationsgesetz |
| *Ule/Laubinger* VerwVerfR | Ule, Carl Hermann/Laubinger, Hans-Werner, Verwaltungsverfahrensrecht, 3. Aufl. 1995 |
| UmwG | Umwandlungsgesetz |
| UmwRG | Umwelt-Rechtsbehelfsgesetz |
| UPR | Zeitschrift für Umwelt- und Planungsrecht |
| Urt. | Urteil |

uU ........................ unter Umständen
UVP ....................... Umweltverträglichkeitsprüfung
UVPG ...................... Gesetz über die Umweltverträglichkeitsprüfung
UZwG ...................... Gesetz über den unmittelbaren Zwang bei Ausübung öffentlicher Gewalt durch Vollzugsbeamte des Bundes

v. ........................ vom
VA ........................ Verwaltungsakt
Var. ...................... Variante
vAw ....................... von Amts wegen
VersammlG/VersG ........... Versammlungsgesetz
VDI ....................... Verein deutscher Ingenieure
VG ........................ Verwaltungsgericht
VGH ....................... Verwaltungsgerichtshof
vgl. ...................... vergleiche
VIG ....................... Verbraucherinformationsgesetz
VO ........................ Verordnung
Vor/Vorb .................. Vorbemerkung
VV ........................ Verwaltungsvorschriften
VwGO ...................... Verwaltungsgerichtsordnung
VwVfG ..................... Verwaltungsverfahrensgesetz
VwVG ...................... Verwaltungsvollstreckungsgesetz

WaffG ..................... Waffengesetz
wg. ....................... wegen
WHG ....................... Wasserhaushaltsgesetz
Wolff/Decker/*Bearbeiter* ........ Wolff, Heinrich Amadeus/Decker, Andreas, Studienkommentar VwGO/VwVfG, 3. Aufl. 2012
*Wolffgang/Hendricks/Merz* POR .. Wolffgang, Hans-Michael/Hendricks, Michael/Merz Matthias, Polizei- und Ordnungsrecht in Nordrhein-Westfalen, 3. Aufl. 2011
WS ........................ Widerspruch

zB ........................ zum Beispiel
ZfBR ...................... Zeitschrift für deutsches und internationales Bau- und Vergaberecht
ZPO ....................... Zivilprozessordnung
zT ........................ zum Teil
ZUM ....................... Zeitschrift für Urheber- und Medienrecht

# 1. Teil. Klausuren aus dem allgemeinen Verwaltungsrecht

Das allgemeine Verwaltungsrecht ist auch im Assessorexamen von zentraler Bedeutung. Es enthält die allgemeinen Vorschriften über die Rechtmäßigkeit bzw. die Wirksamkeit staatlichen Handelns, die das besondere Verwaltungsrecht dann teilweise bereichsspezifisch modifiziert. 1

Herausragende Bedeutung kommt der (einseitigen) Handlung Verwaltungsakt (= VA, hierzu 1. Kap. → Rn. 2 ff.) zu. Auf den zweiseitigen Verwaltungsvertrag gehen wir in den examensrelevanten Grundzügen ein (hierzu 2. Kap. → Rn. 41 ff.). Die wichtigsten staatshaftungsrechtlichen Ansprüche werden am Beispiel der Kontrolle von Äußerungen und Immissionen dargestellt (hierzu 3. Kap. → Rn. 48 ff.). Die Überprüfung von Rechtsverordnungen wird im Gefahrenabwehrrecht behandelt; Satzungen sind Gegenstand des baurechtlichen Teils. Im 4. Kap. → Rn. 74 ff. erörtern wir die typischen Klausurkonstellationen des Verwaltungsvollstreckungsrechts.

## 1. Kapitel. Der Verwaltungsakt

Das zentrale behördliche Handlungsinstrument ist der VA. Er steht regelmäßig im Mittelpunkt der öffentlich-rechtlichen Assessorklausur. Typische Problemfelder aus dem allgemeinen Verwaltungsrecht sind der ordnungsgemäße Weg zu seinem Erlass,[1] die behördlichen Möglichkeiten, ihn nachträglich wieder aus der Welt zu schaffen (B. → Rn. 14 ff.) und der Rechtsschutz gegen Nebenbestimmungen (C. → Rn. 37 ff.).

### A. Begriffsmerkmale des Verwaltungsakts

Wir gehen davon aus, dass Sie sich mit den Tatbestandsvoraussetzungen des VA bereits in der Vorbereitung auf das Referendarexamen intensiv auseinandergesetzt haben. Nachfolgend wiederholen wir deshalb nur die typischen Examensprobleme. 2

Der Sache nach ist ein VA letztlich auch nur eine einseitige, empfangsbedürftige Willenserklärung (die aufgrund besonderer gesetzlicher Regelungen allerdings erhöhte rechtliche Durchsetzungskraft hat). Wie jede andere Willenserklärung wird er mit dem Inhalt wirksam, den der objektive Betrachter in der Lage des Empfängers wahrnimmt (vgl. § 43 I 2 VwVfG[2]). Ob es sich bei einer behördlichen Handlung um einen VA handelt und welchen Inhalt dieser hat, ermitteln Sie daher durch Auslegung in analoger Anwendung der §§ 133, 157 BGB.

**Klausurhinweis:** Werden Teile einer hoheitlichen Erklärung im Aktenauszug wörtlich wiedergegeben, deutet dies darauf hin, dass Sie den Bedeutungsgehalt durch Auslegung ermitteln sollen. Entscheidende Bedeutung für die Klausurlösung kann die (richtige) Auslegung eines VA etwa bei der Abgrenzung von Auflage und Bedingung erlangen. Erfüllt der Bauherr eine Auflage zu seiner Baugenehmigung nicht, ist das dennoch errichtete Vorhaben formell legal. Erfüllt er dagegen eine (aufschiebende) Bedingung nicht, ist die Baugenehmigung nicht wirksam geworden. Das dennoch errichtete Vorhaben ist dann formell illegal.

1 Vgl. dazu *Kaiser/Köster/Seegmüller* Öffentlich-rechtliche Klausur Rn. 202 ff.

2 Wir zitieren im Interesse der bundesweiten Verwendbarkeit dieses Skriptes (nur) das VwVfG des Bundes. Direkt kommt es zur Anwendung, wenn Bundesbehörden handeln, was gem. Art. 83 GG die Ausnahme ist. In den meisten Klausuren wird (daher) das jeweilige Landesverwaltungsrecht anzuwenden sein (§ 1 III VwVfG iVm den jeweiligen Landesverwaltungsgesetzen). Dort wird allerdings wiederum häufig und weitgehend das VwVfG des Bundes für anwendbar erklärt (vgl. etwa § 1 I BlnVwVfG).

**Übersicht: Examensrelevante Probleme zu den Tatbestandsmerkmalen des VA**

I. **Maßnahme**
II. **Behörde**
  (P) Beliehener
  (P) Verwaltungshelfer
III. **Gebiet des öffentlichen Rechts**
IV. **Regelung**
  (P) Abgrenzung wiederholende Verfügung/Zweitbescheid
  (P) Verfahrensakte/vorbereitende Verfügungen
  (P) Umweltpläne nach BImSchG
V. **Einzelfall**
  (P) Abgrenzung zur Rechtsnorm/Allgemeinverfügung, § 35 S. 2 VwVfG
VI. **Außenwirkung**
  (P) Streitigkeiten innerhalb juristischer Personen
  (P) Sonderstatusverhältnisse

## I. Maßnahme

3 Das wenig klausurrelevante Merkmal ist bei jeder behördlichen Handlung gegeben, die einen eigenen Entscheidungscharakter hat.[3]

## II. Behörde

4 Der in § 1 IV VwVfG normierte Behördenbegriff, wonach Behörde jede Stelle ist, die Aufgaben der öffentlichen Verwaltung wahrnimmt (verfahrensrechtlicher/funktionaler Behördenbegriff), gilt auch für § 35 VwVfG.[4]

**Klausurhinweis:** Beachten Sie, dass der Behördenbegriff im klausurrelevanten[5] Informationsfreiheitsrecht über den verfahrensrechtlichen Behördenbegriff hinausgeht. Beispielsweise gewährt § 1 I 3 IFG[6] einen Informationszugang auch in Fällen, in denen sich die öffentliche Hand zur Erfüllung ihrer Aufgaben Privater bedient, ohne diese zu beleihen.[7] Anspruchsgegner bleibt aber auch in diesem Fall die Behörde, deren Aufgaben der Antrag betrifft (§ 7 I 2 IFG).

**Problem: Handlungen eines Beliehenen**

Beliehene sind Personen des Privatrechts, die durch oder aufgrund Gesetzes bestimmte hoheitliche Verwaltungsaufgaben wahrnehmen. Im Rahmen der ihnen übertragenen (hoheitlichen) Aufgaben treffen sie selbst Entscheidungen. Verwaltungsverfahrensrechtlich sind sie damit Behörden und können VA erlassen.[8] Die Übertragung hoheitlicher Aufgaben auf Private bedarf wegen des institutionellen Gesetzesvorbehalts stets einer Ermächtigung.

**Problem: Handlungen eines Verwaltungshelfers**

5 Verwaltungshelfer sind Personen, die (ohne eigene Entscheidungskompetenz) für eine Behörde tätig werden. Ihr Handeln wird von der beauftragenden Behörde derart konkret vorstrukturiert, dass sie als behördliche Werkzeuge erscheinen.[9] Sie sind letztlich nur Boten, die die behördliche Entscheidung an den Empfänger überbringen. Ihr Handeln wird der beauftragenden Behörde unmittelbar zugerechnet. Im Gegensatz zu Beliehenen sind Verwaltungshelfer damit nicht selbst Behörden.

3 *Kopp/Ramsauer* § 35 Rn. 59.
4 *Kopp/Ramsauer* § 35 Rn. 65.
5 Im Einzelnen hierzu: → Rn. 273 ff.
6 Hier und im Folgenden sind bei Gesetzesabkürzungen, die ohne vorangestelltes Landeskürzel zitiert werden, stets Gesetze des Bundes gemeint.
7 Vgl. *Schmitz/Jastrow* NVwZ 2005, 984 (988) mwN.
8 *Maurer* Allg. VerwR § 9 Rn. 22.
9 BGHZ 121, 161 = NJW 1993, 1258 (1259) mwN.

**Klausurhinweis:** Examensrelevanz erlangen die Begriffe Beliehener/Verwaltungshelfer, wenn es um die Tätigkeit von Abschleppunternehmern bzw. Aufstellern von Verkehrszeichen geht. Abgrenzungskriterium ist die Menge des den jeweils unmittelbar handelnden Personen eingeräumten Entscheidungsspielraums. Je größer er ist, desto näher liegt es, sie nicht mehr als bloße Erfüllungsgehilfen (Werkzeuge) eines Trägers öffentlicher Gewalt anzusehen.[10] Verwaltungshelfereigenschaft liegt damit beispielsweise nicht vor, wenn ein Umzugsunternehmen eine Jahresgenehmigung zur Aufstellung von Verkehrsschildern an beliebigen Orten hat.[11] 6

## III. Hoheitlichkeit

Eine Regelung ist hoheitlich, wenn sie dem öffentlichen Recht zuzuordnen ist. Dies ist insbesondere der Fall, wenn sie öffentlich-rechtliche Vorschriften vollzieht.[12] Das Merkmal dient der Abgrenzung zu privatrechtlichen Rechtsakten wie der Kündigung eines privatrechtlichen Mietvertrags. 7

## IV. Regelung

Examensrelevant ist das Merkmal der Regelung. Mit ihm wird der VA von schlicht hoheitlichem Handeln abgegrenzt. Regelnde Wirkung hat eine Maßnahme, wenn sie aus Sicht des objektiven Betrachters auf die Herbeiführung einer Rechtsfolge gerichtet ist.[13] Keine Regelungen sind dagegen schlichte Tathandlungen (Realakte), bloße Wissenserklärungen ohne unmittelbaren Rechtswirkungscharakter (zB Hinweise, Warnungen, bloße Vorbereitungshandlungen, schlichte Zahlungsaufforderungen[14]) und rechtserhebliche Willenserklärungen, die jedoch keinen anordnenden Charakter aufweisen.[15] Auch die Bereitstellung von Informationen stellt regelmäßig einen bloß tatsächlichen Vorgang ohne Regelungswirkung dar. Etwas anderes kann allerdings gelten, wenn eine regelnde Entscheidung darüber ergeht, ob die Voraussetzungen für den Informationszugang erfüllt sind. 8

**Klausurhinweis:** Bei der Bearbeitung von Aktenauszügen, in denen Informationszugangsansprüche nach einem IFG problematisiert werden, müssen Sie regelmäßig zur Frage der statthaften Klageart Stellung nehmen. Teilweise sehen die IFGs die Verpflichtungsklage ausdrücklich vor (zB § 9 IV 1 IFG, § 12 II MVIFG, § 9 III 1 LSAIFG). Sie ist aber auch ohne ausdrückliche gesetzliche Regelung[16] statthaft, wenn die Bereitstellung der Informationen regelmäßig erst nach einer regelnden Vorabentscheidung (siehe oben) durch VA ergeht. Diese Entscheidungsform dürfte dem Gesetzgeber vorgeschwebt haben. Er hat zum einen ein Antragserfordernis statuiert und zum anderen Regelungen zum Widerspruchsverfahren aufgenommen, welches bei Leistungsklagen grds. nicht statthaft ist.

### Problem: Abgrenzung eines nichtregelnden Hinweises vom feststellenden VA

Häufig ist in Klausuren zwischen einem nichtregelnden bloßen Hinweis und einem feststellenden VA zu unterscheiden. Letzterer ist gegeben, wenn sich der verfügende Teil des VA darauf beschränkt, das Ergebnis eines behördlichen Subsumtionsvorgangs festzuschreiben. Kriterien für die Prüfung sind zunächst der Wortlaut der Erklärung und der Zusammenhang, in welchem die Äußerung erfolgt ist. Waren das Rechtsverhältnis oder einzelne Rechte zwischen den Beteiligten streitig oder zumindest klärungsbedürftig oder ist die gesetzliche Bestimmung nicht ohne Weiteres aus sich heraus klar, spricht dies für die Annahme eines feststellenden VA. 9

10 OLG Hamm NVwZ-RR 1999, 223 (224) mwN.
11 VGH Mannheim VBlBW 2010, 198.
12 *Maurer* Allg. VerwR § 9 Rn. 11.
13 *Kopp/Ramsauer* § 35 Rn. 88.
14 BVerwGE 29, 310 (312 f.).
15 Wolff/Decker/*Wolff* VwVfG § 35 Rn. 34.
16 So fehlt zB in den IFG der Länder Bbg (AIG), Bln, SchlH, Brem, NRW, Hmb (HmbTG), Thür und RhPf eine ausdrückliche Regelung.

**Problem: Abgrenzung der wiederholenden Verfügung vom Zweitbescheid**

10 Mit Zweitbescheiden und wiederholenden Verfügungen nehmen Behörden auf bereits erlassene VA Bezug. Sofern die Behörde dergestalt über den Inhalt des bereits erlassenen Bescheides hinausgeht, dass sie eine neue (gleichlautende) Sachentscheidung trifft, liegt ein Zweitbescheid vor. Weist sie dagegen nur erklärend auf den zuvor ergangenen VA hin, ohne eine neue (gleichlautende) Regelung zu formulieren, liegt eine wiederholende Verfügung vor.

Der zentrale prozessuale Unterschied zwischen Zweitbescheid und wiederholender Verfügung besteht folglich darin, dass es sich (nur) bei dem Zweitbescheid um einen eigenständigen VA handelt, der den Klageweg (ggf. nach Durchführung eines Vorverfahrens) neu eröffnet,[17] während die wiederholende Verfügung gerade kein neuer Bescheid ist.

Beachten Sie, dass in einem bloßen Hinweis auf den Regelungsgehalt eines bereits erlassenen VA oft zugleich eine Ablehnung des Wiederaufgreifens des Verfahrens enthalten ist. Letzteres ist ein anfechtbarer VA. Seine Regelungswirkung besteht aber allein darin, festzustellen, dass die Voraussetzungen des § 51 VwVfG nicht vorliegen. Eine Sachentscheidung trifft die Behörde damit nicht.[18]

**Problem: Vorbereitende Akte**

Ebenfalls keine Regelungswirkung beigemessen wird Handlungen, die lediglich der Vorbereitung für den Erlass eines VA dienen. Zu diesen unselbstständigen Vorbereitungs- oder Teilakten werden nach der hM auch die Bewertung von Klassenarbeiten und die Aufforderung zur Vorlage des Ergebnisses einer medizinisch-psychologischen Untersuchung (MPU) gezählt.[19] Misst man einem vorbereitenden Akt ausnahmsweise doch Regelungswirkung bei, schließt jedenfalls § 44a VwGO eine isolierte Anfechtung aus.

**Problem: Vorläufiger VA**

11 Gerade in subventionsrechtlichen Klausuren kann der vorläufige VA eine Rolle spielen. Bei diesem soll die Regelung nur eine vorläufige sein.

> **Beispiel:** Die Subvention wird »vorbehaltlich des Ergebnisses der noch durchzuführenden Betriebsprüfung« gewährt.

Der VA enthält also eine Regelung dergestalt, dass dem Adressaten (nur) ein vorläufiges Recht zum Behalten eingeräumt wird. Der Vorbehalt endgültiger Regelung berechtigt die Verwaltung, durch einen späteren VA aus der vorläufigen Entscheidung eine endgültige Entscheidung zu machen. Hierbei ist sie – bitte merken – nicht durch die Regelungen der §§ 48 f. VwVfG – insbesondere nicht durch § 48 II VwVfG (Vertrauensschutz) oder § 48 IV VwVfG (Jahresfrist) – eingeschränkt. Der vorläufige VA wird eben nicht aufgehoben, sondern in eine endgültige Entscheidung umgeformt.[20]

Wegen dieser weit reichenden Konsequenz darf ein vorläufiger VA nur erlassen und aufrechterhalten werden, soweit und solange ein hinreichender sachlicher Grund gegeben ist. Dieser liegt regelmäßig in einer Ungewissheit über tatsächliche oder rechtliche Umstände. Um dem Bestimmtheitsgebot zu genügen, muss ein vorläufiger VA zudem als solcher bezeichnet werden.[21]

> **Hinweis für Anwaltsklausuren:** Eine endgültige Entscheidung über den Anspruch des Mandanten erfolgt prozessual in Gestalt einer Verpflichtungsklage. Diese endgültige Entscheidung führt zur Erledigung des vorläufigen Bescheides.

17 *Kuhla/Hüttenbrink* VerwProz D Rn. 42.
18 *Kuhla/Hüttenbrink* VerwProz D Rn. 43.
19 *Maurer* Allg. VerwR § 9 Rn. 9.
20 BVerwGE 135, 238.
21 BVerwG DVBl. 1983, 851 (853).

## V. Einzelfall

Im Gegensatz zu Rechtsnormen, müssen sich VA auf einen Einzelfall beziehen. Insoweit genügt es nach der Definition des § 35 VwVfG, wenn (einzelfallbezogener) Anknüpfungspunkt für die behördliche Maßnahme entweder ein konkreter Adressat oder ein konkreter Sachverhalt ist. 12

**Übersicht**

| Sachverhalt / Adressatenbezug | Konkret | Abstrakt |
|---|---|---|
| **Individuell** | VA, § 35 S. 1 VwVfG | VA, § 35 S. 1 VwVfG (Anlagenbetreiber muss bei Schneefall immer streuen) |
| **Generell** | VA, § 35 S. 2 VwVfG | Rechtsnorm |

Häufiger stellt sich in Klausuren die Frage des Rechtsschutzes gegen Allgemeinverfügungen iSd § 35 S. 2 VwVfG. Diese Vorschrift unterscheidet drei Fallgestaltungen:

- **Personenbezogene Allgemeinverfügungen** iSv § 35 S. 2 Var. 1 VwVfG richten sich an einen nach allgemeinen Merkmalen bestimmten oder bestimmbaren Kreis von Adressaten aus Anlass einer bestimmten, konkreten Situation.[22]

  **Beispiele:**
  - Alkoholausschankverbot gem. § 19 GastG
  - Präventives Versammlungsverbot
  - Smog-Alarm gem. § 40 I BImSchG[23]

- **Sachbezogene Allgemeinverfügungen** iSv § 35 S. 2 Var. 2 VwVfG regeln die öffentlich-rechtliche Eigenschaft einer Sache oder Benutzung durch die Allgemeinheit.[24] Diese bezieht sich damit auf den rechtlichen Zustand einer Sache.

  **Beispiele:**
  - Festsetzung eines Volksfestes nach §§ 60b II, 69 I GewO
  - Namensgebung einer öffentlich-rechtlichen Straße oder eines Bahnhofs
  - Konstitutive Eintragung in eine Denkmalliste[25]
  - Widmung eines Weges für den öffentlichen Verkehr
  - Widmung einer öffentlichen Einrichtung (Friedhof, Schlachthof)[26]

- **Benutzungsregelnde Allgemeinverfügungen** iSv § 35 S. 2 Var. 3 VwVfG betreffen die Benutzung einer Sache durch die Allgemeinheit.

  **Beispiele:**
  - Verkehrsschilder, die Ge- und Verbote enthalten (bloße Gefahrenhinweise nicht ausreichend!)
  - Anlegeverbot[27]

22 *Kopp/Ramsauer* § 35 Rn. 161.
23 *Kopp/Ramsauer* § 35 Rn. 161.
24 *Kopp/Ramsauer* § 35 Rn. 164.
25 OVG Münster NVwZ 1992, 991.
26 *Kopp/Ramsauer* § 35 Rn. 167 mit weiteren Beispielen.
27 VGH München ZfW 2002, 258.

### VI. Außenwirkung

13 Außenwirkung entfaltet eine Maßnahme, wenn sie gegenüber einer außerhalb der Verwaltung stehenden Person unmittelbare Rechtsfolgen herbeiführen soll, wenn sie also nicht nur ein Verwaltungsinternum darstellt.

**Problem: Außenwirkung bei Sonderstatusverhältnissen**

In Rechtsverhältnissen, in denen der Bürger (als Beamter, Richter, Soldat, Schüler, Strafgefangener) mit dem Staat besonders eng verbunden ist (Sonderstatusverhältnis), stellt sich in der Klausur häufig die Frage der Außenwirkung behördlicher Maßnahmen gegenüber dem Bürger. Maßnahmen, die das Grundverhältnis betreffen, wird Außenwirkung zugebilligt. Dagegen soll Maßnahmen, die das Betriebsverhältnis betreffen, keine Außenwirkung zukommen.

Keine Außenwirkung hat demnach etwa eine innerdienstliche Weisung bzgl. der Diensterledigung. Diese trifft einen Beamten nur als Teil der Verwaltung. Demgegenüber wird ein Beamter etwa durch Ernennung oder Versetzung an eine andere Behörde in seiner persönlichen Rechtsstellung betroffen. Diese Maßnahmen haben Außenwirkung.[28]

**Problem: Außenwirkung bei organschaftlichen Maßnahmen**

Für kommunalverfassungsrechtliche Streitigkeiten ist wichtig, dass Maßnahmen innerhalb der Selbstverwaltungskörperschaft oder innerhalb des Organs selbst keine Außenwirkung entfalten. Daher ist beim Kommunalverfassungsstreit regelmäßig die Feststellungsklage (§ 43 I VwGO) statthaft. Ist das Begehren auf ein Tun, Dulden oder Unterlassen (idR beim innerorganisatorischen Störungsbeseitigungsanspruch) gerichtet, kommt die allgemeine Leistungsklage in Betracht. Eine Anfechtungsklage (§ 42 I Alt. 1 VwGO) scheidet aus.

**Problem: Außenwirkung bei Maßnahmen der Kommunalaufsicht**

In der Kommunalaufsicht ist zwischen Maßnahmen im Rahmen der Rechtsaufsicht einerseits und solchen der Fachaufsicht andererseits zu unterscheiden.

- **Rechtsaufsichtliche** Maßnahmen betreffen die Gemeinde in ihrer Eigenschaft als selbstständige Körperschaft (Art. 28 II GG). Ihnen kommt daher Außenwirkung zu; und zwar auch dann, wenn durch die Maßnahme eine fachaufsichtliche Weisung durchgesetzt werden soll. Außenwirkung kann selbst dann angenommen werden, wenn nur ein aufsichtliches Informationsrecht durchgesetzt wird (str.).[29]
- Bei Maßnahmen der **Fachaufsicht** geht die Rspr. wegen des in diesem Bereich bestehenden generellen Weisungsrechts der Fachaufsichtsbehörde wohl überwiegend von einer fehlenden Außenwirkung aus. Ausnahmsweise soll aber dann Außenwirkung vorliegen, wenn die Fachaufsichtsbehörde einmal kein Weisungsrecht besitzt oder die Grenzen des zulässigen Weisungsrechts überschreitet. Zudem kann eine Außenwirkung angenommen werden, wenn die Weisung einen Rechtsstatus berührt, der der Gemeinde ausdrücklich zugewiesen ist.[30]

**Problem: Außenwirkung bei Organisationsakten**

Häufiger ist in Klausuren die Außenwirkung bei sog. Organisationsakten zu untersuchen. Diese können im Einzelfall Außenwirkung entfalten, wenn sie sich unmittelbar auf den Bürger auswirken. Anzunehmen ist dies zB in wirtschaftsverwaltungsrechtlichen Klausuren bei der Festsetzung eines Volksfestes gem. § 69 GewO.[31]

**Problem: Gemeindliches Einvernehmen**

Bei dem gemeindlichen Einvernehmen (§ 36 BauGB) müssen Sie unterscheiden:

- Die **Ersetzung** des Einvernehmens (§ 36 II 3 BauGB) entfaltet wegen der in Art. 28 II GG verankerten gemeindlichen Planungshoheit Außenwirkung. Sie ist damit ein VA und kann

28 *Kopp/Ramsauer* unter § 35 Rn. 136 ff. mit weiteren Einzelheiten.
29 Wolff/Decker/*Wolff* VwVfG § 35 Rn. 86.
30 Wolff/Decker/*Wolff* VwVfG § 35 Rn. 87.
31 Wolff/Decker/*Wolff* VwVfG § 35 Rn. 88 mwN.

nach der Rspr. auch selbstständig angefochten werden.[32] Dies macht die gesonderte Anfechtung einer auf das ersetzte Einvernehmen gegründeten Baugenehmigung durch die Gemeinde aber nicht entbehrlich.
- Die **Erteilung** bzw. **Versagung** des Einvernehmens wirkt hingegen nur verwaltungsintern und ist schon kein VA.

## B. Aufhebung von Verwaltungsakten

Gesetzliche Ermächtigungen zum Erlass von VA beinhalten nicht zugleich die Befugnis, hierauf gestützte VA wieder aus der Welt zu schaffen. Hierfür bedarf es vielmehr ausdrücklicher eigener gesetzlicher Ermächtigungen. Die wichtigsten sind Rücknahme (§ 48 VwVfG), Widerruf (§ 49 VwVfG) und Wiederaufgreifen des Verfahrens (§ 51 VwVfG). 14

Die Vorschriften über Rücknahme und Widerruf von VA dienen dem Ausgleich zwischen dem Vertrauen des Adressaten auf den Fortbestand von VA und dem Interesse der Verwaltung an der Herstellung rechtmäßiger Zustände (Gesetzmäßigkeit der Verwaltung, Art. 20 III GG).

Gegenstand der Aufhebung eines VA im Wege der Rücknahme ist der rechtswidrige VA. Die Aufhebung eines VA im Wege des Widerrufs gilt über den Wortlaut des § 49 VwVfG hinaus sowohl für rechtmäßige VA als auch für rechtswidrige VA.

Die allgemeinen Vorschriften über Rücknahme und Widerruf nach den §§ 48 ff. VwVfG gelten nur subsidiär. Häufig werden sie von speziellen Vorschriften des jeweiligen Fachrechts ganz oder teilweise verdrängt.

**Klausurhinweis:** In vielen Aktenauszügen ist dem streitbefangenen Bescheid nicht unmittelbar zu entnehmen, ob eine Aufhebung in Form einer Rücknahme oder eines Widerrufs erfolgen soll. Zudem kann ein VA, mit dem eine Genehmigung zurückgenommen oder widerrufen wurde, im Fall des Fehlens der Voraussetzungen der §§ 48 f. VwVfG nach Maßgabe des § 47 VwVfG in einen VA umgedeutet werden, mit dem das Erlöschen bzw. die Nichtigkeit der Genehmigung festgestellt wird. Eine solche Umdeutung ist zulässig, da die Feststellung der Nichtigkeit einer Genehmigung einerseits und die Rücknahme des VA andererseits auf ein gleiches Ziel gerichtet sind.[33]

### I. Rücknahme von Verwaltungsakten (§ 48 VwVfG)

**Übersicht: Rücknahme eines VA (§ 48 VwVfG)**

1. Anwendbarkeit des § 48 VwVfG
   (P) Spezialgesetzliche Aufhebungsregelungen
2. Formelle Aufhebungsvoraussetzungen
   a) Zuständigkeit
   b) Verfahren
   c) Form
3. Materielle Aufhebungsvoraussetzungen
   a) Tatbestand
      - (Anfängliche) Rechtswidrigkeit des VA
        (P) Verletzung von Verwaltungsvorschriften
        (P) »Rechtswidrig gewordener VA«
      - VA: belastend – begünstigend
      - Begünstigender VA: Geldleistung (beachte § 48 II VwVfG!) – sonstige Leistung
      - Ausschlussfrist gem. § 48 IV VwVfG
        (P) Rechtsanwendungsfehler
        (P) Entscheidungs-/Entschließungsfrist
        (P) Wessen Kenntnis?
   b) Rechtsfolge: Ermessen

32 VG Frankfurt a.M. Beschl. v. 25.7.2011 – 8 L 1993/11; *Kopp/Schenke* § 42 Rn. 138a mit Hinweisen auf Literatur, die die Anfechtung der Ersetzungsentscheidung anders als die Rspr. wegen § 44a VwGO ausschließt.
33 *Kopp/Ramsauer* § 47 Rn. 15.

### 1. Anwendbarkeit des § 48 VwVfG

15 Bevor Sie die Rücknahme des VA nach der Generalnorm des § 48 VwVfG prüfen, müssen Sie klären, ob die Vorschrift ggf. durch abschließende Spezialregelungen verdrängt wird.

- Die **§§ 44 f. SGB X**, die im Sozialverfahrensrecht die Rücknahme von VA regeln, verdrängen § 48 VwVfG.
- Die Entziehung der Fahrerlaubnis richtet sich ausschließlich nach **§ 3 StVG**.
- **§ 45 I WaffG** normiert die Rücknahmevoraussetzungen für waffenrechtliche Erlaubnisse abschließend.
- **§ 15 I GastG** normiert dagegen eine spezielle Rücknahmepflicht für die Gaststättenerlaubnis, ohne § 48 VwVfG zu verdrängen.
- Rechtswidrige Verkehrsregelungen werden nach § 48 VwVfG aufgehoben. Insoweit stellen weder § 45 I 1 StVO noch § 45 III 1 StVO Spezialregelungen dar.[34]

In Betracht kommt auch eine Unanwendbarkeit der Vorschrift bei atypischen Sachverhalten wie zB der Rücknahme einer Einbürgerung.[35]

### 2. Formelle Aufhebungsvoraussetzungen

16 In formeller Hinsicht existieren wenige Klausurprobleme. Zur Rücknahme ist die im Zeitpunkt der Aufhebungsentscheidung zuständige Behörde befugt. Dies folgt für die örtliche Zuständigkeit ausdrücklich aus § 48 V VwVfG. Hat ursprünglich eine sachlich unzuständige Behörde entschieden, ist für die Rücknahme die zum Zeitpunkt der Rücknahmeentscheidung tatsächlich zuständige Behörde entscheidungsbefugt.[36] Für die Rücknahme von Widerspruchsbescheiden ist nach obigen Grundsätzen (folglich nur) die Widerspruchsbehörde und nicht (auch) die Ausgangsbehörde zuständig. Etwas anderes soll aber dann gelten, wenn der Widerspruchsbescheid und damit auch der Ausgangsbescheid bestandskräftig geworden sind. Dann verschmelzen Ausgangs- und Widerspruchsbescheid zu einem (untrennbaren) rechtlichen Tatbestand, dessen Aufhebung (nur noch) in der Zuständigkeit der Ausgangsbehörde liegt.[37]

### 3. Materielle Aufhebungsvoraussetzungen

#### a) Rechtswidrigkeit des VA

17 Materiell muss der aufzuhebende VA objektiv rechtswidrig sein. Dies ist bei Verletzung von Außenrechtsnormen[38] zu bejahen.

**Problem: Rechtswidrigkeit wegen Verstoßes gegen Verwaltungsvorschriften**

Verwaltungsrichtlinien sind reines Binnenrecht. Allein der Verstoß gegen solche Vorschriften begründet die Rechtswidrigkeit behördlichen Handelns nicht. Verwaltungsvorschriften können aber mittelbar Bedeutung erlangen. Die Behörde handelt nämlich wegen Verstoßes gegen **Art. 3 I GG iVm dem Grundsatz der Selbstbindung** der Verwaltung rechtswidrig, wenn sie in vergleichbaren Fällen entsprechend der Verwaltungsvorschrift vorgegangen ist.[39] Ergibt sich aus dem Aktenauszug, dass die Behörde in anderen Sachverhalten die internen Vorschriften regelmäßig beachtet hat, müssen Sie über diesen Weg prüfen, ob die Verwaltungsvorschriften eingehalten worden sind.

Beachten Sie aber unbedingt, dass es stets nur auf die Abweichung von der Verwaltungspraxis ankommt. Ob sie zu den Verwaltungsvorschriften im Widerspruch steht, ist deshalb unerheblich.

Maßgeblicher Zeitpunkt für die Beurteilung der Rechtswidrigkeit ist grundsätzlich der Zeitpunkt des VA-Erlasses (sog. anfängliche Rechtswidrigkeit). Die Aufhebung rechtswidrig gewordener VA richtet sich hingegen grundsätzlich nach § 49 VwVfG (str.).[40]

---

34 VGH Mannheim NZV 2010, 323 (324).
35 BVerwG NVwZ 2008, 1249 (1250).
36 *Kopp/Ramsauer* § 48 Rn. 162.
37 Wolff/Decker/Decker VwVfG § 48 Rn. 40
38 Einschließlich der Vorschriften des Unionsrechts.
39 *Kopp/Ramsauer* § 48 Rn. 54; *Maurer* Allg. VerwR § 11 Rn. 18.
40 Siehe → Rn. 26.

### b) Begünstigender Verwaltungsakt

Die Rechtmäßigkeit der Rücknahme bemisst sich danach, ob es sich um einen begünstigenden oder einen nicht begünstigenden VA handelt. Die Rücknahme eines rechtswidrigen, belastenden VA ist jederzeit möglich (§ 48 I 1 VwVfG). Ein rechtswidriger, begünstigender VA darf hingegen nur unter den einschränkenden Voraussetzungen der § 48 I 2, II–IV VwVfG aufgehoben werden. 18

Begünstigend ist ein VA, wenn er ein Recht oder einen rechtlich erheblichen Vorteil begründet oder bestätigt (§ 48 I 2 VwVfG). Die Frage der Begünstigung ist stets im Zeitpunkt der Rücknahme zu beurteilen. Dies kann dazu führen, dass ein belastender VA begünstigend ist, wenn er aufgehoben wird, da zugleich eine belastendere Regelung (Verböserung) getroffen wird. Dann war der ursprüngliche VA weniger belastend. Dessen Rücknahme bemisst sich aus Sicht der nachträglichen Verböserung nach den § 48 I 2 iVm § 48 II und IV VwVfG.

### c) Besondere Voraussetzungen des § 48 II–III VwVfG

Anschließend prüfen Sie bei rechtswidrigen, begünstigenden VA die Voraussetzungen des § 48 II VwVfG bzw. § 48 III VwVfG. Das Vertrauen in den Bestand des begünstigenden VA berücksichtigen Sie wie folgt: 19

| **Bei VA, mit denen eine Geldleistung oder eine teilbare Sachleistung gewährt wird** | **Bei sonstigen VA** |
|---|---|
| ↓ | ↓ |
| Nur auf der **Primärebene** und nur **im Tatbestand** (§ 48 II VwVfG) | Auf der **Primärebene** bei der **Rechtsfolge** |
| • Vertrauensausschluss:<br>– § 48 II 3 Nr. 1 VwVfG (P) Handlungen Dritter<br>– § 48 II 3 Nr. 2 VwVfG (P) »Erwirken«<br>– § 48 II 3 Nr. 3 VwVfG (P) Sorgfaltspflichtmaßstab<br>• Vertrauensschutz:<br>– § 48 II 2 Alt. 1 VwVfG (P) »Verbrauch«<br>– § 48 II 2 Alt. 2 VwVfG (P) »Vorhanden«<br>• Allgemeine Abwägung: § 48 II 1 VwVfG | soweit § 48 III VwVfG enttäuschtes Vertrauen nicht angemessen kompensieren kann (zB Staatsangehörigkeitsentzug)<br>und auf der **Sekundärebene** (§ 48 III VwVfG) |
| § 48 IV VwVfG | |

**Aufbauhinweis:** § 48 I 2 VwVfG verweist auf Einschränkungen, die bei der Rücknahme eines begünstigenden VA zu beachten sind. Es ist nicht fehlerhaft, diese Einschränkungen als spezielle normative Schranken des Ermessens zu prüfen.[41] So können etwa die Einschränkungen des § 48 II VwVfG als inhaltliche Ermessensgrenze verstanden werden. § 48 IV VwVfG könnte als zeitliche Grenze des Rücknahmeermessens verstanden werden. Wir empfehlen hingegen mit der traditionellen Auffassung der Rspr. die Einschränkungen des § 48 II–IV VwVfG bereits auf tatbestandlicher Ebene zu prüfen. Hierfür spricht auch, dass § 48 VwVfG grammatisch zwischen den (auf Tatbestandsseite zu prüfenden) Einschränkungen des § 48 II–IV VwVfG und dem Ermessen differenziert.

#### aa) Spezieller Vertrauensschutz nach § 48 II VwVfG

§ 48 II VwVfG normiert einen speziellen Vertrauensschutz für Geldleistungs-VA und sonstige Sachleistungs-VA. Voraussetzung des Vertrauensschutzes ist, dass der Begünstigte auf den 20

41 In diese Richtung jüngst: BVerwG ThürVBl. 2008, 84 (85); so auch Stelkens/Bonk/Sachs/*Sachs* § 48 Rn. 110.

Bestand des VA vertraut hat und sein Vertrauen unter Abwägung mit den öffentlichen Interessen an einer Rücknahme schutzwürdig ist. Diese allgemeine Formel des § 48 II 1 VwVfG wird durch die nachfolgenden S. 2 und 3 durch positive und negative Beispiele konkretisiert. Aus alledem ergibt sich folgendes Prüfungsschema:[42]

- **Hat der Begünstigte tatsächlich auf den VA vertraut?** Diese Forderung ergibt sich aus § 48 II 1 VwVfG. Tatsächliches Vertrauen ist beispielsweise zu verneinen, wenn der Begünstigte den VA überhaupt nicht gekannt hat. Ein Fall, in dem der Begünstigte von dem VA keine Kenntnis hat, dürfte jedoch kaum klausurrelevant sein.
- **Ist das Vertrauen des Begünstigten schutzwürdig?**
  - Dies ist zunächst nicht der Fall, wenn ein **spezieller Ausschlussgrund** des § 48 II 3 VwVfG gegeben ist.
  - Liegt ein spezieller Ausschlussgrund des § 48 II 3 VwVfG nicht vor, kommt es zur Prüfung der **allgemeinen Regelvermutung** gemäß § 48 II 2 VwVfG: Danach ist das Vertrauen in der Regel schutzwürdig, wenn der Begünstigte gewährte Leistungen verbraucht oder Vermögensdispositionen getroffen hat, die er nicht mehr oder nur unter unzumutbaren Nachteilen rückgängig machen kann.
  - Ist auch kein Fall des § 48 II 2 VwVfG gegeben, ist zu prüfen, ob das Vertrauen des Begünstigten das öffentliche Interesse an der Rücknahme überwiegt. Diese grundsätzliche Frage ergibt sich aus § 48 II 1 VwVfG. Sie ist nur durch eine umfassende, gerichtlich voll überprüfbare **(allgemeine) Abwägung** zu beantworten. Dabei kommt es auf die konkreten Umstände und ihr Gewicht im Einzelfall an.

Zum Ausschluss des Vertrauens nach § 48 II 3 VwVfG gilt Folgendes:

- Bei § 48 II 3 **Nr. 1** VwVfG müssen Sie berücksichtigen, dass das Verhalten des Begünstigten gerade ursächlich für die Rechtswidrigkeit des VA gewesen ist (»*er* … erwirkt hat.«). Allerdings ist das Fehlverhalten eines Vertreters des Begünstigten diesem zuzurechnen. Diese Zurechnung hat die Rspr. auch bei einem Ehegatten bejaht, der durch Bestechungshandlungen einen Zuwendungsbescheid für das Wohnhaus der Ehefrau erwirkt hat.[43] Nach dieser Entscheidung kommt es entscheidend auf die Risikosphäre bzw. den Verantwortungsbereich des Begünstigten an. Liegt ein Fall des § 48 II 3 Nr. 1 VwVfG vor, greift im Übrigen die Jahresfrist des § 48 IV 1 VwVfG nicht ein (§ 48 IV 2 VwVfG). Deshalb müssen Sie in der Klausur regelmäßig klären, ob (lediglich) ein Fall des § 48 II 3 Nr. 2 oder 3 VwVfG vorliegt oder sogar ein Fall des § 48 II 3 Nr. 1 VwVfG. Dieses gilt jedenfalls dann, wenn Probleme der Ausschlussfrist in den Aktenauszug eingebaut sind.
- Vertrauensschutz entfällt nach § 48 II 3 **Nr. 2** VwVfG ferner dann, wenn der Begünstigte den zurückzunehmenden VA durch Angaben erwirkt hat, die in wesentlicher Beziehung unrichtig oder unvollständig waren. Klausurrelevant ist hierbei das Tatbestandsmerkmal »erwirkt«. Nach der Rspr.[44] liegt ein Erwirken bereits vor, wenn die fehlerhaften Angaben für die Rechtswidrigkeit des VA ursächlich sind.
- Schließlich sollten Sie bei der Auslegung des § 48 II 3 **Nr. 3** VwVfG daran denken, dass es darauf ankommt, ob der Begünstigte nach seiner individuellen Urteils- und Einsichtsfähigkeit (subjektiver Sorgfaltsmaßstab) die Rechtswidrigkeit des VA kannte.[45] Die Kenntnis bzw. grob fahrlässige Unkenntnis der tatsächlichen Umstände, die zur Rechtswidrigkeit des VA geführt haben, reichen daher nicht. Maßgebend für die »grobe Fahrlässigkeit« ist der individuelle Bildungsstand des Betroffenen. Hierzu wird Ihnen der Sachverhalt Hinweise (Schulabschluss, Erfahrungen mit Behörden etc.) geben.

Liegt ein Fall des § 48 II 3 VwVfG nicht vor, prüfen Sie anschließend, ob ein Fall des **§ 48 II 2 VwVfG** gegeben ist. Die Vorschrift ist – anders als ihr Wortlaut vermuten lässt – eng zu verstehen:

- Ein **Verbrauch der Leistungen** iSd § 48 II 2 Var. 1 VwVfG liegt nur vor, wenn sog. Luxusaufwendungen vorgenommen wurden. Wurden die empfangenen Leistungen hingegen zur

42 *Maurer* Allg. VerwR § 11 Rn. 30 ff.
43 OVG Münster NWVBl. 2005, 71 (74 f.).
44 BVerwG NVwZ 1990, 1069 (1071) mwN.
45 BVerwG NVwZ-RR 1994, 369.

Schuldentilgung verwendet oder für Anschaffungen, die bei bereicherungsrechtlicher Betrachtung noch im Vermögen des Begünstigten vorhanden sind, kommt die Regelvermutung nicht zum Zuge.[46]

- Der Begriff der **Vermögensdisposition** nach § 48 II 2 Var. 2 VwVfG geht über den »Verbrauch einer Leistung« hinaus. Er erfasst jedes Verhalten, das in einem ursächlichen Zusammenhang mit dem begünstigenden VA steht und Auswirkungen auf die Vermögenssituation des Betroffenen hat.[47] Schutzwürdig ist diese Disposition aber nur, wenn es dem Betroffenen unmöglich oder unzumutbar ist, sie rückgängig zu machen. Unzumutbarkeit wird nur vorliegen, wenn die Rückabwicklung gemessen an den individuellen Einkommens- und Vermögensverhältnissen des Betroffenen mit erheblichen Verlusten verbunden ist.[48]

Schließlich nehmen Sie gemäß **§ 48 II 1 VwVfG** eine Abwägung zwischen dem Vertrauensschutz des Betroffenen und dem öffentlichen Aufhebungsinteresse vor. Dabei sollten Sie folgende Aspekte berücksichtigen:

- Auswirkungen der Rücknahme für den Begünstigten
- **Folgen** der Nichtrücknahme für die **Allgemeinheit** und für **Dritte**
- **Art** und **Zustandekommen** des VA (je förmlicher das Verwaltungsverfahren ausgestaltet ist, desto mehr darf der Begünstigte auf den Bestand des VA vertrauen)
- **Schwere** der Rechtswidrigkeit
- seit dem Erlass des VA verstrichene **Zeit** (je weiter der Erlasszeitpunkt zurückliegt, desto stärker wiegt das Vertrauen des Begünstigten)

Überwiegt die Schutzwürdigkeit des Begünstigten, ist die Rücknahme rechtswidrig.

#### bb) Sonstige begünstigende Verwaltungsakte, die nicht unter § 48 II VwVfG fallen

Zur Gruppe der sonstigen begünstigenden VA gehören etwa Einbürgerungsbescheide oder Bauvorbescheide. Die Rücknahme solcher VA liegt gem. § 48 I VwVfG im Ermessen der Behörde. 21

**Problem: Berücksichtigung von Vertrauen auf der Primärebene**

Nach neuerer Rechtsprechung sind in die Ermessenserwägungen der Rücknahmeentscheidung Vertrauensschutzgesichtspunkte einzustellen.[49] Zwar sieht § 48 III VwVfG für die Gruppe der sonstigen begünstigenden VA einen finanziellen Ausgleich für enttäuschtes Vertrauen vor. Man könnte daher auf die Idee kommen, dass der Gesetzgeber in diesem Bereich enttäuschtes Vertrauen stets nur auf der Sekundärebene kompensieren wollte. Dagegen spricht aber, dass schutzwürdiges Vertrauen des Betroffenen durch einen bloßen finanziellen Ausgleich nicht immer angemessen aufgefangen werden kann. Bei der mithin gebotenen Vertrauensschutzabwägung im Rahmen der Ausübung des Rücknahmeermessens können Sie sich an der Prüfungsreihenfolge orientieren, die § 48 II VwVfG vorgibt. Um Missverständnissen vorzubeugen, raten wir allerdings von einer analogen Anwendung dieser Vorschrift ab.

### d) Rücknahmefrist (§ 48 IV VwVfG)

Die Rücknahmefrist des § 48 IV VwVfG gilt bei allen begünstigenden VA, sofern der VA nicht durch arglistige Täuschung, Drohung oder Bestechung erwirkt wurde (vgl. § 48 IV 2 iVm § 48 II 3 Nr. 1 VwVfG). Diese Norm ist zu einer der umstrittensten Vorschriften des gesamten Verwaltungsverfahrensrechts geworden. Entsprechend häufig spielt sie eine Rolle in Examensklausuren. Der Streit über die Auslegung des § 48 IV VwVfG betrifft drei Fragen:[50] 22

- **Ist die Vorschrift anwendbar?** Die Vorschrift kommt jedenfalls zur Anwendung, wenn der Behörde nach Erlass des VA Tatsachen (Fakten) bekannt werden, die die Rechtswidrigkeit des VA indizieren (Tatsachenfehler). Neben expliziten Ausnahmen (§ 48 IV 2

46 *Kopp/Ramsauer* § 48 Rn. 107 f.
47 *Kopp/Ramsauer* § 48 Rn. 109 mwN.
48 *Kopp/Ramsauer* § 48 Rn. 110 mwN.
49 BVerwG NVwZ-RR 2001, 198 (199); OVG Bremen Beschl. v. 25.2.2004 – 1 B 447/03; OVG Münster NWVBl. 2005, 71 (73).
50 *Maurer* Allg. VerwR § 11 Rn. 35a.

VwVfG sowie § 50 VwVfG – hierzu später) ist jedoch strittig, ob die Vorschrift auch eingreift, wenn die Behörde zwar vom zutreffenden Sachverhalt ausgegangen ist, aber später erkennt, dass sie das Recht falsch ausgelegt oder angewendet hat (sog. Rechtsanwendungsfehler). Das BVerwG bejaht die Anwendbarkeit des § 48 IV VwVfG auf Rechtsanwendungsfehler.[51]

- **Wann beginnt die Frist?** Nach der Rspr. beginnt die Frist erst dann zu laufen, wenn die Behörde alle für die Rücknahmeentscheidung maßgeblichen Tatsachen kennt. Dazu gehören auch jene, die für die Gewährung von Vertrauensschutz und die Ermessenserwägung relevant sind.[52] Demzufolge handelt es sich bei § 48 IV VwVfG nicht um eine (nach Kenntnis der Rechtswidrigkeit beginnende) Bearbeitungsfrist, sondern um eine (nach Aufklärung aller Tatsachen beginnende) Entscheidungsfrist. Diese Auffassung ist sehr behördenfreundlich. In der Klausur greifen Sie dann idR auf den Eingang der Stellungnahme im Anhörungsverfahren zurück.
- **Wer muss Kenntnis erlangen?** Die Vorschrift spricht lediglich von der Behörde. Der Große Senat des Bundesverwaltungsgerichts lässt es für den Fristbeginn nicht genügen, dass irgendwelche Amtsträger die Informationen erlangt haben. Es muss sich vielmehr um den behördenintern zuständigen Amtswalter handeln.[53] Klausurtypisch sind Fälle, in denen der maßgebliche Informationsträger schon seit geraumer Zeit innerhalb der Behörde herumgereicht wird und erst spät den tatsächlich zuständigen Amtswalter erreicht. In dem Zeitpunkt des Eingangs des Schriftstücks bei der Behörde ist die Jahresfrist häufig verstrichen. Auch hier hat die ständige Rspr. behördenfreundlich entschieden. Die Frist beginnt also erst, wenn der zuständige Amtswalter Kenntnis erlangt.

#### e) Ermessen

23 § 48 VwVfG eröffnet Ermessen (»kann«). Die an § 40 VwVfG zu orientierende Ermessensentscheidung bezieht sich sowohl auf das Entscheidungsermessen (»ob«) als auch auf das Auswahlermessen (»wie«). Hierbei sind die öffentlichen Interessen gegenüber dem privaten Interesse des Betroffenen abzuwägen. Der Sachverhalt wird viele Gesichtspunkte enthalten, die im Rahmen der Ermessensentscheidung eine Rolle spielen.

Bei Anfertigung der Klausur ist Folgendes zu berücksichtigen: Die der (auf Tatbestandsseite erfolgenden) Vertrauensschutzprüfung nachgelagerte Ermessensentscheidung wird idR durch das gesetzliche Gebot, bei der Aufstellung und Ausführung des Haushaltsplans die Grundsätze der **Wirtschaftlichkeit und Sparsamkeit** zu beachten (§ 6 HGrG), gelenkt. Daraus folgt, dass in den Fällen der rechtswidrigen Gewährung von öffentlichen Zuschüssen im Regelfall das Ermessen nur durch eine Entscheidung zugunsten der Rücknahme fehlerfrei ausgeübt werden kann. Die Haushaltsgrundsätze überwiegen also idR das Interesse des Begünstigten, die Leistung behalten zu dürfen und verbieten einen umfassenden Verzicht auf die Rücknahme der Subventionsentscheidung, wenn der mit der Bewilligung verfolgte Zweck verfehlt wird.[54] Der Hinweis auf die Grundsätze der Wirtschaftlichkeit und Sparsamkeit in dem im Aktenauszug abgedruckten VA reicht demzufolge in aller Regel. Sie sollten daher mit der Annahme eines Ermessensfehlers eher zurückhaltend sein. Es müssen stets besondere Gründe vorliegen, um eine andere Entscheidung zugunsten des Bürgers rechtfertigen zu können.[55] Für die Klausur – vor allem die verwaltungsbehördliche Klausur – heißt dies, dass die Ermessenserwägungen nicht umfassend dargelegt werden müssen. Sie sollten aber den Grundsatz des **intendierten Ermessens** deutlich zum Ausdruck bringen. Für verwaltungsgerichtliche Aufgaben folgt hieraus, dass ein Ermessensfehler vielfach nicht gegeben ist, weil ohnehin nur die Aufhebungsentscheidung sachlich richtig ist. Für die Anwaltsklausur heißt dies, dass der von dem Prüfungsamt dem Mandanten in den Mund gelegte Hinweis auf die vermeintliche Ermessensfehlerhaftigkeit häufig ins Leere läuft. Hierzu sollten Sie ggf. im Mandantenschreiben Stellung nehmen.

---

51 BVerwGE 66, 61.
52 BVerwGE 70, 356 (362 ff.).
53 BVerwGE 70, 356 (364).
54 BVerwGE 105, 55.
55 Wolff/Decker/*Decker* VwVfG § 48 Rn. 37.

Sofern nach dem Bearbeitervermerk eine **behördliche Entscheidung** zu entwerfen ist, müssen Sie hier einen Schwerpunkt der Klausurlösung legen. Bei der gem. § 39 I 3 VwVfG besonders zu begründenden Ermessensentscheidung müssen Sie umfassend darstellen,

- dass Sie als Behörde erkannt haben, dass Ermessen auszuüben ist,
  > Bei der von mir vorzunehmenden Ermessensentscheidung habe ich zu berücksichtigen, dass …
- welchen Zweck das Rechtsgebiet verfolgt, aus dessen Bereich der zurückzunehmende VA stammt,
- welche Umstände für die Ermessensentscheidung ermittelt worden sind und
- wie die Belange des Betroffenen mit den öffentlichen Belangen abgewogen werden.

Wenn allerdings ein Fall intendierten Ermessens vorliegt, sollten Sie klarstellen, dass der Gesetzgeber eine Regelwertung zugunsten der Aufhebung vorgenommen hat.

## II. Widerruf von Verwaltungsakten (§ 49 VwVfG)

**Übersicht: Widerruf von VA**

1. Anwendbarkeit des § 49 VwVfG
   (P) Spezialgesetze (unter anderem §§ 46 f. SGB X, § 15 II, III GastG)
2. Formelle Aufhebungsvoraussetzungen
   a) Zuständigkeit (unter anderem § 49 V VwVfG)
   b) Verfahren (unter anderem § 28 VwVfG)
   c) Form
3. Materielle Aufhebungsvoraussetzungen
   a) Tatbestand
   - Rechtmäßigkeit des VA
     (P) Rechtswidriger VA
     (P) Rechtswidrig gewordener VA
   - belastender/begünstigender VA
     (P) VA mit Mischwirkung
   - Wirkung: ex nunc (§ 49 II VwVfG)/ex tunc (§ 49 III VwVfG)
   - Ausschlussfrist (§ 49 II 2 bzw. III 2 iVm § 48 IV VwVfG)

   b) Rechtsfolge: Ermessen

### 1. Anwendbarkeit des § 49 VwVfG

Der Widerruf eines rechtmäßigen VA richtet sich im Allgemeinen nach § 49 VwVfG. Existieren Spezialnormen, stellt sich – wie bei § 48 VwVfG – die Frage nach dem Konkurrenzverhältnis. 24

- Die sozialverfahrensrechtlichen Sondervorschriften der **§§ 46 f. SGB X** schließen § 49 VwVfG aus.
- Der Widerruf der Gaststättenerlaubnis richtet sich nicht nach § 49 VwVfG, sondern ausschließlich nach **§ 15 II und III GastG.**[56]
- **§ 45 II WaffG** regelt abschließend den Widerruf waffenrechtlicher Erlaubnisse.
- **§ 21 BImSchG** regelt abschließend den Widerruf immissionsschutzrechtlicher Genehmigungen.

### 2. Formelle Aufhebungsvoraussetzungen

In formeller Hinsicht gelten keine Besonderheiten. Die örtliche Zuständigkeit folgt aus § 49 V iVm § 3 VwVfG. Für die sachliche Zuständigkeit gelten die Ausführungen zur Rücknahme eines Verwaltungsakts entsprechend. Die formell regelmäßig erforderliche Anhörung gem. § 28 VwVfG wird in den Aktenauszügen seltener problematisiert. 25

56 Im Gegensatz zu § 15 I GastG, neben dem auch § 48 VwVfG zur Anwendung gelangt; siehe oben.

### 3. Materielle Aufhebungsvoraussetzungen

#### a) Rechtmäßigkeit des Verwaltungsakts

26 Mit dem Tatbestandsmerkmal »rechtmäßiger VA« begrenzt der Gesetzgeber die Anwendbarkeit des § 49 VwVfG auf VA, die zum Zeitpunkt ihres Erlasses im Einklang mit der Rechtsordnung standen.[57] Die Prüfungsämter erwarten an diesem Punkt vielfach eine umfassende Prüfung der Rechtmäßigkeit der aufzuhebenden Entscheidung.

**Problem: Anwendbarkeit des § 49 VwVfG auf rechtswidrige VA**

Nach hM ist die Vorschrift über ihren eigentlich eindeutigen Wortlaut hinausgehend auch für die Aufhebung rechtswidriger VA anwendbar, sofern die Voraussetzungen des § 48 VwVfG nicht vorliegen (sog. »Erst-recht-Schluss«).[58] Denken Sie bei der Klausurbearbeitung aber daran, dass das Prüfungsamt von Ihnen immer (idR ausdrücklich) die Behandlung aller in der Klausur angesprochenen Rechtsprobleme erwartet. Streiten die Beteiligten daher im Sachverhalt über die Rechtmäßigkeit des aufgehobenen VA, dürfen Sie dessen Rechtmäßigkeit nicht unter Hinweis auf den möglichen »Erst-recht-Schluss« für den Fall seiner Rechtswidrigkeit dahinstehen lassen. Denn damit würden Sie sich nämlich möglicherweise die Behandlung wichtiger (punktebringender) Probleme abschneiden.

**Problem: Rechtswidrig gewordener VA**

Problematisch sind zudem Fälle, in denen sich die bei Erlass eines VA bestehende Sach- und Rechtslage dergestalt ändert, dass der VA nunmehr nicht mehr rechtmäßig erlassen werden könnte. Nach dem Wortlaut und der Gesetzesbegründung von §§ 48 f. VwVfG ist eine solche Entwicklung für die Frage, ob § 48 VwVfG oder § 49 VwVfG auf ihn anzuwenden ist, irrelevant. Es kommt grundsätzlich nur auf den Erlasszeitpunkt an. Diese an sich klare Regelung wird von der Rechtsprechung[59] aber bei sogenannten Dauer-VA in Zweifel gezogen. Unter Dauer-VA versteht die zitierte Rechtsprechung VA, deren Rechtsgrundlage den Fortbestand bestimmter Erlassvoraussetzungen während der gesamten Wirksamkeit des VA voraussetzt.[60] So erfordert etwa die Gewährung einer Funktionszulage für (verbeamtete) Lehrer die fortwährende Ausübung dieser Funktion. Die Zahlung einer Pflegezulage setzt andauernde Pflegebedürftigkeit voraus.

Die Rechtsprechung begründet die Schaffung der Fallgruppe »Dauer-VA« mit dem Bedürfnis, solche VA auch rückwirkend ab dem Zeitpunkt der Änderung der Sach- und Rechtslage aufheben zu können, was nur § 48 VwVfG, nicht aber § 49 VwVfG ermöglicht. In der Literatur wird diese Rechtsprechung teilweise heftig kritisiert.[61] Im Examen sollten sie an dieser Stelle den Schwerpunkt auf die Auslegung der Rechtsgrundlage für den aufzuhebenden VA legen und überlegen, ob der Gesetzgeber das dauerhafte Vorliegen eines bestimmten Tatbestandsmerkmals tatsächlich zur (dauerhaften) Rechtmäßigkeitsvoraussetzung für den VA ausgestalten wollte. Das wird, wenn es um staatliche Leistungen geht, regelmäßig der Fall sein.

#### b) Begünstigender Verwaltungsakt

27 Der aufzuhebende VA ist begünstigend, wenn er ein Recht oder einen rechtlich erheblichen Vorteil begründet oder bestätigt (§ 48 I 2 VwVfG). Dies beurteilt sich nach dem objektiven Regelungsgehalt des VA unter Berücksichtigung des Zwecks der ggf. zugrunde liegenden Norm.[62]

#### c) Vorliegen eines Widerrufsgrundes

28 § 49 II und III VwVfG enthalten Widerrufsgründe. Auch hier ist wie bei § 48 VwVfG zwischen VA, die eine Geld- oder teilbare Sachleistung zur Erfüllung eines bestimmten Zwecks gewähren oder hierfür Voraussetzung sind (§ 49 III VwVfG), und sonstigen VA (§ 49 II VwVfG) zu unterscheiden. Die Unterscheidung ist wichtig für den Zeitraum, für den der Widerruf ausgesprochen werden darf. § 49 II VwVfG enthält die Grundregel, wonach rechtmä-

57 Wolff/Decker/*Decker* VwVfG § 49 Rn. 3.
58 *Kopp/Ramsauer* § 49 Rn. 12.
59 OVG Münster NVwZ-RR 1988, 1; VGH Mannheim NVwZ-RR 2002, 621; BVerwG NVwZ-RR 1994, 369.
60 *Ule/Laubinger* VerwVerfR § 61 Rn. 21 f.
61 Vgl. *Kopp/Ramsauer* § 48 Rn. 57 mwN.
62 *Ehlers/Kallerhoff* Jura 2009, 823 (827).

ßige VA nur für die Zukunft widerrufbar sind. Ausnahmsweise ermöglicht Abs. 3 unter den dort niedergelegten weiteren Voraussetzungen den Widerruf von Geldleistungs-VA auch für die Vergangenheit, weshalb gerade diese Norm sehr examensrelevant ist.

#### aa) Vorliegen eines Widerrufsgrundes gem. § 49 II VwVfG

Für den Widerruf mit Wirkung für die Zukunft merken Sie sich folgende Gesichtspunkte: 29

- Nach dem klausurrelevanten **Widerrufsvorbehalt nach § 49 II 1 Nr. 1 VwVfG** ist ein Widerruf zulässig, wenn dieser im VA vorgesehen ist. Dieser Widerrufsvorbehalt ist eine Nebenbestimmung, deren Rechtmäßigkeit sich nach § 36 VwVfG bemisst. Klausurrelevant ist vor allem die Frage der Zulässigkeit des Widerrufs bei einem rechtswidrigen Widerrufsvorbehalt. Insoweit wird unterschieden: Ist der VA zum Zeitpunkt des Widerrufs noch anfechtbar, so dürfte es in jedem Fall darauf ankommen, dass der Widerrufsvorbehalt auch rechtmäßig ist. Etwas anderes gilt jedoch nach Auffassung des BVerwG für den Fall des unanfechtbar gewordenen VA.[63] Hier entfaltet der VA mit dem Widerrufsvorbehalt Tatbestandswirkung. Im Rahmen der Ausübung des Widerrufsermessens bzw. seiner Kontrolle können Sie überlegen, ob Sie die Rechtswidrigkeit des Widerrufsvorbehalts bei der Ermessensausübung zugunsten des Adressaten berücksichtigen bzw. der Ausübende sie berücksichtigen musste.

> **Klausurhinweis:** Dass ein rechtswidriger VA »erst recht« gem. § 49 VwVfG aufgehoben werden kann (vgl. → Rn. 26), wird insbesondere bei Widerrufsvorbehalten bedeutsam, weil § 48 VwVfG einen entsprechenden Rücknahmegrund nicht vorsieht.

- Der begünstigende VA kann ferner widerrufen werden, wenn er mit einer Auflage verbunden worden ist und der Betroffene diese nicht oder nicht innerhalb einer ihm gesetzten Frist erfüllt hat, **§ 49 II 1 Nr. 2 VwVfG**. Liegt dieser Widerrufsgrund vor, müssen Sie eine genaue Ermessensprüfung unter besonderer Berücksichtigung der Verhältnismäßigkeit vornehmen. Bei der Erforderlichkeit sollten Sie darauf hinweisen, dass die Behörde zunächst einmal die zwangsweise Durchsetzung der Auflage als weniger einschneidendes Mittel versuchen muss. Im Übrigen wäre der Widerruf einer Genehmigung einer bereits errichteten Anlage unangemessen, wenn eine relativ unwichtige Auflage nicht erfüllt worden ist.
- Ein Widerruf nach **§ 49 II 1 Nr. 3 VwVfG** kommt bei veränderter Sachlage in Betracht. Hier ist zu fragen, ob die Behörde aufgrund der nachträglich eingetretenen Tatsachen berechtigt wäre, den VA nicht zu erlassen. Entscheidend ist damit, ob aufgrund der nunmehr gebotenen Sachlage die Behörde verpflichtet oder bei Ermessen berechtigt wäre, den jetzt beantragten VA abzulehnen. Typischer Anwendungsfall ist die Konstellation, in der ein Erlaubnisinhaber nach Erlaubniserteilung wegen einer Straftat verurteilt wird. Ungeeignet ist die Vorschrift dagegen zur Lösung der oben erörterten Dauer-VA-Problematik. Denn sie ermöglicht den Widerruf eines VA nur für die Zukunft.
- **§ 49 II 1 Nr. 4 VwVfG** bezieht sich demgegenüber auf eine geänderte Rechtslage. Unter einer solchen versteht man die Änderung des geschriebenen Rechts, nicht aber eine veränderte Auslegung durch die Rechtsprechung oder eine Änderung der behördlichen Auslegungspraxis. Auch die Änderung von Verwaltungsvorschriften begründet keine Änderung der Rechtslage. Bei diesem Widerrufsgrund kommt hinzu, dass der Begünstigte von der Vergünstigung noch keinen Gebrauch gemacht hat oder aufgrund des VA noch keine Leistungen empfangen hat. In den Fällen des § 49 II 1 Nr. 3 und Nr. 4 VwVfG muss ohne Widerruf das öffentliche Interesse gefährdet sein. Hierfür reicht es nicht aus, dass der Widerruf als solcher im öffentlichen Interesse liegt, sondern er muss zur Beseitigung oder Verhinderung eines andernfalls drohenden Schadens für den Staat, die Allgemeinheit oder anderweitig geschützte Rechtsgüter erforderlich sein.[64]
- Schließlich ist ein Widerruf noch zulässig, um schwere Nachteile für das Gemeinwohl zu verhüten oder zu beseitigen, **§ 49 II 1 Nr. 5 VwVfG**. Dieser Auffangtatbestand ist auf wenige Extremfälle beschränkt und wird in der Klausur keine Rolle spielen.

**§ 49 II 2 VwVfG** verweist schließlich auf die Ausschlussfrist gem. § 48 IV VwVfG.[65]

63 BVerwG NVwZ 1987, 498 (499).
64 BVerwG NVwZ 1992, 565 (565 f.).
65 Siehe → Rn 22.

#### bb) Widerrufsgründe nach § 49 III VwVfG

30 Nur bestimmte Geldleistungs- und Sachleistungs-VA können gem. § 49 III VwVfG auch mit Wirkung für die Vergangenheit widerrufen werden. Da die Behörden in Examensfällen vielfach die Rückzahlung von Leistungen (zB von Subventionen) anstreben, müssen Sie die Vorschrift immer im Blick haben.

- Nach **§ 49 III 1 Nr. 1** VwVfG liegt ein Widerrufsgrund vor, wenn die Leistung nicht, nicht alsbald oder nicht mehr für den im VA bestimmten Zweck verwendet wird. Auf ein Verschulden kommt es nicht an. Falls nicht nachgewiesen werden kann, dass die Mittel zweckentsprechend verwendet werden, geht dies zulasten des Subventionsempfängers.[66]
- Im Übrigen ist ein Widerruf gem. **§ 49 III 1 Nr. 2 VwVfG** zulässig, wenn ein VA mit einer Auflage verbunden ist, die der Begünstigte nicht oder nicht fristgemäß erfüllt hat. Hier gilt das zur Nichterfüllung einer Auflage gemäß § 49 II 1 Nr. 2 VwVfG Gesagte entsprechend. Denkbar ist zB der Verstoß gegen Bewirtschaftungsauflagen. Unproblematisch sind Klausuren, in denen die Auflagen im VA selbst enthalten sind. Schwierigkeiten bereiten hingegen die Fälle, in denen der Zuwendungsbescheid selbst die Auflagen nicht enthält, ein zusätzlich geschlossener öffentlich-rechtlicher Vertrag zwischen der Zuwendungsbehörde und dem Empfänger aber eine Verpflichtung enthält, dass die Zuwendungen zurückzuzahlen sind, wenn gegen die Bestimmungen des Vertrags einschließlich konkreter Bewirtschaftungsauflagen verstoßen wird. Um zu klären, ob die Vereinbarung wirksam ist, müssen Sie in der Klausur dann ggf. die Wirksamkeit des öffentlich-rechtlichen Vertrags gem. §§ 54 ff. VwVfG prüfen (Vorliegen eines »öffentlich-rechtlichen« Vertrags; Schriftform; Voraussetzungen des § 59 VwVfG).[67] Schließlich müssen Sie gerade bei § 49 III 1 Nr. 2 VwVfG das Gebot der Verhältnismäßigkeit beachten. Die Nichterfüllung einer bloß geringfügigen Auflage rechtfertigt nicht ohne Weiteres den Widerruf.[68]

#### d) Ermessen

31 Die Entscheidung über den Widerruf steht im Ermessen der Behörde. Hier kommt es zur Abwägung zwischen dem Interesse am Fortbestand des VA und den Widerrufsgründen. Im Rahmen des § 49 III VwVfG liegt – ähnlich wie bei § 48 II VwVfG – wegen der haushaltsrechtlichen Grundsätze der Wirtschaftlichkeit und Sparsamkeit (vgl. § 6 HGrG) regelmäßig eine Ermessensentscheidung für eine Aufhebung des VA nahe. Es ist daher grds. nicht zu beanstanden, wenn bei Vorliegen von Widerrufsgründen der begünstigende VA aufgehoben wird.[69] Nur ausnahmsweise ist die Aufhebung unverhältnismäßig, etwa wenn die Pflichtverletzung nur ein geringes Gewicht hat oder wenn die wirtschaftliche Existenz durch die Aufhebung nachweislich ernsthaft gefährdet ist. Dann ist die Aufhebung ggf. auf bestimmte Zeiträume zu beschränken.

### III. Abwicklung nach Aufhebung des Verwaltungsakts (§ 49a VwVfG)

32 Soweit ein VA rechtsgestaltend gem. §§ 48, 49 VwVfG mit Wirkung für die Vergangenheit zurückgenommen oder widerrufen worden oder infolge Eintritts einer auflösenden Bedingung unwirksam geworden ist, sind bereits erbrachte Leistungen zu erstatten (§ 49a I 1 VwVfG). Die Vorschrift erfasst, auch wenn der Wortlaut ein deutlich weiteres Verständnis zuließe, nur Leistungen, die der Staat dem Bürger gegenüber erbracht hat und nicht auch den umgekehrten Fall.[70]

Beachten Sie, dass das Rückzahlungsgebot einen **weiteren VA** darstellt (§ 49a I 2 VwVfG), dessen Erlass zwar nicht voraussetzt, dass der Aufhebungsbescheid bestandskräftig oder sofort vollziehbar ist, wohl aber dessen Wirksamkeit.[71] Auch kommt der Erlass eines Rückforderungsbescheides nicht in Betracht, solange Rechtsbehelfe gegen den Aufhebungsbescheid aufschiebende Wirkung haben. Das gilt unabhängig davon, ob man insoweit der Wirksamkeits- oder der Vollziehbarkeitstheorie folgt. § 49a I 2 VwVfG begründet zugleich die in Aktenauszügen vereinzelt infrage gestellte Befugnis zum Erlass des VA (VA-Befugnis). Da das

66 OVG Münster NVwZ-RR 2003, 803.
67 Zu den klausurrelevanten Schwerpunkten im Einzelnen → Rn. 43.
68 Leuze-Mohr/*Diebold* ÖffR 53.
69 BVerwG NVwZ 2003, 221 (223).
70 *Kopp/Ramsauer* § 49a Rn. 3 mwN.
71 *Kopp/Ramsauer* § 49a Rn. 7a mwN.

Rückzahlungsgebot einen eigenständigen VA bildet, müssen Sie diesen getrennt von der rechtsgestaltenden Aufhebungsentscheidung prüfen.

Beachten Sie, dass die in den Aktenauszügen abgedruckten VA häufig nur die Rückforderung erklären, nicht aber ausdrücklich die Aufhebung des VA (vereinfacht: »Bitte erstatten Sie 5.000 EUR.«). In solchen Fällen müssen Sie durch Auslegung ermitteln, ob mit der Rückforderungsentscheidung zugleich die Aufhebung ausgesprochen wird. Das Klagebegehren (§ 88 VwGO) erfasst dann auch die Anfechtung der Aufhebungsentscheidung. Etwaige Anfechtungsanträge bzgl. des Rückforderungsgebots stehen in objektiver Klagehäufung zur Anfechtung der Aufhebung selbst (§§ 44, 113 IV VwGO[72]).

Für den Umfang der Erstattung verweist das Gesetz auf die §§ 812 ff. BGB, wobei für den **Wegfall der Bereicherung** besondere Bestimmungen gelten, § 49a II 2 VwVfG. Allerdings kann die Möglichkeit der Erhebung der Entreicherungseinrede ausgeschlossen sein, etwa wenn die Beteiligten vereinbart haben, dass bei zweckwidriger Verwendung der Mittel die gewährten Zuwendungen »in voller Höhe zurückzuzahlen« sind. Ggf. müssen Sie eine abgedruckte Vereinbarung dahingehend auslegen.

## IV. Rücknahme und Widerruf im Rechtsbehelfsverfahren (§ 50 VwVfG)

Die Regelungen der §§ 48, 49 VwVfG betreffen unmittelbar nur den einseitig begünstigenden und den einseitig belastenden VA. Es gibt aber zahlreiche Konstellationen, in denen es um die Aufhebung begünstigender VA mit belastender Drittwirkung geht. **33**

**Beispiel:** Die den Bauherrn begünstigende Genehmigung greift in die Rechte des Nachbarn ein.

Wie sich mittelbar aus § 50 VwVfG ergibt, bestimmen sich Rücknahme und Widerruf begünstigender VA mit belastender Drittwirkung nach den Vorschriften und Grundsätzen über die Rücknahme und den Widerruf begünstigender VA. Es gelten daher auch hier die sich aus dem Vertrauensschutzprinzip ergebenden Einschränkungen. Bei der Interessenabwägung sind allerdings nicht nur die Belange des Einzelnen und der Allgemeinheit gegeneinander abzuwägen, sondern auch die Interessen des belasteten Dritten mit einzubeziehen. Dieser Konstellation trägt § 50 VwVfG Rechnung.

Die Vorschrift erleichtert der Ausgangsbehörde Rücknahme und Widerruf **anlässlich** eines Widerspruchs- bzw. Anfechtungsklageverfahrens. Sie regelt dagegen nicht die Handlungsmöglichkeiten der Widerspruchsbehörde. § 50 VwVfG ist anwendbar, wenn ein begünstigender VA mit belastender Drittwirkung von einem Dritten angefochten wird. Für diesen Fall bestimmt er, dass der angefochtene VA von der zuständigen (Ausgangs-)Behörde ohne Rücksicht auf die vertrauensschutzbedingten Einschränkungen der §§ 48, 49 VwVfG zurückgenommen oder widerrufen werden darf.

Bitte beachten Sie, dass § 50 VwVfG den Vertrauensschutz nicht vollständig ausschließt, sondern nur die Vorschriften der § 48 I 2 und II–IV sowie § 49 II–IV und VI VwVfG. Haftungsrechtlich hat dies etwa zur Folge, dass der Begünstigte nach Aufhebung des VA keinen Entschädigungsanspruch nach § 48 III VwVfG hat. In Betracht kommt idR allenfalls ein Anspruch nach Art. 34 GG, § 839 BGB.[73] Im Rahmen allgemeiner Ermessenserwägungen auf Grundlage der § 48 I 1 VwVfG sowie § 49 I VwVfG ist der Vertrauensschutz weiterhin zu berücksichtigen.[74]

**Übersicht: Aufhebung eines VA im Rechtsbehelfsverfahren (§ 50 VwVfG)[75]**

1. Es muss sich um einen begünstigenden VA mit belastender Drittwirkung handeln.
2. Ein Dritter muss diesen durch Einlegung eines förmlichen Rechtsmittels (Widerspruch oder Anfechtungsklage) angefochten haben. Anfechtbarkeit genügt nicht.

72 OVG Münster DÖV 2007, 703.
73 *Maurer* Allg. VerwR § 11 Rn. 71 aE.
74 OVG Münster NWVBl. 2005, 71 (73).
75 *Maurer* Allg. VerwR § 11 Rn. 70 f.

3. Der Anfechtungsrechtsbehelf des Dritten muss zulässig sein. Diese Voraussetzung lässt sich dem Wortlaut des § 50 VwVfG zwar nicht entnehmen, ergibt sich aber aus dem Vertrauensschutz des Begünstigten. Besonderes Augenmerk bei der Zulässigkeitsprüfung verdienen hierbei die Befugnis (Vorliegen drittschützender Vorschriften) sowie die Beachtung der Anfechtungsfrist, bei Nichtbekanntgabe gegenüber dem Dritten ggf. das Rechtsschutzinteresse.
4. Das Rechtsmittelverfahren des Dritten muss noch laufen.
5. Mit der Aufhebung durch die Behörde muss dem Rechtschutzbegehren entsprochen werden, wobei es nicht auf die jeweils vorgetragenen rechtlichen Argumente, sondern auf das Ergebnis ankommt.
6. Umstritten ist, ob und inwieweit das Rechtsmittel begründet sein muss.
   a) Teilweise wird die Begründetheit des Rechtsmittels nicht gefordert: § 50 VwVfG verweise auch auf § 49 VwVfG und damit auf einen rechtmäßigen VA. In diesem Fall könne das Rechtsmittel des Dritten jedoch nie begründet sein.
   b) Teilweise wird vertreten, das Rechtsmittel des Dritten dürfe nicht offenkundig unbegründet sein. Der Wegfall des Vertrauensschutzes sei ausnahmsweise nur dann gerechtfertigt, wenn der Rechtsbehelf nicht offensichtlich unbegründet sei.
   c) Schließlich wird verlangt, das Rechtsmittel des Dritten müsse in vollem Umfang begründet sein. Für diese Ansicht sprechen vor allem der Wortlaut (»abgeholfen wird«), ferner Sinn und Zweck der Vorschrift, die der Behörde die Möglichkeit gibt, einer Aufhebung durch die Rechtsmittelinstanz zuvorzukommen, und vor allem der Grundsatz des Vertrauensschutzes.

## V. Wiederaufgreifen des Verfahrens (§ 51 VwVfG)

34 Die **Vorschrift des § 51 VwVfG** enthält einen Anspruch auf Wiederaufgreifen eines durch bestandskräftigen VA abgeschlossenen Verwaltungsverfahrens. Dabei sind zwei Verfahrensabschnitte streng zu unterscheiden: (erstens) die Entscheidung über das Wiederaufgreifen des Verfahrens und (zweitens) die Entscheidung über die Aufhebung oder Änderung in der Sache.

**Übersicht: Antrag auf Wiederaufgreifen des Verfahrens (§ 51 VwVfG)**

**1. Stufe: Entscheidung über das Wiederaufgreifen**

**I. Zulässigkeit**
- **1. Antrag**
- **2. Statthaftigkeit**
  (P) Unrichtige RBB
- **3. Antragsbefugnis**
- **4. Fehlendes Verschulden** (§ 51 II VwVfG)
- **5. Antragsfrist** (§ 51 III VwVfG)

**II. Begründetheit** (§ 51 I VwVfG)
1. Änderung der Sach- oder Rechtslage (Nr. 1)
   (P) Änderung der Rspr.
   (P) Unionsrechtskonforme Auslegung
2. Vorliegen neuer Beweismittel (Nr. 2)
3. Wiederaufnahmegründe entsprechend § 580 ZPO (Nr. 3)

↓

**2. Stufe: Sachentscheidung**

**1. Stufe: Entscheidung über das Wiederaufgreifen des Verfahrens**

In einer ersten Stufe sind die Zulässigkeit und die Begründetheit des Antrags auf Wiederaufgreifen des Verfahrens zu erörtern.

#### a) Zulässigkeit des Antrags auf Wiederaufgreifen des Verfahrens

Im Rahmen der Zulässigkeit des Antrags prüfen Sie die in der vorstehenden Übersicht genannten Gesichtspunkte. Das Wiederaufgreifen setzt gem. § 51 I Hs. 1 VwVfG einen **Antrag** voraus. 35

Der Antrag auf Wiederaufgreifen ist nur **statthaft**, wenn der VA tatsächlich unanfechtbar geworden ist. Unanfechtbarkeit liegt bspw. nicht vor, wenn ein Widerspruch oder eine Anfechtungsklage zulässig ist, weil die Rechtsbehelfsbelehrung unrichtig war und folglich nicht die einmonatige Widerspruchsfrist lief, sondern die einjährige Ausschlussfrist (§§ 70 II, 58 II VwGO).

Problematisiert werden könnte in einem Aktenauszug die Frage des **fehlenden Verschuldens** (§ 51 II VwVfG). Zulässig ist der Wiederaufgreifensantrag nur, wenn der Betroffene ohne grobes Verschulden, also ohne Vorsatz oder grobe Fahrlässigkeit, außerstande war, den Wiederaufgreifensgrund in dem früheren Verfahren, insbes. durch Rechtsbehelf, geltend zu machen. Vorsatz liegt vor, wenn dem Betroffenen das Bestehen des Wiederaufgreifensgrundes bekannt war; grobe Fahrlässigkeit, wenn sich ihm der Grund nach den ihm bekannten Umständen hätte aufdrängen müssen und er sich dennoch unter Vernachlässigung der einem ordentlichen Beteiligten zumutbaren Sorgfaltspflichten nicht weiter darum gekümmert hat.[76] Diese hohe Hürde wird voraussichtlich nicht überschritten werden. Daher dürfte es sich in der Klausur allenfalls um eine unschädliche leichte Fahrlässigkeit handeln.

Schließlich ist die **Antragsfrist** (§ 51 III VwVfG) zu beachten.

#### b) Begründetheit des Antrags auf Wiederaufgreifen des Verfahrens

Im Rahmen der Begründetheit des Antrags sind die Wiederaufgreifensgründe nach § 51 I Nr. 1 bis 3 VwVfG zu prüfen. 36

- **§ 51 I Nr. 1 VwVfG** zielt auf einen Widerruf. Denn der Betroffene macht geltend, dass sich nach Erlass des VA die Sach- oder Rechtslage geändert habe und deshalb der VA, dessen ursprüngliche Rechtmäßigkeit nicht angezweifelt wird, nunmehr mit geltendem Recht unvereinbar sei. Beachten Sie, dass die Änderung der höchstrichterlichen Rspr. grds. keine Änderung der Rechtslage beinhaltet und ihr auch nicht gleichzusetzen ist.[77] Das gilt auch für eine Änderung der EuGH-Rechtsprechung.[78] Die Rechtsprechung legt nur Rechtsnormen aus, schafft aber keine Rechtslage. Letzteres ist Sache der Legislative.
- Neue Beweismittel im Sinne des **§ 51 I Nr. 2 VwVfG** sind keine neuen Tatsachen, sondern beziehen sich auf alte Tatsachen, die bereits zur Zeit des Erlasses des VA vorlagen. In Betracht kommen etwa Sachverständigengutachten, Urkunden oder Zeugen. Die neuen Beweismittel indizieren die (ursprüngliche) Rechtswidrigkeit des VA und daher die Rücknahme.
- Mit dem Verweis des **§ 51 I Nr. 3 VwVfG** gelten schließlich auch die zivilprozessualen Wiederaufnahmegründe nach § 580 ZPO entsprechend.

### 2. Stufe: Neue Entscheidung in der Sache

Liegen die Voraussetzungen des § 51 VwVfG vor, ist die Behörde verpflichtet in der Sache neu zu entscheiden. Für diese neue Sachentscheidung kommt es nach ganz überwiegender Auffassung allein auf das materielle Recht an, das zum Zeitpunkt der neuen Entscheidung gilt.[79]

**Exkurs:** Teil B des 1. Kapitels beschäftigt sich mit drei zentralen Möglichkeiten, um die Bestandskraftwirkung eines Bescheides zu durchbrechen. In der **Anwaltsklausur** müssen sie die verschiedenen Möglichkeiten der Bestandskraftdurchbrechung prozessual richtig darstellen:

---

76 *Kopp/Ramsauer* § 51 Rn. 45.

77 BVerwGE 95, 86 (89 f.); *Ludwigs* Jura 2009, 226 (229) mwN.

78 BVerwG DVBl. 2010, 254 (256). Allerdings kann sich aus Art. 4 III EUV (»effet utile«) die Verpflichtung zur Korrektur eines Bescheides ergeben, wenn aufgrund einer Entscheidung des EuGH feststeht, dass die nationale Rechtsauslegung unionsrechtswidrig ist (EuGH NVwZ 2004, 459). Diese Verpflichtung erzwingt aber nicht eine erweiternde Auslegung der Wiederaufnahmegründe des § 51 VwVfG. Ihr kann vielmehr im Rahmen der Ausübung von Rücknahme- und Widerrufsermessen Rechnung getragen werden (siehe unten).

79 *Kopp/Ramsauer* § 51 Rn. 18.

- Lehnt die Behörde das Wiederaufgreifen des Verfahrens gemäß § 51 VwVfG ab, weil sie den Antrag für unzulässig oder unbegründet hält, ist gegen diese Entscheidung Verpflichtungsklage statthaft. Sie ist (nur) auf Verpflichtung zum Wiederaufgreifen zu richten, wenn im wiederaufzugreifenden Verwaltungsverfahren nach Ermessen zu entscheiden ist und dieses Ermessen nicht auf eine Sachentscheidung reduziert ist. Ist die Entscheidung im wiederaufgegriffenen Verfahren dagegen eine gebundene Entscheidung oder eine Ermessenentscheidung, die auf eine rechtmäßige Sachentscheidung reduziert ist, kommt neben einem bloßen Antrag auf Verpflichtung der Behörde das Verfahren wiederaufzugreifen auch ein Antrag in Betracht, der auf Verpflichtung der Behörde zum Ausspruch der begehrten Sachentscheidung gerichtet ist. Dafür sprechen vor allem prozessökonomische Gründe.[80]
- Daneben können Sie ein Begehren auf Durchbrechung der Bestandskraft eines Bescheides auch direkt auf §§ 48 f. VwVfG stützen (Wiederaufgreifen iwS), wie sich aus § 51 V VwVfG ergibt. Statthaft ist regelmäßig die Bescheidungsklage auf ermessensfehlerfreie Neuausübung des Rücknahme- bzw. Widerrufermessens. Kommen Sie ausnahmsweise zum Ergebnis, dass das Rücknahme- bzw. Widerrufermessen sich auf Null reduziert hat, ist die Verpflichtungsklage statthaft. In letzterem Fall können Sie, wie bei § 51 VwVfG beschrieben, zugleich auch Anträge zur begehrten Sachentscheidung stellen.

## C. Nebenbestimmungen zum Verwaltungsakt

Idealer Prüfungsstoff im Assessorexamen sind ferner Rechtsfragen im Zusammenhang mit Nebenbestimmungen zum VA. Diese spielen in der Praxis eine bedeutende Rolle und führen zu prozessualen und materiellrechtlichen Problemen in den examensrelevanten Gebieten des besonderen Verwaltungsrechts (insbes. Baurecht, Wirtschaftsverwaltungsrecht und Umweltrecht).

### I. Vorliegen einer Nebenbestimmung

37 Eine Nebenbestimmung liegt vor, wenn eine Hauptregelung (bzw. Haupt-VA) durch eine zusätzliche Bestimmung ergänzt oder beschränkt wird. § 36 II VwVfG zählt die denkbaren Nebenbestimmungen auf. Danach gibt es unselbstständige Nebenbestimmungen in Gestalt von Befristung, Bedingung und Widerrufsvorbehalt (»erlassen werden mit«) sowie selbstständige Nebenbestimmungen (»verbunden werden mit«) in Form der Auflage und des Auflagenvorbehalts. Was unter diesen Nebenbestimmungen im Einzelnen zu verstehen ist, ergibt sich ebenfalls aus § 36 II VwVfG. Dort werden sämtliche Nebenbestimmungen definiert.

**Problem: Abgrenzung Bedingung – Auflage**

Von einer (auflösenden oder aufschiebenden) Bedingung spricht man, wenn die Wirksamkeit der Hauptregelung von einem bestimmten Ereignis abhängig gemacht wird, dessen Eintritt noch ungewiss ist. Die Auflage enthält demgegenüber eine eigene Sachregelung, nämlich die Verpflichtung des durch den VA Begünstigten zu einem bestimmten Tun, Dulden oder Unterlassen. Im Gegensatz zur Bedingung enthält die Auflage damit eine **eigenständige Verpflichtung** des Adressaten und ist selbstständig vollstreckbar. Von Bedeutung kann diese Abgrenzung etwa bei einer Baugenehmigung sein, die mit einer Nebenbestimmung versehen wird. Ist die Nebenbestimmung Bedingung, führt Bauen ohne Erfüllung der Bedingung zu formeller Illegalität des Bauwerks, weil die Bedingung für die Wirksamkeit der Baugenehmigung nicht eingetreten ist. Ist die Nebenbestimmung dagegen Auflage, ist das ohne Beachtung der Auflage errichtete Bauwerk formell legal. Die Baubehörde kann lediglich einen Widerruf nach § 49 II Nr. 2 VwVfG oder eine Vollstreckung der Handlungsverpflichtung aus der Auflage erwägen.

Die Auslegung einer »Nebenbestimmung« erfolgt nach dem objektivierten Empfängerhorizont. Maßgeblich sind im Wesentlichen die folgenden vier Gesichtspunkte:

80 *Kopp/Ramsauer* § 51 Rn. 54 mwN; BVerwGE 106, 171.

1. In erster Linie ist auf die **Bezeichnung** im Aktenstück abzustellen. Die Bezeichnung ist allerdings nur ein erstes Indiz und kein maßgebliches Kriterium, da die Terminologie auch in der Verwaltungspraxis häufig noch sehr unpräzise ist.
2. Entscheidend ist letztlich der **Wille der Behörde**, wie er in ihrer Erklärung zum Ausdruck kommt. Als Faustregel sollten Sie sich Folgendes merken: Eine Bedingung ist dann gewollt, wenn der Behörde die Beachtung der Nebenbestimmung so wichtig erscheint, dass sie die Wirksamkeit des VA davon abhängig machen will. Dies sollte sich aus den Umständen des Einzelfalls ermitteln lassen.
3. Ein weiteres Indiz ist die **Zulässigkeit** der jeweiligen Nebenbestimmung nach dem Fachrecht. Darf nach dem speziellen Recht beispielsweise eine Bedingung, nicht aber eine Auflage erfolgen, dann ist im Zweifel Erstere anzunehmen. Es kann davon ausgegangen werden, dass die Behörde rechtmäßig handeln will.
4. Bleiben bei alledem noch Zweifel, ist von der **Auflage** als weniger einschneidendem Mittel auszugehen.

**Problem: Abgrenzung zur modifizierenden Auflage bzw. zur selbstständigen Verfügung**

Es gibt Regelungen, die zwar im Aktenstück als »Auflagen« bezeichnet werden, materiell aber keine Nebenbestimmungen (also auch keine Bedingungen) darstellen. Hierzu sollten Sie sich zwei Konstellationen merken:

- Erstens gibt es **Inhaltsbestimmungen**, die die Reichweite der Hauptregelung konkretisieren. Eine Inhaltsbestimmung liegt immer dann vor, wenn (ihr Regelungsgehalt hinweggedacht) der Rest-VA unbestimmt sein würde. Ein klausurrelevanter Sonderfall der Inhaltsbestimmung ist die modifizierende Auflage. Von einer modifizierenden Auflage spricht man, wenn der Bescheidgeber Formulierungen verwendet, die auf das Vorliegen einer Auflage hindeuten, sich ihr Regelungsgehalt aber der Sache nach als Inhaltsbestimmung darstellt. Eine modifizierende Auflage liegt also vor, wenn nicht eine zusätzliche Leistungspflicht begründet wird, sondern der Inhalt des VA die eigentliche Genehmigung qualitativ verändert, also modifiziert. Bei einem VA, der mit der Nebenbestimmung in Form einer Auflage verbunden ist, erhält der Bürger hingegen qualitativ das, was er beantragt hat (den Haupt-VA) unter einer zusätzlichen Leistungsverpflichtung. Bei einer modifizierenden Auflage erhält der Bürger nicht das, was er beantragt hat, sondern in gewisser Hinsicht etwas anderes (aliud). Das Erhaltene weicht damit wesentlich von dem Kern des Beantragten ab.

  **Beispiel:** A beantragt eine Baugenehmigung für ein Vorhaben mit Satteldach, erhält aber eine Baugenehmigung für das Vorhaben mit Flachdach.[81]

  Bei einer Inhaltsbestimmung bzw. modifizierenden Auflage gibt es keinen Streit über die statthafte Rechtsschutzform. In jedem Fall ist eine Verpflichtungsklage zu erheben und in der Begründetheit die Frage zu beantworten, ob der Bürger einen Anspruch auf den begehrten VA hat. Gerade im Umweltrecht liegen entgegen der sprachlichen Fassung als »Auflage« häufig Inhaltsbestimmungen vor (zB »Auflage zur Einhaltung von Lärmgrenzwerten«).
- Zweitens gibt es Regelungen, die als »Auflagen« bezeichnet werden, tatsächlich aber weder Nebenbestimmungen noch modifizierende Auflagen sind. Es handelt sich vielmehr um **selbstständige Verfügungen**, die nicht mit einem anderen (Haupt-)VA verbunden werden.

  **Beispiele:** Eine versammlungsrechtliche Auflage im Sinne des § 15 I VersG oder eine (nachträgliche) gaststättenrechtliche Auflage nach § 5 I GastG.

  In beiden Fällen gibt es keinen Haupt-VA. Die Durchführung einer Versammlung ist nur anzeige-, nicht aber genehmigungspflichtig. Die besonders klausurrelevante »Auflage« iSd § 5 I GastG ist »jederzeit« zulässig. Ergeht die »Auflage« nach Erlass der gaststättenrechtlichen Genehmigung, kann es sich allein wegen dieser zeitlichen Zäsur nicht um eine Nebenbestimmung in Gestalt der Auflage handeln. In einer solchen Konstellation dürfen Sie daher keinesfalls die Zulässigkeit einer Nebenbestimmung prüfen.

81 VGH München BayVBl. 1973, 583.

## II. Rechtsschutz gegen Nebenbestimmungen

Nebenbestimmungen führen zu prozessualen und materiellrechtlichen Fragen.

**Problem: Statthafte Klageart gegen Nebenbestimmungen**

38 Prozessual geht es um die Bestimmung der statthaften Klageart. Auf die vielen dazu in der Literatur vertretenen Ansichten[82] müssen Sie wegen der klaren Rechtsprechung des BVerwG nicht eingehen. Nach Ansicht des BVerwG[83] können alle Arten von Nebenbestimmungen isoliert mit der Anfechtungsklage angegriffen werden, sofern sie von der Hauptregelung prozessual (= logisch) teilbar sind. Diese Rspr. überzeugt auch. Denn die Auswahl der Klageart hat sich am Interesse des Klägers zu orientieren (§ 88 VwGO). Ihm geht es allein um die Aufhebung der missliebigen Nebenbestimmung. Deren isolierte Anfechtung lässt der Wortlaut des § 113 I 1 VwGO (»soweit«) zu.

**Problem: Aufbau der materiellrechtlichen Prüfung**

39 In der Klausur wird es vor allem um die materiellrechtliche Prüfung der Zulässigkeit der Nebenbestimmung und deren Aufhebbarkeit gehen. Diese beiden Aspekte sollten Sie unterscheiden.

**1. Schritt: Prüfung der Rechtmäßigkeit der Nebenbestimmung**

Die Maßstäbe für die Beurteilung der Rechtmäßigkeit der Nebenbestimmung ergeben sich aus § 36 VwVfG. Besteht auf den begehrten VA ein Anspruch, gilt § 36 I VwVfG. »Unbeschadet des Absatzes 1« – also bei Ermessensentscheidungen – gilt § 36 II VwVfG. Entscheidend ist insoweit, ob die streitgegenständliche Anspruchsgrundlage als gebundene oder als Ermessensvorschrift formuliert ist.

**Beispiele:**
- Gebundene Entscheidung: Baugenehmigung (»ist zu erteilen«)
- Ermessen: Erteilung eines Baudispenses gem. § 31 BauGB (»kann erteilt werden«)

Hat der Bürger einen **Anspruch** auf Erteilung des Haupt-VA, ist eine Nebenbestimmung gem. Abs. 1 nur zulässig, wenn sie durch Rechtsvorschrift zugelassen ist (Vorbehalt des Gesetzes) oder wenn sie sicherstellen soll, dass die gesetzlichen Voraussetzungen des VA erfüllt werden. Die Prüfung der zweiten Alternative läuft auf eine »normale« Rechtmäßigkeitsprüfung hinaus, in die formelle (Zuständigkeit, Verfahren, Form) und materielle Gesichtspunkte (Tatbestand, Rechtsfolge) einfließen und bei der im Rahmen der Verhältnismäßigkeit ggf. das besondere Koppelungsverbot nach § 36 III VwVfG zu beachten ist.

Ist der Erlass des Haupt-VA demgegenüber in das **Ermessen** der Behörde gestellt, so erlaubt § 36 II VwVfG Nebenbestimmungen ohne weitere Voraussetzungen. Bei der Zulässigkeitsprüfung kommt es aber vor allem darauf an, dass die Ermessensausübung ordnungsgemäß, dh pflichtgemäß ist. Sie müssen also zu den klassischen Ermessensfehlern (Ermessensausfall, -überschreitung, -fehlgebrauch) bezogen auf die Verbindung zwischen Haupt-VA und Nebenbestimmung Stellung beziehen. Im Regelfall dürfte dies auf eine Verhältnismäßigkeitsprüfung hinauslaufen. Das Koppelungsverbot des § 36 III VwVfG gilt auch hier.

**2. Schritt: Isolierte Aufhebbarkeit der Nebenbestimmung**

Sofern die Nebenbestimmung rechtswidrig ist, müssen Sie deren isolierte Aufhebbarkeit (materielle Teilbarkeit) erörtern. Der Klageantrag zielt schließlich darauf, »… den Bescheid vom … in Gestalt des Widerspruchsbescheides … insoweit aufzuheben, als er unter der Bedingung steht, dass …«.

Ihre Entscheidung sollte folgenden zwei Prinzipien Rechnung tragen: der Gesetzmäßigkeit der Verwaltung (Art. 20 III GG) und der Gewaltenteilung (Art. 20 II GG). Berücksichtigen Sie außerdem die oben genannte Differenzierung der Rechtsprechung hinsichtlich der durch die Hauptregelung angeordneten Rechtsfolge. Zwei Konstellationen sind denkbar.

82 Vgl. *Maurer* Allg. VerwR § 12 Rn. 22.
83 BVerwGE 112, 221.

- Der Haupt-VA ist als **gebundene Entscheidung** ergangen. Der Kläger hat einen Rechtsanspruch auf Erlass des begünstigenden VA, sofern dieser nach Aufhebung der Nebenbestimmung noch rechtmäßig ist (Art. 20 III GG).
- Der Erlass des Haupt-VA ist in das **Ermessen** der Behörde gestellt. Die Nebenbestimmung darf nur aufgehoben werden, wenn die Behörde bei Kenntnis der Rechtswidrigkeit der Nebenbestimmung den begünstigenden VA auch ohne die belastende Nebenbestimmung erlassen hätte (Art. 20 II GG). Diese Konstellation läuft also auf eine hypothetische Prüfung hinaus und muss vor allem die Bedeutung der Nebenbestimmung für die behördliche Entscheidung gewichten. Hier gilt folgende Regel: Je wichtiger die Nebenbestimmung für die Behörde war, desto weniger darf man annehmen, dass die Behörde den Haupt-VA auch ohne Nebenbestimmung erlassen hätte.[84]

## D. Zusage und Zusicherung

In vielen Aktenauszügen stellt sich die Frage, ob behördliche Erklärungen eine bindende Verpflichtung für ein späteres Verwaltungshandeln erzeugen. Dabei versteht man unter einer Zusage die Verpflichtung einer Behörde zu einem bestimmten Tun, Dulden oder Unterlassen. Die Zusicherung ist ein Unterfall der Zusage. Sie ist auf den Erlass oder das Unterlassen eines bestimmten VA gerichtet (§ 38 VwVfG). 40

- In **Leistungs-/Verpflichtungsklagesituationen** müssen Sie sich mit der Rechtsfigur Zusage/Zusicherung beschäftigen, wenn der Kläger seinen Anspruch (auch) auf eine Erklärung der Behörde aus der Vergangenheit stützt. In der Mehrzahl der Aktenauszüge ist dies allerdings nur ein kleinerer Mosaikstein der Klausur. Bei der Begründetheit der Klage prüfen Sie als Erstes, ob sich ein Anspruch aus der Zusage/Zusicherung als öffentlich-rechtlicher Sonderbeziehung ergibt. Dies ist idR nicht der Fall, sodass Sie anschließend gesetzliche Anspruchsgrundlagen erörtern.
- Mit Zusicherungen können sie im Rahmen von **Anfechtungsbegehren** konfrontiert werden. In diesem Fall ergeht entgegen einer vom Kläger behaupteten Zusicherung, einen bestimmten VA nicht zu erlassen, dieser doch und wird durch den Kläger angefochten. Dieser Bescheid ist iSd § 113 I 1 VwGO rechtswidrig, wenn sich die Behörde durch ihre Erklärung tatsächlich gebunden hat. Kommen Sie (was regelmäßig zu erwarten ist) zu dem Ergebnis, dass statt der geltend gemachten Zusicherung ein bloßer Hinweis vorliegt oder die Zusicherung unwirksam ist, fahren Sie mit einer normalen Rechtmäßigkeitskontrolle des VA fort.
- **Weitere Rechtsschutzkonstellationen** sind Anfechtungsrechtsbehelfe gegen die Aufhebung einer Zusicherung oder Feststellungsklagen, gerichtet auf die Feststellung des Vorliegens oder Nichtvorliegens der Voraussetzungen des § 38 III VwVfG.

**Übersicht: Anspruch aus behördlicher Zusicherung**

**1. Stufe: Auslegung**

**2. Stufe: Wirksamkeit**

- Zuständigkeit (§ 38 I 1 VwVfG)
- Schriftform (§ 38 I 1 VwVfG)
- Keine Nichtigkeit (§ 38 II VwVfG)
- Kein Wegfall der Geschäftsgrundlage (§ 38 III VwVfG)

**3. Stufe: Nachträgliche Aufhebung (§§ 38 II, 48 f. VwVfG)**

84 Zur Darstellung innerhalb der Entscheidungsgründe sowie der Formulierung vgl. *Kaiser/Köster/Seegmüller* Öffentlich-rechtliche Klausur Rn. 140 ff.

Beruft sich der Kläger im Aktenauszug auf eine behördliche Erklärung, müssen Sie in einem **ersten Schritt** durch Auslegung analog §§ 133, 157 BGB klären, ob die Erklärung der Behörde ein verbindliches Versprechen enthält, einen bestimmten VA zu erlassen oder zu unterlassen. Das ist oft nicht der Fall.

- Eine Zusicherung liegt nicht vor, wenn die Behörde bloß eine **Auskunft** ohne verbindlichen Erklärungsinhalt abgegeben hat. Eine derartige rein informative Mitteilung über tatsächliche Umstände oder rechtliche Verhältnisse[85] liegt etwa in der folgenden Erklärung: »Derzeit steht das Vorhaben im Einklang mit den baurechtlichen Bestimmungen, sodass zu einem behördlichen Einschreiten kein Anlass besteht.«.
- Eine Zusicherung liegt dann nicht mehr vor, wenn die Behörde bereits eine abschließende Entscheidung über einen Teil des späteren VA vorweg erlässt. Eine solche **Teilregelung** liegt zB in einem baurechtlichen Vorbescheid. Dieser nimmt einen Teil der Baugenehmigung, nämlich die Entscheidung über die bauplanungsrechtliche Zulässigkeit des Vorhabens, vorweg. Im BImSchG ist ein solcher Vorbescheid in § 9 BImSchG vorgesehen.[86]

Liegt nach dem Ergebnis Ihrer Prüfung eine selbstverpflichtende Erklärung mit Bindungswillen vor, prüfen Sie in einem **zweiten Schritt** die Wirksamkeit dieser Erklärung. § 38 II VwVfG erklärt für Zusicherungen die Wirksamkeitsvorschriften über VA für anwendbar. Eine zur Unwirksamkeit führende Nichtigkeit werden Sie voraussichtlich im Aktenauszug nicht finden.

Anschließend müssen Sie in einem **dritten Schritt** ggf. prüfen, ob die Behörde die Zusicherung konkludent oder ausdrücklich aufgehoben hat, § 38 II iVm §§ 48, 49 VwVfG. Dies läuft in der Klausur ggf. auf eine umfassende Inzidentprüfung hinaus, in der Sie prüfen müssen, ob die Zusicherung rechtswidrig war, weil die Behörde den Erlass eines rechtswidrigen VA zugesichert hat. Nur dann wird nämlich die Aufhebung selbst regelmäßig rechtmäßig sein.

## 2. Kapitel. Der Verwaltungsvertrag

41 Nicht selten wird in Aktenauszügen die Wirksamkeit öffentlich-rechtlicher Verträge aufgeworfen. Typisch sind folgende Rechtsschutzkonstellationen:

- Der Kläger erhebt **allgemeine Leistungsklage auf Rückzahlung** eines Geldbetrags. In der Begründetheit prüfen Sie den öffentlich-rechtlichen Erstattungsanspruch als Anspruchsgrundlage. Seine Voraussetzungen sind nicht erfüllt, wenn die Vermögensverschiebung aufgrund eines Verwaltungsvertrags, also mit Rechtsgrund erfolgt ist.
- Aus Anwaltsperspektive sollen Sie mitunter **Ansprüche aus dem Vertrag durchsetzen.** Sofern die Vertragspflicht nicht in dem Erlass eines VA besteht, ist die allgemeine Leistungsklage statthaft.
- Darüber hinaus kann die Assessorklausur auf die **Prüfung von Schadensersatzansprüchen** wegen der Verletzung vertraglicher Pflichten hinauslaufen. Die Wirksamkeit des Vertrags ist dann idR (Ausnahme: Ansprüche aus c.i.c.) Voraussetzung für ein verwaltungsrechtliches Schuldverhältnis, das entsprechende Pflichten begründet. In dieser Konstellation stellen sich vor allem auch Rechtswegprobleme (vgl. § 40 II 1 VwGO).
- Mitunter verpflichtet sich die Behörde in einem Verwaltungsvertrag zum Erlass eines begünstigenden VA und erlässt diesen dann auch. Nachdem sie die Nichtigkeit des Vertrags erkannt hat, hebt sie den Bescheid auf. Da die **Nichtigkeit des Verwaltungsvertrags** idR zur Rechtswidrigkeit des Ausgangsbescheids führt, ist die Aufhebungsentscheidung an § 48 VwVfG zu messen.

85 *Maurer* Allg. VerwR § 9 Rn. 62; *Diedrichsen* JuS 2006, 60 (62).

86 Anders als die Teilgenehmigung gem. § 8 BImSchG. Diese bezieht sich im Gegensatz zum Vorbescheid nicht auf einzelne Vorfragen, sondern beschränkt sich auf einen Teil des gesamten Vorhabens; vgl. *Maurer* Allg. VerwR § 9 Rn. 63a.

**Übersicht: Ansprüche aus Verwaltungsvertrag (§§ 54 ff. VwVfG)**

I. Bestehen eines »öffentlich-rechtlichen Vertrags«
   (P) Rechtsverhältnis auf dem Gebiet des öR
   (P) »Hinkender Austauschvertrag«
   (P) Abgrenzung zum mitwirkungsbedürftigen VA
II. Wirksamkeit des Vertrags
   1. Formelle Voraussetzungen
      a) Einigung (§ 62 S. 2 VwVfG iVm §§ 145 ff. BGB)
         (P) Kommunalrechtliche Vertretungsbefugnisse
         (P) Mitwirkungsverbote
      b) Schriftform (§ 57 VwVfG)
         (P) Urkundeneinheit
      c) Ggf. Mitwirkung Dritter
         (P) Zustimmungserfordernis bei Verpflichtungsvertrag
   2. Materielle Voraussetzungen
      a) Keine Nichtigkeit gem. § 59 II VwVfG
         (P) Kollusives Zusammenwirken (§ 59 II Nr. 2 VwVfG)
         (P) Unzulässige Gegenleistung (§ 59 II Nr. 4 VwVfG)
      b) Keine Nichtigkeit gem. § 59 I VwVfG (§§ 125, 134, 138, 142 BGB)
         (P) Vertragsformverbote
         (P) Reichweite gesetzlicher Verbote
III. Rechtsfolge:
   1. § 59 III VwVfG (Teilnichtigkeit oder Gesamtnichtigkeit)
   2. § 58 VwVfG

**Klausurhinweis:** Der Verwaltungsvertrag ist ein öffentlich-rechtlicher Vertrag iSd §§ 54 ff. VwVfG. Die Frage, ob ein öffentlich-rechtlicher Vertrag vorliegt, ist deshalb bei verwaltungsgerichtlichen Klausuren regelmäßig ein Problem der Eröffnung des Verwaltungsrechtswegs. Falls in anwaltlichen Aufgabenstellungen nach Ansprüchen des Mandanten gefragt wird, ist die Frage des Vorliegens eines öffentlich-rechtlichen Vertrags entweder im materiell-rechtlichen Gutachten und/oder im prozessualen Abschnitt des Gutachtens bei der Frage des Rechtswegs anzusprechen.

## A. Bestehen eines »öffentlich-rechtlichen Vertrags«

Hoheitsträger können sowohl privatrechtliche (zB Werkvertrag zwischen Polizei und Abschleppunternehmen)[87] als auch öffentlich-rechtliche Verträge abschließen (Wahlfreiheit). Die §§ 54 ff. VwVfG gelten nur für öffentlich-rechtliche Verträge. Die Anwendbarkeit dieser Bestimmungen setzt voraus, dass gemäß der Begriffsdefinition des § 54 S. 1 VwVfG »ein Rechtsverhältnis auf dem Gebiet des öffentlichen Rechts … durch Vertrag begründet, geändert oder aufgehoben« wird. 42

**Problem: Rechtsverhältnis auf dem Gebiet des öffentlichen Rechts**

Die Rechtsnatur des Vertrags bestimmt sich also nach dem Vertragsgegenstand, dh nach den im Vertrag geregelten Rechten und Pflichten (Gegenstandstheorie). Beziehen sich die betreffenden Rechte und Pflichten auf einen Lebenssachverhalt, der durch das öffentliche Recht geregelt wird (und wirkt demzufolge das öffentliche Recht prägend auf die vertragliche Ausgestaltung ein), so handelt es sich um einen öffentlich-rechtlichen Vertrag.

**Beispiel:** Die Behörde verspricht einem Grundstückseigentümer vertraglich die Erteilung einer Baugenehmigung, während der Bürger sich zur Errichtung des Bauwerks verpflichtet.

Bei mehreren Leistungspflichten in einem Vertrag, die sich bei isolierter Betrachtung nach dem öffentlichen Recht und dem Zivilrecht richten, stellen Sie auf den prägenden Schwer-

87 *Kopp/Ramsauer* § 54 Rn. 28.

punkt des Vertrags in seiner Gesamtheit ab und nicht – wie eine Minderansicht – auf einzelne Vertragselemente.

> **Beispiel** für einen prägenden öffentlich-rechtlichen Schwerpunkt: Pflicht des Bürgers zu einer Geldzahlung oder Grundstücksübereignung als Gegenleistung für eine hoheitliche Maßnahme (zB Erteilung eines VA).

Etwas anderes gilt nur, wenn zwei selbstständige Verträge in einer Vertragsurkunde zusammengefasst werden (zB Grundstückskaufvertrag und erschließungsrechtlicher Ablösevertrag).[88] In diesem Fall liegen ein öffentlich-rechtlicher und ein privatrechtlicher Vertrag vor. Im Regelfall dürfte aber nur ein einheitlicher öffentlich-rechtlicher (Verwaltungs-)Vertrag in Rede stehen.

**Problem: Abgrenzung von Verwaltungsvertrag und VA**

Zweiseitiger Verwaltungsvertrag und einseitiger VA bilden zwei eigenständige Kategorien. Ein Verwaltungsvertrag kommt wie im Zivilrecht durch übereinstimmende Willenserklärungen zustande. Für Angebot und Annahme gelten die §§ 145 ff. BGB analog, § 62 S. 2 VwVfG. Schwierigkeiten der Einordnung als Verwaltungsvertrag oder VA gibt es insbes. in drei Fällen:

- Ein Verwaltungsvertrag liegt zum Ersten beim **hinkenden bzw. kupierten Austauschvertrag** vor, bei dem nur die Leistung oder die Gegenleistung, nicht aber beide vertraglichen Pflichten explizit erwähnt werden. Hier folgt das Bestehen einer zweiseitigen Regelung – in Abgrenzung zur Zusicherung oder privaten Willenserklärung – aus einer Auslegung analog §§ 133, 157 BGB. Materiell wird der hinkende Austauschvertrag idR im Rahmen der § 59 II Nr. 4 iVm § 56 VwVfG relevant.
- Zum Zweiten kann ein begünstigender VA (Recht) mit einer **selbstständigen Nebenbestimmung**, etwa in Form einer belastenden Auflage (Pflicht), verbunden werden. Hier müssen Sie erkennen, dass nur eine einseitige Regelung der Behörde vorliegt. Auch dies lässt sich durch Auslegung analog §§ 133, 157 BGB ermitteln.
- Drittens stellt sich die Abgrenzungsfrage zum **mitwirkungsbedürftigen VA**: Während Vertragspartner gleichberechtigt Einfluss auf die inhaltliche Gestaltung des Vertrags nehmen können, ist dies beim mitwirkungsbedürftigen VA nicht der Fall. Seine Wirksamkeit hängt zwar von der Zustimmung oder Mitwirkung des Adressaten ab (zB Entgegennahme einer Urkunde); seine inhaltliche Gestaltung ist davon aber unabhängig.

> **Klausurhinweis:** Sie sollten in der Klausur – wenngleich in der gebotenen Kürze – stets einige Hinweise zur öffentlich-rechtlichen Natur des Vertrags aufnehmen. Ob eine Abgrenzung zu anderen Formen des Verwaltungshandelns erforderlich ist, richtet sich nach dem konkreten Prüfungsfall und der darin enthaltenen Argumentation der Beteiligten. Wenn etwa der Anspruchsgegner Ansprüche aus einem Verwaltungsvertrag mit der Begründung bestreitet, »die Vertragspflichten [seien] nicht ausdrücklich geregelt worden«, sollten Sie das Problem »hinkender Austauschvertrag« erörtern.

## B. Wirksamkeit des Verwaltungsvertrags

### I. Formelle Voraussetzungen

43 Formell rechtswidrig ist ein Verwaltungsvertrag, der im Hinblick auf Zuständigkeit, Verfahren oder Form nicht den gesetzlichen Anforderungen, insbesondere denen der §§ 57 f. VwVfG, genügt.

- Auch der Verwaltungsvertrag kommt durch ein **Angebot auf Vertragsschluss** und dessen **Annahme** zustande (§ 62 S. 2 VwVfG iVm §§ 145 ff. BGB).
- Beachten Sie ferner, dass ein Verwaltungsvertrag stets der **Schriftform** bedarf, § 57 VwVfG. Diese dient zwei Zwecken: Sie soll vor Übereilung schützen (Warnfunktion) und belegen, mit welchem Inhalt der Vertrag zustande gekommen ist (Beweisfunktion).[89] Die Schrift-

88 BVerwGE 138, 244 (247 f.); *Kopp/Ramsauer* § 54 Rn. 33.
89 BVerwG NVwZ 2005, 1083 (1084).

form erfordert grundsätzlich Urkundeneinheit iSv § 126 II BGB.[90] Die Rechtsprechung lässt allerdings zwei Ausnahmen zu. Zum einen soll es genügen, wenn dem schriftlichen Angebot eines Bürgers auf Abschluss eines ihn einseitig verpflichtenden Vertrags eine gesonderte unmissverständliche schriftliche Annahmeerklärung der Behörde gegenübersteht, auch wenn dies nicht in einer Urkunde schriftlich ausdrücklich dokumentiert ist.[91] Zum anderen wird von der Rspr. auf den Grundsatz der Urkundeneinheit nicht bestanden bei Verträgen zwischen Trägern öffentlicher Gewalt.[92] Bedenken Sie, dass über § 62 S. 2 VwVfG auch erhöhte Formerfordernisse, wie die notarielle Beurkundung bei Grundstücksgeschäften (§ 311b I 1 BGB), zum Tragen kommen.
Ein Verstoß gegen das Formerfordernis führt analog § 125 BGB iVm § 59 I VwVfG zur Nichtigkeit des Verwaltungsvertrags, es sei denn, spezialgesetzlich ist eine Heilung vorgesehen (vgl. etwa § 311b I 2 BGB). Ein Formmangel ist nur unter strengen Voraussetzungen zugunsten des Bürgers unbeachtlich, wenn die Berufung auf die Ungültigkeit einen schweren Verstoß gegen Treu und Glauben darstellen würde.[93] Sind die Voraussetzungen der Unbeachtlichkeit nicht gegeben, ist ein Anspruch aus c.i.c. denkbar, der nach streitiger Ansicht grds. in einer verwaltungsgerichtlichen Klage durchzusetzen ist.

- Sofern der Vertrag nach § 58 VwVfG der **Zustimmung eines Dritten** (§ 58 I VwVfG) oder **einer Behörde** (§ 58 II VwVfG; zB gemeindliches Einvernehmen im Sinne des § 36 BauGB) bedarf, ist er bis zur Erteilung der erforderlichen Zustimmung schwebend unwirksam. Die Vorschrift des § 58 I VwVfG gilt nach ihrem Wortlaut nur für Verträge, die in die Rechte des Dritten eingreifen. Um einen umfassenden Rechtsschutz des Dritten zu gewährleisten, bejaht die hM solch einen Rechtseingriff nicht erst bei Verfügungsverträgen, sondern bereits bei Verträgen, in denen die Behörde sich zu einem Verhalten verpflichtet, das (später) zu einem Eingriff in die Rechte des Dritten führt.[94]

## II. Materielle Voraussetzungen

Darüber hinaus kann ein Verwaltungsvertrag in materieller Hinsicht fehlerhaft sein. Dies ergibt sich bereits aus § 54 S. 1 VwVfG: Danach ist der Verwaltungsvertrag nur insoweit zulässig (rechtmäßig), als »Rechtsvorschriften nicht entgegenstehen«. 44

### 1. Kein Vertragsformverbot

Die genannte Einschränkung des § 54 S. 1 VwVfG normiert in jedem Fall ein sog. Handlungsformverbot (str., ob sie sich darüber hinaus auch auf den Vertragsinhalt bezieht). Bei dem Handlungsformverbot geht es um die Frage, ob die Behörde überhaupt in Form eines Vertrags die betreffenden Rechte oder Pflichten regeln durfte. Dabei müssen Sie erkennen, dass es bestimmte Handlungsformverbote gibt, die sich nur auf das sog. »Verfügungsgeschäft« beziehen. So ist etwa die Beamtenernennung durch Aushändigung der Ernennungsurkunde streng formgebunden und kann nicht durch einen (Verfügungs-)Vertrag ersetzt werden. Die Verpflichtung, jemanden zum Beamten zu ernennen, kann die Behörde hingegen ohne Verstoß gegen § 54 S. 1 VwVfG eingehen. 45

Im Übrigen müssen Sie erkennen, dass die frühere Auffassung, nach der ein unzulässiger (rechtswidriger) Verwaltungsvertrag (stets) nichtig sei, mit dem geltenden Verfahrensrecht nicht mehr zu vereinbaren ist. Vielmehr sind die Nichtigkeitsgründe – ähnlich wie beim VA – abschließend aufgezählt (§ 59 VwVfG). Rechtsverstöße, die nicht unter diese Nichtigkeitsgründe fallen, führen nur zur Rechtswidrigkeit, nicht aber zur Nichtigkeit des Verwaltungsvertrags. So verstößt etwa ein von der unzuständigen Behörde geschlossener Vertrag gegen die Rechtsordnung, ist aber gleichwohl wirksam.

---

90 AA die Literatur, die ein schriftliches Angebot und eine gesonderte schriftliche Annahmeerklärung ausreichen lassen will, vgl. *Kopp/Ramsauer* § 57 Rn. 9a mwN.
91 BVerwG NJW 1995, 1104 (1105 f.).
92 BVerwG NVwZ 2005, 1083.
93 *Kopp/Ramsauer* § 57 Rn. 15 mwN.
94 *Kopp/Ramsauer* § 58 Rn. 7 mwN.

In Klausuren kommt es regelmäßig entscheidend auf die Wirksamkeit eines öffentlich-rechtlichen Vertrags an.

> **Beispiel:** Macht der Kläger einen öffentlich-rechtlichen Erstattungsanspruch geltend, kommt es maßgeblich darauf an, ob die Behörde einen vermögenswerten Vorteil mit Rechtsgrund erlangt hat. Dies ist der Fall, wenn ihr ein entsprechender Anspruch aus einer wirksamen vertraglichen Vereinbarung zusteht.

Allerdings werden fast alle Rechtsverstöße im Rahmen der Nichtigkeitsgründe geprüft. Dort führen Sie häufig zur Unwirksamkeit des Vertrags. Hierin liegt ein wichtiger Unterschied zum VA (§ 44 VwVfG), dessen Nichtigkeitstatbestände enger gefasst sind.

**2. Keine Nichtigkeit gem. § 59 II VwVfG**

46 Um die Systematik der Nichtigkeitsgründe zu verstehen, sollten Sie zwischen folgenden zwei Vertragsarten unterscheiden:

- **Koordinationsrechtliche Verträge** sind solche, bei denen sich die Parteien ebenbürtig gegenüberstehen. Dazu gehören zB Gebietsänderungsverträge zwischen gleichgeordneten Gemeinden.
- **Subordinationsrechtliche Verträge** iSv § 54 S. 2 VwVfG liegen vor, wenn sich die Vertragsparteien in einem Über-Unterordnungsverhältnis befinden. Solche Verträge liegen etwa vor, wenn eine Behörde mit einem untergeordneten Privaten einen baurechtlichen Dispensvertrag schließt, einen Vertrag über eine Baulast eingeht oder eine Vereinbarung über die Ausgestaltung einer Subvention trifft.

Beide Vertragsarten können nach den §§ 55 f. VwVfG als Vergleichs- oder Austauschverträge ausgestaltet sein.

Alle genannten Verträge können gem. § 59 I VwVfG nichtig sein. Für subordinationsrechtliche Verträge enthält § 59 II VwVfG darüber hinaus spezielle Nichtigkeitsgründe. Im Examen wird Ihnen eher der subordinationsrechtliche Vertrag begegnen. Denn er ermöglicht es dem Prüfungsamt, auch die besonderen Nichtigkeitsgründe des § 59 II VwVfG zum Prüfungsgegenstand zu machen.

> **Klausurhinweis:** Wenn Sie die Nichtigkeit eines öffentlich-rechtlichen Vertrags in folgender Reihenfolge prüfen, gelangen Sie zu allen Rechtsproblemen:
> 1. § 59 II VwVfG
>    a) Vorliegen eines subordinationsrechtlichen Vertrags
>    b) Vorliegen spezieller Nichtigkeitsgründe des § 59 II VwVfG
> 2. § 59 I VwVfG: Vorliegen allgemeiner Nichtigkeitsgründe
> 3. § 59 III VwVfG: Rechtsfolge (Teilnichtigkeit oder Gesamtnichtigkeit)
> 4. § 58 VwVfG: Schwebende Unwirksamkeit?

- **§ 59 II Nr. 1 VwVfG** stellt die Parallele zu § 44 VwVfG her. Klausurrelevant ist hier der Fall, in dem sich die Behörde vertraglich zur Ernennung eines Beamten verpflichtet. Stellen Sie zunächst fest, dass § 44 II Nr. 2 VwVfG nicht zum Zuge kommt und, wie oben ausgeführt, auch ein Verstoß gegen das Handlungsformverbot nicht vorliegt. Das Formerfordernis für die Beamtenernennung bezieht sich nur auf die Verfügung, nicht jedoch auf die Verpflichtung. Nichtig wäre ein verpflichtender Vertrag zur Beamtenernennung jedoch, wenn diese von einem eignungs- oder leistungsfremden Gesichtspunkt abhängig gemacht würde (§ 59 II Nr. 1 iVm § 44 I VwVfG).[95]
- Der sehr examensrelevante **§ 59 II Nr. 2 VwVfG** hat einen engeren Anwendungsbereich, als sein weiter Wortlaut vermuten lässt: Notwendig ist ein kollusives Zusammenwirken von Behörde und Bürger, also ein bewusstes und gewolltes Zusammenwirken, um den rechtswidrigen Zustand herbeizuführen. Die Kenntnis nur eines Vertragspartners oder das bloße Kennenmüssen auch einzelner Vertragsteile reicht nicht aus.[96]

95 Hk-VerwR/*Fehling* VwVfG § 59 Rn. 28.
96 *Kopp/Ramsauer* § 59 Rn. 24.

- **§ 59 II Nr. 3 VwVfG** bezieht sich auf Vergleichsverträge. Das sind gem. § 55 VwVfG Vereinbarungen, die einen Konflikt durch gegenseitiges Nachgeben beilegen. Da bei diesen Verträgen in Kauf genommen wird, dass sie letztlich mit der Rechtslage nicht übereinstimmen, besteht eine erhöhte Missbrauchsgefahr. Die Behörde könnte leichtfertig eine Ungewissheit über den Sachverhalt oder die Rechtslage annehmen, um ihren Handlungsspielraum in einer Vergleichsvereinbarung zu erhöhen. Vergleichsverträge sind deshalb gem. § 59 II Nr. 3 VwVfG nur wirksam, wenn die Sach- oder Rechtslage für die Vertragspartner tatsächlich ungewiss war.
- Der wichtigste Nichtigkeitsgrund für den Austauschvertrag ist **§ 59 II Nr. 4 VwVfG**. Er zielt damit (ähnlich wie § 36 III VwVfG) auf die Einhaltung des Koppelungsverbots. Im Rahmen dieser Vorschrift müssen Sie regelmäßig zwei Aspekte klären: Erstens das Vorliegen eines Austauschvertrags; zweitens die Frage der unzulässigen Gegenleistung. Der Austauschvertrag ist dadurch gekennzeichnet, dass sich die Behörde zu einer Leistung und der Bürger zu einer Gegenleistung verpflichtet. Die Leistung der Behörde besteht vielfach in dem Erlass eines sog. vertragserfüllenden Bewilligungsbescheides.

  **Beispiel:** Die Beteiligten vereinbaren vertraglich Konditionen einer Zuwendung; die Behörde verpflichtet sich zum Erlass eines ausführenden Zuwendungsbescheides.

  Allerdings gilt § 59 II Nr. 4 VwVfG auch, wenn der Vertrag eine einseitige Verpflichtung des Bürgers enthält, aber die behördliche Leistung stillschweigend voraussetzt (sog. hinkender Austauschvertrag).

  **Beispiel:** Der Bürger verpflichtet sich zur Zahlung einer Geldsumme; die behördliche Verpflichtung zur Erteilung einer Baugenehmigung wird zwar nicht ausdrücklich in den Vertrag aufgenommen, aber von den Parteien stillschweigend vorausgesetzt oder als Bedingung für die Zahlungspflicht formuliert.

  Bei der Frage, ob eine unzulässige Gegenleistung verabredet wird, müssen Sie zwischen gebundenen Ansprüchen und Ermessensentscheidungen unterscheiden. § 56 I VwVfG gilt sowohl für gebundene Ansprüche als auch für Ermessensentscheidungen; § 56 II VwVfG demgegenüber nur für gebundene Ansprüche.

Ein klausurrelevanter Fall des Koppelungsverbots liegt vor, wenn Leistung und Gegenleistung nicht in einem sachlichen inneren Zusammenhang stehen. Dies ist beispielsweise der Fall, wenn die Ernennung eines Beamten von der Zahlung einer Geldsumme abhängig gemacht wird. Nach dem Prinzip der Bestenauslese ist die Ernennung allein an den Kriterien des Art. 33 II GG zu orientieren und darf daher nicht von der Zahlung einer Geldsumme abhängig gemacht werden. Unzulässig wäre auch eine Vertragspflicht zur Zahlung eines Geldbetrages als »wirtschaftlicher Ausgleich« für die Vorteile eines vertraglich vereinbarten Anspruchs auf Erteilung einer Baugenehmigung.

### 3. Allgemeine Nichtigkeitsvorschrift des § 59 I VwVfG

§ 59 I VwVfG verweist auf die entsprechenden Nichtigkeitsgründe des BGB. Neben den weniger examensrelevanten Folgen einer Anfechtung von Willenserklärungen (§ 142 iVm §§ 119, 120, 123 BGB) sollten Sie den bereits oben erörterten Verstoß gegen das Schriftformgebot (**§ 125 BGB**) im Rahmen des § 59 I VwVfG erörtern. 47

**Lernkontrolle:** Wann kann auf den Grundsatz der Urkundeneinheit verzichtet werden?

Besondere Aufmerksamkeit verdient das gesetzliche Verbot des **§ 134 BGB**. Die Anwendbarkeit dieser Vorschrift über § 59 I VwVfG wird zwar nicht in Abrede gestellt. Allerdings würde eine uferlose Anwendung die speziellen Nichtigkeitstatbestände überflüssig machen und die grds. Entscheidung des Gesetzgebers für eine Vertragsbeständigkeit aufheben. Deshalb bedarf es einer engen Interpretation der Bestimmung. Nach der Rechtsprechung führt nur ein qualifizierter Gesetzesverstoß zur Nichtigkeit eines Verwaltungsvertrages. Eine Verletzung allgemeiner Grundsätze, wie dem der Rechtsstaatlichkeit, genügt nicht. Im Übrigen kommen sowohl formelle Gesetze als auch Rechtsverordnungen, Satzungen und Unionsrecht als taugliche Verbotsgesetze in Betracht. Entscheidend ist vor allem folgender Leitsatz: Ein Verstoß gegen eine Verbotsnorm des § 134 BGB liegt wie im Zivilrecht vor, wenn das von der verletzten

Norm geschützte Interesse derart schwerwiegend ist, dass das Interesse am Bestand des Vertrags ohne Weiteres dahinter zurücktreten muss. Für die Entscheidung dieser Frage ist eine Abwägung erforderlich. Abwägungserheblich sind vor allem folgende Gesichtspunkte: Handelt es sich bei der Norm um eine zwingende, den Vertragsinhalt missbilligende Vorschrift (dann Nichtigkeit) oder normiert die verletzte Norm lediglich Form- oder Verfahrensfragen (dann keine Nichtigkeit)?

**Klausurhinweis:** Gelegentlich spielt in Klausuren ein (unwirksamer) Prozessvergleich eine Rolle. Im Aktenauszug finden Sie dann ein Verfahren vor, welches durch Prozessvergleich abgeschlossen wurde. Nach Abschluss beruft sich eine der Parteien auf die Unwirksamkeit und beantragt die Fortsetzung des Verfahrens. Dann müssen Sie bei der Lösung des Falles unter dem Prüfungspunkt »prozessuale Vorfragen« überlegen, ob das Verfahren durch den Prozessvergleich rechtskräftig abgeschlossen wurde oder ob der Prozessvergleich unwirksam ist und in der Sache entschieden werden muss.
Der Prozessvergleich ist sowohl Prozesshandlung als auch öffentlich-rechtlicher Vertrag. Seine Wirksamkeitsvoraussetzungen sind teilweise in der VwGO (§ 106 VwGO) und teilweise im VwVfG (§§ 54 ff. VwVfG) geregelt. Er hat eine Doppelnatur.[97] Als Prozesshandlung beendet er das Verfahren. Als materiell-rechtlicher Vertrag regelt er die Rechtsbeziehungen der Parteien.
Sie müssen zwischen verfahrensrechtlichen und materiellrechtlichen Wirksamkeitsvoraussetzungen unterscheiden. Prozessual erfordert der wirksame Prozessvergleich ein anhängiges Gerichtsverfahren und die Einhaltung einer der beiden in § 106 VwGO genannten Gestaltungen (Abschluss zur Niederschrift des mit der Sache befassten Gerichts, § 106 S. 1 VwGO, oder Annahme eines gerichtlichen Vergleichsvorschlags, § 106 S. 2 VwGO). Beim Vergleichsabschluss zur Niederschrift des Gerichts müssen Sie vor allem auf die ordnungsgemäße Protokollierung achten (§ 160 III Nr. 1 ZPO). Materiellrechtlich müssen (bei verständiger Würdigung des Sachverhalts oder der Rechtslage) eine Ungewissheit und ein gegenseitiges Nachgeben vorliegen. Außerdem darf keiner der oben erörterten Nichtigkeitsgründe gegeben sein.
Liegen sowohl prozessuale als auch materiellrechtliche Nichtigkeitsgründe vor, ist der Prozessvergleich insgesamt unwirksam. Gleiches gilt, wenn lediglich materiellrechtliche Nichtigkeitsgründe bestehen. Denn der prozessrechtliche Teil ist lediglich Begleitform für den materiellrechtlichen Vergleich.[98] Anders verhält es sich, wenn nur die Prozesshandlung wegen eines Verfahrensmangels (zB unwirksame Protokollierung) unwirksam ist. Dann folgt daraus nicht ohne Weiteres die Unwirksamkeit des materiellrechtlichen Vertrags. Hier müssen Sie auf den hypothetischen Willen der Parteien abstellen. Wenn die materiellrechtliche Regelung nicht ohne Beendigung des Prozesses und die Möglichkeit der Vollstreckung des Prozessvergleichs gelten sollte, ist der Vergleich insgesamt unwirksam. Ansonsten ist von der Wirksamkeit des materiellrechtlichen Teils auszugehen.[99]

## 3. Kapitel. Staatshaftungsrecht

48 Das Staatshaftungsrecht setzt sich aus vielen bundes-, landes- und gewohnheitsrechtlichen Anspruchsgrundlagen zusammen. Ein Überblick über das Gesamtsystem ist daher unabdingbare Voraussetzung für die sichere Auswahl der einschlägigen Anspruchsgrundlage. Verschiedene Grundlagen sind allerdings im *Palandt*, aber auch im *Kopp/Schenke* kommentiert. Nehmen Sie diese bei der Bearbeitung der nachfolgenden Darstellung, vor allem aber – sofern diese Kommentare als Hilfsmittel zugelassen sind – im Examen zur Hand.

97 BVerwG NJW 1994, 2306 f.
98 BVerwG NJW 1994, 2306 (2307).
99 Posser/Wolff/*Brüning* § 106 Rn. 21.

**Innerhalb zweiseitiger Rechtsbeziehungen**

→ **Vertragliche Schuldverhältnisse**
(Öffentlich-rechtlicher Vertrag/Verwaltungsrechtliches Schuldverhältnis)

- §§ 280 ff. BGB
- Öffentlich-rechtliche Forderungsverletzung (§§ 280, 241 II BGB analog)
- Öffentlich-rechtliche c.i.c. (§§ 280, 311 II, 241 II BGB analog)

→ **Gesetzliche Schuldverhältnisse**

- Ansprüche aus öffentlich-rechtlicher GoA
  - Aufwendungsersatzanspruch des Geschäftsführers (§§ 683, 670 BGB analog)
  - Schadensersatzanspruch des Geschäftsherrn (§ 677 BGB analog)
- Öffentlich-rechtlicher Erstattungsanspruch

**Einseitiges Tätigwerden (der Verwaltung)**

→ **Rechtmäßiges Verwaltungshandeln**

- Enteignungsentschädigung (Art. 14 III GG)
- Entschädigung wegen enteignendem Eingriff
- Allgemeiner Aufoperungsanspruch

→ **Rechtswidriges Verwaltungshandeln**

→ Beendigung bzw. Rückgängigmachung des hoheitlichen Handelns

- (ggf. vorbeugender) Öffentl.-rechtl. Abwehr- und Unterlassungsanspruch
- Öffentl.-rechtl. Folgenbeseitigungsanspruch (FBA)
- Anspruch auf Aufhebung eines VA (ggf. mit Annexantrag)

→ Anspruch auf finanziellen Ausgleich

→ Schuldhaftes Verhalten

- Spezialgesetzliche AGL
- Amtshaftung gem. Art. 34 GG, § 839 BGB

→ Schuldloses Verhalten

- Spezialgesetz
- Entschädigungsanspruch nach Polizeirecht
- Öffentlich-rechtl. Erstattungsanspruch
- Entschädigung wegen enteignungsgleichen Eingriffs

## A. Öffentlich-rechtlicher Abwehr- und Unterlassungsanspruch

49 Der Abwehr- und Unterlassungsanspruch wird insbes. relevant, wenn Immissionen hoheitlich betriebener Anlagen oder Äußerungen eines Hoheitsträgers abgewehrt werden sollen. Das Ziel besteht in der Abwehr gegenwärtiger (»**schlichter Abwehr- und Unterlassungsanspruch**«) bzw. bevorstehender (»**vorbeugender Unterlassungsanspruch**«) Beeinträchtigungen infolge eines rechtswidrigen hoheitlichen Realhandelns. Der vorbeugende Unterlassungsanspruch gewährt überdies Schutz vor einem konkret drohenden rechtswidrigen VA (zB Verhinderung eines drittbegünstigenden VA, durch den vollendete Tatsachen geschaffen werden).[100]

**Übersicht: Allgemeiner Abwehr- und Unterlassungsanspruch**

I. Herleitung: Rechtsstaatsprinzip, Abwehrfunktion der Grundrechte oder Rechtsgedanke der §§ 1004, 12, 862 BGB
II. Tatbestand
   1. Betroffenheit eines subjektiv-öffentlichen Rechts
   2. Hoheitlicher, unmittelbar bevorstehender oder andauernder Eingriff
      (P) Zurechnung des Handelns Privater
   3. Rechtswidrigkeit des Eingriffs
      (P) Äußerungen von Hoheitsträgern
      (P) Öffentl.-rechtl. Immissionen
III. Rechtsfolge: Unterlassung des rechtswidrigen Eingriffs

### I. Dogmatische Herleitung der Anspruchsgrundlage

50 Auch im Zweiten Examen sollten Sie einleitend feststellen, dass der Abwehr- und Unterlassungsanspruch eine geeignete AGL bildet. Es reicht die Feststellung, dass das Institut gewohnheitsrechtlich anerkannt ist. Seine Herleitung (Rechtsgedanke der §§ 1004, 12, 862 BGB analog, Rechtsstaatsprinzip [Art. 20 III GG] oder Abwehrfunktion der Grundrechte) kann dahinstehen, weil Voraussetzungen und Rechtsfolge in der Rspr. nicht umstritten sind.[101]

### II. Tatbestand

#### 1. Betroffenheit eines subjektiv-öffentlichen Rechts

51 Zunächst prüfen Sie die Betroffenheit eines subjektiv-öffentlichen Rechts. Ein solches kann aus einer **öffentlich-rechtlichen Sonderbeziehung, einfachem Recht** und subsidiär aus **Grundrechten** folgen.

**Beispiele:** Die Gemeindeordnungen gewährleisten einen Anspruch auf Durchführung eines Bürgerbegehrens. Ruft ein Bürgermeister dazu auf, dieses zu boykottieren, ist der einfachgesetzliche Anspruch auf Durchführung des Bürgerbegehrens betroffen. Durch die Aufnahme einer Gaststätte in eine vom Hoheitsträger verantwortete Liste »Sicher Essen in Berlin« ist die Berufsausübungsfreiheit (Art. 12 I GG) betroffen.[102] Immissionen einer öffentlich-rechtlichen Einrichtung beinhalten einen Eingriff in das Eigentumsrecht (Art. 14 I GG) und die Gesundheit (Art. 2 II GG). Eine Veröffentlichung von Verstößen gegen lebensmittelrechtliche Bestimmungen kann einen Eingriff in die Berufsausübungsfreiheit (Art. 12 I GG) und das Recht am eingerichteten und ausgeübten Gewerbebetrieb (Art. 14 I GG) darstellen.[103]

#### 2. Hoheitlicher, unmittelbar bevorstehender oder andauernder Eingriff

Nach dem **modernen Eingriffsverständnis** reicht es aus, dass die hoheitliche Maßnahme zurechenbar eine grundrechtliche Gewährleistung verkürzt.

---

100 *Kopp/Schenke* Vorb. § 40 Rn. 34 mit Beispielsfällen.
101 BVerwG DVBl. 1989, 463.
102 VG Berlin Urt. v. 28.11.2012 – 14 K 79.11.
103 VGH Mannheim NVwZ 2013, 1022 (1023).

Gerade bei Eingriffen durch Realakt stellt sich die Frage, ob der Anspruchsgegner **hoheitlich** handelte. Ein Realhandeln ist nämlich rechtsformneutral, weil Hoheitsträger auch privatrechtlich handeln können. In diesem Fall würden sich die Abwehransprüche nach dem Zivilrecht richten (insbes. §§ 906, 1004 BGB). Maßgeblich ist der Charakter des behördlichen Handelns. Dieser ist idR öffentlich-rechtlich, wenn ein Sachzusammenhang zur Erfüllung öffentlich-rechtlicher Aufgaben besteht. Dazu gehören zB die Daseinsvorsorge in Form des Betriebs hoheitlicher Einrichtungen oder die Erfüllung der öffentlich-rechtlichen Verkehrssicherungspflicht (zB Straßenbeleuchtung).

**Problem: Zurechnung des störenden Handelns Privater**

Häufig stellt sich innerhalb des »hoheitlichen Eingriffs« die Frage, ob und inwieweit sich der Staat das Handeln Privater als eigenes Handeln zurechnen lassen muss. Die Zurechnung der Handlungen von Beliehenen oder Verwaltungshelfern erfolgt nach allgemeinen Grundsätzen.[104] Zurechnungsprobleme stellen sich in Klausuren insbes. bei der störenden Nutzung öffentlicher Einrichtungen durch Private (zB Nutzung eines kommunalen Spielplatzes durch Bürger).

Dabei ist von folgendem Grundsatz auszugehen: Wird die Einrichtung **bestimmungsgemäß** genutzt, muss sich der Staat das Handeln der Privaten wie eigenes zurechnen lassen. Der Hoheitsträger steuert insoweit durch Benutzungsregelungen, mit denen er zB die Befüllung von Altglascontainern bis 20.00 Uhr erlaubt.

Wird die Einrichtung **außerhalb der Grenzen der Benutzungsregelung** genutzt, ist die Zurechnung ebenfalls zu bejahen, wenn der Hoheitsträger zumutbare Sicherungsmaßnahmen unterlässt. Dies ist zB der Fall, wenn er keine Hinweisschilder aufstellt oder die Beschilderung nicht von Pflanzenbewuchs freihält. Den »Umweg« über das Unterlassen zumutbarer Sicherungsmaßnahmen sollten Sie sich für die Klausurbearbeitung merken! Außerdem lässt sich die Zurechnung zum Hoheitsträger mit dessen Standortentscheidung (zB für einen Altglascontainer) begründen.

Beim schlichten Abwehr- und Unterlassungsanspruch bereitet die Feststellung eines **andauernden Eingriffs** idR keine Schwierigkeiten. Dauert der Eingriff nicht mehr an, muss der Betroffene eine konkrete **Wiederholungsgefahr** darlegen können. Insoweit gilt, dass eine vorangegangene rechtswidrige Handlung eine Wiederholungsgefahr indiziert.

> **Beispiel:** Der Hoheitsträger äußerte sich rechtswidrig im kommunalen Anzeiger. Insoweit besteht für dieses Medium auch eine Wiederholungsgefahr. Die Gefahr, dass sich der Hoheitsträger auch in anderen Medien rechtswidrig äußert, ist hierdurch nicht indiziert.[105]

Beim vorbeugenden Unterlassungsanspruch muss der Betroffene eine **Erstbegehungsgefahr** geltend machen können. Hat die Behörde den Erlass eines drittbegünstigenden VA konkret angekündigt, ist diese Voraussetzung gleichfalls zu bejahen.

### 3. Rechtswidrigkeit des Eingriffs

Ein typischer Klausurschwerpunkt ist die Rechtswidrigkeit des Eingriffs.[106] In diesem Punkt unterscheidet sich der Abwehr- und Unterlassungsanspruch vom FBA, der keinen rechtswidrigen Eingriff (Handlungsunrecht) fordert, sondern nach der Rechtswidrigkeit eines aktuellen Zustands (Erfolgsunrecht) fragt.

Eine Rechtfertigung unter Berufung auf Grundrechte scheidet aus, weil sich Hoheitsträger bei öffentlich-rechtlichem Handeln nach hM nicht auf Grundrechte berufen können (Konfusionsargument aus Art. 20 III GG). Deshalb formulieren Sie allgemein, dass hoheitliche Eingriffe bei Fehlen einer Duldungspflicht rechtswidrig sind. Bei rechtsförmlichen Handlungen, wie etwa dem Erlass eines VA, kann sich die Duldungspflicht nur aus der Anwendung der zugrunde liegenden Vorschrift ergeben, die sie anschließend prüfen müssen.

---

104 Siehe → Rn. 5 f.

105 VG Gera ThürVBl. 2010, 234 (235 f.).

106 Hierzu auch Palandt/*Bassenge* § 906 Rn. 39 ff.

**Problem: Rechtswidrigkeit von hoheitlichen Äußerungen**

Nach den von der Rspr. zur Beurteilung der Rechtswidrigkeit hoheitlicher Äußerungen entwickelten Kriterien sind zwei Rechtmäßigkeitsvoraussetzungen zu prüfen:

- Erstens muss die Behörde im Rahmen ihrer Aufgabenzuweisung tätig werden. Hierbei darf nicht von der Aufgabenzuweisung zugleich auf eine Eingriffsbefugnis geschlossen werden. Da der Gesetzgeber allerdings wegen der Vielschichtigkeit denkbarer Sachverhalte nicht für jede Äußerung eine Befugnisnorm regeln kann, verlangt die Rspr. nur bei staatlichen Maßnahmen, die klar auf eine nachteilige Wirkung abzielen und einem unmittelbaren Eingriff gleichzusetzen sind, eine EGL (»**funktionales Äquivalent für eine Verbotsverfügung**«). Achten Sie auf entsprechende Hinweise in den Aktenauszügen. Dort finden Sie ggf. Hinweise, welche EGL zu prüfen sind.

  > **Beispiel:** Beeinträchtigt eine behördliche Information die Wettbewerbsposition eines Herstellers von »E-Zigaretten« wie eine Verkaufsbeschränkung, bedarf es hierfür einer EGL.[107]

  Die wichtigsten EGL für hoheitliche Informationstätigkeiten sind
  - § 40 I und Ia LFGB,[108]
  - § 26 II Nr. 9 ProdSG,
  - § 6 I 3 VIG und
  - ausnahmsweise die gefahrenabwehrrechtliche Generalklausel.
- Zweitens muss die Behörde das **Sachlichkeitsgebot** wahren. Dies erfordert, dass die Behörde im Wesentlichen von zutreffenden oder zumindest sachgerecht und vertretbar begründeten Tatsachen ausgeht. Das Ausmaß der Sachaufklärungspflicht richtet sich nach dem Gewicht der Gefahr sowie dem Inhalt und der Funktion der Äußerung. Hierbei unterscheidet die Rspr. zwischen Tatsachenbehauptungen und Werturteilen. Maßgebend ist wie bei §§ 1004, 823 BGB, ob der Gehalt der Äußerung einer objektiven Klärung mit den Mitteln des Beweises zugänglich ist (dann Tatsachenbehauptung) oder nicht (dann Werturteil).
  - **Tatsachenbehauptungen** sind rechtswidrig, sofern sie unwahr sind.
  - **Werturteile** stellen idR einen Eingriff in das allg. Persönlichkeitsrecht aus Art. 2 I iVm Art. 1 I GG dar. Stets unzulässig sind bewusst irreführende Erklärungen, falsche Behauptungen oder persönliche Verunglimpfungen (Schmähkritik). Tendenziell sollten Sie bei der Annahme der rechtswidrigen Schmähkritik eher zurückhaltend sein. Ein Werturteil ist nicht bereits rechtswidrig, wenn es sehr pointiert vorgetragen wird.

**Problem: Rechtswidrigkeit von öffentlich-rechtlichen Immissionen**

Öffentlich-rechtliche Immissionen sind nicht allein wegen ihrer Gemeinwohlbindung zulässig. Sie sind wie privatrechtliche Immissionen nur insoweit hinzunehmen, als eine rechtliche Duldungspflicht besteht. Duldungspflichten können sich zunächst aus öffentlich-rechtlichen Vorschriften ergeben. Zu nennen sind etwa §§ 22, 3 BImSchG, die danach erlassenen Rechtsverordnungen und Verwaltungsrichtlinien nach § 48 BImSchG (TA Luft, TA Lärm).

**Klausurhinweis:** An dieser Stelle ist häufig das Bauplanungsrecht inzident zu prüfen. Die Erheblichkeit der Umwelteinwirkung iSv § 3 I BImSchG beurteilt sich nämlich (auch) danach, ob die Anlage nach dem Bauplanungsrecht zulässig ist. Sofern die Gebietsart nicht im Bearbeitervermerk vorgegeben ist, ordnen Sie die Umgebung anhand der Hinweise im Aktenauszug einem der in der BauNVO genannten Gebiete zu. Anschließend erörtern Sie, ob die Anlage generell (Abs. 2) oder ausnahmsweise (Abs. 3) baurechtlich zulässig ist.

107 BVerwG Urt. v. 20.11.2014 –3 C 25.13 – 3 C 27.13.

108 Hierzu VGH Mannheim Beschl. v. 28.1.2013 – S 9 2423/12 (Eilantrag eines Gastwirts gegen »Internet-Pranger« wegen Zweifeln an der Vereinbarkeit des § 40 Ia Nr. 2 LFGB mit EU-Recht und Verfassungsrecht erfolgreich); ebenso OVG Koblenz Beschl. v. 13.2.2013 – 6 B 10035/13; VGH München Beschl. v. 18.3.2013 – 9 C 12.2755; zu § 40 Ia Nr. 1 OVG Lüneburg Beschl. v. 14.6.2013 – 13 ME 18/13, NVwZ-RR 2013, 831 (da keine Regelung über die Löschung der nach § 40 Ia LFGB zu veröffentlichenden Daten existiert, bestehen Bedenken an der Verfassungsmäßigkeit der Norm; § 40 Ia Nr. 1 LFGB setzt im Fall von Proben nach § 39 I 1 LFGB unabhängige Untersuchungen durch zwei verschiedene Stellen nach Art. 12 II der VO [EG] Nr. 882/2004 voraus).

Fehlen spezielle öffentlich-rechtliche Maßstäbe, gelten subsidiär die allgemeinen Vorschriften des privaten Immissionsschutzrechts nach § 906 BGB. Auch hier gehen Sie systematisch vor und prüfen die Wesentlichkeit der Beeinträchtigung, deren Ortsüblichkeit und ggf. die wirtschaftliche Zumutbarkeit von Abwehrmaßnahmen. So sollten Sie etwa beim Lärmschutz im Rahmen eines Volksfestes auch auf dessen traditionelle Entwicklung abstellen. Dieses Argument werden Sie von Veranstaltern eines Festes häufig hören. Allerdings greift es nur für »traditionellen« Lärm und nicht für »neuartigen Lärm mit überlautem Schall mit Hilfe von neuen elektronischen Anlagen«.[109]

**Klausurhinweis und Zusammenfassung:** Die Abwehransprüche gegen störende Hoheitsträger sind häufiger Klausurgegenstand. Begehrt der Kläger (nur) Schutz vor einer bestimmten Störungsintensität (zB Lärmbelästigung zur Nachtzeit, Geruchsbelästigung während bestimmter Betriebszeiten) ist die allg. Leistungsklage (Unterlassungsklage) statthaft. Ausnahmsweise kann eine Verpflichtungsklage statthaft sein, wenn eine vollständige Einstellung der Tätigkeit durch entwidmende Allgemeinverfügung gem. § 35 S. 2 VwVfG begehrt wird. Für die Leistungsklage ist der Verwaltungsrechtsweg (§ 40 I 1 VwGO) eröffnet, da der verfolgte Abwehranspruch öffentlich-rechtlicher Art ist (Anlagenbetrieb dient idR der öffentlichen Daseinsvorsorge). Die Klagebefugnis ergibt sich idR aus einer möglichen Gesundheits- (Art. 2 II 1 GG) oder Eigentumsbeeinträchtigung (Art. 14 I 1 GG). Der iRd Begründetheit zu prüfende Anspruch folgt nicht aus dem drittschützenden § 22 I BImSchG, weil diese Norm keine unmittelbaren Abwehrrechte regelt.[110] Daher ist der allg. Abwehr- und Unterlassungsanspruch zu erörtern.

### III. Rechtsfolge

Der Rechtsfolge nach kann die Abwehr bzw. Unterlassung des nicht duldungspflichtigen 52
Eingriffs beansprucht werden. Der Kläger hat folglich keinen Anspruch auf eine bestimmte Schutzmaßnahme. Bezogen auf Immissionen bedeutet dies etwa, dass der Nachbar keinen bestimmten Lärmschutz (etwa den positiven Einbau von Schallschutzmaßnahmen) verlangen kann, sondern lediglich, dass die Zumutbarkeitsgrenze nicht überschritten wird. Dies kann der Hoheitsträger beispielsweise auch durch Einstellung des Betriebs erreichen. In einer Anwaltsklausur müssen Sie bei der Formulierung des Klageantrags an diesen wichtigen Unterschied denken. In einer gerichtlichen Klausur müssen Sie den Klageantrag ggf. teilweise abweisen, wenn der Kläger zB die Verpflichtung zur Errichtung von Lärmschutzmaßnahmen begehrt.

## B. Öffentlich-rechtlicher Folgenbeseitigungsanspruch

Der Folgenbeseitigungsanspruch (FBA) kommt im Wesentlichen in zwei Konstellationen vor: 53

- Erstens kann er isoliert ein **Leistungsbegehren** begründen. Die allg. Leistungsklage ist statthaft, wenn es um die Vornahme von Handlungen geht, die nicht im Erlass eines VA bestehen (zB Widerruf einer falschen Tatsachenbehauptung). Wird der Erlass eines VA begehrt, ist eine Verpflichtungsklage zu erheben (zB Exmittierung eines Obdachlosen). Im vorläufigen Rechtsschutz ist stets § 123 I VwGO statthaft.
- Zweitens stützt der FBA materiell einen **Vollzugsfolgenbeseitigungsanspruch**, der prozessual nach § 113 I 2, 3 VwGO (ggf. im einstweiligen Rechtsschutz nach § 80 V 3 VwGO) verfolgt wird (zB Anfechtung einer Sicherstellungsverfügung, verbunden mit dem Herausgabeanspruch der sichergestellten Sache). Beachten Sie, dass § 113 I 2, 3 VwGO bzw. § 80 V 3 VwGO keine materielle AGL bilden. Sie vereinfachen nur die prozessuale Realisierung des Vollzugsfolgenbeseitigungsanspruchs. Gerade dieser Fall kommt häufig im Gefahrenabwehrrecht vor.

109 OVG Schleswig NordÖR 2007, 370.
110 BVerwGE 79, 254 (256 f.); *Ehlers* Jura 2006, 351 (355); im Einzelnen siehe → Rn. 185 ff.

**Übersicht: Allgemeiner Folgenbeseitigungsanspruch**

I. Anwendbarkeit des FBA
II. Dogmatische Herleitung: Rechtsstaatsprinzip (Gesetzmäßigkeit der Verwaltung [Art. 20 III GG]), §§ 1004, 12, 862 BGB analog oder Abwehrfunktion der Grundrechte: jedenfalls gewohnheitsrechtlich anerkannt
III. Tatbestand
  1. Betroffenheit eines subjektiv-öffentlichen Rechts
  2. Hoheitlicher Eingriff
  3. Fortdauernder, rechtswidriger und zurechenbarer Zustand (nicht Eingriff!)
    a) Rechtswidrigkeit des Erfolgs (»Erfolgsunrecht«)
    b) Zurechenbarkeit der eingetretenen Folgen
      (P) Zurechnung bei Handlungen Privater
    c) Fortdauern des rechtswidrigen Zustands
IV. Rechtsfolge
  1. Anspruch auf Wiederherstellung des status quo ante
    a) Anspruch auf Beseitigung der unmittelbaren Folgen des Verwaltungshandelns
      (P) »Unmittelbarkeit«
    b) Anspruch auf Herbeiführung eines »gleichwertigen« Zustands
      (P) Gleichwertigkeit
  2. Anspruchsgrenzen
    a) Unmöglichkeit der Folgenbeseitigung
    b) Unzumutbarkeit der Wiederherstellung
    c) Unzulässige Rechtsausübung
    d) (P) Auswirkungen des Mitverschuldens
V. Verjährung: § 195 BGB analog (drei Jahre)

## I. Anwendbarkeit des allgemeinen FBA

54 Der allgemeine Abwehr- und Unterlassungsanspruch dient dazu, einen andauernden oder bevorstehenden rechtswidrigen Eingriff abzuwehren. Der FBA zielt auf die Beseitigung eines rechtswidrigen Zustandes.

**Überblick: Anwendbarkeit des FBA**

| Bevorstehender Eingriff | Gegenwärtiger Eingriff | Eingriffsfolgen |
|---|---|---|
| Vorbeugender Unterlassungsanspruch | Schlichter Abwehr- und Unterlassungsanspruch | FBA |

**Problem: Abgrenzung des FBA vom Abwehr- und Unterlassungsanspruch**

Bevor Sie den FBA prüfen, sollten Sie (zumindest gedanklich; in der Anwaltsklausur ggf. im Abschnitt »Mandantenbegehren«) erörtern, welches Begehren verfolgt wird. Nur so können Sie sicherstellen, dass Sie die richtige AGL prüfen. Während der Abwehr- und Unterlassungsanspruch dazu dient, einen rechtswidrigen Eingriff abzuwehren, zielt der FBA auf die Beseitigung der rechtswidrigen Folgen hoheitlichen Handelns.

**Problem: FBA bei Abwehr hoheitlicher Erklärungen**

Der durch hoheitliche Erklärungen beeinträchtigte gute Ruf kann lediglich durch Widerruf von Tatsachenbehauptungen (zB »M war schon dreimal verheiratet!«) mit dem FBA wiederhergestellt werden. Werturteile (zB »Bauunternehmer A ist ein hinterlistiger Abzocker!«) sind aus tatsächlichen Gründen nicht widerrufsfähig und scheiden iRd FBA aus. Insoweit kommen nur Abwehr- und Unterlassungsansprüche oder monetäre Ausgleichsansprüche in Betracht.

## II. Dogmatische Herleitung

Zur Herleitung des FBA wird zT auf das Gebot der Gesetzmäßigkeit der Verwaltung (Art. 20 III GG) abgestellt; daneben wird auf §§ 1004, 12, 862 BGB analog oder die Abwehrfunktion der Grundrechte verwiesen. Sie brauchen diese Ansätze nicht im Detail darzustellen. Es reicht der Hinweis, dass das auf die vorne genannten Erwägungen gestützte Institut gewohnheitsrechtlich anerkannt ist und die dogmatische Herleitung aufgrund der gesicherten Voraussetzungen und Rechtsfolge dahinstehen kann. Schließlich können Sie darauf hinweisen, dass die prozessualen Bestimmungen der §§ 113 I 2, 3 VwGO, 80 V 3 VwGO den materiellen FBA voraussetzen, ihn aber nicht begründen.[111] 55

## III. Tatbestand

### 1. Betroffenheit eines subjektiv-öffentlichen Rechts

Welches subjektiv-öffentliche Recht genau betroffen ist, geht aus den Klausuren bisweilen nicht klar hervor. Im Regelfall stellen Sie auf Grundrechte ab. 56

- Bei **ehrkränkenden Äußerungen** kommt regelmäßig das allgemeine Persönlichkeitsrecht aus Art. 2 I iVm Art. 1 GG zum Zuge;
- bei **geschäftsschädigenden Äußerungen** eher die Berufsfreiheit aus Art. 12 GG und seltener der eingerichtete und ausgeübte Gewerbebetrieb nach Art. 14 GG (zur Abgrenzung vgl. den abschließenden Grundrechtsabschnitt);
- bei **Immissionen** wird idR die Eigentumsgarantie (Art. 14 GG) relevant. Im Übrigen steht auch das infolge einer Gebührenzahlung erworbene Grabstättennutzungsrecht, das friedhofssatzungsrechtlich einer Person zur Bestattung, Errichtung eines Grabmals und Bepflanzung zugewiesen ist, unter dem Schutz des Art. 14 I GG.[112]

### 2. Hoheitlicher Eingriff

In dieses Recht muss hoheitlich eingegriffen worden sein. In dieser Voraussetzung verbergen sich zwei Probleme: 57

Zum Ersten müssen Sie feststellen, dass die Handlung des Hoheitsträgers **hoheitlich**, dh öffentlich-rechtlich, erfolgte. Dies ist unproblematisch bei VA (»Vollzugsfolgenbeseitigungsanspruch«) oder sonstigen rechtsförmlichen Handlungen des öffentlichen Rechts. Bei Realakten müssen Sie dies jedoch unter Hinweis auf Zielsetzung und Sachzusammenhang genau nachweisen, soweit Sie das nicht bereits im Rahmen prozessualer Fragestellungen bei der Eröffnung des Verwaltungsrechtswegs (öffentlich-rechtliche Streitigkeit iSd § 40 I 1 VwGO) getan haben.

Zum Zweiten muss das hoheitliche Handeln zu einem **Eingriff** in das subjektiv-öffentliche Recht geführt haben. Hier gehen Sie zwar von einem modernen Verständnis aus, wonach prinzipiell jegliches staatliches Handeln, das grundrechtlich geschützte Verhaltensweisen verkürzt, als Eingriff anzusehen ist. Allerdings scheidet ein Unterlassen – auch wenn es pflichtwidrig erfolgte – regelmäßig als Anknüpfungspunkt eines Eingriffs im Rahmen des FBA aus (zB Folgen einer rechtswidrigen Baugenehmigungsversagung). Denn das Begehren geht dann über die bloße Herbeiführung des früheren Zustands, der vor dem »Eingriff« bestanden hat (status quo ante) hinaus. In der Klausur ist auf eine genaue sprachliche Darstellung zu achten: Eine andere Sachlage ergibt sich nämlich in Fallgestaltungen, in denen die Verwaltung für den (positiven) Betrieb jener öffentlichen Einrichtung verantwortlich ist (Bolzplatz, Recyclingcontainer, Skater-Anlage, Straße), von der die Störungen ausgehen. Hier liegt der Anknüpfungspunkt für den FBA nicht in dem Unterlassen des Lärmschutzes, sondern in der Errichtung und Bereitstellung der öffentlichen Einrichtung. Im Gegensatz zum Unterlassen wird hier durch den Betrieb in eine bestehende Rechtsposition des Betroffenen eingegriffen und das bestimmungsgemäße Handeln Privater dem Staat wie eine eigene Handlung zugerechnet.

Ein hoheitlicher Eingriff kann aber auch vorliegen, wenn die Behörde zunächst durch aktives Tun eine bestimmte Kausalkette in Gang setzt, die später durch Zeitablauf in einen rechtswidrigen Zustand mündet.

111 *Kopp/Schenke* § 113 Rn. 81.
112 OVG Münster NVwZ 2000, 217.

**Beispiele:** Die Behörde weist rechtmäßig einen Obdachlosen zeitlich befristet in eine Wohnung ein. Nach Fristablauf wird der eingetretene Zustand aufgrund des durch Zeitablauf erledigten legalisierenden VA rechtswidrig. Eine Behörde unterlässt es, eine zunächst rechtmäßig beschlagnahmte Sache nach Aufhebung der Beschlagnahmeverfügung herauszugeben.[113] Hier liegt ein vorausgegangener tatbestandsmäßiger Eingriff vor.

### 3. Fortdauernder, rechtswidriger und zurechenbarer Zustand

58 Anders als beim Abwehr- und Unterlassungsanspruch geht es beim FBA nicht um die Abwehr eines andauernden oder bevorstehenden Eingriffs, sondern um die Rückgängigmachung eines rechtswidrigen **Zustands**. Die Unterscheidung zwischen Eingriff und eingetretenem Zustand fällt bisweilen schwer.

**Beispiele:** Folge einer ehrkränkenden Äußerung ist der schlechte Ruf; Folge der Aufhebung verkehrsberuhigender Maßnahmen ist der Straßenlärm; Folge einer fehlerhaften Einbettung ist die Fehlbelegung der Grabstätte.

In der Klausur müssen Sie stets darauf achten, worauf das Anspruchsziel gerichtet ist. Geht es um die Abwehr andauernder Belästigungen und ist es dem Antragsteller gleichgültig, in welcher Form dies geschieht, kommt insbes. der Abwehr- und Unterlassungsanspruch in Betracht.

**Beispiel:** Bei der Aufhebung verkehrsberuhigender Maßnahmen begehrt der Kläger nicht die präzise Wiederherstellung des status quo ante – also etwa Wiederaufstellung früherer Baken und Leitpfosten –, sondern lediglich, dass der Lärm abgestellt wird – ggf. durch Schließung der gesamten Straße.

Geht es dem Anspruchsteller jedoch darum, genau den früheren Zustand zu erreichen (zB Aufstellung der früheren Baken und Leitpfosten), kommt der FBA in Betracht.

Die **Zurechenbarkeit** setzt eine Wertung voraus. Maßgebend ist, ob die Schadensfolgen adäquat durch das Verwaltungshandeln verursacht worden sind.

**Problem: Zurechenbarkeit beim »Dazwischentreten Privater«**

Bei unmittelbar durch Private verursachten Störungen entsteht ein Zurechnungsproblem.

**Beispiele:** In eine Wohnung Eingewiesene verursachen in dieser Schäden; Private werfen zur Nachtzeit Leergut in Altglascontainer.

Ein solches Verhalten muss sich ein Hoheitsträger zurechnen lassen, wenn er trotz Kenntnis nicht einschreitet oder wenn das Fehlverhalten vorhersehbar war. Im Hinblick auf das oben genannte Beispiel wären die von dem Eingewiesenen verursachten Schäden nicht mehr unmittelbare Folge der hoheitlichen Einweisung.

Entscheidend ist stets, dass der eingetretene Zustand **rechtswidrig** sein muss. Es kommt also nicht auf die Rechtswidrigkeit des Handelns, sondern des eingetretenen Zustands an. Allerdings kann man in vielen Fällen von der Rechtswidrigkeit der Handlung auf die Rechtswidrigkeit des eingetretenen Zustands schließen, zumal sich zur Rechtswidrigkeit des Zustands bisweilen keine weiteren Ausführungen im Aktenstück befinden.

**Beispiel:** Der schlechte Ruf aufgrund einer unzulässigen Äußerung: In diesem Fall können Sie regelmäßig nur die Frage beantworten, ob die Äußerung unzulässig war und schließen von deren Unzulässigkeit auf die Rechtswidrigkeit des eingetretenen Zustands.

Der gute Ruf aufgrund nachteiliger Warnungen und Empfehlungen kann regelmäßig wiederhergestellt werden, wenn Letztere rechtswidrig waren. **Warnungen und Empfehlungen** sind nach neuerer Rspr. nur rechtmäßig, wenn die Behörde im Rahmen ihres gesetzlichen Aufgaben- und Zuständigkeitsbereichs handelt, die veröffentlichten Informationen inhaltlich richtig und sachlich formuliert werden und die Grenzen des Verhältnismäßigkeitsgrundsatzes gewahrt sind.[114] Der Widerruf von Tatsachenbehauptungen kann nicht beansprucht werden, wenn sie wahr sind,

113 *Maurer* Allg. VerwR § 30 Rn. 9.
114 ZB VG Regensburg Urt. v. 10.12.2009 – RO 3 K 08.1832.

von der jeweiligen Behörde im Rahmen ihres Aufgabenbereichs abgegeben worden sind und die Grenzen des Verhältnismäßigkeitsgrundsatzes beachtet wurden.[115]

Besonderes gilt hierbei beim VA: Ungeachtet seiner Rechtmäßigkeit erzeugt er eine **Duldungspflicht**, solange er wirksam ist und nicht aufgehoben wurde. Bitte fallen Sie nicht auf den Vortrag herein, dass eine Duldungspflicht etwa deshalb nicht bestehe, weil der tragende VA rechtswidrig sei. Auch ein rechtswidriger VA begründet eine Duldungspflicht (§ 43 II VwVfG), solange er nicht nichtig ist.[116] Die Regelungswirkung kann aber zeitlich befristet sein (»durch Zeitablauf erledigt« iSd § 43 II VwVfG). Dies bedeutet, dass nach Ablauf der Geltungsfrist keine Duldungspflicht mehr besteht.

Schließlich können sich Pflichten zur Duldung des Zustands auch aus sonstigen öffentlich-rechtlichen Handlungen (zB Vertrag) ergeben. So findet sich in Aktenstücken der Fall, dass vertraglich auf die Geltendmachung von Rechtsbehelfen verzichtet wird. Dies führt zu zwei Fragen: Umfasst der Rechtsbehelfsverzicht überhaupt den FBA? Ist er überhaupt wirksam? Im Unterschied zum VA ist hierbei zu beachten, dass sich die Rechtsunwirksamkeit regelmäßig aus der Rechtswidrigkeit der vertraglichen Regelung ergibt.

Bedenken Sie bitte, dass die bloße **Legalisierungsmöglichkeit** nicht dazu führt, dass der Zustand rechtmäßig wird. Der Zustand ist vielmehr rechtswidrig. Sollte aber die Behörde bei der letzten mündlichen Verhandlung ernsthaft erklärt haben, den Zustand beispielsweise durch den baldigen Erlass einer Verfügung zu legalisieren (zB: Aufstellung eines Planfeststellungsbeschlusses ist angekündigt und das Verfahren eingeleitet), könnte die Durchsetzung des FBA rechtsmissbräuchlich sein. Dies ist dann aber keine Frage der Voraussetzungen, sondern der Grenzen des Anspruchs. Maßgebend ist, ob der (sichere) Rechtsboden für eine Legalisierung schon bereitet ist oder noch nicht. Solange aber noch keine Legalisierung erfolgt ist, handelt es sich um ein Problem der Anspruchsgrenzen.

## IV. Rechtsfolge

### 1. Anspruchsinhalt

Der FBA ist auf die Wiederherstellung des Zustandes gerichtet, der unverändert bestünde, 59
wenn es zu dem Eingriff nicht gekommen wäre (»status quo ante«).[117] Die Behörde schuldet also – anders als bei der Naturalrestitution – nicht die Herstellung jenes Zustandes, der bei hypothetisch rechtmäßigem Verhalten nach dem gewöhnlichen Verlauf der Dinge bestünde.

### 2. Anspruchsgrenzen

Auf Rechtsfolgenebene treten im Wesentlichen folgende Probleme auf: 60

**Problem: Unmöglichkeit der Unrechtsbeseitigung**

Die Unrechtsbeseitigung muss tatsächlich möglich und rechtlich zulässig sein.

Die **tatsächliche Möglichkeit** steht zwar regelmäßig außer Frage, kann aber in bestimmten Fällen problematisch sein.

**Beispiel:** Eine sichergestellte Sache wird vor Herausgabe zerstört.

Häufiger behandeln Klausuren Dreieckskonstellationen, in denen der Anspruchsteller eine spezielle Folgenbeseitigung verlangt, die nur durch den Erlass einer behördlichen Verfügung gegenüber einem Dritten zu realisieren ist.

**Beispiel:** Nach Ablauf einer befristeten Einweisungsverfügung begehrt der Eigentümer die Exmittierung des Obdachlosen.

Hier stellt sich die Frage der **rechtlichen Unmöglichkeit**. Da die Folgenbeseitigung nur durch einen erneuten Eingriff in die Rechte Dritter erfolgen kann, verlangt die Rspr. eine

115 So zuletzt BVerwG NVwZ 2008, 1371.
116 OVG Lüneburg NVwZ-RR 2013, 585 (585).
117 BVerwGE 94, 100 (109); VGH Kassel NVwZ-RR 2011, 442 (443): Der FBA ist keine taugliche Rechtsgrundlage für ein Begehren, das auf die Wiedergutmachung eines durch eine auf eine behördliche Falschauskunft zurückzuführende Fristversäumnis entstandenen Förderverlustes gerichtet ist.

EGL (Vorbehalt des Gesetzes).[118] Grundlage hierfür ist vielfach die polizeiliche Generalklausel, deren Voraussetzungen an dieser Stelle zu prüfen sind. Bedenken Sie hierbei auch das evtl. bestehende Aufgabenproblem (Eingriff zum Schutz privater Rechte).[119] Diese Drittbeteiligungsfälle treten in den Aktenauszügen häufig als Baunachbarstreit oder als Problem der Exmittierung von Obdachlosen auf.[120]

- Typisch für den **Baunachbarstreit** ist die Konstellation, in der der Nachbar die Aufhebung einer drittbegünstigenden, rechtswidrigen Baugenehmigung begehrt. Hat der Bauherr nach Erteilung, aber vor Aufhebung bzw. Suspendierung der Baugenehmigung mit der Errichtung des Bauwerks begonnen, verlangt der Nachbar von der Bauaufsichtsbehörde die Beseitigung der Anlage, die zunächst den Erlass einer Abrissverfügung gegenüber dem Bauherrn erfordert. Hier stellen sich insbes. folgende klärungsbedürftige Punkte: Aufgrund der Baufreigabe durch die Behörde ist die Realisierung des Bauvorhabens durch den Bauherrn vorhersehbar. Das Verhalten des Dritten und damit der eingetretene Zustand sind folglich dem Anspruchsgegner zurechenbar. Der FBA ist folglich die geeignete AGL zum Einschreiten gegen den Dritten. Denn der Anspruchsteller verlangt nicht irgendein ordnungsbehördliches Einschreiten, sondern die Wiederherstellung des status quo ante. Für den hiermit erforderlichen Eingriff in die Rechte des Dritten bedarf es einer gesetzlichen EGL (zB der bauordnungsrechtlichen Generalklausel). Der FBA allein reicht nicht aus. Er wirkt nur im Anspruchsverhältnis zwischen Anspruchsteller und Anspruchsgegner, nicht aber im Verhältnis zwischen Behörde und Dritten. Schließlich müssen Sie erörtern, ob das behördliche Ermessen aufgrund des FBA auf Null reduziert ist (behördliche Folgenbeseitigungslast). Diese Frage ist umstritten, lässt sich aber bejahen, wenn die Position des Bauherrn nicht schutzwürdig ist, er also unbefugt weitergebaut hat (zB weil er entgegen eines Erfolges des Nachbarn im einstweiligen Rechtsschutz [beachte hierbei auch § 212a BauGB] mit der Realisierung des Vorhabens fortfährt).
- Nach Ablauf der Einweisungsfrist hat die Behörde dem Eigentümer den Wohnraum wieder zur Verfügung zu stellen. Der Anspruch auf **Exmittierung** besteht auch, wenn jemand in Räume eingewiesen worden ist, die er zuvor als Mieter bewohnt hat. Da der Vermieter idR erfolgreich auf Räumung geklagt hat, war die Wohnung rechtlich frei geworden und ist auch nun wieder zu räumen. Mangels »Unmittelbarkeit« werden aber von Eingewiesenen verursachte Schäden an der Wohnung nicht ersetzt; insoweit ist wegen der Inanspruchnahme als Nichtstörer allenfalls ein Entschädigungsanspruch denkbar.

**Problem: Unzumutbarkeit der Wiederherstellung des status quo ante**

Des Weiteren stellt sich die Frage, ob die Wiederherstellung des status quo ante für den Hoheitsträger zumutbar ist. Hier geht es um eine Abwägung zwischen den Vorteilen für den Rechtsinhaber bei Durchsetzung der Folgenbeseitigung und den Nachteilen für die Verwaltung. Nur bei deutlichem Überwiegen der Nachteile – insbes. der finanziellen Folgen – erwägt die Rechtsprechung eine Umwandlung des Folgenbeseitigungsanspruchs in einen Folgenentschädigungsanspruch. Seien Sie bei der Annahme einer solchen Fallgruppe aber zurückhaltend.

**Problem: Durchsetzung des FBA als unzulässige Rechtsausübung**

Darüber hinaus stellt sich die Frage, ob die Durchsetzung des FBA eine unzulässige Rechtsausübung darstellt. Insbes. dann, wenn die Legalisierung möglich und in Aussicht gestellt worden ist, dürfte die Durchsetzung der Folgenbeseitigung unzulässig sein. Bitte beachten Sie aber, dass nicht allein die rechtliche Möglichkeit der nachträglichen Legalisierung ausreicht, sondern nur eine hinreichend gesicherte Erwartung, die Behörde werde von den ihr gegebenen Möglichkeiten auch zeitnah Gebrauch machen, um rechtmäßige Zustände herbeizuführen. Hierfür trägt die Behörde die Behauptungs- und Darlegungslast.[121]

118 VGH Kassel NVwZ 1995, 300 (301).
119 Hierzu siehe unten → Rn. 100.
120 *Bumke* JuS 2005, 22 (26 f.).
121 *Bumke* JuS 2005, 22 (26).

**Problem: Auswirkungen des Mitverschuldens des Antragstellers**

Hat es der Anspruchsteller unterlassen, gegen den drohenden Schaden vorzugehen, ist § 254 BGB als allgemeiner Rechtsgedanke heranzuziehen. Es ist umstritten, wie **unteilbare Leistungen** zu behandeln sind. Hier hat das BVerwG einen Anspruch nach dem Grad des Mitverschuldens entweder umfassend gewährt oder vollumfänglich verneint.[122] Nach der neueren Rspr. ist ein anteiliger Ausgleich unter Berücksichtigung des Mitverschuldens zu leisten. Dies ergibt sich entweder aus dem Rechtsgedanken des § 251 BGB[123] oder aus dem Verbot rechtsmissbräuchlichen Verhaltens und entspricht 43 III des für nichtig erklärten StHG. Die Behörde verstieße nämlich gegen Treu und Glauben, wenn sie sich trotz der Beteiligung vollständig der Verantwortung entzöge.[124] Eine Klageänderung zugunsten eines Folgen*entschädigungs*anspruchs ist zulässig (§ 173 S. 1 VwGO iVm § 264 Nr. 2 oder 3 ZPO). An dieser Stelle macht der Anspruchsgegner ggf. die Unzulässigkeit des Rechtsweges geltend. Dieser Einwand läuft aber ins Leere, da § 40 II 1 VwGO für Folgenbeseitigungsansprüche selbst dann keine Anwendung findet, wenn diese ausnahmsweise auf eine Geldleistung gerichtet sind.[125] Es bleibt also beim Verwaltungsrechtsweg nach § 40 I 1 VwGO (sog. verlängerter FBA).

**Problem: Verjährung des FBA**

Der FBA unterliegt der regelmäßigen Verjährungsfrist (§ 195 BGB). Weil allerdings die Beeinträchtigung trotz Verjährung rechtswidrig bleibt, kann der Anspruchsinhaber die rechtswidrigen Störungen seines Eigentums selbst beseitigen. Der gegenüber dem (hoheitlichen) Störer bestehende Anspruch auf Duldung der Maßnahmen, die zur Beseitigung der Eigentumsstörung erforderlich sind, unterliegt nicht der Verjährung (vgl. auch § 902 BGB).[126]

## C. Öffentlich-rechtlicher Erstattungsanspruch

Falls ein Aktenauszug den öffentlich-rechtlichen Erstattungsanspruch behandelt, liegt der 61
Klausurschwerpunkt vielfach in der Prüfung der Rechtsgrundlosigkeit der Vermögensverschiebung. Häufig steuert dies auf die Prüfung der Wirksamkeit eines VA oder eines öffentlich-rechtlichen Vertrags zu.

In der **Zulässigkeit** einer Klage ist der Verwaltungsrechtsweg zu erörtern. Er kann durch beamtenrechtliche Spezialregelungen aufgedrängt sein (vgl. § 54 I BeamtStG, § 126 I BBG). Andernfalls ist iRd § 40 I VwGO maßgebend, ob die streitgegenständliche Leistung in einem öffentlich-rechtlichen Sachzusammenhang erbracht worden ist.

Statthaft ist idR die allg. Leistungsklage. Ein *Hoheitsträger* kann nämlich einen Zahlungsanspruch *gegen den Bürger* grds. durch einfache Zahlungsaufforderung geltend machen.[127] Nach hM ist der Hoheitsträger bei Vorliegen einer VA-Befugnis allerdings auch befugt, einen Leistungsbescheid zu erlassen. Dann ist eine Anfechtungsklage statthaft, die mit einem Antrag gem. § 113 I 2, 3 VwGO oder nach § 113 IV VwGO verbunden werden kann. Der Erstattungsanspruch lässt sich häufig auf spezielle AGL stützen (zB § 49a I 2 VwVfG). Im Übrigen erkennt die Rspr. die VA-Befugnis sogar an, wenn die zurückgeforderte Leistung ihrerseits durch VA festgesetzt werden konnte (Kehrseitengedanke).[128] Macht ein *Hoheitsträger* einen Erstattungsanspruch *gegen einen anderen Hoheitsträger* geltend, ist ebenfalls die allg. Leistungsklage statthaft.[129]

Wird der Anspruch durch einfache Zahlungsaufforderung geltend gemacht, entfällt das Rechtsschutzbedürfnis der Leistungsklage nicht deshalb, weil der Hoheitsträger auch einen

122 BVerwG DÖV 1971, 857 (859).
123 BVerwG 82, 24 (27 f.).
124 *Maurer* Allg. VerwR § 30 Rn. 18.
125 *Kopp/Schenke* § 113 Rn. 89 (str.).
126 BVerwG Beschl. v. 12.7.2013 – 9 B 12.13, NVwZ 2013, 1292 (1293); VGH München Beschl. v. 10.1.2013 – 8 B 12.305.
127 Wolff/Decker/*Wolff* VwGO § 113 Rn. 75.
128 *Ossenbühl* NVwZ 1991, 513 (522).
129 *Ossenbühl* NVwZ 1991, 513 (521 f).

VA hätte erlassen können. Dies gilt jedenfalls, wenn der Leistungsbescheid wahrscheinlich angefochten würde, wovon Sie in »Ihrem Fall« ausgehen dürfen.

In der **Begründetheit** der Klage sind die Voraussetzungen des öffentlich-rechtlichen Erstattungsanspruchs zu prüfen.

**Übersicht: Öffentlich-rechtlicher Erstattungsanspruch**[130]

I. Anwendbarkeit
   (P) Vorrang spezieller Regelungen
II. Dogmatische Herleitung der AGL
III. Tatbestand
   1. Vermögensverschiebung
   2. Durch »Leistung« des Antragstellers oder »in sonstiger Weise«
   3. Öffentlich-rechtl. Rechtsbeziehung
      (P) Rechtsbeziehung bei Zuwendungen an Dritte
   4. Ohne Rechtsgrund (insbes. wirksamer VA, öffentl.-rechtl. Vertrag, rechtmäßige gesetzliche Vorschriften)
IV. Rechtsfolge
   1. Anspruchsinhalt: Herausgabe des Vermögensgegenstandes sowie grds. aller durch Vermögensverschiebung erlangten Vermögensvorteile, daneben ggf. Wertersatz (Rechtsgedanke des § 818 II BGB)
   2. (P) Geltung der Ausschlusstatbestände: §§ 814, 818 III BGB
   3. (P) Privater als Anspruchsgegner

## I. Anwendbarkeit des öffentlich-rechtlichen Erstattungsanspruchs

62 Den öffentlich-rechtlichen Erstattungsanspruch verdrängende Spezialregelungen finden Sie insbes. im Beamtenrecht (zB § 52 II BeamtVG, § 12 II bis IV BBesG).[131] § 49a I 1 VwVfG regelt einen Erstattungsanspruch gegen einen Bürger nach Aufhebung eines VA. Schließlich können vollstreckungsrechtliche Vorschriften die Anwendbarkeit ausschließen.[132]

Der Vollzugs-FBA ist die richtige AGL, wenn der Bürger einem hoheitlichen Zahlungsgebot nachgekommen war, der VA jedoch anschließend (zB durch das VG gem. § 113 I 1 VwGO) aufgehoben wurde.

## II. Dogmatische Herleitung der Anspruchsgrundlage

63 Eingangs ist die gewohnheitsrechtliche Anerkennung der AGL zu bejahen. Dass rechtsgrundlose Vermögensverschiebungen rückgängig zu machen sind, ist ein Rechtsgedanke, der in den §§ 812 ff. BGB Ausdruck gefunden hat. Für die Verwaltung ergibt sich dies konkret aus dem Gebot zu rechtmäßigem Handeln (Art. 20 III GG).

## III. Tatbestand

### 1. Vermögensverschiebung zwischen Anspruchsteller und Anspruchsgegner

64 Erstens muss eine durch »Leistung« oder »in sonstiger Weise« bewirkte unmittelbare Vermögensverschiebung zwischen Anspruchsteller und Anspruchsgegner vorliegen (zivilrechtlich formuliert: »etwas erlangt«). Die Vermögensverschiebung betrifft idR Geldzahlungen (zB Bürger erhält Zuwendungen aufgrund eines Subventionsbescheides), kann aber auch sonstige Vermögenswerte betreffen (zB Grundstückseigentum durch rechtsgrundlose Übereignung).

### 2. Öffentlich-rechtliche Rechtsbeziehung

65 Der Anspruch setzt zweitens das Bestehen einer öffentlich-rechtlichen Rechtsbeziehung voraus. An dieser Stelle ist der öffentlich-rechtliche Erstattungsanspruch vom zivilrechtlichen

130 Hierzu auch Palandt/*Sprau* Einf. v. § 812 Rn. 5 ff.

131 Zur Anwendbarkeit dieser Vorschriften siehe → Rn. 241 ff.

132 ZB § 77 IV 1 VwVG NRW iVm § 21 GebG NRW. Der Leistungsanspruch aus § 21 GebG NRW kann dann mit einer Anfechtungsklage verbunden werden (§ 113 IV VwGO).

Bereicherungsanspruch abzugrenzen. Hierbei ist auf die Rechtsnatur des vermeintlichen Rechtsgrundes abzustellen. Beim Leistungsverhältnis teilt der Erstattungsanspruch die Rechtsnatur des Leistungsanspruchs (Kehrseitengedanke), sodass bei einer öffentlich-rechtlichen Leistungsgewährung auch der Erstattungsanspruch öffentlich-rechtlicher Natur ist.[133] Bei Bereicherungen in sonstiger Weise kann danach gefragt werden, ob die Beteiligten in einer öffentlich-rechtlichen Beziehung zueinanderstehen.[134]

**Problem: Zahlung an Dritte**

Fraglich ist, wie Fälle zu behandeln sind, in denen die Behörde die Erstattung einer Leistung fordert, die sie zuvor an jemand anderen erbracht hatte. Merken Sie sich stellvertretend den »Klassiker« der Leistungsrückforderung vom Erben eines Beamten. Dieser wird teilweise als öffentlich-rechtlicher Erstattungsanspruch angesehen, um ein Auseinanderfallen des Rechtsweges bzgl. des Leistungsanspruchs und dessen Rückabwicklung zu verhindern.[135] Nach aA wird unmittelbar auf §§ 812 ff. BGB zurückgegriffen, weil zwischen dem Leistungsempfänger und der Behörde kein öffentlich-rechtliches Leistungsverhältnis besteht. Beachten Sie für die Rückforderung von Besoldungszahlungen aber die den öffentlich-rechtlichen Erstattungsanspruch verdrängenden Spezialregelungen des § 12 II–IV BBesG sowie für die Rückforderung von Versorgungsleistungen § 52 IV BeamtVG.

### 3. Ohne Rechtsgrund

Schwerpunkt der Klausur ist vielfach, ob die Vermögensverschiebung ohne Rechtsgrund er- 66
folgt ist. Dies ist der Fall, wenn es an einem *wirksamen* VA, öffentlich-rechtlichen Vertrag oder sonstigen Rechtsgrund (zB Gesetz) fehlt. Denken Sie daran, dass der VA idR trotz Rechtswidrigkeit wirksam ist. Anders ist dies beim öffentlich-rechtlichen Vertrag: Er ist, soweit rechtswidrig, vielfach auch unwirksam.

## IV. Rechtsfolge

Häufig finden Sie in den Klausuren Probleme auf der Rechtsfolgenebene. Insoweit unter- 67
scheiden sich der öffentlich-rechtliche Erstattungsanspruch und die §§ 812 ff. BGB wesentlich. Zunächst erfasst der öffentlich-rechtliche Erstattungsanspruch die Herausgabe der tatsächlich gezogenen Nutzungen (Rechtsgedanke des § 818 I Hs. 1 BGB). Allerdings kann sich der Anspruchsgegner nicht auf **§ 814 BGB** mit dem Argument berufen, der Anspruchsteller habe die Rechtsgrundlosigkeit der Vermögensverschiebung gekannt.

> **Beispiel:** Bürger verlangt Geldzahlungen zurück, mit denen er sich die Ernennung zum Beamten auf Grundlage eines unwirksamen Vertrags »erkauft« hat.

Denn der Staat ist gemäß Art. 20 III GG an Gesetz und Recht gebunden und darf eine Leistung ohne Rechtsgrund nicht behalten. Ausnahmsweise kann der Geltendmachung des Erstattungsanspruchs auch der Grundsatz von Treu und Glauben entgegenstehen.[136]

Hinsichtlich der Geltendmachung des Entreicherungseinwands (**§ 818 III BGB**) ist zu unterscheiden:
- Der **Staat** darf sich als Anspruchsgegner nicht auf den Wegfall der Bereicherung berufen (arg.: Art. 20 III GG).[137]
- Auch für die Rückforderung vom **Bürger** gelten die §§ 818 III, 819 I BGB nicht analog. Stattdessen zieht das BVerwG den Grundsatz des Vertrauensschutzes heran. Das stellt den Bürger teils besser, vielfach aber schlechter. So ergibt sich etwa aus der Wertung des § 48 II 3 Nr. 3 VwVfG, dass das Vertrauen des Bürgers bereits nicht schutzwürdig ist, soweit er grob fahrlässig verkannt hat, keinen Anspruch auf den Bereicherungsgegenstand zu haben. Zivilrechtlich hätte wegen § 819 I BGB nur die positive Kenntnis vom fehlenden Rechtsgrund geschadet.

133 BVerwG NVwZ-RR 2003, 874 (874).
134 *Ossenbühl* NVwZ 1991, 513 (514).
135 OVG Koblenz NVwZ 1988, 1038 (1038).
136 BVerwG NJW 1998, 3135 (3135): »Die Rückforderung eines Ablösebetrages wegen Nichtigkeit der Stellplatz-Ablösevereinbarung kann gegen Treu und Glauben verstoßen, wenn der Bauherr nicht gleichzeitig anbietet, auf welche baurechtlich zulässige Weise er seiner Stellplatzpflicht nachkommen will.«
137 Palandt/*Sprau* Einf. v. § 812 Rn. 9.

## D. Ansprüche aus öffentlich-rechtlichen Sonderbeziehungen

Vereinzelt behandeln Aktenauszüge klassische Ansprüche auf Geld (Entschädigung oder Schadensersatz). Hierbei handelt es sich nur ausnahmsweise um verwaltungsgerichtliche Aufgabenstellungen, da die wichtigsten Geldansprüche dem Zivilgericht zugewiesen sind (Art. 34 S. 3 GG, § 40 II 1 VwGO). Ausgeschlossen ist dies dennoch nicht. Gerade im Beamtenrecht eröffnen Sonderzuweisungen (§ 54 I BeamtStG, § 126 I BBG) den Verwaltungsrechtsweg auch für klassische Geldansprüche, etwa auf Schadensersatz.

Besondere Bedeutung haben Ansprüche aus öffentlich-rechtlichen Schuldverhältnissen (zB aus öffentlich-rechtlicher Geschäftsführung ohne Auftrag). Der Amtshaftungsanspruch und die allgemeinen Aufopferungsansprüche treten dahinter zurück und werden nicht näher erörtert. Insoweit wird auf die Kommentierung im *Palandt* verwiesen.

**Übersicht: Anspruch aus öffentlich-rechtlichem Schuldverhältnis**

I. Tatbestand:
Bestehen eines öffentlich-rechtlichen Schuldverhältnisses; anerkannte Fallgruppen:
- Öffentlich-rechtlicher Vertrag (bzw. bei c.i.c. Anbahnung eines solchen)
- Öffentlich-rechtliche Anstalts- und Benutzungsverhältnisse
- Öffentlich-rechtliches Verwahrungsverhältnis
- Öffentlich-rechtliche GoA (im Einzelnen hierzu E.)
- Beamtenverhältnisse und sonstige personenbezogene Schuldverhältnisse (Zivildienst-, Wehr-, Strafgefangenen- und Schulverhältnis)

II. Rechtsfolge:
Analoge Anwendbarkeit des Schuldrechts des BGB (neben Amtshaftungsansprüchen gem. Art. 34 GG, § 839 BGB)

### I. Tatbestand

#### 1. Vorliegen eines öffentlich-rechtlichen Schuldverhältnisses

68 Ein öffentlich-rechtliches Schuldverhältnis zeichnet sich durch besondere Rechte und Pflichten aus, die es rechtfertigen, neben deliktischen Amtshaftungsansprüchen (Art. 34 GG, § 839 BGB) schuldrechtliche Ansprüche analog § 280 BGB zu begründen. Die Rspr. erkennt zur Vermeidung einer uferlosen Haftung folgende Fallgruppen an:[138]

- **Öffentlich-rechtlicher Vertrag**
- **Öffentlich-rechtliches Anstalts- bzw. Benutzungsverhältnis:** Die Annahme einer verwaltungsrechtlichen Sonderbeziehung beruht auf Billigkeitserwägungen. Da Bürger und Behörde Leistung und Gegenleistung erbringen, sind sie schutzbedürftig wie im privatrechtlichen Austauschverhältnis.
- **Öffentlich-rechtliches Verwahrungsverhältnis:**[139] Dieses liegt beispielsweise bei einer Sache nach deren Sicherstellung durch die Polizei vor. Hierbei spielt es keine Rolle, ob die Sicherstellung rechtmäßig war oder nicht. Denn würde dies der Fall sein, wäre der Bürger bei einer rechtswidrigen Sicherstellung schlechter geschützt als bei einer rechtmäßigen Sicherstellung. Die öffentlich-rechtliche Verwahrung bewirkt, dass die Vorschriften der §§ 688 ff. BGB mit Ausnahme des § 690 BGB (veränderter Verschuldensmaßstab) anwendbar sind. Auch § 697 BGB ist entsprechend anwendbar.[140] Gleiches gilt für die Vorschriften der §§ 280 ff. BGB.
- **Beamtenverhältnis:** Hier ist abweichend von § 40 II 1 VwGO der Verwaltungsrechtsweg eröffnet (§ 126 I BBG bzw. § 54 I BeamtStG). Daher tritt gerade diese Fallgruppe häufiger in öffentlich-rechtlichen Aktenauszügen auf.

**Problem: Satzungsmäßiger Haftungsausschluss bzw. -minderung**

In vielen Klausuren wird vom Hoheitsträger geltend gemacht, dass ein Anspruch durch eine kommunale satzungsrechtliche Bestimmung ausgeschlossen sei. In der Klausur werden Sie

138 *Maurer* Allg. VerwR § 29 Rn. 2 f.
139 Palandt/*Sprau* § 688 Rn. 12.
140 BGH NJW 2005, 988.

ggf. einen Auszug aus der Satzung im Anhang zum Aktenauszug finden. Grds. ist eine Haftungsbeschränkung zur Vermeidung einer Überhaftung auch durch Satzung zulässig – anders als beim verfassungsrechtlich verbürgten Amtshaftungsanspruch, der allenfalls durch einfaches Recht eingeschränkt werden kann. Die Grenze der zulässigen Haftungsbeschränkung wird aber überschritten, wenn sie zu einer unzumutbaren Belastung des Bürgers führt und mit der hoheitlichen Aufgabe unvereinbar ist. Unzulässig ist vor allem ein Haftungsausschluss für Vorsatz und grobe Fahrlässigkeit (vgl. § 309 Nr. 7b BGB).

Nachdem das Vorliegen einer verwaltungsrechtlichen Sonderbeziehung geklärt ist, prüfen Sie anschließend die tatbestandlichen Voraussetzungen der in Betracht gezogenen AGL des BGB entsprechend. 69

### II. Rechtsfolge, Beweislast und Konkurrenzen

Als Rechtsfolge gelten die Bestimmungen des BGB analog. Bitte merken Sie sich für Anwaltsklausuren (Zweckmäßigkeitserwägungen) als Verbesserung gegenüber dem Amtshaftungsanspruch: 70

- Im Gegensatz zu § 839 BGB iVm Art. 34 GG kann der Schaden im Rahmen eines öffentlich-rechtlichen Schuldverhältnisses als **Naturalrestitution** geltend gemacht werden.
- Es gilt eine für den Anspruchsinhaber günstigere **Beweislastverteilung** (insbes. § 280 I 2 BGB). Beim Amtshaftungsanspruch muss der Mandant das Verschulden des Amtsträgers nachweisen, bei Ansprüchen aus öffentlich-rechtlichen Sonderbeziehungen wird das Verschulden vermutet. Dies gilt auch für die Zurechnung des Verschuldens Dritter entsprechend § 278 BGB.[141]

## E. Ansprüche aus öffentlich-rechtlicher Geschäftsführung ohne Auftrag

In einer Klausur kann die Frage nach einem Aufwendungsersatzanspruch aufgeworfen werden. Beispielsweise stritten in einer neueren Examensklausur ein Hoheitsträger (Land Niedersachsen) gegen die allgemeine Gefahrenabwehrbehörde über einen Anspruch auf Kostenerstattung für Sondierungsmaßnahmen im Emdener Hafen.[142] In solchen Fällen sollten Sie an Ansprüche aus öffentlich-rechtlicher GoA denken. Aus der Sicht des Anspruchstellers steht vor allem der bei einer berechtigten GoA in Betracht kommende Anspruch des Geschäftsführers gegen den Geschäftsherrn auf Aufwendungsersatz analog § 683 S. 1 BGB im Mittelpunkt. Zudem können Schadensersatzansprüche analog § 280 I BGB diskutiert werden.

**Übersicht: Anspruch aus öffentlich-rechtlicher GoA**

I. Anwendbarkeit
   (P) Vorrang spezialgesetzlicher Regelungen
   (P) Anwendbarkeit hängt von Fallgruppe ab
II. Vorliegen einer öffentlich-rechtlichen GoA
   1. Öffentlich-rechtliche Geschäftsführung
      a) Geschäftsführung: objektiv fremdes Geschäft bzw. »auch fremdes Geschäft«
      b) Öffentlich-rechtlicher Charakter: maßgebend ist fiktives Rechtsgeschäft des Geschäftsherrn (hM)
   2. Fremdgeschäftsführungswille: Vermutung beim objektiv und »auch fremden Geschäft«
   3. Ohne Auftrag
   4. Übernahme entspricht dem Interesse und Willen des Geschäftsherrn
      (P) Unbeachtlichkeit analog § 679 BGB bei Geschäftsführung im öffentlichen Interesse
III. Rechtsfolgen
   1. Ansprüche analog § 683 BGB unter Einschluss risikotypischer Schäden sowie § 684 BGB
   2. Schadensersatzansprüche analog § 280 I BGB, da GoA verwaltungsrechtliche Sonderbeziehung auslöst

141 Palandt/*Grüneberg* § 280 Rn. 10.
142 OVG Lüneburg Urt. v. 29.1.2009 – 11 LC 480/07.

### I. Anwendbarkeit der öffentlich-rechtlichen GoA

71 Das zentrale Problem der öffentlich-rechtlichen GoA ist im Grunde ihre Anwendbarkeit. Ebenso wie im Zivilrecht ist auch im öffentlichen Recht die GoA idR ausgeschlossen, wenn die Erstattungs- und Aufwendungsersatzansprüche im Verhältnis zwischen Geschäftsführer und Geschäftsherrn abschließend geregelt sind.[143] Im Übrigen ist hinsichtlich der Anwendbarkeit der GoA im öffentlichen Recht wie folgt zu differenzieren:

- Handelt ein **Hoheitsträger für einen anderen Hoheitsträger**, so ist die öffentlich-rechtliche GoA grds. nicht anwendbar, da andernfalls Zuständigkeitsregelungen unterlaufen würden. Eine Ausnahme gilt, wenn ein Eingreifen des Hoheitsträgers zur Abwendung einer dringenden Gefahr notwendig war. Allerdings scheidet die tatbestandliche Voraussetzung eines »fremden Geschäfts ohne Auftrag« aus, wenn die Behörde (als Geschäftsführer) aufgrund eigener Eilkompetenz handelte. Mangels entsprechender Anwendbarkeit der Vorschriften der GoA kann eine Gemeinde daher vom Straßenbaulastträger (Land) keinen Aufwendungsersatz beanspruchen, wenn sie außerhalb der üblichen Dienstzeit eine Ölspur auf einer Straße beseitigt. Dies gilt jedenfalls, wenn ein solcher Einsatz (landesrechtlich) einen unentgeltlichen Pflichteinsatz der Feuerwehr darstellt; zumal die Gemeinde dann nicht »ohne Auftrag« handelte.[144] Besorgt eine juristische Person des öffentlichen Rechts für eine andere juristische Person des öffentlichen Rechts allerdings ein privatrechtliches Geschäft, zB indem eine Gemeinde für eine andere verkehrssicherungspflichtige juristische Person die Streupflicht erfüllt, sind die §§ 677 ff. BGB unmittelbar anwendbar und der Zivilrechtsweg ist eröffnet.[145]
- Handelt ein **Hoheitsträger für einen Bürger** und fehlt eine entsprechende Befugnisnorm (würde sie bestehen, läge eine berechtigte GoA vor), können die §§ 677 ff. BGB das Handeln insbes. im Bereich der Eingriffsverwaltung nicht rechtfertigen. Ein nicht geregelter Aufwendungsersatz zugunsten des Staates würde die in speziellen Gesetzen festgelegte Kostenverteilung umgehen und gegen den Gesetzesvorbehalt verstoßen. Die Anerkennung einer GoA kommt daher prinzipiell nur im Rahmen der Leistungsverwaltung oder in Notfällen in Betracht.[146]

**Klausurhinweis:** Diese Fallgruppe werden Sie häufig antreffen. So macht die Behörde in vielen gefahrenabwehrrechtlichen Klausuren geltend, dass ihr unabhängig von der Rechtmäßigkeit einer Ersatzvornahme ein Aufwendungsersatzanspruch nach den Grundsätzen der GoA oder unter dem Gesichtspunkt öffentlich-rechtlicher Erstattung zustehe. Diese Argumentation können Sie schnell entkräften. Diese AGL sind bereits unanwendbar, weil die vollstreckungsrechtlichen Vorschriften, insbes. zur Kostenfrage, abschließende Spezialregelungen treffen.[147]

- Handelt ein **Bürger für einen Hoheitsträger** ist eine entsprechende Anwendung der §§ 677 ff. BGB nur zurückhaltend zulässig, da andernfalls die Aufgabenzuweisung zugunsten der öffentlichen Hand gefährdet werden könnte. Unter Abwägung der widerstreitenden Interessen erkennt die Rspr. eine Anwendbarkeit in Dringlichkeitsfällen an.[148]
- Handelt ein **Bürger für einen anderen Bürger** liegt idR nur eine privatrechtliche GoA vor.

### II. Voraussetzungen der GoA

72 Entsprechend § 677 BGB muss ein (zumindest auch) **fremdes Geschäft** wahrgenommen worden sein. Das ist der Fall, wenn das vorgenommene Geschäft zumindest auch in den Aufgabenbereich des Geschäftsherrn fällt. An dieser Stelle prüfen Sie, ob die Aufgabe – hätte sie

143 Palandt/*Sprau* Einf. v. § 677 Rn. 8 f., 13.
144 OVG Münster Urt. v. 16.2.2007 – 9 A 4239/04.
145 BGH NJW 1971, 1218.
146 *Maurer* Allg. VerwR § 29 Rn. 11.
147 OVG Münster NVwZ-RR 2008, 437 (438); anders aber, wenn eine vollstreckungsrechtliche Ersatzvornahme nicht zulässig ist, weil diese gegen einen Hoheitsträger gerichtet werden müsste und landesrechtlich (etwa gem. § 76 NRWVwVG) Zwangsmittel gegen einen Hoheitsträger ausscheiden. Dann kommt ein Anspruch aus öffentlich-rechtlicher GoA in Betracht (hierzu OVG Münster Urt. v. 12.9.2013 – 20 A 433/01).
148 Palandt/*Sprau* Einf. v § 677 Rn. 16 mwN.

nicht der Geschäftsführer wahrgenommen – von dem Geschäftsherrn hätte erfüllt werden müssen. Häufig handelt es sich in den Klausuren um ein Eingreifen Privater zur Abwehr einer Gefahr für die öffentliche Sicherheit oder Ordnung nach dem Gefahrenabwehrrecht. Dann liegt das wahrgenommene Geschäft im Aufgabenbereich (Rechtskreis) der Ordnungsbehörde und ist damit für den Geschäftsführer fremd. Dieses Geschäft muss einen **öffentlich-rechtlichen Charakter** aufweisen. Dies ist der Fall, wenn das fiktive Rechtsgeschäft öffentlich-rechtlich gewesen wäre. Insofern können Sie wie iRd § 40 I 1 VwGO jedenfalls das Kriterium des Sachzusammenhangs heranziehen. Danach stünde etwa die tierärztliche Behandlung einer besitzerlosen Katze im Zusammenhang mit der fundbehördlichen Aufgabe der Gemeinde.[149]

**Klausurhinweis:** Die Rechtsnatur der GoA ist bei einem prozessualen Klausureinstieg regelmäßig schon bei der Eröffnung des Verwaltungsrechtswegs zu klären. Insoweit müssen Sie unterscheiden:
- Für Schadensersatzansprüche des Bürgers ist der ordentliche Rechtsweg eröffnet (§ 40 II 1 VwGO).[150]
- Für Aufwendungs- und Schadensersatzansprüche des Staates ist wegen des Vorliegens einer öffentlich-rechtlichen Streitigkeit gem. § 40 I 1 VwGO der Verwaltungsrechtsweg eröffnet, wenn die GoA im Sachzusammenhang mit der öffentlich-rechtlichen Aufgabenerfüllung stand.[151]

Der **Fremdgeschäftsführungswille** wird – wie im Zivilrecht – bei einem objektiv fremden Geschäft vermutet. Die Vermutung gilt auch beim »auch fremden Geschäft«, wenn der Geschäftsführer in Kenntnis der Letztverantwortung des Geschäftsherrn handelt.

Schließlich muss die Geschäftsführung dem wirklichen oder mutmaßlichen **Willen des Geschäftsherrn** entsprechen (§ 683 BGB analog), wobei dessen entgegenstehender Wille grds. zu respektieren ist. Liegt die Geschäftsführung allerdings im öffentlichen Interesse, ist ein evtl. entgegenstehender Wille unbeachtlich. Diese – vielfach klausurrelevante – Rückausnahme wird unterschiedlich ausgelegt: Während teilweise eine dringende Gefahr für hochrangige Rechtsgüter verlangt wird, die gefahrenabwehrbehördlich nicht abgewendet werden kann, geht das BVerwG von einer Unbeachtlichkeit schon aus, wenn unter Berücksichtigung aller Umstände und unter Abwägung widerstreitender öffentlicher Belange ein Handeln des Bürgers geboten erscheint.[152] Neben dem Abwägungserfordernis schränkt das BVerwG diese Ausnahme allerdings selbst ein: Die GoA ist grds. nicht zulässig, wenn
- die Behörde einen eigenen Ermessensspielraum hat (erforderlich ist also eine gebundene Handlungspflicht bzw. eine Ermessensreduzierung auf Null) oder
- wenn auf ein behördliches Einschreiten geklagt werden kann.[153] Letzteres scheidet allerdings aus, wenn aus zeitlichen Gründen effektiver Rechtsschutz nicht erreicht werden kann.

## III. Rechtsfolge

Als Rechtsfolge besteht ein **Aufwendungsersatz** analog § 683 S. 1 BGB. Zudem bildet die öffentlich-rechtliche GoA eine verwaltungsrechtliche Sonderbeziehung, die **Schadensersatzansprüche analog § 280 I BGB** auslösen kann. Dem Rechtsgedanken des § 1835 III BGB folgend kann auch ein Aufwendungsersatz für die aufgewendete eigene Arbeitsleistung bestehen.[154] 73

149 OVG Schwerin Urt. v. 12.1.2011 – 3 L 272/06; OVG Lüneburg Urt. v. 23.4.2012 – 11 LB 267/11.
150 *Kopp/Schenke* § 40 Rn. 72; *Maurer* Allg. VerwR § 29 Rn. 14.
151 *Kopp/Schenke* § 40 Rn. 72, 73; *Maurer* Allg. VerwR § 29 Rn. 14.
152 BVerwG NJW 1989, 922 (923).
153 *Maurer* Allg. VerwR § 29 Rn. 11.
154 OVG Lüneburg Urt. v. 23.4.2012 – 11 LB 267/11 (Aufwendungsersatz für die tierärztliche Behandlung für einen im Rahmen der GoA tätig gewordenen Tierarzt, der für seine Tätigkeit Leistungen nach der Gebührenordnung für Tierärzte beansprucht hat).

## 4. Kapitel. Klausuren aus dem Verwaltungsvollstreckungsrecht

74 Die zwangsweise Durchsetzung öffentlich-rechtlicher Pflichten basiert auf folgender normativer Grundlage:

| **Vollstreckung** | |
|---|---|
| aus verwaltungsgerichtlichen Titeln | von Verwaltungsakten |
| • gegen Bürger (§ 169 VwGO)<br>• gegen öffentliche Hand (§§ 170 ff. VwGO) | • im Bereich der Bundesverwaltung<br>– insbes. VwVG, UZwG<br>• im Bereich der Landesverwaltung<br>– Vollstreckung durch Landesbehörden nach Bundesrecht (insbes. §§ 58 ff. AufenthG)<br>– spezialgesetzliches Landesrecht (zB PolG des Landes)<br>– allgemeines Landesvollstreckungsrecht (zB VwVG des Landes) |

### A. Vollstreckung aus verwaltungsgerichtlichen Titeln nach der VwGO

75 Die Vollstreckung verwaltungsgerichtlicher Titel *gegen den Bürger* (§ 169 VwGO) bzw. *gegen die öffentliche Hand* (§§ 170 ff. VwGO) hat nur geringe Examensrelevanz. Auf eine Darstellung wird daher verzichtet.

### B. Vollstreckung aus einem Verwaltungsakt

76 Die Vollstreckung eines VA erfolgt in der Bundesverwaltung nach dem VwVG sowie dem UZwG. Bei einer Vollstreckung durch Landesbehörden greifen die Vorschriften des Landesvollstreckungsrechts, die jedoch verdrängt werden, sofern eine Landesbehörde nach Bundesrecht vollstreckt (zB Abschiebung nach §§ 58 ff. AufenthG). Zudem werden die Bestimmungen des jeweiligen VwVG des Landes durch die Vorschriften über den polizeilichen Zwang (nach dem jeweiligen PolG des Landes) verdrängt.

#### I. Vollstreckung von Handlungs-, Duldungs- oder Unterlassungspflichten

77 Mit der Überprüfung von Vollstreckungsmaßnahmen, die der Erzwingung von »HDU-Verfügungen« dienen, werden Sie typischerweise in zwei Einkleidungen konfrontiert:

- **Anfechtung einer Ordnungsverfügung**, die neben (einer) gefahrenabwehrrechtlichen Grundverfügung(en) eine vollstreckungsrechtliche Regelung enthält: In diesem Fall prüfen Sie zunächst die Rechtmäßigkeit der Grundverfügung(en). Anschließend erörtern Sie die Rechtmäßigkeit der vollstreckungsrechtlichen Regelung (idR Androhung des Zwangsmittels). Hierbei handelt es sich idR um eine nach § 44 VwGO zulässige objektive Klagehäufung.

**Klausurhinweis:** Beachten Sie für die Abfassung einer Klageschrift, dass gem. § 61 GKG der vorläufige Streitwert zu beziffern ist. In diesem Fall der objektiven Klagehäufung bleibt die Androhung eines Zwangsmittels für die Streitwertbemessung grds. außer Betracht.[155]

155 Ziffer 1.7.2 des Streitwertkataloges für die Verwaltungsgerichtsbarkeit, Stand: 15.11.2013.

- **Anfechtung eines Kostenbescheides:** Dies steuert über das Merkmal der »Amtshandlung« auf eine Inzidentprüfung der ordnungsgemäßen Vollstreckungsmaßnahme zu.

### 1. Rechtsschutz gegen Vollstreckungsmaßnahmen im gestreckten Verfahren

Der Verwaltungszwang im gestreckten Verfahren erfordert das Vorliegen der allgemeinen und 78
besonderen Vollstreckungsvoraussetzungen sowie die ordnungsgemäße Ausübung des Vollstreckungsermessens. In der Klausur und im Aktenvortrag kommt es darauf an, ein klares Prüfungsschema anzuwenden:

**Übersicht: Rechtsschutz gegen Vollstreckungsmaßnahmen**

A. Zulässigkeit
   (P) Statthafte Rechtsschutzform
   (P) Erledigung durch Vollzug: idR (–), da weiterhin für Kosten relevant
B. Begründetheit
   I. Rechtmäßigkeit des vollstreckungsrechtlichen VA
      1. EGL
      2. Formelle Rechtmäßigkeit
         a) Zuständigkeit: Behörde, die auch den zu vollstreckenden VA erlassen hat
         b) Verfahren
            (P) Anhörung gem. § 28 II Nr. 5 VwVfG (–), soweit Maßnahme »in« der Vollstreckung
         c) Form
      3. Materielle Rechtmäßigkeit
         Prüfung abhängig davon, ob Vollstreckungsmaßnahme im gestreckten Verfahren oder im Wege des Sofortvollzugs erfolgt

**Rechtmäßigkeit einer Vollstreckungsmaßnahme im gestreckten Verfahren**

I. Allgemeine Vollstreckungsvoraussetzungen
   1. Materielle Vollstreckbarkeit des VA: (+), wenn »HDU-Verfügung«
   2. Formelle Vollstreckbarkeit des VA
      a) Vollstreckbarkeit des VA: (+), wenn VA unanfechtbar oder sofortige Vollziehbarkeit gem. § 80 II VwGO
      b) Wirksamkeit der Grundverfügung reicht nach hM aus
II. Besondere Vollstreckungsvoraussetzungen
   1. Androhung (idR schriftlich mit Fristsetzung)
   2. (Evtl.) Festsetzung
   3. Ordnungsgemäße Anwendung des Zwangsmittels
III. Ordnungsgemäße Ausübung des Vollstreckungsermessens (§ 114 S. 1 VwGO)
   1. Gesetzliche Grenzen (vor allem Verhältnismäßigkeit)
   2. Zweckgemäße Ermessensausübung (§ 114 S. 1 Alt. 2 VwGO)

**Rechtmäßigkeit einer Vollstreckungsmaßnahme im Sofortvollzug**

I. Allgemeine Vollstreckungsvoraussetzungen
   1. (P) ggf. Abgrenzung zur unmittelbaren Ausführung
   2. »Handeln innerhalb der Befugnisse«: Inzidente Prüfung eines »fiktiven VA«
      a) Formelle Rechtmäßigkeit des fiktiven VA
      b) Materielle Rechtmäßigkeit des fiktiven VA
         aa) Tatbestandliche Voraussetzungen
         bb) Ordnungsgemäße Rechtsfolge
   3. Vorliegen einer gegenwärtigen Gefahr
   4. Notwendigkeit des Sofortvollzugs
II. Besondere Vollstreckungsvoraussetzungen
   1. Androhung und Festsetzung erfolgt im Sofortvollzug nicht
   2. Ordnungsgemäße Anwendung des Zwangsmittels
III. Ordnungsgemäße Ausübung des Vollstreckungsermessens (§ 114 S. 1 VwGO)

Ist die Rechtmäßigkeit einer Vollstreckungsmaßnahme in einer Anfechtungsklage zu prüfen, ergeben sich kaum **Zulässigkeits**probleme.

**Problem: Erledigung durch Vollzug?**

Bisweilen wird aber iRd Statthaftigkeit der Anfechtungsklage problematisiert, ob sich die Vollstreckungsverfügung durch Vollzug erledigt hat. In aller Regel ist dies nicht der Fall, da der VA als Rechtsgrund für den Vollzug fortwährende Rechtswirkungen entfaltet.[156]

In der **Begründetheit** prüfen Sie zunächst die **formelle Rechtmäßigkeit** der Vollstreckungsmaßnahme. Zuständig für die Vollstreckung ist grds. die Behörde, die den Grund-VA erlassen hat (Grundsatz der Eigenvollstreckung; § 7 VwVG). Außerdem darf eine von der Erlassbehörde abweichende Behörde unter den Voraussetzungen der Vollzugshilfe vollstrecken. Die Voraussetzungen der Vollzugshilfe sind häufig speziell geregelt.[157] Von einer Anhörung kann gem. § 28 II Nr. 5 VwVfG abgesehen werden. Besondere Formvorschriften (Schriftlichkeit) sind insbes. für die Androhung geregelt (§ 13 I VwVG bzw. Landesrecht).

Im Rahmen der **materiellen Rechtmäßigkeit** erörtern Sie zunächst die Einhaltung der Vorschriften des gestreckten Vollstreckungsverfahrens.[158] Sie beginnen mit den **allgemeinen Vollstreckungsvoraussetzungen**. Diese setzen im gestreckten Verfahren zunächst einen materiell vollstreckbaren Grund-VA voraus. Dies sind (Allgemein-)Verfügungen, die auf ein Tun, Dulden oder Unterlassen gerichtet sind. Feststellende und rechtsgestaltende Maßnahmen sind hingegen ebenso wenig vollstreckbar, wie vorbereitende Maßnahmen (zB Anordnung einer MPU zur Feststellung der Fahreignung) oder auf Geldzahlung gerichtete Leistungsbescheide. Eine HDU-Verfügung ist formell vollstreckbar, wenn sie unanfechtbar geworden ist oder – klausurrelevanter – ein Rechtsbehelf gegen den Grund-VA keine aW hat, weil ein Fall des § 80 II VwGO vorliegt.[159] Für die Rechtmäßigkeit der Androhung reicht es aus, wenn in dem angeordneten Vollstreckungsmoment die formelle Vollstreckbarkeit vorliegt.

**Problem: Rechtswidrigkeit der Grundverfügung**

In vielen Klausuren behauptet der in Anspruch Genommene, die Grundverfügung sei rechtswidrig, sodass auch die Vollstreckungsmaßnahme »keinen Bestand haben könne«. Bitte merken Sie sich, dass die Vollstreckung lediglich das Vorliegen einer wirksamen (nicht aber notwendigerweise rechtmäßigen) Grundverfügung erfordert. Problematisch sind dabei Fälle, in denen der zugrunde liegende VA zum Zeitpunkt der Vollstreckung noch nicht bestandskräftig war (Fälle des § 80 II VwGO). In diesen Konstellationen können zwar Rechtsschutzlücken entstehen (Art. 19 IV GG), wenn der Antragsteller nur gegen den Vollzug im engeren Sinne vorgehen kann, ohne dabei auch die Rechtmäßigkeit der Grundverfügung in Zweifel ziehen zu dürfen. Dennoch problematisiert die Rspr. die Rechtmäßigkeit der Grundverfügung nur im Rahmen der Kostenpflicht des Vollstreckungsschuldners (Klausurkonstellation: Anfechtung eines Kostenbescheides). Das ist sinnvoll, weil die Vollstreckung der effektiven Gefahrenabwehr dient. Unbillige Härten können auf der Ebene der Kostenlast abgemildert werden.

**Klausurhinweis:** Prüfen Sie das Vollstreckungsrecht im Rahmen einer Anfechtungsklage (Klausurtyp I), gilt aufbautechnisch damit:

- Wird der Grund-VA durch eine erfolgreiche Anfechtungsklage gem. § 113 I 1 VwGO aufgehoben und verliert er damit seine Wirksamkeit, entfallen die Voraussetzungen für die Vollstreckung.

156 BVerwG Urt. v. 25.9.2008 – 7 C 5/08, NVwZ 2009, 122.

157 §§ 9 ff. BPolG; Art. 50 ff. BayPAG; § 60 V BWPolG; §§ 52 ff. ASOG; §§ 50 ff. BbgPolG; § 5 HmbVwVG; §§ 44 ff. HSOG; §§ 82a ff. MVSOG; §§ 51 ff. NdsSOG; §§ 47 ff. NRWPolG; §§ 96 ff. RhPfPOG; §§ 41 ff. SaarlPolG; §§ 61 ff. SächsPolG; §§ 50 ff. LSASOG; §§ 48 ff. ThürPAG.

158 § 6 I VwVG; Art. 19, 20 BayVwZVG; §§ 2, 18 BWLVwVG; § 5a BlnVwVfG iVm § 6 I VwVG; § 15 I BbgVwVG; § 11 I BremVwVG; §§ 14, 18 I HmbVwVG; §§ 2, 69 HessVwVG; §§ 110 MVVwVfG iVm §§ 79 ff. MVSOG; §§ 70 NdsVwVG iVm 64 I NdsSOG; § 55 I NRWVwVG; § 61 I RhPfLVwG; § 18 SaarlVwVG; § 19 SächsVwVG; § 71 LSAVwVG iVm § 53 I LSASOG; § 229 I SchlHLVwG; §§ 19, 44 I ThürVwZG.

159 Zu den klausurrelevanten Fragen des § 80 II VwGO vgl. *Kaiser/Köster/Seegmüller* Öffentlich-rechtliche Klausur Rn. 318 ff.

- Ist die Anfechtungsklage gegen den Grund-VA erfolglos, bleibt dieser wirksam, sodass die allgemeinen Vollstreckungsvoraussetzungen erfüllt sind. Da Sie in der Anfechtungsklage die Rechtmäßigkeit des VA ohnehin geklärt haben, brauchen Sie auf die Frage, ob die Vollstreckung einen rechtmäßigen oder nur einen wirksamen Grund-VA erfordert, ebenfalls nicht mehr einzugehen.

Innerhalb der **besonderen Vollstreckungsvoraussetzungen** prüfen Sie, ob die besonderen Tatbestandsvoraussetzungen des jeweiligen Vollstreckungsakts vorliegen. Normalerweise erfolgt das gestreckte Verfahren in drei Phasen: Androhung – Festsetzung – Anwendung des jeweiligen Zwangsmittels.

**Übersicht der möglichen Zwangsmittel (numerus clausus der Zwangsmittel)**[160]

- Die **Ersatzvornahme** ist die Ausführung durch einen Dritten auf Kosten des Pflichtigen im behördlichen Auftrag. Sie kommt nur bei vertretbaren Handlungen (Duldungen oder Unterlassungen) in Betracht.
- Durch ein **Zwangsgeld** soll der Verpflichtung Nachdruck verliehen werden. Sie kommt bei unvertretbaren Handlungen, Duldungen oder Unterlassungen, daneben aber auch bei vertretbaren Handlungen in Betracht, wenn die Ersatzvornahme »untunlich« ist, etwa wenn der Pflichtige nicht in der Lage ist, die Kosten der Ersatzvornahme zu tragen.
- Beim **unmittelbaren Zwang** wird der Pflichtige unmittelbar zu einer Handlung, Duldung oder Unterlassung gezwungen oder die Handlung behördlicherseits selbst vorgenommen. Unmittelbarer Zwang erfolgt etwa durch die Einwirkung auf Personen oder Sachen durch körperliche Gewalt oder Waffengebrauch.

Eine rechtmäßige Vollstreckung im gestreckten Verfahren setzt zunächst die grds. schriftliche **Androhung** des Zwangsmittels voraus.[161]

**Problem: Fristsetzung**

Zur Erzwingung von Handlungspflichten muss stets eine angemessene Frist gesetzt werden. Umstritten ist, ob dies auch für Duldungs- und Unterlassungspflichten gilt. Dagegen spricht, dass der Adressat diesen Verpflichtungen sofort nachkommen kann, weil von ihm kein positives Tun verlangt wird.[162] Dagegen kann man anführen, dass der Betroffene gleichwohl Zeit haben sollte, gerichtlichen Rechtsschutz zu erwirken.[163] In manchen Bundesländern ist das Fristerfordernis auf Handlungspflichten beschränkt.[164]

Die **Androhung** ist anfechtbar. Im vorläufigen Rechtsschutz ist idR ein Antrag gem. § 80 V 1 Alt. 1 VwGO statthaft. Die sofortige Vollziehbarkeit folgt aus § 80 II 1 Nr. 3 VwGO iVm Landesrecht.

An das Erfordernis des »**bestimmten Zwangsmittels**« knüpfen verschiedene Klausurprobleme. So ist zB für die Ersatzvornahme vorgesehen, dass die voraussichtliche Höhe der Kosten angegeben wird. Problematisch ist vor allem auch, ob ein Zwangsmittel (Zwangsgeld) »für jeden Fall der Zuwiderhandlung« angeordnet werden darf. Dies ist nach § 13 VI 2 VwVG unzulässig, wird indessen landesrechtlich vielfach ausdrücklich für zulässig erklärt.

§ 13 III 1 VwVG verbietet auch die **gleichzeitige Androhung unterschiedlicher Zwangsmittel.** Sofern landesrechtlich weniger strenge Regelungen gelten, muss die Behörde zumindest die Reihenfolge angeben, in der sie die Zwangsmittel androhen möchte. Andernfalls wäre das Bestimmtheitsgebot (§ 37 I VwVfG) verletzt.

160 Soweit nicht landesrechtlich weitere Zwangsmittel definiert werden.

161 § 13 VwVG; Art. 36 BayVwZVG; § 20 BWVwVG; § 5a S. 1 BlnVwVfG iVm § 13 VwVG; § 28 BbgLVwVG; § 17 BremVwVG; § 8 HmbVwVG; § 69 HessVwVG; § 110 MVVwVfG iVm § 87 MVSOG; § 70 I NdsVwG iVm § 70 NdsSOG; § 63 NRWVwVG; § 66 RhPfLVwVG; § 19 SaarlVwVG; § 20 SächsVwVG; § 71 LSALVwVG iVm § 59 LSASOG; § 236 SchlHLVwG; § 46 ThürVwZVG.

162 OVG Weimar ThürVwVBl. 1994, 111 (114).

163 HessVGH DVBl. 1994, 794 (795); Hk-VerwR/*Lemke* § 13 VwVG Rn. 11; davon geht mangels Differenzierung wohl auch *Maurer* Allg. VerwR § 20 Rn. 21 aus.

164 Vgl. etwa § 20 I 2 Hs. 2 BWLVwVG; § 63 I 2 Hs. 2 NRWVwVG.

Zur ordnungsgemäßen Art und Weise des Vollstreckungsverfahrens gehört schließlich die **Festsetzung** des Zwangsmittels. Dies ist die Anordnung der Vollstreckungsbehörde, dass das angedrohte Zwangsmittel nunmehr angewendet werden soll.[165] Beachten Sie allerdings, dass dieser Teil des Vollstreckungsverfahrens nur teilweise landesrechtlich vorgesehen ist. Überwiegend erfolgt eine Festsetzung nur im Fall des Zwangsgeldes; nur in Berlin,[166] NRW[167] und nach dem VwVG des Bundes ist dieser Teil des Vollstreckungsverfahrens auch außerhalb des Zwangsgeldes vorgesehen. Voraussetzung der Festsetzung ist regelmäßig neben dem Vorliegen der allgemeinen Vollstreckungsvoraussetzungen das Bestehen einer wirksamen und vollziehbaren Androhung und das Verstreichen der angeordneten Frist.

Im Rahmen der **ordnungsgemäßen Anwendung** des Zwangsmittels ist insbes. der Grundsatz der Verhältnismäßigkeit zu beachten. Hier treten vor allem in »Abschleppfällen« Probleme auf, die unten noch erörtert werden. Die Anwendung ist ein Realakt. Vor Anwendung des Zwangsmittels kann ein Unterlassungsanspruch mit der allg. Leistungsklage verfolgt werden. Nach Anwendung des Zwangsmittels ist eine Feststellungsklage statthaft. Erforderlich ist aber ein qualifiziertes Feststellungsinteresse. Beachten Sie hier die Parallele zur FFK, mit der die Rechtswidrigkeit erledigter VA geltend gemacht werden kann.

Schließlich müssen Sie die ordnungsgemäße Anwendung des **Vollstreckungsermessens** prüfen.

Beim Entschließungsermessen prüfen Sie, ob die zuständige Behörde zulässigerweise die Vollstreckung durchgeführt hat. Beim eher bedeutsamen Auswahlermessen stellt sich die Frage, ob die Vollstreckungsbehörde das richtige Zwangsmittel ausgewählt hat. Grds. ist das Zwangsmittel auszuwählen, das den Pflichtigen und die Allgemeinheit am wenigsten beeinträchtigt.

An dieser Stelle wird häufig die Geeignetheit des ausgewählten Zwangsmittels diskutiert. So ist etwa eine Ersatzvornahme bei höchstpersönlichen Handlungen untauglich.

> **Beispiel:** Um Drogenabhängige von einem Platz fernzuhalten, wird eine Ersatzvornahme angedroht.

### 2. Rechtsschutz gegen Maßnahmen im Sofortvollzug (sog. »abgekürztes Verfahren«)

79 An die Prüfung der Rechtmäßigkeit einer Vollstreckungsmaßnahme im Sofortvollzug sollten Sie stets denken, wenn wegen besonderer Eilbedürftigkeit ein vorausgehender Grund-VA überhaupt nicht ergangen ist (zB Abschleppen eines Kfz ohne Nummernschild).

Der Sofortvollzug setzt keinen VA voraus. Vielmehr muss die Behörde »**innerhalb ihrer gesetzlichen Befugnisse**« handeln. Hieraus folgt das Erfordernis einer rechtmäßigen fiktiven Grundverfügung.[168] Sie prüfen also (häufig iR einer umfangreichen Inzidentprüfung), ob eine rechtmäßige Grundverfügung hätte ergehen können.

Zudem muss der Sofortvollzug zur Abwehr einer **gegenwärtigen Gefahr** notwendig sein. Eine solche Gefahr besteht, wenn sich diese bereits verwirklicht hat oder mit der Verwirklichung bei ungehinderter Weiterentwicklung in allernächster Zeit zu rechnen ist.

Die **Notwendigkeit** des Sofortvollzugs ist gegeben, wenn der Zeitraum zwischen der Feststellung der Gefahr und dem voraussichtlichen Eintritt des Schadens so gering ist, dass im gestreckten Verfahren eine effektive Gefahrenabwehr gefährdet oder vereitelt würde. Dies können Sie auch bejahen, wenn der Verursacher der Gefahr nicht sofort feststellbar oder erreichbar ist. Ist es allerdings möglich, gegen den Ordnungspflichtigen eine Verfügung zu erlassen und kann diese (ggf. unter AOsofVz und Androhung der Ersatzvornahme) eine zeitnahe Gefahrenabwehr sicherstellen, kommt eine Vollstreckung im sofortigen Vollzug nicht in Betracht.[169]

---

165 Engelhardt/App/Schlatmann/*Troidl* VwVG § 14 Rn. 1.
166 § 5a S. 1 BlnVwVfG iVm § 14 S. 1 VwVG.
167 § 64 S. 1 NRWVwVG.
168 *Thye* JuS 2011, 618.
169 OVG Münster NVwZ-RR 2008, 437 (keine Kostenerstattung für Sanierungsmaßnahme im Sofortvollzug bei einsturzgefährdetem Wetterschacht).

Sofern Ihr Landesrecht keine ausdrückliche Regelung vorsieht, gestattet die Rspr. unter den Voraussetzungen des § 6 II VwVG ein Absehen von Androhung und Festsetzung (arg.: unter den Voraussetzungen des § 6 II VwVG sind sogar VA, Androhung und Festsetzung entbehrlich; dann kann erst recht im Sofortvollzug vollstreckt werden, wenn eine HDU-Verfügung vorliegt und nur Androhung und Festsetzung fehlen).

### 3. Rechtmäßigkeit eines Kostenbescheids

**Klausurhinweis:** In einer Anfechtungsklage gegen einen Kostenbescheid ist die Rechtmäßigkeit der Grundverfügung nicht mehr zu prüfen, wenn diese bestandskräftig ist und deshalb die Voraussetzungen des § 6 I VwVG erfüllt. Deshalb steuern die Klausuren inzident vielfach auf die Prüfung der Rechtmäßigkeit einer Maßnahme im Sofortvollzug zu. Die inzident auf ihre Rechtmäßigkeit zu überprüfende fiktive Grundverfügung wird oft gefahrenabwehrrechtlichen Randmaterien entnommen. Gleichwohl sind die Aufgaben idR leicht zu lösen. Die Prüfungshauptleistung besteht idR nicht in der Beherrschung gefahrenabwehrrechtlicher Spezialkenntnisse. Wichtig ist vielmehr, dass Sie die nachfolgenden Prüfungspunkte in einem sauberen Aufbau darstellen. Bei diesem Klausurtyp sind daher die richtigen Obersätze ausgesprochen wichtig.

**Übersicht: Rechtmäßigkeit eines Kostenbescheides**

I. EGL
   (P) VA-Befugnis
II. Formelle Rechtmäßigkeit
   1. Zuständigkeit: grds. Vollzugsbehörde
   2. Verfahren
      (P) Anhörung nicht gem. § 28 II Nr. 5 VwVfG entbehrlich
      (P) ggf. Heilung gem. § 45 VwVfG
   3. Form: Schriftform (vgl. § 3 II lit. a) VwVG)
III. Materielle Rechtmäßigkeit
   1. Amtshandlung: Inzidentprüfung der rechtmäßigen Vollstreckungsmaßnahme (Art. 20 III GG)
   2. Kostenschuldnereigenschaft
      (P) Kostenpflicht des Anscheinsstörers
      (P) Kostenpflicht bei Gefahrerforschungsmaßnahmen
   3. Richtigkeit der Kosten der Art und Höhe nach
      (P) Beschränkung der Kostenpflicht in Opferkonstellationen
   4. Evtl. Ermessenskontrolle bei Auswahl Kostenschuldner und Kostenhöhe (bei Rahmengebühren)

#### a) Ermächtigungsgrundlage zum Erlass des Kostenbescheides

Als belastende Maßnahme bedarf der Kostenbescheid einer EGL. Bei Polizeikosten sind die 80
Vollstreckungsregeln des PolG anwendbar, wenn und soweit die Landesgesetze (bzw. für den Bereich der Bundespolizei das BPolG) einschlägige Regelungen enthalten. Ansonsten ist – je nachdem ob eine Bundes- oder Landesbehörde gehandelt hat – das jeweilige Vollstreckungsgesetz einschlägig, das neben den Regeln für die ordnungsgemäße Vollstreckung auch Vorschriften zur Kostenerhebung enthält. In diesen befinden sich neben der zentralen AGL (zB § 77 I 1 NRWVwVG) zumeist auch Verordnungsermächtigungen für Kostenverordnungen, in denen der Erstattungsanspruch gegen den Bürger für Auslagen (zB Zahlungen der Behörde aufgrund eines Werkvertrages mit einem Verwaltungshelfer) und Gebühren normiert ist.[170]

Bei **polizeilichen Maßnahmen** müssen Sie beachten, dass diese nur eine Kostenpflicht auslösen (zB für Sicherstellung und Ersatzvornahme), wenn gesetzlich ein Kostenerstattungsanspruch angeordnet wird.

In der Klausur müssen Sie die EGL vollständig benennen. Diese setzt sich zusammen aus den Vorschriften der jeweiligen Vollstreckungsmaßnahme, der zentralen AGL des VwVG (zB § 77 I 1 NRWVwVG: »für Amtshandlungen nach diesem Gesetz werden ... Kosten erhoben«), der Verordnungsermächtigung und der einschlägigen Vorschrift der Kostenverord-

170 *Kugelmann/Alberts* Jura 2013, 898 (902 f.).

nung. Bei Letzterer müssen Sie schon mit Benennung der EGL danach differenzieren, ob Gebühren oder Auslagen erhoben werden.

Sie sehen, dass sich die EGL aus einer längeren Paragraphenkette zusammensetzt. Diese sollten Sie bereits vor den Examensklausuren auswendig lernen.

**Problem: VA-Befugnis**

Falls im Aktenauszug die Befugnis zum Erlass eines Kostenbescheides in Zweifel gezogen wird, sollten Sie kurz erörtern, ob der Anspruch auf Ersatz der Kosten mittels VA geltend gemacht werden darf (sog. VA-Befugnis). In diese Richtung geht auch der Vortrag des Klägers, »die Verwaltung müsse eine Leistungsklage auf Zahlung der geschuldeten Beträge erheben«. Die VA-Befugnis werden Sie bejahen können: Zwar liegt nur ausnahmsweise eine ausdrückliche Befugnis zum Erlass eines VA vor, dennoch leitet die Rspr. die VA-Befugnis aus typischen hoheitlichen Begriffen (»beigetrieben« oder »festgesetzt«) her. Darüber hinaus ist gewohnheitsrechtlich anerkannt, dass der Kostenerstattungsanspruch in dem Über-/Unterordnungsverhältnis Staat/Bürger auch ohne ausdrückliche Regelung mittels VA erhoben werden kann.

#### b) Vorliegen der formellen Voraussetzungen

81 **Zuständig** für den Erlass des Kostenbescheides ist grds. die Vollzugsbehörde, die auch für den Erlass des Grund-VA zuständig ist. Da der Kostenbescheid nicht mehr im Vollstreckungsverfahren erlassen wird, ist die **Anhörung** nicht gem. § 28 II Nr. 5 VwVfG entbehrlich. Liegt ein Verfahrensfehler vor, ist ggf. eine Heilung gem. § 45 I Nr. 3, II VwVfG zu prüfen. Um sicherzustellen, dass die Kostenforderung beigetrieben werden kann, muss der Kostenbescheid aber schriftlich ergehen (§ 3 II lit. a VwVG).

#### c) Vorliegen der materiellen Voraussetzungen

#### aa) Rechtmäßigkeit der Vollstreckungsmaßnahme

82 Materiell setzt der Kostenbescheid grds. voraus, dass die zugrunde liegende Vollstreckungsmaßnahme (nicht der ihr zugrunde liegende Grund-VA!) rechtmäßig ist (arg.: Art. 20 III GG). Dies ergibt sich auch aus einigen landesrechtlichen Vorschriften, wonach Kosten nur für »Amtshandlungen« erhoben werden dürfen.[171] An dieser Stelle prüfen Sie inzident die Rechtmäßigkeit des gestreckten (ggf. beschleunigten) Verfahrens oder des Sofortvollzugs.

**Problem: Ausschluss des Kostenerstattungsanspruchs wegen örtlichen Zuständigkeitsmangels?**

Grds. schließt ein Rechtsfehler einen Kostenerstattungsanspruch aus. Streitig ist dies aber bei einem bloßen örtlichen Zuständigkeitsmangel. Teilweise wird die Auffassung vertreten, es sei nicht gerechtfertigt, bei der Vollstreckungsmaßnahme einer unzuständigen Behörde dem Pflichtigen nur wegen des Zuständigkeitsverstoßes die Kostenlast abzunehmen. Zur Begründung wird auf den Rechtsgedanken des § 46 VwVfG verwiesen.[172]

#### bb) Kostenschuldnereigenschaft des in Anspruch Genommenen

83 Anschließend ist zu beantworten, ob der Adressat des Kostenbescheids auch Kostenschuldner ist. Diesbezüglich gilt: Der Störer hat die Gefahr zu beseitigen und deshalb auch als »Pflichtiger« die Kosten zu tragen. Bei Zustands- und Verhaltensstörern ist dieses unproblematisch.

**Problem: Kostenschuldnereigenschaft des Nichtstörers**

Der Nichtstörer ist kein Kostenschuldner. Dieses ergibt sich (auch) aus der gesetzgeberischen Konzeption eines Entschädigungsanspruchs für Nichtstörer. Diese Vorschriften lassen erkennen, dass der Gesetzgeber nichtverantwortliche Personen von den wirtschaftlichen Lasten der Gefahrenabwehr befreien möchte.[173]

171 ZB § 77 I NRWVwVG.
172 *Wolffgang/Hendricks/Merz* POR Rn. 673 mwN; *Muckel* JA 2012, 355 (361).
173 *Wolffgang/Hendricks/Merz* POR Rn. 674.

**Problem: Kostenschuldnereigenschaft des Anscheinsstörers**

Den Anscheinsstörer trifft grds. keine Kostenlast. Anderes gilt jedoch, wenn ihm der Anschein der Gefahr nach einer Ex-post-Betrachtung zuzurechnen ist, weil er die Gefahr selbst veranlasst oder zu verantworten hat.[174]

**Problem: Kostenschuldnereigenschaft bei Gefahrerforschungsmaßnahmen**

Beim Gefahrenverdacht kommt eine Kostenbelastung grds. nicht in Betracht, wenn und soweit es sich um Kosten einer Gefahrerforschungsmaßnahme handelt, da diese eine von Amts wegen durchzuführende Maßnahme zur Sachverhaltsaufklärung darstellt (Untersuchungsgrundsatz nach § 24 VwVfG). Ausnahmsweise kommt eine Kostenpflicht – wie beim Anscheinsstörer – infrage, wenn die Gefahrenlage zurechenbar verursacht worden ist.[175] Für bodenschutzrechtliche Fälle merken Sie sich folgende weitere Konstellation, in der die Kostentragung für vertretbar gehalten wird: Stellt sich nach Abschluss der Gefahrerforschung heraus, dass tatsächlich eine objektive Gefahrenlage vorlag, wird die Gefahrerforschung gewissermaßen als erster Schritt der Sanierungsmaßnahmen verstanden, sodass der Verursacher kostenpflichtig sein kann.

Bitte bedenken Sie schließlich die Situation, in welcher der zugrunde liegende VA beim gestreckten Verfahren zwar rechtswidrig, aber formell vollstreckbar war (Fälle des § 80 II VwGO). In diesen Fällen kann die Auferlegung der Kostenlast unzulässig, weil unverhältnismäßig sein.

**Unter Verwaltungsträgern** kommt ein Kostenersatz grds. nicht in Betracht: Ein Kostenerstattungsanspruch unter dem Gesichtspunkt der Ersatzvornahme scheitert wegen der von der hM angenommenen Unzulässigkeit von hoheitlichen Maßnahmen. Ein Anspruch aus öffentlich-rechtlicher GoA scheitert idR daran, dass der kostenbelastete Verwaltungsträger aufgrund seiner Eilkompetenz nicht »ohne Auftrag« handelt und kein fremdes Geschäft ausführt.[176]

**Klausurhinweis:** In denjenigen Ländern[177], die eine unmittelbare Ausführung eingeführt haben, ist vorgeschrieben, dass die der Verwaltung entstehenden Kosten von dem Verhaltens- oder Zustandsverantwortlichen zu erheben sind. Zur Kostenhöhe gilt wiederum das Verwaltungskostenrecht. Die Kosten können im Verwaltungszwang beigetrieben werden.

**cc) Rechtmäßigkeit der Kostenfestsetzung der Art und Höhe nach**

Bei der Frage, ob die von dem Bürger verlangten Kosten der **Art** nach gerechtfertigt sind, 84
müssen Sie zwischen verschiedenen Kostenpositionen differenzieren (zB Auslagen, Gebühren). Hierfür sind in den kostenrechtlichen Vorschriften idR unterschiedliche Voraussetzungen normiert.

Bisweilen wird die Frage aufgeworfen, ob die Kosten der **Höhe** nach zu beanstanden sind. In der Mehrzahl der ausgewerteten Aktenauszüge ist dies aber nur ein Scheinproblem. Grds. gilt der Kostendeckungsgrundsatz. Der Polizei- bzw. Ordnungspflichtige muss denjenigen Betrag erstatten, den das zur Ersatzvornahme beauftragte, ordnungsgemäß ausgewählte Unternehmen in Rechnung stellt, wenn nicht grobe Fehlgriffe in der Preiskalkulation erkennbar sind oder überflüssige Maßnahmen durchgeführt wurden. Da Sie in der Klausur die Kosten der Höhe nach nicht genau überprüfen können, sollten Sie die Kostenberechnung gem. § 173 S. 1 VwGO iVm § 287 II ZPO schätzen. Dies ist auch in der verwaltungsgerichtlichen Praxis üblich. Der Kostenrahmen der jeweiligen KostO des Landes muss natürlich eingehalten werden. Ein Ermessensfehler liegt aber vor, wenn die Behörde ohne weitergehende (Ermessens-)Begründung pauschal die Maximalgebühr festsetzt. Dann kann die Klage Erfolg haben, soweit

174 OVG Hamburg NJW 1986, 2005 (2006); VG Neustadt a.d. Weinstraße Urt. v. 22.8.2011 – 5 K 256/11.NW (Kostenpflicht eines Halters zweier Doggen für Polizeieinsatz nach Ausbruch der Tiere und anschließendem freien Herumlaufen auf dem Grundstück, wenn nicht auszuschließen ist, dass die Tiere die Begrenzungsmauer zum Nachbargrundstück überspringen).

175 *Wolffgang/Hendricks/Merz* POR Rn. 676.

176 ZB OVG Münster NJW 1986, 2526.

177 § 8 II 1 BWPolG; Art. 9 II 1 BayPAG; § 15 II 1 BlnASOG; § 7 III HmbSOG; § 8 II 1 HSOG; § 6 II 1 RhPfPOG; § 6 II SächsPOG; § 9 II 1 LSASOG; § 9 II 1 ThürPAG; § 12 II 1 ThürOBG.

die Gebühr den gesetzlich festgelegten Mindestrahmen (zB Rahmengebühr von 50 EUR bis 500 EUR) überschreitet.

**Problem: Beschränkung der Kostenbelastung des Eigentümers in »Opferkonstellationen«**

Die einfachgesetzliche Kostenbelastung des Eigentümers ist ggf. verfassungskonform zu beschränken, wenn der Eigentümer in eine Opferrolle geraten ist (Kostenbescheid wegen Sanierung eines kampfmittelbelasteten Grundstücks oder wegen behördlicher Schutzmaßnahmen gegen drohenden Felssturz). Hier geht das BVerfG davon aus, dass grds. nur eine Kostenbelastung bis zur Höhe des Verkehrswertes des Grundstücks nach Sanierung verhältnismäßig ist.[178] Ausnahmen werden zB dann gemacht, wenn der Eigentümer das Risiko der Sanierung bewusst in Kauf nimmt oder Früchte aus dem geringeren Wert des Grundstücks gezogen hat.[179]

**Problem: Auswahl des Kostenschuldners**

Sind mehrere Kostenpflichtige vorhanden, haften diese als Gesamtschuldner. In diesem Fall hat die Behörde bei der Frage, welchen sie in Anspruch nimmt, ein personelles Auswahlermessen. Im gestreckten Verfahren ist dies unproblematisch derjenige, an den sie zulässigerweise auch die Grundverfügung gerichtet hat. Diesem obliegt die auferlegte Pflicht. Erfüllt er sie nicht, ist er Kostenschuldner. Da eine Behörde im Sofortvollzug demgegenüber keine Grundverfügung an einen Pflichtigen adressiert, verlagert sich die Prüfung der Störerauswahl in diesem Fall auf die Prüfungsebene »richtiger Kostenschuldner«. Maßgebliches Ermessensauswahlkriterium ist dann auch weniger die effektive Gefahrenabwehr. Vielmehr ist es nun zulässig, auf die finanzielle Leistungsfähigkeit abzustellen.

**Problem: Kostenerstattungsanspruch nach anderen Vorschriften**

Wenn nach den vorstehenden Ausführungen die Vollstreckungsmaßnahme rechtswidrig ist, wird die Behörde ggf. vortragen, sie habe einen Anspruch auf Kostenerstattung aus anderen AGL. Allerdings scheidet insbes. ein Anspruch aus GoA oder aus dem öffentlich-rechtlichen Erstattungsanspruch regelmäßig aus, wenn die (landesrechtlichen) Rechtsgrundlagen hinsichtlich der Kostenerstattungsfähigkeit eine abschließende Spezialregelung enthalten.[180]

**Klausurhinweis:** Herausragende Examensrelevanz hat die Prüfung, ob ein Kostenbescheid für das Abschleppen eines Kfz rechtmäßig ist.
Im Rahmen der **Zulässigkeit** werden Sie idR kurz den **Verwaltungsrechtsweg** anzusprechen haben. Dieser ist gem. § 40 I 1 VwGO eröffnet. Daran ändert sich nichts, wenn der in Anspruch Genommene zusätzlich zur Anfechtung die Erstattung des gezahlten Geldes aufgrund des öffentlich-rechtlichen Erstattungsanspruchs verlangt (Kehrseitengedanke). Hat der Bürger die Abschleppkosten bei Abholung des Kfz an den Abschleppunternehmer gezahlt, liegt eine öffentlich-rechtliche Leistung vor, weil der Unternehmer als Leistungsmittler für die Behörde auftritt.[181] Die **statthafte Klageart** richtet sich nach dem Klagebegehren (§ 88 VwGO):

- Verlangt der Kläger die Erstattung der aufgrund eines Leistungsbescheides gezahlten Kosten: Anfechtungsklage gegen Leistungsbescheid mit Annexantrag (§ 113 I 2 VwGO) bzw. kombinierte Anfechtungs- und Leistungsklage (§ 113 IV VwGO).
- Hat der Kläger ohne Kostenbescheid gezahlt (etwa um das Fahrzeug vom Abschleppunternehmer zurückzuerhalten): Da kein anfechtbarer VA vorliegt, der sich zur Rechtmäßigkeit der Maßnahme verhält: Allgemeine Leistungsklage auf Kostenerstattung; eine zusätzliche Anfechtung scheidet aus.

---

178 Im Einzelnen hierzu → Rn. 111 ff.; hierzu auch OVG Münster Beschl. v. 6.2.2013 – 5 B 839/12, NWVBl. 2013, 294: Die Zustandshaftung eines Grundstückseigentümers wird durch Art. 14 GG auf das zumutbare Maß begrenzt. Wird einem Eigentümer eines an einer sehr steilen Böschung gelegenen Grundstücks aufgegeben, den auf seinem Grundstück liegenden Böschungsabschnitt durch kostenintensive Abflachungsmaßnahmen standsicher herzustellen und nach deren Abschluss eine geotechnische Untersuchung über die Standsicherheit vorzulegen, erweist sich eine solche Anordnung nach summarischer Betrachtung als unverhältnismäßig, wenn die Behörde die Kostenbelastung des Eigentümers nicht beschränkt. Kann sie die Kostenbelastung im Zeitpunkt der behördlichen Entscheidung nicht ermitteln, muss sie die Sanierungsanordnung unter den Vorbehalt einer gesonderten Entscheidung über die Kostenbelastung stellen.

179 BVerfG NJW 2000, 2573 (2575 f.).

180 OVG Münster NVwZ-RR 2008, 437 (438) mwN.

181 OVG Münster NJW 1980, 1974; *Becker* JA 2000, 677 (678).

In beiden Fällen kann ein Prozesszinsanspruch analog § 291 BGB geltend gemacht werden. Denken Sie hieran insbes. bei der Bearbeitung einer Anwaltsklausur.

In der **Begründetheit** prüfen Sie die Rechtmäßigkeit des Kostenbescheides. Als Erstes erörtern Sie die Rechtmäßigkeit der Gefahrenabwehrmaßnahme. Zunächst suchen Sie die einschlägige Rechtsgrundlage. Um diese zu finden, stellen sich zwei Vorfragen:

- Ist ein **wirksamer VA** vorhanden?
- Ist landesrechtlich das Institut der **unmittelbaren Ausführung** vorgesehen?

**Vorfrage 1:** Parkt jemand im Geltungsbereich eines Halte- oder Parkverbotes, so liegt zumindest auch ein konkludentes Wegfahrgebot vor. Bei einer defekten Parkuhr geht die Rspr. von einem modifizierten Parkverbot aus. Längere Zeit bereits aufgestellte Verkehrszeichen sind wirksam; für Verkehrsschilder sehen die §§ 39 II, 45 IV StVO eine besondere Form der öffentlichen Bekanntgabe vor, die die allgemeine Regelung (§ 41 VwVfG) verdrängt.[182] Problematisch ist die Wirksamkeit von Wegfahrgeboten, wenn das Verkehrsschild erst nach Abstellen des Fahrzeugs aufgestellt wird (sog. nachträgliche Straßenverkehrswidrigkeit bei »Wanderschildern«). Grundlage der Vollstreckung im gestreckten Verfahren ist das Vorliegen eines *wirksamen* VA. Existent wird dieser aber erst, wenn er bekanntgegeben worden ist (§§ 41, 43 I VwVfG). Dabei ist problematisch, dass der Verkehrsteilnehmer in den Fällen nachträglicher Straßenverkehrswidrigkeit von dem Gebot nichts weiß. Nach der Rspr. ist aber die im Verkehrsschild liegende Allgemeinverfügung selbst bei nachträglicher Aufstellung wirksam. Dies gilt unabhängig von der tatsächlichen oder möglichen Kenntnisnahme, da der Verkehrsteilnehmer jedenfalls abstrakt die Möglichkeit zur Wahrnehmung hat.[183] In der Klausur liegt damit idR eine wirksame Grundverfügung vor. Diese ist analog § 80 II 1 Nr. 2 VwGO auch sofort vollziehbar.

**Vorfrage 2:** Hat Ihr Bundesland die unmittelbare Ausführung nicht eingeführt, können Sie wie folgt differenzieren:

- Wird das Fahrzeug lediglich **umgesetzt**, gehen Sie – je nach Vorliegen eines wirksamen Grund-VA – von einer Vollstreckungsmaßnahme im gestreckten Verfahren oder im Sofortvollzug aus.
- Eine differenzierte Betrachtung ist erforderlich, wenn das Kfz auf einen **Verwahrungsparkplatz** gebracht wird:
  - Eine **einheitliche Sicherstellung** liegt vor, wenn die Maßnahme bezwecken soll, das Fahrzeug in Verwahrung zu nehmen und andere vom Besitz auszuschließen. Dies ist der Fall, wenn eine vom Falschparken unabhängige Gefahr beseitigt werden soll.
  - Wird das Fahrzeug nicht im Zuge eines einheitlichen Abschleppvorgangs, sondern nach dem **Umsetzen in Verwahrung** genommen, müssen Sie zwei Kostenpositionen unterscheiden: Die wegen des Umsetzens entstandenen Kosten sind solche einer Ersatzvornahme oder des Sofortvollzugs. Die Kosten der Verwahrung stellen Sicherstellungskosten dar.

Die Situation verkompliziert sich, wenn Ihr Landesrecht auch die unmittelbare Ausführung kennt. Zur Abgrenzung merken Sie sich bitte folgende Grundsätze:

- Bei der **unmittelbaren Ausführung** handelt es sich um eine Sofortmaßnahme der Behörde, die vorgenommen wird, wenn die Heranziehung des Verantwortlichen nicht oder nicht rechtzeitig möglich ist, zB weil er ortsabwesend ist.
- Beim **Sofortvollzug** werden Zwangsmittel angewendet, ohne dass zuvor eine Verfügung ergehen kann, weil eine besondere Gefahrensituation eine unverzügliche Vollstreckungsmaßnahme erfordert.

  Die hL unterscheidet danach, ob ein entgegenstehender Wille durch Zwangsmittel gebrochen werden soll (dann sofortiger Vollzug) oder nicht (dann unmittelbare Ausführung). Nach der Rspr. stehen die Maßnahmen in einem Spezialitätsverhältnis, wobei Uneinigkeit darüber herrscht, welche Form der anderen vorgehen soll. Wir empfehlen die Spezialität des Vollstreckungsrechts dergestalt: Ist ein Grund-VA vorhanden (aber wegen Eilbedürftigkeit keine Androhung und Festsetzung), ist das Vollstreckungsrecht vorrangig. Fehlt ein Grund-VA, greifen Sie auf die unmittelbare Ausführung zurück.

182 BVerwGE 102, 316; VGH Mannheim JuS 2010, 91; *Beaucamp* JA 2008, 612 (613).
183 BVerwGE 102, 316.

Haben Sie damit die Rechtsgrundlage geklärt (Sicherstellung – Vollstreckungsmaßnahme im gestreckten Verfahren oder Sofortvollzug – unmittelbare Ausführung), gelangen Sie zu den üblichen Prüfungsschemata und prüfen die Rechtmäßigkeit der Sicherstellung bzw. der Vollstreckungsmaßnahme im gestreckten Verfahren bzw. im Sofortvollzug (oder der unmittelbaren Ausführung). Innerhalb der formellen Rechtmäßigkeit treten Probleme auf, wenn die Abschleppmaßnahme nicht durch die Straßenverkehrsbehörde, sondern von der Polizei angeordnet wird. Sind in diesem Fall Erlassbehörde und Vollstreckungsbehörde nicht identisch, kann die polizeiliche Vollstreckungsmaßnahme nur als Sofortmaßnahme rechtmäßig sein.[184]

Die **Verhältnismäßigkeit** der **Vollstreckungsmaßnahme** bildet in vielen Aktenauszügen den Schwerpunkt der Auseinandersetzung der Beteiligten. Die Maßnahme ist nach der Rspr. angemessen, wenn das verbotswidrige Verhalten geeignet ist, zu Behinderungen zu führen oder die Funktion der Verkehrswege zu beeinträchtigen. Eine Unverhältnismäßigkeit kann allenfalls erwogen werden, wenn nach sehr kurzzeitiger Überschreitung der Parkzeit abgeschleppt wird. Allerdings hat die Rspr. die Unverhältnismäßigkeit einer Abschleppmaßnahme nach einem siebenminütigen Parkverstoß verneint.[185] Ebenso ist es nach dem BVerwG mit dem Grundsatz der Verhältnismäßigkeit vereinbar, wenn ein verbotswidrig an einem Taxenstand (Zeichen 229 zu § 41 StVO) abgestelltes Fahrzeug ohne Einhaltung einer bestimmten Wartezeit abgeschleppt wird.[186] Unverhältnismäßigkeit ist allerdings angenommen worden, wenn ohne Weiteres erkennbar ist und sicher davon ausgegangen werden kann, dass der Pflichtige in einigen Minuten den Verkehrsverstoß beseitigen wird (Vater stellt Pkw verkehrswidrig ab, um sein Kind in die KiTa zu bringen).[187]

**Problem: Unverhältnismäßigkeit wegen des Unterlassens behördlicher Nachforschungen**

Häufiger wird die Frage aufgeworfen, ob die Behörde vor der Abschleppmaßnahme zur Durchführung von Nachforschungen verpflichtet ist. Solche Nachforschungspflichten bestehen für die Behörde aber nur im Ausnahmefall. Gegenstand aktueller Rspr. ist in diesem Zusammenhang, ob durch eine gut sichtbare Anbringung der Handy-Nummer die Vollstreckungsmaßnahme wegen Unverhältnismäßigkeit rechtswidrig ist. Wichtig ist, dass Sie sich den systematischen Standort des Problems merken (Verhältnismäßigkeit der Maßnahme). Jenseits einzelfallbezogener Nuancen geht die Rspr. auch hier davon aus, dass dem Beamten zur Kontrolle des ruhenden Verkehrs kein übermäßiger Einsatz abzuverlangen ist und verneint daher eine Pflicht zur vorherigen telefonischen Kontaktaufnahme.[188] Entscheiden Sie hier auch aus klausurtaktischen Erwägungen: Oft streiten die Beteiligten noch über die nachfolgenden Fragen (zB Kostenhöhe). Dann sollten Sie die Verhältnismäßigkeit der Vollstreckungsmaßnahme idR bejahen. Andernfalls schneiden Sie sich nachfolgende Probleme ab.

Ferner muss die **Kostenforderung der Art und Höhe** nach gerechtfertigt sein.

**Problem: Kosten der Leerfahrt**

Manchmal wird der Abschleppvorgang abgebrochen, weil der Pflichtige währenddessen zu seinem Fahrzeug zurückkehrt. Hierfür dürfen Kosten vom Pflichtigen erhoben werden, wenn das Abschleppfahrzeug konkret für sein Fahrzeug angefordert worden ist. Kosten für eine Leerfahrt dürfen jedoch ausnahmsweise nicht erhoben werden, wenn das Abschleppfahrzeug ohne Einbußen für eine effektive Aufgabenerfüllung auf Kosten eines anderen Pflichtigen unmittelbar anderweitig eingesetzt werden kann.[189]

**Problem: Nachträgliche Straßenverkehrswidrigkeit**

Problematisch ist die Kostenerhebung zudem, wenn das Straßenverkehrsschild nachträglich aufgestellt wird. Nach der Rspr. wird der Grundsatz der Verhältnismäßigkeit durch eine Kostenerhebung nicht verletzt, wenn ein zunächst zulässig abgestelltes Fahrzeug erst am vierten Tag nach der Aufstellung des Verkehrsschildes auf Kosten des Pflichtigen entfernt wird.[190]

184 VGH Mannheim VBlBW 2004, 213.
185 OVG Hamburg NJW 2001, 3647.
186 BVerwG NJW 2014, 2888 (2889 f.).
187 OVG Hamburg Urt. v. 8.6.2011 – 5 Bf 124/08, BeckRS 2011, 52410.
188 BVerwG NJW 2002, 2122; OVG Hamburg NJW 2001, 3647 (3648).
189 OVG Münster NJW 2014, 568 (568).
190 BVerwG NJW 1997, 1021 (1022); OVG Bautzen Urt. v. 23.3.2009 – 3 B 891/06.

Schließlich muss der richtige Kostenschuldner in Anspruch genommen werden. Der Fahrer kann als Handlungsverantwortlicher zur Kostenerstattung herangezogen werden. Daneben ist der Halter als Zustandsstörer anzusehen.

**Klausurhinweis:** Die Rechtsbeziehungen verkomplizieren sich mit der Einschaltung eines privaten Abschleppunternehmers.

Abschleppunternehmer

Zivilrechtlicher (Werk-) Vertrag

Behörde

Zwischen Abschleppunternehmer/Bürger besteht **kein Rechtsverhältnis**. Der Unternehmer führt auch **kein fremdes Geschäft** des Bürgers aus. Der Unternehmer wird bei der Durchführung des Abschleppauftrags nicht als Beliehener, sondern als **Verwaltungshelfer** hoheitlich tätig. Durch das Abschleppen eines verbotswidrig geparkten Fahrzeugs im Wege der Ersatzvornahme wird ein öff.-rechtl. Verwahrungsverhältnis begründet, sodass die §§ 276, 278, 280 ff. BGB entsprechend anzuwenden sind. Der Eigentümer des Fahrzeugs ist mangels Schutzbedürftigkeit (es bestehen schließlich Ansprüche aus der öff.-rechtl. Sonderbeziehung ggü. dem Hoheitsträger) nicht in den Schutzbereich des zwischen dem Verwaltungsträger und dem privaten Unternehmer geschlossenen Vertrags über das Abschleppen seines Fahrzeugs einbezogen (BGH NJW 2014, 2577; hierzu auch *Waldhoff* JuS 2015, 92).

**(P) Zurückbehaltungsrecht** des Unternehmers (Herausgabe nur gegen Zahlung der Abschleppkosten): (+) soweit die Vollstreckungsbehörde selbst ein ZBR hat und allenfalls nach behördlicher Ermächtigung zur Geltendmachung des ZBR als Bote

(P) Bei Zahlung der Kosten wird der Abschleppunternehmer als **Leistungsmittler** tätig: Daher liegt eine »Leistung an Behörde« vor.

**(P) Deliktische Ansprüche:** (–), wegen gesetzlicher Haftungsüberleitung auf den Hoheitsträger (Art. 34 S. 1 GG)

Behörde gg. Bürger: Anspruch auf Kostenerstattung wg. unmittelbarer Ausführung bzw. Ersatzvornahme eines Wegfahrgebotes

Bürger gg. Behörde:

§ 839 BGB/Art. 34 GG

Anspruch aus Sonderbeziehung (öff.-rechtl. Verwahrung)

Bürger

### II. Vollstreckung von Geldforderungen

85 Die Vollstreckung von Geldforderungen (Steuern, Gebühren, Beiträge etc.) wird eher selten problematisiert. Zur Darstellung soll daher die nachfolgende Übersicht genügen:

**Übersicht: Vollstreckung von Geldforderungen**

I. Vorliegen der Vollstreckungsvoraussetzungen
   1. VA (Leistungsbescheid), der eine öffentlich-rechtliche Geldforderung zum Gegenstand hat
   2. Vollstreckbarkeit des VA
      a) ZT nach Landesrecht: Unanfechtbarkeit oder sofortige Vollziehbarkeit gem. § 80 II VwGO
      b) Im Übrigen bei fehlender landesrechtlicher Bestimmung str.: Teile der Lit. (wie a.): Unanfechtbarkeit oder sofortige Vollziehbarkeit gem. § 80 II VwGO; hM: Bekanntgabe des VA reicht aus, da anderenfalls Ablauf der Wartefrist (siehe unten) sinnlos
   3. Grds. Fälligkeit der Forderung
   4. Ablauf der Wartefrist von einer Woche seit Bekanntgabe des Leistungsbescheides bzw. Eintritt der Fälligkeit
   5. Mahnung

II. Ordnungsgemäßes Vollstreckungsverfahren
   1. Verwaltungsintern wirkende Vollstreckungsanordnung
   2. Ordnungsgemäße Anwendung der Zwangsmittel
      a) Pfändung beweglicher Sachen, Forderungen und anderer Vermögensgegenstände: §§ 281 ff.; 309 ff. AO
      b) Insbes. Zwangsversteigerung bei Grundstücken, grundstücksgleichen Rechten (§ 322 AO)

III. Keine Vollstreckungshindernisse

# 2. Teil. Klausuren aus dem besonderen Verwaltungsrecht

## 1. Kapitel. Allgemeines Gefahrenabwehrrecht

Das überwiegend landesgesetzlich geregelte allgemeine Gefahrenabwehrrecht ist aus zwei Gründen besonders examensrelevant. Zum einen lassen sich prozessuale Fragestellungen ideal mit gefahrenabwehrrechtlichen Sachverhalten kombinieren. Zum anderen ist die Struktur des allgemeinen Gefahrenabwehrrechts Vorbild für andere Bereiche des besonderen Gefahrenabwehrrechts. Dies gilt für den materiellen Gefahrentatbestand, die Differenzierung zwischen Entschließungs- und Auswahlermessen, die Frage der gefahrenabwehrrechtlichen Verantwortlichkeit und die Prüfung des Verhältnismäßigkeitsgrundsatzes. 86

### A. Rechtsschutz gegen gefahrenabwehrrechtliche Einzelmaßnahmen

Zur Gefahrenabwehr gelangen typischerweise zwei Handlungsformen zur Anwendung. Traditionell ergehen behördliche Verfügungen an den Verantwortlichen, die diesem in Form eines belastenden VA ein Tun, Dulden oder Unterlassen auferlegen. Daneben kann durch einen Realakt ein tatsächlicher Erfolg angestrebt werden. So beinhalten viele Standardmaßnahmen ein bloßes Realhandeln. Außerdem werden zunehmend behördliche Wissenserklärungen zur Gefahrenabwehr eingesetzt. Dies betrifft neben Hinweisen, Warnungen und Aufklärungsmaßnahmen zB »Gefährderansprachen« bzw. »Gefährderanschreiben«, mit denen einem Adressaten nahe gelegt wird, sich in einer bestimmten Weise zu verhalten. Greift ein solcher Realakt in die Grundrechte des Betroffenen ein (moderner Eingriffsbegriff!), bedarf es wegen des Gesetzesvorbehalts einer Befugnisnorm (zB Generalklausel). 87

Die unterschiedlichen Handlungsformen haben Auswirkungen auf den Rechtsschutz:

- Handelt es sich bei der Maßnahme um einen noch nicht erledigten **VA**, ist in der Hauptsache die Anfechtungsklage (§ 42 I Var. 1 VwGO) statthaft. Diese kann ggf. gem. § 113 I 2, 3 VwGO mit einem Antrag auf Rückgängigmachung der Vollzugsfolgen verbunden werden (zB Herausgabe einer sichergestellten Sache). Hat sich der VA erledigt, ist eine Fortsetzungsfeststellungsklage gemäß oder analog § 113 I 4 VwGO statthaft.
- Regelmäßig beinhaltet der Aktenauszug eine Verfügung, die mehrere Verfügungssätze enthält: Meistens eine gefahrenabwehrrechtliche Grundverfügung, der ein vollstreckungsrechtlicher VA (idR Androhung eines Zwangsmittels) beigefügt ist. In der Klausur ist dann idR zunächst die Rechtmäßigkeit der Grundverfügung zu erörtern. Anschließend prüfen Sie den Erfolg der Anfechtungsklage gegen den vollstreckungsrechtlichen VA. Die Kombination beider Anfechtungsklagen ist idR ohne Weiteres zulässig (§ 44 VwGO).
- Bei Wegfall der aW des Anfechtungsrechtsbehelfs kraft Gesetzes ist im vorläufigen Rechtsschutz gem. § 80 V 1 VwGO die Anordnung, bei behördlicher AOsofVz (§ 80 II 1 Nr. 4 VwGO) die Wiederherstellung der aufschiebenden Wirkung zu beantragen. Da einem Anfechtungsrechtsbehelf gegen einen VA in der Verwaltungsvollstreckung idR gem. § 80 II 1 Nr. 3 VwGO iVm dem jeweiligen Landesrecht keine aW zukommt, ist bzgl. der in der Verfügung enthaltenen Androhung des Zwangsmittels ein Antrag auf Anordnung der aW (§ 80 V 1 Var. 1 VwGO) statthaft.
- Handelt es sich bei der Maßnahme um einen erledigten **Realakt**, ist als gerichtliche Rechtsschutzform idR die Feststellungsklage (§ 43 I VwGO) statthaft. Das Feststellungsinteresse muss in diesem Fall darauf gerichtet sein, die Rechtswidrigkeit des behördlichen Handelns festzustellen. Bei fehlender Erledigung kommt eine allg. Leistungsklage in Betracht, um die Folgen des behördlichen Handelns rückgängig zu machen.

Sofern die Rechtmäßigkeit einer belastenden Verfügung zu untersuchen ist, gilt folgendes Prüfungsschema:

**Übersicht: Rechtmäßigkeit einer gefahrenabwehrrechtlichen Verfügung**

I. EGL
  1. (P) Abgrenzung zum repressiven Strafprozessrecht
  2. EGL aus spezialgesetzlichen Vorschriften (zB VersG, PassG, PAuswG)
  3. Standardbefugnis
  4. Subsidiär: Generalklausel
II. Formelle Rechtmäßigkeit
  1. Zuständigkeit
    a) Sachlich: grds. Sonderordnungsbehörden, nachrangig allg. Ordnungsbehörden
      (P) Störender Hoheitsträger
      (P) Subsidiaritätsklausel
    b) Örtlich: grds. Bezirk der Gefahr
      (P) Nacheile
    c) Instanziell: grds. untere Behörde
  2. Verfahren (insbes. Anhörung)
  3. Form (§ 37 II VwVfG): bei gesetzlicher Anordnung ggf. Schriftform
III. Materielle Rechtmäßigkeit
  1. Tatbestand
    a) Voraussetzungen der EGL
    b) Polizeiliche Verantwortlichkeit
  2. Rechtsfolge:
    a) Entschließungsermessen (»ob«)
    b) Auswahlermessen (»wie«)
      aa) Personell
        (P) Auswahl zwischen mehreren Pflichtigen
      bb) Inhaltlich

## I. Ermächtigungsgrundlage

88 Vor Anwendung der polizeilichen Generalklausel[191] und präventiv-polizeilicher Standardmaßnahmen ist zu klären, ob die streitige Maßnahme überhaupt präventiv-polizeilicher Natur ist.

### 1. Abgrenzung zu repressiven Ermächtigungsgrundlagen

89 Vielfach ist zwischen präventiv-polizeirechtlichen und strafprozessual-repressiven EGL abzugrenzen.

**Problem: Abgrenzung zur Strafverfolgung (insbes. bei Doppelfunktionalität)**

Da die Polizei einerseits *repressive* Aufgaben der Straf- bzw. Ordnungswidrigkeitenverfolgung (§ 163 I 1 StPO bzw. § 53 I 1 OWiG) und andererseits *präventiv-polizeiliche* Aufgaben wahrnimmt, kommt es häufig auf die Abgrenzung zu strafprozessualen EGL an. Problematisch ist dies insbes. bei doppelfunktionalen Maßnahmen. Dies sind Maßnahmen, die sowohl der präventiven Gefahrenabwehr als auch der repressiven Strafverfolgung dienen (zB Observation eines mutmaßlichen Brandstifters sowohl zur Vermeidung weiterer Brandstiftungen als auch zur Aufdeckung bisheriger Brandstiftungen). Auf diese Abgrenzungsproblematik werden Sie gerade bei Standardmaßnahmen stoßen.

**Klausurhinweis:** Dieses Problem korrespondiert mit dem Rechtsweg. Bei Gefahrenabwehrmaßnahmen ist grds. der Verwaltungsrechtsweg eröffnet. Bei repressiven Maßnahmen entscheidet die ordentliche Gerichtsbarkeit gem. § 23 I EGGVG bzw. analog § 98 II 2 StPO. Schließlich wirkt sich die Frage auch auf die Kostenpflicht für die Maßnahme aus. Handelt es sich um Gefahrenabwehr, gelten landesgesetzliche Ausgleichsansprüche. Bei repressiven Verfolgungsmaßnahmen gilt Bundesrecht (Amtshaftung etc.).

---

191 Art. 11 BayPAG; §§ 1 I, 3 BWPolG; § 17 I BlnASOG; § 10 I BbgPolG; § 10 I BremPolG; § 3 I HmbSOG; § 11 HSOG; §§ 13, 16 MVSOG; § 11 NdsSOG; § 8 I NRWPolG; § 9 I 1 RhPfPOG; § 8 I SaarlPolG; § 3 I SächsPolG; § 13 LSASOG; §§ 174, 176 SchlHLVwG; § 12 ThürPAG.

Entscheidend ist der **Schwerpunkt der doppelfunktionalen Maßnahme**. Liegt dieser im Gefahrenabwehrrecht, kommen gefahrenabwehrrechtliche Ermächtigungen in Betracht. Umgekehrt greifen strafprozessuale Ermächtigungen nach der StPO bei überwiegend repressiven Maßnahmen. Umstritten ist, wie der Schwerpunkt der Maßnahme zu bestimmen ist, da die Festlegung des Schwerpunktes aus verschiedenen Blickwinkeln erfolgen kann. Einerseits könnte man auf die Perspektive des handelnden Beamten, andererseits auf den Standpunkt des von der Maßnahme betroffenen Bürgers oder eines außenstehenden objektiven Dritten abstellen. Die Rspr. verfolgt eine vermittelnde Lösung: Zunächst billigt sie dem handelnden Beamten eine gewisse eigene Entscheidungsmacht zu. Er darf zum Zeitpunkt der Maßnahme über den Schwerpunkt befinden (»Dominanzentscheidung«). Allerdings wird diese Entscheidungsmacht durch eine objektive Nachprüfung korrigiert. So muss sich die Dominanzentscheidung in einem spezifischen Rahmen zwischen dem vom Ermessen geleiteten und verfassungsrechtlich ableitbaren Auftrag zum Schutz der Rechtsgüter und dem in den §§ 152 II, 163 I StPO verankerten Legalitätsprinzip bewegen. Entscheidend sind hierbei objektive (relative) Abwägungskriterien: Für einen objektiven Schwerpunkt im Bereich der Gefahrenabwehr sprechen etwa die Art und Höhe bzw. der Umfang des drohenden Schadens, der Rang und die Bedeutung bzw. Gewichtung der bedrohten Schutzgüter, der Grad der Gemeinschädlichkeit und die Zahl der betroffenen Rechtsgutsträger. Bitte merken Sie sich diese Kriterien, mit denen Sie Ihren Klausurfall ohne Weiteres werden lösen können. Für Strafverfolgung streiten demgegenüber das Vorliegen eines Anfangsverdachts, die Stärke des Tatverdachts, die Einleitung eines staatsanwaltschaftlichen Ermittlungsverfahrens gem. §§ 160 ff. StPO, das Begehungsstadium (Versuch, Vollendung, Beendigung) sowie die Schwere und Intensität der Straftat.

**Problem: Zuordnung der vorbeugenden Bekämpfung von Straftaten**

Im Unterschied zur repressiven polizeilichen Strafverfolgung wird die vorbeugende Bekämpfung von Straftaten nach hM dem Gefahrenabwehrrecht zugeordnet (arg.: polizeiliches Vorsorgeprinzip). Dies kann etwa Bedeutung gewinnen, wenn die Landesgesetzgebungskompetenz für EGL im Bereich der polizeilichen Informationsvorsorge (zB offene Videoüberwachung, Erhebung, Nutzung, Speicherung personenbezogener Daten) bezweifelt wird.

**Problem: Zuordnung der Strafverfolgungsvorsorge**

Unter Strafverfolgungsvorsorge versteht man Maßnahmen, die der Durchsetzung strafrechtlicher Verfolgung in Bezug auf mögliche künftige Straftaten dienen. Die Zuordnung der Strafverfolgungsvorsorge ist umstritten. Verschiedene Landesgesetze[192] ordnen sie ausdrücklich der Gefahrenabwehr zu. Das BVerwG[193] und das BVerfG[194] weisen sie dagegen der konkurrierenden Gesetzgebungskompetenz des Bundes für das Strafrecht einschl. der Strafverfolgung (Art. 74 I Nr. 1 GG) zu. Soweit der Bund (zB für erkennungsdienstliche Anordnungen nach § 81b Var. 2 StPO) von seinem Gesetzgebungsrecht Gebrauch gemacht hat, fehlt den Ländern die Befugnis zum Erlass entsprechender Regelungen.

### 2. Vorliegen einer Spezialermächtigung

Ist die Maßnahme dem präventiv-polizeilichen Aufgabenfeld zuzuordnen, ist zu klären, ob 90
eine spezialgesetzliche EGL einschlägig ist. Kommt eine solche in Betracht, stellt sich die Frage, wie weit deren Anwendungsvorrang reicht.

**Problem: Reichweite des Anwendungsvorrangs von Spezialermächtigungen**

Da Spezialermächtigungen oftmals eine abweichende Behördenzuständigkeit normieren und überdies vielfach strengere Eingriffsvoraussetzungen und ein engeres Rechtsfolgenprogramm

192 Etwa § 1 IV HSOG (»Die Polizeibehörden haben auch zu erwartende Straftaten zu verhüten sowie für die Verfolgung künftiger Straftaten vorzusorgen [vorbeugende Bekämpfung von Straftaten].«), § 1 III BlnASOG, § 2 I LSASOG.

193 BVerwG NJW 2006, 1225 (1226) (die Zuständigkeit für die Anordnung erkennungsdienstlicher Maßnahmen gem. § 81b Var. 2 StPO folgt allerdings aus den Polizeigesetzen der Länder!).

194 BVerfG NJW 2005, 2603 (2605).

aufweisen, ist die – auch in der Praxis bedeutsame – Reichweite des Anwendungsvorrangs zu klären. Merken Sie sich hierfür folgende Grundsätze:

- In ihrem Anwendungsbereich entfaltet die Spezialermächtigung hinsichtlich ihrer *Eingriffsvoraussetzungen* eine Sperrwirkung und schließt etwa den Rückgriff auf die Generalklausel aus. Andernfalls würde das System der Spezialermächtigungen unterlaufen.
- Entsprechendes gilt für die vorgesehenen *Eingriffsmaßnahmen* (Rechtsfolgen). Hat der Gesetzgeber spezialgesetzlich nur zu bestimmten Maßnahmen ermächtigt, regelt er damit die behördlichen Befugnisse abschließend. Abweichendes lässt die Rspr. nur bei sog. Minusmaßnahmen, etwa im Versammlungsrecht, zu.[195]
- Problematisch ist die Sperrwirkung der Spezialermächtigung *außerhalb ihres Anwendungsbereichs*. Ob und inwieweit die Spezialermächtigung abschließend wirkt, ist durch Auslegung zu ermitteln. Das allgemeine Gefahrenabwehrrecht ist gesperrt, wenn ein Spezialgesetz (zB das LandespresseG) Eingriffsmaßnahmen nur in seinem Rahmen erlaubt (»Polizeifestigkeit der Presse«). Dann ist der Anwendungsbereich des Spezialgesetzes in den Blick zu nehmen. Erfasst zB das LandespresseG nur »Druckwerke«, wäre das in einer Digitalkamera gespeicherte Bild nicht durch die Polizeifestigkeit der Presse geschützt und die Beschlagnahme der Digitalkamera eines Pressefotografen aufgrund der Vorschriften des allgemeinen Polizeirechts zulässig.[196]

Fehlt es dem Gesetz an einer entsprechenden Regelung, ist auf die Typik bzw. Atypik des Eingriffs abzustellen. Das VersG bezweckt etwa nur den Schutz vor versammlungstypischen Gefahren; die StVO soll abschließend vor verkehrstypischen Gefahren schützen. Geht es um die Abwehr atypischer Gefahren, kann auf das jeweilige Fachrecht bzw. das allg. Gefahrenabwehrrecht zurückgegriffen werden. Weiteres Beispiel: Die GewO schützt vor Gefahren einer gewerberechtlichen Betätigung, weshalb einem unzuverlässigen Gewerbetreibenden die Ausübung nach § 35 I GewO untersagt werden kann. Erfüllt die Tätigkeit nicht den Gewerbebegriff, ist auf das allg. Gefahrenabwehrrecht zurückzugreifen.

**Klausurhinweis zum PassG und PAuswG:** Aktenauszüge mit passrechtlichen Bezügen sind wiederholt Gegenstand von Examensklausuren gewesen. Vielfach steuern die Klausuren auf eine Inzidentprüfung zu, ob ein Versagungsgrund iSd § 7 I PassG gegeben ist (zB auch über die **Passentziehung gem. § 8 PassG**). Dies setzt iRd § 7 I Nr. 1 Alt. 3 PassG voraus, dass konkrete Tatsachen vorliegen, die die behördliche Einschätzung nachvollziehbar rechtfertigen, dass der Passinhaber sonstige erhebliche Belange der Bundesrepublik gefährdet.[197] Notwendig ist eine auf Tatsachen gestützte positive Gefahrenprognose. Eine bloße Möglichkeit, eine reine Vermutung oder ein durch konkrete Tatsachen nicht belegbarer Verdacht reichen zur Begründung einer konkreten Gefährdungslage nicht aus. Hierin liegt eine Herabstufung des anzulegenden Wahrscheinlichkeitsmaßstabes in Bezug auf die vorausgesetzte Gefährdung.[198] Notwendig ist also nicht eine *tatsächliche Gefährdung* der Belange der BRD; vielmehr reicht der *begründete Verdacht einer Gefährdung* aus. Die Herabstufung des Wahrscheinlichkeitsmaßstabs bezieht sich auf die Gefährdung, nicht aber auf die bestimmten Tatsachen. Für die Indiztatsachen gilt der Regelbeweismaßstab der vollen richterlichen Überzeugung. Zusätzlich zur Passentziehung (§ 8 PassG) wird vielfach eine **Ausreiseuntersagung (§ 10 PassG)** verfügt. Im vorläufigen Rechtsschutz wird § 80 II 1 Nr. 3 VwGO iVm § 14 PassG relevant, wonach Anfechtungsrechtsbehelfe gegen die Ausreiseuntersagung (§ 10 PassG) und die Sicherstellung des Passes (§ 13 PassG) keine aW haben. Dies hat zur Folge, dass im vorläufigen Rechtsschutz auf Erteilung eines Passes (§ 7 PassG) ein Antrag gem. § 123 I VwGO statthaft ist. Im Fall einer Passentziehung (§ 8 PassG) ist nach AOsofVz (§ 80 II 1 Nr. 4 VwGO) ein Antrag auf Wiederherstellung der aW (§ 80 V 1 Var. 2 VwGO) und im Fall einer Ausreiseuntersagung (§ 10 PassG) ein Antrag auf Anordnung der aW (§ 80 V 1 Var. 1 VwGO) statthaft.
Jüngst spielte in mehreren Examenskampagnen das PAuswG eine Rolle. Nach **§ 6 VII PAuswG** kann unter den inzident zu prüfenden Voraussetzungen des § 7 I PassG eine gem. § 30 PAuswG sofort vollziehbare Anordnung erlassen werden, wonach der Personalausweis nicht zum Verlassen des

195 Hierzu → Rn. 124 f.
196 Schoch/*Schoch* BesVerwR 2. Kap. Rn. 96 mit Beispiel nach OVG Bautzen SächsVBl. 2008, 89 (91 f.).
197 OVG Münster NVwZ-RR 2014, 593 (594).
198 OVG Münster NVwZ-RR 2014, 593 (594).

Bundesgebietes berechtigt. Wird zugleich eine Ausreiseuntersagung ausgesprochen, ist insoweit § 10 PassG einschlägig, dessen sofortige Vollziehbarkeit aus § 14 PassG folgt.

### 3. Vorliegen einer Standardbefugnis

Nachdem die Anwendbarkeit einer spezialgesetzlichen Ermächtigung verneint wurde, muss geprüft werden, ob ggf. eine Standardbefugnis einschlägig ist. 91

**Problem: Reichweite der Sperrwirkung der Standardbefugnis**

Im Anwendungsbereich der Standardbefugnis ist der Rückgriff auf die Generalklausel gleichfalls versperrt (Grundsatz der Subsidiarität). Allerdings reicht die Sperrwirkung der Standardermächtigungen nur in dem Umfang ihres »Normprogramms« und verdrängt die Generalklausel im Übrigen nicht.

**Beispiel:** Die Absperrung eines Ortes stellt keine Ingewahrsamnahme dar. Daher ist der Rückgriff auf die Generalklausel zulässig.

Problematisch ist zudem die Konstellation, in der die Standardermächtigung ihrer Reichweite (Rechtsfolge) nach für die streitige Verfügung nicht ausreicht. Dann stellt sich die Frage, ob auf Grundlage der polizeilichen Generalklausel vorgegangen werden kann.

**Beispiel:** Die Standardermächtigung »Platzverweis« ist nach allgemeinem Gefahrenabwehrrecht idR nur »vorübergehend« zulässig, weshalb die Verweisung einen zeitlichen Rahmen von 24 Stunden nicht überschreiten darf (hM). Längerfristige Verweisungen – wie etwa der Verweis von Drogendealern vom Bahnhofsgelände für mehrere Wochen – stellen Aufenthaltsverbote dar, die nicht auf Grundlage der gegenüber der Standardermächtigung subsidiären Generalklausel ergehen dürfen (str.).

#### a) Befugnisse zur Informationserhebung und -behandlung

##### aa) Identitätsfeststellung 92

Zur Feststellung der Identität (zum Begriff vgl. § 111 OWiG) enthalten die Landespolizeigesetze Befugnisnormen, die den mit der Maßnahme verbundenen Eingriff in das informationelle Selbstbestimmungsrecht (Art. 2 I iVm Art. 1 I GG) rechtfertigen.[199] Die Personenfeststellung ist ein geeignetes Mittel der Gefahrenabwehr, weil sie potenzielle Störer aus ihrer Anonymität reißen und so von der Begehung weiterer Straftaten abhalten kann. Als Mittel der Identitätsfeststellung ist das Anhalten und Befragen der Person bzw. die Aufforderung zur Aushändigung von Papieren zulässig. Lässt sich so die Identität nicht oder nur mit erheblichen Schwierigkeiten feststellen, kann die Person festgehalten und durchsucht werden. Das Festhalten und Verbringen zur Wache (»Sistierung«) ist nur zulässig, wenn eine Personenfeststellung vor Ort unangemessen oder unmöglich ist. Hierbei handelt es sich um eine Freiheitsbeschränkung iSv Art. 2 II iVm Art. 104 I 1 GG (nicht Freiheitsentziehung iSv Art. 104 II GG!).[200] Eine richterliche Anordnung ist demzufolge nur geboten, wenn dies landesrechtlich vorgeschrieben ist.

**In prozessualer Hinsicht** sollten Sie sich merken, dass die Aufforderung zur Aushändigung von Identitätspapieren ein Gebot iSd § 35 S. 1 VwVfG beinhaltet, das sich mit Abschluss der Personenfeststellung erledigt. Daher kommt vielfach nur eine Fortsetzungsfeststellungsklage analog § 113 I 4 VwGO in Betracht.

##### bb) Erkennungsdienstliche Maßnahmen

Erkennungsdienstliche Maßnahmen dienen der Feststellung äußerer Merkmale (zB Abnahme von Fingerabdrücken, Aufnahme von Lichtbildern etc.). Für deren Anfechtung ist der **Verwaltungsrechtsweg** (§ 40 I 1 VwGO) eröffnet. Eine Abdrängung gem. § 23 I EGGVG scheidet auch aus, wenn die Maßnahme nach § 81b Var. 2 StPO zur Strafverfolgungsvorsorge 93

199 § 26 BWPolG; Art. 13 BayPAG; §§ 21 f. BlnASOG; §§ 12, 14 BbgPolG; § 11 BremPolG; § 12 HmbSOG; § 4 HmbDatPolG (Gesetz über die Datenverarbeitung der Polizei); § 18 I HSOG; § 29 MVSOG; § 13 NdsSOG; §§ 12 f. NRWPolG; § 10 RhPfPOG; § 9 SaarlPolG; § 19 SächsPolG; § 20 LSASOG; §§ 181 f. SchlHLVwG; § 14 ThürPAG.

200 VGH Mannheim NVwZ-RR 2011, 231 (233).

durchgeführt wird.[201] Da sich die Anordnung zur Durchführung erkennungsdienstlicher Maßnahmen mit dem Vollzug erledigt, ist oftmals eine FFK analog § 113 I 4 VwGO **statthaft**. Die Klagebefugnis ergibt sich idR unproblematisch aus dem Recht auf informationelle Selbstbestimmung (Art. 2 I iVm Art. 1 I GG). Das ggf. erforderliche **Feststellungsinteresse** liegt im Rehabilitationsinteresse, da eine erkennungsdienstliche Maßnahme mit einem erheblichen Grundrechtseingriff verbunden ist.

IRd Begründetheit des Rechtsbehelfs ist die **einschlägige EGL** zu klären: Insoweit ergeben sich Abgrenzungsprobleme zu polizeigesetzlichen Ermächtigungen, die erkennungsdienstliche Maßnahmen zur vorbeugenden Bekämpfung von Straftaten rechtfertigen.[202] § 81b Var. 2 StPO geht allerdings diesen Ermächtigungen vor, sofern es sich um eine vorbeugende Bekämpfung von Straftaten gegenüber dem Beschuldigten handelt. Die polizeigesetzlichen Vorschriften greifen hingegen, wenn der Betroffene kein Beschuldigter ist.[203] Da es sich bei § 81b Var. 2 StPO um eine gefahrenabwehrrechtliche Befugnis handelt, dürfen Sie bei der formellen Rechtmäßigkeit die Zuständigkeit der Polizei nicht auf § 152 StPO (Hilfspersonen der Staatsanwaltschaft) stützen. Vielmehr ist die Polizei selbst originär zuständig. Da erkennungsdienstliche Maßnahmen nicht dem repressiven Ermittlungsverfahren dienen, ist verfahrensrechtlich eine Zustimmung der Staatsanwaltschaft entbehrlich.

Materiell stellen sich häufig folgende Fragen:

- Ist der Betroffene **Beschuldigter**?
  Adressat der auf § 81b Var. 2 StPO gestützten Maßnahme muss der Beschuldigte eines Strafverfahrens sein. [204] Die Beschuldigteneigenschaft kann daraus folgen, dass der Kläger als Beschuldigter belehrt worden ist. Nach der Einstellung eines strafrechtlichen Ermittlungsverfahrens und dem Wegfall der Beschuldigteneigenschaft gelten die landespolizeigesetzlichen Normen.[205]
- Ist die angeordnete Maßnahme von § 81b Var. 2 StPO erfasst?
  Zu bejahen ist dies etwa bei der Anfertigung von Lichtbildern, der Abnahme von Fingerabdrücken, der Vornahme von körperlichen Messungen oder ähnlichen Maßnahmen, die der Feststellung der **äußeren körperlichen Beschaffenheit** dienen.[206] Nicht erfasst sind beispielsweise genetische Untersuchungen, für die besondere Ermächtigungen normiert wurden.
- Ist die Anordnung der erkennungsdienstlichen Maßnahme **»notwendig«**?
  Diese voll überprüfbare Frage (unbestimmter Rechtsbegriff ohne Beurteilungsspielraum) richtet sich danach, ob die Erkenntnisse für die polizeilichen Ermittlungen in einem künftigen Verfahren förderlich sein können. Um dies systematisch zu lösen, sollten Sie danach fragen, ob die Maßnahme (erstens) dem Grunde nach und (zweitens) dem Umfang nach notwendig gewesen ist. Bei der Frage, ob die Maßnahme dem Grunde nach notwendig war, können Sie darauf abstellen, ob gegen den Betroffenen bereits Ermittlungsverfahren liefen. Ist dies der Fall, werden Unterlagen wahrscheinlich in einem künftigen Verfahren gewinnbringend sein. Anschließend klären Sie die Notwendigkeit der Maßnahme ihrem Umfang nach (»soweit« für Zwecke des Ermittlungsdienstes notwendig). Insoweit gilt, dass die angeordnete Maßnahme gerade für die Aufklärung solcher Straftaten geeignet und erforderlich sein muss, für die die Behörde die Wiederholungsgefahr annimmt.

**Beispiel:** Fingerabdrücke sind ggf. bei der Aufklärung von Sachbeschädigungsdelikten oder Sexualstraftaten erforderlich, nicht aber bei Staatsschutzdelikten.

Zudem muss die Behörde die Verhältnismäßigkeit beachten und darf schwerwiegende Grundrechtseingriffe nicht zur Aufklärung etwaiger künftiger Bagatelldelikte anordnen.

201 *Kopp/Schenke* § 40 Rn. 49b, § 179 Rn. 7.

202 Art. 14 BayPAG; § 36 BWPolG; § 23 BlnASOG; § 13 BbgPolG; § 11b BremPolG; § 7 HmbDatPolG; § 19 HSOG; § 31 MVSOG; § 15 NdsSOG; § 14 NRWPolG; § 11 RhPfPOG; § 10 SaarlPolG; § 20 SächsPolG; § 21 LSASOG; § 183 SchlHLVwG; § 16 ThürPAG.

203 Meyer-Goßner/Schmitt/*Schmitt* § 81b Rn. 4.

204 Meyer-Goßner/Schmitt/*Meyer-Goßner* Einleitung Rn. 76.

205 VG Neustadt a.d. Weinstraße Urt. v. 29.11.2011 – 5 K 550/11.NW, BeckRS 2011, 56706.

206 Meyer-Goßner/Schmitt/*Schmitt* § 81b Rn. 8.

Sind die Voraussetzungen für eine erkennungsdienstliche Maßnahme entfallen, kann der Betroffene die Vernichtung der Unterlagen verlangen und diesen Anspruch verwaltungsgerichtlich (§ 23 I EGGVG greift auch insoweit nicht) mit einer Leistungsklage (hM) durchsetzen. Erfolgte die erkennungsdienstliche Maßnahme nach dem LPolG, sind dort auch vielfach die Löschungsvoraussetzungen normiert. Erging die erkennungsdienstliche Maßnahme gem. § 81b Var. 2 StPO, stützt der FBA den Anspruch auf Vernichtung der Unterlagen.

#### cc) Datenerhebung durch offene Videoüberwachung

Mehrfach wurde in Klausuren der Rechtsschutz gegen eine offene Videoüberwachung thematisiert.

> **Beispiel:** In der Stadt S wird auf einer Fläche, die vornehmlich die Drogenszene bevölkert, eine Videoüberwachung installiert. Der Anwohner A wendet sich mit der Begründung gegen die Maßnahme, sie verletze ihn in seinem Grundrecht auf informationelle Selbstbestimmung und begehrt ihre Einstellung.

Der **Verwaltungsrechtsweg** ist gem. § 40 I 1 VwGO eröffnet. Die Videoüberwachung steht im Sachzusammenhang mit der Gefahrenabwehr; insbes. dient sie dem Schutz der gesamten Rechtsordnung (Verhinderung von Straftaten). Soweit auch Material für die Strafverfolgung gesammelt wird, stellt dies nicht den Schwerpunkt der Maßnahme dar. Eine Abdrängung gem. § 23 I EGGVG scheidet daher aus. **Statthaft** ist die allg. Leistungsklage (Unterlassungsklage), weil die Videoüberwachung keine Regelungswirkung iSv § 35 S. 1 VwVfG enthält und die Maßnahme idR noch nicht erledigt ist. Die Klagebefugnis analog § 42 II VwGO besteht, weil ein Unterlassungsanspruch wegen des uU rechtswidrigen Eingriffs in das informationelle Selbstbestimmungsrecht (Art. 2 I iVm Art. 1 I GG) nicht offensichtlich ausgeschlossen ist. Dies gilt für Anwohner und für Bürger, die sich auf der Fläche bewegen, gleichermaßen.

Die Klage ist begründet, wenn die Voraussetzungen des **Abwehr- und Unterlassungsanspruchs** gegeben sind.[207]

- Die Videoüberwachung stellt einen **hoheitlichen Eingriff** in das informationelle Selbstbestimmungsrecht dar. Sie ist auch nicht mit dem bloßen Betrachten durch einen Polizeibeamten – einer Maßnahme ohne Eingriffsqualität – vergleichbar. Die technischen Möglichkeiten der Videoüberwachung gehen über die Fähigkeiten des menschlichen Auges hinaus und eröffnen etwa durch das Heranzoomen stärkere Individualisierungsmöglichkeiten. Wird nur eine Kameraattrappe angebracht, liegt mangels Datenerhebung nur ein Eingriff in das allgemeine Persönlichkeitsrecht aus Art. 1 I iVm Art. 2 I GG vor. Dies folgt aus der Befürchtung, in der konkreten Situation beobachtet zu werden.[208]
- Weist ein Schild auf die Überwachung hin, liegt in einem bloßen Betreten des Platzes in Kenntnis der Beschilderung auch kein **Grundrechtsverzicht**, weil eine – auch konkludente – Verzichtserklärung deutlicher hervortreten müsste.
- Der Eingriff ist gerechtfertigt, wenn eine **Duldungspflicht** durch die polizeiliche EGL auferlegt wird. Beachten Sie bei der anschließenden Subsumtion, dass das bedeutende Recht der informationellen Selbstbestimmung hohe Anforderungen an die Regelungsdichte der EGL erhebt.

#### dd) Meldeauflage

Insbes. gegen vermeintliche Hooligans aus der Fußballszene[209] werden als »fanorientierte Maßnahmen« unter anderem Meldeauflagen mit dem Inhalt verhängt, sich regelmäßig (idR unter Vorlage eines Ausweises) bei der jeweiligen Polizeidienststelle zu melden. Diese werden vielfach gem. § 80 II 1 Nr. 4 VwGO für sofort vollziehbar erklärt und mit einer Zwangsgeld-

207 Hierzu im Einzelnen → Rn. 49.
208 *Koreng* LKV 2009, 198 (199) mwN.
209 Daneben wird diese Maßnahme aber auch vielfach gegen Globalisierungsgegner und potenzielle Störer von Versammlungen eingesetzt; *Schucht* NVwZ 2011, 709 (710).

androhung versehen.[210] Bei internationalen Begegnungen werden in der Praxis häufig zugleich passrechtliche Verfügungen (insbes. nach § 8 iVm §§ 7, 10 PassG) oder personalausweisrechtliche Anordnungen nach § 6 VII PAuswG ausgesprochen. Nur in einzelnen Bundesländern existiert für die Meldeauflage eine **Standardbefugnis**.[211] Andernorts muss die Anordnung auf die polizeiliche **Generalklausel** gestützt werden. Eine Meldeauflage ist hiernach rechtmäßig, wenn eine auf in der Vergangenheit liegende Vorfälle gestützte Gefahrenprognose eine hinreichende Wahrscheinlichkeit dafür ergibt, dass sich der Auflagenadressat an gewalttätigen Auseinandersetzungen zwischen Fans beteiligen wird.[212]

Der Rückgriff auf die Generalklausel ist auch nicht durch spezielle Vorschriften versperrt, weil diese zum Erlass qualitativ nicht vergleichbarer Maßnahmen rechtfertigen.

- Mit der Standardbefugnis »**Platzverweis**« kann einer Person nur aufgegeben werden, einen bestimmten Ort zu verlassen oder nicht mehr zu betreten. Die Meldeauflage setzt zeitlich früher an, weil sie schon die Anreise zu diesem Ort verhindern will.
- Die »**Vorladung**« dient im Gegensatz zur Meldeauflage der Informationsbeschaffung oder der Durchsetzung einer erkennungsdienstlichen Anordnung.
- Schließlich wird die Generalklausel nicht durch pass- oder ausweisrechtliche Ermächtigungen verdrängt, zumal das Schutzgut der öffentlichen Sicherheit oder Ordnung nicht von § 7 I PassG erfasst ist (hM).

Diese »fanorientierten Maßnahmen« werden häufig mit **Gefährderansprachen** bzw. **Gefährderanschreiben** kombiniert.

> **Beispiel:** Um einen vermeintlichen Hooligan vom Besuch eines Fußballspiels abzuhalten, suchen Polizisten diesen auf und erklären mündlich bzw. schriftlich: »Sie sind polizeilich bekannt. Wir legen Ihnen nahe, nicht zum geplanten Fußballspiel zu fahren, da Sie dann mit polizeilichen Maßnahmen zu rechnen hätten«.

Bedenken Sie für den Rechtsschutz gegen solche Maßnahmen Folgendes:

- Der **Verwaltungsrechtsweg** (§ 40 I 1 VwGO) ist wegen des Sachzusammenhangs zur öffentlich-rechtlichen Gefahrenabwehr zu bejahen.
- Eine Anfechtungsklage (§ 42 I Var. 1 VwGO) scheidet bei der vorstehenden Formulierung aus, da die Erklärung keine Regelungswirkung besitzt. Dies ergibt sich aus einer Auslegung analog § 133 BGB, die Sie in jedem Fall vornehmen müssen. Danach enthält die abgegebene Erklärung weder ein Ver- oder Gebot, noch stellt sie die Durchführung polizeilicher Maßnahmen für den Betroffenen rechtsverbindlich fest. Statthaft ist deshalb die **Feststellungsklage** (§ 43 I VwGO).
- Der Betroffene hat ein rechtliches **Feststellungsinteresse**, weil die verhaltenssteuernde Maßnahme tatsächlich geeignet ist, die allgemeine Handlungsfreiheit (Art. 2 I GG) zu beschränken. Ist der Realakt gegenstandslos (»erledigt«), müssen Sie ein qualifiziertes Feststellungsinteresse bejahen.
- IRd **Begründetheit** müssen Sie eingangs erörtern, dass der Realakt einer EGL bedarf, weil er nach dem modernen Verständnis einen Eingriff beinhaltet.
- In Ermangelung einer speziellen Regelung ist anhand der Generalklausel zu prüfen, ob konkrete Anhaltspunkte für eine vom Adressaten ausgehende Gefahr vorliegen.

### b) Maßnahmen zur räumlichen Verweisung

#### aa) Platzverweis

94 Platzverweise (und Aufenthaltsverbote) spielen zB bei der Bekämpfung der Drogenszene oder zur Durchsetzung einer Versammlungsauflösung eine Rolle. Da gerichtlicher Rechtsschutz oft erst nach Erledigung der Maßnahme erlangt werden kann, werden Rechtsschutzfragen oft in eine FFK analog § 113 I 4 VwGO gekleidet.

---

210 *Schucht* NVwZ 2011, 709 (709).
211 § 12a RhPfPOG.
212 BVerwG NVwZ 2007, 1439 (1439 f.).

Vor Anwendung der Standardermächtigungen[213] ist ggf. zu klären, ob diese durch spezielle Befugnisse (etwa gem. § 36 I StVO) gesperrt sind. Zudem ist die Abgrenzung zum strafprozessualen Festnahmerecht (§ 164 StPO) zu beachten.[214]

Der Tatbestand erfordert eine Gefahr für die öffentliche Sicherheit oder – je nach Landesrecht – für die öffentliche Ordnung.

Klausurrelevant ist zunächst das Merkmal »**vorübergehend**«: Wesentlich für den Platzverweis ist dessen Kurzfristigkeit. Dies umfasst Maßnahmen im »Stundenbereich«, wobei – abgesehen von besonderen Gefahrenlagen – als Richtwert auf eine Geltungshöchstdauer von 24 Stunden zurückgegriffen werden kann.[215] Wird ein Entfernungsge- und Betretungsverbot für mehrere Tage angeordnet, richtet sich die Anordnung nach der EGL für ein Aufenthaltsverbot bzw. der – soweit landesrechtlich normiert – spezielleren Wohnungsverweisung.

Problematisiert wird vielfach die Bestimmung des verbotenen »**Ortes**«. Dieser darf nur räumlich abgrenzbare Bereiche erfassen, sodass zB der Platzverweis für eine gesamte Ortschaft (mit diesem kommunalrechtlichen Begriff können Sie ggf. bei der Abgrenzung argumentieren) idR unzulässig ist.

Adressat eines Platzverweises ist »**eine Person**«, sodass sich die Frage stellen kann, ob die Maßnahme gegenüber »jedermann« oder nur gegenüber polizeirechtlich Verantwortlichen ergehen darf. Letzteres hat sich wohl im Ergebnis durchgesetzt.[216] Dies überzeugt, da es keinen hinreichenden Grund gibt, beim Platzverweis von den Grundsätzen der polizeirechtlichen Verantwortlichkeit abzuweichen.[217] In der Klausur wird dieser Streit allerdings idR entschärft, wenn der Adressat notstandspflichtig ist.

Für die **Durchsetzung** reicht die EGL des Platzverweises selbst nicht aus; vielmehr bedarf es hierzu einer vollstreckungsrechtlichen Maßnahme. Zudem kann der Betroffene – je nach Landesrecht – zur Durchsetzung des Platzverweises in Gewahrsam genommen werden.

#### bb) Aufenthaltsverbot

Inzwischen existiert in den meisten Bundesländern eine Standardbefugnis zur Anordnung **95**
eines Aufenthaltsverbotes.[218] Die zeitliche Höchstdauer variiert landesrechtlich erheblich (zT ein Jahr, zT zeitlich unbegrenzt). Gegen diese regelmäßig nach § 80 II 1 Nr. 4 VwGO für sofort vollziehbar erklärten Anordnungen wird vielfach vorläufiger Rechtsschutz gem. § 80 V 1 VwGO angestrebt.

Beachten Sie, dass die EGL tatbestandlich an die »Verhinderung einer strafbaren Handlung« anknüpfen. Hieran kann es fehlen, wenn sich die Behörde auf Vorfälle stützt, die entweder nicht im Verbotsbereich liegen, keine Straftat darstellen oder längere Zeit zurückliegen.[219] Beachten Sie bei der Prüfung der Verhältnismäßigkeit, dass die körperliche Bewegungsfreiheit garantiert bleibt und deshalb Art. 11 GG statt Art. 2 II 2 GG betroffen ist.[220] Wiederholt wurde in Klausuren auch die (räumliche) **Bestimmtheit des Aufenthaltsverbotes** problematisiert. Allerdings genügt die Bezugnahme auf einen der Verfügung beigefügten Stadtplan bzw. einen hierin gekennzeichneten Bereich für die hinreichende Bestimmtheit (§ 37 I VwVfG). Ebenso reicht es aus, wenn sich der Regelungsbereich aus der Begründung des VA ergibt.

213 § 27a I BWPolG; Art. 16 BayPAG; § 29 I BlnASOG; § 23 Nr. 1 lit. e) BbgPolG; § 14 I BremPolG; § 12a HmbSOG; § 31 I HSOG; § 52 I MVSOG; § 17 I NdsSOG; § 34 I NRWPolG; § 13 I RhPfPOG; § 12 I SaarlPolG, § 21 I SächsPolG; § 36 I LSASOG; § 201 I SchlHLVwG; Art. 18 I ThürPAG, § 17 I ThürOBG.

214 OVG Lüneburg NJW 2012, 2057.

215 *Dietlein/Burgi/Hellermann* ÖffR NRW § 3 Rn. 157.

216 So auch VG Schleswig NVwZ 2000, 464 (464 f.).

217 *Dietlein/Burgi/Hellermann* ÖffR NRW § 3 Rn. 161.

218 § 27a II 1 BWPolG; § 29 II BlnASOG; § 16 II BbgPolG; § 23 Nr. 1 Buchst. e BbgOBG; § 14 II BremPolG; § 31 III HSOG; § 52 III MVSOG; § 17 IV NdsSOG; § 34 II NRWPolG; § 13 III RhPfPOG; § 12 III SaarlPolG; § 21 II SächsPolG; § 36 II LSASOG; § 201 II SchlHLVwG; § 18 III ThürPAG; § 17 II ThürOBG. In Bayern wird die Maßnahme auf Art. 7 II BayLStVG gestützt (vgl. zB VGH München Beschl. v. 15.7.2013 – 10 C 11.2847).

219 VG Stuttgart Urt. v. 19.5.2014 – 1 K 4357/12.

220 *Knemeyer* POR Rn. 213 mwN.

### cc) Wohnungsverweisung

96 Die landesrechtlichen Standardermächtigungen für eine Wohnungsverweisung bzw. ein Rückkehrverbot zum Schutz vor häuslicher Gewalt sind verfassungsgemäß: Art. 13 I GG schützt vor einem *Eindringen* in die Wohnung; bei dem Verweis aus dieser ist der Schutzbereich nicht berührt. Art. 11 GG ist gleichfalls nicht verletzt: Die insoweit problematische Frage, ob landesrechtliche Normen überhaupt **kompetenzrechtlich zulässig** sind, ist wegen des Kriminalvorbehalts (Art. 11 II aE GG) zu bejahen. Schließlich stellen die Befugnisse im Hinblick auf die Bedeutung der geschützten Rechtsgüter eine verhältnismäßige Inhalts- und Schrankenbestimmung iSd Art. 14 GG dar. Der Eingriff in den Schutzbereich des Art. 6 GG ist zum Schutz der Familienangehörigen gerechtfertigt. In einer Klausur ist es ggf. entbehrlich, abschließend zur Frage der Verfassungsmäßigkeit Stellung zu nehmen. Es dürfte ausreichen, wenn Sie darlegen, dass mit Blick auf evtl. Grundrechtskollisionen eine verfassungskonforme Auslegung möglich und ausreichend ist. Insoweit ist auch die Dauer der Wohnungsverweisung entscheidend. Das GewSchG des Bundes steht der Anwendung der landesrechtlichen Regeln nicht entgegen, sondern ist vielmehr auf die danach vorgesehenen kurzfristigen flankierenden Maßnahmen angewiesen, um eine zügige behördliche Krisenintervention sicherzustellen und dem Gewaltopfer vor bzw. bis zum Erreichen zivilrechtlichen Schutzes (nach dem GewSchG) beizustehen.[221]

**Klausurhinweis:** Soweit landesrechtlich eine Standardbefugnis für eine Wohnungsverweisung nicht existiert, kommen allenfalls eine Ingewahrsamnahme, ein (kurzfristiger) Platzverweis oder ggf. ein (idR längerfristiges) Aufenthaltsverbot in Betracht. Dies ist allerdings – wie auch der Rückgriff auf die Generalklausel – wegen der **Wesentlichkeit der Maßnahme** problematisch.[222] Nach *Pieroth/Schlink/Kniesel* handelt es sich bei der Wohnungsverweisung noch um eine atypische Maßnahme. Erst sobald sie zu einer typischen Maßnahme werde, müsse sie vom Gesetzgeber als Standardmaßnahme gefasst werden.[223]

Tatbestandlich verlangen die Ermächtigungen überwiegend eine gegenwärtige bzw. dringende Gefahr für Leib, Leben oder Freiheit einer Person. Eine tragfähige Gefahrenprognose lässt sich angesichts der zu schützenden hochrangigen Rechtsgüter bejahen, wenn objektive Anhaltspunkte für frühere körperliche Übergriffe und anhaltende Bedrohungen vorliegen.[224] Vor diesem Hintergrund müssen Sie die gesamte Aktenlage (Angaben des Gewaltopfers bei der Polizei, Feststellungen der polizeilichen Einsatzbeamten, evtl. Begleitumstände) würdigen. Umstritten ist hierbei, welche Auswirkungen die **Rücknahme der Anzeige** durch das Gewaltopfer hat. Nach überwiegender Auffassung ändert dieser Umstand an der Zulässigkeit der Wohnungsverweisung nichts, solange weiterhin eine Gefahr für die zu schützenden Wohnungsbewohner zu prognostizieren ist. Wenn sich die Lebenspartner jedoch glaubhaft ausgesöhnt haben, ist im Hinblick auf Art. 6 und 13 GG sowie aus Gründen der Verhältnismäßigkeit die Maßnahme aufzuheben.[225]

Hinsichtlich des Adressaten gelten die allgemeinen Regeln zur Verantwortlichkeit.[226] Wird dem Adressaten neben dem Wohnungsverweis die Herausgabe des Wohnungsschlüssels aufgegeben, ist die Generalklausel einschlägig.

### c) Maßnahmen zur Ingewahrsamnahme und Verwahrung

97 Die präventiv-polizeilichen Standardermächtigungen zur Ingewahrsamnahme[227] sind von dem Festnahmerecht nach § 127 StPO abzugrenzen, wobei allerdings eine ursprünglich präventive Ingewahrsamnahme in eine Festnahme gem. § 127 StPO übergehen kann. Beachten Sie zudem, dass für die Unterbringung psychisch Kranker spezialgesetzliche Vorschriften bestehen,

221 VGH Mannheim NJW 2005, 88 (89).
222 Leuze-Mohr/*Hammann/Leuze-Mohr* ÖffR 148.
223 *Pieroth/Schlink/Kniesel* POR § 16 Rn. 28.
224 OVG Münster NJW 2002, 2195 (2196).
225 *Dietlein/Burgi/Hellermann* ÖffR NRW § 3 Rn. 170.
226 Schoch/*Schoch* BesVerwR 2. Kap. Rn. 294.
227 Art. 17 BayPAG; § 28 BWPolG; § 30 BlnASOG; § 17 BbgPolG; § 15 BremPolG; § 13 HmbSOG; § 32 HSOG; § 55 MVSOG; § 18 NdsSOG; § 35 NRWPolG; § 14 RhPfPOG; § 13 SaarlPolG; § 22 SächsPolG; § 37 LSASOG; § 204 SchlHLVwG; § 19 ThürPAG.

die die Anwendung der gefahrenabwehrrechtlichen Bestimmungen über den Gewahrsam verdrängen. Sollten diese einschlägig sein, dürfte es einen Hinweis im Aktenauszug geben. § 30 IfSG enthält spezielle Regelungen zur Anordnung einer Quarantäne.

In Abgrenzung zu anderen Standardmaßnahmen (zB Platzverweis, Wohnungsverweisung) setzt die Gewahrsamnahme eine Freiheitsentziehung iSv Art. 104 I GG, also eine Aufhebung der körperlichen Bewegungsfreiheit durch Festhalten in einem eng umrissenen Raum, voraus. § 415 II FamFG nennt als typische Fälle eines eng umrissenen Raums (»insbesondere«) abgeschlossene Einrichtungen und Gewahrsamsräume. In Gewahrsam wird jemand aber auch genommen, wenn er allseitig eingekesselt wird. Eine bloße Freiheitsbeschränkung (zB Festhalten zur Feststellung der Identität) reicht nicht.

**Formell** ist an den Richtervorbehalt (vgl. §§ 415 ff. FamFG) zu denken, der wegen Art. 104 II GG (freiheits*entziehender* Charakter) verfassungsrechtlich geboten ist.

**Materieller** Klausurschwerpunkt wird die Suche nach einem Gewahrsamsgrund sein.

- In »**Schutzgewahrsam**« wird eine Person genommen, wenn sie sich in einer hilflosen Lage befindet. Im Fall einer freiverantworteten Selbstgefährdung darf die Polizei nur einschreiten, soweit Rechte Dritter betroffen sind.[228] Ein Gewahrsamsgrund ist aber auch gegeben, wenn eine Person eine Selbsttötung begehen will. Dies ergibt sich zT ausdrücklich aus den landesgesetzlichen EGL[229] oder aus deren entsprechender Auslegung.[230]
- »Präventiv- bzw. Unterbindungsgewahrsam« dient der Abwehr von Straftaten oder Ordnungswidrigkeiten.[231]
- Ein »**Durchsetzungsgewahrsam**« ist zulässig, um einen rechtmäßigen[232] (ggf. Inzidentprüfung!) Platzverweis oder – je nach Landesrecht – eine Wohnungsverweisung durchzusetzen. An die »Unerlässlichkeit« sind aus Gründen der Verhältnismäßigkeit hohe Anforderungen zu stellen.[233]
- Umstritten ist, wie der »**Verbringungsgewahrsam**« zur Durchsetzung eines Platzverweises zu behandeln ist. Darunter versteht man eine Maßnahme, mit der eine Person aufgelesen, in *größerer* Entfernung (zB außerhalb der Stadtgrenzen) ausgesetzt und dort sich selbst überlassen wird. Nach einer Ansicht stellt sie eine normale Ingewahrsamnahme dar, sodass insbes. der Richtervorbehalt zu beachten ist.[234] Nach anderer Auffassung liegt eine Freiheitsentziehung nicht vor, weil der Betroffene schwerpunktmäßig nicht festgehalten, sondern an einen anderen Ort verbracht wird.[235] Mitunter wird diese Maßnahme auf Grundlage der Generalklausel[236] oder bereits als Vollstreckungsmaßnahme zur Durchsetzung eines Platzverweises für zulässig gehalten.[237] Nach anderer Ansicht ist die Maßnahme rechtswidrig, weil es an einer EGL für derart intensive Grundrechtseingriffe fehlt.[238] Dies dürfte überzeugen, weil die Verbringung an einen weit entfernten Ort über die Umsetzung eines Platzverweises hinausgeht. Dieser enthält nur die Anweisung, einen bestimmten Platz nicht aufzusuchen, nicht aber die Verpflichtung, sich dafür an einen bestimmten Ort zu begeben.

---

228 *Dietlein/Burgi/Hellermann* ÖffR NRW § 3 Rn. 174.

229 § 28 I Nr. 2 c) BWPolG; § 22 I Nr. 2 b) SächsPolG.

230 *Pieroth/Schlink/Kniesel* POR § 17 Rn. 20.

231 Zur Unvereinbarkeit des Unterbindungsgewahrsams mit Art. 5 EMRK (fehlende Rechtfertigung nach Art. 5 I c) EMRK) EGMR NVwZ 2014, 554 ff.; hierzu auch *Wächter* NVwZ 2014, 995.

232 OLG Köln NVwZ 2000, 350 (350).

233 BayObLG NVwZ 2000, 467 (468): Entscheidend ist eine Abwägung zwischen dem Freiheitsanspruch des Betroffenen und dem öffentlichen Interesse an der Wahrung von Recht und Ordnung, wobei maßgeblich auf die Bedeutung der Rechtsgüter, deren Schutz der Platzverweis dient, den Grad der Wahrscheinlichkeit ihrer Verletzung sowie deren Schwere abzustellen ist.

234 *Pieroth/Schlink/Kniesel* POR § 17 Rn. 4.

235 *Dietlein/Burgi/Hellermann* ÖffR NRW § 3 Rn. 172; *Schenke* POR § 3 Rn. 142.

236 *Schenke* POR § 3 Rn. 142.

237 Leuze-Mohr/*Hammann/Leuze-Mohr* ÖffR 152 differenziert insoweit nicht zwischen weit entfernten und nahe gelegenen Orten.

238 *Gusy* NWVBl. 2004, 1 (7 f.).

- Schließlich ist eine Ingewahrsamnahme zum **Schutz privater Rechte** zulässig. Soweit die landesrechtlichen Bestimmungen an den zivilrechtlichen Tatbestand der Selbsthilfe anknüpfen, ist dieser inzident zu prüfen.

Der **Rechtsschutz** gegen Ingewahrsamnahmen wirft verschiedene Probleme auf. Diese ergeben sich unter anderem daraus, dass nach einer polizeilichen Ingewahrsamnahme eine amtsrichterliche Entscheidung über die An- bzw. Fortdauer der Maßnahme einzuholen ist. Allerdings entscheidet der Amtsrichter nicht über die Rechtmäßigkeit des polizeilichen Handelns an sich, weshalb die Rechtmäßigkeit der Ingewahrsamnahme mittels FFK analog § 113 I 4 VwGO überprüft werden kann.[239] Diese ist auch zulässig, wenn sich die Ingewahrsamnahme vor der amtsrichterlichen Entscheidung erledigt hat.[240] Allerdings müssen Sie – je nach Ausgestaltung des Landesrechts – eine abdrängende Zuweisung an die ordentlichen Gerichte im Auge behalten. Zwar sind in den meisten Bundesländern die VG auch nach Beendigung der Freiheitsentziehung für die Prüfung der Rechtmäßigkeit der polizeilichen Maßnahme zuständig (str.). Ausnahmen gelten aber gem. § 40 I 2 VwGO kraft Landesrechts in Bayern (Art. 18 II 2 BayPAG); Berlin (§ 31 II u. III 1 BlnASOG) und Niedersachsen (§ 19 III 1 NdsSOG).

Wird verwaltungsgerichtlich ein Kostenbescheid wegen einer polizeilichen Ingewahrsamnahme (Auferlegung von Gebühren und Auslagen) angefochten, muss das VG die Rechtmäßigkeit der Ingewahrsamnahme und die Wahrung des Richtervorbehalts (Art. 104 II GG) als Vorfrage der Rechtmäßigkeit des Kostenbescheides inzident klären, wenn das an sich zuständige Gericht hierüber noch nicht rechtskräftig entschieden hat.[241]

#### d) Maßnahmen zur Durchsuchung, Sicherstellung, Verwertung, Herausgabe

98 Die Polizeigesetze enthalten Standardermächtigungen für eine Sicherstellung, wobei den jeweiligen Normen überwiegend ein weiter Sicherstellungsbegriff zugrunde gelegt wird. Dieser erfasst sowohl eine Sicherstellung zum Schutz des Eigentümers bzw. rechtmäßigen Inhabers der tatsächlichen Gewalt vor Verlust/Beschädigung der Sache als auch eine Sicherstellung zum Schutz der Allgemeinheit oder eines Dritten, die idR gegen den Willen des Betroffenen erfolgt.[242] Nur vereinzelt wird zwischen einer *Sicherstellung* im Interesse des Berechtigten (vergleichbar der GoA) und einer gegen den Willen des Betroffenen erfolgten *Beschlagnahme* unterschieden.[243]

Bei der Prüfung der Anwendbarkeit der Standardbefugnis müssen Sie insbes. folgende spezialgesetzliche EGL beachten: § 30 VersG, § 54 WaffG. Eine Sicherstellung von Presseerzeugnissen (zB Zeitungen) ist unzulässig. Die LPresseG berechtigen nur zu einer Beschlagnahme; im Übrigen sind Presseerzeugnisse »polizeifest« (vgl. Art. 5 I und II GG).[244] Im Zusammenhang mit der Wegnahme von Tieren sollten Sie zudem an § 16a S. 2 Nr. 2 TierSchG denken, der allerdings nur zum Erlass eines VA und – in teleologischer Reduktion des Begriffs **»fortnehmen«** – nicht zum Handeln ohne vorausgehenden VA berechtigt. Ob ein Tier ohne vorausgehenden VA fortgenommen und veräußert werden darf, bestimmt sich nach den Vorschriften über die unmittelbare Ausführung oder den sofortigen Vollzug.[245]

Beim Rechtsschutz gegen eine Sicherstellungsanordnung sind vertiefte Ausführungen zum Verwaltungsrechtsweg allenfalls dann erforderlich, wenn auch Straftaten oder Ordnungswidrigkeiten des Adressaten vorliegen könnten. Gleichwohl scheidet eine Abdrängung gem.

239 *Dietlein/Burgi/Hellermann* ÖffR NRW § 3 Rn. 180.

240 Leuze-Mohr/*Hammann/Leuze-Mohr* ÖffR 146.

241 VGH Mannheim Urt. v. 17.3.2011 – 1 S 2513/10, BeckRS 2011, 49287; OVG Lüneburg NVwZ-RR 2014, 552 (552).

242 Art. 25 BayPAG; § 38 BlnASOG; § 25 BbgPolG; § 23 BremPolG; § 14 HmbSOG; § 40 HSOG; § 61 MVSOG; § 26 NdsSOG; § 43 NRWPolG; § 22 RhPfPOG; § 21 SaarlPolG; § 45 LSASOG; § 210 SchlHLVwG; § 27 ThürPAG; für Bundespolizei: § 47 BPolG.

243 §§ 32, 33 BWPolG; §§ 26, 27 SächsPolG.

244 Beachten Sie aber, dass die übrige Pressetätigkeit (zB Anfertigung von Bildaufnahmen eines Polizeieinsatzes im Rahmen der Informationsbeschaffung) den allgemeinen Polizeigesetzen unterliegt, weshalb etwa ein Platzverweis gegen einen störenden Journalisten nach dem allgemeinen LandespolizeiG (allgemeines Gesetz iSv Art. 5 II GG) zulässig ist; BVerwG NJW 2012, 2676 (2677).

245 BVerwG Urt. v. 12.1.2012 – 7 C 5.11.

§ 23 I EGGVG aus, wenn die Sicherstellung ihrem objektiven Schwerpunkt nach präventiven Zwecken gedient hat.[246] Im Rahmen der statthaften Klageart wird häufig eine eingetretene Erledigung der Sicherstellungsverfügung zu berücksichtigen sein, sodass (bei Erledigung vor Klageerhebung) eine FFK analog § 113 I 4 VwGO statthaft sein wird.[247] An dieser Stelle können Sie auch mit einer **adressatenneutralen Sicherstellung** konfrontiert werden. Diese kommt in Betracht, wenn nicht feststellbar ist, welche Person für die Gefahr verantwortlich ist. Da diese Maßnahme als Realakt ergeht,[248] ist insoweit eine Feststellungsklage statthaft.

In der Begründetheit der Klage prüfen Sie im Anschluss an die formelle Rechtmäßigkeit der Sicherstellungsanordnung deren materielle Voraussetzungen. Die Sicherstellungsgründe variieren je nach Landesrecht. Regelmäßig ermöglichen sie die Sicherstellung beweglicher Sachen (einschl. Tieren, wie zB gefährliche Hunden, und Bargeld)[249] oder unbeweglicher Sachen zur Abwehr einer gegenwärtigen Gefahr. Außerdem kommt die Sicherstellung in Betracht, um den Eigentümer oder rechtmäßigen Inhaber der tatsächlichen Gewalt vor Verlust oder Beschädigung einer Sache zu schützen. Dieser Sicherstellungsgrund dient der Eigentumssicherung und stellt eine polizeiliche Sonderleistung dar, die – ähnlich den Grundsätzen der GoA – nur im mutmaßlichen Interesse des zu Schützenden erfolgen darf.[250] In dieser Fallgruppe erübrigt sich eine gesonderte Prüfung der Adressatenfrage.[251]

**Klausurhinweis:** In Abschleppfällen ist häufig die Abgrenzung zwischen einer Sicherstellung und einer vollstreckungsrechtlichen Ersatzvornahme problematisch. Meistens wird mit der Entfernung des Fahrzeugs ein straßenverkehrsrechtliches Wegfahrgebot durch Ersatzvornahme vollzogen. Denkbar ist allerdings auch, dass die Maßnahme das Ziel verfolgt, den Eigentümer oder den rechtmäßigen Inhaber der tatsächlichen Gewalt vor Verlust oder Beschädigung der Sache zu schützen. So kann es sich zB bei einem Abschleppen eines ungesichert am Straßenrand abgestellten Oldtimers um eine Sicherstellung handeln.[252] Die Rechtmäßigkeit solcher Maßnahmen richtet sich dann in erster Linie danach, ob das polizeiliche Tätigwerden dem mutmaßlichen Willen des Berechtigten entspricht.[253] Dies hängt davon ab, wie hoch im konkreten Fall die prognostische Wahrscheinlichkeit eines Schadenseintritts ist. Irrelevant ist, ob der Berechtigte die Abschleppmaßnahme nachträglich billigt. Im Aktenauszug wird der Kläger diese Billigung ggf. ausdrücklich verneinen, wobei dieser Einwand (damit) nicht durchgreift.

Sichergestellte Sachen sind in **Verwahrung** zu nehmen. Hierdurch entsteht ein öffentlich-rechtliches Verwahrungsverhältnis, das – gem. § 40 II 1 Alt. 2 VwGO zivilgerichtlich geltend zu machende – Ansprüche aus einer öffentlich-rechtlichen Sonderbeziehung (§§ 280 ff. BGB analog) begründen kann. Darüber hinaus können Amtshaftungsansprüche nach Art. 34 GG iVm § 839 BGB bestehen. Auch hier können gerade Abschleppmaßnahmen Klausurprobleme auslösen. Denken Sie in diesem Zusammenhang an die Zurechnungslehre bei Verwaltungshelfern nach der modifizierten Werkzeugtheorie.[254]

Nach Wegfall der Voraussetzungen für eine Sicherstellung besteht die – ggf. landesrechtlich ausdrücklich ausgestaltete – Pflicht zur **Herausgabe der Sache**. Mangelt es an einer ausdrücklichen Grundlage, kann der Kläger die Herausgabe aufgrund des Vollzugs-FBA beanspruchen. Diesen Leistungsanspruch kann der Kläger im Anfechtungsprozess durch Stellung eines Annexantrags gem. § 113 I 2, 3 VwGO prozessual durchsetzen. Ist die Anfechtungsklage erfolgreich, wird die Sicherstellungsverfügung aufgehoben (§ 113 I 1 VwGO). In diesem Fall fehlt es an einer wirksamen Grundlage für die Sicherstellung, sodass die Voraussetzungen des

246 So zB bei einer Sicherstellung eines Motorrades an einem Unfallschwerpunkt VGH München NJOZ 2009, 2695 (2697).
247 Zu deren besonderen Sachentscheidungsvoraussetzungen *Kaiser/Köster/Seegmüller* Öffentlich-rechtliche Klausur Rn. 186 ff.
248 ZB Sicherstellung straßenrechtswidrig aufgestellter Altkleidercontainer; OVG Münster NWVBl. 2000, 216.
249 Als sicherstellungsfähige Sache kommt auch Bargeld in Betracht (präventive Gewinnabschöpfung), wenn dies zur Abwehr einer gegenwärtigen Gefahr erforderlich ist; OVG Lüneburg NVwZ-RR 2009, 954.
250 Schoch/*Schoch* BesVerwR 2. Kap. Rn. 319.
251 *Dietlein/Burgi/Hellermann* ÖffR NRW § 3 Rn. 203.
252 BayVGH NJW 2001, 1960.
253 OVG Münster Beschl. v. 11.4.2003 – 5 A 4351/01 mwN.
254 Vgl. hierzu → Rn. 5.

Vollzugs-FBA gegeben sind. Dabei kann allerdings die Spruchreife (§ 113 I 3 VwGO) fehlen, wenn die Behörde wegen der vom Berechtigten zu tragenden Verwahrungskosten ein Zurückbehaltungsrecht geltend machen kann oder bei Herausgabe der Sache die Voraussetzungen für die Sicherstellung erneut eintreten würden.

**3. Anwendbarkeit der Generalklausel**

99 Erst nach der vorstehenden Subsidiaritätsprüfung gelangen Sie zur Anwendung der polizeilichen Generalklausel.[255]

### II. Formelle Rechtmäßigkeit polizeilichen Einschreitens

**Übersicht: Formelle Rechtmäßigkeit polizeilichen Einschreitens**

1. Zuständigkeit
   a) Sachliche Zuständigkeit: Sonderordnungsbehörden; nachrangig allg. Ordnungsbehörden; im Eilfall: Polizeibehörde
      (P) Subsidiaritätsklausel
      (P) Zuständigkeit gegenüber störendem Hoheitsträger
   b) Örtliche Zuständigkeit: Ort der Gefahr
      (P) »Nachbarhilfe« und »Nacheile«
2. Verfahren (insbes. Anhörung gem. § 28 VwVfG)
   (P) Entbehrlichkeit gem. § 28 II VwVfG
3. Form: grds. Formfreiheit; ggf. ausdrücklich angeordnete Schriftform

**1. Zuständigkeit**

Die Zuständigkeit der handelnden Behörde ist stets kurz zu erörtern. Soweit die Gefahrenabwehr durch die Länder wahrgenommen wird, regeln diese zugleich die Organisation der Polizei- und Ordnungsverwaltung.[256]

**a) Sachliche Zuständigkeit**

100 Die Gefahrenabwehr obliegt primär den Ordnungsbehörden[257], dabei vorrangig den Sonderordnungsbehörden[258]; subsidiär den allgemeinen Ordnungsbehörden. Scheidet ein effektives ordnungsbehördliches Eingreifen aus zeitlichen Gründen aus (Eilfall), ist die Zuständigkeit der Polizei[259] gegeben. Die Polizei verfügt außerdem über originäre Einzelzuständigkeiten und leistet Vollzugshilfe.

---

255 Zu den Voraussetzungen im Einzelnen siehe → Rn. 105 ff.

256 Auf eine vertiefte Darstellung der landesrechtlichen Verhältnisse wird an dieser Stelle verzichtet. Grds. konkurrieren zwei Organisationsmodelle. In Baden-Württemberg (§ 1 I BWPolG), Bremen (§ 1 I 1 BremPolG), dem Saarland (§ 1 II SaarlPolG) und Sachsen (§ 1 I 1 SächsPolG) gilt das »Einheitssystem«. Hier obliegt die Gefahrenabwehr der »Polizei«, deren Organisation in Polizei(verwaltungs)behörden und den Polizeivollzugsdienst aufgeteilt ist. Demgegenüber gilt in Bayern (Art. 2 I BayPAG, Art. 6 BayLStVG), Berlin (§ 1 I 1 BlnASOG), Brandenburg (§ 1 I 1 BbgPolG, § 1 I BbgOBG), Hamburg (§ 3 HmbSOG), Hessen (§ 1 I 1 HSOG), Mecklenburg-Vorpommern (§ 2 I MVSOG), Niedersachsen (§ 1 I 1 NdsSOG), Nordrhein-Westfalen (§ 1 I 1 NRWPolG, § 1 I NRWOBG), Rheinland-Pfalz (§ 1 I 1 RhPfPOG), Sachsen-Anhalt (§ 1 I 1 LSASOG), Schleswig-Holstein (§ 163 I 1 SchlHLVwG) und Thüringen (§ 2 I 1 ThürPAG, § 2 I ThürOBG) mit dem Ziel einer Dezentralisierung und Entpolizeilichung der Verwaltungsaufgaben ein »Trennungssystem«. Hier ist die Gefahrenabwehr der Polizei ieS und den Verwaltungsbehörden zugewiesen und organisatorisch eine Trennung zwischen primär zuständigen Ordnungsbehörden und insbes. im Eilfall zuständigen Polizeibehörden vorgenommen worden. Die praktische Bedeutung der Unterscheidung ist für die Klausur allerdings begrenzt. Die Aufgaben und Zuständigkeiten der Polizei(verwaltungs)behörden im Einheitssystem entsprechen im allgemeinen Gefahrenabwehrrecht im Wesentlichen denjenigen der Ordnungsbehörden im Trennungssystem. Die Aufgaben und Zuständigkeiten des Polizeivollzugsdienstes (Einheitssystem) entsprechen weitgehend der Polizei im Trennungssystem (hierzu umfassend: Schoch/*Schoch* BesVerwR § 2 Rn. 363 ff.).

257 In Bayern »Sicherheitsbehörden«; in den Ländern, in denen das »Einheitssystem« gilt: Polizeiverwaltungsbehörden.

258 § 61 II BWPolG; § 11 BbgOBG; § 66 BremPolG; § 3 I HmbSOG; § 90 HSOG; § 3 I Nr. 4 MVSOG; § 97 II NdsSOG; § 12 NRWOBG; § 88 II RhPfPOG; § 75 III SaarlPolG; § 64 III SächsPolG; § 85 LSASOG; § 164 I Nr. 1 SchlHLVwG.

259 In den Ländern, in denen das »Einheitssystem« gilt: Polizeivollzugsdienst.

**Problem: Subsidiaritätsklausel**

Das allgemeine Gefahrenabwehrrecht dient der öffentlichen Sicherheit. Private Interessen werden vorrangig durch Zivilgerichte geschützt.[260] Daher schränken die Landesgesetze den polizeilichen Aufgabenbereich über die sog. Subsidiaritätsklausel ein.[261] Beachten Sie aber, dass selten *ausschließlich private* Rechte betroffen sind. Private Rechte, die durch öffentlich-rechtliche oder strafrechtliche Normen geschützt werden, sind Bestandteil der objektiven Rechtsordnung. Diese wiederum stellt ein Schutzgut der öffentlichen Sicherheit dar und ermächtigt zum behördlichen Einschreiten.

> **Beispiele:** Die Polizei ist grds. nicht berechtigt, gegen freiverantwortliche Selbstgefährdungen vorzugehen, bei denen unbeteiligte Dritte (einschl. potenzielle Retter) nicht gefährdet werden.[262] Dazu gehören etwa die Teilnahme an gefährlichen Sportarten oder »Kampftrinken«. Öffentliche Interessen sind hingegen berührt, wenn sich der Betroffene in einer hilflosen Lage oder in einem die Willensentschließung ausschließenden geistigen Zustand befindet oder die Tragweite seines Handelns nicht erkennen kann (zB Kinder). Ähnliches gilt bei einem drohenden Selbstmord: Art. 2 II 1 GG gewährt nicht nur das Recht auf Leben. Da das GG auch eine objektive Werteordnung aufstellt, begründet Art. 2 II 1 GG eine staatliche Pflicht, Grundrechtsträger vor einer Beeinträchtigung zu schützen. Dies gilt auch bei Beeinträchtigungen, die er selbst herbeiführt, da das Recht auf Leben nicht disponibel ist. Nach dem BGH besteht zudem wegen § 323c StGB eine Handlungspflicht.[263] Fraglich ist insoweit aber, ob ein frei verantworteter Suizid einen »Unglücksfall« iSd Norm darstellt.

**Problem: Gefahrenabwehrrechtliches Einschreiten ggü. störenden Hoheitsträgern**

Beim Problem des störenden Hoheitsträgers müssen Sie zwei Ebenen voneinander trennen:

- *Materiell* ist jeder Hoheitsträger wegen Art. 20 III GG an das Polizei- und Ordnungsrecht gebunden.
- Problematisch ist aber, wer *formell* für die Durchsetzung der materiellen Polizeipflicht zuständig ist. Nach hM obliegt es den Hoheitsträgern selbst, in ihren Verantwortungsbereichen die Einhaltung gesetzlicher Vorschriften zu gewährleisten. Würden Gefahrenabwehrbehörden gegen einen anderen Hoheitsträger vorgehen, verstießen sie gegen die Zuständigkeitsordnung. Vorrangig sollen nämlich bei der Verletzung der materiellen Polizeipflicht nicht die Gefahrenabwehr- sondern die Aufsichtsbehörden tätig werden. Eine Ausnahme gilt nur für den Fall, dass die zuständige Ordnungsbehörde eine größere Fachkompetenz als der andere Hoheitsträger hat. Dies hat die Rspr. bisher bei einer Immissionsschutzbehörde anerkannt, die eine Gemeinde gem. §§ 24 I, 22 BImSchG zu Lärmschutzmaßnahmen wegen eines öffentlich-rechtlich betriebenen Schwimmbades verpflichtet hatte.[264]
  Darüber hinaus darf die Ordnungsbehörde natürlich auch gegen privatrechtliche Handlungen eines Verwaltungsträgers vorgehen, weil sich diese schon gar nicht nach öffentlich-rechtlichen Zuständigkeitsregelungen richten.

Die **instanzielle Zuständigkeit** liegt grds. bei der unteren Ordnungsbehörde.

---

260 Es bieten sich zur Prüfung der Subsidiarität insgesamt vier Prüfungsstandorte an: Erstens im Rahmen der Anwendbarkeit der Generalklausel, die als EGL nur im Rahmen des gesetzlichen Aufgabenbereichs zum Zuge kommt; zweitens im Rahmen der Zuständigkeit der Ordnungsbehörden; drittens im Rahmen der Schutzgüter unter dem Merkmal »privater Rechte«; viertens als gesetzliche Grenze des Entschließungsermessens.

261 Art. 2 II BayPAG; § 2 II BWPolG; § 1 IV BlnASOG; § 1 II BbgPolG; § 1 II BremPolG; § 1 III HSOG; § 1 III MVSOG; § 1 III NdsSOG; § 1 II NRWPolG; § 1 III RhPfPOG; § 1 III SaarlPolG; § 2 II SächsPolG; § 1 II LSASOG; § 162 II SchlHLVwG; § 2 II ThürPAG, § 2 II ThürOBG.

262 VGH Mannheim Urt. v. 25.10.2012 – 1 S 1401/11 (Befugnis zum Erlass eines dauerhaften Betretungsverbots an den Eigentümer eines Grundstücks, auf dem die Gefahr eines Tagesbruchs besteht, wenn unbeteiligte Dritte zu Rettungsmaßnahmen veranlasst werden können).

263 BGHSt 6, 147 (GS).

264 BVerwGE 117, 1.

#### b) Örtliche Zuständigkeit

101 Örtlich zuständig sind grds. die Ordnungsbehörden, in deren Bezirk sich die Gefahr auswirkt.[265] Im Gegensatz zur sachlichen Zuständigkeit wird die örtliche Zuständigkeit in Aktenauszügen seltener problematisiert, zumal einige Länder für die Polizei auf eine ausdrückliche Zuständigkeitsgliederung verzichten.[266] Zudem werden zur Sicherung einer effektiven Gefahrenabwehr außerordentliche Zuständigkeiten anerkannt: In Eilfällen können Behörden etwa im angrenzenden Nachbarbezirk desselben Landes eingreifen (sog. Nachbarhilfe). Zudem kann die Polizei zur Verbrechensbekämpfung und -verhütung Täter in alle Landesbezirke verfolgen (sog. Nacheile).

#### 2. Verfahren

102 Verfahrensrechtlich ist insbes. die nach § 28 I VwVfG vor Erlass eines belastenden VA erforderliche Anhörung zu beachten. Nur ausnahmsweise ist die Anhörung bei Gefahr im Verzug gem. § 28 II Nr. 1 VwVfG entbehrlich.

**Klausurhinweis:** Müssen Sie eine behördliche Entscheidung entwerfen, denken Sie bitte daran, dass das Absehen von einer Anhörung (§ 28 II VwVfG) als Ermessensentscheidung im VA besonders zu begründen ist (§ 39 I 3 VwVfG).

#### 3. Form

103 Grds. ergehen Gefahrenabwehrverfügungen formfrei. Nur ausnahmsweise ordnet das Landesrecht für Ordnungsverfügungen eine Schriftform an.[267]

### III. Vorliegen der materiellen Voraussetzungen

104 Gefahrenabwehrmaßnahmen nach der Generalklausel setzen materiell eine Gefahr für die öffentliche Sicherheit oder Ordnung voraus. Denken Sie an folgende Prüfungsreihenfolge: Erst stellen Sie fest, welches Schutzgut der öffentlichen Sicherheit bzw. inwieweit die öffentliche Ordnung betroffen ist. Dies ist der Bezugspunkt für die anschließende Prüfung der Gefahr bzw. Störung.

#### 1. Betroffenheit eines gefahrenabwehrrechtlichen Schutzguts

#### a) Betroffenheit der öffentlichen Sicherheit

105–106 Regelmäßig sind mehrere Schutzgüter der öffentlichen Sicherheit betroffen. Prüfen Sie alle Schutzgüter der Reihe nach durch:

- **Bestand und Funktionsfähigkeit des Staates** (zB Fotografieren eines SEK bei der Verfolgung eines seit Jahren gesuchten Mörders gefährdet Funktionsfähigkeit der Polizei), seiner **Einrichtungen** und **Veranstaltungen.**
- Zu den **privaten Individualrechten** zählen die subjektiven Rechte und Rechtsgüter des Einzelnen, insbes. Freiheitsrechte (zB Leben, Gesundheit, Eigentum und vermögenswerte Rechte). Sofern Sie auf diese Fallgruppe zurückgreifen, werden Sie idR auf formeller Ebene die Zuständigkeit (Subsidiaritätsklausel) anzusprechen haben.
- Zur **Unverletzlichkeit der Rechtsordnung** gehören alle Gebots- und Verbotsvorschriften. Dies sind etwa Straf- und Ordnungswidrigkeitsnormen (eine drohende Erfüllung des objektiven Tatbestands reicht aus!), soweit diese eine Verhaltenspflicht begründen. Hierzu gehören auch verwaltungsrechtliche Normen, die eine Verhaltenspflicht begründen (zB Verstoß gegen Passpflicht gem. § 3 I AufenthG bei Passlosigkeit).

#### b) Schutzgut der öffentlichen Ordnung

107 Nur subsidiär fragen Sie – je nach landesrechtlicher Fassung der Generalklausel – nach einer Betroffenheit der öffentlichen Ordnung. Hierzu gehören alle ungeschriebenen Regeln, deren Befolgung nach den jeweils herrschenden sozialen und ethischen Anschauungen als unerläss-

265 § 68 I 1 BWPolG; § 4 BbgOBG; § 65 II BremPolG; § 100 HSOG; § 8 MVSOG; § 100 I 1 NdsSOG; § 4 I NRWOBG; § 91 I RhPfPOG; § 81 I SaarlPolG; § 70 I SächsPolG; § 88 I LSASOG; § 166 I SchlHLVwG; § 4 III ThürOBG.

266 *Tettinger/Erbguth/Mann* BesVerwR Rn. 664 mwN.

267 § 20 I 1 NRWOBG; § 19 I 1 BbgOBG.

liche Voraussetzung für ein gedeihliches Zusammenleben innerhalb eines bestimmten regionalen Gebiets angesehen wird. Die wegen seiner Unbestimmtheit bisweilen geäußerten Zweifel an der Verfassungsmäßigkeit des Begriffs sind nicht begründet.[268] Der Begriff ist auch verfassungsrechtlich verankert (zB in Art. 13 VII GG). In der Klausur sollten Sie dieses Problem nicht vertiefen. Ohnehin sollten Sie bedenken, dass ein Rückgriff auf die öffentliche Ordnung zumeist entbehrlich ist, weil zugleich die öffentliche Sicherheit berührt sein wird (zB über §§ 118 ff. OWiG).[269]

**Beispiel:** Gegenstand aktueller Diskussion ist der »MMA-Sport« (»Mixed Martial Arts«). Er ist besonders brutal, weil er die Schlag- und Tritttechniken verschiedener Kampfsportarten vereinigt. MMA-Wettkämpfe dürfen im deutschen Fernsehen nicht ausgestrahlt werden. Dem liegt die Annahme zugrunde, dass dem Sport eine Tendenz zur Bejahung oder Bagatellisierung von Gewalt innewohnt. Für die gegenteilige Auffassung spricht, dass es ein weitgehend vereinheitlichtes Regelwerk (inkl. verbotener Techniken) gibt, dass sich Kämpfer vergleichbaren Niveaus gegenüberstehen und dass die Einzeltechniken erlaubten Sportarten entstammen.[270]

### c) Vorliegen einer Gefahr oder Störung

**Gefahr**

Zustand, der nach verständiger, auf allgemeiner Lebenserfahrung beruhender Beurteilung in näherer Zeit den Eintritt eines Schadens für ein Schutzgut der öffentlichen Sicherheit oder Ordnung erwarten lässt.

Eine **konkrete Gefahr** ergibt sich ex ante aus einem konkreten, nach Ort und Zeit bestimmbaren Lebenssachverhalt.

Eine **abstrakte Gefahr** bezieht sich auf einen gedachten, abstrakten Sachverhalt, bei dem generell mit hinreichender Wahrscheinlichkeit mit einem Schaden für ein Schutzgut zu rechnen ist.

Für die betroffenen Schutzgüter muss eine Gefahr oder Störung (realisierte Gefahr) vorliegen. 108
Diese muss – soweit ein VA ergehen soll – über den Wortlaut der Generalklausel hinausgehend konkret, dh im Einzelfall bestehen. Hierin unterscheidet sich der Gefahrentatbestand für den (konkret-individuellen) VA von dem für (abstrakt-generelle) Verordnungen. Denn bei Letzteren wird eine abstrakte Gefahr verlangt. Als **konkrete Gefahr** wird eine Sachlage verstanden, bei der eine hinreichende Wahrscheinlichkeit dafür besteht, dass in absehbarer Zeit ein Schaden für ein (betroffenes) Schutzgut der öffentlichen Sicherheit (oder Ordnung) entsteht. Hierbei handelt es sich um eine gerichtlich voll überprüfbare Prognoseentscheidung, die verschiedene Fragen aufwirft:

- Die prognostizierte Wahrscheinlichkeit muss **hinreichend** sein. Dies bemisst sich relativ nach der Wertigkeit des betroffenen Rechtsguts und dem Grad der diesem Rechtsgut drohenden Schäden (Faustregel: je hochwertiger das Rechtsgut bzw. der Grad der zu erwartenden Schäden, desto eher bejahen Sie die hinreichende Wahrscheinlichkeit). Beachten Sie: »Hinreichend« ist nicht analog § 170 I StPO als überwiegende Wahrscheinlichkeit zu verstehen. Eine solche (abzulehnende) Parallele wird vereinzelt in Aktenauszügen angedeutet.

268 *Nolte* NordÖR 1999, 52 ff.

269 OVG Münster NWVBl. 2009, 483: Werbung für entgeltliche sexuelle Handlungen ist auch unter Geltung des Prostitutionsgesetzes wegen Verstoßes gegen § 119 I und II OWiG ordnungswidrig, wenn sie nicht in der gebotenen Zurückhaltung erfolgt. Eine Ordnungsverfügung, einen Kleinlaster aus dem öffentlichen Straßenraum zu entfernen, weil auf diesem aufdringliche und damit ordnungswidrige Werbung für ein Erotikportal angebracht ist, kann daher wegen eines Verstoßes gegen die geschriebene Rechtsordnung auf die Generalklausel gestützt werden.

270 Hierzu ausführlich *Jakob* NVwZ 2013, 1131.

- Ferner kommt es darauf an, dass ein verständiger Amtswalter das Vorliegen einer Gefahr objektiv **ex ante** annehmen durfte.[271] Durfte der Amtswalter zum Zeitpunkt seines Einschreitens aufgrund objektiver Umstände von einer Gefahr ausgehen, stellt sich aber im Nachhinein (ex post) heraus, dass bereits zum Zeitpunkt der Prognoseentscheidung tatsächlich keine Gefahr vorgelegen hat, so handelt es sich (nur) um eine **Anscheinsgefahr**.

  > **Beispiel:** Der Amtswalter durfte aufgrund ernsthafter Bombenwarnungen davon ausgehen, dass sich in dem vor der israelischen Botschaft geparkten Wagen eine Bombe befindet. Bei Sprengung des Wagens stellt sich heraus, dass dort keine Bombe lagerte.

  Die Anscheinsgefahr erfüllt den Gefahrbegriff iSd Generalklausel. Der Anscheinsstörer ist auch polizeilich Verantwortlicher. Für die Primärebene hat die Feststellung einer Anscheinsgefahr daher keine besonderen Auswirkungen. Allerdings hat sie – dafür ist der Begriff besonders wichtig – (sekundärrechtliche) Folgen für einen Entschädigungsanspruch des Bürgers bzw. für den Kostenersatzanspruch der Verwaltung. Dabei kommt es maßgeblich darauf an, ob der Adressat den Anschein der Gefahr in zurechenbarer Weise gesetzt hat oder nicht.

  > **Beispiel:** Drei Freunde verabreden sich, Passanten in Angst und Schrecken zu versetzen, indem sich einer der drei als Behinderter ausgibt und die anderen beiden diesen nur scheinbar zusammenschlagen.

  Hinzu kommt noch eine weitere prozessuale Konsequenz: Stellt sich vor Erlass eines Beschlusses nach § 80 V 1 VwGO heraus, dass der zugrunde liegende VA lediglich aufgrund einer Anscheinsgefahr erlassen wurde, dann ist dieser VA zwar rechtmäßig, doch überwiegt das Aussetzungsinteresse. Denn nach Kenntnis von dem tatsächlichen Nichtvorliegen einer Gefahr besteht kein Vollzugsinteresse mehr.
- Nahm der Amtswalter eine tatsächlich nicht bestehende Gefahr unter subjektiver Verkennung objektiver Gegebenheiten an, so handelt es sich um eine **Putativ- bzw. Scheingefahr**.

  > **Beispiel:** Der Amtswalter schießt auf einen Bankräuber, hätte aber bei sorgsamer Prüfung der Sachlage erkennen können, dass es sich um Filmaufnahmen handelt.

  Die Scheingefahr erfüllt den Gefahrentatbestand nicht. Das Handeln der Verwaltung ist rechtswidrig und führt zu Schadensersatz- bzw. Entschädigungsansprüchen des Bürgers. Ein Kostenersatzanspruch der Verwaltung besteht nicht.
- Ferner gibt es insbes. im Umweltrecht Situationen, in denen der handelnde Amtswalter aufgrund objektiver Umstände das Vorliegen einer Gefahr lediglich vermutet. Im Gegensatz zur Anscheins- und Scheingefahr geht er also nicht von dem sicheren Vorliegen einer Gefahr aus, sondern ist sich gewisser Unsicherheiten bei der Diagnose des Sachverhalts oder der Prognose des Kausalverlaufs bewusst. Einen solchen Zustand nennt man **Gefahrenverdacht**.

  > **Beispiel:** Der Amtswalter stellt Wasserverfärbungen in einem Bach fest. Vermutet er bei objektiver Prognose, dass es sich bei den Wasserverfärbungen um giftige Substanzen der nahe gelegenen Chemieanlage handelt, so bezieht sich sein Verdacht auf die Diagnose des Sachverhalts. Vermutet der Amtswalter, dass die Verbindung bestimmter Substanzen mit anderen Stoffen zu Gefahren führen können, so bezieht sich sein Gefahrenverdacht auf den weiteren Kausalverlauf.

  Es ist umstritten, wie der Gefahrenverdacht rechtlich zu bewerten ist. Einigkeit dürfte dahingehend bestehen, dass Gefahrerforschungsmaßnahmen, die nicht mit Grundrechtseingriffen verbunden sind, auf der Grundlage der Aufgabenzuweisung und des Untersuchungsgrundsatzes (§ 24 VwVfG) zulässig sind.[272] Unübersichtlich wird der Meinungsstand aber, wenn Maßnahmen zur Gefahrerforschung in Grundrechte Dritter eingreifen. Teilweise werden diese nur dann für zulässig gehalten, wenn sich ex post herausstellt, dass eine (subjektiv nicht erkannte) konkrete Gefahr vorlag.[273] Eine andere An-

271 Schoch/*Schoch* BesVerwR 2. Kap. Rn. 138.
272 *Schenke* POR § 3 Rn. 88; Leuze-Mohr/Hammann/*Leuze-Mohr* ÖffR 142.
273 *Schenke* POR § 3 Rn. 88, 91.

sicht stützt Gefahrerforschungseingriffe auf die Generalklausel.[274] Nach wieder anderer Ansicht obliegt dem Betroffenen eine Duldungspflicht wegen des behördlichen Untersuchungsgrundsatzes. Dies ist problematisch, sofern die Schwelle hinreichender Schadenswahrscheinlichkeit gerade noch nicht erreicht ist. Dadurch werden contra legem Eingriffsbefugnisse begründet. Zudem zeigt ein Vergleich mit spezialgesetzlichen Normen, dass der Gesetzgeber das Problem des Gefahrenverdachts durchaus gesehen und dafür bereichsspezifische Eingriffsbefugnisse geregelt hat. So knüpfen etwa § 9 II BBodSchG und § 52 I Nr. 1 BImSchG an das Vorliegen bloßer »Anhaltspunkte« an. Außerdem hat das BVerwG entschieden, dass ein bloßer Gefahrenverdacht keine abstrakte Gefahr darstellt, die zum Erlass einer HundeVO ermächtigt.[275] Diese Erwägungen können Sie übertragen, da die abstrakte und die konkrete Gefahr keine unterschiedlichen Anforderungen an die Wahrscheinlichkeit des Schadenseintritts stellen, sondern sich nur hinsichtlich des in Bezug genommenen Sachverhalts unterscheiden.

- Schließlich gibt es Situationen, die für sich genommen zunächst ungefährlich sind, und sich erst durch das Hinzutreten weiterer Ursachen, insbes. Umweltveränderungen, zu einer Gefahr entwickeln. Diese Situationen werden missverständlich als **latente Gefahren** bezeichnet, obwohl sie ohne Hinzutreten weiterer Ursachen ungefährlich sind und nach dem Hinzutreten der Umweltveränderungen »normale« Gefahren darstellen.

  **Beispiel:** Der Straßenausbau führt dazu, dass die vormals ungefährliche Tankstellenausfahrt zu Verkehrsgefahren führt.

  Eines Rückgriffs auf die latente Gefahr bedarf es daher nicht.

#### d) Polizeirechtliche Verantwortlichkeit (»Störereigenschaft«)

Zur Beantwortung der Frage, ob jemand gefahrenabwehrrechtlich verantwortlich ist, unterscheiden Sie zwischen drei Figuren: dem Verhaltensstörer, dem Zustandsstörer und dem Nichtstörer. 109

##### aa) Verhaltensstörereigenschaft

Verhaltensstörer ist jede Person, deren (grds. eigenes) Verhalten eine Gefahr verursacht.[276] Bei der nicht verjährenden Verhaltensstörerhaftung ist im Interesse effektiver Gefahrenabwehr irrelevant, ob die Person schuldhaft handelt. Die Verantwortung kann durch positives Tun oder pflichtwidriges Unterlassen entstehen, wenn eine besondere öffentlich-rechtliche Handlungspflicht vorliegt. Da es sich um eine aus öffentlich-rechtlichen Vorschriften ergebende Pflicht handeln muss (hM), reicht eine zivilrechtliche Verkehrssicherungspflicht nicht aus. 110

**Problem: Unmittelbarkeitszusammenhang**

Nach dem Wortlaut der maßgeblichen Vorschriften muss die Gefahr »durch« das Verhalten herbeigeführt worden sein. Nach überwiegender Auffassung wird ein **unmittelbarer Zusammenhang** gefordert (also weder Äquivalenz noch Adäquanz). Es ist darauf abzustellen, ob ein Verhalten die Gefahrengrenze überschreitet und damit die unmittelbare Ursache für den Eintritt der Gefahr setzt (Theorie der unmittelbaren Verursachung). Bei mehreren zusammenwirkenden Faktoren – also insbes. beim Verhalten mehrerer – ist dies in der Regel das zeitlich letzte Glied in der Kausalkette. Das muss aber nicht immer so sein. Ein zeitlich davor liegendes Element kann eine erhöhte Gefahrentendenz in sich tragen, hinter der bei wertender Betrachtung spätere Kausalfaktoren als unbeachtlich zurücktreten.

Verhaltensstörer ist nur derjenige, der die **Gefahrengrenze** überschreitet. Wer sich allerdings rechtmäßig verhält und von seinen Freiheiten legalen Gebrauch macht, überschreitet die Gefahrengrenze nicht.[277] Hat etwa der Betreiber einer Anlage in der Vergangenheit ein Geneh-

274 *Götz* NVwZ 1994, 652 (655).

275 BVerwG Urt. v. 28.6.2004 – 6 C 21/03.

276 Art. 7 BayPAG, Art. 9 I BayLStVG; § 6 I BWPolG; § 13 I BlnASOGn; § 16 I BbgOBG, § 5BbgPolG; § 5 BremPolG; § 8 HmbSOG; § 6 HSOG; § 69 MVSOG; § 6 NdsSOG; § 4 NRWPolG, § 17 NRWOBG; § 4 RhPfPOG; § 4 SaarlPolG; § 4 I SächsPolG; § 7 LSASOG; § 218 I SchlHLVwG; § 7 ThürPAG, § 10 I ThürOBG.

277 Schoch/*Schoch* BesVerwR 2. Kap. Rn. 180.

migungsverfahren durchführen lassen und eine Betriebsgenehmigung erhalten, erzeugt diese Genehmigung eine **Legalisierungswirkung** mit der Folge, dass die Störereigenschaft entfällt. Wichtig ist aber Folgendes: Die Legalisierungswirkung tritt nach der Rspr. nur in dem Umfang ein, in dem die betreffende Gefahr Gegenstand des früheren Genehmigungsverfahrens war (sog. begrenzte Legalisierungswirkung).

**Beispiel:** In einem Immissionsschutzgenehmigungsverfahren wurden die von der Anlage ausgehenden Gefahren untersucht, nicht aber diejenigen, die von einem unzuverlässigen Betreiber der Anlage ausgehen.

Zur Frage, ob und inwieweit Gefahren von der Behörde überprüft wurden, werden Sie ggf. Hinweise im Aktenauszug dergestalt finden, dass die Behörde in einem Schriftsatz den Regelungsinhalt der früheren Genehmigung darlegt. Ggf. müssen Sie die Reichweite einer erteilten Genehmigung unter Auslegung eines abgedruckten VA untersuchen.

**Problem: Zweckveranlasser**

Im Rahmen der Kausalitätsproblematik können Sie auf den Zweckveranlasser stoßen. Merken Sie sich: Der Zweckveranlasser ist keine eigene Störerkategorie, sondern ein besonderer Anwendungsfall der Lehre von der unmittelbaren Verursachung. Der Zweckveranlasser nimmt für sich genommen eine neutrale Handlung vor. Allerdings wird dem Zweckveranlasser das Verhalten desjenigen, der die Gefahrenschwelle überschreitet, zugerechnet.

**Beispiel:** Durch Schaufensterwerbung kommt es zu einem Massenauflauf, der seinerseits Verkehrsbehinderungen herbeiführt.

Keine Einigkeit besteht über die **Zurechnungskriterien**. Die **subjektive Theorie** stellt auf die Intention des Hintermannes ab, fragt also danach, ob dieser absichtlich bzw. mit Wissen und Wollen, zumindest billigend in Kauf nehmend, den zu einem polizei- bzw. ordnungswidrigen Zustand führenden Geschehensverlauf hervorruft. Nach der **objektiven Theorie** kommt es auf den erkennbaren Wirkungs- und Verantwortungszusammenhang an: Ist aus der Sicht eines unbeteiligten Dritten die eingetretene Gefahrenlage als typische Folge der Veranlassung anzusehen, muss sich der Hintermann die Gefahr zurechnen lassen. Die subjektive Theorie passt nicht zur Verschuldensunabhängigkeit der Polizeihaftung und ist außerdem Beweisschwierigkeiten ausgesetzt. Deshalb sollten Sie grds. auf objektive Gesichtspunkte abstellen, sich dabei aber vergegenwärtigen, dass die Polizeihaftung nicht ausufern darf (vgl. auch → Rn. 124). Denn die Vorschriften über die Verantwortlichkeiten schränken Grundrechte ein, die ihrerseits eine enge Interpretation des einfachen Rechts verlangen. Praxisrelevant sind in der jüngeren Vergangenheit vor allem Großveranstaltungen (zB Sportereignisse, Popkonzerte): Kommt es zu Sachbeschädigungen oder sonstigen Ausschreitungen durch einen Teil des Publikums, wird die Verhaltensverantwortlichkeit des Veranstalters teilweise mit der Erwägung bejaht, dass die Veranstaltung mit den durch sie heraufbeschworenen Gefahren in einem engen Wirkungs- und Verantwortungszusammenhang stehe (Ausschreitungen als mit der Veranstaltung typischerweise verbundene Folge). Gegen die Annahme einer Verantwortlichkeit spricht jedoch der grundrechtliche Schutz des Veranstalters (Art. 12 I, 14 I, 2 I GG). Deshalb sollte die Annahme eines Zweckveranlassers zurückhaltend erfolgen.[278]

**Formulierungsvorschlag bei Annahme eines Zweckveranlassers:**

Der Kläger ist polizeirechtlich verantwortlich. Verursacher ist nach allgemeinem Polizei- und Ordnungsrecht derjenige, dessen Verhalten die Gefahr »unmittelbar« herbeiführt, der also bei wertender Zurechnung die polizeirechtliche Gefahrenschwelle überschritten hat. Personen, die nur entferntere, mittelbare Ursachen für den eingetretenen Erfolg gesetzt, also nur den Anlass für die unmittelbare Verursachung durch andere geboten haben, sind in diesem Sinne keine Verursacher. Nach der gebotenen wertenden Betrachtungsweise kann aber auch ein als Veranlasser auftretender Hintermann (mit-)verantwortlich sein, wenn dessen Handlung zwar nicht die polizeirechtliche Gefahrenschwelle überschritten hat, aber mit der durch den Verursacher unmittelbar herbeigeführten Gefahr oder Störung eine natürliche Einheit bildet, die die Einbeziehung des Hintermanns

278 Schoch/*Schoch* BesVerwR 2. Kap. Rn. 187.

in die Polizeipflicht rechtfertigt. Eine derartige natürliche Handlungseinheit besteht typischerweise beim Zweckveranlasser als demjenigen, der die durch den Verursacher bewirkte Polizeiwidrigkeit vorhersehbar ausgelöst hat. Diesen Maßstäben folgend ist der Kläger zu Recht als verantwortliche Person in Anspruch genommen worden, denn …

Bejahen Sie das Vorliegen eines Zweckveranlassers, werden Sie bei der **Störerauswahl** vielfach klären müssen, ob die Behörde den Zweckveranlasser (als »Hintermann«) oder den unmittelbaren »Vordermann« in Anspruch zu nehmen hat. Ist ein Vorgehen gegen den Vordermann nicht erfolgversprechend, etwa weil dieser unbekannt ist, bleibt das Einschreiten gegen den Zweckveranlasser als einzig wirksames Mittel zur Gefahrenabwehr.[279]

**Klausurhinweis:** Eine wichtige Rolle spielt der Zweckveranlasser in versammlungsrechtlichen Klausuren (typischerweise im Rechtsschutz gegen Auflagen gem. § 15 I VersG, die gegenüber Personen aus dem »rechten Milieu« verhängt werden).

**Beispiel:** Eine Versammlung wird von Neonazis angemeldet. Es ist damit zu rechnen, dass eine Gegendemonstration zu einer Gefährdung der öffentlichen Sicherheit führt. Werden von den Neonazis Schutzgüter der öffentlichen Sicherheit (zB Straftatbestände) nicht unmittelbar gefährdet, können diese allenfalls als Zweckveranlasser in Anspruch genommen werden. Bezwecken diese Personen jedoch nicht das störende Verhalten der Gegendemonstranten, scheidet eine Zweckveranlassung aus. Die – von der Rspr. allerdings bejahte – Frage, ob der Zweckveranlasser im Versammlungsrecht überhaupt angewendet werden kann, darf damit häufig offen bleiben. In diesen Konstellationen ist schließlich zu klären, ob eine Notstandshaftung in Betracht kommt.[280]

**Problem: Verantwortung für das Handeln Dritter**

Daneben kann eine Verantwortlichkeit für das Handeln Dritter bestehen. Diese betrifft vor allem die Haftung Aufsichtspflichtiger und die Verantwortlichkeit des Geschäftsherrn für das Verhalten des weisungsgebundenen Verrichtungsgehilfen. Beachten Sie zum ggf. erhobenen Exkulpationseinwand des Verfügungsadressaten, dass eine Exkulpation (wie bei § 831 BGB) wegen der Verschuldensunabhängigkeit der polizeirechtlichen Verantwortung ausscheidet. Klausurrelevant ist daneben die Haftung einer juristischen Person für ihre Organe (zB für Geschäftsführer). Andererseits haftet der Geschäftsführer nicht automatisch auch für die juristische Person. Wichtig ist hierbei, dass die Haftung neben die des Dritten tritt, sodass die Gefahrenabwehrbehörde unter verschiedenen Pflichtigen auswählen kann.

#### bb) Zustandsstörereigenschaft

Zustandsstörer ist grds. der Eigentümer oder Inhaber der tatsächlichen Gewalt über eine Sache oder ein Tier, dessen Zustand gefährlich ist.[281] 111

Die Zustandshaftung beruht auf zwei Erwägungen: Als Kehrseite der **Privatnützigkeit des Eigentums** (Art. 14 I GG) ist die Zustandshaftung Ausdruck der **Sozialpflichtigkeit des Eigentums** (Art. 14 II GG) sowie der rechtlichen und tatsächlichen Einwirkungsmöglichkeit auf die Sache. Solange einem Eigentümer die tatsächliche Einwirkungsmöglichkeit auf eine ihm gehörende Sache fehlt, wird seine Verantwortlichkeit von der des Inhabers der tatsächlichen Gewalt verdrängt. Dies ist etwa der Fall, wenn ein Dieb mit dem entwendeten Kfz verunfallt und dieses nachts ohne Absicherung auf einer unbeleuchteten Straße gefährlich in den Straßenraum hineinragen lässt. In den meisten Landesgesetzen finden sich entsprechende Regelungen.

Nach hM lebt die Verantwortung aber wieder auf, nachdem die andere Person die tatsächliche Gewalt an der Sache aufgegeben hat. Ermittelt also die Polizei den Eigentümer des entwendeten Kfz und informiert diesen über den Standort des Fahrzeugs, kann sie ihn zur Beseitigung auffordern.

279 *Schoch* Jura 2009, 360 (366).
280 Im Einzelnen hierzu → Rn. 124.
281 Art. 9 II BayLStVG; § 7 BWPolG; § 14 BlnASOG; § 17 BbgOBG; § 6 I BremPolG; § 9 HmbSOG; § 7 HSOG; § 70 MVSOG; § 7 NdsSOG; § 18 NRWOBG, § 5 NRWPolG; § 5 RhPfPOG; § 5 SaarlPolG; § 8 LSASOG; § 219 SchlHLVwG; § 11 ThürOBG.

**Problem: Verantwortlichkeit für atypische Risiken**

Ausdrückliche Einschränkungen, insbes. zur Reichweite der Verantwortlichkeit, enthält das allgemeine Gefahrenabwehrrecht nicht. Da die Zustandsstörerhaftung Ausdruck der Sozialpflichtigkeit ist, stellt sich das Erfordernis nach verfassungskonformer Reduktion insbes. dort, wo die Verantwortung des Eigentümers in **auffälligem Missverhältnis** zur Privatnützigkeit seines Eigentums steht. Dieses Problem stellt sich vor allem bei atypischen Risiken, die nicht der Risikosphäre des Eigentümers zugerechnet werden können.

> **Beispiele:** Verwitterungsbedingt droht ein Felsen auf ein darunter liegendes Haus zu stürzen. Felssicherungsmaßnahmen, die dem Eigentümer des Felsengrundstücks aufgegeben werden, übersteigen den Wert seines Grundstücks um ein Vielfaches. Kampfmittelkontaminierungen eines Grundstücks aus dem 2. Weltkrieg erfordern eine Grundstückssanierung.

Die hM bejaht in solchen Konstellationen die (uneingeschränkte) Zustandsstörereigenschaft des Eigentümers. Dies ist richtig. Einschränkungen sind weder durch das einfache Gesetz noch verfassungsrechtlich geboten. Zwar wird der Eigentümer in der Klausur ggf. geltend machen, diese Verantwortlichkeit führe zu einem Wertungswiderspruch zum Zivilrecht, wo eine Haftung für die Schäden von Naturereignissen grds. ausscheidet (§§ 906, 1004 BGB). Dies ändert aber an der polizeilichen Verantwortlichkeit nichts, da diese zur Gefahrenabwehr erfolgt und nicht dem nachbarrechtlichen Interessenausgleich dient.

Die Rechtsprechung tendiert in solchen Fällen jedoch dahin, auf **Rechtsfolgenebene** unbillige wirtschaftliche Härten bei der inhaltlichen Auswahlentscheidung (Verhältnismäßigkeit des Mittels) zu berücksichtigen. Bezogen auf die Sanierungskosten von Grundstücken gilt hierbei folgende Faustregel: Wird der Wert des Grundstücks nach der Sanierung von den Sanierungskosten überschritten, dann ist die Sanierungsverfügung insoweit unverhältnismäßig. Anderes dürfte aber gelten, wenn der Eigentümer das Risiko der Gefahr bewusst in Kauf nimmt, weil er dann nicht schutzwürdig ist. Hat er vor erkennbaren Risiken fahrlässig »die Augen verschlossen«, kann – je nach dem Grad der Fahrlässigkeit – eine Kostenbelastung über die Höhe des Verkehrswertes zulässig sein. Schließlich kann für die Kostenbelastung bedeutsam sein, ob der Eigentümer wirtschaftliche Vorteile aus dem Risiko erzielt hat (zB verminderter Kaufpreis).[282]

Mit zivilrechtlicher **Übereignung** einer Sache endet grds. die Zustandsverantwortung des früheren Eigentümers und beginnt die des neuen Eigentümers. Deshalb müssen Sie an dieser Stelle ggf. inzident die Wirksamkeit der Übereignung nach den §§ 873, 925 bzw. 929 ff. BGB prüfen. Gleiches gilt für Fälle des gesetzlichen Eigentumserwerbs (§§ 946 ff. BGB). Letzterer wird zB relevant, wenn Öl in den Boden versickert. Mit der Verbindung Erdreich/Öl endet damit grds. die Zustandsverantwortlichkeit, wenn die Verantwortlichkeit nicht ausnahmsweise gesetzlich angeordnet ist.[283]

Wird eine gefährliche Sache nur deshalb an eine andere Person übereignet, um sich der Zustandsverantwortung zu entziehen, könnte man erwägen, ob die Übereignung wegen Sittenwidrigkeit unwirksam ist (§ 138 BGB). In diesem Fall wirkt die Zustandsverantwortung des alten Eigentümers nach. Schließlich bleibt die Zustandsverantwortung des alten Eigentümers nach den meisten Landesgesetzen bestehen, wenn er das Eigentum an der Sache aufgegeben hat und die Sache dadurch herrenlos geworden ist.

In der **Insolvenz** erlischt die Verantwortlichkeit des Schuldners, sobald der Insolvenzverwalter die gefährliche Sache in Besitz nimmt. Als Eigentümer ist der Schuldner nicht verantwortlich, weil der Insolvenzverwalter die tatsächliche Gewalt ohne oder gegen den Willen des Eigentümers ausübt.[284] Behördliche Verfügungen können daher gegen den Insolvenzverwalter ergehen, der diese Pflichten als Masseverbindlichkeit (§ 55 InsO) zu erfüllen hat.

Innerhalb der Störereigenschaft kann das Problem der **Rechtsnachfolge** relevant werden. Ein Anwendungsbereich liegt etwa im bauordnungsrechtlichen Vorgehen gegen Schwarzbauten,

282 BVerfGE 102, 1 = NJW 2000, 2573.

283 Vgl. etwa § 9 I 3 HmbSOG: »Die Maßnahme darf sich auch gegen denjenigen richten, der … sein Eigentum nach den §§ 946 bis 950 BGB verloren hat.«

284 Schoch/*Schoch* BesVerwR 2. Kap. Rn. 207.

daneben aber auch bei umweltrechtlichen Anordnungen. Das Bedürfnis für die Anerkennung einer Rechtsnachfolge besteht darin, sicherzustellen, dass zB beim Tod eines Pflichtigen oder nach der Übertragung eines Gegenstandes (zB bei bodenschutzrechtlichen Verfügungen) die Verwaltung ohne die Rechtsnachfolge um die Früchte ihrer bisherigen Bemühungen zur Herbeiführung rechtmäßiger Zustände gebracht würde.[285] Um »Ihren« Fall zu lösen, müssen Sie nach der Rspr. folgende Fragen auseinanderhalten:

- Geht es um die Nachfolge in eine durch VA **konkretisierte** oder um eine generelle, **abstrakte** Pflicht?
- Liegt eine **Gesamtrechtsnachfolge** oder **Einzelrechtsnachfolge** vor?
- Handelt es sich um eine Nachfolge in eine **Verhaltens- oder Zustandsverantwortlichkeit**?

Fall (1): Rechtsnachfolge in eine **konkrete Ordnungspflicht**

| Erlass eines VA, der Ordnungspflicht ggü. Rechtsvorgänger konkretisiert | Eintritt Rechtsnachfolge (zT Todes- und Erbfall, Veräußerung der Sache, Betriebsübergang) | Rechtsnachfolger muss die durch VA ggü. Rechtsvorgänger geregelte Ordnungspflicht unter folgenden Voraussetzungen erfüllen: |
|---|---|---|

t →

1. Überleitungstatbestand
   - Wichtigster Nachfolgetatbestand: §§ 1922, 1967 BGB; daneben zT ausdrücklich geregelt, etwa in LBauO (zB § 75 II NRWBauO)
   - oder wenn Ordnungspflicht als dingliche Last Eigentum anhaftet (»Grundstücksbezogenheit der Verfügung«)
2. Übergangsfähigkeit der Ordnungspflicht
   - (+), wenn vertretbare Handlungspflicht
   - (–), wenn höchstpersönliche Pflicht, zB Pflichten im Vollstreckungsverfahren

Fall (2): Rechtsnachfolge in eine **abstrakte Ordnungspflicht**

| VA ist gegenüber Rechtsvorgänger **nicht** erlassen worden | Eintritt Rechtsnachfolge | Rechtsnachfolger muss die noch nicht durch VA konkretisierte Ordnungspflicht unter folgenden Voraussetzungen erfüllen: |
|---|---|---|

t →

| Pflicht knüpft an **Zustandsstörereigenschaft** an | Pflicht knüpft an **Verhaltensstörereigenschaft** an |
|---|---|
| • Rechtsnachfolge an sich (–), da mit Eigentumsverlust Zustandsverantwortung des früheren Eigentümers entfällt<br>• Rechtsnachfolger wird aber selbst Zustandsstörer (daher praktisch unproblematisch) | Nach Rspr. bei Gesamtrechtsnachfolge (+), da<br>• Verhaltensverantwortung bereits bestehende, durch VA nur noch zu konkretisierende Rechtspflicht ist und<br>• Gesamtrechtsnachfolger in alle Rechte u. Pflichten des Vorgängers eintritt. |

285 *Schoch* JuS 1994, 1026 (1029).

#### cc) Polizeihaftung nichtverantwortlicher Personen

Zur effektiven Gefahrenabwehr kommt subsidiär die Inanspruchnahme einer nichtverantwortlichen Person in Betracht, wenn diese notstandspflichtig ist.[286] Zu rechtfertigen ist der Notstand durch das praktische Bedürfnis nach einer effektiven Gefahrenabwehr, das durch den Notstandspflichtigen befriedigt werden kann. Da dieser allerdings idR für die Gefahr nicht selbst verantwortlich ist, entsteht ein Interessenkonflikt. Diesem wird auf zweifachem Weg Rechnung getragen. Erstens ist der Dritte nur unter erheblich strengeren Voraussetzungen als ein »normaler« Störer polizeipflichtig; zweitens steht ihm ggf. ein Entschädigungsanspruch zu. Im zweiten Examen tritt der polizeiliche Notstand eher selten auf. Fälle, in denen Sie an diese Rechtsfigur denken sollten, sind zB die Notstandspflicht des Eigentümers bei Wohnraumeinweisung eines Obdachlosen, versammlungsrechtliche Maßnahmen zur Vermeidung einer gewalttätigen Gegendemonstration oder die Bekämpfung von Unfallfolgen oder Naturkatastrophen. Zur Klarstellung: Verstößt eine Person gegen strafrechtliche Handlungspflichten (zB § 323c StGB), bedarf es wegen der Verhaltensverantwortung keines Rückgriffs auf den Nichtstörer!

Die tatbestandlichen **Voraussetzungen** für die Inanspruchnahme eines Notstandspflichtigen sind in den Gefahrenabwehrgesetzen geregelt. Beachten Sie, dass die Voraussetzungen eng auszulegen sind. Das in den Vorschriften normierte Merkmal der gegenwärtigen erheblichen Gefahr erfordert eine besondere zeitliche Nähe zur Gefahrenverwirklichung und knüpft zudem an besonders wichtige Rechtsgüter (Leben, Gesundheit oder bedeutsame Vermögenswerte) an. Die Notstandspflicht verlangt zudem die Aussichtslosigkeit der Gefahrenabwehr durch den Verhaltens- und Zustandsstörer selbst. Gerade hierauf müssen Sie besonders achten. Zudem muss die Gefahrenabwehrbehörde die Gefahr nicht oder nicht rechtzeitig selbst abwehren können. Beachten Sie, dass Gefahrenabwehrbehörden sich vielfach verfrüht auf die Notstandshaftung zurückziehen. Hierbei gilt der Grundsatz: Was die Behörde selbst erledigen kann, darf sie nicht von Nichtstörern verlangen. Eine Notstandspflicht kommt daher erst in Betracht, wenn eine wirksame Amts- oder Vollzugshilfe (zB durch Feuerwehr), aber auch die Heranziehung Privater (zB Abschleppunternehmer, private Hoteliers bei Obdachloseneinweisung) ausscheidet.[287]

> **Beispiel** für Notstandspflicht: Einem gastgebenden Fußballverein wird zur Verhinderung gewalttätiger Auseinandersetzungen der Anhänger beider Vereine ein Verbot zur Abgabe von Eintrittskarten an den Gastverein auferlegt.[288]

## IV. Rechtsfolge

### 1. Allgemeine Rechtmäßigkeitserfordernisse

112 Auf Rechtsfolgenebene gibt es einige typische allgemeine Rechtmäßigkeitsanforderungen. So muss die Verfügung **inhaltlich hinreichend bestimmt** sein (§ 37 I VwVfG). Außerdem darf vom Adressaten nichts **rechtlich oder tatsächlich Unmögliches** verlangt werden. Sonst ist die Verfügung nichtig (§ 44 II Nr. 4 VwVfG). Häufig läuft der Einwand des Klägers jedoch auf ein **wirtschaftliches Unvermögen** hinaus. Dieses begründet keine Unmöglichkeit der Handlungspflichterfüllung. Ebenso wenig wird die Rechtmäßigkeit einer Verfügung dadurch berührt, dass private Rechte Dritter (Mieter, Miteigentümer) betroffen werden; insoweit ist allein die Vollstreckbarkeit der Verfügung betroffen. Zur Überwindung dieses Vollstreckungshindernisses ist ggf. der Erlass einer Duldungsverfügung geboten.

### 2. Ermessen

Die polizeiliche Generalklausel eröffnet doppeltes Ermessen.

---

286 Art. 10 BayPAG, Art. 9 III BayLStVG; § 9 BWPolG; § 16 BlnASOG; § 18 BbgOBG, § 7 BbgPolG; § 7 BremPolG; § 10 HmbSOG; § 9 HSOG; § 71 MVSOG; § 19 NRWOBG, § 6 NRWPolG; § 7 RhPfPOG; § 6 SaarlPolG; § 7 SächsPolG; § 10 LSASOG; § 220 SchlHLVwG; § 10 ThürPAG, § 13 ThürOBG.

287 *Wolffgang/Hendricks/Merz* POR Rn. 442.

288 OVG Hamburg Beschl. v. 13.4.2012 – 4 Bs 78/12.

### a) Entschließungsermessen

Die Behörden können entscheiden, ob sie tätig werden (**Entschließungsermessen**). Darin kommt das Opportunitätsprinzip zum Ausdruck (Gegensatz: Legalitätsprinzip im Strafprozessrecht). Bei Ausübung ihres Ermessens müssen die Behörden pflichtgemäß handeln (sprechen Sie nicht von einem »freien« Ermessen!). Das Gericht überprüft stets die Ermessensausübung auf Ermessensfehler (§ 114 S. 1 VwGO). 113

**Beispiel** für Fehlgebrauch des Entschließungsermessens: Eine schleswig-holsteinische Ordnungsbehörde meint bei Vorliegen einer Gefahr, dass ihr Einschreiten zum Schutz der öffentlichen Ordnung geboten sei – obwohl diese nicht (mehr) zum Kanon der von dem Gefahrenabwehrrecht geschützten Positionen zählt.

Eine Ermessensreduzierung auf Null kommt insbes. in folgenden Konstellationen in Betracht:
- Es drohen erhebliche Gefahren, insbes. für Leib und Leben.
- Dem Bürger steht ein FBA gegenüber der Behörde zu (»behördliche Folgenbeseitigungslast«). Dass Grundrechte des Bürgers durch ein behördliches Vorverhalten beeinträchtigt werden, muss die Behörde also bei der Ermessensausübung beachten.

### b) Auswahlermessen

- Der Behörde steht ein **personelles Auswahlermessen** bei verschiedenen Verantwortlichen zu. Diesen Aspekt prüfen Sie in zwei Schritten. Zunächst stellen Sie fest, ob noch eine andere neben der in Anspruch genommenen Person verantwortlich ist. Ist dies der Fall, kommt es maßgeblich darauf an, durch wessen Inanspruchnahme die Gefahr am effektivsten beseitigt werden konnte. Führt die Anwendung dieses Grundsatzes zu keinem abschließenden Ergebnis, kommen folgende Hilfskriterien in Betracht: Leistungsfähigkeit, Letztverantwortung und Verschulden (obgleich dieses für die Feststellung der Verantwortlichkeit irrelevant ist). Faustformeln wie etwa die Inanspruchnahme von »Verhaltensstörer vor Zustandsstörer« oder »Doppelstörer vor Einfachstörer« sollten Sie nur zurückhaltend anwenden.[289] 114–116
- Beim **inhaltlichen Auswahlermessen** prüfen Sie regelmäßig die Verhältnismäßigkeit der Verfügung mit Blick auf die betroffenen (Grund-)Rechte. Die Unterkriterien der Geeignetheit, Erforderlichkeit und Angemessenheit müssen Sie richtig definieren und anwenden. Hierzu finden sich häufig Informationen im Aktenstück. Schließlich gibt es auch Klausurkonstellationen, die auf die Prüfung der Verhältnismäßigkeit der Maßnahme hinauslaufen.[290]
  Im Rahmen der Angemessenheit müssen Sie sich bisweilen mit der Bedeutung der **strafprozessualen Beweisverwertungsverbote** auseinandersetzen (darf zB Bargeld, welches zum Kauf von Drogen verwendet werden soll, zur Gefahrenabwehr sichergestellt werden, wenn der Besitzer in einem Strafverfahren wegen eines Beweisverwertungsverbots freigesprochen wurde?).[291] Ein Beweisverwertungsverbot nach der StPO gilt nicht automatisch auch für präventive Polizeimaßnahmen. Vielmehr ist eine Abwägung zwischen den Rechten des Adressaten der polizeilichen Verfügung einerseits und dem Schutz von Gütern der öffentlichen Sicherheit (zB Schutz der Volksgesundheit) andererseits erforderlich. Auch die **strafprozessuale Unschuldsvermutung** gilt nicht im Recht der Gefahrenabwehr. Entscheidend ist auch hier die Gefahrenprognose.

## B. Anspruch auf gefahrenabwehrbehördliches Einschreiten

Sachverhalte, in denen jemand ein behördliches Einschreiten begehrt, treten im allgemeinen Gefahrenabwehrrecht seltener auf. Solche Konstellationen stellen sich häufiger in besonderen gefahrenabwehrrechtlichen Materien (zB Anspruch auf Einschreiten gegen einen 117

289 *Dietlein/Burgi/Hellermann* ÖffR NRW § 3 Rn. 126 mwN.
290 Im Einzelnen zur Darstellung des Grundsatzes der Verhältnismäßigkeit siehe *Kaiser/Köster/Seegmüller* Öffentlich-rechtliche Klausur Rn. 232.
291 VG Berlin Urt. v. 28.2.2008 – VG 1 A 137/06.

Schwarzbau aufgrund der BauO). Daher hier nur die wichtigsten Grundsätze, die Sie sich für Fallkonstellationen aus dem besonderen Gefahrenabwehrrecht merken sollten:

Gefahrenabwehrrechtliche EGL vermitteln nach hM Drittschutz zugunsten desjenigen, dessen Schutzgüter gefährdet sind. In dem Dreiecksverhältnis Gefahrenabwehrbehörde (Staat) – Störer – Gefährdeter kann der Gefährdete also einen Anspruch auf behördliches Einschreiten geltend machen.[292] Die **Klagebefugnis** für eine (idR statthafte) **Verpflichtungsklage** ist damit zu bejahen. Im Rahmen der formellen Anspruchsvoraussetzungen ist die zuständigkeitsbegrenzende Subsidiaritätsklausel zu beachten, wobei ein behördliches Einschreiten auch zum Schutz privater Rechte zulässig ist, soweit ein Öffentlichkeitsbezug besteht oder zivilrechtlicher Rechtsschutz zeitnah nicht wirksam zu realisieren ist. Problematisch ist die Reichweite des subjektiven Anspruchs, da gefahrenabwehrrechtliche Ermächtigungen als Rechtsfolge idR Ermessen vorsehen und der Anspruch des Gefährdeten nicht weiter gehen kann als die Eingriffsbefugnisse der Behörde selbst. Damit vermittelt die Ermächtigungsnorm grds. keinen unmittelbaren Anspruch auf behördliches Einschreiten, es sei denn, der Ermessensspielraum der Behörde hat sich auf Null reduziert. Nur dann besteht die für einen Vornahmetenor (§ 113 V 1 VwGO) erforderliche Spruchreife. Eine solche Ermessensreduzierung kommt zB bei besonders gewichtigen Rechtsgütern, erheblichen Gefahrenlagen oder – besonders relevant – einer behördlichen Folgenbeseitigungslast in Betracht.

## C. Rechtsschutz gegen Gefahrenabwehrverordnungen

**118** In einigen Klausuren geht es um die Wirksamkeit einer Gefahrenabwehrverordnung. Relevant ist dies zB bei Verordnungen zum Schutz vor gefährlichen Hunden, zum Verbot der Taubenfütterung oder (besonders aktuell:) zum Alkoholkonsum in innerstädtischen Bereichen. Denkbar sind dabei insbes. zwei Rechtsschutzkonstellationen:

- Vereinzelt ist der **unmittelbar** gegen die Verordnung gerichtete Rechtsschutz in Form einer Normenkontrolle gem. § 47 I Nr. 2 VwGO iVm landesgesetzlichen Ausführungsbestimmungen zur VwGO zu untersuchen. In den Bundesländern, in denen eine Normenkontrolle nach § 47 I Nr. 2 VwGO nicht eingeführt wurde (Hamburg, Berlin, NRW) kommt ggf. eine Feststellungsklage gem. § 43 I VwGO in Betracht.
- Examensrelevanter ist der Anfechtungsrechtsschutz gegen eine auf einer Verordnung beruhende Einzelmaßnahme (idR VA). In diesem Fall ist die Wirksamkeit der Verordnung **inzident** zu überprüfen. Diese sehr prüfungsrelevante Klausureinkleidung wird folgend dargestellt.

Merken Sie sich: Geht der Adressat unmittelbar gegen eine bußgeldbedrohte Rechtsverordnung vor, dann obliegt die Überprüfung des Bußgeldtatbestandes den Zivilgerichten (arg.: § 68 OWiG, der über den Wortlaut hinaus auch den Bußgeldtatbestand erfasst). Der Verwaltungsrechtsweg ist insofern nicht eröffnet (auch nicht über eine Rechtswegkonzentration nach § 17 II 1 GVG).

**Übersicht: Rechtmäßigkeit einer auf einer GefahrenabwehrVO beruhenden Einzelmaßnahme**

I. EGL für Einzelverfügung: IdR Generalklausel; ggf. Standardbefugnis
II. Formelle Rechtmäßigkeit der Einzelverfügung
III. Materielle Rechtmäßigkeit der Einzelverfügung
   1. Tatbestand
      a) Schutzgut der öffentlichen Sicherheit: GefahrenabwehrVO als Teil der geschriebenen Rechtsordnung

292 *Dietlein/Burgi/Hellermann* ÖffR NRW § 3 Rn. 151.

Inzidentprüfung: Rechtmäßigkeit der GefahrenabwehrVO
aa) EGL (Totalvorbehalt)
  (1) Spezialermächtigung (zB aus Bestattungsrecht)
  (2) Landesrechtliche EGL aus Gefahrenabwehrrecht
bb) Formelle Rechtmäßigkeit
  (1) Zuständigkeit des Verordnungsgebers
  (2) Verfahren
  (3) Form
  (4) Ordnungsgemäße Bekanntmachung
cc) Materielle Rechtmäßigkeit
  (1) Abstrakte Gefahr
  (2) Weitere materielle Voraussetzungen
    (a) Bestimmtheit der VO
    (b) Sonstige besondere Anforderungen
  (3) Keine Verletzung höherrangigen Rechts

b) Vorliegen einer konkreten Gefahr
c) Gefahrenabwehrrechtliche Verantwortlichkeit
2. Rechtsfolge
a) Allgemeine Rechtmäßigkeitsvoraussetzungen
b) Ermessen

Typischerweise wendet sich im Aktenauszug ein Adressat gegen eine ihn belastende Ordnungsverfügung. Ihm kann etwa wegen eines Verstoßes gegen ein verordnetes Taubenfütterungsverbot untersagt worden sein, Brotkrumen im Park zu verstreuen.

**EGL** für diese Einzelmaßnahme ist idR die Generalklausel oder eine gefahrenabwehrrechtliche Standardbefugnis. Die für die Verfügung erforderlichen **formellen Rechtmäßigkeitsvoraussetzungen** entsprechen denen eines jeden VA (Zuständigkeit, Verfahren, Form).

**Materiell** verlangt die Verfügung eine konkrete Gefahr für die öffentliche Sicherheit, die als Schutzgut auch die Unverletzlichkeit der objektiven Rechtsordnung anerkennt. Hierzu gehört auch eine wirksame Gefahrenabwehrverordnung. An dieser Stelle prüfen Sie – was typischerweise den Klausurschwerpunkt bildet – inzident die Wirksamkeit der Gefahrenabwehrverordnung.

Ausführungen zur Frage, ob landesrechtliche EGL zum Schutz der öffentlichen Ordnung verfassungsgemäß sind, sind im Assessorexamen weitgehend überflüssig. Nur vereinzelt wird im Aktenauszug dieser Aspekt problematisiert. Dann schreiben Sie ggf.:

> Die Ermächtigung des § … begegnet entgegen der Auffassung des Klägers keinen verfassungsrechtlichen Bedenken; insbes. genügt die Vorschrift dem verfassungsrechtlichen Bestimmtheitsgebot (Art. 80 I 2 GG, Art. … LVerf). Das Schutzgut der öffentlichen Ordnung, an deren abstrakte Gefährdung die Vorschrift anknüpft, ist durch Rechtsprechung und Lehre nach Inhalt, Zweck und Ausmaß hinreichend präzisiert und im juristischen Sprachgebrauch verfestigt worden. In Ansehung dieser Entwicklung hat die Generalermächtigung für den Erlass ordnungsbehördlicher Verordnungen eine inhaltlich hinreichende Präzision erhalten.
> (Anschließend:) Die auf Grundlage dieser Ermächtigung erlassene Verordnung ist formell ordnungsgemäß erlassen worden …

Klausurrelevanter ist hingegen die Frage, ob spezialgesetzliche Normen den **Rückgriff** auf die Ermächtigung zum Erlass einer Gefahrenabwehrverordnung **sperren**. Dies kann etwa bei Verordnungen zum Leinenzwang im öffentlichen Verkehrsraum nach dem Landeshunderecht infrage kommen. Dann müssen Sie darlegen, dass eine allgemeine Gefahr für die öffentliche Sicherheit (oder Ordnung) und keine spezifische straßen(verkehrs)rechtliche Gefahrensituation vorliegt.[293] Darüber hinaus ermächtigen zT landesrechtliche Bestattungsgesetze zum Erlass von ordnungsbehördlichen Verordnungen zum Leichenwesen (Leichenverordnung). **Formell** erfordert die Verordnung strenge, allerdings überwiegend gesetzlich geregelte Rechtmäßigkeitsvoraussetzungen. So ist etwa die Erlasszuständigkeit gesetzlich geregelt.[294] Entsprechendes gilt für etliche landesrechtlich variierende Formvorgaben (Überschrift, Bezugnahme auf eine EGL, Erlasszeitpunkt und Geltungsbereich). Das Verordnungsverfahren ist hingegen nur vereinzelt geregelt.[295] Schließlich muss die Verordnung ordnungsgemäß bekannt gemacht worden sein.

**Materiell** erfordert der Erlass der Gefahrenabwehrverordnung das Vorliegen einer abstrakten Gefahr. Darin unterscheidet sich die abstrakt-generelle Verordnung von dem konkret-individuellen VA. In Abgrenzung zu einer nur unerwünschten Belästigung liegt eine abstrakte Gefahr vor, wenn nach allgemeiner Lebenserfahrung oder den Erkenntnissen fachkundiger Stellen eine Sachlage besteht, die mit hinreichender Wahrscheinlichkeit das Eintreten einer konkreten Gefahr möglich erscheinen lässt. Dabei ist der geforderte Wahrscheinlichkeitsgrad umso geringer, je hochrangiger das Schutzgut und je größer der mögliche Schaden ist. Abstrakte und konkrete Gefahr unterscheiden sich nicht durch den Grad der Wahrscheinlichkeit des Schadenseintritts, sondern durch die Vielzahl der Betroffenen bzw. Fälle (Vielzahl von Fällen vs. Einzelfall).[296]

Relevant sind aktuell insbes. folgende Verordnungsgegenstände:

- **Hundehaltung:** Hier betont die Rspr., dass der Verwaltung zum Schutz von Leben und Gesundheit der Bürger vor gefährlichen Hunden ein großer Einschätzungs- und Prognosespielraum zustehe. Im Hinblick darauf kann der Verordnungsgeber ein Verbot der Haltung bzw. einen Leinen- und Maulkorbzwang für bereits gehaltene Hunde (zB der Rasse American Staffordshire Terrier) anordnen, ohne die Möglichkeit der Widerlegung durch einen Wesenstest zuzulassen.[297] Jenseits spezieller Rassen (vgl. → Rn. 108) betont die Rspr. aber auch die nach allgemeiner Lebenserfahrung zu bejahende generelle Gefährlichkeit von Hunden (Beißen, Anspringen, Schnappen usw.), die über eine bloße Lästigkeit hinausgehen und einen Leinenzwang für den bauplanungsrechtlichen Innenbereich (§ 34 BauGB) rechtfertigen kann.[298] Allerdings bedarf es der Berücksichtigung aller Umstände des Einzelfalls.
- **Ausschluss bestimmter Gruppen aus der Innenstadt:** Kommunen sind mitunter bestrebt, zugunsten eines positiven Stadtbildes bestimmte Personengruppen aus der Innenstadt zu verweisen. Anknüpfungspunkte sind etwa Betteln oder Alkoholkonsum. Stilles Betteln gefährdet kein Schutzgut der öffentlichen Sicherheit oder Ordnung und kann daher nicht durch Verordnung verboten werden. Gleiches gilt für den Alkoholkonsum, weil dieser nicht regelmäßig und typischerweise zu einem relevanten Schaden (Gewaltdelikte) führt.[299] Die Behörde ist insofern grds. darauf verwiesen, gegen alkoholbedingt belästigende Verhaltensweisen mit Einzelmaßnahmen auf Grundlage der Generalklausel iVm § 117 OWiG vorzugehen. Anders ist es nur, wenn konkrete Anhaltspunkte dafür bestehen, dass das nach Zeit und Ort verbotene Verhalten regelmäßig und typischerweise Gewaltdelikte zur

293 VGH Mannheim NVwZ-RR 2006, 398 (399): Ebenso wenig sperrt § 17 V IfSG eine auf die Generalklausel gestützte Taubenfütterungsverbotsverordnung, weil die spezialgesetzliche Norm nur eine Ermächtigung für übertragbare Krankheiten enthält, eine Taubenfütterungsverbotsverordnung allerdings auf eine Verringerung des Bestandes von Stadttauben insgesamt abzielt und damit vor allem der Verschmutzung durch Taubenkot entgegenwirken soll.

294 Art. 42, 44 BayLStVG; § 23 BWPolG; § 55 BlnASOG; §§ 25 f. BbgOBG; § 1 I HmbSOG; §§ 72–74 HSOG; § 17 MVSOG; § 55 I NdsSOG; §§ 26 f. NRWOBG; § 43 RhPfPOG; § 60 S. 1 SaarlPolG; § 12 SächsPolG; § 94 I LSASOG; § 175 SchlHLVwG; § 27 ThürOBG.

295 § 16 I BWPolG; § 20 III MVSOG; § 62 NdsSOG; § 44 RhPfPOG; § 64 SaarlPOlG; § 15 I SächsPolG; § 101 I 2 LSASOG; § 33 ThürOBG – vgl. auch Zustimmungs- bzw. Anhörungserfordernisse, zB in § 50 BremPolG; § 73 S. 3 HSOG.

296 Schoch/*Schoch* BesVerwR 2. Kap. Rn. 377.

297 OVG Berlin-Brandenburg Urt. v. 15.11.2007 – 5 A 1/06.

298 Schoch/*Schoch* BesVerwR 2. Kap. Rn. 275 unter Hinweis auf VGH Mannheim Urt. v. 15.11.2007 – 1 S 2720/06, BeckRS 2008, 30249. Hiernach ist eine Verordnung, die hinsichtlich des Geltungsbereichs eines Leinenzwangs auf den bauplanungsrechtlichen Innenbereich (§ 34 BauGB) abstellt, auch hinreichend bestimmt; OVG Lüneburg Beschl. v. 7.2.2014 – 11 KN 218/13.

299 VGH Mannheim NVwZ-RR 2010, 55 (57); OVG Weimar ThürVBl. 2013, 8 (10 f.).

Folge hat. Danach dürfte es etwa zulässig sein, Alkoholkonsum während eines Fußballspiels in einem bestimmten Umkreis um das Stadion zu untersagen. Zudem kann ausnahmsweise ein ursächlicher Zusammenhang zwischen Alkoholkonsum auf einer »Partymeile« und einer Störung der Gesundheit (insbes. der Nachtruhe) der Anwohner in einem besonderen Wohngebiet bestehen und ein nach Zeit und Raum beschränktes Alkoholverbot rechtfertigen.[300]

- **Benutzung öffentlicher Einrichtungen:** Eine GefahrenabwehrVO erlaubt allein die Einschränkung der Nutzungszeiten einer öffentlichen Einrichtung zur Abwehr von Gefahren für die öffentliche Sicherheit oder Ordnung. Durch eine GefahrenabwehrVO kann somit keine umfassende Regelung getroffen werden, die dem Ausgleich der Interessen der Öffentlichkeit an der Nutzung und der Interessen der Anwohner dienen soll.[301]

Der Erlass der Verordnung steht im **Ermessen** des Verordnungsgebers. Sie differenzieren wie gewohnt zwischen Entschließungs- und Auswahlermessen und prüfen Ermessensfehler. Werten Sie hierfür – sofern im Aktenauszug abgedruckt – insbes. die Beschlussvorlagen des Verordnungsgebers und die Begründung des Beschlusses aus. Finden Sie entsprechende Dokumente im Aktenauszug nicht, sollten Sie dennoch nicht vorschnell einen Ermessensfehler (Ausfall) bejahen. Sucht das Prüfungsamt hier einen Klausurschwerpunkt, wird es voraussichtlich entsprechende Hinweise auf Ermessensfehler andeuten. Klausurrelevante Begrenzungen des inhaltlichen Auswahlermessens ergeben sich vor allem aus dem Grundsatz der Verhältnismäßigkeit. Hier prüfen Sie die Grundrechte der betroffenen Adressaten. Die Verordnung muss weiterhin inhaltlich hinreichend bestimmt sein, also dem Adressaten angeben, welchen Regelungsbefehl er zu beachten hat. Dies ist nicht der Fall, wenn die Verordnung, ohne eine verbindliche Regelung zu treffen, allein die gesetzliche Ermächtigung wiederholt. Materiell setzt das Bestimmtheitserfordernis zudem voraus, dass die untersagte Handlung für den Adressaten präzise beschrieben wird. Unzulässig wäre etwa eine Bestimmung, die auf öffentlichen Straßen ein Verweilen »ausschließlich oder überwiegend zum Zweck des Alkoholgenusses [verbietet], wenn dessen Auswirkungen geeignet sind, Dritte erheblich zu belästigen«.[302]

Schließlich muss die Verordnung mit **höherrangigem Recht** in Einklang stehen. Sollte etwa ein »Kampfhundehalter« bei einer Maulkorbverordnung geltend machen, dass das Ausführen eines Kampfhundes mit Maulkorb dessen Wesen widerspreche und daher tierschutzwidrig sei, müssten Sie zu dieser – unsinnigen – Behauptung im Rahmen des denkbaren Verstoßes gegen höherrangiges (Tierschutz-)Recht Stellung beziehen.

## D. Kostenersatz- und Entschädigungsansprüche

In einigen (insbes. anwaltlichen) Aufgaben werden haftungsrechtliche Fragen aufgeworfen. **118a**
Grundlegend ist zwischen **Kostenersatzansprüchen der Verwaltung** und evtl. **Ansprüchen des Bürgers** zu unterscheiden. Die im Zusammenhang mit einem evtl. Kostenersatzanspruch der Behörde relevanten Fragen stellen sich insbes. beim Rechtsschutz gegen einen Kostenbescheid. Spiegelbildlich kann ein – sogar rechtmäßiges – gefahrenabwehrbehördliches Handeln einen Kostenersatzanspruch des Bürgers nach sich ziehen. Hierauf sollten Sie insbes. achten, wenn das Prüfungsamt, etwa bei einer anwaltlichen Beratung, einem notstandspflichtigen Nichtstörer die Frage nach evtl. Entschädigungsansprüchen in den Mund legt. Entsprechende Fragestellungen treten auch auf, wenn jemand aufgrund einer Anscheinsgefahr oder eines Gefahrenverdachts in Anspruch genommen wird, sich aber ex post herausstellt, dass eine Gefahr tatsächlich nicht vorlag. Diese haftungsrechtlichen Fragen sind mit prozessualen Schwierigkeiten verwoben, da der ordentliche Rechtsweg für spezifisch gefahrenabwehrrechtliche Entschädigungsansprüche ebenso wie für Amtshaftungsansprüche eröffnet ist. Macht der Betroffene allerdings auch verwaltungsgerichtlich zu prüfende Ansprüche geltend (zB den öffentlich-rechtlichen Erstattungsanspruch), hat das VG gem. § 17 II 1 GVG auch evtl. Entschädigungsansprüche zu prüfen (Entscheidung über den Rechtsstreit unter allen rechtlichen

300 OVG Lüneburg Urt. v. 30.11.2012 – 11 KN 187/12.
301 VGH Mannheim NVwZ-RR 2012, 939; *Waldhoff* JuS 2013, 287 (288).
302 VGH Mannheim NVwZ-RR 2010, 59.

Gesichtspunkten, also auch unter dem Gesichtspunkt eines gefahrenabwehrrechtlichen Entschädigungsanspruchs). Keine Prüfungskompetenz besteht hingegen für echte Amtshaftungsansprüche (§ 17 II 2 GVG iVm Art. 34 S. 3 GG).

### I. Ansprüche bei rechtswidrigen Maßnahmen

Bei rechtswidrigen polizeilichen Maßnahmen kommt neben dem zu prüfenden allgemeinen verschuldensabhängigen Amtshaftungsanspruch (Art. 34 GG iVm § 839 BGB)[303] ein verschuldensunabhängiger Entschädigungsanspruch aus dem Gefahrenabwehrrecht in Betracht, soweit dieser landesrechtlich normiert wurde.[304] Beide Anspruchsgrundlagen sind grds. nebeneinander anwendbar und vor den ordentlichen Gerichten geltend zu machen. Fehlt es an einer landesrechtlichen Regelung für einen Entschädigungsanspruch, ist der Geschädigte auf das Staatshaftungsrecht (Amtshaftung, enteignungsgleicher Eingriff) verwiesen.[305] Der wesentliche Unterschied und Vorteil des im Gefahrenabwehrrecht geregelten Anspruchs ist dessen **Verschuldensunabhängigkeit**.

Der in den gefahrenabwehrrechtlichen Anspruchsgrundlagen enthaltene Maßnahmebegriff ist weit auszulegen[306] und erfasst neben behördlichen Verfügungen auch Realhandlungen und Lichtzeichen einer Ampel (feindliches Grün).[307] Nicht erfasst sind bloße behördliche Unterlassungen (auch bei einer Rechtspflicht zum behördlichen Einschreiten). Der **Rechtsfolge** nach erfasst der Anspruch neben dem unmittelbaren Vermögensschaden auch den entgangenen Gewinn, soweit dieser nicht über den gewöhnlichen Verdienst- und Nutzungsausfall hinausgeht. Strebt der Betroffene die unmittelbare Beseitigung einer rechtswidrigen Folge hoheitlichen Handelns an (Wiederherstellung des status quo ante), kommt der **allg. FBA** als Anspruchsgrundlage in Betracht.

### II. Ansprüche bei rechtmäßigen Maßnahmen

Der Entschädigungsanspruch für rechtmäßige Beeinträchtigungen kommt – soweit keine spezielle Anspruchsgrundlage einschlägig ist – insbes. bei einer rechtmäßigen Inanspruchnahme eines Notstandspflichtigen infrage. Die Heranziehung eines unbeteiligten Dritten ist diesem gleichgestellt. Wer ohne behördliche Inanspruchnahme eigeninitiativ zur Gefahrenabwehr tätig wird, hat hingegen keinen Anspruch.[308]

## 2. Kapitel. Waffenrecht

Klausuren aus dem Waffenrecht werden regelmäßig gestellt.

### A. Regelungsgegenstand und Anwendungsbereich des WaffG

**118b** Das WaffG regelt den privaten Erwerb und Besitz von Waffen und Munition iSd § 1 II WaffG sowie den diesbezüglichen Gebrauch (Führen und Schießen, § 10 WaffG) durch Privatpersonen zu privaten Zwecken (§§ 1 ff. WaffG), insbes. zur Jagd (§ 13 WaffG), zum Schießsport (§§ 14–15b WaffG), zur Brauchtumspflege (§ 16 WaffG), zum Sammeln von Waffen und Munition (§ 17 WaffG), durch Sachverständige (§ 18 WaffG) und zum Selbstschutz (§ 19 WaffG).

---

303 Zu diesen Anspruchsgrundlagen im Einzelnen Palandt/*Thomas* § 839.

304 § 59 II BlnASOG; § 38 I b BbgOBG; § 70 BbgPolG iVm § 38 I b BbgOBG; § 56 I 2 BremPolG; § 64 I 2 HSOG; § 80 I 2 NdsSOG; § 39 I b NRWOBG; § 67 NRWPolG iVm § 39 I b NRWOBG; § 68 I 2 RhPfPOG; § 68 I 2 SaarlPolG; § 69 I 2 LSASOG; § 68 I 2 ThürPAG; § 52 ThürOBG iVm § 68 I 2 ThürPAG; § 52 ThürOBG; § 51 II Nr. 1 BPolG.

305 Schoch/*Schoch* BesVerwR 2. Kap. Rn. 419.

306 OLG Dresden Urt. v. 19.2.2003 – 6 U 1522/02 »alle nach außen in Erscheinung tretenden Tätigkeitsakte der Polizei, die ihre Grundlage im Polizeirecht haben.«

307 BGH NJW 1987, 1945 (1945).

308 VG Düsseldorf NVwZ-RR 1999, 743 (744).

## B. Typische Rechtsschutzkonstellationen im Waffenrecht

### I. Verpflichtungsbegehren auf Erteilung einer waffenrechtlichen Erlaubnis

Als Klausureinstieg kann zunächst ein Verpflichtungsbegehren auf Erteilung einer waffenrechtlichen Erlaubnis dienen. Hierbei sind inzident die Voraussetzungen für die Erteilung der Erlaubnis zu prüfen. Sind diese gegeben, besteht ein Rechtsanspruch auf Erteilung der Erlaubnis. Im Wege vorläufigen Rechtsschutzes (§ 123 I VwGO) ist eine waffenrechtliche Erlaubnis wegen des grds. Verbots der Vorwegnahme der Hauptsache idR nicht zu erlangen. **118c**

In der Fallprüfung ist es idR ratsam, eingangs die **AGL** (§ 4 iVm § 10 I/III oder IV WaffG) für die von dem Antragsteller begehrte Erlaubnisart zu benennen. Schon bei der Benennung der AGL sollten Sie gedanklich geklärt haben, welche Erlaubnisart der Kläger anstrebt (»Will der Antragsteller die Waffe nur besitzen dürfen?«, »Will er diese auch außerhalb seiner vier Wände mit sich führen?«, »Will er auch schießen?«). Die wichtigsten Erlaubnisarten sind:

- Die **Waffenbesitzkarte** berechtigt zum (zeitlich auf ein Jahr befristeten) *Erwerb* und zum (zeitlich idR unbefristeten) *Besitz* einer Waffe (§ 10 I bis II WaffG). Sie berechtigt aber **nicht** zum *Führen* einer Waffe, also der tatsächlichen Gewaltausübung über die Waffe außerhalb der eigenen Wohnung, Geschäftsräumen und des eigenen befriedeten Besitztums.[309] Hierfür ist gem. § 10 IV WaffG ein Waffenschein erforderlich.
- Der **Munitionserwerbsschein** erlaubt den Erwerb und Besitz von Munition (§ 10 III WaffG). Diese Erlaubnis wird idR in die WBK für die dort eingetragenen Schusswaffen aufgenommen.
- Der **Waffenschein** erlaubt das Führen einer Waffe (§ 10 IV 1 WaffG). Als besondere Ausgestaltung kennt das WaffG den **kleinen Waffenschein**, der zum Führen von Schreckschuss-, Reizstoff- und Signalwaffen berechtigt (§ 10 IV 4 iVm Anl. 2 Abschnitt 2 UA 3 Nr. 2 und 2.1). Dieser wird ohne Sachkunde-, Bedürfnis- und Haftpflichtversicherungsnachweis (§ 4 I Nr. 3 bis 5 WaffG) erteilt.
- Der **Schießerlaubnisschein** (§ 10 V WaffG) erlaubt das Schießen mit einer Schusswaffe.

IRd **Genehmigungsbedürftigkeit** stellen Sie zunächst fest, dass gem. § 2 II WaffG eine Erlaubnispflicht für den Umgang (§ 1 III WaffG) mit Waffen und Munition (vgl. § 1 II und IV WaffG) besteht. Eine Erlaubnisfreiheit kann aus § 12 WaffG folgen. Auch Jäger benötigen nach Maßgabe des § 13 V WaffG keine Erlaubnis für den Erwerb und Besitz von Munition. **118d**

**Formell** enthält das WaffG besondere Regelungen zur sachlichen Zuständigkeit der Behörde (vgl. § 48 I WaffG). Die örtliche Zuständigkeit ergibt sich aus § 49 WaffG und subsidiär aus der allgemeinen Regelung des § 3 I VwVfG. Waffenrechtliche Erlaubnisse werden auf Antrag erteilt.

**Materiell** sind die Erlaubnisvoraussetzungen zu prüfen. Nach §§ 10 ff. WaffG besteht grds.[310] eine Erlaubnispflicht für bestimmte Arten des Umgangs mit Waffen und Munition. Die Erlaubnisse können inhaltlich beschränkt (§ 9 I WaffG) und befristet und nach Maßgabe des § 9 II WaffG unter Auflagen erteilt werden.

Die **allgemeinen Erteilungsvoraussetzungen** sind in §§ 4 bis 9 WaffG normiert. Danach setzt die Erlaubnis voraus, dass der Antragsteller **118e**

- das **18. Lebensjahr vollendet** hat (§ 4 I Nr. 1, II Nr. 1 WaffG),
- die erforderliche **Zuverlässigkeit** (§ 5 WaffG) und **persönliche Eignung** (§ 6 WaffG) besitzt (§ 4 I Nr. 2 WaffG),
  - Die Zuverlässigkeit (voll überprüfbarer unbestimmter Rechtsbegriff) wird in § 5 WaffG konkretisiert. Der Unterschied zur persönlichen Eignung besteht darin, dass sich die Zuverlässigkeit auf Fälle vorwerfbaren Handelns bezieht, während die Eignung auf nicht vorwerfbare körperliche Eigenschaften abstellt. § 5 I WaffG regelt, in welchen Fällen zwingend von einer (absoluten und damit nicht widerlegbaren) Unzuverlässigkeit auszugehen ist, zB bei einem Verstoß gegen waffenrechtliche Aufbewahrungsvorschrif-

309 *Gade* WaffR 28.
310 Ausnahmen von der Erlaubnispflicht sind in § 12 WaffG normiert.

ten (§ 5 I Nr. 2b iVm § 36 WaffG iVm §§ 13, 14 AWaffV). Hierfür reicht auch bereits ein einmaliger Verstoß aus.[311] Nach einer aktuellen Entscheidung des BVerwG geht nur derjenige vorsichtig und sachgemäß iSd § 5 I Nr. 2b WaffG mit Waffen um, wer sie im nüchternen Zustand gebraucht und so sicher sein kann, keine alkoholbedingten Ausfallerscheinungen zu erleiden, die zur Gefährdung Dritter führen können.[312] § 5 II WaffG enthält Fälle der Regel-Unzuverlässigkeit, wobei strenge Voraussetzungen an die Widerlegung zu stellen sind. Grds. gilt, dass eine auf strafrechtlichen Verurteilungen basierende Unzuverlässigkeitsannahme nur durch Tatumstände selbst oder Umstände der Persönlichkeit des Täters widerlegt werden können, die in jenem strafrechtlich relevanten Verhalten zum Ausdruck gekommen sind. Diese zur Vorgängerregelung im WaffG von der Rspr. entwickelte Auffassung ist auf den neu gefassten Regelvermutungstatbestand des § 5 II Nr. 1 WaffG zu übertragen.[313] Vieles spricht dafür, dass sich mit einem Rückgriff auf den rechtskräftigen Strafausspruch eines ausländischen Strafgerichts die waffenrechtliche Unzuverlässigkeit nicht begründen lässt, weil § 5 II Nr. 1a WaffG tatbestandlich jeweils wohl die strafgerichtliche Verurteilung durch ein bundesdeutsches Gericht voraussetzt. Der in einem ausländischen Strafurteil festgestellte Sachverhalt ist aber darauf zu überprüfen, ob ihm im Ausland eingetretene Tatsachen zu entnehmen sind, aus denen die waffenrechtliche Unzuverlässigkeit des Verurteilten folgt.[314] Nach Ansicht des BVerwG[315] ist idR auch derjenige iSd § 5 II Nr. 3 WaffG unzuverlässig, der verfassungsfeindliche Bestrebungen im Rahmen der Mitgliedschaft in einer nicht verbotenen politischen Partei (DVU) verfolgt. Beachten Sie, dass § 5 WaffG nach seinem Wortlaut auch bei einer im Rahmen des § 41 WaffG vorzunehmenden Prüfung einer möglicherweise fehlenden waffenrechtlichen Zuverlässigkeit uneingeschränkt anwendbar ist.[316]
  - Die **persönliche Eignung** (§ 6 WaffG) stellt auf persönliche und charakterliche Merkmale ab und unterscheidet in Abs. 1 – ähnlich wie § 5 WaffG – zwischen einem absoluten (zwingenden) Ausschluss der persönlichen Eignung (§ 6 I 1 WaffG) und einem Regelausschluss (§ 6 I 2 WaffG).
- die erforderliche **Sachkunde** (§ 7 WaffG) nachgewiesen hat (§ 4 I Nr. 3 WaffG),
- ein **Bedürfnis** (§ 8 WaffG) nachgewiesen hat (§ 4 I Nr. 4 WaffG),
  - Nach dem waffenrechtlichen Bedürfnisprinzip verlangt die Erlaubnis einen anzuerkennenden triftigen Grund. Dieser ist in § 8 WaffG geregelt und wird in den §§ 13 bis 20, 26 und 28 WaffG für bestimmte Personengruppen (zB Jäger) konkretisiert. Beachten Sie, dass § 8 WaffG als Generalklausel der Bedürfnisprüfung dient und daher Vorrang vor den Konkretisierungen des Bedürfnisgrundes für die Personengruppen nach den §§ 13 ff. WaffG hat. Nach § 4 IV WaffG ist die Bedürfnisprüfung bei Ersterteilung und anschließend in regelmäßigen Abständen vorzunehmen.
- und die **erforderliche Versicherung** nach Maßgabe des § 4 I Nr. 5 WaffG nachgewiesen hat.

**118f** Die **besonderen Erlaubnisvoraussetzungen** ergeben sich aus der jeweiligen Erlaubnisart.

Beachten Sie (insbes. für den Entwurf einer behördlichen Entscheidung) die Kostenregelung des § 50 WaffG.

### II. Anfechtung der Aufhebung einer waffenrechtlichen Erlaubnis

**118g** Denkbar ist auch ein Anfechtungsrechtsbehelf gegen eine Rücknahme bzw. einen Widerruf einer waffenrechtlichen Erlaubnis.

Die waffenrechtsspezifischen Aufhebungsvoraussetzungen sind in § 45 WaffG spezialgesetzlich normiert.

Die iRd § 45 I WaffG (zwingende Rücknahme) oder § 45 II WaffG (zwingender bzw. Ermessens-Widerruf) inzident zu prüfenden Versagungsgründe (idR der Klausurschwerpunkt!) er-

311 VG Aachen Urt. v. 10.6.2013 – 6 K 2061/13.
312 BVerwG Urt. v. 22.10.2014 – 6 C 30/13.
313 BVerwG NVwZ 2009, 398; OVG Münster Beschl. v. 4.4.2013 – 16 A 2905/11.
314 VG Düsseldorf Beschl. v. 12.12.2012 – 15 L 2007/12.
315 Urt. v. 30.9.2009 – 6 C 29.08, NVwZ-RR 2010, 225 (225 f.).
316 BVerwG Urt. v. 22.8.2013 – 6 C 30/11.

geben sich aus §§ 4 ff., 13 ff. WaffG. Beachten Sie, dass abweichend von § 48 IV VwVfG die Rücknahme nach § 45 I WaffG zeitlich unbefristet möglich ist. Bedenken Sie, dass § 45 WaffG zwar waffenrechtsspezifische Aufhebungsvoraussetzungen normiert; ist die Erlaubnis jedoch aus anderen Gründen aufzuheben, kann insbes. auch auf § 48 VwVfG zurückgegriffen werden.

Maßgebend ist der Zeitpunkt der letzten behördlichen Entscheidung. Beachten Sie, dass Erlaubnisse »nach diesem Gesetz« iSd § 45 WaffG nicht nur Gestattungen nach dem WaffG 2002 sind, sondern auch solche, die auf Grundlage des WaffG 1976 erteilt wurden (§ 58 I WaffG). Tatsachen sind »nachträglich« iSd § 45 II WaffG eingetreten, wenn sie sich nach Erteilung der Erlaubnis ereignet haben.[317] Da § 45 WaffG spezialgesetzlich die §§ 48 ff. VwVfG verdrängt, gilt auch die Ausschlussfrist des § 48 IV VwVfG (bzw. § 49 II 2 iVm § 48 IV VwVfG) nicht.[318] Die §§ 48, 49 VwVfG sind nur anwendbar, soweit die Aufhebung aus keinem der Gründe erfolgt, die nach § 45 WaffG eine zwingende Aufhebung erfordern.

Beachten Sie für den **vorläufigen Rechtsschutz**, dass nach § 45 V WaffG der Anfechtungsrechtsbehelf gegen Maßnahmen nach § 45 I WaffG und § 45 II 1 WaffG keine aufschiebende Wirkung hat,[319] sofern (!) die Erlaubnis wegen des Nichtvorliegens oder Entfallens der Voraussetzungen nach § 4 I Nr. 2 WaffG, also dem Fehlen der Zuverlässigkeit oder der persönlichen Eignung, aufgehoben wird. Insoweit ist ein Antrag auf Anordnung der aW (§ 80 V 1 Alt. 1 VwGO) statthaft; im Übrigen ein Antrag auf Wiederherstellung der aW (§ 80 V 1 Alt. 2 VwGO), sofern gem. § 80 II 1 Nr. 4 VwGO die sofortige Vollziehung angeordnet wurde.

Weitere Maßnahmen sind in **§ 46 WaffG** (lex specialis ggü. § 52 VwVfG) normiert: Nach Aufhebung der Erlaubnis ist gem. § 46 I WaffG die Erlaubnisurkunde unverzüglich an die Behörde zurückzugeben. Diese Rückgabepflicht ist nicht in den Tenor eines Bescheides aufzunehmen, da sie sich unmittelbar aus dem Gesetz ergibt. Wird die Aufhebungsverfügung erfolgreich angefochten, kommt ein Annexantrag auf Rückgabe der Urkunde in Betracht (§ 113 I 2, 3 VwGO). Bei Rückgabe der Erlaubnisurkunde kann die Behörde nach § 46 II WaffG (vgl. auch § 46 III WaffG für den unerlaubten Waffen- oder Munitionsbesitz) – als in den Tenor aufzunehmende, eigenständig anfechtbare Verfügung – anordnen, dass eine erworbene Waffe oder Munition dauerhaft unbrauchbar gemacht oder einem Berechtigten überlassen wird. Nach fruchtlosem Fristablauf kommt eine Sicherstellung in Betracht (§ 46 II 2 bzw. § 46 III 2 WaffG). Unter den Voraussetzungen des § 46 IV WaffG ist eine sofortige Sicherstellung zulässig. Schließlich darf nach § 46 V WaffG eine Waffe bzw. Munition verwertet oder eingezogen werden. Für den **vorläufigen Rechtsschutz** enthält § 46 IV 3 WaffG wiederum eine wesentliche Vorschrift: Danach hat ein Anfechtungsrechtsbehelf gegen Sicherstellungsmaßnahmen keine aW (daher insoweit Antrag auf *Anordnung* der aW gem. § 80 V 1 Var. 1 VwGO).

## III. Anfechtung eines waffenrechtlichen Besitzverbots

Aufgrund aktueller Rspr. könnten Sie auch mit einer Anfechtungsklage gegen ein waffen- **118h**
rechtliches Besitzverbot (§ 41 WaffG) konfrontiert werden. § 41 I WaffG ermöglicht die Untersagung eines erlaubnisfreien Waffenumgangs. Nach § 41 II WaffG kann die zuständige Behörde jemandem den Besitz von Waffen oder Munition, deren Erwerb der Erlaubnis bedarf (Inzidentprüfung!), untersagen, soweit es zur Verhütung von Gefahren für die Sicherheit oder Kontrolle des Umgangs mit diesen Gegenständen geboten ist. Beachten Sie, dass § 41 II WaffG nach Auffassung des BVerwG die Verhängung eines Waffenbesitzverbotes bereits zu einem Zeitpunkt erlaubt, in dem der Verbotsadressat erlaubnispflichtige Waffen bzw. Munition noch nicht besitzt. Verboten werden darf auch der zukünftige Besitz.[320]

317 *Hahn* GewArch 2008, 383 (387).
318 BVerwG NJW 1997, 336 (336); *Hahn* GewArch 2008, 383 (387).
319 Der Ausschluss der aufschiebenden Wirkung durch § 45 V WaffG ist verfassungsrechtlich unbedenklich; hierzu VG Hamburg Beschl. v. 7.4.2009 – 4 E 3478/08, BeckRS 2009, 33116.
320 BVerwG Urt. v. 22.8.2012 – 6 C 30.11, mAnm *Hebeler* JA 2013, 559.

# 3. Kapitel. Versammlungsrecht

119 Das Versammlungsrecht unterliegt seit 2006 nicht mehr der konkurrierenden Gesetzgebung des Bundes (vgl. Art. 74 I Nr. 3 GG aF). Von ihrer neu gewonnenen Regelungskompetenz haben bisher jedoch nur wenige Länder Gebrauch gemacht.[321] Im Übrigen gilt weiterhin nach **Art. 125a I 1 GG** das (Bundes-)VersG. Das (Bundes-)VersG steht daher weiterhin im Zentrum versammlungsrechtlicher Klausuren.

Allerdings sind nicht alle Klausuren, die »Versammlungen« zum Gegenstand haben, über das Versammlungsrecht zu lösen. Manchmal geht es (nur) um die **Abgrenzung** zum allgemeinen Polizeirecht, das im Ergebnis einschlägig ist. In anderen Aufgabenstellungen kommen hingegen §§ 5[322], 15[323] VersG zum Tragen. Diese spezialgesetzlichen Eingriffsbefugnisse sperren den Rückgriff auf das allgemeine Polizeirecht (sog. »Polizeifestigkeit von Versammlungen«). Das gilt aber nur für öffentliche Versammlungen, weil nur diese vom VersG geregelt werden.

In **prozessualer Hinsicht** wird die Rechtmäßigkeit versammlungsrechtlicher Verfügungen sehr häufig im Rahmen einer Fortsetzungsfeststellungsklage zu prüfen sein. Auf deren Besonderheiten sei nochmals ausdrücklich hingewiesen.[324] Zudem werden die Klausuren oft in ein vorläufiges Rechtsschutzgesuch nach § 80 V 1 VwGO eingekleidet (insbes. vorläufiger Rechtsschutz gegen Auflagen nach § 15 I VersG).

## A. Anwendungsbereich des Versammlungsgesetzes

120 Gelegentlich finden Sie im Aktenauszug Hinweise auf das VersG, dessen Anwendung zur **Sperrwirkung** gegenüber allgemein-polizeirechtlichen Ermächtigungen führt, soweit es sich um versammlungsspezifische Maßnahmen handelt. Beachten Sie, dass es sich bei diesen Hinweisen häufig um »Nebelkerzen« handelt. Stützt die Behörde ihre Maßnahme auf allgemeines Polizeirecht und trägt der Kläger/Antragsteller vor, die Maßnahme hätte nur nach dem spezielleren VersG ergehen dürfen, so müssen Sie im Rahmen der EGL zwischen beiden Regelungsmaterien etwa wie folgt abgrenzen:

> EGL für die behördliche Maßnahme ist § … LPolG. Danach kann die Polizei die notwendigen Maßnahmen treffen, um eine im Einzelfall bestehende, konkrete Gefahr für die öffentliche Sicherheit abzuwehren. Diese Norm ist entgegen der Auffassung des Klägers auch nicht durch die Vorschriften des Versammlungsrechts verdrängt. Dessen Bestimmungen verdrängen als besonderes Ordnungsrecht die polizeirechtliche Generalklausel nämlich nur in dem Umfang, in welchem das Versammlungsrecht tatsächlich Anwendung findet. Vorliegend ist der Anwendungsbereich des Versammlungsgesetzes indessen nicht eröffnet. …

Im Einzelnen: Spezialgesetzliche Ermächtigungen des VersG sperren den Rückgriff auf das allgemeine Polizeirecht nur für versammlungsbezogene Maßnahmen unter folgenden Voraussetzungen:

**Übersicht: Anwendbarkeit des VersG**

I. Weitergeltung des (Bundes-)VersG (Art. 125a GG)
II. Sachlicher Anwendungsbereich
   1. Versammlung
      a) Mehrere Personen
         (P) Anzahl/Staatsangehörigkeit
      b) Gemeinsamer Zweck
         (P) Inhaltliche Anforderungen an den Zweck

321 Bayern: BayVersG v. 22.7.2008 (GVBl. 421) und 22.4.2010 (GVBl. 190); Niedersachsen: NdsVersG v. 7.10.2010 (GVBl. 465) und v. 22.11.2010 (GVBl. 532); Sachsen-Anhalt: LSAVersammlG v. 3.12.2009 (GVBl. 558); Sachsen: SächsVersG vom 25.1.2012 (GVBl. 54); Berlin (nur teilweise Regelung): BlnVersG v. 23.4.2013 (GVBl. 103); BlnBannmG v. 17.3.1983 (GVBl. 482); Brandenburg (nur teilweise Regelung): BbgVersG v. 26.10.2006 (GVBl. 114).

322 Art. 12 BayVersG; § 4 LSAVersammlG; § 14 NdsVersG; § 4 SächsVersG.

323 Art. 15 BayVersG; § 13 LSAVersammlG; § 8 NdsVersG; § 15 SächsVersG.

324 Hierzu im Einzelnen *Kaiser/Köster/Seegmüller* Öffentlich-rechtliche Klausur Rn. 186 ff.

2. Öffentlichkeit
3. Abwehr versammlungsspezifischer Gefahren
III. Zeitlicher Anwendungsbereich
(P) Vorfeldmaßnahmen

Nachdem Sie geklärt haben, welches Versammlungsgesetz im konkreten Fall Anwendung findet, müssen Sie dessen **sachlichen Anwendungsbereich** prüfen. Dieser bestimmt sich im Wesentlichen über den im VersG nicht ausdrücklich definierten[325] Begriff der öffentlichen Versammlung. Eine Versammlung liegt vor, wenn mehrere Personen zu einem gemeinsamen Zweck an einem bestimmten Ort zusammenkommen.

- Das Merkmal »**mehrere Personen**« ist im Assessorexamen selten zu problematisieren. Nach hM sind mindestens zwei Personen erforderlich.[326] Im Gegensatz zu dem als »Deutschengrundrecht« ausgestalteten Art. 8 I GG sind auch Versammlungen von bzw. mit Ausländern vom VersG erfasst (»jedermann«).
- Ein **gemeinsamer Zweck** fehlt, wenn die Betroffenen lediglich (gewissermaßen »jeder für sich«) denselben Zweck verfolgen. Dies ist etwa bei Zuschauern von Sportgroßveranstaltungen der Fall. Wenn Bürger sich an einem politischen Informationsstand über die Standpunkte einer Partei informieren, liegt ebenfalls keine Versammlung vor. Den zufällig des Weges Kommenden wird lediglich ein einseitiges Informationsangebot gemacht.[327] Man spricht dann von »Ansammlungen«, die nicht unter den Versammlungsbegriff fallen. Allerdings kann ausnahmsweise eine Versammlung gegeben sein, wenn konzeptionell Außenstehende zum Zweck der kollektiven Teilhabe an der öffentlichen Meinungsbildung einbezogen werden. Der Annahme einer Versammlung steht dann auch nicht entgegen, dass die Veranstaltung informative Elemente enthält.[328]
- Welche inhaltlichen **Anforderungen an den gemeinsamen Zweck** zu stellen sind, ist streitig. Nach neuerer Rspr. wird die Teilnahme an der kollektiven Meinungskundgabe verlangt (sog. enger Versammlungsbegriff).
  Problematisch wird die Abgrenzung bei solchen Veranstaltungen, die sowohl der öffentlichen Meinungsbildung dienen als auch Ausdruck eines bestimmten Lebensgefühls sind. Insoweit gilt: Zwar sind nicht nur Veranstaltungen geschützt, bei denen Meinungen verbal kundgegeben oder ausgetauscht werden, sondern auch solche, bei denen die Teilnehmer ihre Meinung zusätzlich oder ausschließlich auf andere Art und Weise (zB durch Sitzblockaden oder Schweigemärsche) ausdrücken. Daher kann zB eine Tanzveranstaltung eine Versammlung sein, sofern die Zusammenkunft dem Zweck der öffentlichen Meinungsbildung dient.[329] Veranstaltungen hingegen, die ihrem Schwerpunkt nach der bloßen Zurschaustellung eines Lebensgefühls dienen oder eine unterhaltende Massenparty darstellen, sind keine Versammlungen.[330]

Abgesehen von §§ 3, 21, 23, 28 und 30 VersG setzen die Eingriffsbefugnisse des VersG voraus, dass die Versammlung »**öffentlich**« ist. Dies ist der Fall, wenn sie für jedermann frei zugänglich ist und die faktische Zutrittsmöglichkeit nicht auf geladene oder sonst besonders zutrittsberechtigte Personen begrenzt ist. [331]

Für **nichtöffentliche Versammlungen** ist das VersG nach hM nicht analog anwendbar. Insofern kann vielmehr auf das allgemeine POR zurückgegriffen werden. Es ist aber zu bedenken, dass auch nichtöffentliche Versammlungen dem Schutzbereich des Art. 8 I GG unterfallen. Da sie dem einfachem Gesetzesvorbehalt des Art. 8 II GG nicht unterliegen, ist ein Eingriff nur zum Schutz kollidierenden Verfassungsrechts gerechtfertigt. Um das widersinnige Ergeb-

325 Das LSAVersammlG enthält ebenfalls keine Definition. Anders dagegen Art. 2 I BayVersG, § 1 III SächsVersG und § 2 NdsVersG. Die dortige Definition entspricht der (ungeschriebenen) bundesrechtlichen Definition.
326 Art. 2 I BayVersG, § 2 NdsVersG.
327 BVerwGE 56, 63 (69).
328 BVerwG NVwZ 2007, 1434: Informationsstand »gegen die Militärintervention im Irak und anderswo«.
329 BVerwG NVwZ 2007, 1431 (1432 ff.) – Fuckparade.
330 BVerfG NJW 2001, 2459 (2460) – Loveparade; BayVGH BayVBl. 2009, 629 – »Heidenspaß-Party am Karfreitag«.
331 *Gusy* POR Rn. 420; vgl. Art. 2 II BayVersG.

nis zu vermeiden, dass die weniger gefährlichen nichtöffentlichen Versammlungen leichter eingeschränkt werden können als die öffentlichen nach dem VersG, ist eine verfassungskonforme Auslegung des POR geboten: Ein Eingriff nach der Generalklausel ist danach nur gerechtfertigt, soweit Grundrechte Dritter oder Werte mit Verfassungsrang geschützt werden müssen. Insoweit ist das POR als einfachgesetzliche Konkretisierung der verfassungsimmanenten Schranken anzusehen.

**Übersicht: Rechtsgrundlagen**

| | **Öffentlich** | **Nichtöffentlich** |
|---|---|---|
| **Unter freiem Himmel** | §§ 14 ff. VersG | POR in verfassungskonformer Auslegung |
| **In geschlossenen Räumen** | §§ 3–15 VersG | POR in verfassungskonformer Auslegung |

Schließlich greift das VersG (was in vielen Klausuren problematisiert wird) nur zum präventiven Schutz vor **versammlungsspezifischen Gefahren**. Damit sind Gefährdungen, die nur äußerlich im Zusammenhang mit einer Versammlung stehen, nicht nach Maßgabe des VersG zu lösen.[332]

**Beispiele:** Droht der Einsturz eines baufälligen Versammlungsgebäudes, ist ein Rückgriff auf das Baurecht zulässig. Versammlungsteilnehmer dürfen nach den allgemeinen Vorschriften von einem fremden Privatgrundstück entfernt werden. Eine »Zivilrechtsfestigkeit« des Versammlungsrechts gibt es nicht.

Weitere Klausurprobleme ergeben sich aus dem **zeitlichen Anwendungsbereich** des VersG. Hierbei geht es etwa um die Frage, auf welcher Rechtsgrundlage Durchsuchungen von Personen erfolgen können, die auf dem Weg zu einer Versammlung sind (sog. Vorfeldmaßnahmen)[333]. Unter Vorfeldmaßnahmen sind im Folgenden Maßnahmen zu verstehen, die sich nicht auf die Versammlungszeit oder den Versammlungsort beziehen. Bitte merken Sie sich zum zeitlichen Anwendungsbereich des VersG folgende Übersicht:

**Übersicht: Zeitlicher Anwendungsbereich des VersG**

| | **Vorfeldmaßnahmen vor Versammlungsbeginn** | **Während der Versammlung** | **Nach Auflösung der Versammlung** |
|---|---|---|---|
| **Anwendbarkeit VersG** | (+) MM (Lit.) / (–) hM → POR, ggf. in verf.-konformer Auslegung | (+) | (–) → POR, ggf. in verfassungskonformer Auslegung |
| **Schutzbereich Art. 8 I GG** | (+) Anreise | (+) | (+) Abreise |

Ist der Anwendungsbereich des Versammlungsrechts eröffnet, können neben dem allgemeinen Polizei- und Ordnungsrecht auch andere gefahrenabwehrrechtliche Vorschriften verdrängt sein. Dies gilt etwa für **Vorschriften des Presse- oder Straßenverkehrsrechts**. Letzteres spielt häufig bei Versammlungen unter freiem Himmel eine Rolle. Daneben werden auch die Vorschriften des BImSchG verdrängt. Dieses kann Klausurrelevanz entfalten, soweit es zB

332 *Gusy* POR Rn. 419.

333 Missverständlich BVerwG Beschl. v. 23.8.1991 – 1 B 77/91 – dort wird die Rechtmäßigkeit einer Vorfeldmaßnahme (nur) hilfsweise auf den Gedanken der »Minusmaßnahme« gestützt.

um die Benutzung von Lautsprechern geht.[334] Merken Sie sich dazu, dass die Straßenverkehrsordnung vollständig durch das Versammlungsgesetz verdrängt wird, also die Durchführung einer Versammlung auf öffentlichen Straßen beispielsweise keine gesonderte Erlaubnis nach § 29 StVO erfordert.[335] Grundsätzlich bedarf es auch keiner straßenrechtlichen Sondernutzungserlaubnis für die Durchführung von Versammlungen. Das gilt jedenfalls für alles, was eine funktionale Einheit mit der Versammlung hat. Dazu gehören nach der Rechtsprechung auch Imbissstände und Feldküchen, solange sie der Versorgung der Teilnehmer dienen und kein darüber hinaus reichender gewerblicher Zweck verfolgt wird.[336] Die Pflicht zur Straßenreinigung trifft dagegen auch die Veranstalter und Teilnehmer von Versammlungen.[337]

## B. Ermächtigungsgrundlagen und Klausurtypen im Versammlungsrecht

Nach unseren Erfahrungen werden im Assessorexamen vorwiegend Aktenauszüge heraus- 121
gegeben, in denen der Rechtsschutz gegen versammlungsrechtliche Maßnahmen bei Versammlungen unter freiem Himmel problematisiert wird (hierzu II.). Zuvor soll ein Überblick zu Rechtsschutzfragen gegen behördliche Maßnahmen bei Versammlungen in geschlossenen Räumen gegeben werden (I.).

### I. Rechtsschutz gegen Maßnahmen bei Versammlungen in geschlossenen Räumen

Die behördlichen Eingriffsbefugnisse gegen Versammlungen in geschlossenen Räumen, also 122
Örtlichkeiten, die seitlich begrenzt sind, richten sich nach dem zweiten Abschnitt des VersG (§§ 5 ff. VersG)[338].

Beginn der Versammlung

- Verbot: § 5 VersG
- Beschränkungen: § 5 VersG (Minus-Maßnahme)

- Bild- u. Tonaufnahmen (§ 12a VersG)
- Beschränkungen: § 13 I 2 VersG
- Verbot: § 13 I 1 VersG

Neben den oben genannten EGL stellt sich zuweilen die Frage, ob der Polizei bei öffentlichen Versammlungen in geschlossenen Räumen ein auf § 12 S. 1 VersG gestütztes voraussetzungsloses **Anwesenheitsrecht** zusteht. Teilweise wird ein solches Anwesenheitsrecht unter Hinweis auf §§ 12, 29 I Nr. 8 VersG bejaht, zumal mit der bloßen Anwesenheit kein Grundrechtseingriff verbunden sei, sodass es einer EGL nicht bedürfe. Die Rspr. folgt dem nicht, da die Anwesenheit eine faktische Behinderung beinhalte, und fordert deshalb eine ausdrückliche EGL. An einer solchen fehlt es aber: § 12 VersG regelt nämlich nur die Modalitäten der polizeilichen Anwesenheit.[339]

### II. Rechtsschutz gegen Maßnahmen bei Versammlungen unter freiem Himmel

Sehr klausurrelevant sind Maßnahmen gegen Versammlungen unter freiem Himmel. Die hier- 123
für maßgebenden EGL finden Sie in den §§ 15 ff. VersG.[340]

334 OVG Berlin-Brandenburg NVwZ-RR 2009, 370 (371).
335 BVerwGE 82, 34 (35).
336 SächsOVG NJ 2004, 44.
337 BVerwGE 80, 158.
338 Art. 10 ff. BayVersG; §§ 4 ff. LSAVersammlG; §§ 13 ff. NdsVersG; §§ 4 ff. SächsVersG.
339 BayVGH BayVBl. 2009, 16 (17); die Befugnis ist daher jetzt zB in Art. 4 III BayVersG und in §§ 11, 16 NdsVersG geregelt.
340 Art. 15 BayVersG; § 13 LSAVersammlG; § 8 NdsVersG; § 15 SächsVersG.

Beginn der Versammlung

| | |
|---|---|
| • Auflagen § 15 I Var. 2 und II Var. 2 VersG (selbstst. Verfügung und nicht Nebenbestimmung!)<br>• Verbot: § 15 I Var. 1 und II Var. 1 VersG | • Bild- u. Tonaufnahmen: § 19a VersG<br>• Beschränkungen: § 15 III VersG<br>• Auflösung: § 15 III und IV VersG<br>• Anordnungen zur Durchsetzung des Schusswaffen- und Vermummungsverbotes: § 17a IV VersG<br>• Ausschluss störender Teilnehmer: §§ 18a III, 19 IV VersG |

**1. Rechtsschutz gegen versammlungsrechtliche Maßnahmen vor Versammlungsbeginn**

124 Innerhalb der Aktenauszüge aus dem Versammlungsrecht bildet der Rechtsschutz gegen versammlungsrechtliche Auflagen vor Beginn der Versammlung gem. § 15 I VersG die wohl häufigste Klausuraufgabe.

**Übersicht: Rechtsschutz gegen versammlungsrechtliche Verfügungen (§ 15 I, II VersG) im Hauptsacheverfahren**

**A. Zulässigkeit**
I. Statthafte Klageart = Anfechtungsklage (§ 42 I Alt. 1 VwGO)
  1. Klagebefugnis (Art. 2 I, Art. 8 GG, ggf. Art. 19 III GG)
  2. Vorverfahren
  3. Klagefrist
II. Statthafte Klageart = FFK ([analog] § 113 I 4 VwGO)
  1. Qualifiziertes Feststellungsinteresse
    a) Rehabilitationsinteresse nach schwerem Grundrechtseingriff
    b) Wiederholungsgefahr
  2. Klagebefugnis (str.)

**B. Begründetheit des Rechtsbehelfs**
I. Formelle Rechtmäßigkeit
  1. Zuständigkeit
  2. Verfahren
  3. Form
II. Materielle Rechtmäßigkeit
  1. Anwendbarkeit des VersG
  2. Hinreichende Bestimmtheit
  3. Tatbestand
    a) Vorliegen eines Verbots- bzw. Auflösungsgrundes
      aa) Verbot vor Versammlungsbeginn gem. § 15 II VersG
      bb) Verbot vor Versammlungsbeginn gem. § 15 I VersG
        (P) Rückgriff auf die öffentliche Ordnung
    b) Verantwortlichkeit
      (P) Zweckveranlasser
  4. Rechtsfolge
    a) Auflagen (§ 15 I Var. 2 VersG; § 15 II Var. 2 VersG)
    b) Standardmaßnahmen (»Minus-Maßnahme«)
    c) Verbot (§ 15 I Var. 1 VersG; § 15 II Var. 1 VersG)

Der Standardfall im Examen ist ein Vorgehen gegen eine Auflösungsverfügung nach § 15 III VersG oder gegen eine Auflage gem. § 15 I oder II VersG. Bedenken Sie dann, dass es sich etwa bei einer Auflage (zB bestimmte Straßenrouten zu nutzen) nicht um eine Nebenbestimmung iSv § 36 VwVfG handelt, sondern um einen **eigenständig anfechtbaren VA**. Die Versammlung ist schließlich **keine genehmigungsbedürftige** Veranstaltung.[341] Die Anmeldung

341 *Dietlein/Burgi/Hellermann* ÖffR NRW § 3 Rn. 299.

gem. § 14 VersG dient lediglich der Kooperation zwischen Polizei und Versammlung. Häufig werden die Hauptsacheverfahren aber wegen der bereits eingetretenen Erledigung als Fortsetzungsfeststellungsklagen gemäß oder analog § 113 I 4 VwGO geführt.[342]

Sind die Sachverhalte in einen Antrag auf Gewährung vorläufigen Rechtsschutzes eingekleidet, müssen Sie sich mit der **statthaften Antragsart** auseinandersetzen. War die Verfügung für sofort vollziehbar erklärt (§ 80 II 1 Nr. 4 VwGO) oder von einem Polizeivollzugsbeamten erlassen worden (§ 80 II 1 Nr. 2 VwGO), ist ein Antrag auf Wiederherstellung der aufschiebenden Wirkung eines Widerspruchs bzw. einer Anfechtungsklage gem. § 80 V 1 VwGO statthaft. Im Rahmen der Antragsbefugnis analog § 42 II VwGO sollten Sie bedenken, dass häufig eingetragene Vereine auftreten. Diese sind als rechtsfähiger Verein und damit als juristische Person des Privatrechts grundrechtsberechtigt (Art. 19 III GG) und können möglicherweise in Art. 8 I GG verletzt sein.

In der **Begründetheit** des Rechtsbehelfs ist die Rechtmäßigkeit der versammlungsrechtlichen Verfügung zu erörtern. Nach § 15 I VersG können eine Versammlung und ein Aufzug unter freiem Himmel verboten oder von bestimmten Auflagen abhängig gemacht werden, wenn nach den zur Zeit des Erlasses erkennbaren Umständen die öffentliche Sicherheit oder Ordnung bei ihrer Durchführung unmittelbar gefährdet ist.

In **formeller Hinsicht** ergeben sich wenige Klausurprobleme. Die Zuständigkeit folgt vielfach aus dem Bearbeitervermerk. Andernfalls ist landesrechtlich entweder die Polizei im institutionellen Sinne oder eine Ordnungsbehörde (zB Landrat) zuständig. Verfahrensrechtlich ist vor Erlass einer Auflage in aller Regel eine Anhörung gem. § 28 I VwVfG geboten. Diese erfolgt häufig im Rahmen des versammlungsrechtlich vorgesehenen Kooperationsgesprächs,[343] in dem die zuständige Behörde dem Veranstalter Gelegenheit gibt, zu den beabsichtigten Maßnahmen Stellung zu nehmen.

**Materiell** können sich **Bestimmtheitsprobleme** (§ 37 I VwVfG) ergeben, etwa wenn die Behörde die Auflage erteilt, beim Aufzug »nur den östlichen Stadtteil« zu nutzen oder Auflagen zu äußeren Merkmalen erlässt (»kein festes Schuhwerk«). Maßstab ist auch hier, dass die Auflage für den Adressaten verständlich ist und ihm eindeutig erkennbar wird, was zulässig oder verboten ist. Aus klausurtaktischen Gründen werden Sie vielfach davon ausgehen können, dass das Bestimmtheitsgebot gewahrt ist.

Tatbestandlich setzt eine Auflage gem. § 15 I VersG[344] eine »unmittelbare Gefährdung der öffentlichen Sicherheit oder Ordnung« voraus. Der Begriff der **öffentlichen Sicherheit** umfasst die Unverletzlichkeit der Rechtsordnung, deren Schutzgüter insbes. durch Strafgesetze (zB §§ 86a, 130 StGB) und auch durch Ordnungswidrigkeitentatbestände geschützt sind. Beachten Sie neben den Ihnen geläufigen strafrechtlichen Normen insbes. auch die Verbotstatbestände des Vereinsgesetzes (§ 20 I VereinsG)[345] oder die im VersG selbst normierten Strafvorschriften (Waffenführungsverbot gem. § 27 VersG, Uniformverbot gem. §§ 3, 28 VersG) und Ordnungswidrigkeitsvorschriften (§ 29 VersG)[346]. Letzteres ist allerdings (insbes. bei Versammlungen von Beamten oder Arbeitnehmern) ggf. einschränkend auszulegen. So liegt eine Verletzung der öffentlichen Sicherheit in Gestalt des Uniformverbots nicht vor, wenn Polizeibeamte für ihre dienstlichen Interessen unter Benutzung ihrer Dienstkleidung demonstrieren. Als examensrelevantes Schutzgut der öffentlichen Sicherheit sollten Sie sich auch die Sicherheit und Leichtigkeit des Straßenverkehrs als Bestandteil der Rechtsordnung merken. Diese spielen etwa dann eine Rolle, wenn durch Auflagen bestimmte Aufzugsrouten vorgegeben werden.

Materiell müssen Hinweise dafür vorliegen, dass ein Schutzgut bei der Durchführung des Aufzuges »**unmittelbar gefährdet**« ist. Dieser Begriff, den auch die neu erlassenen Landes-

342 Zu den besonderen Sachentscheidungsvoraussetzungen der Fortsetzungsfeststellungsklage im Übrigen vgl. *Kaiser/Köster/Seegmüller* Öffentlich-rechtliche Klausur Rn. 186 ff.
343 Vgl. jetzt ausdrücklich Art. 14 BayVersG; § 6 NdsVersG.
344 Art. 15 I BayVersG; § 13 I LSAVersG; § 8 I NdsVersG; § 15 I SächsVersG.
345 OVG Bremen NordÖR 2006, 165 – versammlungsrechtliche Auflage, Bildnis Öcalans nicht zu zeigen.
346 Art. 21 BayVersG; § 28 LSAVersammlG; § 21 NdsVersG; § 30 SächsVersG.

versammlungsgesetze verwenden,[347] ist unter Beachtung grundrechtlicher Maßstäbe (Art. 8 I GG; Art. 5 I GG) auszulegen: Daher kommen ein Verbot oder eine Auflage (erstens) nur zum Schutz von Gütern mit Verfassungsrang in Betracht. Zweitens muss die getroffene Gefahrenprognose auf ein nachweisbares Tatsachenmaterial gestützt werden.[348] Bloße Verdachtsmomente und Vermutungen reichen nach der Rspr. nicht aus.[349] Eine unmittelbare Gefahr für die öffentliche Sicherheit liegt etwa vor, wenn der Veranstalter nachweislich Straftaten unterstützt oder gewalttätige Auseinandersetzungen den Gesamtcharakter der Veranstaltung prägen.[350]

In Klausuren geht es häufig um Parolen im **Grenzbereich zum Strafrecht** (zB »Ausländer raus!«). Dann müssen Sie an die Vorschriften der §§ 130, 166, 240 StGB denken. Erforderlich ist aber die hohe Wahrscheinlichkeit eines Verstoßes.[351] Trägt die Versammlungsbehörde lediglich vor, es käme erfahrungsgemäß zur Begehung von Straftaten, reicht dies nicht aus. Streitig ist, ob in diesem Fall ein Versammlungsverbot noch auf die Gefährdung der öffentlichen Ordnung gestützt werden kann. Nach dem BVerfG ist dies nicht zulässig.[352] Das OVG Münster erlaubt einen Rückgriff auf das Schutzgut der öffentlichen Ordnung. Da Ausländerfeindlichkeit mit dem GG schlechthin unvereinbar sei, stelle die Verharmlosung der nationalsozialistischen Diktatur und die Verherrlichung ihrer Symbolfiguren eine Verletzung der öffentlichen Ordnung dar.[353]

**Klausurhinweis:** Wie Sie sich in der Klausur entscheiden, bleibt Ihnen überlassen. Falsch ist es jedenfalls nicht, zunächst im Hinblick auf die strenge Auffassung des BVerfG eine Gefahr für die öffentliche Sicherheit zu verneinen und anschließend in einem zweiten Schritt nach Erörterung des Problems darauf hinzuweisen, dass ein Rückgriff auf die öffentliche Ordnung unzulässig ist.

Häufiger finden Sie in Klausuren aber die folgende Konstellation: Der Antragsteller war auf einer früheren Veranstaltung, bei der Straftaten begangen wurden, als Ordner eingesetzt. Nach Ansicht der Behörde ist daher bei einer bevorstehenden Versammlung ebenfalls mit Straftaten zu rechnen. Nach der Rechtsprechung ist dieser Rückschluss nicht überzeugend. Strafrechtlich relevante Vorkommnisse in der Vergangenheit rechtfertigen nicht ohne Weiteres die Annahme, dass bei der neuerlichen Demo wieder Straftaten begangen werden.[354]

Im Rahmen der **Störereigenschaft** müssen Sie (erstens) prüfen, ob von den Teilnehmern der Versammlung mit hoher Wahrscheinlichkeit erkennbar Gefährdungspotenzial für Güter mit Verfassungsrang ausgeht. Häufig geht vom »Lager« des Veranstalters selbst eine solche Gefährdung nicht aus. Eine **Verhaltensstörer**eigenschaft ist damit vielfach nicht begründbar. In solchen Fällen müssen Sie (zweitens) klären, ob der Veranstalter ausnahmsweise als **Zweckveranlasser** in Anspruch genommen werden kann. Dass diese Rechtsfigur gerade im Versammlungsrecht im Hinblick auf Art. 8 GG umstritten ist, dürfen Sie kurz andeuten.[355] Die Rechtsprechung erkennt allerdings den Zweckveranlasser jedenfalls dort an, wo die Gefahr subjektiv bezweckt ist, also bewusst oder zwangsläufig herbeigeführt wird.[356] Wenn auch dafür hinreichende Anhaltspunkte nicht vorliegen, müssen Sie schließlich (drittens) prüfen, ob eine Inanspruchnahme nach den Voraussetzungen des polizeilichen **Notstands** möglich ist. Dieser setzt voraus, dass gewalttätige Zusammenstöße zu befürchten sind, welche nicht durch Maßnahmen gegen die gewaltbereiten (Gegen-)Demonstranten abgewendet werden können. Hierbei muss die Versammlungsbehörde auch prüfen, ob ein polizeilicher Notstand durch eine Veränderung der Versammlungsmodalitäten entfallen kann, ohne dass dadurch der Ver-

347 Art. 15 I BayVersG; § 13 I LSAVersammlG; § 8 I NdsVersG; § 15 I SächsVersG.
348 BVerfG NVwZ 1998, 834 (835).
349 BVerfG NJW 2010, 141 (142).
350 BVerfG NVwZ 2004, 90 (92).
351 Zur Zulässigkeit von »Mohammed-Karrikaturen« vgl. VG Berlin Beschl. v. 16.8.2012 – 1 L 217.12; zu »Blockupy« vgl. VGH Kassel Beschl. v. 16.5.2012 – 8 B 1150/12.
352 BVerfG NVwZ 2006, 585 (586).
353 OVG Münster Beschl. v. 21.6.2004 – 5 B 1208/04; siehe auch hierzu *Dietlein/Burgi/Hellermann* ÖffR NRW § 3 Rn. 301.
354 BVerfG BayVBl. 2001, 624.
355 Hierzu *Schoch* Jura 2009, 360 (364) mwN.
356 VGH Mannheim DVBl. 1996, 564.

sammlungszweck vereitelt würde.[357] Sind die Voraussetzungen des polizeilichen Notstands gegeben, kann ausnahmsweise gegen die ganze Versammlung vorgegangen werden. Dieses setzt aber voraus, dass die Polizei auch mit einem hinreichend großen Aufgebot nicht in der Lage ist, ein gewalttätiges Aufeinandertreffen der Demonstranten zu verhindern.[358] Dies ist nur in absoluten Ausnahmefällen denkbar. Entsprechend der restriktiven Rechtsprechung stellen auch Demonstranten, die Mohammed-Karikaturen mit sich führen, keine Störer dar.[359]

**Formulierungsbeispiel für die Ablehnung der Störereigenschaft:**

Es sind für die Kammer keine konkreten Umstände erkennbar, dass mit hoher Wahrscheinlichkeit von den Teilnehmern der von dem Antragsteller angemeldeten Versammlung eine Gefahr ausgehen wird.

(Ausführungen zum Verhaltensstörerbegriff).

Der Antragsteller kann im Übrigen auch nicht als Zweckveranlasser angesehen und damit ausnahmsweise mit einer Verfügung belegt werden. Hierbei ist schon bedenklich, ob diese Rechtsfigur bei einer versammlungsrechtlichen Auflage überhaupt zur Anwendung gebracht werden darf. Nach ständiger Rechtsprechung kann eine Person nämlich ohnehin nur als Zweckveranlasser angesehen werden, wenn konkrete Anhaltspunkte dafür vorliegen, dass der vom Veranstalter angegebene Zweck nur Vorwand und die Provokation von Gegengewalt das eigentlich bezweckte Vorhaben ist. Hierbei darf nicht auf den verfassungsrechtlich noch tolerierbaren Inhalt der Demonstration als solchen abgestellt werden, sondern lediglich auf über den Inhalt hinausgehende, provokative Begleitumstände. Solche Begleitumstände liegen aber nicht vor …

Schließlich kommt auch eine Inanspruchnahme des Antragstellers nach den Grundsätzen des sog. polizeilichen Notstands nicht in Betracht …

Liegen die Voraussetzungen des § 15 I oder II VersG vor, kann die Behörde die notwendigen Maßnahmen nach **pflichtgemäßem Ermessen** treffen. Ermessensfehler werden Ihnen insbesondere in Form der Ermessensüberschreitung (zB Verletzung des Grundsatzes der Verhältnismäßigkeit) begegnen. So handelt die Behörde unverhältnismäßig, wenn sie die Versammlung verbietet, obgleich der Gefahr für das Schutzgut durch weniger belastende Maßnahmen (wie eine Routenvorgabe mittels Auflage) effektiv begegnet werden kann. Unangemessen ist ein Verbot, das allein wegen der Verletzung der öffentlichen Ordnung ergeht.

### 2. Rechtsschutz gegen versammlungsrechtliche Maßnahmen nach Versammlungsbeginn

Hat die Versammlung begonnen, scheidet ein präventives Verbot nach § 15 I und II VersG 125
aus. In diesen Fällen kommt nur noch eine Auflösung nach § 15 III VersG in Betracht (nach Auflösung ist dann wieder das allg. POR anwendbar).

**Übersicht: Rechtmäßigkeit einer versammlungsrechtlichen Auflösungsverfügung (§ 15 III VersG)**

**A. Formelle Rechtmäßigkeit**
- I. Zuständigkeit
- II. Verfahren (§ 28 I, II Nr. 4 VwVfG)
- III. Form

**B. Materielle Rechtmäßigkeit**
- I. Anwendbarkeit des VersG
- II. Bestimmtheit der Auflösungsverfügung
- III. Tatbestand
  - 1. Vorliegen eines Auflösungsgrundes
    - a) Nichtanmeldung
      - (P) Spontanversammlung
      - (P) Eilversammlung
    - b) Abweichung von Angaben der Anmeldung
    - c) Zuwiderhandlung gegen Auflagen

357 BVerfGE 69, 315 (355) – Brokdorf; *Hoffmann-Riem* NVwZ 2002, 257 (263).

358 OVG Lüneburg NordÖR 2009, 316.

359 VG Aachen Beschl. v. 8.5.2012 – 6 L 220/12.

d) Vorliegen der Voraussetzungen des § 15 I VersG
e) Vorliegen der Voraussetzungen des § 15 II VersG
2. Versammlungsrechtliche Verantwortlichkeit
IV. Rechtsfolge
(P) Minus-Maßnahmen
(P) Einkesselung

Im Fall des § 15 III VersG muss ein Auflösungsgrund vorliegen. Hierzu nennt § 15 III VersG verschiedene tatbestandliche Varianten:

- Zunächst sieht § 15 III VersG eine Auflösung bei **Nichtanmeldung** gem. § 14 VersG vor. Von der in dieser Vorschrift normierten Anmeldepflicht hat die Rspr. allerdings Ausnahmen entwickelt:[360] Bei **Spontanveranstaltungen** besteht keine Anmeldepflicht nach § 14 VersG. Spontanveranstaltungen sind solche, die wegen ihrer herausragenden Aktualität ohne Vorlaufzeit unmittelbar aus Anlass eines besonderen Ereignisses stattfinden und bei denen deshalb eine Anmeldung tatsächlich unmöglich ist.

  **Beispiel:** Die Nachrichten berichten darüber, dass Israel versehentlich einen UN-Konvoi bombardiert hat. Bürger finden sich spontan zusammen, um gegen dieses Bombardement zu demonstrieren.

  Bei **Eilversammlungen** innerhalb von 48 Stunden zwischen Entscheidungszeitpunkt zur Abhaltung der Versammlung und ihrer Durchführung reduziert sich der Anmeldezeitraum. Bei einer Eilversammlung gilt damit die Anmeldepflicht, nur die 48-Stunden-Frist wird reduziert.
- Daneben kommt eine Auflösung in Betracht, wenn gegen die **Auflagen** der Anmeldung verstoßen wird.
- Klausurrelevant ist insbes. die Versammlungsauflösung, wenn gegen die Voraussetzungen des **§ 15 I–II VersG** verstoßen wird. Diese sind dann ggf. inzident zu prüfen.

Auch bei einer Auflösungsverfügung gem. § 15 III VersG stellen sich ähnliche Rechtsfolgenprobleme wie bei einer Verfügung nach § 15 I oder § 15 II VersG. Hier ist eine Verletzung des Grundsatzes der Verhältnismäßigkeit als Ermessensüberschreitung vor allem denkbar, wenn die Behörde eine Eilversammlung allein (!) wegen einer Verletzung der Anmeldepflicht nach § 14 VersG auflöst. Bei einer Spontanversammlung besteht ohnehin keine Anmeldepflicht (siehe oben). Die in § 15 III VersG vorgesehene Rechtsfolge der »Auflösung« kann im Wege eines »Erst-recht-Schlusses« auf weniger belastende Maßnahmen begrenzt werden. Denkbar sind vor allem Standardmaßnahmen (zB Ingewahrsamnahme einzelner Störer, Sicherstellung von Spruchbändern), für die als Ermächtigungsgrundlage auf § 15 III VersG iVm §§ … PolG zu verweisen ist.

**Problem: Einkesselung**

Problematisch ist die Einkesselung von Demonstranten. Sie ist wegen der damit verbundenen intensiven Beschränkung des allgemeinen Persönlichkeitsrechts der Betroffenen[361] regelmäßig rechtswidrig.

- **Vor** der Auflösung einer Versammlung kann sie nicht auf die polizeirechtliche Standardmaßnahme der Ingewahrsamnahme gestützt werden. Sie stellt auch keine Minusmaßnahme zum Verbot dar. Durch solch eine Sichtweise würde das komplizierte Regelungssystem des VersG unterlaufen, das in den §§ 15 III, 18 III, 19 IV VersG genau zwischen dem Ausschluss Einzelner und der Auflösung der Versammlung differenziert. Aus einer Gesamtschau dieser Normen folgt auch, dass ein Verbot ausdrücklich ergehen muss und nicht konkludent in der Einkesselung gesehen werden kann.
- **Nach** einer ausdrücklichen Auflösung der Versammlung verhindert die Einkesselung sogar, dass die ehemaligen Teilnehmer ihrer in §§ 18 I, 13 II VersG normierten und durch § 29 I Nr. 2 VersG bußgeldbewährten Entfernungspflicht nachkommen können.

360 Art. 13 III und IV BayVersG; § 12 I 2 LSAVersammlG; § 5 IV, V NdsVersG; § 14 III, IV SächsVersG.
361 BVerfG NJW 2010, 433.

**Problem: Zwangsmaßnahmen gegen Versammlungsteilnehmer**

Zwangsmaßnahmen gegen Teilnehmer einer Versammlung sind grundsätzlich unzulässig. Ausnahmen davon sieht das VersG zB in § 17a IV (Schutzwaffenverbot), in §§ 19a, 12a (Filmaufnahmen) und § 18 III (Ausschluss) vor. Beachten Sie, dass § 18 III VersG nur Fälle erfasst, in denen ein Teilnehmer der Versammlung sich gegen die Versammlung selbst richtet und damit ihre Ordnung stört. Nicht erfasst werden von der Vorschrift Handlungen, die sich gegen Personen oder Sachen außerhalb der Versammlung richten. Hier hilft nur die auf § 15 III VersG gestützte Minus-Maßnahme. Liegen die Tatbestandsmerkmale des § 15 III I VersG (vor allem unmittelbare Gefahr) vor und stellt sich eine Auflösung der Versammlung als unverhältnismäßig dar, kann die zuständige Behörde alle ihr zustehenden Befugnisse zur Abwehr der unmittelbaren Gefahr einsetzen, sofern die ergriffenen Maßnahmen selbst dem Verhältnismäßigkeitsgrundsatz genügen.[362] Ausgehend von diesen Grundsätzen dürfen die besonders examensrelevanten Platzverweise gegen Teilnehmer von Versammlungen nur ergehen, wenn der betreffende Teilnehmer zuvor gemäß § 18 III VersG von der Teilnahme ausgeschlossen wurde oder sein Ausschluss, gestützt auf § 15 III VersG, als Minus-Maßnahme zu einer tatbestandlich möglichen aber unverhältnismäßigen Auflösung der Versammlung gerechtfertigt ist.[363]

## 4. Kapitel. Öffentliches Baurecht

Öffentliches Baurecht spielt im Assessorexamen eine herausragende Rolle, weil neben materiellen Fragestellungen häufig dreipolige Streitverhältnisse zu klären sind, die besondere prozessuale Probleme aufwerfen. Außerdem finden die Prüfungsämter in der Praxis eine ausreichende Menge geeigneter Klausurvorlagen. Auf folgende Klausurkonstellationen sollten Sie vorbereitet sein: **126**

- Eine sehr wichtige Fallgestaltung ist die **Verpflichtungsklage eines Bauwilligen auf Erteilung einer Genehmigung** (ggf. auch Vorbescheides). Hier geht es um die Frage, ob der Bauwillige Anspruch auf Erteilung der von ihm begehrten Baugenehmigung hat. An diese Grundkonstellation aller baurechtlichen Fälle knüpfen die weiteren baurechtlichen Klausursituationen an.
- Beim **baurechtlichen Nachbarstreit** bestreitet der Nachbar des Bauwilligen dessen Anspruch auf Erteilung einer Baugenehmigung. Er kommt sowohl als Hauptsacheverfahren (idR als Drittanfechtungsklage) als auch als vorläufiges Rechtsschutzverfahren vor und mündet in der Sache stets in eine (teilweise) Inzidentprüfung des Anspruchs des Bauwilligen auf Erteilung der Baugenehmigung (soweit nachbarschützende Vorschriften betroffen sind).
- Eine weitere wichtige Klausurkonstellation ist eine Anfechtungsklage oder ein einstweiliger Rechtsschutzantrag gegen eine (sofort vollziehbare) **Bauordnungsverfügung**, in deren Rahmen sich der Kläger bzw. Antragsteller idR mit der Begründung verteidigt, er habe der Sache nach einen Anspruch auf die (derzeit noch) fehlende Baugenehmigung für sein bauliches Tun bzw. es sei materiell rechtmäßig. Auch diese Konstellation führt regelmäßig der Sache nach zur (teilweisen) Inzidentprüfung des Anspruchs des Bauwilligen auf Erteilung der (fehlenden) Baugenehmigung.
- Vereinzelt werden Klausurprobleme aus dem **Konfliktfeld des gemeindlichen Einvernehmens** nach § 36 BauGB zwischen Gemeinde und Baugenehmigungsbehörde aufgeworfen. Hier stellt sich regelmäßig die Frage, ob die Gemeinde das von ihr verweigerte Einvernehmen erteilen muss, was wiederum der Fall ist, wenn dem Bauwilligen ein Anspruch auf Erteilung der von ihm begehrten Baugenehmigung zusteht.
- Eher selten wird die Prüfung der **Rechtmäßigkeit eines Bauleitplans** im Rahmen eines Normenkontrollverfahrens nach § 47 I Nr. 1 VwGO verlangt. Da sich allerdings innerhalb eines Verpflichtungsklageverfahrens die Frage der Rechtmäßigkeit eines Bebauungsplans stellen kann, müssen Sie den nachfolgenden Abschnitt A zumindest in den Grundzügen beherrschen.

362 BVerwGE 64, 55.
363 BVerfG NVwZ 2005, 80.

## A. Rechtsschutz gegen Bauleitpläne

Der Bebauungsplan kann Ihnen in zwei Klausureinkleidungen begegnen. Seine Wirksamkeit kann im Rahmen einer prinzipalen Normenkontrolle gem. § 47 I Nr. 1 VwGO geprüft werden (hierzu A.).[364] Außerdem ist die Frage seiner Wirksamkeit zuweilen inzident zu prüfen, etwa im Rahmen eines auf die Erteilung der Baugenehmigung gerichteten Verpflichtungsbegehrens (hierzu B.).

### I. Zulässigkeit des Normenkontrollantrags

**Übersicht: Zulässigkeit des Normenkontrollantrags gem. § 47 I Nr. 1 VwGO zur Überprüfung eines Bauleitplans**

1. Zuständigkeit des OVG/VGH (§§ 40 I, 47 I VwGO)
2. Statthaftigkeit des Antrags (§ 47 I Nr. 1 VwGO)
   (P) Flächennutzungspläne
3. Antragsbefugnis (§ 47 II Hs. 1 VwGO)
   (P) (Mit-)Eigentümer außerhalb des Plangebiets
   (P) Obligatorisch Berechtigte
   (P) Gemeinden
   (P) Umweltschutzvereinigungen
4. Antragsfrist (§ 47 II 1 VwGO)
5. Keine Präklusion (§ 47 IIa VwGO)
6. Passive Prozessführungsbefugnis (§ 47 II 2 VwGO)
7. (Ausnahmsweise:) Postulationsfähigkeit des Antragstellers (§ 67 I VwGO)
8. Rechtsschutzbedürfnis
   (P) Verwirklichter Bebauungsplan

#### 1. Statthaftigkeit des Antrags (§ 47 I Nr. 1 VwGO)

127 Gemäß § 47 I Nr. 1 VwGO kann das OVG/der VGH Satzungen nach dem BauGB durch eine prinzipale Normenkontrolle überprüfen. Dazu gehören unter anderem der Bebauungsplan (§§ 8, 10 BauGB), der vorhabenbezogene Bebauungsplan (§ 12 BauGB), die Veränderungssperre (§§ 14, 16 I BauGB), Satzungen zur Begründung eines gemeindlichen Vorkaufsrechts (§ 25 BauGB), Innenbereichssatzungen (§ 34 IV BauGB) oder Satzungen zur Bestimmung des Außenbereichs (§ 35 VI BauGB).[365] In Berlin und Hamburg werden Bebauungspläne in Form einer Rechtsverordnung erlassen.[366]

**Problem: Flächennutzungsplan als zulässiger Antragsgegenstand**

Der Flächennutzungsplan wird grds. von § 47 I Nr. 1 VwGO nicht erfasst. Er ergeht nicht als Satzung, sondern stellt ein Institut eigener Art dar. Anders als der Bebauungsplan regelt er die Bodennutzung noch nicht parzellenscharf, sondern nur in den Grundzügen. Als vorbereitender Bauleitplan (§ 1 II BauGB) kommt ihm somit idR nur verwaltungsinterne Bedeutung zu. Eine partielle Außenwirkung ist jedoch für solche Darstellungen anerkannt, die gem. § 35 III 3 BauGB eine Sperrwirkung erzeugen. Insoweit hat das BVerwG die Statthaftigkeit des Antrags analog § 47 I Nr. 1 VwGO bejaht.[367]

**Klausurhinweis:** Diese Rechtsprechung ist für Anwaltsklausuren ausgesprochen wichtig. In der Regel wird die Behörde eine Konzentrationszone für Windkraft nach § 35 III 3 BauGB ausweisen. Wenn Sie etwa einen potenziellen Investor beraten, sollten Sie einen Antrag gem. § 47 I Nr. 1 VwGO stellen, um zu verhindern, dass die Ausweisung eine Sperrwirkung erzeugt. Erläutern Sie genau, warum ausnahmsweise in Abweichung zur traditionellen Auffassung ein Normenkontrollverfahren statthaft ist.

364 Zum Aufbau einer Normenkontrollentscheidung vgl. *Kaiser/Köster/Seegmüller* Öffentlich-rechtliche Klausur Rn. 280 ff.

365 Eine zusammenfassende Aufstellung zulässiger Verfahrensgegenstände finden Sie in *Kopp/Schenke* § 47 Rn. 21.

366 § 246 II BauGB, § 6 V 1 BlnAGBauGB und § 3 I 1 HmbBauleitfeststellungsgesetz.

367 BVerwG NVwZ 2007, 1081; *Schenke* NVwZ 2007, 134; *Jeromin* NVwZ 2006, 1374.

## 2. Antragsbefugnis gem. § 47 II VwGO

Zentrales Zulässigkeitsproblem ist regelmäßig die Antragsbefugnis gem. § 47 II VwGO. In Anlehnung an § 42 II VwGO gesteht die Rspr. die Antragsbefugnis jedem zu, der geltend macht, durch den Bebauungsplan in eigenen Rechten verletzt zu sein oder in absehbarer Zeit verletzt werden zu können. Die Möglichkeit einer eigenen Rechtsverletzung ist bei natürlichen und juristischen Personen gegeben, wenn der Bebauungsplan die planungsrechtliche Situation des Grundstücks verschlechtert, also zB die Nutzungsmöglichkeiten vermindert.[368] 128

Der **(Mit-)Eigentümer eines im Plangebiet liegenden Grundstücks** ist antragsbefugt, wenn die planungsrechtliche Situation durch den Bebauungsplan zu seinem Nachteil verändert oder beeinträchtigt wird.[369] Er hat einen Gebietserhaltungsanspruch. Dies ergibt sich daraus, dass der Bebauungsplan eine Inhalts- und Schrankenbestimmung des Eigentums (Art. 14 I 2 GG) darstellt, die selbst rechtmäßig sein muss, um eigentumsbeschränkende Wirkung zu entfalten.[370] Antragsbefugt ist auch der sonstige dinglich Berechtigte, also etwa der Inhaber eines Nießbrauchrechts.

Nicht antragsbefugt ist demgegenüber der nur **obligatorisch Berechtigte**. Aber Achtung: Nach Besitzübergang und Eintragung einer Auflassungsvormerkung bzw. Antrag auf Eigentumseintragung beim Grundbuch liegt ein dingliches Anwartschaftsrecht vor.[371] Daraus folgt eine eigentümerähnliche Stellung, die dem (auch) obligatorisch Berechtigten eine Antragsbefugnis verleiht.

Der **(Mit-)Eigentümer eines außerhalb des Plangebiets** liegenden Grundstücks oder der nicht unmittelbar durch die Planfestsetzung betroffene Eigentümer eines Plangrundstücks kann sich zur Begründung der Antragsbefugnis auf eine mögliche Verletzung des Abwägungsgebots gem. § 1 VII BauGB berufen, sofern drittschützende Abwägungsbelange betroffen sind.[372] Wann ein Belang abwägungserheblich ist, ist eine Frage des Einzelfalles. Die Antragsbefugnis hängt unter anderem von der planerischen Konzeption des Plans und der Bestimmtheit der Festsetzungen, aber auch von Anzahl, Lage, Größe und dem räumlichen Zusammenhang der Grundstücke ab, die Gegenstand der Planung sind.[373] Die wesentlichen (potentiell) abwägungsrelevanten Belange enthält § 1 VI BauGB. Rücken schutzbedürftige Wohnbebauungen an einen in der Nachbarschaft rechtmäßig vorhandenen emittierenden Betrieb heran, ist dieser antragsbefugt, weil er zum Schutz der Wohnnutzung jederzeit mit immissionsschutzrechtlichen Verfügungen überzogen werden kann.[374]

**Gemeinden** können sich als grundrechtsverpflichtete **juristische Personen** des öffentlichen Rechts grundsätzlich nicht auf Grundrechte berufen. Ihre Antragsbefugnis leiten Sie aus dem in Art. 28 II GG verankerten Selbstverwaltungsrecht her. Dieses garantiert vor allem die gemeindliche Planungshoheit.[375] Klausurrelevant ist die Verletzung des interkommunalen Abstimmungsgebots (§ 2 II BauGB).[376] Gemeinden müssen bei ihrer Bauleitplanung die Belange der Nachbargemeinden hinreichend berücksichtigen und bestehende Konflikte angemessen würdigen.[377] Dem liegt folgende Erwägung zugrunde: Eine Gemeinde, die sich objektiv in einer Konkurrenzsituation zu einer anderen Gemeinde befindet, darf von ihrer Planungshoheit nicht rücksichtslos Gebrauch machen.[378] Dabei sind nicht nur die Gemeinden zu bedenken, die unmittelbar an das Gebiet der planenden Gemeinde angrenzen.[379] Das interkommunale Abstimmungsgebot ist verletzt, wenn sich aus dem Bebauungsplan gewichtige Auswirkungen auf die Planungshoheit der antragstellenden Nachbargemeinde ergeben.[380]

368 *Dürr* JuS 2007, 521 (522) mwN.
369 BVerwGE 116, 144 (149); *Kintz* ÖffR Rn. 573 f.
370 Posser/Wolff/*Giesberts* § 47 Rn. 39.
371 *Kintz* ÖffR Rn. 574 mwN.
372 BVerwG NJW 1999, 592; NVwZ 2007, 825; *Kopp/Schenke* § 47 Rn. 71.
373 BVerwG NVwZ 2007, 825 (826).
374 BVerwG NVwZ 1991, 980 (981); dieses und weitere Beispiele aus Posser/Wolff/*Giesberts* § 47 Rn. 41.1.
375 *Kopp/Schenke* § 47 Rn. 79.
376 Im Einzelnen hierzu *Kintz* ÖffR Rn. 581.
377 *Kopp/Schenke* § 47 Rn. 79 mwN.
378 OVG Münster NVwZ 2005, 1201 (1203).
379 VGH München NVwZ 2000, 822 (823).
380 Im Einzelnen hierzu → Rn. 138.

**Problem: Veräußerung des Grundstücks während des Normenkontrollverfahrens**

Veräußert ein Grundstückseigentümer während des Normenkontrollverfahrens das Grundstück und führt der Erwerber den Rechtsstreit nicht in eigenem Namen fort, verbleibt es bei der Prozessführungsbefugnis des ursprünglichen Eigentümers (§ 173 S. 1 VwGO iVm § 265 II ZPO). Er ist im Rubrum aufzunehmen.[381]

**Problem: Umweltschutzvereinigungen**

Umweltschutzvereinigungen sind auch klagebefugt, wenn Sie eine Verletzung von Vorschriften geltend machen, die nur Allgemeininteressen dienen. § 2 I UmwRG aF, der die Klagebefugnis auf subjektive Rechte beschränkte, wurde vor dem Hintergrund von Art. 10 a UVP-Richtlinie geändert. Ein Rückgriff auf die Richtlinie ist mithin nicht mehr erforderlich. [382]

### 3. Antragsfrist (§ 47 II 1 VwGO)

129 Gem. § 47 II 1 VwGO ist der Antrag binnen eines Jahres nach Bekanntgabe der Vorschrift zu stellen. Für diese nach § 57 II VwGO, § 222 I ZPO iVm §§ 187 ff. BGB zu berechnende Ausschlussfrist kommt eine Wiedereinsetzung nicht in Betracht.[383] Hier treten die typischen Klausurprobleme (zB Fristende an Sonn- oder Feiertagen; § 222 II ZPO) wiederholt auf. Beachten Sie für vor dem 1.1.2007 in Kraft getretene Vorschriften, dass gem. § 195 VII VwGO die zweijährige Frist fortgilt.

### 4. Keine Präklusion (§ 47 IIa VwGO)

130 Der zum 1.1.2007 in Kraft getretene § 47 IIa VwGO stellt eine besondere Ausgestaltung des Rechtsschutzbedürfnisses dar. Diese Norm soll die Beteiligungsrechte der Bürger im Verwaltungsverfahren betonen und den Rechtsschutz im Interesse der Investitions- und Rechtssicherheit auf ein sachgerechtes Maß begrenzen.[384] Rechtsfolge des § 47 IIa VwGO ist die Unzulässigkeit des Normenkontrollantrags (prozessuale Präklusion).[385] Diese Folge tritt jedoch nur ein, wenn ein entsprechender Hinweis nach § 3 II 2 Hs. 2 BauGB (ggf. iVm § 13a II Nr. 1 oder § 13 II 2 BauGB) bereits in der Bekanntmachung von Ort und Zeit der öffentlichen Auslegung vorhanden war. Hierbei muss der Wortlaut des § 47 IIa VwGO nicht wiedergegeben werden, wenn der Warnzweck anderweitig sichergestellt wird.[386]

**Klausurhinweis:** Taktisch sollte Ihnen klar sein, dass eine auf § 47 VwGO zugeschnittene Klausur voraussichtlich nicht an der Zulässigkeit des Normenkontrollantrags scheitern wird. Daher müssen Sie bei entsprechendem Vortrag des Antragsgegners genau untersuchen, ob der vorne genannte Hinweis ordnungsgemäß enthalten war. Die Präklusion kann auch bei Anwaltsklausuren relevant werden: Weil es sich um eine formelle Präklusionsnorm handelt, sind Einwendungen im Rahmen eines Normenkontrollantrags ausgeschlossen; nicht hingegen im Rahmen einer verwaltungsgerichtlichen Inzidentkontrolle.[387]

### 5. Passive Prozessführungsbefugnis

131 Passiv prozessführungsbefugt ist die Körperschaft, Anstalt oder Stiftung, die den Bauleitplan erlassen hat (§ 47 II 2 VwGO). Dies ist für die Abfassung des Rubrums wichtig, wirft aber kaum Klausurprobleme auf.

### 6. Rechtsschutzbedürfnis

132 Vereinzelt tragen Antragsgegner vor, das Rechtsschutzbedürfnis sei entfallen, weil bereits Baugenehmigungen erteilt worden seien. Richtig ist, dass im Fall der Unwirksamkeitsfeststellung des Bebauungsplans vorherige Baugenehmigungen wirksam bleiben. Dies ergibt sich für rechtskräftige verwaltungsgerichtliche Verpflichtungen aus § 47 V 3 iVm § 183 S. 1 VwGO, die

381 Zu den Auswirkungen der Veräußerung von streitbefangenen Grundstücken durch den Kläger vgl. *Kaiser/Köster/Seegmüller* Öffentlich-rechtliche Klausur Rn. 37.

382 *Kopp/Schenke* § 42 Rn. 180.

383 *Kopp/Schenke* § 47 Rn. 83; OVG NRW BauR 2004, 1594 (1595).

384 BT-Drs. 16/2496, 10f.

385 *Kopp/Schenke* § 47 Rn. 87.

386 OVG Münster NWVBl. 2009, 145 (146).

387 *Kintz* ÖffR Rn. 583 mwN.

für bestandskräftige Verwaltungsakte analog angewendet werden. In diesen Fällen erzielt der Antragsteller durch den Kontrollantrag keinen Vorteil. Dies führt aber nur zum Wegfall des Rechtsschutzbedürfnisses, wenn der Plan vollständig »abgearbeitet« worden ist. Ist er (wie voraussichtlich in Ihrem Aktenauszug) erst teilweise verwirklicht, bleibt das Rechtsschutzbedürfnis bestehen und der Antrag ist zulässig.

## II. Begründetheit des Normenkontrollantrags

Der Normenkontrollantrag ist begründet, wenn der Bebauungsplan im Zeitpunkt der Entscheidung über den Antrag rechtsfehlerhaft ist und der bzw. die Fehler nach Maßgabe der §§ 214 ff. BauGB auch beachtlich sind. Dann ist er im Hauptsachetenor für unwirksam zu erklären (§ 47 V 2 VwGO): 133

> Der Bebauungsplan XY der Gemeinde Wedemark wird für unwirksam erklärt.

**Klausurhinweis:** Zwischen der Drittanfechtungsklage gem. §§ 42 I Alt. 1, 113 I 1 VwGO und dem Normenkontrollantrag gem. § 47 I VwGO besteht ein wesentlicher Unterschied hinsichtlich des gerichtlichen Kontrollumfangs: Bei der Drittanfechtungsklage prüfen Sie (nur), inwieweit der Kläger in seinen subjektiven Rechten verletzt ist. Ist demgegenüber bei der Normenkontrolle nach § 47 VwGO die Hürde der Antragsbefugnis überwunden, erfolgt auf Begründetheitsebene eine von der subjektiven Rechtsverletzung des Antragstellers unabhängige umfassende objektive Prüfung. Merken Sie sich diesen wesentlichen Unterschied.[388]

### 1. Formelle Rechtmäßigkeit des Bebauungsplans

**Übersicht: Formelle Rechtmäßigkeit eines Bebauungsplans**

**a) Zuständigkeit**

- Sachliche Verbandszuständigkeit (§§ 1 III, 2 I 1 BauGB); Organzuständigkeit des Rates richtet sich nach Gemeinderecht
- Örtliche Zuständigkeit: Gemeindegebiet (§ 8 II iVm § 5 I 1 BauGB)

**Fehlerfolge:** Beachtlichkeit (+), da weder § 214 BauGB noch § 215 BauGB; ggf. Fehlerfolgen nach Kommunalrecht zu beurteilen

**b) Ordnungsgemäßes Planaufstellungsverfahren**

- Umweltprüfung einschließlich ordnungsgemäßer Darstellung im Umweltbericht (§ 2 IV BauGB)

**Fehlerfolge:** Verfahrensfehler (§§ 214 I 1 Nr. 1 bzw. 3 Var. 3, 215 I 1 Nr. 1 BauGB)

- Frühzeitige Unterrichtung der Öffentlichkeit (§ 3 I BauGB) und Behörden (§ 4 I BauGB)

**Fehlerfolge:** Unbeachtlichkeit (§ 214 I 1 Nr. 2 BauGB e contrario)

- Ordnungsgemäße Beteiligung der Öffentlichkeit (§ 3 II BauGB) und Behörden (§ 4 II BauGB)

**Fehlerfolge:** bzgl. Verfahren §§ 214 I 1 Nr. 2, 215 I 1 Nr. 1 BauGB; bzgl. Form (Begründungsgebot) §§ 214 I 1 Nr. 3, 215 I 1 Nr. 1 BauGB

- Verfahrensfehlerfreie Ermittlung und Bewertung sonstiger Belange gem. § 2 III BauGB (Ermittlungsdefizit, Abwägungsausfall und Abwägungsfehleinschätzung; nicht: Fehler im Abwägungsergebnis, da Letzteres materielle Rechtmäßigkeitsvoraussetzung ist)

**Fehlerfolge:** Verfahrensfehler (§§ 214 I 1 Nr. 1, 215 I 1 Nr. 1 BauGB)

**c) Ordnungsgemäßes Abschlussverfahren**

- Ordnungsgemäßer Satzungsbeschluss (§ 10 I BauGB)

**Fehlerfolge:** Formfehler (§ 214 I 1 Nr. 4 BauGB); Gemeinderecht ggf. lex specialis

---

388 Unter anderem *Kintz* ÖffR Rn. 586 mwN.

- Begründung (§ 9 VIII BauGB) mit zusammenfassender Erklärung (§ 10 IV BauGB)

**Fehlerfolge:** Begründungsfehler: Formfehler (§ 214 I 1 Nr. 3 BauGB); fehlende zusammenfassende Erklärung irrelevant

- Ggf. Genehmigung (§ 10 II 1 BauGB) beim selbstständigen, vorgezogenen und vorzeitigen Bebauungsplan

**Fehlerfolge:** Verfahrensfehler (§§ 214 I 1 Nr. 3 BauGB, 215 I 1 Nr. 1 BauGB)

- Bekanntmachung des Beschlusses über den Bebauungsplan (§ 10 III, IV BauGB)

**Fehlerfolge:** Formfehler (§ 214 I 1 Nr. 4 Var. 3 BauGB)

#### a) Zuständigkeit

134 Gem. §§ 1 III, 2 I BauGB liegt die sachliche Verbandskompetenz für den Erlass eines Bebauungsplans bei der Gemeinde. Örtlich ist die Gemeinde berechtigt, die Bauleitplanung für das Gemeindegebiet zu erlassen. Die Organzuständigkeit liegt bei dem Rat.[389]

Verstöße gegen die Zuständigkeitsvorschriften führen zur Unwirksamkeit des Bebauungsplans; die Vorschriften der §§ 214, 215 BauGB gelten nicht.

#### b) Ordnungsgemäßes Planaufstellungsverfahren

135 Im Rahmen der Ordnungsmäßigkeit des Planaufstellungsverfahrens dürften Probleme der **Umweltprüfung** einschließlich der ordnungsgemäßen Darstellungen im Umweltbericht (§§ 2 IV, 2a Nr. 2 BauGB) wenig klausurrelevant sein. Auch die als Verfahrensvorschrift vorgesehenen Unterrichtungsrechte der Öffentlichkeit (§ 3 I BauGB) und der Behörden (§ 4 I BauGB) sowie die entsprechenden Beteiligungsrechte (§§ 3 II, 4 II BauGB) sollten Sie sich nur vollständigkeitshalber merken.

Klausurrelevant ist hingegen das Gebot der **Ermittlung und Bewertung der sonstigen Belange nach § 2 III BauGB**. Dieses ist als Verfahrensvorschrift ausgestaltet und daher in der formellen Rechtmäßigkeit zu prüfen. Als Verfahrensgebot setzt § 2 III BauGB voraus, dass das relevante Abwägungsmaterial vollständig ermittelt wird und dass die ermittelten Belange ordnungsgemäß bewertet werden. Die möglichen Verfahrensfehler ergeben sich aus § 214 I Nr. 1 BauGB. Als verfahrensrelevante Fehler im Abwägungsvorgang müssen Sie unterscheiden:

- Beim **Abwägungsausfall** hat eine Abwägung überhaupt nicht stattgefunden.
- Ein **Abwägungsdefizit** liegt vor, wenn ein beachtlicher Belang nicht in die Abwägung eingestellt worden ist. Als beachtlicher Belang ist neben berechtigten Interessen Privater insbes. das Gebot der interkommunalen Rücksichtnahme nach § 2 II 1 BauGB relevant. Auch der spiegelbildliche Fehler kommt vor; nämlich dann, wenn ein Belang in die Abwägung eingestellt wird, der unbeachtlich ist (**Abwägungsüberschuss**).
- Bei der **Abwägungsfehleinschätzung** wird ein relevanter Belang im Verhältnis zu seinem (vom Gericht zu ermittelnden) objektiven Gewicht als zu gering bzw. bedeutungslos angesehen. Manchmal ist die Abgrenzung zwischen Abwägungsdefizit und -fehleinschätzung problematisch. Beachten Sie, dass ein Abwägungsdefizit nur vorliegt, wenn ein wichtiger Belang übersehen worden ist. Ist er hingegen gesehen worden, aber in der Bedeutung verkannt und deshalb nur unzureichend in die Abwägung eingestellt worden, liegt eine Abwägungsfehleinschätzung vor. Gesetzliche Vorgaben für die Bewertung bestimmter Belange enthält etwa § 50 BImSchG.

**Klausurhinweis:** Ein materiell-rechtlicher Fehler liegt hingegen vor, wenn das Abwägungsergebnis unverhältnismäßig ist. Beachten Sie aber, dass dies nicht einfach der Fall ist, weil ein Optimierungsverbot verkannt wurde. Denn gem. § 214 III BauGB kann der Fehler nur einmal geltend gemacht werden. Sofern er bereits als Verfahrensfehler Berücksichtigung gefunden hat, ist er für die Rechtsfolgenseite »verbraucht«. An welcher Stelle Sie etwa § 50 BImschG ansprechen, steht Ihnen frei.

389 § 6 V1 BlnAGBauGB: Bezirksamt; § 3 I 1 HmbBauleitplanungsfeststellungsgesetz: Senat.

§ 214 I 1 Nr. 1 BauGB regelt die Beachtlichkeit eines Fehlers nach § 2 III BauGB wie folgt: Der Fehler ist beachtlich, wenn

- der Gemeinde dieser Belang positiv bekannt gewesen ist oder ihr hätte bekannt sein müssen,
- der Belang in wesentlichen Punkten nicht zutreffend ermittelt oder bewertet wurde,
- der Mangel (erstens) offensichtlich ist, sich also erkennbar aus den Akten, Entwürfen oder Planbegründungen oder öffentlichen Äußerungen ergibt und (zweitens) Einfluss auf das Abwägungsergebnis hatte. Letzteres ist dann gegeben, wenn die konkrete Möglichkeit besteht, dass das Abwägungsergebnis ohne den Verfahrensfehler anders ausgefallen wäre.

#### c) Ordnungsgemäßes Abschlussverfahren

Sehr examensrelevant ist die Frage, ob ein **formell und materiell rechtmäßiger Satzungsbeschluss** (§ 10 I BauGB) vorliegt. An dieser Stelle spielen häufig die kommunalrechtlichen Vor- 136
schriften über die Rechtmäßigkeit von Ratsbeschlüssen eine Rolle. Hierzu werden Sie ggf. Hinweise im Aktenauszug finden. Vor allem die Ausschließungsgründe wegen möglicher Interessenkollision sind wichtig. Die Gemeindeordnungen enthalten auch vielfach Bestimmungen über die Heilung und die Unbeachtlichkeit von Fehlern, die als leges speciales §§ 214 f. BauGB vorgehen. Im Übrigen ist nach § 214 I 1 Nr. 4 BauGB ein Verstoß gegen § 10 I BauGB stets beachtlich, ohne dass eine Präklusion in Betracht kommt, da § 215 I Nr. 1 BauGB für Fehler nach § 214 I 1 Nr. 4 BauGB ausdrücklich nicht gilt.

**Problem: Ausschließung von Ratsmitgliedern wegen eines Mitwirkungsverbots**

Die Gemeindeordnungen enthalten regelmäßig Vorschriften, nach denen ein Ratsmitglied an einer Entscheidung nicht mitwirken darf, wenn der Ratsbeschluss einem Ratsmitglied oder einem »Angehörigen« einen unmittelbaren Vorteil oder Nachteil bringen kann. Merken Sie sich hierzu folgende examensrelevante Gesichtspunkte:

**Übersicht: Formelle Rechtmäßigkeit eines Ratsbeschlusses bei kommunalrechtlichem Mitwirkungsverbot**

I. Organzuständigkeit
II. Verfahren
  (P) Verstoß gegen kommunalrechtliches Mitwirkungsverbot
  1. Anwendbarkeit der gemeinderechtlichen Vorschriften über Mitwirkungsverbot
  2. Voraussetzungen
    a) Beratende oder entscheidende Mitwirkung eines Ratsmitglieds
    b) Abstrakte Möglichkeit eines konkreten und unmittelbaren Vor-/Nachteils für das mitwirkende Ratsmitglied
  3. Rechtsfolge
    (P) Unrechtmäßiger Ausschluss
    (P) Unrechtmäßiger Nicht-Ausschluss
    (P) Präklusion
III. Form

Deutet der Aktenauszug darauf hin, dass eine Person an dem Aufstellungsbeschluss mitgewirkt hat, bei der eine Interessenkollision bestehen kann, müssen Sie im Rahmen der formellen Rechtmäßigkeit des Ratsbeschlusses inzident die kommunalrechtlichen Mitwirkungsverbote und evtl. daraus resultierende Rechtsfolgen erörtern. Nochmals: Diese Inzidentprüfung kann einen Klausurschwerpunkt bilden. Technisch gehen Sie in der vorstehenden Prüfungsfolge vor. **Tatbestandlich** ist zu klären, ob der Beschluss der betroffenen Person einen unmittelbaren Vor- oder Nachteil bringen kann. Hierzu gilt Folgendes:

- Der Vorteil muss bei einem **Ratsmitglied**, einem **Angehörigen** (idR gemeindeordnungsrechtlich legaldefiniert) oder einem **Vertretenen** entstehen können.
- Die Entscheidung muss der betroffenen Person einen »**unmittelbaren**« Vor- oder Nachteil bringen können. Unmittelbar ist iSe direkten Kausalbeziehung zu verstehen. Der Vorteil darf also nicht erst durch das Dazutreten weiterer Faktoren entstehen, sondern vielmehr durch den Beschluss selbst oder dessen Vollzug. Vielfach scheitert in Klausuren das Mitwirkungsverbot gerade an diesem Gesichtspunkt. Diese Unmittelbarkeitsbeziehung wird

allerdings nicht durch eine pflichtgemäße Ausführung des Beschlusses durch den Bürgermeister unterbrochen.
- Schließlich darf **kein Ausnahmegrund** eingreifen. Bedeutsam sind hierbei vor allem die Ausschlussgründe, wonach es nicht ausreicht, dass jemand einer »Berufs- oder Bevölkerungsgruppe« angehört, die insgesamt Vorteile erwarten kann. Der Vorteil muss damit gerade beim Ratsmitglied oder den Angehörigen eintreten.

Liegt ein Mitwirkungsverbot vor, erstreckt sich dieses auf das gesamte Verfahren einschließlich vorbereitender Beschlüsse. Verstöße gegen landesrechtlich vorgesehene Verfahrensvorschriften führen aber nur dann zur Unwirksamkeit des Bebauungsplans kraft Bundesrechts, wenn und soweit die Ratsmitglieder an Verfahrensschritten mitwirken, die bundesrechtlich zwingend vorgeschrieben sind. Dennoch kann die unzulässige Mitwirkung befangener Ratsmitglieder in früheren Verfahrensschritten einen Fehler im Abwägungsvorgang auslösen und den Satzungsbeschluss fehlerhaft machen.[390]

Bei den **Rechtsfolgen** eines Mitwirkungsverbots, die sich aus den Vorschriften der GemO, und nicht aus §§ 214 ff. BauGB ergeben, müssen Sie wie folgt unterscheiden:
- Bloße Verstöße gegen Regelungen der **Geschäftsordnung** haben grds. keinen Einfluss auf die Wirksamkeit des Ratsbeschlusses.
- Ein Verstoß gegen ein **Mitwirkungsverbot** führt zur Unwirksamkeit des Beschlusses, wenn gerade die Stimme des Mitwirkenden für das Abstimmungsergebnis ausschlaggebend gewesen ist.

Beachten Sie allerdings, dass Präklusionsnormen[391] dazu führen können, dass nach Ablauf einer Jahresfrist Verletzungen eines Mitwirkungsverbots nicht mehr geltend gemacht werden können. Das war bereits in Anwaltsklausuren zu berücksichtigen.

Dem Bebauungsplan ist eine **Begründung (§ 9 VIII BauGB)** mit den nach § 2a BauGB erforderlichen Angaben beizufügen. Ein Verstoß hiergegen ist nach § 214 I 1 Nr. 3 Hs. 1 BauGB zwar grds. beachtlich; eine Unbeachtlichkeit kommt aber in Betracht, wenn die Begründung des Bebauungsplans in unwesentlichen Punkten unvollständig ist (§ 214 I 1 Nr. 3 Hs. 2 BauGB).

Examensrelevant sind schließlich Fehler bei der **Bekanntgabe des Beschlusses** nach § 10 III 1 BauGB. Bekanntzugeben ist bei genehmigungspflichtigen Bebauungsplänen die Genehmigungserteilung und bei genehmigungsfreien Plänen der Beschluss über den Bebauungsplan durch die Gemeinde. Nicht bekanntzumachen ist der Plan selbst. Dieser ist nach § 10 III 2, IV BauGB nur zur Einsicht bereit zu halten.

### 2. Materielle Rechtmäßigkeit des Bebauungsplans

**Übersicht: Materielle Rechtmäßigkeit des Bebauungsplans**

- Erforderlichkeit des Bebauungsplans für die städtebauliche Entwicklung und Ordnung (§ 1 III BauGB) – sehr examensrelevant
- Anpassungspflicht an Ziele der Raumordnung (§ 1 IV BauGB)
- Entwicklungspflicht aus Flächennutzungsplan – Prinzip der Zweistufigkeit (§ 8 II–IV BauGB)
- Keine Verletzung des interkommunalen »Rücksichtnahmegebots« (§ 2 II BauGB) – sehr examensrelevant
- Verwendung der zulässigen Festsetzungen der BauNVO (§ 9 BauGB)
- Ordnungsgemäße Abwägung der öffentlichen und privaten Belange im Abwägungsergebnis (§ 1 VII BauGB), insbes. Konfliktbewältigung und Trennungsgebot (nicht im Abwägungsvorgang: der ordnungsgemäße Abwägungsvorgang ist formelle Rechtmäßigkeitsvoraussetzung, siehe oben) – sehr examensrelevant

Von den vorstehenden Prüfungspunkten der materiellen Rechtmäßigkeit haben nach unserer Erfahrung folgende Fragen die größte Klausurrelevanz, sodass nur auf diese eingegangen wird.

390 BVerwGE 79, 200 (203).
391 § 54 IV NRWGemO; § 25 VI HGO; § 41 VI NdsKomVG; §§ 22 VI, 3 IV 1 BbgKomVerf.

### a) Erforderlichkeit des Bebauungsplans (§ 1 III BauGB)

Aus der in Art. 28 II GG verbürgten gemeindlichen Planungshoheit folgt eine Planungsbefugnis, aber auch eine Planungspflicht, wenn die Entwicklungs- und Ordnungsvorstellungen der Gemeinde dies erfordern, eine Veränderung der baulichen Nutzung zu erwarten ist oder die Ordnung der räumlichen Entwicklung im öffentlichen Interesse liegt. Eine Planrechtfertigung kann vor allem in folgenden examensrelevanten Konstellationen fehlen: 137

- **Verhinderungsplanung:** Mit der Planung wird allein das Ziel verfolgt, ein bestimmtes Vorhaben zu verhindern. Ihr liegt keine oder nur eine vorgeschobene positive Planungsvorstellung zugrunde. Aktuell wird dieses Problem gerade bei der (Verhinderungs-)Planung von Windenergieanlagen relevant.[392]
- **Gefälligkeitsplanung:** Die Planung dient allein der Befriedigung privater Interessen.[393] Da aber Großvorhaben nicht ohne verbindliche Zusagen realisiert werden können, ist nicht jede der Abwägung vorausgehende Planung und Bindung unzulässig. Erforderlich ist aber, dass die Vorwegnahme der Entscheidung sachlich gerechtfertigt war, dass bei der Vorwegnahme die planungsrechtliche Zuständigkeitsordnung gewahrt wurde und dass die vorweggenommene Entscheidung auch inhaltlich nicht zu beanstanden ist. [394]

Beachten Sie, dass sich nach der Rspr. das Planungsermessen zu einer Planungspflicht verdichten kann, wenn qualifizierte städtebauliche Gründe von besonderem Gewicht vorliegen.[395] Diese Anpassungspflicht kann auch aus dem interkommunalen Abstimmungsgebot erwachsen, zB wenn großflächige Einzelhandelsbetriebe angesiedelt werden sollen, die zu erheblichen nachteiligen städtebaulichen Auswirkungen auf Nachbargemeinden führen.

Wird gegen den Grundsatz der Planrechtfertigung verstoßen, ist der Bebauungsplan unwirksam. Bauvorhaben sind dann am Maßstab der §§ 34, 35 BauGB zu messen. Merken Sie sich dies für Verpflichtungsklageverfahren, in denen der Kläger die Unwirksamkeit des Bebauungsplans geltend macht.

### b) Keine Verletzung des interkommunalen Rücksichtnahmegebots (§ 2 II BauGB)

Das Abstimmungsgebot des § 2 II BauGB begründet einen materiellen Anspruch auf Rücksichtnahme und Vermeidung unzumutbarer Nachteile für die Nachbargemeinde einer planenden Gemeinde. Richtung und Gehalt des Abstimmungsvorgangs ergeben sich dabei aus den Wertungen des § 1 V und VI BauGB.[396] Eine Verletzung liegt vor, wenn die Bauleitplanung störende Anlagen an der Gemarkungsgrenze ausweist oder die »grüne Lunge« der Kommune (Naherholungsgebiet) gefährdet. Ein Verstoß ist auch in Erwägung zu ziehen, wenn die Nachbargemeinde große Einkaufszentren oder Factory-Outlet-Center ausweist, die zu einem erheblichen Kaufkraftabfluss an die Nachbargemeinde oder zu einem »Ausbluten« der Innenstadt führen.[397] 138

### c) Ordnungsgemäße Abwägung (§ 1 VII BauGB)

**Klausurhinweis:** Es ist bereits darauf hingewiesen worden, dass die ordnungsgemäße Abwägung sowohl formelle als auch materielle Komponenten hat. Im Rahmen der materiellen Rechtmäßigkeit prüfen Sie daher nur die sog. Abwägungsdisproportionalität. Die übrigen Gesichtspunkte werden von der Verfahrensgrundnorm des § 2 III BauGB erfasst und sind im Rahmen der formellen Rechtmäßigkeit zu prüfen.

| | |
|---|---|
| • Bewertungsausfall<br>• Ermittlungsdefizit<br>• Bewertungsfehleinschätzung | wegen § 2 III BauGB Teil der formellen Rechtmäßigkeit |
| • Abwägungsdisproportionalität | Problem der materiellen Rechtmäßigkeit |

392 BVerwG NVwZ 2006, 339.
393 OVG Koblenz BauR 2010, 1539 (1540).
394 BVerwGE 45, 309 – Flachglas.
395 BVerwGE 119, 25.
396 *Jahn* JuS 2000, 590 (594).
397 *Uechtritz* NVwZ 2004, 1025 (1026); *Kintz* ÖffR Rn. 581.

139 Eine Abwägungsdisproportionalität liegt vor, wenn zwischen den in die Abwägung einzustellenden Belangen insgesamt kein angemessener Ausgleich hergestellt wird. Die einzelnen Belange wurden zwar jeder für sich noch nicht außer Verhältnis zu ihrem objektiven Gewicht gewichtet. Es liegt also keine Bewertungsfehleinschätzung vor. Das Ergebnis der Abwägung steht aber in unangemessenem Verhältnis zur Gesamtgewichtigkeit der in die Abwägung einzustellenden Belange. Klausurrelevant ist hierbei das Trennungsprinzip nach § 50 BImSchG, das eine räumliche Trennung zwischen ausschließlich oder überwiegend dem Wohnen dienenden Gebieten von emittierenden Anlagen verlangt. An diesen Grundsatz sollten Sie daher denken, wenn der Aktenauszug Hinweise darauf enthält, dass die Beteiligten über die Notwendigkeit von »Pufferzonen« streiten.

**Problem: Konflikttransfer**

Nach dem Gebot der planerischen Konfliktbewältigung soll ein Bebauungsplan die ihm zuzurechnenden Konflikte lösen. Es ist deshalb grds. nicht zulässig, einzelne Aspekte auszuklammern. Eine Ausnahme macht die Rechtsprechung jedoch, wenn ein sachlicher Grund vorliegt und die zurückgestellten Aspekte durch das spätere Verfahren wahrscheinlich in Ausgleich gebracht werden können.[398]

## B. Rechtsschutz gegen die Versagung einer Baugenehmigung

**Klausurhinweis:** Falls Sie über ein Rechtsschutzbegehren eines Bauwilligen auf Erteilung einer Baugenehmigung in einem zweipoligen Streitverhältnis zu entscheiden haben, treten prozessuale Schwierigkeiten kaum auf. Der Schwerpunkt der Klausur liegt dann typischerweise in der Begründetheit des Verpflichtungsbegehrens. Angereichert werden diese Klausuren häufig mit Fragen der kommunalen Bauplanungssicherung (Veränderungssperre und Zurückstellung von Baugesuchen). Diese Klausuren laufen idR als verwaltungsgerichtliche Klausur oder als Anwaltsklausur (Bauherrenmandat). Strukturell vergleichbar sind Klausuren, in denen der Bauherr eine Teilbaugenehmigung oder einen Vorbescheid begehrt. Mit Letzterem entscheidet die Behörde idR nur über das Vorliegen der bauplanungsrechtlichen Voraussetzungen.

### I. Zulässigkeit der Verpflichtungsklage

140 Mit der Baugenehmigung trifft die Behörde zwei Regelungen: Sie legt (erstens) verbindlich fest, dass öffentlich-rechtliche Vorschriften dem Bauvorhaben nicht entgegenstehen und hebt (zweitens) das Bauverbot als präventives Verbot mit Erlaubnisvorbehalt auf. Daher ist gegen die behördliche Ablehnung der vom Kläger erstrebten Regelungen die Verpflichtungsklage statthaft (§ 42 I Alt. 2 VwGO). Je nach Landesrecht ist zuvor ggf. ein Widerspruchsverfahren durchzuführen. Die Klagebefugnis gem. § 42 II VwGO folgt aus der einfachgesetzlichen bauordnungsrechtlichen Anspruchsgrundlage für die Baugenehmigung. Die grundrechtliche Baufreiheit (Art. 14 I GG) ist wegen des Anwendungsvorrangs des einfachen Rechts idR nicht zu erörtern. Das gilt vor allem im Zweiten Staatsexamen.

**Problem: Rechtsschutzbedürfnis bei entgegenstehenden privaten Rechten**

Häufig wird in Aktenauszügen das Rechtsschutzbedürfnis einer Verpflichtungsklage mit dem Argument in Zweifel gezogen, der Bauwillige könne aus der begehrten Baugenehmigung keinen Nutzen ziehen, da er aus privatrechtlichen Gründen an der Umsetzung der Baugenehmigung gehindert sei. Merken Sie sich: Zwar können privatrechtliche Gründe (zB Nießbrauch- oder Wegerechte) einer Bebauung entgegenstehen. Dies führt aber nur zur Unzulässigkeit der Klage, wenn die entgegenstehenden privaten Gründe offensichtlich sind (Evidenzkontrolle). Ob privatrechtliche Titel tatsächlich durchgreifen, ist zivilgerichtlich zu prüfen.[399] Denken Sie klausurtaktisch: Wenn der Kläger das private Recht bestreitet, ist dieses nicht offensichtlich. Darüber hinaus ist zT auch landesrechtlich geregelt, dass Baugenehmigungen »unbeschadet der privaten Rechte Dritter« erteilt werden.

398 BVerwG NVwZ 1989, 659 (660).
399 VGH Mannheim NVwZ-RR 1995, 563 (564).

**Problem: Erledigung des Verpflichtungsbegehrens**

Maßgebender Zeitpunkt für die Beurteilung der Sach- und Rechtslage ist der Zeitpunkt der mündlichen Verhandlung. Gelegentlich kommt es vor, dass sich während des Klageverfahrens die Sach- und Rechtslage zum Nachteil des Klägers verändert, etwa indem ein dem Vorhaben entgegenstehender Bebauungsplan neu erlassen wird. Dann kommt eine Umstellung des Verpflichtungsbegehrens auf einen Fortsetzungsfeststellungsantrag (§ 113 I 4 VwGO analog) in Betracht. Hierbei handelt es sich um eine stets zulässige Klageänderung durch Beschränkung des Klageantrags (§ 173 VwGO iVm § 264 Nr. 2 ZPO). Ist die Erledigung nach Klageerhebung eingetreten, können Sie das erforderliche qualifizierte Feststellungsinteresse auch mit dem Ziel der Vorbereitung eines Amtshaftungsverfahrens bejahen.

**Klausurhinweis:** In baurechtlichen Streitigkeiten ist häufig die Beiladung Dritter gemäß § 65 II VwGO geboten (zB Gemeinde im Fall des § 36 BauGB) oder jedenfalls gemäß § 65 I VwGO sinnvoll (zB Nachbar). Unterbleibt eine rechtlich gebotene oder jedenfalls sinnvolle Beiladung, stellt dies weder einen im Rechtsmittelverfahren zu berücksichtigenden Verfahrensfehler dar, noch führt dies gar zur Unzulässigkeit der Klage. Die Entscheidung wirkt bei Unterbleiben einer Beiladung vielmehr schlicht gegenüber dem (nicht beigeladenen) Dritten nicht. Ist eine Beiladung erfolgt, bedenken Sie, dass Rubrum, Tenor, Tatbestand und Entscheidungsgründe (Kostenentscheidung) an diesen Umstand angepasst werden müssen.[400]

## II. Begründetheit der Verpflichtungsklage

**Übersicht: Begründetheit der Verpflichtungsklage des Bauwilligen**

1. Anspruchsgrundlage: LBO
   (P) Freistellungsverfahren
2. Genehmigungsbedürftigkeit
   a) Bauliche Anlage iSd LBO
   b) Vorhaben iSd LBO
   c) Ausnahmen von der Genehmigungsbedürftigkeit
      (P) Freistellung
      (P) Konzentrationswirkung anderer Genehmigungen
3. Genehmigungsfähigkeit
   a) Formelle Voraussetzungen
      aa) Bauantrag
      bb) Beteiligungsrechte
         (P) § 36 BauGB
   b) Materielle Voraussetzungen
      aa) Prüfungsmaßstab?
         (P) Vereinfachtes Genehmigungsverfahren
      bb) Vereinbarkeit mit Bauplanungsrecht
         (1) Vorhaben iSd § 29 I BauGB
         (2) Keine entgegenstehende bauplanungssichernde Maßnahme (§§ 30 II, 14, 15, 16–18 BauGB)
         (3) Zulässigkeit im Geltungsbereich eines Bebauungsplans
            (a) Qualifizierter Bebauungsplan (§§ 30 I, 31 BauGB)
            (b) Einfacher Bebauungsplan (§ 30 III BauGB)
         (4) Zulässigkeit im unbeplanten Innenbereich (§ 34 BauGB)
         (5) Zulässigkeit im unbeplanten Außenbereich (§ 35 BauGB)
         (6) Zulässigkeit im Planaufstellungsverfahren (§ 33 BauGB)
      cc) Vereinbarkeit mit Bauordnungsrecht
      dd) Vereinbarkeit mit sonstigen öffentlich-rechtlichen Vorschriften
         (P) Schlusspunkttheorie

400 Hierzu im Einzelnen *Kaiser/Köster/Seegmüller* Öffentlich-rechtliche Klausur Rn. 43, 61, 84.

### 1. Anspruchsgrundlage

141 Der Kläger kann die Genehmigung beanspruchen, wenn öffentlich-rechtliche Vorschriften dem Vorhaben im Zeitpunkt der mündlichen Verhandlung nicht entgegenstehen. Die in den Landesbauordnungen (LBO) enthaltenen Anspruchsnormen[401] sehen als Rechtsfolge einen Anspruch auf Erteilung der Genehmigung vor. Eine Ermessensentscheidung kommt nur ausnahmsweise in Betracht, etwa bei der Erteilung einer Ausnahme gemäß § 31 I BauGB oder einer Befreiung gem. § 31 II BauGB. Liegen die Tatbestandsvoraussetzungen vor, kann das Ermessen allerdings auf Null reduziert sein.[402] Die Prüfung dieser Ermessensreduzierung auf Null ist ggf. der Schwerpunkt anwaltlicher Klausuren.

### 2. Genehmigungsbedürftigkeit

142 In einer Vielzahl von Aktenauszügen müssen Sie zunächst die Genehmigungsbedürftigkeit des Vorhabens klären. Diese Frage ist auch häufig Schwerpunkt in Aktenvorträgen. Hierbei legen Sie folgendes Prüfungsschema zugrunde:

**Übersicht: Bestehen einer Genehmigungspflicht**

1. Bauliche Anlage iSd LBO
   a) Herstellung aus Bauprodukten
   b) Verbindung mit Erdboden
      (P) Ortsfeste Nutzung
   c) Anlagenfiktion?
2. Genehmigungsbedürftiges Vorhaben
   a) Positiv: Errichtung, Änderung, Nutzungsänderung, ggf. Abbruch
   b) Negativ: Ausnahmetatbestand
      (P) Freistellungsverfahren
      (P) Konzentrationswirkung

Die Genehmigungspflicht setzt zunächst das **Vorliegen einer baulichen Anlage** voraus. Die LBO definieren diese als Anlagen, die aus Bauprodukten hergestellt und mit dem Erdboden verbunden sind. Letzteres kann auch angenommen werden, wenn die Anlage auf dem Erdboden ruht oder (sehr examensrelevant) verwendungsspezifisch dazu bestimmt ist, überwiegend ortsfest benutzt zu werden.[403] Dies ist etwa bei einem abgestellten Werbefahrzeug der Fall. Ein am Straßenverkehr teilnehmendes Werbefahrzeug unterliegt hingegen nur dem Straßenverkehrsrecht. Neben diesen klassischen baulichen Anlagen werden in den LBO vereinzelt auch sonstige Anlagen kraft gesetzlicher Fiktion zur baulichen Anlage erklärt.[404]

Anschließend müssen Sie prüfen, ob eines der folgenden **genehmigungsbedürftigen Vorhaben** geplant wird.

- **Errichtung:** Eine ortsfeste Anlage wird erstmals hergestellt oder nach ihrer Zerstörung mit Baumaterialien wiederhergestellt.
- **Änderung:** Eine bauliche Anlage wird umgebaut, ausgebaut, teilweise abgebrochen oder erweitert.
- **Nutzungsänderung:** Eine bauliche Anlage wird abweichend von ihrer bisherigen Zweckbestimmung genutzt.

Unbedingt zu erörtern sind auch die **Ausnahmen von der Genehmigungspflicht**. Denken Sie aber auch hier klausurtaktisch: IdR greift der Ausnahmetatbestand nicht durch, um das Prüfungsprogramm der Klausur nicht zu sehr zu begrenzen. Achten Sie wegen des Ringaustausches der Prüfungsämter stets darauf, welche Landesregelungen nach dem Bearbeitervermerk anzuwenden sind. Hier wird kein Detailwissen verlangt. Die Punkte gewinnen Sie

401 § 58 BWLBO; Art. 68 BayBO; § 71 BlnBauO; § 67 BbgBauO; § 72 BremBauO; § 72 HmbBauO; § 64 I HBO; § 72 MVBauO; § 70 NdsBauO; § 75 NRWBauO; § 70 RhPfBauO; § 73 SaarlBauO; § 72 SächsBauO; § 71 LSABauO; § 73 SchlHBauO; § 71 ThürBauO.

402 *Dürr* JuS 2007, 328.

403 § 2 I BWLBO; Art. 2 I BayBO; § 2 I BlnBauO; § 2 I BbgBauO; § 2 I BremBauO; § 2 I HmbBauO; § 2 I HBO; § 2 I MVBauO; § 2 I 1 NdsBauO; § 2 I NRWBauO; § 2 I RhPfBauO; § 2 I SaarlBauO; § 2 I SächsBauO; § 2 I LSABauO; § 2 I SchlHBauO; § 2 I ThürBauO.

404 ZB § 2 I 2 NdsBauO.

durch eine saubere Subsumtion der jeweiligen Vorschriften. Genehmigungsfrei sind oft Werbeanlagen[405], Mobilfunkantennen[406] und »fliegende Bauten«. Unter Letzteren versteht man Bauten, die geeignet und dazu bestimmt sind, an verschiedenen Orten aufgestellt und verlegt zu werden (zB Karusselle und Zirkuszelte).[407]

**Hinweis:** Im Rahmen eines **vereinfachten Genehmigungsverfahrens** besteht keine Ausnahme von der Genehmigungspflicht. Allerdings ist der Prüfungsumfang im Rahmen der materiellen Voraussetzungen reduziert (hierzu später → Rn. 143 aE).

**Problem: Konzentrationswirkung**

Ist spezialgesetzlich vorsehen, dass eine andere Genehmigung Konzentrationswirkung entfaltet, bedarf es einer zusätzlichen Baugenehmigung ggf. nicht. Examensrelevant ist vor allem die immissionsrechtliche Genehmigung gem. §§ 4, 6, 13 BImSchG. Im Rahmen dieses Verfahrens sind baurechtliche Vorschriften als »sonstiges öffentliches Recht« zu prüfen (§ 6 I Nr. 2 BImSchG). Für Planfeststellungsbeschlüsse gilt zudem Konzentrationswirkung gemäß § 75 VwVfG. Keine Konzentrationswirkung entfaltet hingegen die Gaststättenerlaubnis nach § 2 GastG. Dabei handelt es sich um eine raumgebundene Personalkonzession, sodass eine dem § 13 BImSchG vergleichbare Norm im GastG nicht existiert.

### 3. Genehmigungsfähigkeit

#### a) Formelle Voraussetzungen

In formeller Hinsicht bedenken Sie bitte, dass die Baugenehmigung ein mitwirkungsbedürftiger Verwaltungsakt ist, der nur auf Antrag ergeht. Das Standardproblem ist aber die ordnungsgemäße Beteiligung anderer Behörden, insbesondere Gemeinden im Anwendungsbereich von § 6 BauGB. **143**

**Problem: Gemeindliches Einvernehmen (§ 36 BauGB)**

Das gemeindliche Einvernehmen ist im bauaufsichtlichen Verfahren erforderlich, wenn über die Zulässigkeit eines Vorhabens nach den §§ 31, 33–35 BauGB entschieden wird. Das Erfordernis gilt auch im immissionsschutzrechtlichen Genehmigungsverfahren. § 13 BImSchG bewirkt nur eine formelle Konzentration des baurechtlichen und des immissionsschutzrechtlichen Verfahrens, nicht aber eine Änderung der materiellen Maßstäbe für die Zulässigkeit einer Anlage (vgl. im Übrigen § 36 I 2 BauGB). Das Erfordernis des Einvernehmens entfällt lediglich, wenn Baugenehmigungsbehörde und Gemeinde identisch sind.[408]

Nach § 36 II 2 BauGB wird das Einvernehmen fingiert, wenn die Gemeinde es nicht innerhalb von zwei Monaten nach Eingang des Ersuchens gegenüber der Genehmigungsbehörde verweigert. Problematisch ist der Beginn der nach §§ 187 I, 188 II BGB zu berechnenden Frist: Zwar beginnt die Frist erst, wenn die Antragsunterlagen vollständig sind. Versäumt es die Gemeinde aber, im Rahmen ihrer Möglichkeiten auf die Vervollständigung hinzuwirken, gilt das Einvernehmen nach zwei Monaten als erteilt.[409]

**Klausurhinweis:** Die mit der Genehmigungsbehörde nicht identische Gemeinde ist notwendig beizuladen. In Anwaltsklausuren sollten Sie hierauf hinweisen (Zweckmäßigkeitserwägung) und neben dem Sachantrag einen Antrag auf Beiladung der Gemeinde stellen (praktischer Teil). Im Erfolgsfall überwindet dann das Verpflichtungsurteil das fehlende Einvernehmen aufgrund der Rechtskrafterstreckung gem. § 121 iVm §§ 63 Nr. 3, 65 VwGO. Beachten Sie für Anwaltsklausuren außerdem, dass die rechtswidrige Versagung des Einvernehmens für den Bauherrn Amtshaftungsansprüche auslösen kann.[410] Hieran sollten Sie vor allem denken, wenn der Mandant wegen des verweigerten

405 ZB § 65 I Nr. 33 NRWBauO; § 55 VIII BbgBauO; § 62 I Nr. 12 BlnBauO; § 60 HBO iVm Anlage 2 HBO Nr. 11.
406 ZB § 65 I Nr. 18 NRWBauO; § 60 HBO iVm Anlage 2 HBO Nr. 4; § 62 I Nr. 5a BlnBauO; § 55 IV Nr. 4 BbgBauO.
407 Schoch/*Schoch* BesVerwR 4. Kap. Rn. 221.
408 BVerwGE 121, 339 (341).
409 VGH München NVwZ-RR 2005, 787.
410 BGHZ 65, 182.

Einvernehmens Verzögerungsschäden geltend machen möchte. Das gemeindliche Einvernehmen gem. § 36 I BauGB wird aber nicht nur bei dem Verpflichtungsbegehren eines Bauwilligen relevant, sondern auch zwischen Gemeinde und Bauaufsichtsbehörde.[411]

#### b) Materielle Voraussetzungen

Das Vorhaben ist materiell genehmigungsfähig, wenn öffentlich-rechtliche Vorschriften nicht entgegenstehen.

##### aa) Prüfungsmaßstab

Den Prüfungsmaßstab gibt Ihnen das einschlägige Genehmigungsverfahren vor. Im **vereinfachten Genehmigungsverfahren** ist der Prüfungsumfang reduziert. In der Regel sind nur bauplanungsrechtliche Bestimmungen und die Kernvorschriften des Bauordnungsrechts zu prüfen.

##### bb) Vereinbarkeit mit Bauplanungsrecht

144 Der Schwerpunkt der Klausur liegt bei diesem Klausurtyp idR in der Prüfung der §§ 30 ff. BauGB, die ausgehend von der Lage des Grundstücks die planungsrechtlichen Voraussetzungen für das Vorhaben nach § 29 BauGB normieren.

##### (1) Vorhaben iSd § 29 I BauGB

Für ein Vorhaben gem. § 29 I BauGB sind zwei Merkmale entscheidend: Die künstliche Verbindung von Bauprodukten mit dem Erdboden und die »bodenrechtliche Relevanz«. Das zuletzt genannte Kriterium grenzt den planungsrechtlichen Vorhabenbegriff des BauGB von dem Anlagenbegriff des Bauordnungsrechts ab.[412]

- Bei aus Baumaterialien hergestellten Häusern ist die für das »Bauen« prägende **künstliche Verbindung** mit dem Erdboden unproblematisch und allenfalls im Urteilsstil zu beantworten. Die notwendige Verbindung mit dem Erdboden liegt auch vor, wenn die Anlage kraft eigener Schwere auf dem Erdboden ruht oder nach ihrem Verwendungszweck überwiegend ortsfest genutzt werden soll. Für die künstliche Verbindung mit dem Erdboden reicht es zudem aus, wenn das Objekt an einem Gebäude fixiert wird (Werbetafeln, großflächige Plakate).
- Die **»bodenrechtliche Relevanz«** liegt vor, wenn Belange des § 1 VI BauGB in einer Weise berührt werden (können), die geeignet ist, ein Bedürfnis nach einer verbindlichen Bauleitplanung hervorzurufen. Problematisch ist vor allem, ob Werbeanlagen bauplanungsrechtlich relevant sind. Das hängt davon ab, wie sie im Hinblick auf ihre Größe auf die Umgebung wirken.[413] Ein größerer Schaukasten[414] und eine deutlich erkennbare Antennenanlage auf einem Gebäudedach[415] können planungsrechtliche Bedeutung haben.

Den §§ 30 ff. BauGB unterfällt die **Errichtung, Änderung und Nutzungsänderung** der Anlagen im Sinne des § 29 BauGB.

Der Klausurklassiker ist die (genehmigungspflichtige) Nutzungsänderung.[416] Sie ist unter anderem abzugrenzen von der regelmäßig nicht genehmigungsbedürftigen bloßen Nutzungsintensivierung. Eine genehmigungspflichtige Nutzungsänderung ist anzunehmen, wenn die neue Nutzung die »Variationsbreite« (also die Reichweite)[417] der erteilten Baugenehmigung überschreitet und sich damit »die Genehmigungsfrage« neu stellt. Das ist regelmäßig der Fall, wenn der neuen Nutzung eine andere Qualität als der alten Nutzung zukommt. Für neue Nutzungsqualität spricht es wiederum, wenn die Nutzungsänderung in § 1 VI BauGB genannte Belange berührt,

---

411 Vgl. → Rn. 165

412 Die unterschiedlichen Vorhabenbegriffe sind nicht deckungsgleich. Der Bauordnungsbegriff stellt sicherheitsrechtliche Ziele in den Vordergrund. Das bauplanungsrechtliche Vorhabenverständnis knüpft an die städtebauliche Relevanz an. Im Ergebnis bestehen aber kaum Unterschiede; so ausdrücklich auch BVerwG BauR 2001, 227 (230).

413 BVerwGE 91, 234 (237).

414 BVerwGE 91, 234 (237).

415 OVG Münster NVwZ-RR 2003, 637.

416 Eine »Veränderung« in diesem Sinne liegt nicht vor, wenn eine Spielhalle künftig als »Wettbüro« genutzt werden soll, in dem sich weiterhin Spielgeräte mit oder ohne Gewinnmöglichkeit befinden; VG Gießen NVwZ-RR 2010, 181.

417 *Dürr* JuS 2007, 328.

die die alte Nutzung nicht oder weniger intensiv betroffen hat.[418] Ein veränderter Stellplatzbedarf ist beispielsweise ein Indiz für eine genehmigungsbedürftige Nutzungsänderung.[419]

**Klausurhinweis:** Merken Sie sich die Begriffe Nutzungsintensivierung und Variationsbreite als Schlagwörter für die Klausur. Taktisch sollten Sie sich idR für die Genehmigungsbedürftigkeit entscheiden. Andernfalls wäre die Klausur im Hilfsgutachten weiter zu bearbeiten, was im Assessorexamen eher die Ausnahme ist.

Nach diesen Grundsätzen sind auch Examensfälle zur **Wohnungsprostitution** zu lösen: Wohnungsprostitution wird nicht von der Variationsbreite des Wohnens erfasst, sondern stellt eine gewerbliche Nutzung dar.[420] Dies gilt jedenfalls dann, wenn es sich nicht um eine nur gelegentliche Tätigkeit handelt, für die im Internet geworben wird.[421]

Beachten Sie, dass neben baulichen Anlagen iSv § 29 I Fallgruppe 1 BauGB auch Aufschüttungen und sonstige besondere Erscheinungsformen als Vorhaben gelten. Diese sind aber vielfach schon von der Legaldefinition des § 29 I Fallgruppe 1 BauGB erfasst.

#### (2) Keine entgegenstehende bauplanungssichernde Maßnahme

**Klausurhinweis:** Da die auf Erteilung der Baugenehmigung gerichtete Klausur wenig (prozessuale) Schwierigkeiten beinhaltet, werden in dieses zweipolige Streitverhältnis von den Prüfungsämtern gerne Probleme der kommunalen Bauplanungssicherung eingebaut. Das BauGB enthält verschiedene Instrumente zur Sicherung der gemeindlichen Planungsziele während der Planaufstellungsphase, die allerdings bei Vorliegen eines vorhabenbezogenen Bebauungsplans (§ 30 II BauGB) nicht eingreifen. Besonders klausurrelevant sind die Veränderungssperre (§§ 14, 16–18 BauGB) und die Zurückstellung von Baugesuchen (§ 15 BauGB). Das gemeindliche Vorkaufsrecht und die Teilungsgenehmigung sind wenig klausurrelevant.

#### (a) Entgegenstehende Veränderungssperre (§§ 14, 16–18 BauGB)

Ein im Entstehen befindlicher Bebauungsplan kann mit einer Veränderungssperre abgesichert 145
werden (§§ 14, 16–18 BauGB). In der Klausur macht der Klagegegner idR geltend, dem Bauvorhaben stehe eine solche Veränderungssperre entgegen. Deren Rechtmäßigkeit zieht der Kläger in Zweifel.

Machen Sie sich klar, dass ein Anspruch auf die Baugenehmigung unabhängig von der bauplanungsrechtlichen Zulässigkeit ausscheidet, wenn eine wirksame Veränderungssperre (§§ 14, 16 BauGB) vorliegt. Deren formelle und materielle Rechtmäßigkeitsvoraussetzungen stellen deshalb den Schwerpunkt Ihrer Prüfung dar. Ist die Veränderungssperre rechtmäßig, kann das Vorhaben nur unter den engen Voraussetzungen der § 14 II, III BauGB zulässig sein.

**Klausurhinweis:** Enthält der Aktenauszug wenige Hinweise zur bauplanungsrechtlichen Zulässigkeit nach den §§ 30 ff. BauGB, ist die Veränderungssperre wahrscheinlich rechtmäßig. weil die Klage dann schon wegen der wirksamen Bauleitsicherungsmaßnahme ohne Erfolg bleibt. Sie sollten dann in den Entscheidungsgründen unmittelbar auf die Wirkungen der Veränderungssperre zu sprechen kommen, etwa wie folgt:

> Die als Verpflichtungsklage (§ 42 I VwGO) statthafte und auch im Übrigen zulässige Klage ist nicht begründet.
> (Es folgen evtl. weitere Darstellungen zur Zulässigkeit der Klage.)
> Die Klage ist jedoch unbegründet. Die Ablehnung der begehrten Baugenehmigung ist rechtmäßig und verletzt den Kläger nicht in seinen Rechten (§ 113 V 1 VwGO). Hierbei kann die Kammer offen lassen, ob das Vorhaben nach Maßgabe der §§ 30 ff. BauGB bauplanungsrechtlich zulässig ist. Die begehrte Erteilung der Baugenehmigung scheitert bereits an der wirksamen Veränderungssperre. Diese ist formell und materiell rechtmäßig ...

418 VG Arnsberg Urt. v. 18.8.2008 – 14 K 2180/07 (Nutzung eines ehemaligen Ladenlokals zur Ausübung der Wohnungsprostitution kann sich auf die städtebauliche Entwicklung anders auswirken als das frühere Einzelhandelslokal).
419 *Dürr* JuS 2007, 328.
420 BVerwG NVwZ-RR 1998, 540 (541).
421 OVG Koblenz BauR 2004, 644.

Diese Klausurkonstellation kann noch um einen Fortsetzungsfeststellungshilfsantrag (§ 113 I 4 VwGO analog) erweitert werden. Hat der Hauptantrag nach dem oben Ausgeführten keinen Erfolg, prüfen Sie im Rahmen des Hilfsantrags die Zulässigkeit und Begründetheit der FFK. Das Feststellungsinteresse liegt vor, wenn ein Amtshaftungsanspruch bzgl. der entstandenen Planungskosten nicht offensichtlich ausgeschlossen ist (Präjudizinteresse).[422] Die FFK ist begründet, soweit im Zeitpunkt des Inkrafttretens der Veränderungssperre die Voraussetzungen für den begehrten VA vorlagen (§ 113 I 4 VwGO analog). Anschließend prüfen Sie die materiellen bauplanungs-, bauordnungsrechtlichen und sonstigen Genehmigungsvoraussetzungen. Auf diese Weise gelangen Sie ggf. zu einer Prüfung der §§ 34 ff. BauGB.

Die Veränderungssperre ergeht als **Satzung** (§ 16 I BauGB), sodass deren formelle Rechtmäßigkeitsvoraussetzungen nach dem Standardaufbau für kommunale Satzungen zu prüfen sind.[423]

**Formell** ist ein Beschluss über die Veränderungssperre erforderlich (§ 16 I BauGB). Bei Fehlern im Beschlussverfahren kommt ein ergänzendes Verfahren nach § 214 IV BauGB in Betracht. Dieser Beschluss ist ordnungsgemäß auszufertigen und gem. § 16 II BauGB ortsüblich bekanntzumachen, wobei die sog. Ersatzverkündung entsprechend § 10 III 2–5 BauGB klausur- und praxisrelevant ist (vgl. § 16 II 2 Hs. 2 BauGB). Beachten Sie auch die Fehlerfolgenregelungen in §§ 214, 215 BauGB.

**Materiell** setzt die Veränderungssperre nach § 14 I BauGB einen (zeitlich vorherigen) wirksamen Beschluss über die beabsichtigte Planung voraus (sog. Planaufstellungsbeschluss gem. § 2 I 2 BauGB). Merken Sie sich, dass an die zeitliche Abfolge keine hohen Anforderungen gestellt werden. Es genügt, wenn der Beschluss über die Veränderungssperre in derselben Gemeinderatssitzung nach dem Planaufstellungsbeschluss ergeht.[424] Spätestens mit dem Beschluss über die Veränderungssperre ist der Planaufstellungsbeschluss gem. §§ 14 I, 2 I 2 BauGB ortsüblich bekanntzumachen.[425] Schwerpunkt der materiellen Rechtmäßigkeitsprüfung ist die Erforderlichkeit der Veränderungssperre zur Planungssicherung (§ 14 I BauGB). Dies setzt voraus, dass der beabsichtigte Planungsinhalt zum Erlasszeitpunkt bereits in einem Mindestmaß bestimmt und absehbar ist.[426] Eine reine Negativplanung ist unzulässig. Deshalb kann eine Veränderungssperre keinen Bebauungsplan sichern, der große Gemeindegebiete umfasst, aber nicht einmal im Ansatz die beabsichtigten Nutzungsbereiche kennzeichnet und im Kern nur die Verhinderung einer bestimmten Nutzungsart beabsichtigt (zB Windenergieanlagen).[427]

**Hinweis:** Ist ein bauaufsichtliches Verfahren entbehrlich, werden die Vorhaben durch die Veränderungssperre materiell baurechtswidrig, sodass eine Stilllegungsverfügung ergehen kann, wenn dennoch gebaut wird. Eine Beseitigungsverfügung ist allerdings grds. erst nach Inkrafttreten des Bebauungsplans zulässig.[428]

Zweckmäßigerweise prüfen Sie dann, ob das Vorhaben nach der **Bestandsschutzregelung** des § 14 III BauGB ausnahmsweise von der Veränderungssperre verschont bleibt. Die examensrelevanteste Fallgruppe ist die erste Variante, die analog auch für den Vorbescheid gilt: Danach greift eine Veränderungssperre nicht ein, wenn zu ihrem Erlasszeitpunkt bereits eine Baugenehmigung vorgelegen hat. Zwei Probleme sind insoweit klausurrelevant:

- **Zeitpunkt:** Die hM stellt nicht auf die Bestandskraft der Baugenehmigung, sondern auf ihre Bekanntgabe ab. Ist die Baugenehmigung dem Nachbarn vor Erlass der Veränderungs-

422 Zu den sonstigen Zulässigkeitsvoraussetzungen der Fortsetzungsfeststellungsklage siehe *Kaiser/Köster/Seegmüller* Öffentlich-rechtliche Klausur Rn. 186 ff.

423 Hierzu → Rn. 230, in Berlin und in Hamburg ergeht die Veränderungssperre als Rechtsverordnung (§ 13 I 1 BlnAGBauGB; § 4 I 1 HmbBauleitplanfeststellungsgesetz).

424 BVerwG NVwZ 1989, 661.

425 OVG Münster NVwZ 1990, 581; OVG Weimar NVwZ-RR 2002, 415 (416).

426 *Battis/Krautzberger/Löhr* § 14 Rn. 9.

427 BVerwG NVwZ 2004, 984 (985).

428 *Battis/Krautzberger/Löhr* § 14 Rn. 16.

sperre bekanntgegeben worden, steht sein später eingelegter Rechtsbehelf der Anwendung des § 14 III BauGB nicht entgegen.

- **Analoge Anwendbarkeit:** Nach zum Teil vertretener Ansicht ist § 14 III BauGB auch anwendbar, wenn eine Genehmigung nicht vorliegt, aber bereits das gemeindliche Einvernehmen nach § 36 BauGB erteilt worden ist.[429] Ist die Genehmigung hingegen rechtswidrig versagt worden, ist nicht § 14 III BauGB, sondern § 14 II BauGB einschlägig. Das Ermessen zur Erteilung einer Ausnahmegenehmigung kann dann auf Null reduziert sein.[430]
- **Rechtswidrige Genehmigungsversagung:** Wurde vor Inkrafttreten der Veränderungssperre ein Bauantrag rechtswidrig abgelehnt, wird von der Rspr. kein Fall des § 14 III, sondern ein Fall des § 14 II BauGB angenommen, in dem das Ausnahmeermessen zugunsten des Bauherren auf Null reduziert ist.[431]

Schließlich fragen Sie danach, ob die Genehmigungsbehörde eine **Ausnahme von der Veränderungssperre** zulassen kann. Nach § 14 II BauGB ist dies im Einvernehmen mit der Gemeinde möglich, wenn überwiegende öffentliche Belange nicht entgegenstehen. Für den Klausuraufbau ist Folgendes wichtig: Sind die Voraussetzungen des § 33 BauGB (Zulässigkeit des Vorhabens während der Planaufstellung) gegeben, stehen öffentliche Belange nicht entgegen. Ob diese iSv § 14 II BauGB überwiegen, richtet sich nach einer Abwägung zwischen privaten Belangen einerseits und dem konkreten öffentlichen Sicherungszweck der Veränderungssperre andererseits.[432]

Für die zeitliche Geltungsdauer der Veränderungssperre enthält § 17 BauGB detaillierte Regelungen, so dass auf deren Darstellung an dieser Stelle verzichtet wird.

**Klausurhinweis:** Schwierig sind jene Fälle, in denen erst nach Beginn des gerichtlichen Verfahrens eine dem Vorhaben des Klägers entgegenstehende Bauleitplanung erlassen wird. Differenzieren Sie unbedingt zwischen folgenden beiden Konstellationen:

**Konstellation 1:** Kommt es während eines auf Erteilung eines Bauvorbescheides bzw. einer Baugenehmigung gerichteten gerichtlichen Verfahrens zu einer entgegenstehenden Bauleitplanung, kann der Kläger eine Erledigungserklärung abgeben oder seine Klage gem. § 113 I 4 VwGO analog umstellen. Die FFK wird er wählen, wenn er die Planungskosten in einem Amtshaftungsverfahren geltend machen möchte (Präjudizinteresse).

**Konstellation 2:** Das verwaltungsgerichtliche Urteil, das die Behörde zum Erlass eines Bauvorbescheides bzw. einer Baugenehmigung verurteilt, wird rechtskräftig. Erst danach ergeht ein Bebauungsplan, der dem Bauvorhaben entgegensteht. Die Behörde möchte den Bauvorbescheid und in der Folge die Baugenehmigung nicht mehr erteilen. Sie kann nun eine Vollstreckungsabwehrklage gem. § 167 I VwGO iVm § 767 ZPO erheben. Der B-Plan ist nämlich eine materiell-rechtliche Einwendung gegen den im Urteil titulierten Anspruch des Klägers, den die Behörde auch im Verwaltungsrecht mit der Vollstreckungsabwehrklage geltend machen kann.[433]
Innerhalb der Zulässigkeit sprechen Sie die Zuständigkeit, die Statthaftigkeit der Vollstreckungsgegenklage und das Rechtsschutzbedürfnis an.[434] Begründet ist die Klage, wenn materiell-rechtliche Einwendungen gegen den in dem Titel festgestellten Anspruch bestehen und die Geltendmachung nicht präkludiert ist. Den zweistufigen Aufbau der Vollstreckungsabwehrklage sollten Sie auch im Verwaltungsprozess zugrunde legen.

**Schritt 1:** Die nachträgliche wirksame Änderung der bauplanungsrechtlichen Lage nach rechtskräftiger Verpflichtung zur Erteilung eines Bauvorbescheides durch das VG ist eine taugliche materiellrechtliche Einwendung.[435] Ob auch eine Änderung des Flächennutzungsplans als Einwendung durchgreift, ist umstritten. Das BVerwG vertritt folgende Ansicht: Im Rahmen der Sperrwirkung von § 35 III 3 BauGB kommt dem Flächennutzungsplan (F-Plan) eine partielle Außenwirkung zu. In die-

429 *Graf* NVwZ 2004, 1435 (1436 f.).
430 *Battis/Krautzberger/Löhr* § 14 Rn. 19.
431 *Battis/Krautzberger/Löhr* § 14 Rn. 19.
432 *Battis/Krautzberger/Löhr* § 14 Rn. 19.
433 Beachten Sie die gute Kommentierung bei *Kopp/Schenke* § 167 Rn. 2 ff.
434 Lesen Sie zum Aufbau sowie zur Darstellung des Rubrums und des Tenors das Kaiserseminar zur zivilrechtlichen Zwangsvollstreckungsklausur.
435 BVerwG NVwZ 2003, 214 (215).

sem Umfang kommt der Erlass eines neuen F-Plans als Einwendung in Betracht. Allerdings entnimmt die Rspr. – was Sie sich merken sollten – § 14 III BauGB den Grundsatz, dass nur der Inhaber einer bereits erteilten Baugenehmigung vor späteren Rechtsänderungen geschützt wird. Bis dahin steht der Anspruch auf ihre Erteilung unter dem Vorbehalt gleichbleibender Sach- und Rechtslage.[436] In der geschilderten Konstellation ist die Genehmigung selbst aber noch nicht erteilt; vielmehr steht diese noch aus.

**Schritt 2:** Zum Schutz der Rechtskraft des zu vollstreckenden Endurteils darf die Einwendung nicht gem. § 767 II ZPO präkludiert sein.
Bitte bedenken Sie, dass die Vollstreckungsabwehrklage auch in anwaltlichen Klausuren auftreten kann, wenn Sie etwa als Berater der Gemeinde untersuchen sollen, welche Möglichkeiten bestehen, nach rechtskräftiger Verpflichtung zur Erteilung einer Baugenehmigung die Realisierung des Vorhabens zu verhindern.

#### (b) Zurückstellung von Baugesuchen (§ 15 BauGB)

146 Als weiteres Sicherungsinstrument zur Bauplanung nutzen die Gemeinden die Zurückstellung von Baugesuchen nach § 15 BauGB. Hierbei handelt es sich im Gegensatz zur Veränderungssperre um einen VA. Die Zurückstellung wird daher regelmäßig zur Verhinderung von Einzelvorhaben angewandt, wenn die Gefahr besteht, dass durch das Vorhaben eine Planung gestört wird. Mit einem Antrag ggü. der Genehmigungsbehörde nach § 15 I BauGB kann die Gemeinde das Vorhaben verhindern, sobald eine Veränderungssperre zulässig, aber noch nicht beschlossen ist. Die Zurückstellung ist keine (zeitlich begrenzte) Ablehnung des Bauantrags. Vielmehr wird die Genehmigungsbehörde formell von der Pflicht zur Sachbescheidung freigestellt. In einem Verpflichtungsbegehren auf Erteilung einer Baugenehmigung tritt die Zurückstellung eher selten auf. Denkbar sind folgende Rechtsschutzkonstellationen:

| | | |
|---|---|---|
| **Bauwilliger** wendet sich als Adressat **gegen Zurückstellung**sbescheid | **Gemeinde** wendet sich **gegen Ablehnung** des Zurückstellungsantrags | **Gemeinde** wendet sich **gegen Genehmigung** der Genehmigungsbehörde |
| ↓ | ↓ | ↓ |
| Anfechtungsklage gegen Zurückstellung und Verpflichtungsklage auf Genehmigung mit Beiladung der Gemeinde | Verpflichtungsklage auf Erteilung des Zurückstellungsbescheids ggü. dem (beizuladenden) Bauwilligen | Drittanfechtungsklage |

**Hinweis:** Nachdem Sie unter (2) geklärt haben, dass eine wirksame Sicherungsmaßnahme zur Bauleitplanung nicht eingreift, müssen Sie im Folgenden untersuchen, ob die bauplanungsrechtlichen Voraussetzungen der §§ 30 ff. BauGB erfüllt sind.

### (3) Vorhaben im Geltungsbereich eines Bebauungsplans

147 Im sog. »30er«-Bereich richtet sich die Zulässigkeit zunächst danach, welche inhaltlichen Merkmale der Bebauungsplan erfüllt:

#### (a) Qualifizierter Bebauungsplan (§§ 30 I, 31 BauGB)

148 Liegt ein qualifizierter Bebauungsplan (§ 30 I BauGB) vor, der Festsetzungen über die Art und das Maß der baulichen Nutzung, über die überbaubaren Grundstücksflächen und die örtlichen Verkehrsflächen enthält, ist das Vorhaben zulässig, wenn es den Festsetzungen des Bebauungsplans nicht widerspricht und die Erschließung gesichert ist. Systematisch folgt dies aus dem Umstand, dass die BauNVO Bestandteil des Bebauungsplans wird (§ 1 III 2 BauNVO).

Gelegentlich wird hier von den Beteiligten die Frage thematisiert, ob der Bebauungsplan überhaupt noch wirksam ist. Zum Teil wird vorgebracht, dass er seine Steuerungs- und Gebietsbewahrungsfunktion endgültig nicht mehr erfüllen könne und deshalb funktionslos (ob-

436 *Guckelberger* NVwZ 2004, 662 (667) mwN.

solet) geworden sei. Funktionslosigkeit ist aber erst dann anzunehmen, wenn die tatsächlichen Verhältnisse vom Planinhalt so massiv und offenkundig abweichen, dass der Bebauungsplan seine städtebauliche Gestaltungsfunktion (endgültig) nicht mehr erfüllen kann.[437]

Klausurschwerpunkt ist die Frage, ob das Vorhaben nach der **Art der baulichen Nutzung** mit den Vorgaben des B-Plans übereinstimmt. Insoweit schreibt die **BauNVO in den §§ 2 ff. BauNVO** generell-typisierend vor, welche baulichen Nutzungen zulässig sind. In der Klausur prüfen Sie dann umfassend, ob das beabsichtigte Vorhaben entweder nach Abs. 2 der jeweiligen Norm der BauNVO generell zulässig bzw. nach Abs. 3 ausnahmsweise zulässig ist. Ihre Notenpunkte gewinnen Sie dadurch, dass sie das beabsichtigte Vorhaben genau unter den jeweiligen Begriff der BauNVO subsumieren.

Einige Begriffe der BauNVO kommen in vielen Aktenauszügen vor. Bitte prägen Sie sich insbes. die folgenden ein:

**Übersicht: Zentrale Leitbegriffe der BauNVO**

**Wohngebäude** dienen der auf gewisse Dauer ausgerichteten Führung eines häuslichen Lebens. Erfasst sind auch Gebäude, die ganz oder teilweise der Betreuung und Pflege der Bewohner dienen, zB Altenwohnheime. Betreuungs- und Schutzobjekte sind nur Wohngebäude, wenn dort das häusliche Leben für eine gewisse Dauer und eigenständig gestaltet wird. Die Wohnungsprostitution dient nicht der wohnlichen, sondern der gewerblichen Nutzung. Nicht Wohnungen, sondern Anlagen für soziale Zwecke sind etwa Frauenhäuser und Jugendherbergen.

**Ferienwohnungsnutzung** kann je nach konkreter Ausgestaltung Wohnen, Beherbergen oder sonstiges Gewerbe unterhalb der Schwelle der Beherbergung sein. Dem »Wohnen« zuzuordnen ist sie, wenn ihr das beherbergungstypische bzw. gewerbliche Gepräge fehlt. Dies ist der Fall, wenn keine unerhebliche Nutzungsdauer vorgesehen ist, hoteltypische Dienstleitungen nur in beschränktem Umfang erbracht werden und die Mieter den Haushalt weitgehend eigenständig führen.[438] Zudem soll es darauf ankommen, ob die Mieter sich typischerweise anmelden bzw. anmelden müssen.[439]

**Vergnügungsstätten** sind gewerbliche Amüsierbetriebe und Betriebe zur kommerziellen Freizeitgestaltung. Darunter fallen zB Spielhallen. Bordelle sind keine Vergnügungsstätten, sondern Gewerbebetriebe.

Anlagen für **kirchliche Zwecke** dienen dem Gottesdienst und der Seelsorge. Das gilt konfessionsunabhängig. Auch Gotteshäuser der Zeugen Jehovas und islamische Moscheen sind erfasst. In allgemeinen Wohngebieten dürfen diese Anlagen ihrer Zweckbestimmung nach keinen starken Besuchsverkehr auslösen.

Anlagen für soziale Zwecke sind karitative Einrichtungen zum Wohl der Allgemeinheit. Dazu gehören zB Kitas und Asylbewerberheime.

**Gewerbebetriebe** dienen der Ausübung eines Gewerbes. Erfasst sind etwa Bordelle und Werbeanlagen.

Anlagen für **gesundheitliche Zwecke** dienen der Gesundheitsfürsorge der Bewohner. Größere Einrichtungen wie Dialysezentren und Privatkliniken erfüllen selten das einschränkende Merkmal, den »Bedürfnissen der Bewohner« dienen zu müssen. Den »Bedürfnissen der Bewohner« dient eine Anlage, wenn sie nach ihrer Größe dazu bestimmt ist, eine lokale Nachfrage zu decken. Es ist aber unschädlich, wenn auch Personen außerhalb des Gebiets die Anlage nutzen.

Anlagen für **sportliche Zwecke** eröffnen Raum zur körperlichen Ertüchtigung. Während etwa Bolzplätze unproblematisch erfasst sind, ist zB bei größeren Kegelzentren problematisch, ob sie den »Bedürfnissen der Bewohner dienen«.

Die Begriffe sind mitunter auch in den LBO legaldefiniert.

Verneinen Sie die Zulässigkeit des Vorhabens nach dem jeweils einschlägigen Abs. 2 der §§ 2–11 BauNVO, prüfen Sie anschließend **§§ 13 und 14 I BauNVO**. Eine untergeordnete

437 BayVGH Beschl. v. 27.8.2008 – 15 ZB 08.758.
438 VG Berlin Beschl. v. 23.1.2012 – 19 L 294.11.
439 VG Berlin Beschl. v. 21.2.2014 – 13 L 274.13.

Nebenanlage iSd § 14 I BauNVO stellt zB ein Container-Standplatz für einen Altglascontainer dar.[440]

Helfen diese Vorschriften nicht weiter, prüfen Sie, ob das Vorhaben unter die **zulässige Ausnahmebebauung** (Abs. 3) der jeweils einschlägigen Vorschrift der BauNVO oder unter § 14 II BauNVO fällt und ob eine Ausnahme im konkreten Fall nach § 31 I BauGB auch erteilt werden kann. Beachten Sie, dass zu den fernmeldetechnischen Nebenanlagen (§ 14 II 2 BauNVO) auch Mobilfunksendeanlagen gehören können.

Ist auch dies nicht der Fall, sollten Sie noch die Möglichkeit der **Befreiung nach § 31 II BauGB** prüfen.

**Hinweis:** Beachten Sie außerdem die ungeschriebene Voraussetzung der **Gebietsverträglichkeit**. Vorhaben, die als Regel- oder Ausnahmebebauung zuzulassen wären, sind nicht erlaubt, wenn sie dem Charakter des Gebiets widersprechen. So kann in allgemeinen Wohngebieten (§ 4 BauNVO), in denen Anlagen für gesundheitliche Zwecke nach § 4 II Nr. 3 BauNVO allgemein zulässig sind, ein besonders großes Gesundheitszentrum (Dialysezentrum) gebietsunverträglich sein, wenn es dem Charakter eines allgemeinen Wohngebiets, das ungestörtes Wohnen ermöglichen soll, nicht entspricht.[441]
Ein Krematorium mit Abschiedsraum verträgt sich nicht mit der Zweckbestimmung eines Gewerbegebiets und kann deswegen nicht im Wege der Ausnahme gem. § 31 I BauGB als Anlage für kulturelle Zwecke zugelassen werden.[442] Die Gebietsverträglichkeit ist dem sogleich zu erörternden Rücksichtnahmegebot (§ 15 I BauNVO) vorgelagert, weil es bei ihr noch nicht auf die konkreten Verhältnisse vor Ort ankommt.[443]

**Problem: Feinkorrektur der generell-typisierenden Betrachtung durch § 15 I BauNVO**

In atypischen Fällen muss die generell-typisierende Betrachtungsweise der §§ 2–14 BauNVO über § 15 BauNVO korrigiert werden. Über diese Auffangnorm können grds. zulässige (!) Vorhaben ausnahmsweise unzulässig werden, wenn sie der Eigenart des Baugebiets widersprechen (§ 15 I 1 BauNVO) oder in der Umgebung unzumutbar sind bzw. unzumutbar belästigt werden (§ 15 I 2 BauNVO). Besonders examensrelevant ist das Rücksichtnahmegebot (§ 15 I 2 Hs. 1 BauNVO). Es kommt in einem zweipoligen Verpflichtungsklageverfahren, vor allem aber im baurechtlichen Nachbarstreit zum Tragen (hierzu siehe unten).

**Klausurhinweis:** Auf das Rücksichtnahmegebot sollten Sie immer eingehen, wenn der Aktenauszug auf **Störungen** hinweist. Dazu gehören:
- Lärm, Lichtimmissionen oder Gerüche,[444]
- eine optisch erdrückende Wirkung, die dem Nachbargrundstück »die Luft zum Atmen nimmt«,
- ein Diskoeffekt bei Windenergieanlagen,
- besondere Belastungen durch Zufahrts- und Abfahrtsverkehr bei größeren Anlagen, zB Moscheen und
- Attraktivitätsverlust durch neue Vorhaben – sog. »Trading-Down-Effekt«.[445]

Bitte machen Sie nicht den Fehler, die Fülle gerichtlicher Einzelfallentscheidungen zu lesen. Im Examen kommt es darauf an, dass Sie das Rücksichtnahmegebot im Gutachten bzw. in den Entscheidungsgründen an der richtigen Stelle und richtig strukturiert darstellen. Ausführungen zum Rücksichtnahmegebot folgen der Darstellung der planungsrechtlichen Zulässigkeit nach den §§ 2–14 BauNVO, wenn das Vorhaben danach grundsätzlich zulässig ist. Wenn der Aktenauszug umfassende Hinweise zu besonderen Störungen enthält, sollte Ihnen klausurtaktisch klar sein, dass das Vorhaben bauplanungsrechtlich nach den §§ 2–14 BauNVO wahrscheinlich zulässig ist.

440 ZB VG Saarlouis Urt. v. 17.3.2010 – 5 K 1439/09.
441 BVerwG NVwZ 2008, 786 (Dialysezentrum mit 33 Behandlungsplätzen und 17 Kfz-Stellplätzen im allgemeinen Wohngebiet unzulässig).
442 BVerwG NVwZ 2012, 825.
443 BVerwG NVwZ 2012, 825 (827).
444 VG Hamburg Urt. v. 17.4.2008 – 6 K 4218/06 (von einer »mongolischen Jurte« gehen keine unzumutbaren Modergerüche aus).
445 VG Neustadt Urt. v. 22.3.2012 – 4 K 12/12.NW (der Trading-Down-Effekt durch die Ansiedlung von Vergnügungsstätten in einem zentralen Versorgungsbereich ist regelmäßig zu bejahen).

Die **Erschließung** (§ 34 I 1 BauGB) ist gesichert, wenn nach objektiven Kriterien damit gerechnet werden kann, dass der Anschluss an das öffentliche Straßennetz, die Energieversorgung sowie die Wasserversorgung bzw. -entsorgung sichergestellt ist. Dies ist in Klausuren selten problematisch.

#### (b) Einfacher Bebauungsplan (§ 30 III BauGB)

Weil das BauGB nicht den Mindestinhalt von Bebauungsplänen vorschreibt, können je nach **149** planerischer Konzeption der Gemeinde die in § 30 I BauGB genannten Festsetzungen zumindest teilweise fehlen. Im Geltungsbereich eines solchen einfachen Bebauungsplans (§ 30 III BauGB) ist ein Vorhaben zulässig, wenn es den Festsetzungen des einfachen Bebauungsplans nicht widerspricht und die Erschließung gesichert ist. Damit klären Sie zunächst, ob das Vorhaben den Festsetzungen des Bebauungsplans entspricht. Ist dies der Fall, fragen Sie anschließend, ob das Vorhaben im Übrigen zulässig ist. Soweit im Plan keine Festsetzungen vorhanden sind, prüfen Sie dann – soweit die Festsetzungen des Plans nicht abschließend sind – im Übrigen die Zulässigkeit des Vorhabens nach § 34 bzw. § 35 BauGB.[446] Beim weniger examensrelevanten vorhabenbezogenen Bebauungsplan (§ 12 BauGB) richtet sich die Zulässigkeit dagegen nach § 30 II BauGB. Auf §§ 34, 35 BauGB ist hier nicht zurückzugreifen.

**Problem: Verwaltungsgerichtliche Inzidentkontrolle bei Zweifeln an der Rechtmäßigkeit des Bebauungsplans**

Ist ein Bebauungsplan unwirksam, sind im Rahmen einer Verpflichtungsklage die Voraussetzungen der §§ 34, 35 BauGB zu prüfen. Eine solche Inzidentkontrolle durch das Gericht ist unproblematisch zulässig.

**Problem: Verwerfungskompetenz der Baugenehmigungsbehörde bei rechtswidrigem Bebauungsplan**

Falls der Kläger die Rechtswidrigkeit des Bebauungsplans rügt, stellt sich die Frage, inwieweit die Genehmigungsbehörde (!) berechtigt ist, diesen unberücksichtigt zu lassen. Diese Frage wird unterschiedlich beantwortet. Teilweise wird die Ansicht vertreten, die Behörde sei berechtigt, einen rechtswidrigen B-Plan unangewendet zu lassen.[447] Vielfach wird es in der Klausur aber zweckmäßig sein, der Auffassung zu folgen, wonach jeder Bebauungsplan bis zu dessen Aufhebung im Rahmen des § 47 VwGO eine uneingeschränkte Anwendbarkeit genießt. Beachten Sie, dass sich der Streit der Verwerfungskompetenz (nur) für die Baugenehmigungsbehörde stellt und damit ein Problem verwaltungspraktischer Klausuraufgaben ist. In verwaltungsgerichtlichen Entscheidungen ist dies weniger problematisch, weil das Verwaltungsgericht unstreitig berechtigt ist, den Bebauungsplan bei inzident festgestellter Unwirksamkeit nicht anzuwenden und in diesem Fall die Voraussetzungen der §§ 34, 35 BauGB zu prüfen.

#### (4) Zulässigkeit im unbeplanten Innenbereich (§ 34 BauGB)

**Übersicht: Zulässigkeit eines Vorhabens im unbeplanten Innenbereich**

1. Anwendbarkeit des § 34 BauGB
   a) Bebauungszusammenhang
      (P) Baulücken
      (P) Ende des Innenbereichs
   b) Ortsteil
      (P) Splittersiedlung
2. Voraussetzungen
   a) Einfügen
      aa) Nutzungsart: § 34 II BauGB iVm §§ 2 ff. BauNVO, § 34 I BauGB
      bb) Nutzungsmaß: § 34 I BauGB
   b) Sonstige Voraussetzungen
3. Rechtsfolge

---

446 BVerwGE 19, 164 (168); *Battis/Krautzberger/Löhr* § 30 Rn. 8.
447 OVG Lüneburg NVwZ 2000, 1061 (1062) für den Fall einer rechtswidrigen Veränderungssperre.

#### (a) Anwendungsbereich des § 34 BauGB

150 Bei einem Vorhaben im nicht beplanten Innenbereich richtet sich die Zulässigkeit nach § 34 BauGB. Dessen Anwendungsbereich ist eröffnet, wenn es sich um einen »im Zusammenhang bebauten Ortsteil« handelt (§ 34 I 1 BauGB). Nur wenn eine rechtmäßige Satzung nach § 34 IV BauGB erlassen wurde, kommt es für die Anwendbarkeit des § 34 BauGB auf die Voraussetzung des § 34 I 1 BauGB nicht mehr an. Die Abgrenzung zwischen unbeplantem Innenbereich (§ 34 BauGB) und Außenbereich (§ 35 BauGB) ist sehr klausurrelevant. Begrifflich sollten Sie an das Merkmal des »im Zusammenhang bebauten Ortsteils« anknüpfen. Ein **Bebauungszusammenhang** ist gegeben, wenn die tatsächlich aufeinander folgende Bebauung nach der Verkehrsauffassung den Eindruck der Geschlossenheit und Zusammengehörigkeit vermittelt und die zur Bebauung vorgesehene Fläche noch diesem Zusammenhang angehört.[448]

**Problem: Wegfall des Bebauungszusammenhangs durch Baulücken**

Baulücken, also Freiflächen, die zumindest an zwei Seiten an eine Bebauung angrenzen und nur wenige Bauplätze umfassen, unterbrechen den Bebauungszusammenhang nicht. Als Faustformel können Sie von einer Baulücke ausgehen, solange diese nicht mehr als zwei bis drei Bauplätze umfasst.[449]

**Problem: Äußere Grenze des Innenbereichs**

In Aktenauszügen stellt sich bisweilen die Frage, wo genau der Innenbereich endet. Wonach beurteilt sich etwa die Zulässigkeit eines Vorhabens hinter dem letzten Haus des im Zusammenhang bebauten Ortsteils? Hierfür gilt: Grenze ist immer die äußere Gemeindegrenze.[450] Innerhalb der Gemeindegrenzen ist die äußere Begrenzung des Innenbereichs grds. das letzte tatsächlich vorhandene maßstabsbildende Gebäude.[451] Auf die Grundstücksgrenzen kommt es also grundsätzlich nicht an. Etwas anderes kann dann gelten, wenn die hinter dem letzten Gebäude eines Bebauungszusammenhangs liegende freie Fläche ihrerseits durch natürliche Hindernisse (zB Flüsse, Geländekanten oder Straßen) von der (weiteren) freien Landschaft abgegrenzt ist. Sie ist dann noch zum Innenbereich zu rechnen, wenn sie diesem bei »natürlicher Betrachtung«[452] zuzuordnen ist.

»**Ortsteil**« ist jeder Bebauungskomplex, der nach der Zahl der vorhandenen Bauten ein gewisses Gewicht besitzt und eine organische Siedlungsstruktur ausdrückt.[453] Im Zweiten Examen können Sie jenseits einzelner Detailfragen von einem Ortsteil ausgehen, wenn dort 10–12 Gebäude existieren, wobei diese Zahl nur eine Orientierungshilfe ist.[454] Diese Gebäude müssen allerdings den Eindruck einer Geschlossenheit und Zusammengehörigkeit erwecken und sich von einer bloßen Splittersiedlung abheben.

**Problem: Abgrenzung zur Splittersiedlung bzw. Streubebauung**

151 Für die Abgrenzung Ortsteil/Splittersiedlung (vgl. auch § 35 III 1 Nr. 7 BauGB) kommt es wegen Art. 28 II GG (Planungshoheit) auf die Siedlungsstruktur der jeweiligen Gemeinde an.[455] Diese organische Siedlungsstruktur kann sich zu einer unorganischen Splittersiedlung entwickeln, wenn zB die Nutzung großer Teile eines Gebäudekomplexes wegfällt und die vorhandene Bebauung keine maßstabbildende Kraft mehr entfaltet.[456]

> **Formulierungsvorschlag zur Abgrenzung Innenbereich/Außenbereich:**
>
> Die bauplanungsrechtliche Zulässigkeit richtet sich nach § 34 BauGB. Ein qualifizierter Bebauungsplan nach § 30 I BauGB, der die Anwendbarkeit des § 34 BauGB ausschließt, ist nicht erlassen worden. Auch hat die Gemeinde G von der ihr nach § 34 IV BauGB eingeräumten Satzungsbefug-

448 BVerwG Beschl v. 2.4.2007 – 4 B 7/07, BauR 2007, 1383.
449 VGH Baden-Württemberg BauR 2007, 1378 (1380).
450 BVerwG NVwZ 1999, 527.
451 OVG Schleswig NVwZ-RR 2010, 97.
452 BVerwG BauR 2000, 1310 (1311); OVG Schleswig NVwZ-RR 2010, 97.
453 *Battis/Krautzberger/Löhr* § 34 Rn. 7.
454 *Dürr/Middecke/Schulte Beerbühl* BauR NRW Rn. 117; ähnlich *Battis/Krautzberger/Löhr* § 34 Rn. 8.
455 BVerwG NVwZ 1999, 527 (528).
456 VGH Mannheim NVwZ-RR 2007, 233 (234).

nis keinen Gebrauch gemacht, wodurch der Anwendungsbereich des § 34 BauGB unabhängig von der tatsächlichen Qualität der Bebauung eröffnet wäre.
Das Grundstück ... liegt innerhalb eines im Zusammenhang bebauten Ortsteils iSd § 34 I 1 BauGB.
Das Grundstück liegt auch in einem Bebauungszusammenhang. Die hierfür erforderliche tatsächlich aufeinanderfolgende und zusammenhängende Bebauung[457] ist gegeben. Dem steht auch nicht entgegen, dass an der östlichen Grundstücksgrenze eine unbebaute Freifläche liegt. In solchen Fällen ist nämlich ausschlaggebend, inwieweit die aufeinander folgende Bebauung nach der Verkehrsauffassung den Eindruck der Geschlossenheit vermittelt, also noch eine organische Siedlungsstruktur abbildet ...
Dieser Bebauungszusammenhang gehört auch einem Ortsteil iSd § 34 BauGB an. Ein solcher ist nämlich gegeben, wenn ein Bebauungskomplex im Gebiet einer Gemeinde nach der Zahl der vorhandenen Bauten ein gewisses Gewicht besitzt und noch Ausdruck einer organischen Siedlungsstruktur ist.[458] Zwar scheidet ein genereller Maßstab aus, wie viele Bauten die Annahme eines Ortsteils rechtfertigen,[459] allerdings reicht eine bloße Splittersiedlung, die nur aus wenigen Gebäuden besteht, nicht aus. Die vorliegende Bebauung geht allerdings über das Maß einer solchen Splittersiedlung deutlich hinaus. Hierfür spricht ...

#### (b) Voraussetzungen

#### (aa) Einfügen in die Eigenart der näheren Umgebung

Ist der Anwendungsbereich des § 34 BauGB eröffnet, muss sich das Vorhaben in die Eigenart **151a**
der näheren Umgebung einfügen. Diese Frage beantworten Sie in folgender Reihenfolge:

**Übersicht: Einfügung in die Eigenart der näheren Umgebung**

- Welcher räumliche Bereich stellt die nähere Umgebung dar?
- Was zeichnet die Eigenart dieser Umgebung aus?
  (P) Fremdkörper
- Wird der prägende Rahmen eingehalten?
- Fügt sich das Vorhaben hinsichtlich
  - Nutzungsart (insoweit ggf. nach §§ 2 ff. BauNVO zu beurteilen, wenn »faktisches Baugebiet«)
  - Nutzungsmaß, Bauweise und Grundstücksbebauung

  in diesen Rahmen ein?
- Unzulässigkeit des Vorhabens wegen Verletzung des Gebots der Rücksichtnahme (Bestandteil des Einfügungsgebots)
- Bei rahmenüberschreitenden Vorhaben ggf. Erweiterung des Rahmens, wenn keine bodenrechtlichen Spannungen eintreten

Die **nähere Umgebung** ist der über die unmittelbaren Nachbargrundstücke hinausgehende, aber nicht den gesamten Ortsteil erfassende Bereich, auf den sich das Vorhaben auswirken kann. Für die Bestimmung der Eigenart ermitteln Sie zunächst die tatsächlich vorhandene Bebauung und prüfen dann, ob diese Bebauung durch Fremdkörper belastet ist. Diese müssen Sie dann herausfiltern und damit die Eigenart der Bebauung »auf das Wesentliche beschränken«.[460] Maßgeblich sind alle Anlagen, die »die Kraft haben, die Eigenart der näheren Umgebung zu beeinflussen, die der Betrachter also nicht nur am Rande wahrnimmt«.[461] Hierbei müssen Sie den Aktenauszug genau analysieren und ausgehend von den Lageplänen und Beschreibungen der örtlichen Gegebenheiten des mit der Beweisaufnahme (Augenschein) beauftragten Berichterstatters die tatsächlich vorhandene Bebauung beschreiben. Schöpfen Sie alles aus, was Sie in dem Aktenauszug finden. Diese Begründungsebene ist ein wichtiger Schwerpunkt Ihrer Lösung.

457 BVerwGE 31, 20 (21).
458 BVerwG NVwZ 1999, 527 (528); *Battis/Krautzberger/Löhr* § 34 Rn. 7.
459 *Battis/Krautzberger/Löhr* § 34 Rn. 8.
460 BVerwG Urt. v. 15.2.1990 – 4 C 23/86, BVerwGE 84, 322 (325).
461 BVerwGE 84, 322 (325).

**Problem: Fremdkörper**

Häufig wird im Aktenauszug eine im Kontrast zur vorherrschenden Bebauung stehende bauliche Anlage beschrieben. Es stellt sich dann die Frage, inwieweit hierdurch der prägende Rahmen beeinflusst wird. Solche Fremdkörper müssen bei der Bewertung des prägenden Rahmens außer Betracht bleiben, wenn sie wegen ihrer Andersartigkeit und ihres singulären Charakters die sie umgebende, im Wesentlichen homogene Bebauung nicht beeinflussen.[462] Etwas anderes gilt nur, wenn sie ausnahmsweise die Umgebung beherrschen oder mit ihr eine Einheit bilden.[463] Beispielsweise prägt ein einzelner Industriebetrieb, der aus historischen Gründen in einem ansonsten ausschließlich zum Wohnen genutzten Bereich angesiedelt ist, diese Umgebung nicht. Hierdurch soll verhindert werden, dass einzelne atypische Anlagen die Gebietsstruktur sukzessive verändern.

Anschließend stellen Sie fest, ob sich das Vorhaben hinsichtlich **Art und Maß** der Nutzung, der **Bauweise** und der **überbauten Grundstücksfläche** in die Umgebung einfügt.

- Bzgl. der **Nutzungsart** greifen Sie als Beurteilungsmaßstab allein auf die BauNVO zurück, wenn die Eigenart der näheren Umgebung einem dort beschriebenen Baugebiet entspricht (§ 34 II BauGB iVm §§ 2 ff. BauNVO). Stellt die Umgebung kein faktisches Baugebiet dar, prüfen Sie die Voraussetzungen des § 34 I BauGB, wobei im Einzelfall vom Einfügungserfordernis abgewichen werden kann (§ 34 IIIa BauGB).
- Bzgl. des **Maßes der baulichen Nutzung**, also der zulässigen Bebauungsmenge, orientieren Sie sich nur an § 34 I BauGB. Prüfen Sie anhand der Angaben im Aktenauszug, ob der Gebietsrahmen eingehalten wird. Die in den §§ 16 ff. BauNVO enthaltenen Parameter (Grund-, Geschossflächenzahl, Zahl der Vollgeschosse und Gebäudehöhe) liefern Ihnen hierfür Bewertungskriterien.
- Schließlich müssen Sie noch beurteilen, ob sich das Vorhaben nach seiner **Bauweise** und der zu überbauenden **Grundstücksfläche** in die Umgebung einfügt.

**Problem: Gebot der Rücksichtnahme als Bestandteil des Einfügens**

Das Rücksichtnahmegebot kann dazu führen, dass eine den Gebietsrahmen grds. wahrende geplante bauliche Anlage nicht zulässig ist. Dies ist der Fall, wenn die geplante bauliche Anlage keine Rücksicht auf die in der unmittelbaren Nachbarschaft vorhandene Bebauung nimmt. Rücksichtslos ist das Vorhaben, wenn es den Betroffenen nach Lage der Dinge nicht zuzumuten ist. Hierbei sind die berechtigten Interessen des Bauherrn mit denen der Nachbarn abzuwägen. Welche Anforderungen das Gebot der Rücksichtnahme begründet, hängt wesentlich von den jeweiligen Umständen ab. Je empfindlicher und schutzwürdiger die Stellung desjenigen ist, dem die Rücksichtnahme im gegebenen Zusammenhang zugute kommt, umso mehr kann er an Rücksichtnahme verlangen. Je verständlicher und unabweisbarer die mit dem Vorhaben verfolgten Interessen sind, desto weniger braucht derjenige, der das Vorhaben verwirklichen will, Rücksicht zu nehmen. Es kommt also entscheidend auf eine Abwägung zwischen dem an, was einerseits dem Rücksichtnahmebegünstigten und andererseits dem Rücksichtnahmeverpflichteten nach Lage der Dinge zuzumuten ist.[464]

Unterscheiden Sie auch hier zwischen der Art und dem Maß der baulichen Nutzung.

- **Nutzungsart:** Im Anwendungsbereich des § 34 II BauGB (und damit der BauNVO!) ist § 15 I 2 BauNVO eine spezialgesetzliche Ausformung des Rücksichtnahmegebots. Sofern § 34 II BauGB nicht anwendbar ist, weil die Umgebungsbebauung keinem der in der BauNVO definierten Gebietstypen entspricht, prüfen Sie das Rücksichtnahmegebot im Rahmen von § 34 I BauGB »Bestandteil des Einfügungsgebots.«
- **Nutzungsmaß:** Das Maß der baulichen Nutzung ist grundsätzlich nicht drittschützend. In Extremfällen kann das Rücksichtnahmegebot aber auch hier dem Erfordernis des »Einfügens« entgegenstehen.

462 BVerwG BauR 2009, 1564 (1565).
463 BVerwG NVwZ 1990, 755.
464 BVerwGE 109, 314 (318).

**(bb) Sonstige Voraussetzungen**

Schließlich müssen die Erschließung gesichert (§ 34 I 1 BauGB) und die Voraussetzungen des § 34 I 2 und III BauGB erfüllt sein. Diese Fragen bilden nach unserer Erfahrung nur selten einen Klausurschwerpunkt. Diese Erfordernisse sind übrigens nicht drittschützend. **151b**

Sind die Zulassungsvoraussetzungen erfüllt, besteht ein Anspruch auf die begehrte Genehmigung.

**(5) Zulässigkeit im unbeplanten Außenbereich (§ 35 BauGB)**

**(a) Privilegierte Vorhaben (§ 35 I BauGB)**

**152**

**Übersicht: Zulässigkeit eines privilegierten Vorhabens im unbeplanten Außenbereich (§ 35 I BauGB)**

1. Anwendbarkeit des § 35 I BauGB
2. Voraussetzungen
   a) Privilegiertes Vorhaben (§ 35 I Nr. 1–6 BauGB)
      (P) »Dienende Funktion« eines land- und forstwirtschaftlichen Betriebs
      (P) Einschränkung durch »nur« und »sollen« bei sonstigen priv. Vorhaben
   b) Keine entgegenstehenden öffentlichen Belange (§ 35 III 1, 2, 3 BauGB)
   c) Bodenschutzklausel (§ 35 V 1 BauGB)
   d) Sicherung der Erschließung (§ 35 I BauGB)
3. Rechtsfolge

**(aa) Anwendbarkeit des § 35 I BauGB**

Wenn das Grundstück weder im Geltungsbereich eines Bebauungsplans noch im unbeplanten Innenbereich liegt, ist der Anwendungsbereich des § 35 BauGB eröffnet. Grds. zulässig sind hier die in § 35 I BauGB genannten privilegierten Vorhaben, von denen bisher vor allem Nr. 1, 4 und 5 klausurrelevant sind. »Sonstige«, nicht privilegierte Vorhaben sind hingegen nur im Einzelfall nach § 35 II BauGB zulässig. Das bringt der Gesetzgeber durch die unterschiedlichen Formulierungen in § 35 I BauGB (»entgegenstehen«) und in § 35 II BauGB (»beeinträchtigt«) zum Ausdruck. Die in § 35 III BauGB genannten öffentlichen Belange haben damit ein unterschiedliches Gewicht; je nachdem, ob sie einem Vorhaben nach § 35 I oder § 35 II BauGB gegenübergestellt werden. Bei privilegierten Vorhaben sind sie gegen das Gewicht der Privilegierung abzuwägen. Nicht privilegierte Vorhaben sind dagegen schon dann unzulässig, wenn sie öffentliche Belange beeinträchtigen. Die öffentlichen Belange können sich mithin gegenüber privilegierten Vorhaben grundsätzlich schwieriger durchsetzen als gegenüber nicht privilegierten Vorhaben.

**(bb) Voraussetzungen**

**(aaa) Vorhaben gem. § 35 I BauGB**

- **Vorhaben nach § 35 I Nr. 1 BauGB: Land- und forstwirtschaftlicher Betrieb**

Der Begriff der Landwirtschaft ist in § 201 BauGB definiert und erfasst die dauerhafte und nachhaltige Urproduktion iSe Bodenertragsnutzung.[465] Die ggf. erforderliche Abgrenzung von bloßer Liebhaberei ist wenig examensrelevant. **153**

**Problem: »Dienende Funktion«**

In Aktenauszügen wird wiederholt das einschränkende Merkmal der »dienenden Funktion« problematisiert. Ein Vorhaben dient einem landwirtschaftlichen Betrieb nur, wenn es diesem objektiv erkennbar unmittelbar zu- oder untergeordnet und dem privilegierten Betrieb mehr als nur förderlich ist.[466] Maßgebend ist, ob ein vernünftiger Landwirt unter größtmöglicher Schonung des Außenbereichs das Bauvorhaben mit gleichem Verwendungszweck und mit etwa gleicher Ausgestaltung für einen entsprechenden Betrieb errichten würde. Bei bloßen

465 *Battis/Krautzberger/Löhr* § 201 Rn. 2 mwN.

466 OVG Koblenz BauR 2008, 337 (339) (Photovoltaik »dient« als Hilfsenergiequelle einer privilegierten Windkraftanlage).

Freizeitnutzungen ist dies nicht der Fall. Klausurrelevant sind Energieerzeugungsanlagen. Diese haben nach Ansicht des BVerwG eine dienende Funktion, wenn die erzeugte Energie überwiegend vom privilegierten Betrieb selbst genutzt wird.

- **Vorhaben nach § 35 I Nr. 4 BauGB: Sonstige privilegierte Vorhaben**

154 § 35 I Nr. 4 BauGB ist ein eng auszulegender Auffangtatbestand für Vorhaben, die aus bestimmten Gründen nur im Außenbereich ausgeführt werden sollen. »Nur« beschränkt den Anwendungsbereich auf Vorhaben, die auf den Außenbereich angewiesen sind, weil sie nicht im Planbereich oder im Innenbereich, sondern nur hier und so errichtet werden können.[467] Es genügt demnach nicht, dass eine Realisierung im Außenbereich sinnvoll ist oder aufgrund besonderer religiöser oder weltanschaulicher Gründe zweckmäßig erscheint.[468] Unter dem Merkmal »sollen« prüfen Sie, ob das Vorhaben gemessen an der Funktion des Außenbereichs (Wahrung der naturgegebenen Bodennutzung, Erholungsfunktion) billigenswert ist.[469] Zu den nach § 35 I Nr. 4 BauGB privilegierten Vorhaben zählen etwa Sternwarten, Freilichtbühnen sowie Wander- und Berghütten. Erfasst werden auch Anlagen, von denen erhöhte Emissionen ausgehen, wie zB Tierkörperbeseitigungsanlagen oder Tiermastbetriebe[470].

- **Vorhaben nach § 35 I Nr. 5 BauGB**

155 Windenergieanlagen sind mangels Ortsgebundenheit nicht nach § 35 I Nr. 4 BauGB, sondern nach § 35 I Nr. 5 BauGB privilegiert. Einer immissionsschutzrechtlichen Genehmigungspflicht unterliegen Windenergieanlagen, sobald sie eine Gesamthöhe von mehr als 50 m haben.[471] Die Klausurprobleme stellen sich insbes. bei der nachfolgend erörterten Frage, inwieweit nach § 35 III BauGB öffentliche Belange dem Vorhaben entgegenstehen.

**(bbb) Keine entgegenstehenden öffentlichen Belange (§ 35 III BauGB)**

156 Bei Klausuren, in denen die Zulässigkeit eines Außenbereichsvorhabens zu beurteilen ist, liegt der Schwerpunkt vielfach in der Prüfung der »entgegenstehenden öffentlichen Belange«. Die examensrelevantesten sind nachfolgend dargestellt.

- **Widerspruch zu einem Flächennutzungsplan (§ 35 III 1 Nr. 1, III 2 u. 3 BauGB)**

157 In der Klausur steht dem Vorhaben oft ein Flächennutzungsplan entgegen. Wenn die Gemeinde auf diese Weise an einem bestimmten Ort Windenergieanlagen konzentrieren möchte, erfordert dies ein schlüssiges gesamträumliches Planungskonzept (Begriff merken!). Nach der Rspr. lässt sich der Ausschluss von Vorhaben in bestimmten Bereichen nämlich nur rechtfertigen (Art. 14 I GG – Baufreiheit), wenn sich diese Vorhaben an anderer Stelle durchsetzen lassen.[472] Dieses gesamträumliche Planungskonzept muss dann den Vorgaben der Abwägungslehre gerecht werden. Unwirksam ist zB eine Konzentrationsplanung, wenn der Plan keinerlei Positivflächen für die Windenergienutzung enthält oder auf eine Verhinderungsplanung (sog. »Feigenblattplanung«) hinausläuft.[473]

- **Schädliche Umwelteinwirkungen (§ 35 III 1 Nr. 3 BauGB)**

158 Schädliche Umwelteinwirkungen iSd § 3 I BImSchG können gem. § 35 III 1 Nr. 3 BauGB als entgegenstehender öffentlicher Belang ein privilegiertes Vorhaben ausschließen. An dieser Stelle wird von den Prüfungsämtern häufig das BImSchG in den Aktenauszug eingespielt. Sie müssen dann prüfen, ob Immissionen unter Würdigung aller Umstände des Einzelfalles nach Art, Ausmaß oder Dauer geeignet sind, Gefahren, erhebliche Nachteile oder (vor allem klausurrelevant:) erhebliche Belästigungen für die Allgemeinheit oder die Nachbarschaft herbeizuführen. Anhaltspunkte für die Unzumutbarkeit von Beeinträchtigungen sind – wie im BImSchG – die technischen Regelwerke des Immissionsschutzrechts: die normkonkretisie-

467 BVerwG NVwZ 1984, 169 (170).
468 OVG Koblenz NVwZ-RR 2007, 304 (Kapelle im Außenbereich nicht privilegiert).
469 BVerwG NVwZ 1984, 169 (170).
470 Tiermastbetriebe fallen nicht unter § 35 I Nr. 1 BauGB, weil sie überwiegend oder vollständig mit zugekauftem Futter betrieben werden.
471 Ziffer 1.6 des Anhangs zur 4. BImSchVO.
472 BVerwG NVwZ 2003, 1261.
473 BVerwG NVwZ 2005, 211.

renden TA-Luft, TA-Lärm[474], daneben aber auch die VDI-Richtlinien.[475] Achten Sie insoweit insbes. auf abgedruckte Inhalte dieser Regelungswerke oder auf entsprechende Angaben im Bearbeitervermerk.

- **Zu befürchtende (unerwünschte) Splittersiedlung (§ 35 III 1 Nr. 7 BauGB)**

§ 35 III 1 Nr. 7 BauGB wird weit ausgelegt. Mit der Versagung einer Genehmigung soll bereits »den Anfängen gewehrt« werden.[476] Es reicht aus, wenn mit der Genehmigung ein »Berufungsfall« geschaffen wird und damit die Gründe, die weiteren Vorhaben entgegengehalten werden könnten, an Überzeugungskraft verlieren. »Zu befürchten« ist die Entstehung, Erweiterung oder Verfestigung der Siedlung, wenn sie städtebaulich unerwünscht ist.[477] »Unerwünscht« ist sie, wenn mit ihr die Zersiedlung eingeleitet wird.[478] Soll zu bereits vorhandenen Gebäuden ein weiteres hinzukommen, ist dies (so das BVerwG) idR ohne Weiteres gegeben und bedarf keiner umfassenden Darlegung der Gemeinde.[479] 159

- **Ungeschriebene Belange**

Die Aufzählung in § 35 III 1 BauGB ist nicht abschließend. Die wichtigsten ungeschriebenen Belange sind das Erfordernis der vorherigen Bauleitplanung bei gewichtigen Vorhaben[480] sowie das Rücksichtnahmegebot. Ein Verstoß gegen Letzteres ist etwa gegeben, wenn das Vorhaben einen Segelflugplatz gefährdet, der seit langem besteht und luftverkehrsrechtlich genehmigt ist.[481] 159a

**Klausurhinweis:** Häufig geht es um die bauplanungsrechtliche Zulässigkeit von Windenergieanlagen. Im Rahmen der Frage, inwieweit öffentliche Belange nach § 35 III BauGB dem gem. § 35 I Nr. 5 BauGB privilegierten Vorhaben entgegenstehen, diskutiert die Rechtsprechung vor allem Folgendes:
- **Rücksichtnahmegebot:** Windenergieanlagen können gegen das Rücksichtnahmegebot verstoßen, weil von den Drehbewegungen ihrer Rotoren eine »optisch bedrängende« Wirkung auf bewohnte Nachbargrundstücke ausgeht.[482] Auch der Schattenwurf der Anlagen kann unzumutbar sein.[483] Lernen Sie hierfür keine Einzelentscheidungen auswendig, sondern werten Sie die Informationen des Aktenauszugs sorgfältig aus! Sofern über den Lärm der Anlagen gestritten wird, greifen die Bestimmungen der TA-Lärm ein.
- **Konzentrationszonen:** Oft haben Gemeinden für Vorhaben der begehrten Art an anderer Stelle Darstellungen im Flächennutzungsplan getroffen. Vorhaben außerhalb solcher Konzentrationszonen steht die Ausweisung gem. § 35 III 3 BauGB entgegen, wenn der Konzentrationsplanung ein schlüssiges gesamträumliches Planungskonzept zugrunde liegt (siehe oben).

#### (ccc) Einhaltung der Bodenschutzklausel (§ 35 V 1 BauGB)

Die Einhaltung der Bodenschutzklausel gem. § 35 V 1 BauGB hat im Examen keine wesentliche Bedeutung. 160

#### (ddd) Sicherung einer ausreichenden Erschließung (§ 35 I BauGB)

Auch das Erfordernis der Sicherstellung einer ausreichenden Erschließung hat keine wesentliche Examensrelevanz. 161

#### (b) Nicht privilegierte Vorhaben

Klausuren, in denen ausschließlich die Zulässigkeit nicht privilegierter Vorhaben im Außenbereich zu beurteilen ist, spielen nach unserer Analyse eine geringere Rolle. Manchmal geht es aber darum, schwerpunktmäßig die Zulässigkeit nach § 35 I BauGB zu prüfen und anschlie- 162

474 BVerwGE 129, 209 (Baugenehmigung für Errichtung einer Windenergieanlage).
475 *Ernst/Zinkahn/Bielenberg/Krautzberger* § 35 Rn. 88.
476 BVerwG BauR 2000, 1173 (1174).
477 BVerwGE 54, 73 (76); *Meyer* JA 2009, 378 (381).
478 BVerwG NVwZ 2001, 1282 (1283).
479 BVerwG BauR 2005, 73.
480 BVerwG NVwZ 2003, 86 (87) – Factory-Outlet-Center.
481 BVerwG NVwZ 2005, 328.
482 BVerwG NVwZ 2007, 336.
483 Schatten sind sog. negative Immissionen, die nicht zu den schädlichen Umwelteinwirkungen gem. § 35 III 1 Nr. 3 BauGB (iVm § 3 I BImSchG) gehören.

ßend (kurz) auf § 35 II BauGB einzugehen. Zudem können die Sonderregelungen für bestehende Anlagen eine Rolle (§ 35 IV BauGB) spielen.

**Übersicht: Zulässigkeit nicht privilegierter Vorhaben im unbeplanten Außenbereich (§ 35 II BauGB)**

1. Anwendbarkeit des § 35 BauGB
2. Voraussetzungen
   a) Nicht privilegiertes Vorhaben (§ 35 II BauGB)
   b) Keine Beeinträchtigung öffentlicher Belange (§ 35 II, III BauGB)
      (P) Bestandsschutz (§ 35 IV BauGB)
      (P) Außenbereichssatzung (§ 35 VI BauGB)
   c) Bodenschutzklausel (§ 35 V 1 BauGB)
   d) Sicherstellung der Erschließung (§ 35 II BauGB)
3. Rechtsfolge

§ 35 II BauGB ist anwendbar für Vorhaben iSd § 29 I BauGB, die keinen Privilegierungstatbestand nach § 35 I BauGB erfüllen. Im Gegensatz zu § 35 I BauGB, bei dem die Zulässigkeit keine »entgegenstehenden öffentlichen Belange« voraussetzt, kommt es bei § 35 II BauGB darauf an, dass öffentliche Belange »nicht beeinträchtigt« werden.

**Hinweis:** Merken Sie sich diesen unterschiedlichen Maßstab. Die Besserstellung von Vorhaben nach § 35 I BauGB wird damit begründet, dass der Außenbereich gerade für solche Anlagen planerisch vorgesehen ist (planähnliche Zuweisung zum Außenbereich). Vorhaben nach § 35 II BauGB sind hingegen nicht derart privilegierungswürdig.

**Problem: Aktiver Bestandsschutz**

Das Problem »aktiver Bestandsschutz« stellt sich, wenn eine bereits bestehende bauliche Anlage ersetzt, umgebaut oder in der Nutzung geändert werden muss, um sie nicht funktionslos werden zu lassen. Einen unmittelbar auf Art. 14 GG gestützten Anspruch auf Zulassung eines Vorhabens jenseits einfachgesetzlicher Bestimmungen lehnt das BVerwG ab. Dies wird damit begründet, dass nach Art. 14 I 2 GG Inhalt und Schranken des Eigentums, damit auch Ansprüche auf aktiven Bestandsschutz, durch den Gesetzgeber festgelegt werden.[484] Da die einfachgesetzlichen Bestimmungen den verfassungsrechtlichen Vorgaben des Art. 14 GG gerecht werden, bleibt für einen unmittelbar aus Art. 14 GG gestützten Anspruch kein Raum.

**Hinweis:** Unterscheiden Sie streng zwischen aktivem und passivem Bestandsschutz. Letzterer betrifft nicht die Frage, ob ein Zulassungsanspruch besteht. Er gewährleistet das Recht, dass ein im Einklang mit dem damals geltenden Baurecht errichtetes Bauwerk weiterhin so unterhalten und genutzt werden kann, wie es seinerzeit errichtet wurde, auch wenn es nach dem inzwischen geltendem Baurecht nicht mehr zulässig wäre. Diese Frage spielt insbes. bei der Ermessensausübung bei Bauordnungsverfügungen eine Rolle.

**Problem: Sonderregelung (§ 35 IV BauGB)**

Auf einfachgesetzlicher Ebene regelt § 35 IV BauGB als verfassungskonforme Inhalts- und Schrankenbestimmung den Bestandsschutz für »sonstige« Vorhaben (§ 35 II BauGB), der bestimmte öffentliche Belange nach § 35 III 1 BauGB überwindet. Liegen die Voraussetzungen des § 35 IV BauGB vor, brauchen Sie auf die Frage eines verfassungsrechtlich verankerten aktiven Bestandsschutzes nicht mehr einzugehen. § 35 IV BauGB ist abschließend.[485]

Beachten Sie, dass § 35 IV BauGB nur eine Begünstigung bzw. Teilprivilegierung begründet. Im Übrigen bleibt es ein nicht privilegiertes Vorhaben. Es ist deshalb wichtig, dass Sie § 35 IV BauGB nicht als selbstständigen Genehmigungstatbestand, sondern stets als **Modifikation des § 35 III BauGB** prüfen. Falls Sie eine Klausuraufgabe mit diesem Problem erhalten sollten,

484 BVerwGE 106, 228 (233 ff.); *Dietlein/Burgi/Hellermann* ÖffR NRW § 4 Rn. 180.
485 Leuze-Mohr/*Leuze-Mohr* ÖffR 207.

kommt es allein auf eine saubere Subsumtion an. Detailwissen oder Rechtsprechung hierzu dürfte nicht verlangt werden.

Gem. § 35 V 2, 3, 4 BauGB kann die Behörde ergänzende Anordnungen treffen, um sicherzustellen, dass die in § 35 IV BauGB normierten Voraussetzungen eingehalten werden. Dies geschieht häufig durch Nebenbestimmungen. Deren Zulässigkeit prüfen Sie wie gewohnt am Maßstab des § 36 I VwVfG.

Bei einem auf die Erteilung einer Genehmigung gerichteten Verpflichtungsbegehren müssen schließlich die Erschließung sichergestellt (**§ 35 II BauGB**) und die Bodenschutzklausel (**§ 35 V 1 BauGB**) eingehalten sein und ein ggf. nach **§ 36 BauGB** erforderliches gemeindliches Einvernehmen vorliegen.

#### cc) Vereinbarkeit mit Bauordnungsrecht

Neben bauplanungsrechtlichen Voraussetzungen darf das Vorhaben nicht gegen bauordnungsrechtliche Bestimmungen verstoßen. Aus dem Studium sind Ihnen bereits das Verunstaltungsverbot, das Abstandsflächengebot sowie die Vorschriften über Stellplätze und Garagen bekannt. Im Zweiten Staatsexamen sollten Sie vor allem an die technischen Regelungen wie die TA Lärm und die Geruchsimmissionsrichtlinie (GIRL) denken. Diese genießen Geltungsanspruch, wenn sie als technische Baubestimmungen eingeführt worden sind.[486] Achten Sie auf diesbezügliche Hinweise im Aktenauszug. **163**

#### dd) Vereinbarkeit mit sonstigem öffentlichen Recht

Sofern für das Bauvorhaben noch weitere (etwa gaststätten- oder immissionsschutzrechtliche) Genehmigungen erforderlich sind, stellt sich die Frage, ob die Baugenehmigungsbehörde diese sonstigen öffentlich-rechtlichen Vorschriften zu berücksichtigen hat. Der Prüfungsumfang ist landesrechtlich unterschiedlich ausgestaltet. **164**

- Früher wurde eher dem sog. **Schlusspunktmodell** gefolgt. Danach stellte die Baugenehmigung den Schlusspunkt der durchzuführenden öffentlich-rechtlichen Zulässigkeitsprüfung dar und durfte deshalb erst erteilt werden, wenn die sonstigen Genehmigungen vorlagen.
- Die Musterbauordnung von 2002 folgt hingegen dem **Separationsmodell**. Danach ist die Baugenehmigung ohne Rücksicht auf diese sonstigen Genehmigungsvoraussetzungen zu erteilen. Dem hat sich Rechtsprechung weitgehend angeschlossen.[487]

Eine sehr restriktive Regelung hat beispielsweise der **Berliner Gesetzgeber** mit den §§ 64 S. 1 Nr. 3, 64a S. 1 Nr. 4 und 65 S. 1 Nr. 3 BlnBauO getroffen. Danach sind andere Vorschriften nur zu prüfen, wenn die Baugenehmigung selbst zugunsten des anderen Verfahrens eine Konzentrationswirkung entfaltet. Dies ist aber selten der Fall (etwa für das Bundesnaturschutzrecht gem. § 18 BNatSchG). Die examensrelevanten Vorschriften stellen solch ein »aufgedrängtes öffentliches Recht« nicht dar. Nicht zu prüfen sind etwa § 22 BImSchG oder die Vorschriften der StVO.

In anderen Bundesländern gibt es weniger restriktive Regelungen. Dort können dann etwa § 22 I BImSchG, § 15 BNatSchG, § 4 GastG oder § 12 WHG zum Prüfungsumfang gehören.

## C. Rechtsschutz im Verfahren der Erteilung des gemeindlichen Einvernehmens (§ 36 BauGB)

Gem. § 36 I 1 BauGB wird bei der Zulässigkeit bestimmter Vorhaben im bauaufsichtlichen Verfahren im Einvernehmen mit der Gemeinde entschieden.[488] Das Einvernehmenserfordernis **165**

486 ZB § 3 III 1 NRWBauO; § 3 III 1 BbgBauO; § 3 III 1 BlnBauO; § 3 III 1 HBO.

487 BayVGH NVwZ 1994, 304 (305); VGH Mannheim NVwZ-RR 1997, 156; OVG Münster NVwZ-RR 2002, 564 (567); aA OVG Münster NWVBl. 2010, 230 (233); im Einzelnen auch *Dietlein/Burgi/Hellermann* ÖffR NRW § 4 Rn. 271.

488 Wichtig: Wegen § 36 I 2 BauGB gilt das Einvernehmenserfordernis auch grds. in anderen Verfahren, in denen über die Zulässigkeit von Vorhaben nach § 29 I BauGB entschieden wird. Sehr examensrelevant ist vor allem das immissionsschutzrechtliche Verfahren nach den §§ 4 ff. BImSchG; im Einzelnen hierzu siehe unten.

schützt die Planungshoheit der Gemeinde (Art. 28 II 1 GG).[489] Es entfällt, wenn die Gemeinde selbst Genehmigungsbehörde ist, da die Planungshoheit dann hinreichend geschützt ist. Die Gemeinde darf gem. § 36 II 1 BauGB das Einvernehmen nur aus den sich aus den §§ 31, 33–35 BauGB ergebenden Gründen versagen. Sie muss es also erteilen, wenn die in den vorne genannten Vorschriften normierten Voraussetzungen erfüllt sind. Etwas anderes gilt nur, wenn die maßgebende Vorschrift der Bauaufsichtsbehörde ausnahmsweise Ermessen einräumt (zB § 31 I, II BauGB).

In der Klausur streiten sich die Gemeinde und die Baugenehmigungsbehörde idR über die Genehmigungsfähigkeit eines Vorhabens. Sie können folgenden Konstellationen begegnen:

- Die **Gemeinde erteilt das Einvernehmen.** Die Baugenehmigungsbehörde ist an das erteilte Einvernehmen nicht gebunden. Sie prüft das Vorhaben in eigener Zuständigkeit. Kommt sie zu dem Ergebnis, dass das Vorhaben unzulässig ist, muss sie den Antrag ablehnen.[490] Beachten Sie, dass das Einvernehmen nicht ausdrücklich erteilt werden muss. Es gilt gem. § 36 II 2 BauGB als erteilt, wenn es nicht binnen zwei Monaten nach Eingang des Ersuchens bei der Genehmigungsbehörde verweigert wird. Für die Fristberechnung gelten die Vorschriften der § 31 VwVfG iVm §§ 187 I, 188 II Hs. 1 BGB, sodass der Tag, an dem das Einvernehmensersuchen der Genehmigungsbehörde eingeht, nicht mitgerechnet wird (Ereignistag). Die Frist gilt der Verfahrensbeschleunigung und der Erleichterung von Investitionen und kann deshalb nicht verlängert werden.[491] Dementsprechend sind nach hM auch der Widerruf und die Rücknahme des Einvernehmens ausgeschlossen. Dieser Fall ist in der Aktenbearbeitung unproblematisch, weil Sie die Voraussetzungen der Genehmigungserteilung »ganz normal« durchprüfen können.
- Die **Gemeinde verweigert das Einvernehmen**. Dies hält die Genehmigungsbehörde für rechtswidrig.
  - **Sie ersetzt deshalb das Einvernehmen gem. § 36 II 3 BauGB:** Die Gemeinde kann sich mit der Anfechtungsklage wehren. Die Ersetzungsentscheidung hat die gem. § 35 S. 1 VwVfG erforderliche Außenwirkung, weil sie die Planungshoheit der Gemeinde betrifft. In der Sache muss das VG dann in vollem Umfang nachprüfen, ob das Vorhaben des Bauherrn mit bauplanungsrechtlichen Vorschriften (zB §§ 34, 35 BauGB) vereinbar ist.[492] Die Genehmigungsbehörde darf das Einvernehmen nämlich nur ersetzen, wenn das Vorhaben planungsrechtlich rechtmäßig ist und die Gemeinde daher verpflichtet ist, ihr Einvernehmen zu erteilen. Im vorläufigen Rechtsschutz ist zu beachten, dass die Ersetzung des Einvernehmens keine bauaufsichtliche »Zulassung« iSd § 212a BauGB darstellt. Ein Anfechtungsrechtsbehelf gegen eine Ersetzungsentscheidung hat folglich grds. aufschiebende Wirkung. Etwas anderes gilt nur, wenn gem. § 80 II 1 Nr. 4 VwGO die Anordnung der sofortigen Vollziehung ausgesprochen wurde. Wird auf eine für sofort vollziehbar erklärte Ersetzung eine Baugenehmigung gestützt, darf die Gemeinde sich nicht auf die Anfechtung der Ersetzung beschränken. Die Baugenehmigung kann sie nur verhindern, wenn sie im Wege der Drittanfechtungsklage auch gegen die Genehmigung selbst vorgeht. Der Anfechtungsrechtsbehelf gegen die Baugenehmigung hat dann aber – anders als die Anfechtung der Einvernehmensersetzung – keine aufschiebende Wirkung (§ 212a BauGB).
  - **Die Baugenehmigungsbehörde erteilt die Genehmigung, ohne das Einvernehmen zu ersetzen:** Die Gemeinde kann gleichfalls eine Anfechtungsklage erheben. Streitgegenstand ist dann aber nicht der Anspruch des Bauherrn auf die beantragte Genehmigung, sondern allein die von der klagenden Gemeinde verteidigte Planungshoheit nach Art. 28 II 1 GG. Sie vermittelt der Gemeinde gleichzeitig die für die Drittanfechtungsklage erforderliche Klagebefugnis. § 36 BauGB ist damit einer der wenigen Fälle, in denen eine Verfahrensbestimmung eine Klagebefugnis vermittelt (sog. **absolutes Verfahrensrecht**). Hieraus folgt auch, dass in der Begründetheit der Klage nicht die mate-

489 BVerwG BauR 1999, 1281 (1282).
490 BVerwG DÖV 1969, 145
491 BVerwG NVwZ 1997, 900.
492 BVerwG NVwZ 2000, 1048; OVG Koblenz NVwZ-RR 2007, 304 (305).

riell-rechtliche Genehmigungsfähigkeit zu prüfen ist.[493] Rechtsbehelfe der Gemeinde gegen die Genehmigung haben keine aufschiebende Wirkung, weil Gemeinden auch »Dritte« iSd § 212a BauGB sind.[494] Falls die Gemeinde die Nutzung der Genehmigung durch den Bauherrn vor einer rechtskräftigen Entscheidung in der Hauptsache verhindern will, muss sie einen Antrag auf Gewährung vorläufigen Rechtsschutzes nach §§ 80a III, 80 V Alt. 1 VwGO stellen.

- **Die Genehmigungsbehörde ersetzt weder das Einvernehmen noch erteilt sie die Baugenehmigung:** Für den Antragsteller kommt nur eine Verpflichtungsklage auf Erteilung der Baugenehmigung in Betracht. Diese ist spruchreif, wenn eine Pflicht zur Erteilung der Genehmigung bestand. Andernfalls kann nur ein Bescheidungsurteil nach § 113 V 2 VwGO ergehen (zB in den Fällen des § 31 I, II BauGB). In diesem Prozess ist die Gemeinde gem. § 65 II VwGO notwendig beizuladen.[495] Die verwaltungsgerichtliche Entscheidung ersetzt dann das Einvernehmen.

**Klausurhinweis:** Die Notwendigkeit der Beiladung sollten Sie in einem evtl. Anwaltsgutachten im Abschnitt »Zweckmäßigkeitserwägungen« ansprechen. Zudem gehört der Antrag ggf. in den praktischen Teil (Verpflichtungsklageschriftsatz).

Falsch wäre es, auf eine Ersetzung des Einvernehmens zu klagen: Das Einvernehmen ist ein bloßes Internum ohne individualschützende Wirkung.[496] Ebenso wenig besteht ein subjektiver Anspruch auf Ersetzung des Einvernehmens, da es sich bei der Ersetzung um eine spezialgesetzliche Form der Aufsicht handelt. Aufsichtsrechtliche Maßnahmen bestehen aber nur im öffentlichen Interesse und sollen keine individuellen Rechte des Einzelnen vermitteln.

## D. Rechtsschutz im baurechtlichen Nachbarstreit

**Klausurhinweis:** Nachbarstreitigkeiten sind im Assessorexamen außerordentlich relevant. Dies gilt 166–167
insbesondere für die Nachbarklage im Baurecht. Bitte prägen Sie sich zunächst folgende Rechtsschutzkonstellationen ein:

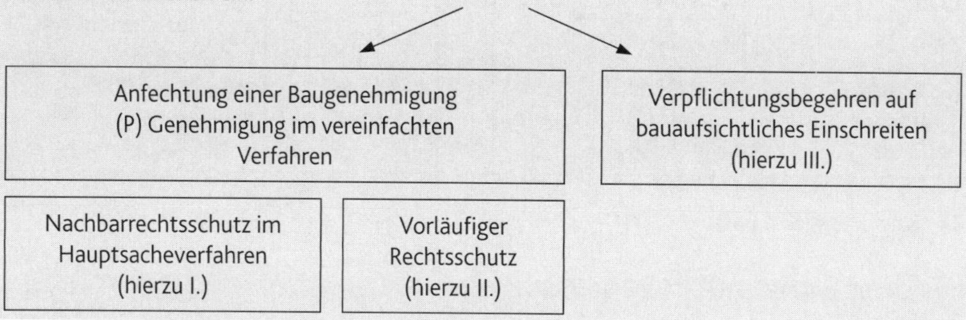


### I. Rechtsschutz des Nachbarn im Hauptsacheverfahren

Im Grundfall wendet sich der Kläger gegen eine dem beigeladenen Nachbarn erteilte Baugenehmigung.

#### 1. Zulässigkeitsprobleme

In der Zulässigkeit der baurechtlichen Nachbarklage stellen sich typischerweise Probleme bei der Klagebefugnis, der Klagefrist bzw. der prozessualen Verwirkung des Klagerechts und dem Rechtsschutzbedürfnis.

493 BVerwG NWVBl. 2009, 95.
494 OVG Lüneburg NVwZ 1999, 1005; OVG Münster BauR 1998, 93 (94); *Ortloff* NVwZ 1998, 581 (585).
495 BVerwG NVwZ 1986, 556.
496 BVerwG NVwZ-RR 1992, 529.

#### a) Klagebefugnis des klagenden Nachbarn

Der klagende Nachbar muss sich auf eine ihn schützende Rechtsposition stützen können. Die in Rede stehende Norm darf nicht lediglich den Interessen der Allgemeinheit dienen, sondern muss daneben auch den Schutz des Einzelnen bezwecken (Schutznormtheorie). Sie sollten in zwei Schritten vorgehen: Zunächst klären Sie den drittschützenden Gehalt der in Rede stehenden Vorschriften. Dann prüfen Sie, ob der Kläger als »Nachbar« in diesen Schutz einbezogen ist.

**Übersicht: Klagebefugnis des Nachbarn**

**I. Drittschützende Vorschrift**

| Bauplanungsrecht | | | | | | Bauordnungsrecht |
|---|---|---|---|---|---|---|
| B-Plan | | Unbeplanter Innenbereich | | | Unbeplanter Außenbereich | (selten) |
| Art | Maß | Art | | Maß | | |
| | | § 34 II | § 34 I | | | |
| (+)<br>§ 30 I BauGB iVm BauNVO: Gebietserhaltungsanspruch | (–)<br>grds. | (+)<br>§ 34 II BauGB iVm BauNVO: »Gebietsprägungserhaltungsanspruch« | (+)<br>§ 34 I BauGB: »einfügen« | (–)<br>grds. | (+)<br>§ 35 III 1 BauGB | (+)<br>zB Vorschriften zu Lärm, Brandschutz und Abstandsflächen |
| (+)<br>§ 15 BauNVO | | (+)<br>§ 15 BauNVO | | | | (–)<br>zB Verunstaltungsverbot und Baugenehmigungsbedürftigkeit<br>(Ausnahme: qual. Beeinträchtigung) |
| (+)<br>§ 31 II BauGB: »nachbarl. Interessen« | | (+)<br>§ 31 II BauGB: »nachbarl. Interessen« | | | | |

**II. Nachbareigenschaft**
(P) Gemeinden
(P) Nur obligatorisch Berechtigte

#### aa) Drittschützende Vorschrift

Zunächst begeben Sie sich auf die Suche nach einer drittschützenden **Vorschrift**:

#### (1) Bauplanungsrecht

#### (a) Bebauungsplan

Im Geltungsbereich eines **Bebauungsplans (§ 30 BauGB)** unterscheiden Sie zwischen Nutzungsart und -maß.

- Festsetzungen über die **Art** der baulichen Nutzung sind generell drittschützend.[497] Die Gebietsfestsetzungen der BauNVO geben den Betroffenen im Plangebiet einen Anspruch auf Einhaltung des Gebietscharakters (Gebietserhaltungsanspruch).
- Demgegenüber sind die Festsetzungen über das **Maß** der baulichen Nutzung (§§ 16–21a BauNVO) und die Regelungen über die **Bauweise** und die **überbaubaren Grundstücksflächen** (§§ 22 f. BauNVO) grds. nicht nachbarschützend. Sie dienen in erster Linie der

497 BVerwG DÖV 1994, 263.

städtebaulichen Ordnung und vermitteln Nachbarschutz nur, wenn sie ausnahmsweise auch den Grundstückseigentümern im Plangebiet dienen sollen.[498] Zu bejahen ist dies zB bei der Festsetzung einer offenen Bauweise oder Baugrenzen und -linien.[499]
Ein grundsätzlich bauplanungsrechtlich erlaubtes Vorhaben kann wegen Verstoßes gegen § 15 I 2 BauNVO unzulässig sein. Das drittschützende Rücksichtnahmegebot wird vor allem planübergreifend relevant. Es schützt nämlich nicht nur diejenigen, die ein Grundstück in dem Geltungsbereich des Bebauungsplans haben, sondern auch Grundstückseigentümer im Geltungsbereich eines anderen Bebauungsplans, sofern sie unzumutbar beeinträchtigt werden.
Soll eine Befreiung nach § 31 II BauGB erteilt werden, folgt der Drittschutz aus dem Erfordernis »nachbarliche Interessen« zu würdigen.

#### (b) Innenbereich

Sofern ein unbeplanter Innenbereich unter § 34 II BauGB fällt, gelten die Ausführungen zum Bebauungsplan entsprechend.

Im Übrigen gewährt § 34 I BauGB Nachbarschutz mittelbar durch das Tatbestandsmerkmal »Einfügen«. In die nähere Umgebung einfügen kann sich das Vorhaben nämlich nur, wenn es die gebotene Rücksicht auf die vorhandene Nachbarbebauung nimmt. Auch hier gilt aber die unterschiedliche Reichweite des Drittschutzes bei Nutzungsart und -maß.

#### (c) Außenbereich

Dem Außenbereich nach § 35 BauGB kommt grds. kein Individualschutz zu. Dies wird grammatisch durch die Wörter »öffentliche Belange« sichtbar. Es gelten aber zwei Ausnahmen:

- **Inhabern privilegierter Vorhaben** (§ 35 I BauGB) kann ein Abwehranspruch gegen die Zulassung neuer Vorhaben zustehen, wenn durch diese die Nutzbarkeit des eigenen Vorhabens wesentlich beeinträchtigt würde. Klausurrelevant sind die Fälle der heranrückenden Wohnbebauung.
- Außerdem vermitteln »**schädliche Umwelteinwirkungen**« gem. § 35 III Nr. 3 BauGB Drittschutz.[500]

#### (2) Bauordnungsrecht

Bauordnungsrechtliche Vorschriften sind grundsätzlich nicht drittschützend. Das gilt auch für die Genehmigungsbedürftigkeit eines Vorhabens oder das Verunstaltungsgebot.[501] Ausnahmsweise nachbarschützend sind hingegen Bestimmungen, die individuelle Interessen wie Leben, Körper oder Gesundheit der Anlieger schützen sollen. Dies betrifft in erster Linie Regelungen zu Abstandsflächen, Brandschutz oder Lärm. Stellplatzanforderungen und Garagen sind nur ausnahmsweise drittschützend, wenn und soweit sie normieren, dass die Umgebung nicht gestört werden darf.[502]

#### (3) Sonstige öffentlich-rechtliche Vorschriften

Sofern sie von der Baugenehmigungsbehörde überhaupt zu prüfen sind, können sonstige öffentlich-rechtliche Vorschriften Drittschutz entfalten. Dies betrifft zB die nachbarschützenden Vorschriften des § 22 BImSchG oder der 18. BImSchV (Sportanlagen).

### bb) Nachbareigenschaft

»**Nachbar**« ist derjenige, dem das Grundstück (wenigstens teilweise) gehört oder der eine eigentumsähnliche Rechtsposition innehat.[503] Solch eine eigentumsähnliche Berechtigung haben etwa Nießbrauchberechtigte.[504] Geschützt sind aber auch Personen, zu deren Gunsten

---

498 VGH Mannheim NVwZ-RR 2000, 348 (349).
499 *Dietlein/Burgi/Hellermann* ÖffR NRW § 4 Rn. 318.
500 VG Potsdam BauR 2000, 1910 (1911).
501 VG Hamburg Urt. v. 17.4.2008 – 6 K 4218/06. Anders für qualifizierte Beeinträchtigungen: BVerwGE 133, 347.
502 *Kaplonek/Mittag* JA 2006, 664 (667).
503 *Kintz* ÖffR Rn. 232.
504 OVG Münster NVwZ 1994, 696.

eine Auflassungsvormerkung im Grundbuch eingetragen ist und auf die Besitz, Nutzungen und Lasten übergegangen sind.[505] Demgegenüber sind bloß obligatorisch Berechtigte (zB Mieter, Pächter) grds. nicht klagebefugt. Grund für diese restriktive Handhabung ist, dass die Auseinandersetzung von Vermieter und Mieter nicht aus dem Mietprozess in das Baurecht verlagert werden soll. Hieran ändert auch der Umstand nichts, dass das Besitzrecht des Mieters an einer Wohnung nach der Rspr. des BVerfG[506] von Art. 14 I 1 GG geschützt wird, da der Mieter in den Ausgleich möglicher Bodennutzungskonflikte nicht einbezogen ist.[507]

**Problem: WEG**

Wohnungseigentümer sind nur wegen der möglichen Beeinträchtigung ihres Sondereigentums (§ 13 I WEG) klagebefugt. Die Verletzung des Gemeinschaftseigentums können sie dagegen nur in den engen Grenzen einer Notgeschäftsführung (§ 21 II WEG) geltend machen. Das Gemeinschaftseigentum zu verteidigen, ist vorrangig Aufgabe der Gemeinschaft der Wohnungseigentümer.[508]

**Klausurhinweis:** Für die mögliche Nachbarrechtsverletzung durch eine Baugenehmigung kommt es darauf an, inwieweit Rechtsvorschriften missachtet wurden, die von der Genehmigungsbehörde bei ihrer Genehmigungsentscheidung zu prüfen waren. Wurde eine Baugenehmigung im vereinfachten Genehmigungsverfahren erteilt, folgt hieraus, dass nur die Verletzung solcher Vorschriften eine Klagebefugnis gem. § 42 II VwGO begründen kann, die auch nach dem jeweiligen Prüfungs- und Entscheidungsprogramm des vereinfachten Genehmigungsverfahrens zu prüfen waren. Gegen die Verletzung von Vorschriften außerhalb dieses Prüfungsprogramms kann der Nachbar allenfalls im Wege einer Verpflichtungsklage auf bauaufsichtliches Einschreiten bzw. eines Antrags nach § 123 I VwGO vorgehen.

#### b) Prozessuale Verwirkung des Klagerechts bei baurechtlichen Nachbarklagen

168 Ist dem Kläger die Genehmigung nicht bekanntgegeben worden, wird nach hM die Klagefrist nach § 74 I VwGO nicht in Gang gesetzt. Auch § 58 II VwGO greift nicht, da auch die Ausschlussfrist zumindest die Bekanntgabe voraussetzt.[509] Aus dem Rechtsgedanken des § 242 BGB kann aber ausnahmsweise eine prozessuale Verwirkung folgen. Dies setzt voraus, dass der Kläger objektiv das Vertrauen erweckt hat, einen bestimmten Anspruch nicht mehr geltend machen zu wollen und dass der Betroffene sich hierauf auch tatsächlich verlassen hat.

Demnach kommt eine Verwirkung in Betracht, wenn der Kläger von der Bautätigkeit **Kenntnis** erlangt hat oder hätte erlangen können (zB durch massive Bodenaushubarbeiten), aber erst deutlich später Klage erhebt. Aus dem nachbarrechtlichen Gemeinschaftsverhältnis folgt nämlich die Obliegenheit, Abwehransprüche frühzeitig geltend zu machen, um dem Bauherrn wirtschaftliche Nachteile zu ersparen. IdR müssen die Ansprüche binnen eines Jahres ausgeübt werden. Hierbei dürfen Sie vorsichtig an den Rechtsgedanken des § 58 II VwGO anknüpfen.

#### c) Verzicht auf Nachbarrechte durch Zustimmung

169 In den Landesbauordnungen ist zT vorgesehen, dass Nachbarn durch ihre Unterschrift auf dem Lageplan und den Bauzeichnungen die Zustimmung zum Vorhaben erteilen. Mit einer vorbehaltlosen Unterschrift bringt der Nachbar zum Ausdruck, dass er wegen des konkreten Bauvorhabens, wie es sich aus Lageplan und Bauzeichnungen ergibt, auf seine subjektiven Nachbarrechte verzichtet.[510] Nur ein wirksamer Verzicht führt zur Unzulässigkeit der Klage. Wegen seiner weitreichenden Konsequenz wird der Verzicht in analoger Anwendung des § 130 I 1 BGB erst mit Zugang bei der Behörde wirksam und ist erst ab diesem Zeitpunkt unwiderruflich.[511] Beachten Sie, dass der Verzicht zudem nicht eingreift, wenn das Vorhaben

505 OVG Lüneburg NVwZ 1996, 918 (919).
506 BVerfGE 89, 1 (7).
507 BVerwG NVwZ 1998, 956 zum fehlenden Nachbarschutz des nur obligatorisch Berechtigten.
508 VGH München ZMR 2009, 722.
509 BVerwG DVBl. 1987, 1276; *Troidl* NVwZ 2004, 315 (316).
510 VGH München DÖV 2006, 303.
511 VGH München DÖV 2006, 303; *Schröer/Dziallas* NVwZ 2004, 134 (137).

nach Abgabe der Verzichtserklärung noch wesentlich geändert und der Nachbar dadurch stärker belastet wird.

### 2. Begründetheit der Nachbarklage

Die Anfechtungsklage des Nachbarn ist begründet, soweit die Genehmigung rechtswidrig ist und den Kläger in seinen subjektiven Rechten verletzt (§ 113 I 1 VwGO). Hieraus folgt, dass das Gericht die dem Bauherrn erteilte Baugenehmigung nicht umfassend hinsichtlich der objektiven Rechtmäßigkeit zu prüfen braucht. Dies müssen Sie bei der Einleitung der Entscheidungsgründe deutlich machen: 170–172

> Die als Anfechtungsklage gem. § 42 I VwGO statthafte Klage ist zulässig. Der Kläger ist insbes. auch nach § 42 II VwGO klagebefugt. Er kann nämlich geltend machen, in den ihn als Nachbarn schützenden §§ ... verletzt zu sein. ...
>
> Die Klage ist jedoch nicht begründet, da die Baugenehmigung vom ... in Gestalt des Widerspruchsbescheides des ... vom ... den Kläger nicht in seinen Rechten verletzt (§ 113 I 1 VwGO). Hierbei konnte die Kammer offen lassen, inwieweit die dem Beigeladenen mit dem angefochtenen Bescheid erteilte Baugenehmigung objektiv rechtmäßig ist; jedenfalls sind vorliegend keine Rechtsnormen verletzt, die den Kläger in seinen individuellen Rechten schützen sollen. ...

In der Begründetheit der Klage prüfen Sie sodann die Verletzung subjektiver Rechte des klagenden Nachbarn.[512] Untersuchen Sie dabei – in gewohnter Reihenfolge – die Verletzung drittschützender Normen des Bauplanungsrechts, des Bauordnungsrechts und des sonstigen relevanten Rechts.[513] 173

Denkbar ist auch die Nachbarklage gegen einen **Bauvorbescheid.**[514] Mit diesem kann ein Bauherr bereits vor Einreichung eines Bauantrags einzelne entscheidungserhebliche Fragen des Bauvorhabens klären lassen. Der Bauvorbescheid hat wie die Baugenehmigung einen feststellenden Teil und stellt einen VA dar. Bei dieser spezifischen Klausurkonstellation ergeben sich jedoch keine Besonderheiten gegenüber der normalen Anfechtungsklage gegen eine Baugenehmigung.

## II. Vorläufiger Rechtsschutz des Nachbarn

**Klausurhinweis:** Probleme ergeben sich hier insbes. aus der Parallelität der Verfahren nach §§ 80a III, 80 V VwGO auf der einen Seite und dem Rechtsschutz gem. § 123 I VwGO auf der anderen Seite. Bei der Frage, welches Rechtsschutzverfahren statthaft ist, kommt es maßgebend darauf an, ob der Nachbar eine erteilte Baugenehmigung suspendieren möchte (was zur Anwendbarkeit der §§ 80a III, 80 V VwGO führt) oder Rechtsschutz auf bauaufsichtliches Einschreiten gegen eine nicht genehmigte bauliche Anlage erstrebt (dann § 123 I VwGO). Schwierigkeiten ergeben sich insbes., wenn die Baugenehmigung im vereinfachten Verfahren erteilt worden ist. Dies wird nicht selten im Bearbeitervermerk ausdrücklich vorgegeben. Je nach dem Prüfungsumfang im Genehmigungsverfahren muss der Anwalt ggf. sowohl auf §§ 80a III, 80 V VwGO als auch auf § 123 I VwGO zurückgreifen.[515]

### 1. Vorläufiger Rechtsschutz gegen eine dem Nachbarn erteilte Baugenehmigung

Falls eine Baugenehmigung erteilt worden ist, muss der Antragsteller – sofern er gerichtlichen Rechtsschutz anstrebt – zu deren Suspendierung grds. nach §§ 80a III, 80a I Nr. 2 Hs. 1, 80 V 1 VwGO vorgehen, da Rechtsbehelfe Dritter gegen bauaufsichtliche Entscheidungen gem. § 212a I BauGB keine aufschiebende Wirkung haben.[516] Alternativ kommt ein Antrag auf behördliche Aussetzung der sofortigen Vollziehung in Betracht (§§ 80a I Nr. 2, 80 IV VwGO). In der Praxis ist allerdings ein Antrag ggü. der Behörde nach § 80a I Nr. 2 VwGO 174

512 Um Wiederholungen zu vermeiden vgl. hierzu → Rn. 167.
513 Hierzu siehe → Rn. 144.
514 ZB VG Karlsruhe UPR 2010, 115 (erfolglose Nachbarklage gegen Vorbescheid zur Errichtung einer Moschee).
515 Eingehend zum vorläufigen Rechtsschutz für den Nachbarn *Finkelnburg/Domberg/Külpmann* Vorläufiger Rechtsschutz Rn. 1291 ff.
516 Im Einzelnen hierzu *Kaiser/Köster/Seegmüller* Öffentlich-rechtliche Klausur Rn. 322.

eher die Ausnahme. Dies ergibt sich unter anderem daraus, dass der gerichtliche Beschluss rechtsschutzintensiver ist (vgl. § 80 VII VwGO). Diese Überlegung ist insbes. auch für die Zweckmäßigkeitserwägungen in der Anwaltsklausur wichtig.

**Übersicht: Zulässigkeit des Antrags gem. §§ 80a III 1, I Nr. 2, 80 V 1 VwGO**

1. Statthaftigkeit des Antrags
   a) Adressatenbegünstigender, drittbelastender VA
   b) Hauptsacherechtsbehelf ist eingelegt
   c) Hauptsacherechtsbehelf hat keine aW
2. Antragsbefugnis
3. Rechtsschutzbedürfnis
   (P) Fertigstellung des Vorhabens
   (P) Erfordernis vorherigen behördlichen Aussetzungsantrags

Im Rahmen der **Antragsbefugnis** analog § 42 II VwGO stellen sich die Fragen des Individualschutzes (siehe oben). Bzgl. des **Rechtsschutzbedürfnisses** merken Sie sich, dass wegen der nach hM zu weiten Fassung des § 80a III 2 VwGO ein vorheriger Antrag bei der Behörde gem. § 80 VI VwGO nicht erforderlich ist. Jedenfalls dann, wenn durch den Weiterbau »Vollziehung droht«, bedarf es wegen des Rechtsgedankens des § 80 VI 2 Nr. 2 VwGO keines vorherigen behördlichen Aussetzungsantrags.

Der Antrag ist **begründet**, wenn nach dem Ergebnis einer vom Gericht vorzunehmenden Interessenabwägung das Aussetzungsinteresse des Antragstellers das Vollzugsinteresse des begünstigten Bauherrn (Beigeladener) überwiegt. Hierbei kommt es maßgeblich auf die voraussichtlichen Erfolgsaussichten des Rechtsbehelfs in der Hauptsache an. Ist die Baugenehmigung offensichtlich rechtmäßig oder verletzt sie zumindest keine Nachbarrechte, bleibt der Antrag erfolglos, zumal der Gesetzgeber grds. von einem Vorrang des Vollzugsinteresses ausgeht (§ 80 II 1 Nr. 3 VwGO iVm § 212a I BauGB).

Verletzt die dem Beigeladenen erteilte Baugenehmigung hingegen nachbarschützende Vorschriften, überwiegt in der Regel das Aussetzungsinteresse des antragstellenden Nachbarn. In diesem Fall ist – insbes. als Anwalt – daran zu denken, dass das Gericht befugt ist, zur Sicherung der Rechte des belasteten Nachbarn einstweilige **Sicherungsmaßnahmen** zu treffen (§ 80a III 1 iVm I Nr. 2 Hs. 2 VwGO).[517] Wie weit diese reichen können, ist im Einzelnen streitig. Jedenfalls kann das Gericht auf Antrag die Behörde verpflichten, dem Bauherrn gegenüber vorläufige Maßnahmen zur Sicherung der Rechte des Antragstellers zu verfügen.[518] Nach der Rspr. ist das Gericht aber auch befugt, die genehmigte Nutzung selbst vorläufig zu untersagen oder die Einstellung der Bauarbeiten anzuordnen. Gleichzeitig kann das Gericht auch dem Bauherrn ein Zwangsgeld androhen.[519] Die Verbindung des Antrags auf Anordnung der aufschiebenden Wirkung mit einem solchen Antrag auf Erlass einer Sicherungsanordnung ist aus anwaltlicher Perspektive auch deshalb zweckmäßig, weil die Sicherungsanordnung im Gegensatz zur Anordnung der aufschiebenden Wirkung analog § 172 VwGO vollstreckt werden kann.[520]

**Klausurhinweis:** Beachten Sie, dass sich Sicherungsmaßnahmen nach § 80a I Nr. 2, III 1 VwGO nur gegen denjenigen richten können, der vom dem Vollzug des infrage stehenden VA begünstigt wird.[521] Dies ist idR der Bauherr. Maßnahmen gegen Dritte können höchstens auf § 123 VwGO gestützt werden.

517 *Finkelnburg/Dombert/Külpmann* Vorläufiger Rechtsschutz Rn. 1295.
518 Wolff/Decker/*Decker* VwGO § 80a Rn. 17 mwN.
519 *Kuhla/Hüttenbrink* VerwProz K 103a mwN.
520 *Kopp/Schenke* § 80a Rn. 14.
521 OVG Münster Beschl. v. 27.10.2008 – 7 B 1368/08; *Finkelnburg/Dombert/Külpmann* Vorläufiger Rechtsschutz Rn. 1295 mwN.

### 2. Vorläufiger Rechtsschutz gegen nicht genehmigte Vorhaben

Ein Antrag auf bauaufsichtsrechtliches Einschreiten gem. § 123 I VwGO ist hingegen statthaft, wenn der Antragsteller Rechtsschutz gegen ein nicht genehmigtes Vorhaben begehrt. In folgenden Fällen gibt es nämlich keine Genehmigung, die suspendiert werden könnte: 175

- Landesrechtlich ist eine Genehmigung ausdrücklich **nicht vorgesehen** (zB im Freistellungsverfahren).
- Der Bauherr errichtet ein genehmigungsbedürftiges Vorhaben **ohne** vorherige Genehmigung oder in wesentlicher **Abweichung** von der erteilten Genehmigung.

**Übersicht: Vorläufiger baurechtlicher Nachbarrechtsschutz gem. § 123 I VwGO**

I. Zulässigkeit
   1. Statthaftigkeit des Antrags
      (P) Genehmigung im vereinfachten Verfahren
      (P) Sicherungs- oder Regelungsanordnung
   2. Antragsbefugnis
   3. Rechtsschutzbedürfnis
      (P) Zivilrechtlicher Unterlassungs- u. Beseitigungsanspruch
II. Begründetheit
   1. Glaubhaftmachen eines Anordnungsanspruchs
      a) Anspruchsgrundlage
      b) Tatbestandliche Voraussetzungen
         aa) Bauliche Anlage
         bb) Verstoß gegen öffentlich-rechtliche Bestimmungen
            (1) Formelle Illegalität
            (2) Materielle Illegalität
         cc) Richtiger Adressat
      c) Rechtsfolge
         (P) Intendiertes Ermessen
   2. Glaubhaftmachen eines Anordnungsgrunds
      (P) Vorwegnahme der Hauptsache

Neben den klassischen Problemen der Zulässigkeit wird zuweilen das **Rechtsschutzbedürfnis** mit dem Argument in Zweifel gezogen, der Antragsteller könne gegen den Bauherrn zivilrechtlich vorgehen. Dies überzeugt idR nicht, weil zivilrechtlicher Rechtsschutz nicht schneller und effektiver realisierbar ist.

Im Rahmen der Begründetheit sollten Sie auch daran denken, dass allein die **formelle Illegalität** grds. eine Stilllegungsverfügung rechtfertigt. Außerdem ist das durch die bauordnungsrechtliche Generalklausel eingeräumte Entschließungsermessen auf ein Einschreiten intendiert, wenn die Tatbestandsvoraussetzungen erfüllt sind. Um die Hauptsache nicht in unzulässiger Weise vorwegzunehmen, darf grds. nur eine Stilllegung und eine Nutzungsuntersagung angeordnet werden.

### 3. Vorläufiger Rechtsschutz im vereinfachten Genehmigungsverfahren

Schwieriger ist der vorläufige Rechtsschutz, wenn sich der Nachbar gegen eine im vereinfachten Genehmigungsverfahren ergangene Baugenehmigung wendet. Soweit die Verletzung von Vorschriften gerügt wird, die nicht im Genehmigungsverfahren geprüft wurden, scheidet eine subjektive Rechtsverletzung des Nachbarn iSv § 42 II VwGO durch die Baugenehmigung aus. Insoweit ist dann ein Antrag gem. § 123 I VwGO statthaft. Er ist auf baubehördliches Einschreiten gerichtet. Die Verletzung drittschützender Normen, die im Genehmigungsverfahren geprüft wurden, ist dagegen mit einem Antrag nach §§ 80a III, I Nr. 2, 80 V 1 VwGO geltend zu machen. 176

**Klausurhinweis:** Es gibt in der Klausur keine »falschen Anträge«. Notfalls müssen Sie schiefe Anträge gem. § 88 VwGO auslegen.

**Übersicht: vorläufiger Rechtsschutz im vereinfachten Baugenehmigungsverfahren**

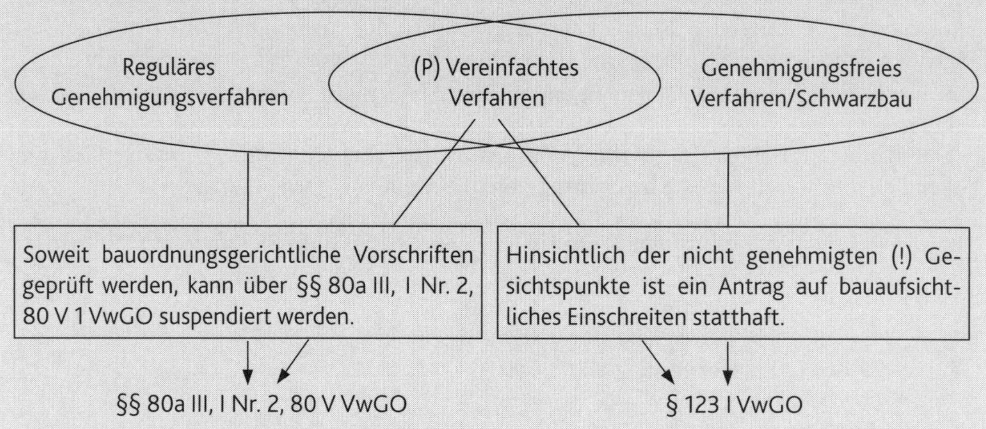


### III. Verpflichtungsbegehren auf bauaufsichtliches Einschreiten

177 Viele Bundesländer haben die Durchführung bestimmter Vorhaben vom Erfordernis einer vorherigen bauaufsichtlichen Genehmigung freigestellt. Will ein Nachbar sich gegen derartige Vorhaben wehren, muss er Rechtsschutz mit dem Ziel suchen, die Baubehörde zum Einschreiten zu bewegen.[522] Statthaft ist die Verpflichtungsklage. Der Nachbar ist klagebefugt, weil es nicht ausgeschlossen ist, dass er aus der bauordnungsrechtlichen Generalklausel wegen der Verletzung nachbarschützender Vorschriften einen Anspruch auf bauaufsichtliches Einschreiten hat. Liegt nach dem Ergebnis ihrer Begründetheitsprüfung eine Verletzung nachbarschützender Vorschriften vor, besteht das Problem darin, dass die bauordnungsrechtliche Generalklausel als Ermessensvorschrift ausgestaltet ist. Zugunsten des Klägers kommt daher grundsätzlich nur ein Bescheidungstenor gem. § 113 V 2 VwGO in Betracht. Ein Verpflichtungstenor nach § 113 V 1 VwGO ergeht hingegen bei einer Ermessensreduzierung auf Null. Dies können Sie annehmen, wenn durch die Verletzung nachbarschützender Vorschriften eine gegenwärtige, erheblich ins Gewicht fallende Beeinträchtigung besteht.[523]

## E. Rechtsschutz gegen bauordnungsrechtliche Verfügungen

Falls Sie die Rechtmäßigkeit einer bauaufsichtsrechtlichen Verfügung prüfen müssen, vergegenwärtigen Sie sich bitte, dass es sich um Gefahrenabwehrrecht handelt und daher das polizeirechtliche Aufbauschema »Anfechtung von Ordnungsverfügungen« zugrunde zu legen ist. Als typische bauaufsichtsrechtliche Verfügungen kommen Abbruchs- und Beseitigungsverfügungen, (Bau-)Einstellungsverfügungen oder Nutzungsuntersagungen in Betracht.

**Übersicht: Rechtmäßigkeit einer bauordnungsrechtlichen Verfügung**

I. Ermächtigungsgrundlage
   1. Spezialgesetzliche Ermächtigung
   2. Generalklausel
II. Formelle Rechtmäßigkeit
   1. Zuständigkeit
      (P) Eilkompetenz der Gefahrenabwehrbehörde
   2. Verfahren
      (P) Anhörung
   3. Form
III. Materielle Rechtmäßigkeit
   1. Tatbestandsvoraussetzungen

522 Zum vorläufigen Rechtsschutz in dieser Konstellation → Rn. 175.
523 Erinnern Sie sich an die Darstellung zum FBA im Dreiecksverhältnis, vgl. → Rn. 54.

(P) Maßgebender Zeitpunkt
(P) Materielle Illegalität erforderlich?
(P) Richtiger Adressat bei der Rechtsnachfolge
2. Ermessen
(P) Verwirkung der behördlichen Eingriffsbefugnis
(P) Gleichbehandlung verschiedener Störer
(P) Bestandsschutz
(P) Verhältnismäßigkeit bei Genehmigungsfähigkeit

## I. Ermächtigungsgrundlage

In den Landesbauordnungen sind vielfach spezifische Ermächtigungsgrundlagen zum Erlass einer Bauordnungsverfügung normiert. Dies gilt insbes. für Stilllegungs- und Beseitigungsverfügungen oder für Nutzungsuntersagungen.[524] Ist dies nicht der Fall, greifen Sie auf die bauordnungsrechtliche Generalklausel der LBO zurück.[525] Auf diese können Sie etwa auch eine Duldungsverfügung gegenüber dem dinglich Berechtigten stützen. 178

## II. Formelle Rechtmäßigkeit

In formeller Hinsicht stellen sich wenig Klausurprobleme. Zuständig ist nach den einschlägigen LBO idR die untere Bauaufsichtsbehörde. Ausnahmsweise kommt im Eilfall die Zuständigkeit der Polizei in Betracht. Verfahrensrechtlich ist idR eine Anhörung gem. § 28 I VwVfG erforderlich. 179

## III. Materielle Rechtmäßigkeit

### 1. Tatbestandliche Voraussetzungen

Materiell müssen die tatbestandlichen Voraussetzungen der Ermächtigungsgrundlage erfüllt sein. 180

**Problem: Maßgebender Zeitpunkt**

Der **maßgebende Zeitpunkt** beurteilt sich wie immer nach dem materiellen Recht. Auch für das Baurecht gilt die Faustformel: Wird ein VA ohne Dauerwirkung angefochten, ist auf den Erlasszeitpunkt abzustellen; beim Dauer-VA auf die letzte mündliche Verhandlung. Stilllegungsverfügungen und Nutzungsuntersagungen entfalten eine über den Zeitpunkt des Erlasses hinausgehende Belastung. Sie sind Dauer-VA. Maßgebend ist für in der Vergangenheit liegende Zeiträume der jeweils im Streit befindliche Zeitraum und für die Zukunft der Zeitpunkt der letzten mündlichen (Tatsachen-)Verhandlung. Bei der Beseitigungsverfügung ist hingegen auf den Zeitpunkt der letzten behördlichen Entscheidung abzustellen.

#### a) Vorliegen einer baulichen Anlage

Objekt der Verfügung muss eine bauliche Anlage iSd LBO sein. Ob eine bauliche Anlage vorliegt, ist häufig einer der Klausurschwerpunkte. Examensrelevante Fälle waren zB Bienenstöcke, Werbefahnen und überwiegend ortsfest genutzte Werbefahrzeuge. Dieses Problem ist durch eine saubere Subsumtion über die Legaldefinitionen der LBO lösbar.[526] Die zur Annahme einer baulichen Anlage erforderliche Verbindung mit dem Erdboden besteht auch dann, wenn die Anlage durch die eigene Schwere auf dem Erdboden ruht oder wenn die Anlage nach ihrem Verwendungszweck dazu bestimmt ist, überwiegend ortsfest benutzt zu werden. 181

#### b) Besondere Voraussetzungen nach Art der Verfügung

Welche weiteren Voraussetzungen vorliegen müssen, hängt vom Typ der angeordneten Bauordnungsverfügung ab. Je nachdem, wie intensiv die Maßnahme in die Rechte des Adressaten 182

524 §§ 64 f. BWLBO; Art. 75 f. BayBO; §§ 78 f. BlnBauO; §§ 73 f. BbgBauO; §§ 78 f. BremBauO; §§ 75 f. HBO, §§ 71 f. HBO; §§ 79 f. MVBauO; § 79 NdsBauO; §§ 80 f. RhPfLBauO; §§ 81 f. SchlHBauO; §§ 78 f. LSABauO; §§ 78f. ThürBauO.
525 § 61 NRWBauO; § 59 SchlHBauO.
526 Zum bauordnungsrechtlichen Bauanlagenbegriff → Rn. 142.

eingreift, ist die formelle Illegalität ausreichend oder zusätzlich die materielle Baurechtswidrigkeit erforderlich.

- Ein Vorhaben ist **formell illegal**, wenn eine baurechtlich erforderliche Genehmigung nicht vorliegt. Dies kann daran liegen, dass sie von Anfang an fehlt, dass sie nachträglich aufgehoben worden ist oder dass das Vorhaben wesentlich von einer erteilten Genehmigung abweicht.[527] Formelle Illegalität liegt auch vor, wenn der Vollzug der Genehmigung durch einen Nachbarwiderspruch bzw. einen gerichtlichen Beschluss gem. §§ 80a III, I Nr. 2 Hs. 1, 80 V 1 VwGO suspendiert worden ist.
- **Materiell illegal** ist ein Vorhaben, wenn es gegen öffentlich-rechtliche Vorschriften des Bauordnungs-, des Bauplanungs- oder des sonstigen öffentlichen Rechts verstößt.

**Abriss- bzw. Beseitigungsverfügung:** Angesichts der weitreichenden Folgen ist sie nur rechtmäßig, wenn die bauliche Anlage formell und materiell baurechtswidrig ist.

- Das ist regelmäßig schon auf Tatbestandsseite zu prüfen, weil der Gesetzgeber bei den Ermächtigungen über die Beseitigung von baulichen Anlagen regelmäßig als Tatbestandsmerkmal auch formuliert, dass »rechtmäßige Zustände nicht auf andere Weise hergestellt werden können«. Dies ist aber der Fall, wenn die formelle Illegalität durch Erteilung der Baugenehmigung geheilt werden kann.
- In Ländern, in denen das genannte Tatbestandsmerkmal fehlt oder in denen die Beseitigungsverfügung auf die baurechtliche Generalklausel gestützt wird, ist die materielle Baurechtswidrigkeit im Rahmen der Ermessensgrenze (Ermessensüberschreitung wegen Unverhältnismäßigkeit) zu prüfen.

**Klausurhinweis:** Daher müssen Sie, wenn es um die Beseitigung von baulichen Anlagen geht, grundsätzlich die formelle und materielle Illegalität in der Klausur prüfen. Beachten Sie aber, dass die Rspr. für solche Anlagen, die ohne Substanzverlust abgebaut werden können, ausnahmsweise die formelle Baurechtswidrigkeit ausreichen lässt. In der Klausur kommt dies ggf. bei Werbetafeln, Plakaten, Zelten oder einem einfach abbaubaren Carport in Betracht.

**Nutzungsuntersagungen:** Nach der überwiegenden Auffassung innerhalb der Rechtsprechung ist allein die formelle Baurechtswidrigkeit ausreichend,[528] wenn die Genehmigungsfähigkeit nicht offensichtlich ist.[529] In der Klausur kann Ihnen diese Fallgruppe auch dergestalt begegnen, dass ein Vorhaben zwar mit Genehmigung errichtet worden ist, für die streitgegenständliche Nutzungsänderung hingegen keine Genehmigung vorliegt.

**Klausurhinweis:** Thematisieren die Beteiligten im Aktenauszug auch die materielle Baurechtswidrigkeit des Vorhabens, müssen Sie darauf in Ihrer Lösung auch eingehen. Häufig wird dies dann sogar ein Schwerpunkt der Klausur sein. Die materielle Baurechtswidrigkeit thematisieren Sie im Rahmen der Ermessenskontrolle unter dem Punkt »Ermessensgrenze Verhältnismäßigkeit«.

**Einstellungsverfügungen:** Sie sind bereits bei formeller Baurechtswidrigkeit zulässig. Ist die bauliche Anlage allerdings nicht genehmigungsbedürftig, kommt es allein darauf an, ob die Anlage materiell baurechtswidrig ist.

#### c) Richtiger Adressat

183 Richtiger Adressat der Ordnungsverfügung ist der für den baurechtswidrigen Zustand Verantwortliche. Da die LBO eigene Störervorschriften regelmäßig nicht enthalten, können sie auf die allgemeinen Regelungen ihres Polizeigesetzes zurückgreifen. IdR ist der Bauherr Störer. Unter Umständen kann auch der Eigentümer, der nicht selbst Bauherr ist, als Verantwortlicher herangezogen werden. Er ist auch der richtige Adressat einer Abrissverfügung. Befindet sich das Objekt der Verfügung im Miteigentum, muss die Abrissverfügung nicht gegenüber allen Miteigentümern erlassen werden. Vollstreckt werden kann eine nur einem Miteigentümer gegenüber erlassene Beseitigungsverfügung aber nur dann, wenn eine Duldungsverfügung gegen die anderen Miteigentümer ergeht.

527 *Dietlein/Burgi/Hellermann* ÖffR NRW § 4 Rn. 285 mwN.
528 OVG Lüneburg NVwZ-RR 2002, 822 (823); OVG Münster NWVBl. 2007, 23 (24).
529 VG Saarland Beschl. v. 9.8.2011 – 5 L 579/11.

### 2. Rechtsfolge: Ermessen

Bauordnungsverfügungen stehen nach dem Wortlaut der Ermächtigungsgrundlagen grds. im Ermessen der Behörde. Allerdings ist das Ermessen nach Auffassung erheblicher Teile der Rspr. dahingehend **intendiert**, dass bei Vorliegen der tatbestandlichen Voraussetzungen dem Gesetzgeber der Erlass der Verfügung vorschwebt.[530] Dies hat zur Folge, dass ein Ermessensfehler (Ermessensunterschreitung; Ermessensnichtgebrauch) nicht gegeben sein dürfte, wenn keine besonderen Umstände des Einzelfalles vorliegen.[531] Häufig trägt der Adressat der Verfügung in Aktenauszügen allerdings verschiedene Gesichtspunkte vor, die aus seiner Sicht eine Ermessensfehlerhaftigkeit begründen sollen. Auf diese Weise gelangen Sie regelmäßig zu einer umfassenden Abwägung der öffentlichen und privaten Belange, die in vielen Klausuren einen Schwerpunkt bildet. 184

**Problem: Verwirkung der behördlichen Eingriffsbefugnis**

Wenn die Behörde langjährig nicht eingeschritten ist, stellt sich die Frage, ob die behördliche Befugnis zum Erlass einer Ordnungsverfügung analog § 242 BGB verwirkt sein kann. Die ganz einhellige Auffassung innerhalb der Rspr. lehnt eine generelle Verwirkung im Hinblick auf den Gefahrenabwehrzweck des Bauordnungsrechts ab. Ohnehin reicht nach den allgemeinen Grundsätzen über die Verwirkung von Rechten eine bloße Untätigkeit der Behörde nicht aus. Notwendig ist vielmehr, dass die Behörde durch positives Tun den Eindruck erweckt, gegen die bauliche Anlage künftig nicht vorgehen zu wollen, da es andernfalls an dem für eine »(aktive) Duldung« erforderlichen Vertrauenstatbestand fehlt. Im Ergebnis ist (jedenfalls im Assessorexamen) eine Verwirkung der behördlichen Eingriffsbefugnis damit in aller Regel abzulehnen.

**Problem: Gleichbehandlung bei Vielzahl von Schwarzbauten**

Art. 3 I GG kann verletzt sein, wenn die Baubehörde zB bei Schwarzbauten oder rechtswidriger Nutzung von baulichen Anlagen nicht gegen vergleichbare Verstöße vorgegangen ist. Hier verlangt die Rspr. grds., dass die Baubehörde den illegalen Baubestand zunächst ermittelt und – jedenfalls bei einer Vielzahl von Bauwerken – ein **Konzept** für ihr behördliches Einschreiten entwickelt, bevor sie gegen einzelne Vorhaben einschreitet.[532] Allerdings ist die Behörde nicht verpflichtet, »flächendeckend« vorzugehen, sondern darf sich zunächst auf Einzelfälle beschränken, sofern sie hierfür sachgerechte Gründe anführen kann. Zulässig ist es zB, wenn die Behörde zunächst den Ausgang eines Musterverfahrens abwarten möchte und nur in solchen Fällen einschreitet, in denen eine Verschlechterung des baulichen Zustands droht.[533]

**Problem: Aktiver und passiver Bestandsschutz im Baurecht**

Die genannten Begriffe knüpfen an die Gestattungswirkung der Baugenehmigung an, die grds. nur die einmalige Errichtung des genehmigten Gebäudes erlaubt. Wird das Gebäude zerstört, erlaubt die (alte) Baugenehmigung keine zweite Errichtung. Hierfür bedarf es vielmehr einer neuen Baugenehmigung.

Besteht »**aktiver Bestandsschutz**«, wird die alte Baugenehmigung idR ohne neue inhaltliche Prüfung fortgeschrieben und die erneute Errichtung eines gleichartigen Gebäudes gestattet. Früher hat das BVerwG diesen Anspruch für Vorhaben im Innen- und Außenbereich direkt aus Art. 14 GG hergeleitet, sofern eine eigentumsverfestigte Anspruchsposition vorlag. Seit seiner Entscheidung im Jahr 1998 bestimmt sich der aktive Bestandsschutz nur noch nach der Maßgabe des einfachen Rechts, namentlich nach § 35 IV 1 BauGB.

»**Passiver Bestandsschutz**« schützt dagegen nur vor der Beseitigung infolge späterer Rechtsänderung zuungunsten des Eigentümers. Er wird von der Rspr. in jedem der folgenden Fälle gewährt:

- Die bauliche Anlage ist bereits **(genehmigt) errichtet** worden.

530 Etwa OVG Schwerin Beschl. v. 28.11.2005 – 3 L 349/04.
531 Im Einzelnen zum intendierten Ermessen *Kaiser/Köster/Seegmüller* Öffentlich-rechtliche Klausur Rn. 233.
532 OVG Weimar BauR 2011, 244
533 BVerwG DÖV 1992, 748.

- Sie ist ohne die erforderliche Genehmigung **materiell baurechtmäßig** errichtet worden.
- Die Anlage ist zwar formell und/oder materiell illegal errichtet worden, war aber über eine **bestimmte Dauer materiell legal** und damit – soweit erforderlich – genehmigungsfähig gewesen. Überwiegend wird eine Mindestdauer von etwa drei Monaten verlangt. Dies ist aber umstritten.[534]

**Klausurhinweis:** Die Prüfung von Bauordnungsverfügungen ist häufig im Rahmen einer verwaltungsbehördlichen Klausur vorzunehmen. Dann müssen Sie vor allem auch an die Anordnung der sofortigen Vollziehung (§ 80 II 1 Nr. 4 VwGO) denken. Sie können davon ausgehen, dass eine Nutzungsuntersagung (sowie die Baueinstellung) idR ohne Weiteres für sofort vollziehbar erklärt werden darf.[535] Aus diesem Grund bedarf es nach hM auch keiner umfassenden Begründung, um den formellen Anforderungen des § 80 III VwGO gerecht zu werden. Um eine Beseitigungsverfügung für sofort vollziehbar zu erklären, müssen Sie hingegen genau darlegen, aus welchem Grund ein Abwarten bis zur Hauptsacheentscheidung unzumutbar ist. Etwas anderes gilt nur, wenn – wie erörtert – die Anlage ohne Substanzverlust ohne Weiteres abgebaut und wieder errichtet werden kann (zB Werbetafeln). Diese Grundsätze sind auch in **anwaltlichen** oder **verwaltungsgerichtlichen** Fragestellungen von wesentlicher Bedeutung: Wird ein Antrag auf Wiederherstellung der aufschiebenden Wirkung eines Anfechtungsrechtsbehelfs gem. § 80 V 1 Alt. 2 VwGO gestellt, muss – im Fall der offensichtlichen Rechtmäßigkeit der Ordnungsverfügung – auch geprüft werden, ob ein besonderes Interesse vorliegt. Zudem muss in formeller Hinsicht geprüft werden, ob die AOsofVz dem Begründungserfordernis des § 80 III VwGO entspricht.

## 5. Kapitel. Umweltrecht

185 In umweltrechtlichen Klausuren erwarten die Prüfungsämter, die jeweiligen Rechtsgrundlagen zu erkennen und den Sachverhalt unter die häufig in den jeweiligen Fachgesetzen enthaltenen Legaldefinitionen zu subsumieren. Spezifische umweltrechtliche Kenntnisse sind idR nicht erforderlich. Häufig werden umweltrechtliche Fragestellungen in eine vollstreckungsrechtliche Klausur eingekleidet (zB Anfechtung eines Kostenbescheides nach umweltrechtlicher Gefahrenabwehrmaßnahme). Auch dann stellen sich umweltrechtliche Fragen nur an bestimmten tatbestandlichen Voraussetzungen (insbes. bei der Rechtmäßigkeit der Amtshandlung und der Auswahl des Kostenschuldners).

Das Umweltrecht ist von einigen **Leitprinzipien** beherrscht. Diese sollten Sie sich merken und bei der Auslegung zentraler Leitbegriffe in der Klausur heranziehen.

- **Vorsorgeprinzip:** Vorausschauendes Handeln soll verhindern, dass Umweltbelastungen überhaupt entstehen. Zu diesem Zweck vermitteln Umweltgesetze mitunter einen intensiveren Schutz als Grundrechte. So kann die Behörde immissionsschutzrechtliche Maßnahmen bereits ergreifen, wenn noch keine konkrete Gesundheitsgefahr (Art. 2 II 1 GG) im gefahrenabwehrrechtlichen Sinne, aber schon eine schädliche Umwelteinwirkung iSd § 3 I BImSchG vorliegt.
- **Verursacherprinzip:** Der Verursacher der Umweltbelastung trägt die sachliche und finanzielle Verantwortung für den Umweltschutz.[536] In der Klausur können Sie auf dieses Prinzip eingehen, wenn es um das personelle Störerauswahlermessen oder die Entscheidung über die Kosten geht.
- **Kooperationsprinzip:** Die am Umweltschutz beteiligten Stellen wirken effektiv zusammen.[537]
- **Integrationsprinzip:** Die umweltbezogenen Auswirkungen eines Vorhabens sollen nicht nur punktuell, sondern medienübergreifend (ganzheitlich) beurteilt werden. So verpflichtet etwa § 5 I 1 BImSchG die Betreiber genehmigungsbedürftiger Anlagen zur Gewährleistung »eines hohen Schutzniveaus für die Umwelt insgesamt«.

534 Vgl. *Weidemann/Krappel* NVwZ 2009, 1207 (1208).
535 OVG Lüneburg NVwZ 1989, 170; *Finkelnburg/Dombert/Külpmann* Vorläufiger Rechtsschutz Rn. 1287.
536 *Schmidt/Kahl/Gärditz* UmwR § 4 Rn. 23.
537 *Schmidt/Kahl/Gärditz* UmwR § 4 Rn. 26.

- **Nachhaltigkeitsprinzip:** Der verantwortungsbewusste Staat versucht die nachfolgenden Generationen möglichst wenig durch die Befriedigung gegenwärtiger Bedürfnisse zu belasten.

## 1. Abschnitt. Immissionsschutzrecht

Immissionsschutzrechtliche Klausuren behandeln typischerweise Fragen des anlagenbezogenen Immissionsschutzes gem. §§ 4 ff. BImSchG (hierzu → Rn. 186 ff.) oder des gebietsbezogenen Immissionsschutzes nach §§ 44 bis 47 f. BImSchG (hierzu → Rn. 198 ff.).

### A. Anlagenbezogener Immissionsschutz

Der anlagenbezogene Immissionsschutz wird vorrangig durch das BImSchG gesteuert. Dieses unterscheidet zwischen genehmigungsbedürftigen und nicht genehmigungsbedürftigen Anlagen. 186

**Übersicht: Rechtsgrundlagen im Immissionsschutz**

| Anlagenbezogener Immissionsschutz | Verhaltensbezogener Immissionsschutz |
|---|---|
| ↓ | ↓ |
| Anlagen iSd § 3 V BImSchG | zB Verbrennen im Freien, Lärmbekämpfung (zB Nutzung von Tongeräten, Abbrennen von Feuerwerkskörpern) |
| Maßnahmen nach BImSchG bei<br>• genehmigungsbedürftigen Anlagen (§§ 4–21 BImSchG)<br>• nicht genehmigungsbedürftigen Anlagen (§§ 22 ff. BImSchG) | Wegen Art. 74 I Nr. 24 GG (Klammerzusatz) nach LImSchG |

#### I. Anlagenbezogener Immissionsschutz bei genehmigungsbedürftigen Anlagen

Der anlagenbezogene Immissionsschutz bei genehmigungsbedürftigen Anlagen richtet sich nach §§ 4–21 BImSchG. Klausurrelevant sind das Verpflichtungsbegehren auf Erteilung einer immissionsschutzrechtlichen Genehmigung sowie die Drittanfechtung gegen eine solche. Zudem werden vielfach behördliche Eingriffsbefugnisse nach einer Genehmigungserteilung problematisiert. Hierbei spielt die nachträgliche Anordnung gem. § 17 BImSchG eine zentrale Rolle. Denkbar sind schließlich Untersagungs-, Stilllegungs- oder Beseitigungsverfügungen gem. § 20 BImSchG oder der Widerruf einer Genehmigung (§ 21 BImSchG). 187

##### 1. Rechtsschutz gegen die Ablehnung einer immissionsschutzrechtlichen Genehmigung

Wird die Frage nach einem Anspruch auf Erteilung einer immissionsschutzrechtlichen Genehmigung aufgeworfen, ähnelt die Prüfungsstruktur dem Verpflichtungsbegehren auf Erteilung einer Baugenehmigung. Die Zulässigkeit der Verpflichtungsklage wirft idR keine besonderen prozessualen Fragen auf. Im Rahmen der Begründetheit prüfen Sie den Anspruch auf Erteilung der Genehmigung nach folgender Struktur: 188

**Übersicht: Anspruch auf Erteilung einer immissionsschutzrechtlichen Genehmigung**

I. AGL für Genehmigung: § 6 I BImSchG
II. Genehmigungsbedürftigkeit
   1. Anlage iSd § 3 V BImSchG
   2. Genehmigungsbedürftigkeit (§ 4 I BImSchG iVm § 1 der 4. BImSchV einschl. des Anhangs)
   3. Errichtung, Betrieb (§ 4 BImSchG) bzw. wesentliche Änderung (§ 16 BImSchG)

III. Genehmigungsfähigkeit
   1. Formelle Genehmigungsvoraussetzungen
      a) Antrag (§ 10 I BImSchG) bei der sachlich und örtlich zuständigen Behörde
      b) Ordnungsgemäßes Genehmigungsverfahren (ergibt sich aus § 2 der 4. BImSchV einschl. des Anhangs)
   2. Materielle Genehmigungsvoraussetzungen
      a) Einhaltung der immissionsschutzrechtlichen Pflichten (§ 6 I Nr. 1 BImSchG)
      b) Kein Entgegenstehen anderer öffentlich-rechtlicher Vorschriften (§ 6 I Nr. 2 BImSchG)
IV. Rechtsfolge
   1. Gebundener Anspruch auf Genehmigung
   2. ggf. Verbindung mit Nebenbestimmungen (§ 12 BImSchG)

**a) Anspruchsgrundlage**

Sie erkennen, dass § 6 I BImSchG strukturell baurechtlichen AGL auf Erteilung einer Baugenehmigung ähnelt. Dort fragen Sie zunächst, ob eine genehmigungsbedürftige bauliche Anlage vorliegt und klären anschließend deren Genehmigungsfähigkeit. Im Hinblick auf die besonderen Gefährdungen durch immissionsrechtliche Anlagen ist nur das Prüfungsprogramm im BImSchG umfangreicher.

**b) Genehmigungsbedürftigkeit**

189 Zunächst ist zu klären, ob das Vorhaben überhaupt in den Anwendungsbereich des BImSchG fällt. Hierfür muss es sich um eine **Anlage nach § 3 V BImSchG** handeln. Hierzu gehören:

- **Betriebsstätten und sonstige ortsfeste Anlagen** (§ 3 V Nr. 1 BImSchG): Sie müssen auf Dauer mit dem Erdboden verbunden sein. Das ist etwa bei Handwerksbetrieben, Tankstellen, Straßenleuchten oder Mobilfunkstationen der Fall.[538] Auch Altglascontainer zählt ein Teil der Rspr. hierzu.[539] Nebenanlagen werden erfasst, wenn sie (wie zB eine Reparatureinrichtung) im Zusammenhang mit der Betriebsstätte stehen.
- **Maschinen, Geräte und sonstige ortsveränderliche technische Einrichtungen** (§ 3 V Nr. 2 BImSchG): Ortsveränderlich sind Einrichtungen, die an wechselnden Orten eingesetzt werden sollen. Dazu zählen etwa Kräne und Wohnwagen. Eine Einrichtung ist ortsveränderlich, wenn sie an wechselnden Orten eingesetzt werden soll und nicht in einem funktionalen Zusammenhang mit einer ortsfesten Einrichtung steht (zB Abfallcontainer).[540] Im öffentlichen Verkehr genutzte Fahrzeuge unterliegen dem Immissionsschutzrecht nach §§ 38–40 BImSchG.
- **Grundstücke** (§ 3 V Nr. 3 BImSchG): Grundstücke, auf denen Stoffe gelagert oder abgelagert oder Arbeiten durchgeführt werden, die Emissionen verursachen können, sind zB Lagerplätze für Materialien, Mülldeponien und regelmäßig genutzte Freizeitanlagen.[541] Öffentliche Verkehrswege sind ausgenommen, weil insoweit die §§ 41 ff. BImSchG gelten.

**Klausurhinweis:** Störungen, die aus der Nutzung einer Anlage resultieren, werden in erster Linie vom allgemeinen POR oder dem LImSchG erfasst. In den anlagenbezogenen Schutzbereich des BImSchG fallen solche verhaltensbezogenen Störungen nur, wenn die Anlage bestimmungsgemäß genutzt wird. Das Problem wird aber vor allem bei nicht genehmigungsbedürftigen Anlagen relevant, etwa bei Bolzplätzen (hierzu → Rn. 195).

Welche Anlagen **genehmigungsbedürftig** sind, folgt aus § 4 I BImSchG iVm der 4. BImSchV. Nur wenn eine in dem Anhang zu dieser VO genannte Anlage vorliegt, ist die Genehmigungsbedürftigkeit gegeben. Andernfalls handelt es sich um eine nicht genehmigungsbedürftige Anlage.

Schließlich ermitteln Sie, ob ein genehmigungsbedürftiges **Vorhaben** vorliegt. Dazu gehören nicht nur die Errichtung und der Betrieb (§ 4 I 1 BImSchG), sondern auch die wesentliche

538 *Schmidt/Kahl/Gärditz* UmwR § 7 Rn. 134.
539 OVG Münster NVwZ 2001, 1181 (1181); aA wohl *Schmidt/Kahl/Gärditz* UmwR § 7 Rn. 134, der Abfallsammelbehälter als Anlage gem. § 3 V Nr. 2 BImSchG einordnet.
540 *Schmidt/Kahl/Gärditz* UmwR § 7 Rn. 134.
541 *Schmidt/Kahl/Gärditz* UmwR § 7 Rn. 134.

Änderung einer Anlage (§ 16 I BImSchG), zB die Erweiterung eines Viehstalls. Beachten Sie hierbei auch § 1 V der 4. BImSchV, wonach die gesamte Anlage genehmigungsbedürftig wird, wenn durch die Erweiterung der Anlage erstmals die Genehmigungspflicht erzeugt wird.

#### c) Genehmigungsfähigkeit

Nachdem Sie die Genehmigungsbedürftigkeit bejaht haben, fragen Sie nach der Genehmigungsfähigkeit.

#### aa) Formelle Genehmigungsvoraussetzungen

Formell verlangt die Genehmigungserteilung einen ordnungsgemäßen **Antrag** bei der zustän- 190
digen Behörde (§ 10 I BImSchG). Die sachliche **Zuständigkeit** ergibt sich aus entsprechenden Rechtsverordnungen der Länder bzw. (in Bayern) aus dem BayImSchG. Die örtliche Zuständigkeit folgt für ortsfeste Anlagen aus § 3 I Nr. 1 LVwVfG und für ortsveränderliche Anlagen aus § 3 I Nr. 2 LVwVfG (Bezirk, in dem die Anlage betrieben werden soll). **Verfahrensrechtlich** ist zwischen dem förmlichen und dem vereinfachten Genehmigungsverfahren zu unterscheiden. Die Verfahrensart hat erhebliche Auswirkungen auf den Nachbarrechtsschutz und ist überdies insbes. für anwaltliche Fragestellungen wichtig.

Ob ein förmliches Genehmigungsverfahren gem. § 10 BImSchG oder ein vereinfachtes Verfahren gem. § 19 BImSchG durchgeführt wird, beurteilt sich nach § 2 I 1 der 4. BImSchV iVm dem entsprechenden Anhang. Dort ist neben der Genehmigungsbedürftigkeit auch festgelegt, welche Verfahrensart durchzuführen ist. Für die in Spalte c des Anhangs mit einem »G« gekennzeichneten Anlagen ist ein förmliches, für die mit einem »V« gekennzeichneten Anlagen ein vereinfachtes Verfahren vorgesehen. Eine Ausnahme bestimmt allerdings § 2 I Nr. 1c der 4. BImSchV: Danach ist ein förmliches Verfahren auch für die in Spalte 2 genannten Anlagen notwendig, wenn nach §§ 3a–3f UVPG eine Umweltverträglichkeitsprüfung durchzuführen ist. Nach unseren Erfahrungen verlangen die Prüfungsämter keine verfahrensrechtlichen Detailkenntnisse. Häufig geben die Bearbeitervermerke sogar ausdrücklich vor, dass die Verfahrensvorschriften der maßgebenden 9. BImSchV eingehalten worden sind.

Wichtig sind die folgenden beiden **Rechtsfolgen** des förmlichen Genehmigungsverfahrens:

- Einwendungen sind grds. materiell präkludiert (§ 10 III 5 BImSchG).
- Privatrechtliche Abwehransprüche sind grds. ausgeschlossen (§ 14 BImSchG).

**Klausurhinweis:** Um diesen Schutz vor Nachbarrechten zu gewinnen, kann der Vorhabenträger in einem grds. vereinfachten Verfahren einen Antrag auf Durchführung des förmlichen Verfahrens stellen (§ 19 III BImSchG). An diesen Antrag sollen Sie insbes. in Anwaltsklausuren denken, wenn Ihr Mandant ein genehmigungsbedürftiges Vorhaben umsetzen möchte. Typischerweise werden diese Fragen allerdings in einen Drittanfechtungsrechtsbehelf gegen die immissionsschutzrechtliche Genehmigung eingekleidet und daher dort erörtert.[542]

Im Rahmen des Verfahrens wird in Aktenauszügen allerdings vereinzelt eine Inzidentprüfung des Anwendungsbereichs der Umweltverträglichkeitsprüfung erwartet. IdR gelangen Sie aber zu dem Ergebnis, dass eine solche Prüfung nicht notwendig war. In welchen Fällen eine Umweltverträglichkeitsprüfung erforderlich ist, folgt aus § 3 I UVPG iVm der dazu erlassenen Anlage I.

#### bb) Materielle Genehmigungsvoraussetzungen

Die materiellen Genehmigungsvoraussetzungen folgen aus § 6 BImSchG. § 6 I Nr. 1 BImSchG 191
verlangt die Einhaltung der **Betreiberpflichten des § 5 BImSchG.**

Notwendig ist zunächst die Einhaltung der **Schutzpflicht** (§ 5 I Nr. 1 BImSchG), wonach von der Anlage keine schädlichen Umwelteinwirkungen, sonstigen Gefahren, erheblichen Nachteile und erheblichen Belästigungen für die Allgemeinheit und die Nachbarschaft hervorgerufen werden dürfen. Auf den in § 3 I BImSchG legaldefinierten Begriff der schädlichen Umwelteinwirkung steuern (aus unterschiedlichen Richtungen) fast alle immissionsschutzrechtlichen Klausuren zu.

542 Siehe → Rn. 196.

**Schädliche Umwelteinwirkungen** sind danach Immissionen, die nach Art, Ausmaß und Dauer geeignet sind, erhebliche Nachteile oder erhebliche Belästigungen für die Nachbarschaft herbeizuführen. **Immissionen** sind gem. § 3 II BImSchG unter anderem auf Menschen einwirkende Luftverunreinigungen, Geräusche und ähnliche Umwelteinwirkungen. Die neben Geräuschen ebenfalls klausurrelevante Luftverunreinigung ist in § 3 IV BImSchG weiter konkretisiert.

Problematisch ist idR die Bewertung der **Schädlichkeitsschwelle.** Hierzu gibt § 3 I BImSchG nur Anhaltspunkte vor (Art, Ausmaß und Dauer). Weitere Konkretisierungen ergeben sich aus untergesetzlichem Regelwerk; für den Bereich der Luftreinhaltung zB aus der 39. BImSchV oder der TA Luft. Die Immissionsgrenzwerte der 39. BImSchV sind als verbindliches Außenrecht strikt einzuhalten, unabhängig davon, welchem Verursacher die Überschreitung zuzurechnen ist.[543] Da diese allerdings die Anforderungen an die Luftreinhaltung inhaltlich nur begrenzt definiert, wird auf die TA Luft als anlagenspezifische Konkretisierung zurückgegriffen.[544]

**Problem: Bindungswirkung umweltrechtlicher Verwaltungsvorschriften**

Die lange streitige Frage, ob die TA Luft zur Auslegung der Schädlichkeit der Umwelteinwirkung herangezogen werden kann, ist von der Rspr. entschieden.[545] **Normkonkretisierende Verwaltungsvorschriften** (VV) haben danach in begrenztem Umfang Außenwirkung. Normkonkretisierend sind solche VV, die unbestimmte Rechtsbegriffe näher festlegen und bei deren Konkretisierung die Verwaltung eine eigenständige Verantwortung zur Risikoermittlung und -bewertung hat (sog. Beurteilungsermächtigung). Diese Ermächtigung folgt für die Bestimmung von Immissionswerten aus § 48 BImSchG, aufgrund dessen die TA erlassen wurde. Sofern sich die TA Luft im gesetzlichen Rahmen bewegt, kein atypischer Sachverhalt vorliegt und die Vorschriften der TA Luft nicht durch neue wissenschaftliche oder technische Erkenntnisse überholt sind, lässt sich die Außenverbindlichkeit bejahen. Bei der Auslegung der Erheblichkeit können und müssen Sie daher auf die TA Luft zurückgreifen.[546] Graphisch lässt sich der Begriff der schädlichen Umwelteinwirkung wie folgt darstellen:

| **Emissionen (§ 3 III BImSchG)** | **Immissionen (§ 3 II BImSchG)** |
|---|---|
| Bezugspunkt ist die Stelle, an dem die Anlage verlassen wird (Quellenbezug) | Bezugspunkt ist die Stelle, an dem die Beeinträchtigung wirkt (Quellenunabhängigkeit) |

↓

- Beeinträchtigende Wirkungen in Form von:
  - *Gefahren* (Situationen, die nach allgemeinem gefahrenabwehrrechtlichen Verständnis bei ungehindertem Geschehensablauf mit hinreichender Wahrscheinlichkeit zu Schaden führen können)
  - *Nachteilen* (Vermögenseinbußen, die durch Einwirkungen hervorgerufen werden, ohne unmittelbar zu einem Schaden zu führen) oder
  - (sehr examensrelevant:) *Belästigungen* (Einwirkungen, die physisches oder psychisches menschliches Wohlbefinden beeinträchtigen, ohne dass Gesundheitsschaden schon vorliegen muss, zB Gerüche).
- Erheblichkeit (+), wenn nach Art, Ausmaß und Dauer unzumutbar (Einzelfallbetrachtung aus der Perspektive eines »normalen Durchschnittsmenschen«, wobei auch soziale Adäquanz und allgemeine Akzeptanz bedeutsam ist)
- (+), wenn Grenzwerte verbindlichen Außenrechts überschritten werden
- IÜ Ausfüllung durch normkonkretisierende VV (TA Lärm, TA Luft)

Die übrigen in § 5 I BImSchG genannten Betreiberpflichten (Vorsorge-, Abfallvermeidungs- und Entsorgungspflicht sowie Pflicht zur sparsamen und effizienten Energieverwendung)

543 *Jarass* NVwZ 2003, 257 (260); *Koch/Dietrich* JA 2006, 360 (364).
544 Insbes. Nr. 1 TA Luft.
545 BVerwG NVwZ 2008, 76 (für TA Luft).
546 *Koch/Dietrich* JA 2006, 360 (364).

sind weniger prüfungsrelevant und lassen sich vielfach durch Angaben im Sachverhalt ohne Weiteres klären.

Materiell setzt die Genehmigungserteilung nach **§ 6 I Nr. 2 BImSchG** weiterhin voraus, dass der Errichtung und dem Betrieb der Anlage keine anderen anlagenbezogenen öffentlich-rechtlichen Vorschriften entgegenstehen. Diese Vorschrift dient den Prüfungsämtern vielfach als Schnittstelle zu anderen Rechtsgebieten, die inzident zu prüfen sind. Wichtig ist zweierlei:

- Die zu prüfende Norm muss sich auf die **Anlage** beziehen und darf nicht auf persönliche Voraussetzungen für die Errichtung oder den Betrieb abstellen. Die Zuverlässigkeit des Anlagenbetreibers ist damit zB nicht relevant.
- Relevant sind neben den Vorschriften des Straßen-, Naturschutz-, Bodenschutz- und Abfallrechts insbes. das öffentliche **Baurecht** (einschließlich des § 36 BauGB; vgl. § 36 I 2 BauGB). Inzident werden Sie häufig die Vorgaben der BauNVO prüfen müssen, die grds. keine immissionsrechtliche Anlagengenehmigung zulassen, wenn der Betrieb in einem festgesetzten Wohn-, Dorf- oder Mischgebiet bzw. in einem nicht durch gewerbliche Nutzung geprägten Innenbereich nach § 34 BauGB errichtet werden soll. Beachten Sie, dass es auf den Grad der von der Anlage ausgehenden Störung nicht ankommt.[547] Nicht zu prüfen ist grds. das Wasserrecht, soweit es Gegenstand eines Erlaubnis- oder Bewilligungsverfahrens ist (vgl. § 13 BImSchG aE).

Eine Genehmigung berechtigt zur Errichtung und zum Betrieb der Anlage. Sie ist darüber hinaus in zweierlei Hinsicht klausurrelevant:

- Kraft ihrer **formellen Konzentrationswirkung** (§ 13 BImSchG) schließt sie andere anlagenbezogene öffentliche Gestattungen ein. Klausurrelevant sind vor allem die Grenzen der Konzentrationswirkung: Neben den Fällen des § 13 Hs. 2 BImSchG werden auch Personalkonzessionen nicht erfasst. Deren Erteilung hängt von den persönlichen Voraussetzungen des Betreibers ab, etwa von dessen Zuverlässigkeit (vgl. § 2 iVm § 4 I 1 Nr. 1 GastG).
- Aufgrund des **privatrechtsgestaltenden § 14 BImSchG** sind private nachbarrechtliche Abwehransprüche (zB §§ 1004, 906 ff., 823 BGB) nach Durchführung eines förmlichen Genehmigungsverfahrens ausgeschlossen, soweit die Anlage genehmigungskonform betrieben wird. Gerade diese Beschränkung ist wichtig. Zudem können nach einem förmlichen Verfahren Einwendungen Dritter präkludiert sein (§ 10 III 5 BImSchG), was ebenfalls insbes. beim Rechtsschutz Dritter relevant wird.[548]

### 2. Rechtsschutz Dritter gegen immissionsrechtliche Genehmigungen

**Klausurhinweis:** Beherrschen Sie die Probleme des baurechtlichen Nachbarschutzes, wird Ihnen die immissionsrechtliche Nachbarklage keine Schwierigkeiten bereiten. Die relevanten Fragen sind strukturell vergleichbar. So kommt es materiell ebenfalls darauf an, ob drittschützende Vorschriften verletzt sind. Besonderheiten sind allerdings bei der Klagebefugnis (§ 42 II VwGO) zu beachten.

Begehrt ein Dritter die Aufhebung einer immissionsrechtlichen Genehmigung, ist die Drittanfechtungsklage (§ 42 I Var. 1 VwGO) **statthaft**. Wird ein immissionsschutzrechtliches Einschreiten begehrt, ist idR eine Verpflichtungsklage (§ 42 I Var. 2 VwGO) statthaft. Problematisch ist idR die **Klagebefugnis** (§ 42 II VwGO). Diesbezüglich stellt sich (erstens) die Frage, ob die angeblich verletzte Rechtsvorschrift Drittschutz vermittelt und (zweitens), ob der Kläger Nachbar iSd BImSchG ist. Zur Frage der drittschützenden Wirkung der immissionsschutzrechtlichen Vorschriften: 192

- Die Nachbarschaft ist iRd **§ 5 I Nr. 1 BImSchG** klagebefugt, da diese Vorschrift wegen ihres Wortlauts (»Nachbarschaft«) Drittschutz vermittelt. Eine mögliche Verletzung der Nachsorgepflicht begründet ebenfalls die Klagebefugnis der Nachbarschaft (§ 5 III Nr. 1 aE BImSchG). Begehrt der Nachbar den Erlass einer nachträglichen Anordnung, vermittelt § 17 I 2 BImSchG Nachbarschutz, soweit es um diese Schutz- und Abwehrpflicht geht.[549]
- **§ 5 I Nr. 2–4 BImSchG** dienen nur dem Allgemeininteresse (Risikovorsorge) und bezwecken – ebenso wie § 5 III Nr. 2–3 BImSchG – keinen Nachbarschutz.

547 BVerwG NVwZ 2000, 679; *Schmidt/Kahl/Gärditz* UmwR § 7 Rn. 79.
548 Hierzu → Rn. 196.
549 *Jarass* NJW 1983, 2844 (2845).

- Bei den im Wege des **§ 6 I Nr. 2 BImSchG** zu prüfenden Normen kommt es darauf an, ob die »andere öffentlich-rechtliche Vorschrift« ihrerseits Drittschutz vermittelt. Dies richtet sich nach üblichen Kriterien.[550]

**Verfahrensvorschriften** vermitteln hingegen grds. keinen Drittschutz. Daher kann der Kläger eine Genehmigung nicht mit der Begründung anfechten, das Genehmigungsverfahren sei formell fehlerhaft durchgeführt worden. Problematisch ist dies insbes., wenn der Kläger geltend macht, es sei fehlerhaft das vereinfachte Genehmigungsverfahren nach § 19 BImSchG durchgeführt worden, obwohl es der Durchführung des förmlichen Verfahrens (§ 10 BImSchG) bedurft hätte. Insoweit gilt: Nach § 4 I 1 URG kann die Klagebefugnis nur darauf gestützt werden, dass eine erforderliche Umweltverträglichkeitsprüfung (UVP) oder erforderliche Vorprüfung über die UVP-Pflicht nicht durchgeführt worden ist. Beachten Sie aber (für die Prüfung der formellen Rechtmäßigkeit der Genehmigung), dass gem. § 4 I 3 URG eine Heilung nach § 45 II VwVfG möglich ist.

Zur »**Nachbarschaft**« iSd § 5 I Nr. 1 BImSchG gehören Personen, die im räumlichen Einwirkungsbereich der Anlage nicht nur vorübergehend betroffen sind. Hierzu zählen neben Eigentümern und eigentumsähnlich Berechtigten auch Mieter und Pächter solcher Grundstücke. Wegen der zuletzt genannten Personen ist der Nachbarbegriff im BImSchG weiter als im grundstückbezogenen Baurecht.[551]

Infolge der **(materiellen) Präklusion** des § 10 III 5 BImSchG können – sofern die Genehmigung im förmlichen Verfahren erteilt wurde – uU Nachbarrechte nicht mehr geltend gemacht werden. Dies setzt voraus, dass die nach § 187 II BGB zu berechnende Einwendungsfrist von zwei Wochen (§ 10 III 4 BImSchG) nach Beendigung der einmonatigen Auslegungsfrist (§ 10 III 2 Hs. 1 BImSchG) versäumt wird. Ist dies der Fall, können Sie mit der Rspr. davon ausgehen, dass die Klage unbegründet ist. Im Aktenauszug werden die Beteiligten ggf. darüber streiten, ob diese weitreichende Konsequenz zulässig ist. Nach ständiger Rspr. ist die materielle Präklusion nicht verfassungswidrig (Art. 19 IV GG). Allerdings muss der Betroffene Kenntnis vom Verfahrensgegenstand haben, damit es ihm möglich ist, Einwendungen zu erheben.[552] Die Präklusion **greift** daher **nicht** für

- Einwendungen »neuer« (hinzugekommener) Nachbarn,[553]
- Einwendungen, die vor Beginn der Auslegungsfrist nach § 10 III 2 BImSchG erhoben werden,
- nachträglich eingereichte Antragsunterlagen,[554]
- fehlerhafte Antragsbekanntgaben oder fehlerhafte Auslegungen nach § 10 III 1, 2 BImSchG,
- nachträgliche Anordnungen nach § 17 BImSchG,
- die Aufhebung einer Genehmigung sowie
- Einwendungen, die auf besonderen privatrechtlichen Titeln beruhen (§ 10 III 6 BImSchG). Dazu gehören etwa Verträge und Dienstbarkeiten. Diese Verfahren sind aber vor den ordentlichen Gerichten zu führen (§ 10 III 6 BImSchG iVm § 15 der 9. BImSchV).

Im Rahmen der **Klagefrist** stellen sich häufig die auch aus dem baurechtlichen Nachbarstreit bekannten Probleme. So kann im Aktenauszug die Frage aufgeworfen werden, ob überhaupt eine Klagefrist (§ 74 I VwGO) ausgelöst oder lediglich eine prozessuale Verwirkung in Anlehnung an § 242 BGB denkbar ist. Letzteres gilt dann, wenn die angefochtene Genehmigung dem Drittanfechtungskläger nicht bekanntgegeben worden ist. Beachten Sie, dass im Fall der fehlenden Bekanntgabe auch die einjährige Ausschlussfrist nach § 58 II VwGO nicht gilt.[555]

**Begründet** ist die Drittanfechtungsklage, soweit die angefochtene Genehmigung rechtswidrig ist und den Kläger in seinen Rechten verletzt (§ 113 I 1 VwGO). Ähnlich wie in der baurechtlichen Nachbarklage ist nur zu überprüfen, inwieweit nachbarschützende Bestimmungen (also insbes. § 5 I Nr. 1 BImSchG) verletzt sind.

550 Siehe zB für das Baurecht → Rn. 167.
551 Im Einzelnen *Kopp/Schenke* § 42 Rn. 103 ff.
552 BVerfGE 61, 82 = NJW 1982, 2173 – Sasbach.
553 OVG Lüneburg NVwZ 1986, 671; *Jarass* § 10 Rn. 96.
554 BayVGH NVwZ 1989, 483.
555 VGH Mannheim Urt. v. 14.5.2012 – 10 S 2693/09.

### 3. Behördliche Eingriffsbefugnisse nach Genehmigungserteilung

**Übersicht: Behördliche Maßnahmen nach Genehmigungserteilung**

Genehmigungserteilung →

- Behörde will nachträglich Einhaltung der Betreiberpflichten sicherstellen:
  - Nachträgliche Anordnung (§ 17 BImSchG)
  - anschl. ggf. vorläufige Untersagung (§ 20 I, Ia BImSchG)
- Behörde will (zuvor) Genehmigung aufheben:
  - Widerruf (§ 21 BImSchG verdrängt als lex specialis § 49 VwVfG)
  - Rücknahme gem. § 48 VwVfG
  - anschließend ggf. Stilllegung oder Beseitigung (§ 20 II BImSchG)
- Behörde will weiteren Betrieb wegen Unzuverlässigkeit untersagen:
  - Untersagung gem. § 20 III 1 BImSchG neben § 35 GewO möglich

#### a) Rechtsschutz gegen nachträgliche Anordnungen (§ 17 BImSchG)

Viele Klausuren finden den Einstieg über eine nachträgliche behördliche Anordnung zum Immissionsschutz. Für den Anlagenbetreiber, an den die Anordnung adressiert ist, ist der Anfechtungsrechtsbehelf statthaft. Für die Begründetheitsprüfung sollten Sie sich folgende Übersicht merken: 193

**Übersicht: Nachträgliche Anordnung gem. § 17 BImSchG**

I. Rechtsgrundlage: § 17 I 1 BImSchG oder (insbes. bei Verpflichtungsbegehren Dritter) § 17 I 2 BImSchG
II. Formelle Rechtmäßigkeit (Zuständigkeit, Verfahren [insbes. Anhörung], Form)
III. Materielle Rechtmäßigkeit
  1. Tatbestand
    a) Vorliegen einer genehmigten Anlage
    b) Nichteinhaltung der immissionsschutzrechtlichen Pflichten
    c) Richtiger Adressat
      (P) Insolvenzverwalter
  2. Rechtsfolge
    a) Entschließungsermessen
      - Grds. Ermessen: § 17 I 1 BImSchG (»können«)
      - Ausnahme: § 17 I 2 BImSchG (»soll«)
    b) Auswahlermessen
      - Wahrung der Verhältnismäßigkeit (§ 17 II BImSchG)
      - Ggf. Anordnungen im Rahmen von RechtsVO (§ 17 III BImSchG)
      - Ggf. Kompensation (§ 17 IIIa BImSchG)
      - Folgenbeseitigung (zB auf Nachbargrundstücken) grds. nicht erfasst; Beseitigung der auf dem Grundstück befindlichen Störungen erfasst, soweit von diesen schädliche Umwelteinwirkungen auf die Nachbarschaft ausgehen.

**EGL** für nachträgliche Anordnungen ist § 17 I BImSchG. Die Klausur kann prozessual in einen Anfechtungsrechtsbehelf eingekleidet sein. Dann tritt idR der Anlagenbetreiber als Kläger auf. Denkbar ist auch ein Verpflichtungsbegehren (insbes. Begehren des Nachbarn auf immissionsschutzbehördliches Einschreiten).

**Voraussetzungen** sind das Vorliegen einer genehmigten Anlage sowie ein Verstoß gegen die Betreiberpflichten gem. § 5 BImSchG. Schwerpunkt der Klausur wird auch hier die Prüfung der Schutzpflicht gegen schädliche Umwelteinwirkungen (§ 5 I Nr. 1 BImSchG) sein. Insoweit wird auf die vorstehenden Ausführungen verwiesen.

**Adressat** der Anordnung ist der Anlagenbetreiber, weil nur dieser Träger der Rechtspflichten nach dem BImSchG ist.[556] Dies ist die natürliche oder juristische Person, die den maßgebenden Einfluss auf den Anlagenbetrieb nimmt. Nach Betriebseinstellung ist idR der letzte Anlagenbetreiber Adressat.

**Problem: Auswirkung der Insolvenzeröffnung auf Betreibereigenschaft**

In einigen Klausuren stellt sich die Frage, welche Auswirkungen die Einleitung eines Insolvenzverfahrens auf die Verantwortlichkeit hat. Mit der Insolvenzeröffnung über eine nach §§ 4 ff. BImSchG genehmigte Anlage geht die Verantwortlichkeit gem. §§ 80, 148 InsO auf den Insolvenzverwalter über. Wird die Anlage dann zunächst weiterbetrieben, kann der Insolvenzverwalter grds. als Betreiber iSd § 5 III BImSchG in Anspruch genommen werden.[557] Umstritten ist aber, ob dies auch gilt, wenn die Anlage bereits vor Insolvenzeröffnung stillgelegt worden ist. Der Wortlaut »betreiben« in § 5 III BImSchG spricht dagegen. Auch das BVerwG bezweifelt eine so weitreichende Haftung des Insolvenzverwalters. Nach hM haftet der Insolvenzverwalter jedenfalls nicht, wenn er die **Gegenstände** aus der Insolvenzmasse **freigegeben** hat. Dadurch entlässt er sie aus seiner Verfügungsmacht. Dies erzeugt keinen Wertungswiderspruch zu der polizeirechtlichen Verantwortlichkeit, die durch sittenwidrige Eigentumsübertragungen wegen § 138 BGB nicht entfällt. Die Fälle sind nicht vergleichbar. Nach der Freigabe durch den Insolvenzverwalter lebt die Verwaltungs- und Verfügungsbefugnis des Schuldners wieder auf, sodass ein Verantwortlicher vorhanden ist.[558]

Auf **Rechtsfolgenebene** sieht § 17 BImSchG ein abgestuftes Konzept vor. Gem. § 17 I 1 BImSchG liegt die Entscheidung, überhaupt tätig zu werden, grds. im pflichtgemäßen Ermessen der Behörde. Allerdings »soll« die Behörde nach § 17 I 2 BImSchG einschreiten, wenn die Allgemeinheit oder die Nachbarschaft nicht ausreichend vor Gefahren geschützt werden kann. In diesem Fall ist das Entschließungsermessen intendiert. In der Klausur wird es häufig um Anordnungen gehen, mit denen schädliche Umwelteinwirkungen für die Nachbarschaft unter Hinweis auf die Betreiberpflicht gem. § 5 I Nr. 1 BImSchG abgewendet werden sollen. In diesem Fall besteht damit eine Rechtspflicht zum behördlichen Einschreiten, wenn die schädliche Umwelteinwirkung nachweisbar ist.

Im Rahmen des **Auswahlermessens** sind die Grenzen des § 17 II bis IIIa BImSchG relevant. Bei der hiernach erforderlichen strengen Verhältnismäßigkeitsprüfung sollten Sie ggf. auf die oben genannten Leitsätze des Umweltrechts zurückgreifen. Häufig wird der Anlagenbetreiber vortragen, die behördliche Anordnung verletze die Grundsätze des Bestandsschutzes. Allerdings ist im BImSchG der Bestandsschutz von vornherein durch die §§ 17, 20 BImSchG begrenzt (**»dynamische Betreiberpflicht«**). Diese einfachgesetzliche Inhalts- und Schrankenbestimmung (Art. 14 I 2 GG) ist im Hinblick auf den Schutzzweck verfassungsrechtlich unbedenklich. Der Anlagebetreiber kann sich also idR nicht darauf berufen, dass die Anlage in einer einmal genehmigten Form fortgeführt werden kann. Hier liegt ein wesentlicher Unterschied des BImSchG zum Baurecht. Besonderheiten im Rahmen der Verhältnismäßigkeitsprüfung gelten ggf. in **»städtebaulichen Gemengelagen«**. Treffen unterschiedliche Nutzungen aufeinander, kann der durch die maßgeblichen Grenzwerte (zB TA Lärm) vermittelte Schutzanspruch unter Berücksichtigung aller Einzelfallumstände im Wege eines »wertenden Ausgleichs« zu mindern sein. Dies kann relevant werden, wenn eine Bebauung in einem allgemeinen Wohngebiet an eine seit längerem bestehende Anlage in einem Dorfgebiet heranrückt (»heranrückende Wohnbebauung«).[559] In der Klausur müssen Sie dann darauf achten, ob die Behörde wegen der bestehenden Vorbelastung die dem Anlagenbetreiber auferlegten Höchstwerte durch Bildung eines Mittelwertes der TA Lärm zwischen den Grenzwerten für allgemeine Wohngebiete und Dorfgebiete modifiziert hat.[560]

556 *Jarass* § 17 Rn. 13 mwN.
557 OVG Münster Urt. v. 1.6.2006 – 8 A 4495/04.
558 OVG Berlin-Brandenburg Urt. 17.4.2007 – OVG 11 S 54.06; OVG Lüneburg Beschl. v. 3.12.2009 – 7 ME 55/09.
559 OVG Koblenz Beschl. v. 12.12.2002 – 7 B 11773/02.
560 Vgl. auch BVerwG Urt. v. 23.9.1999 – 4 C 6/98.

### b) Verfügungen gem. § 20 II BImSchG

194 Gem. § 20 II BImSchG können nach dem Vollstreckungsrecht zu vollziehende Stilllegungs- oder Beseitigungsverfügungen ergehen. Dafür genügt es nach dem Wortlaut der Norm, wenn eine Anlage ohne die erforderliche Genehmigung betrieben wird (formelle Illegalität).[561] Das ist auch der Fall, wenn eine zuvor erteilte Genehmigung vollziehbar aufgehoben wird. Dies verlangt ggf. eine Inzidentprüfung. Bei der Aufhebung zuvor erteilter Genehmigungen müssen Sie unterscheiden:

- Als Spezialnorm regelt § 21 BImSchG abschließend den **Widerruf** einer rechtmäßig erteilten Genehmigung. Im Fall der Drittanfechtung ersetzt § 21 VII BImSchG den allgemeinen § 50 VwVfG.
- Für die **Rücknahme** rechtswidriger Genehmigungen existiert im BImSchG keine Spezialnorm, sodass § 48 VwVfG als Auffangvorschrift anwendbar ist.

Allerdings ist auf Rechtsfolgenebene eine Stilllegungsverfügung regelmäßig unverhältnismäßig, wenn ohne Weiteres feststeht, dass der Betrieb materiell rechtmäßig ist.[562] Jenseits dieses atypischen Falls sieht § 20 II 1 BImSchG vor, dass die Behörde einschreiten »soll«. Sie muss sogar einschreiten, wenn ein Schutz der Allgemeinheit oder Nachbarschaft nicht gewährleistet werden kann (§ 20 II 2 BImSchG).

## II. Anlagenbezogener Immissionsschutz bei nicht genehmigungsbedürftigen Anlagen

195 Erfüllt ein Betreiber einer nicht genehmigungsbedürftigen Anlage seine Pflichten nach §§ 22 f. BImSchG nicht, kann die Behörde eine Anordnung nach § 24 BImSchG treffen oder den Betrieb der Anlage nach Maßgabe des § 25 BImSchG untersagen. Die Klausuren sind idR wie folgt eingekleidet:

- **Konstellation (1):** Der Betreiber möchte eine an ihn adressierte Verfügung abwehren.
- **Konstellation (2):** Ein Dritter (Nachbar) begehrt behördliches Einschreiten.

**Übersicht: Typische Zulässigkeitsprobleme beim Rechtsschutz gegen Immissionen nicht genehmigungsbedürftiger Anlagen**

| Konstellation (1): Rechtsschutz des Adressaten | Konstellation (2): Rechtsschutz des Nachbarn |
|---|---|
| I. Verwaltungsrechtsweg (§ 40 I 1 VwGO) (+)<br>II. Anfechtungsklage statthaft (§ 42 I Var. 1 VwGO)<br>III. Klagebefugnis (§ 42 II VwGO) wg. Art. 2 I GG unproblematisch (+)<br>IV. Klagefrist<br>(P) § 14a BImSchG greift nicht, da diese Regelung nur für Genehmigungen gilt | I. Verwaltungsrechtsweg (§ 40 I 1 VwGO)<br>(P) öffentl.-rechtl. Streit: (+) bei emittierendem Hoheitsträger, wenn Sachzusammenhang mit hoheitlicher Aufgabenwahrnehmung<br>II. Statthafte Klageart<br>1. Verpflichtungsklage, wenn gem. § 24 S. 1 oder § 25 II BImSchG behördliches Einschreiten begehrt<br>2. Allg. Leistungsklage, wenn Unterlassung ggü. Hoheitsträger selbst begehrt; ggf. Verpflichtungsklage<br>III. Klagebefugnis<br>1. Drittschutz bei § 24 S. 1 BImSchG nur mittelbar (+), wenn verletzte Norm ihrerseits Drittschutz vermittelt<br>2. Drittschutz bei § 25 II BImSchG (»Nachbarschaft«) (+), soweit Verfügung auch Nachbarn dient<br>3. Allg. Leistungsklage: ggf. Anspruch aus öffentl.-rechtl. UA<br>IV. Klagefrist: (+) bei Verpflichtungsklage; (–) bei allg. Leistungsklage: hier nur prozessuale Verwirkung<br>V. Rechtsschutzbedürfnis |

561 *Jarass* § 20 Rn. 37 (str.).
562 BVerwG Urt. v. 15.12.1989 – 7 C 35/87, NVwZ 1990, 963; *Jarass* § 20 Rn. 39a.

196 Problematisch ist in erster Linie der Rechtsschutz des Nachbarn gegen Störungen, die durch nicht genehmigungsbedürftige Anlagen ausgelöst werden. Für Verpflichtungsbegehren auf ein behördliches Einschreiten ist gem. § 40 I 1 VwGO der **Verwaltungsrechtsweg** eröffnet. Dies gilt auch, wenn sich der Kläger gegen Störungen wendet, die von öffentlichen Einrichtungen (Bolzplatz, Skateranlage) ausgehen, wenn die abzuwehrende Störung im Sachzusammenhang mit der öffentlich-rechtlichen Aufgabenwahrnehmung (zB Daseinsvorsorge) steht.

**Statthafte Klageart** ist die *Verpflichtungsklage*, soweit ein behördliches Einschreiten durch Erlass einer Verfügung gem. § 24 S. 1 oder § 25 II BImSchG begehrt wird. Geht die Störung von einer hoheitlich betriebenen Anlage aus, ist eine auf Abwehr oder Unterlassung gerichtete *allg. Leistungsklage* statthaft. Soll ausnahmsweise der Hoheitsträger einen entwidmenden VA erlassen, kommt eine *Verpflichtungsklage* in Betracht.

Die **Klagebefugnis** (§ 42 II VwGO) ist auch bei der immissionsrechtlichen Nachbarklage stets zu erörtern. An dieser Stelle ist – wie bei der baurechtlichen Nachbarklage – darzulegen, ob die evtl. verletzte Norm Drittschutz vermittelt und ob die Kläger zur Nachbarschaft iSd § 3 I BImSchG gehören. Für die Frage, welche Norm Drittschutz vermittelt, gilt:

- § 24 S. 1 BImSchG vermittelt nicht unmittelbar Drittschutz zugunsten der Nachbarschaft, sondern nur in Verbindung mit Normen, die ihrerseits nachbarschützende Wirkung entfalten. Dies gilt für die klausurrelevanten Betreiberpflichten des § 22 I 1 Nr. 1 BImSchG (Verhinderungsgebot) sowie § 22 I 1 Nr. 2 BImSchG (Minimierungsgebot). In der Klausur ist damit als AGL für den Nachbarn etwa »§ 24 S. 1 iVm § 22 I 1 Nr. 1 bzw. Nr. 2 BImSchG« zu zitieren. § 22 I 1 Nr. 3 BImSchG dient hingegen nur dem Allgemeininteresse.
- § 25 II BImSchG ist nach seinem Wortlaut (»die Nachbarschaft«) drittschützend, soweit die Verfügung auch dem Interesse eines Nachbarn dient.

Zur »**Nachbarschaft**« gehört der Personenkreis, der sich nicht nur gelegentlich im Einwirkungsbereich der Anlage aufhält, sondern dort seinen engeren Lebensbereich hat.[563] Treten in der Klausur mehrere Kläger auf, werden voraussichtlich nicht alle klagebefugte Nachbarn sein. Insoweit ist die Klage als unzulässig abzuweisen.

Während Verpflichtungsklagen an die **Klagefrist** des § 74 VwGO gebunden sind, müssen Sie bei einer allg. Leistungsklage an die **Verwirkung** des Klagerechts denken. Sie behandeln die Verwirkungsproblematik entweder nach dem Hinweis, dass eine Klagefrist nicht zu beachten ist oder als Fall eines fehlenden Rechtsschutzbedürfnisses. Allein der Umstand, dass der Kläger eine Störung über längere Zeit geduldet hat, genügt aber nicht. Die Klageerhebung ist nur treuwidrig, wenn der Kläger bereits längere Zeit von dem Klagegrund Kenntnis hatte oder hätte haben müssen (Zeitmoment) und wenn der Anlagenbetreiber nach den besonderen Umständen nicht mehr mit einer Klage rechnen musste (Umstandsmoment).[564]

Auch ein **Klageverzicht** wird idR nicht zu bejahen sein. Er liegt nämlich nur in den seltenen Fällen vor, in denen ein Anspruch eindeutig, unzweifelhaft und unmissverständlich aufgegeben wird.[565] Dahingehend lässt sich die in Aktenauszügen bisweilen enthaltene Erklärung regelmäßig nicht auslegen.

197 In der **Begründetheit der Klage** müssen Sie untersuchen, ob

- im Fall einer **Verpflichtungsklage** die materiellen Voraussetzungen für ein behördliches Einschreiten nach § 24 S. 1 iVm § 22 I 1 Nr. 1 bzw. Nr. 2 BImSchG erfüllt sind oder
- im Fall einer **Leistungsklage** ggü. einem Hoheitsträger die Voraussetzungen des öffentl.-rechtl. Unterlassungsanspruchs erfüllt sind.

---

563 *Landmann/Rohmer* BImSchG § 3 Rn. 6a f.; *Kopp/Schenke* § 42 Rn. 103 ff.
564 *Kopp/Schenke* § 74 Rn. 18 und 19 mwN.
565 *Kopp/Schenke* § 74 Rn. 22.

**Übersicht: Begründetheit der auf immissionsschutzbehördliches Einschreiten gerichteten Verpflichtungsklage (§ 113 V VwGO)**

I. AGL für behördliches Einschreiten
   1. Soweit Anordnung im Einzelfall begehrt wird: § 24 S. 1 BImSchG
   2. Soweit Untersagungsverfügung begehrt wird: § 25 II BImSchG

II. Formelle Anspruchsvoraussetzungen
   1. Zuständigkeit
   (P) Einschreiten gegen »störenden Hoheitsträger«
   2. Verfahren; Form

III. Materielle Anspruchsvoraussetzungen

§ 24 S. 1 BImSchG ↔ § 25 II BImSchG

**§ 24 S. 1 BImSchG**

**Tatbestand:**
- Nicht genehmigungsbedürftige Anlage (§ 3 V BImSchG)
- Verletzung einer anlagenbezogenen Betreiberpflicht gem. § 22 BImSchG (bei Nachbarklage nur § 22 I Nr. 1 und 2 BImSchG prüfen)
- Verletzung einer anlagenbezogenen Betreiberpflicht gem. § 23 BImSchG iVm RechtsVO (bei Nachbarklage beachten, inwieweit VO Drittschutz bezweckt)

**Rechtsfolge:**
- Grds. Ermessen; ggf. Reduzierung auf Null bei schwerwiegender Gefährdung oder sehr gewichtigen Rechtsgütern
- (P) Vollständige Untersagungs- bzw. Beseitigungsverfügung: (–), da hierfür § 25 II BImSchG vorgesehen ist

**§ 25 II BImSchG**

**Tatbestand:**
- Nicht genehmigungsbedürftige Anlage (§ 3 V BImSchG)
- Schädliche Umwelteinwirkung (§ 3 I BImSchG)
- Kausalität Anlagenbetrieb/schädliche Umwelteinwirkung

**Rechtsfolge:**
- Im Regelfall gebundene Entscheidung, soweit ausreichender Schutz der genannten Rechtsgüter vor schädlichen Umwelteinwirkungen nicht auf andere Weise sichergestellt werden kann
- Bei Atypik Ermessen

- (P) Verweisung auf zivilgerichtl. Rechtsschutz (§§ 906, 1004 BGB): zulässiges Ermessenskriterium wg. Vorrang des Zivilrechtsschutzes und (bei nicht genehmigungsbedürftigen Anlagen) wg. Waffengleichheit; notwendig aber behördliche Sachprüfung; andernfalls Ermessensfehler.

Innerhalb der **Begründetheitsprüfung** kann im Rahmen der **formellen Anspruchsvoraussetzungen** die behördliche Zuständigkeit problematisch werden:

> **Beispiel:** Die Gemeinde G betreibt eine öffentliche Einrichtung (zB Schwimmbad), von der für das benachbarte reine Wohngebiet bestimmte Immissionsrichtwerte erheblich überschritten werden. Nach erfolglosen Bemühungen, die Gemeinde zu Schutzmaßnahmen zu bewegen, begehrt der Bürger von der zuständigen Immissionsschutzbehörde den Erlass einer auf § 24 S. 1 BImSchG gestützten Verfügung. Die Behörde lehnt ein Einschreiten unter Hinweis auf die fehlende **Zuständigkeit** ab.

Sie erinnern sich an das gefahrenabwehrrechtliche Problem des **störenden Hoheitsträgers**. Grds. ist jeder Hoheitsträger selbst materiell polizeipflichtig, sodass eine Ordnungsbehörde regelmäßig nicht in dessen Zuständigkeitsbereich eingreifen darf. Im Immissionsschutzrecht erkennt die Rspr. eine Ausnahme an.[566] § 24 BImSchG unterscheide nicht nach der Rechtsform, in der Anlagen betrieben würden. Zudem habe die Immissionsschutzbehörde eine höhere Fachkompetenz. Daher sei hier ausnahmsweise die Zuständigkeit zu bejahen.

566 BVerwG Urt. v. 25.7.2002 – 7 C 24/01, NVwZ 2003, 346; *Scheidler* LKV 2008, 300.

Bei der Prüfung der **materiellen Anspruchsvoraussetzungen** folgen Sie dem vorstehenden Prüfungsschema. Hier ist insbes. zu untersuchen, ob eine Verletzung der drittschützenden Bestimmungen des § 22 I Nr. 1 oder 2 BImSchG gegeben ist. Über § 22 II BImSchG, wonach weitergehende öffentlich-rechtliche Vorschriften unberührt bleiben, können Sie insbes. folgende drittschützende Normen in die Prüfung einbeziehen:

- § 4 I 1 Nr. 3 GastG: Gaststätten dürfen keine schädlichen Umwelteinwirkungen befürchten lassen.[567]
- § 33a II Nr. 3 GewO oder § 33i II Nr. 3 GewO: Schädliche Umwelteinwirkungen dürfen auch nicht von Schaustellungen von Personen und von Spielhallen sowie ähnlichen Unternehmungen ausgehen.

**Problem: Konkurrenzverhältnis**

Spezialgesetzliche EGL wie § 5 I Nr. 3 GastG werden von § 24 BImSchG nicht verdrängt.[568] Bei einem Verstoß gegen § 4 I 1 Nr. 3 GastG kann gegen den Gaststättenbetreiber entweder nach § 5 I Nr. 3 GastG oder immissionsschutzbehördlich nach § 24 BImSchG vorgegangen werden.

**Klausurhinweis:** Auch in Klausuren aus dem allgemeinen Gefahrenabwehrrecht kann die Konkurrenz zum BImSchG relevant sein. Denkbar ist etwa, dass der Kläger gegen eine auf die ordnungsbehördliche Generalklausel gestützte Verfügung geltend macht, die Generalklausel sei aufgrund der spezielleren Regelungen des BImSchG nicht anwendbar. Insoweit gilt:

- Die gefahrenabwehrrechtliche Generalklausel ist anwendbar, wenn die Behörde zur Abwehr von nicht immissionsbedingten Gefahren oder bei Gefahr im Verzug einschreitet.[569]
- Problematisch ist das Konkurrenzverhältnis beim ordnungsbehördlichen Einschreiten gegen Immissionen: Teilweise wird die Anwendbarkeit der Generalklausel verneint, da das BImSchG ein in sich abgeschlossenes Regelungswerk zum Immissionsschutz enthalte. Insbes. die Rspr. nimmt allerdings aufgrund der höheren tatbestandlichen Voraussetzungen des § 25 II BImSchG eine Schutzlücke an, die zur effektiven Gefahrenabwehr nur durch die Generalklausel geschlossen werden könne.[570]

Im Fall der **allgemeinen Leistungsklage** prüfen Sie die tatbestandlichen Voraussetzungen des gewohnheitsrechtlich anerkannten allgemeinen Abwehr- und Unterlassungsanspruchs.[571] Dieser ist anwendbar, weil § 22 I 1 BImSchG keine geeignete Anspruchsgrundlage zugunsten der gestörten Person bildet, sondern nur in Verbindung mit § 24 BImSchG zu einem behördlichen Einschreiten ggü. dem Störer ermächtigt.

Materieller Klausurschwerpunkt ist idR die Frage, inwieweit eine **schädliche Umwelteinwirkung** iSd § 3 I BImSchG gegeben ist. Dieses Problem sollten Sie an dem Merkmal der Rechtswidrigkeit des Eingriffs festmachen, da bei Überschreitung der Schädlichkeitsschwelle eine Duldungspflicht ausscheidet. Allerdings existiert kein einheitlicher und fester Maßstab für jede Art von Immissionen. Vielmehr nimmt die Rspr. stets eine Einzelfallbeurteilung aus der Perspektive eines »normalen Durchschnittsmenschen« vor. Diese richtet sich insbes. nach der Gebietsart, wobei auch tatsächliche Elemente wie Herkömmlichkeit, soziale Adäquanz und allgemeine Akzeptanz mitbestimmen. Unerheblich sind dabei Geräuschimmissionen, die billigerweise hinzunehmen sind. Dabei kommt es auf eine situationsbezogene Abwägung und auf einen Ausgleich widerstreitender Interessen an. Hieraus folgt folgender Prüfungsaufbau:

- Zunächst stellen Sie fest, inwieweit die Anlage nach der BauNVO im jeweiligen Gebiet genehmigungsfähig ist. Eine **bauplanungsrechtliche Genehmigungsfähigkeit** ist ein wichtiges Indiz gegen eine Erheblichkeit.
- Anschließend prüfen Sie die **Einhaltung von Immissionsrichtwerten**, die uU im Aktenauszug abgedruckt sind. Bei deren Einhaltung greift der Anspruch auf Erlass geeigneter Lärmschutzmaßnahmen nicht durch. Nach hM können als normkonkretisierende Verwaltungsvorschriften und damit grds. bindende Regelungen auch TA (TA Luft/Lärm) heran-

567 Daher ist § 4 I 1 Nr. 3 GastG strenger als das BImSchG (»befürchten lassen«).
568 *Schmidt/Kahl/Gärditz* UmwR § 7 Rn. 158.
569 *Schmidt/Kahl/Gärditz* UmwR § 7 Rn. 160.
570 BVerwGE 55, 118 (122).
571 *Schmidt/Kahl/Gärditz* UmwR § 7 Rn. 150 ff.; hierzu im Einzelnen → Rn. 49.

gezogen werden. Orientierungshilfen sind auch DIN-Vorschriften und VDI-Richtlinien. Diese Grenzwerte sind hingegen bei der Rechtswidrigkeitsbewertung von Geräuscheinwirkungen, die von Kindertageseinrichtungen, Kinderspielplätzen und ähnlichen Einrichtungen ausgehen, nicht heranzuziehen (§ 22 Ia 2 BImSchG).

- Dürfen die Grenzwerte angewendet werden und sind diese überschritten, führt dies nicht ohne Weiteres zur **Unzumutbarkeit**. Dann sind die oben genannten Faktoren in die Bewertung einzubeziehen. Dies führt idR dazu, dass die außerordentliche soziale Bedeutung für den Kläger eine besondere Zumutbarkeitspflicht begründet. Hieran sollten Sie vor allem bei Musikschulen, liturgischem Glockengeläut oder öffentlich genutzten Freizeitanlagen denken.

### B. Gebietsbezogener Immissionsschutz

Vielfach sind Emissionen nur in ihrer Summe problematisch (zB Feinstaub; Lärm). Um hier einen effektiven Schutz zu gewährleisten, hat der Gesetzgeber in §§ 44–47 BImSchG neben planungsrechtlichen Instrumenten einen gebietsbezogenen Immissionsschutz normiert. Aus diesem Rechtsgebiet können Klausuraufgaben gestaltet werden, in denen unter anderem klassische Fragen des Verwaltungsrechts relevant werden. **198**

Die Ausgangslage ist in der Klausur möglicherweise die Folgende: Der Anwohner einer stark genutzten Straße begehrt – nach wiederholter Überschreitung der Grenzwerte gem. § 4 II der 39. BImSchV für Feinstaubpartikel – von der zuständigen Behörde den Erlass eines Luftreinhalteplans (§ 47 I BImSchG) bzw. eines Aktionsplans (§ 47 II BImSchG).[572]

**Übersicht: Rechtsschutz auf Erlass eines Aktionsplans (§ 47 II BImSchG):**

A. Zulässigkeit
   I. (P) Klageart: allg. Leistungsklage: Aktionsplan als internes Handlungskonzept
   II. Klagebefugnis (§ 42 II VwGO analog)
B. Begründetheit
   I. Tatbestand
      1. Überschreitung der Grenzwerte der 39. BImSchV
      2. Nichtvorliegen eines Aktionsplans
   II. Rechtsfolge
      1. Bei unionskonformer Auslegung des § 47 II BImSchG folgt aus Art. 7 III der RiLi 96/62/EG Pflicht zur Aufstellung eines Aktionsplans, daher Entschließungsermessen (–)
      2. Inhaltliches Ausgestaltungsermessen

## 2. Abschnitt. Abfallrecht

Nach der examensrelevantesten EGL des § 62 KrWG kann die zuständige Behörde die erforderlichen Anordnungen zur Durchführung des KrWG und der aufgrund dieses Gesetzes erlassenen Rechtsverordnungen treffen. **199**

**Übersicht: Behördliche Maßnahme nach der abfallrechtlichen Generalklausel**

I. EGL: § 62 KrWG, soweit keine spezielle Ermächtigung vorliegt
II. Formelle Rechtmäßigkeit (Zuständigkeit, Verfahren, Form)
III. Materielle Rechtmäßigkeit
   1. Tatbestand
      a) Verletzung einer abfallrechtlichen Pflicht
      b) Richtiger Adressat
         (P) Besitzbegriff
   2. Rechtsfolge
      a) Entschließungsermessen
      b) Auswahlermessen

572 Im Einzelnen hierzu *Schmidt/Kahl/Gärditz* UmwR § 7 Rn. 162, 168 ff.

Strukturell ist § 62 KrWG ähnlich wie andere umweltrechtliche Ermächtigungen aufgebaut (zB § 10 I 1 BBodSchG). Tatbestandlich verlangt die Norm einen Verstoß gegen eine abfallrechtliche Pflicht und die Verantwortlichkeit des Adressaten. Als Rechtsfolge räumt die Norm ein Auswahl- und Entschließungsermessen ein.

**Formell** gelten keine Besonderheiten. Die Zuständigkeit der Behörde ergibt sich oft aus dem Bearbeitervermerk.

**Materiell** setzt die Anordnung voraus, dass der Abfallerzeuger (§ 3 VIII KrWG) und/oder -besitzer (§ 3 IX KrWG) gegen eine abfallrechtliche Pflicht verstoßen hat. Innerhalb der abfallrechtlichen Pflichtverletzung werden Sie inzident den in § 3 I 1 KrWG legal definierten **Abfallbegriff** prüfen müssen. Abfälle sind danach Stoffe oder Gegenstände, derer sich ihr Besitzer entledigt, entledigen will oder entledigen muss. Infolge der Novellierung durch das KrWG erstreckt sich der Abfallbegriff auf alle **Stoffe und Gegenstände**, also grds. auch auf unbewegliche Sachen (wodurch der AbfRRL entsprochen wurde). Allerdings ist der Anwendungsbereich des KrWG gem. § 2 II Nr. 10 KrWG für dort näher definierte Böden wieder eingeschränkt, sodass das KrWG faktisch lediglich auf bewegliche Sachen Anwendung findet.[573]

Wesentlich für das Vorliegen von Abfall und die Anwendbarkeit des KrWG ist das Bestehen eines **Entledigungstatbestandes:**

**Übersicht: Entledigungstatbestände**

Stoffe und Gegenstände

| derer sich der Besitzer »entledigt« (§ 3 I Alt. 1 iVm § 3 II KrWG) | derer sich der Besitzer »entledigen will« (§ 3 I Alt. 2 iVm § 3 III KrWG) | derer, sich der Besitzer »entledigen muss« (§ 3 I Alt. 3 iVm § 3 IV KrWG) |
|---|---|---|

- Für den **subjektiven Abfallbegriff** (§ 3 II KrWG) ist kennzeichnend, dass der Besitzer sich der Stoffe oder Gegenstände zur Verwertung (Anlage 2), zur Beseitigung (Anlage 1) oder als Aufgabe der tatsächlichen Sachherrschaft entledigt. Das ist (wohl auch in der Klausur) der Standardfall. Wichtig ist, dass es hierbei nicht final darauf ankommt, sich des Abfalls zu entledigen; es reicht aus, wenn der Abfall zB bei der Herstellung von Produkten anfällt (als erfolglosen Vortrag des Abfallbesitzers merken!).
- Nach dem **objektivierten subjektiven Begriff** (§ 3 III KrWG) liegt Abfall vor, wenn sich der Besitzer der beweglichen Sache entledigen will. Dieser Begriff wird insofern objektiviert, als § 3 III 2 KrWG nicht nur nach dem individuellen Willen des Besitzers fragt, sondern der Entledigungswille objektiv nach der Verkehrsanschauung zu beurteilen ist. Gerade diese Objektivierung kann klausurrelevant werden, wenn der Besitzer bzgl. seines Entledigungswillens Schutzbehauptungen aufstellt. Durch die Objektivierung wird die Beweislast dann zugunsten der Behörde und zulasten des Besitzers umgekehrt.[574]
  - Ein Entledigungswille ist nach **§ 3 III 1 Nr. 1 KrWG** hinsichtlich solcher Stoffe und Gegenstände anzunehmen, die bei bestimmten Handlungen anfallen, ohne dass der Zweck der Handlung auf den Anfall der Sache gerichtet ist (Produktionsabfälle, wie zB abgehobelte Holzspäne als unbeabsichtigte oder unerwünschte Nebenfolge). Die Wendung »ohne dass der Zweck der jeweiligen Handlung hierauf gerichtet ist«, kann Probleme aufwerfen: Abfall liegt nämlich nicht vor, wenn der Zweck der Handlung auch auf die Entstehung eines bestimmten Rohstoffs gerichtet ist, die Erzeugung von »Koppel-« oder »Nebenprodukten« also vom Produktionszweck erfasst ist. Indiz für die Annahme eines Produkts ist etwa die Erfüllung von Produktstandards oder das Vorhandensein eines

573 BT-Drs. 216/11, 138 (Begründung zum Gesetzesentwurf der Bundesregierung).
574 *Schmidt/Kahl/Gärditz* UmwR § 11 Rn. 27.

Marktes. Die in § 3 III 1 Nr. 1 KrWG enthaltene Regelung wird für Nebenprodukte, die innerhalb eines Herstellungsverfahrens anfallen, durch den neu aufgenommenen § 4 KrWG ergänzt; nur die Abgrenzung von Nebenprodukten zu Abfällen, die außerhalb eines Herstellungsverfahrens anfallen, erfolgt weiterhin nach § 3 III KrWG.[575]

- Ein Entledigungswille wird nach **§ 3 III 1 Nr. 2 KrWG** auch vermutet, wenn die ursprüngliche Zweckbestimmung entfällt oder aufgegeben wird (die Sache wird für den Besitzer also zwecklos), ohne dass ein neuer Verwendungszweck unmittelbar an deren Stelle tritt (zB Landwirt nutzt vom Traktor abmontierte Reifen unmittelbar weiter, um sie zur Beschwerung von Plastikplanen auf Strohballen zu benutzen).

- Schließlich normiert § 3 IV KrWG einen **objektiven Abfallbegriff.** Relevant ist vor allem Zwangsabfall, dessen Gefährdungspotential nur durch eine ordnungsgemäße und schadlose Verwertung oder gemeinwohlverträgliche Beseitigung auszuschließen ist.

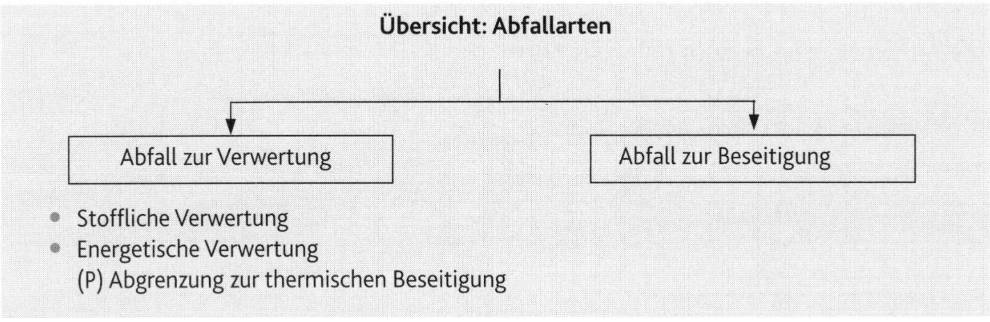


Neben verschiedenen Entledigungstatbeständen nimmt § 3 I 2 KrWG eine weitere Unterscheidung vor. Innerhalb vieler abfallrechtlicher Pflichten müssen Sie zwischen Abfällen **»zur Verwertung«** und solchen **»zur Beseitigung«** unterscheiden. So sind etwa die Anforderungen an die Entsorgung in den §§ 7 ff. KrWG unterschiedlich ausgestaltet:

- Abfälle zur Verwertung verbleiben in der Verantwortung des Abfallbesitzers oder -erzeugers;
- Abfälle zur Beseitigung unterliegen zumeist der Verantwortung der öffentlich-rechtlichen Entsorgungsträger (§ 17 KrWG).

In der Klausur stoßen Sie auf die erforderliche Abgrenzung zwischen diesen Fallgruppen vielfach wie folgt: Ein Adressat wendet sich gegen eine auf § 62 KrWG gestützte Verfügung, mit der eine abfallrechtliche Pflicht umgesetzt werden soll. Die im Aktenauszug problematisierte abfallrechtliche Pflicht erfordert allerdings – wie zB § 15 I KrWG – das Vorliegen von Abfall zur Beseitigung. Der Adressat der Verfügung trägt vor, der Abfall sei nicht zu beseitigen, er beabsichtige eine Verwertung. Bei der Abgrenzung zwischen Verwertung und Beseitigung ist eine wertende Betrachtung des Einzelfalles erforderlich.[576] Will der Betroffene verhindern, dass der Abfall zu beseitigen ist, muss er konkret darlegen, dass der Hauptzweck der Nutzung in einer zeitnahen stofflichen (§ 3 XXIII ff. KrWG) oder energetischen Verwertung liegt.

Nun prüfen Sie die Voraussetzung der jeweiligen abfallrechtlichen Pflicht:

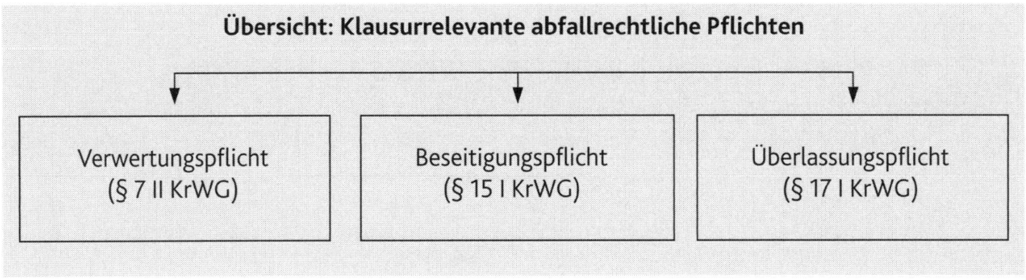


575 Redeker/Uechtritz/*Dippel* Teil 3 B Rn. 42.
576 *Schmidt/Kahl/Gärditz* UmwR § 11 Rn. 52 mwN.

Besonders bedeutsam ist die **Überlassungspflicht** gem. § 17 I KrWG zugunsten der durch Landesrecht bestimmten öffentlich-rechtlichen Entsorgungsträger.

- Sie gilt gem. § 17 I 1 KrWG für Abfall aus **privaten Haushalten**, der im Rahmen der üblichen Lebensführung entsteht, wenn er nicht auf dem Grundstück entsorgt werden kann oder verwertet werden soll.
- Abfall, der **nicht aus privaten Haushalten** stammt, ist nach § 17 I 2 KrWG zu überlassen, soweit er nicht in eigenen Anlagen beseitigt wird. Eine »eigene Anlage« liegt jedenfalls vor, wenn der Abfallerzeuger oder -besitzer zivilrechtlich zur Abfallbeseitigung befugt ist. Auf die öffentlich-rechtliche Betreibereigenschaft oder das (Allein-) Eigentum des Erzeugers oder Besitzers an der Anlage kommt es also nicht an.[577] Eine Befugnis zur Abfallbeseitigung in eigenen Anlagen besteht aber nicht, soweit die Überlassung der Abfälle an den öffentlich-rechtlichen Entsorgungsträger aufgrund überwiegender öffentlicher Interessen erforderlich ist (§ 17 I 3 KrWG).

Die Verfügung muss an einen **richtigen Adressaten** gerichtet werden.

**Übersicht: Adressaten**

- Abfallerzeuger (§ 3 VIII KrWG)
- Abfallbesitzer (§ 3 IX KrWG)

**Abfallbesitzer (§ 3 IX KrWG)** ist jede natürliche oder juristische Person mit einem Mindestmaß an tatsächlicher Sachherrschaft über den Abfall. Problematisch ist die sprachliche Nähe zum zivilrechtlichen Besitz. Nach hM kommt es allerdings grds. nicht auf den zivilrechtlichen Besitzwillen an (merken!). Dies wird vielfach in Aktenauszügen problematisiert, in denen sich eine Person gegen eine Verfügung mit der Begründung zur Wehr setzt, sie habe mit dem Abfall nichts zu tun. Ist das Grundstück, auf dem der Abfall (von Dritten) abgeworfen worden ist, abgegrenzt, ist der Grundstückseigentümer auch Abfallbesitzer und damit geeigneter Adressat. Nur wenn es sich um eine frei zugängliche Fläche handelt, lässt sich die Besitzereigenschaft verneinen. Ebenfalls problematisch ist die Abfallbesitzereigenschaft, wenn der Adressat einer Verfügung nur Mitbesitzer des Abfalls ist. Hier ist die Rspr. uneinheitlich. Teilweise wird trotz der Trennung vom zivilrechtlichen Besitz eine Annäherung an diese Kategorien befürwortet. Hiervon ausgehend können Sie die Besitzereigenschaft vielfach auch bei Mietverhältnissen bejahen.

## 3. Abschnitt. Bodenschutzrecht

**Übersicht: Rechtsgrundlagen im BBodSchG**

**Primärrechtliche Befugnisse der zuständigen Behörde (hierzu → Rn. 200 ff.)**

- Maßnahmen zur Sachverhaltsermittlung: § 9 I und II BBodSchG
- Duldungsverfügungen (zB Probeentnahmen, Betretung von Grundstücken): § 9 II 3 BBodSchG iVm LandesR
- Bodenschutzrechtliche Generalklausel (§ 10 I 1 BBodSchG) zur Umsetzung einer bodenschutzrechtlichen Pflicht
  - Allg. Vermeidungspflicht (§ 4 I BBodSchG)
  - Abwehrpflicht (§ 4 II BBodSchG)
  - Besonders klausurrelevant: Sanierungspflicht (§ 4 III BBodSchG)
  - Entsiegelungspflicht (§ 5 BBodSchG)

577 Im Einzelnen hierzu Redeker/Uechtritz/*Dippel* Teil 3 B Rn. 79 ff.

- Pflichten bei Auf- u. Einbringen von Materialien (§ 6 BBodSchG)
- Vorsorgepflicht (§ 7 BBodSchG)

ggf. zusätzlich bei Altlasten (§ 2 V BBodSchG):
- Sanierungsuntersuchung und Sanierungsplanung (§§ 13 ff. BBodSchG)
- Anordnung zur Durchführung von Eigenkontrollmaßnahmen (§ 15 II BBodSchG)
- Ergänzende Anordnung zur Altlastsanierung (§ 16 BBodSchG)

**Sekundärrechtliche Ansprüche (hierzu → Rn. 203 ff.)**

## A. Behördliche Ermächtigungsgrundlagen im BBodSchG

Eine hohe Prüfungsrelevanz hat neben den übrigen oben genannten Befugnissen insbes. die nachfolgend erörterte bodenschutzrechtliche Generalklausel (§ 10 I 1 BBodSchG). 200

### I. Maßnahmen aufgrund der bodenschutzrechtlichen Generalklausel

**Übersicht: Rechtmäßigkeit einer auf § 10 I 1 BBodSchG gestützten Verfügung**

I. EGL: Bodenschutzrechtliche Generalklausel (§ 10 I 1 BBodSchG)
II. Formelle Rechtmäßigkeit: Zuständigkeit (idR landesrechtlich zuständige untere Bodenschutzbehörde); Verfahren; Form
III. Materielle Rechtmäßigkeit
   1. Tatbestand
      a) Anwendbarkeit des BBodSchG
      b) Verletzung einer bodenschutzrechtlichen Pflicht, insbes. Sanierungspflicht (§ 4 III BBodSchG)
      c) Bodenschutzrechtliche Verantwortlichkeit
   2. Rechtsfolge: Ermessen
      a) Entschließungsermessen
      b) Auswahlermessen; insbes. personelles Auswahlermessen
      c) Verhältnismäßigkeit: § 10 I 4 BBodSchG (einfachgesetzliche Bestimmung der Verhältnismäßigkeit)

Nach **§ 10 I 1 BBodSchG** kann die zuständige Behörde die zur Erfüllung der Pflichten nach dem BBodSchG erforderlichen Maßnahmen anordnen. 201

**Formell** zuständig ist nach dem Landesrecht idR die untere Bodenschutzbehörde. Wegen der zT komplizierten landesrechtlichen Regelungen gibt der Bearbeitervermerk die Zuständigkeit der handelnden Behörde vielfach vor. Im Übrigen gelten in formeller Hinsicht (Verfahren, Form) keine Besonderheiten.

**Materiell** muss die Verfügung erforderlich sein, um die Einhaltung der Pflichten nach dem BBodSchG ggü. einem bodenrechtlich Verantwortlichen sicherzustellen.

Vorab ist die **Anwendbarkeit** des BBodSchG zu prüfen. Hier ergeben sich insbes. Konkurrenzprobleme zum Abfall-, Immissionsschutz- und Wasserrecht, die § 3 BBodSchG löst. Gegenüber den in § 3 I BBodSchG genannten Materien ist das BBodSchG nachrangig. Letzteres gelangt also nur zur Anwendung, soweit das andere Fachgesetz die Einwirkung auf den Boden nicht selbst regelt.

- Das **Verhältnis zum KrWG** regelt § 3 I Nr. 1 BBodSchG. Das eigentliche Abgrenzungsproblem regelt die Norm allerdings nicht: Den Anwendungsbereich des BBodSchG bei kontaminiertem Erdreich. Das KrWG erfasst faktisch nur bewegliche Stoffe und Gegenstände (vgl. § 2 II Nr. 10 KrWG). In den Anwendungsbereich des KrWG gelangt kontaminiertes Erdreich regelmäßig erst mit dem Ausbaggern (ex situ). Für verunreinigte Böden gelangt daher weiterhin das BBodSchG zur Anwendung.
- Das **Verhältnis zum BImSchG** regelt § 3 I Nr. 11, III BBodSchG. Soweit das BImSchG über die Regelungen hinsichtlich der Einrichtung und des Betriebs von Anlagen (insbes. §§ 5, 17, 22 BImSchG) Einwirkungen auf den Boden mitregelt, tritt das BBodSchG

zurück.[578] Das BBodSchG ist also nur anwendbar, soweit insbes. die vorstehenden EGL des BImSchG zum Schutz vor schädlichen Umwelteinwirkungen (§ 3 I BImSchG) die Einwirkung auf den Boden nicht regeln. Die Schnittstelle zum BImSchG definiert zudem § 3 III 1 BBodSchG: Immissionsbedingte schädliche Bodenveränderungen gelten danach als schädliche Umwelteinwirkungen iSd BImSchG; nicht immissionsbedingte schädliche Bodenveränderungen gelten als Beeinträchtigung iSd § 5 I BImSchG. Hieraus folgt: Das BBodSchG regelt materiell, inwieweit Bodenbelastungen Gefahren für den Boden begründen; das BImSchG bestimmt den Umfang der Anforderungen an die Anlagen bzgl. der Abwehr von und der Vorsorge vor schädlichen Umwelteinwirkungen.[579] Hieraus ergibt sich folgende Unterscheidung, die Sie sich unbedingt merken sollten:

- Bei **genehmigungsbedürftigen Anlagen** iSd BImSchG wird der Schutz vor schädlichen Bodenveränderungen durch Immissionen und die Abwehr von sonstigen Gefahren für den Boden durch § 5 I Nr. 1 und 2 bzw. III Nr. 1 BImSchG iVm § 3 III 1 BBodSchG erfasst. Abwehr und Vorsorge vor schädlichen Bodenveränderungen werden damit über §§ 6 I Nr. 1, 5 I BImSchG sowie über § 17 BImSchG umfassend geregelt; das BBodSchG ist insoweit nicht anwendbar. Nach Betriebseinstellung gilt wieder die Parallelität von BBodSchG und BImSchG (vgl. § 3 I Nr. 11 BBodSchG »Errichtung und Betrieb«).
- Bei **nicht genehmigungsbedürftigen Anlagen** regelt § 22 BImSchG nur die Abwehr schädlicher Umwelteinwirkungen und damit nur immissionsbedingte schädliche Bodenveränderungen (§ 3 III 1 BBodSchG). Andere schädliche Bodenveränderungen unterfallen weiterhin dem BBodSchG.

- Problematisch ist auch das nicht ausdrücklich in § 3 BBodSchG geregelte Verhältnis zum **Wasserrecht**. Allerdings erfasst das BBodSchG ausdrücklich die Verunreinigung von Gewässern, sodass zu einem Schutz vor solchen Gefahren auch das BBodSchG herangezogen werden kann, wenn die Gewässergefährdung durch schädliche Bodenveränderungen verursacht wird (vgl. §§ 1 S. 2, 4 III 1 BBodSchG). Dann kann eine Sanierungsanordnung auf das BBodSchG gestützt werden, das bzgl. des »Ob« der Gewässersanierung als lex specialis das Wasserrecht verdrängt. Die inhaltliche Ausgestaltung der Sanierung erfolgt demgegenüber nach dem Wasserrecht.[580] Wenn allerdings das Gewässer anders als durch Bodenkontaminationen gefährdet wird, bleibt das Wasserrecht anwendbar. In letzterem Fall greift die wasserrechtliche Generalklausel.[581]

Materiell verlangt eine auf § 10 I 1 BBodSchG gestützte Anordnung die **Verletzung einer bodenschutzrechtlichen Pflicht**. Diese Pflichten sind in § 4 BBodSchG normiert. Besonders klausurrelevant ist die **Sanierungspflicht gem. § 4 III BBodSchG**. Die bodenrechtlichen Pflichten knüpfen an die in § 2 III BBodSchG legal definierte **»schädliche Bodenveränderung«** an. Dieser Leitbegriff ist in der Klausur in aller Regel vertieft zu erörtern. Danach sind schädliche Bodenveränderungen

- Beeinträchtigungen der (in § 2 II BBodSchG abschließend normierten) Bodenfunktionen,
- die geeignet sind, Gefahren, erhebliche Nachteile oder erhebliche Belästigungen für den Einzelnen oder die Allgemeinheit herbeizuführen.

Zunächst erörtern Sie, ob der Boden in seinen in § 2 II BBodSchG abschließend definierten Funktionen beeinträchtigt wird. Besonders relevant ist die natürliche Funktion als Grundwasserspeicher (§ 2 II Nr. 1c BBodSchG). Anschließend klären Sie, ob diese Beeinträchtigung kausal geeignet ist, die in § 2 III BBodSchG benannten Negativeffekte herbeizuführen. Hierzu gehören Gefahren, erhebliche Nachteile oder Belästigungen für den Einzelnen oder die Allgemeinheit. Diese Begriffe legen Sie wie bei § 3 I BImSchG aus. Ebenso sind wie im Immissionsschutzrecht Zumutbarkeitsgesichtspunkte zu beachten. Allerdings bietet das BBodSchG bei der Bewertung, ob eine »schädliche« Bodenveränderung vorliegt, eine Konkretisierung: Bei Nichteinhaltung sog. Prüfwerte (§ 8 I 2 Nr. 1 BBodSchG) ist die Erheblichkeitsschwelle überschritten. Falls Sie im Aktenauszug oder im Bearbeitervermerk Hinweise zu »Maßnahmewerten« nach § 8 I 2 Nr. 2 BBodSchG iVm Anhang 2 zur BBodSchV finden,

578 *Schmidt/Kahl/Gärditz* UmwR § 9 Rn. 15.
579 *Schmidt/Kahl/Gärditz* UmwR § 9 Rn. 17.
580 *Schmidt/Kahl/Gärditz* UmwR § 9 Rn. 18.
581 ZB §§ 116 ff. NRWWasserG.

merken Sie sich, dass diese Werte widerspiegeln, wann »in der Regel« von einer schädlichen Bodenveränderung auszugehen ist.

Besonders klausurrelevant ist die **Sanierungspflicht gem. § 4 III BBodSchG**. Sie trifft den Verantwortlichen, wenn sich die Gefahr bereits realisiert hat, also eine schädliche Bodenveränderung gem. § 2 III BBodSchG oder Altlast gem. § 2 V BBodSchG vorliegt.

Der **Kreis der Sanierungspflichtigen** ist abschließend in § 4 III und VI BBodSchG festgelegt. Ist danach eine Inanspruchnahme nicht möglich, scheidet der Verweis auf die allgemeine gefahrenabwehrrechtliche Verantwortung (zB als Notstandspflichtiger) aus. Als Sanierungsverantwortliche kommen folgende Personen in Betracht:

- Der **Verursacher der schädlichen Bodenveränderung**, also diejenige Person, die die letzte Handlung vor Eintritt der Gefahr vorgenommen hat. Die aus dem allgemeinen Gefahrenabwehrrecht bekannte Theorie der unmittelbaren Verursachung gilt auch hier. Wie auch dort, können Sie hier nicht nur an ein positives Tun anknüpfen, sondern auch an ein pflichtwidriges Unterlassen, etwa von gebotenen Wartungsmaßnahmen an Öltanks.[582] Bitte merken Sie sich in diesem Zusammenhang folgende Entscheidung: Ein Heizölanlieferer ist kein Verursacher einer schädlichen Bodenveränderung, wenn ein von ihm ordnungsgemäß befüllter Öltank einen Tag nach dem Befüllen umkippt und ausläuft. Dies gilt jedenfalls dann, wenn in der Rechtsordnung (WHG) aufgestellte (und inzident zu prüfende) Handlungspflichten nicht verletzt werden und sich die Gefahr damit als Folge sozialadäquaten Verhaltens darstellt.[583]
- Der **Gesamtrechtsnachfolger des Verursachers** ist ebenfalls sanierungspflichtig. Relevant ist die gesellschaftsrechtliche Fusion (zB infolge gesellschaftsrechtlicher Verschmelzung, § 20 I Nr. 1 UmwG) und die Erbfolge (§ 1922 BGB). Bitte vergessen Sie nicht, neben dem Vorliegen einer Gesamtrechtsnachfolge auch zu prüfen, ob der Rechtsvorgänger seinerseits Handlungsstörer gewesen ist.
- Der **Grundstückseigentümer** ist sanierungspflichtig, wenn er im Grundbuch eingetragen ist.[584] Ob seine Kostenpflicht der Höhe nach zu beschränken ist, ist eine Frage der Rechtsfolgenseite. Eine solche Beschränkung wird im Hinblick auf Art. 14 I GG in Höhe des Verkehrswertes des sanierten Grundstücks befürwortet.[585]
- Der **frühere Grundstückseigentümer** ist nach Maßgabe des § 4 VI BBodSchG sanierungspflichtig. Der frühere Eigentümer, der sein Eigentum nach dem 1.3.1999 (Inkrafttreten des BBodSchG) übertragen hat und dabei die Grundstücksbelastung kannte oder kennen musste, bleibt sanierungspflichtig, es sei denn, er vertraute beim Grundstückserwerb in schutzwürdiger Weise auf die Belastungsfreiheit des Grundstücks. Die von der Literatur[586] geäußerten verfassungsrechtlichen Bedenken gegen diese »Ewigkeitshaftung« hat die Rspr. bisher nicht aufgegriffen.
- Als **Inhaber der tatsächlichen Gewalt** über das Grundstück sind insbes. der Mieter und Pächter, daneben wegen § 148 I InsO aber auch der Insolvenzverwalter sanierungspflichtig. Das BVerwG hatte kürzlich zu entscheiden, ob sich ein Insolvenzverwalter, für den die Sanierungspflicht gem. § 4 III 1 BBodSchG eine Masseverbindlichkeit (§ 55 I Nr. 1 InsO) darstellt, durch Freigabe des Grundstücks der Sanierungspflicht entziehen kann. Dies hat das BVerwG bejaht.[587] Insbes. liege in der Freigabe kein Verstoß gegen § 138 BGB. Im Fall einer solchen Freigabe kommt auch eine Inanspruchnahme analog § 4 III 4 BBodSchG nicht in Betracht.
- Weitere Sanierungspflichtige benennt § 4 III 4 BBodSchG. Hierzu gehören zunächst natürliche oder juristische **Personen, die aus handelsrechtlichem oder gesellschaftsrechtlichem Rechtsgrund für eine juristische Person einzustehen haben**, der ein belastetes

582 Ein »pflichtwidriges« Unterlassen kann allerdings verneint werden, wenn ein vom Vormundschaftsgericht bestellter Betreuer, der für »Vermögensangelegenheiten« eingesetzt ist, eine Kontrolle von Öltanks unterlässt. So weit reicht die Vermögensbetreuungspflicht (§§ 1802 ff. BGB) wohl nicht.

583 OVG Koblenz NVwZ-RR 2009, 280 (281).

584 *Schmidt/Kahl/Gärditz* UmwR § 9 Rn. 26 mwN.

585 Im Einzelnen hierzu → Rn. 84.

586 *Dombert* NJW 2001, 927 ff; *Müggenborg* NVwZ 2000, 50 ff.

587 BVerwGE 122, 75 (76).

Grundstück gehört. Diese Regelung hat der Gesetzgeber vor allem geschaffen, um zu vermeiden, dass durch eine Grundstücksübertragung auf eine unterkapitalisierte Kapitalgesellschaft eine Sanierung verhindert wird. Als handelsrechtlicher Rechtsgrund kommt vor allem die Firmenfortführung nach §§ 25, 28 HGB in Betracht.

- Nach § 4 III 4 aE BBodSchG ist außerdem der **Derelinquent** sanierungspflichtig. Dieser kann sich also nicht durch Eigentumsaufgabe (§ 928 BGB) seiner Sanierungspflicht entziehen. Beachten Sie, dass dessen Inanspruchnahme aber davon abhängig ist, dass die Eigentumsaufgabe nach dem 1.3.1999, also nach dem Inkrafttreten des BBodSchG erfolgt ist.

**Klausurhinweis:** In Aktenauszügen treten vielfach verschiedene Personen im Wege einer subjektiven Klagehäufung (§ 64 VwGO) auf. Die Verbindung dieser Klagen ist idR unproblematisch und nicht vertieft zu problematisieren.

Die Norm sieht auf **Rechtsfolgenebene** Ermessen (»kann«) vor. Hierbei darf die Behörde zunächst den Rahmen der Sanierungspflichten des § 2 VII BBodSchG nicht überschreiten. Dieser erfasst Maßnahmen zur

- Dekontaminierung (Schadstoffbeseitigung und -verminderung [§ 2 VII Nr. 1 BBodSchG iVm § 5 I, II BodSchV]),
- Verminderung oder Verhinderung der Schadstoffausbreitung (§ 2 VII Nr. 2 BBodSchG iVm § 5 III, IV BBodSchV) und zur
- Beseitigung und Verminderung schädlicher Veränderungen der Bodenbeschaffenheit (§ 2 VII Nr. 3 BBodSchG).

Innerhalb des **Entschließungsermessens** kann das aus dem Bauordnungsrecht bekannte Problem der **Verwirkung** behördlicher Eingriffsbefugnisse auftreten: Ein Recht ist verwirkt, wenn seit der Möglichkeit der Geltendmachung ein längerer Zeitraum verstrichen ist und sich die spätere Geltendmachung aufgrund besonderer Umstände als Verstoß gegen Treu und Glauben (Rechtsgedanke des § 242 BGB) darstellt. Aus dem öffentlichen Bau(ordnungs)recht wissen Sie aber, dass die Rspr. aufgrund der öffentlichen Gefahrenabwehrpflicht eine Verwirkung der Eingriffsbefugnisse idR verneint. Dies ist im BBodSchG nicht anders.[588]

Zur Vermeidung einer »Ewigkeitshaftung« wird teilweise eine **Verjährung** des Gefahrenbeseitigungsanspruchs analog § 195 BGB aF erwogen.[589] Die Rspr. hat diesen Gedanken mangels planwidriger Regelungslücke verneint: Das Problem der langfristigen Haftung sei bekannt. Regelungen zur Verjährung habe der Gesetzgeber aber nur bzgl. des störerinternen Ausgleichsanspruchs (§ 24 II 3–5 BBodSchG) getroffen. Im Übrigen wolle der Gesetzgeber eine Verjährung offenbar nicht regeln. Sprechen Sie dieses Problem nur an, wenn es im Aktenauszug aufgeworfen wird.

§ 4 III BBodSchG benennt eine Reihe von Verantwortlichen. Ob aus der Reihenfolge dieser Nennung zugleich auch eine Rangfolge der Verpflichtung (im Sinne eines personellen **Auswahlermessens**kriteriums) vorgegeben wird, ist umstritten. Die Gesetzesbegründung deutet dies zwar an, einen Niederschlag hat dieser Ansatz im Wortlaut des § 4 III BBodSchG allerdings nicht gefunden. Es überzeugt ohnehin, die Auswahlentscheidung – wie auch sonst – danach auszurichten, wessen Inanspruchnahme die Gefahr am effektivsten beseitigt. In dieser Zielsetzung ist es auch nicht ermessensfehlerhaft, sich an der persönlichen und finanziellen Leistungsfähigkeit zu orientieren.[590] Evtl. unbillige Lastenverteilungen können auf sekundärrechtlicher Ebene nach § 24 II BBodSchG ausgeglichen werden.

Zuweilen beruft sich der Verfügungsadressat darauf, in der Vergangenheit eine Genehmigung (die ggf. auch im Aktenauszug abgedruckt ist) erhalten zu haben. Dann müssen Sie erörtern, ob die Anordnung aufgrund einer evtl. **Legalisierungswirkung** der zuvor erteilten Genehmigung ermessensfehlerhaft ist. Achten Sie darauf, dass der Genehmigung nur im Rahmen des durchgeführten Prüfungsprogramms Legalisierungswirkung zukommt. Diese Wirkung entfällt außerdem, wenn die zuvor erteilte Genehmigung vollziehbar aufgehoben worden ist.

588 BVerwG NVwZ 2008, 684 (685).
589 ZB *Ossenbühl* NVwZ 1995, 547 (549).
590 *Schmidt/Kahl/Gärditz* UmwR § 9 Rn. 30 mwN.

Im Rahmen der personellen Auswahlentscheidung kann im Aktenauszug problematisiert werden, ob die Haftung eines sanierungsverantwortlichen Gesamtrechtsnachfolgers gegen das verfassungsrechtliche **Rückwirkungsverbot** verstößt. Ein dahingehendes Vorbringen eines Adressaten einer Sanierungsanordnung geht idR ins Leere. Nach Auffassung des BVerwG handelt es sich um eine verfassungsrechtlich unbedenkliche unechte Rückwirkung (tatbestandliche Rückanknüpfung), da ein Vertrauen des Pflichtigen in den Fortbestand der vor dem 1.3.1999 (Inkrafttreten des BBodSchG) geltenden Rechtslage nicht geschützt sei.[591] Letztlich liegt nach dem BVerwG schon keine Rückwirkung der Sanierungspflicht vor, da der Verursacher schon zuvor (etwa nach dem allgemeinen POR) hätte in Anspruch genommen werden können. Insoweit habe § 4 III BBodSchG die ohnehin geltende Rechtslage nur fortgeschrieben.[592] Der Rechtsnachfolge steht auch der Grundsatz, wonach höchstpersönliche Rechte nicht übergangsfähig sind, nicht im Wege. Die Verpflichtung, Stoffe nur so lange zu lagern, dass eine schädliche Verunreinigung des Grundwassers nicht entstehen kann, ist nämlich durch den sachlichen Bezug der Pflicht zum Schutz des Grundwassers gekennzeichnet, sodass es an einer Höchstpersönlichkeit fehlt.[593]

In der Verhältnismäßigkeitsprüfung (vgl. **§ 10 I 4 BBodSchG**) kann sich die Frage stellen, ob die Belastung durch die Sanierungsanordnung den Rahmen der Angemessenheit überschreitet. Die Vorschriften über die Zustandsverantwortlichkeit stellen eine an Art. 14 I, II GG zu messende Inhalts- und Schrankenbestimmung (Art. 14 I 2 GG) dar. Die Zustandsverantwortung beruht auf der Überlegung, dass der Eigentümer als Kehrseite der privatnützigen Eigentumsvorteile auch die aus der Sache folgenden Lasten und Risiken zu tragen hat. Wegen der Sozialbindung des Eigentums ist die Zustandsverantwortung zwar grds. zulässig, sie kann aber zugleich den Rahmen der Sanierungspflicht begrenzen. Daher ist in der Verhältnismäßigkeitsprüfung die Belastung für den Eigentümer mit dem Gemeinwohlinteresse abzuwägen. Anhaltspunkt für die Grenze der zumutbaren Kostenbelastung ist der Verkehrswert des Grundstücks nach der Sanierung. Ausnahmsweise kann eine höhere Kostenbelastung zumutbar sein, wenn das Grundstück im Wissen um die Altlasten erworben oder eine risikoreiche Nutzung des Grundstücks zugelassen wurde. Zudem kann eine den Verkehrswert überschreitende Belastung verhältnismäßig sein, wenn der Betroffene vor den Risiken fahrlässig die Augen verschlossen oder Vorteile aus dem Risiko (zB niedriger Kaufpreis wegen Vorbelastung) erzielt hat.[594]

## II. Sonstige Ermächtigungsgrundlagen im BBodSchG

Neben § 10 I 1 BBodSchG sind im BBodSchG Ermächtigungsgrundlagen zur Gefahrerforschung vorgesehen. 202

- Nach **§ 9 I 1 BBodSchG** soll die Behörde zur Ermittlung des Sachverhalts geeignete Maßnahmen ergreifen, wenn Anhaltspunkte (Anfangsverdacht) für eine schädliche Bodenveränderung oder eine Altlast vorliegen. Diese primär behördliche Amtsermittlungspflicht ist weniger examensrelevant.
- Klausurrelevanter ist **§ 9 II BBodSchG**, wonach die zuständige Behörde bei Vorliegen eines hinreichenden Verdachts einer schädlichen Bodenveränderung oder Altlast (also höhere Verdachtsstufe als bei § 9 I BBodSchG) einen Verantwortlichen (§ 4 III, V und VI BBodSchG) verpflichten kann, die notwendigen Maßnahmen zur Gefahrenabschätzung selbst vorzunehmen. Vielfach ist die Pflicht nach § 9 II BBodSchG inzident im Rahmen eines auf § 24 I 1 BBodSchG gestützten Kostenbescheides zu prüfen. Materiell ist insbes. Folgendes zu bedenken: Zulässig sind auf konkrete Anhaltspunkte gestützte Anordnungen, mit denen das Vorliegen und das Ausmaß der schädlichen Bodenveränderung ermittelt und damit die Sanierungspflicht als solche geprüft wird. Nicht erfasst sind Anordnungen, mit denen die Behörde feststellen lassen möchte, welche Maßnahmen zur Sanierung ergriffen werden sollen (das »Wie« der Sanierung).[595]

591 BVerwG NVwZ 2006, 928 (929).
592 *Durner* JA 2006, 910 (911).
593 BVerwG NVwZ 2006, 928 (931).
594 *Schmidt/Kahl/Gärditz* UmwR § 9 Rn. 55.
595 OVG Berlin NVwZ 2001, 582 (583 f.).

## B. Sekundärrechtliche Ansprüche

203 Unter A. wurden primärrechtliche Ermächtigungsgrundlagen aus dem BBodSchG dargestellt. Außerdem werden Aktenauszüge herausgegeben, in denen die Rechtmäßigkeit einer bodenschutzrechtlichen Maßnahme inzident im Rahmen der Kostenheranziehung zu prüfen ist.

**Übersicht: Sekundärrechtliche Ansprüche nach dem BBodSchG**

- Kostenerstattung im Verhältnis Behörde – Verpflichteter (§ 24 I BBodSchG)
  - abschließende (str.) Kostentragungspflicht des Verpflichteten ggü. Behörde (§ 24 I 1 BBodSchG)
    (P) Begrenzung der Kostenpflicht in »Opferkonstellationen«
  - öffentlich-rechtlicher Erstattungsanspruch des nach § 9 II BBodSchG Herangezogenen ggü. öffentl. Hand (§ 24 I 2 BBodSchG)
  - Sonderregelung für Kostentragung bei behördlicher Sanierungsplanung (§ 24 I 3 BBodSchG)
- Innenausgleich zwischen mehreren Verpflichteten (§ 24 II BBodSchG) im ordentlichen Rechtsweg (§ 24 II 6 BBodSchG)
  (P) »Heranziehung« bei eigeninitiativ getroffenen Maßnahmen
- Wertausgleich gem. § 25 BBodSchG

Sekundärrechtlich ist vor allem die Kostenpflicht für Untersuchungs- und Sanierungsmaßnahmen relevant. **§ 24 I 1 BBodSchG** regelt als bundesgesetzlich abschließende Spezialregelung die Kostenpflicht für behördliche Anordnungen nach den §§ 9 ff. BBodSchG und ermächtigt zugleich zur Kostenfestsetzung durch Verwaltungsakt (VA-Befugnis). Inzident sind die Voraussetzungen einer Maßnahme gem. §§ 9 ff. BBodSchG zu prüfen. Erfolgt die Gefahrabwehrmaßnahme ohne vorausgehende behördliche Anordnung (zB Aushub von Boden im Wege des Sofortvollzugs), neigt die Rspr. dazu, den Kostenerstattungsanspruch nach dem vollstreckungsrechtlichen Kostenrecht zu prüfen.[596] Dieser Auffassung folgend ist die Rechtmäßigkeit einer hypothetischen Grundverfügung zu untersuchen.

Kostenpflichtig ist der bodenrechtlich Verantwortliche (insbes. der Verursacher der schädlichen Bodenveränderung). Eine Kostenpflicht tritt ausnahmsweise nur dann nicht ein, wenn sich der Verdacht nicht bestätigt und der Herangezogene die den Verdacht begründenden Umstände nicht zu vertreten hat (§ 24 I 2 BBodSchG). IRd personellen Auswahlentscheidung darf auch berücksichtigt werden, dass bei mehreren Verpflichteten ggf. ein Ausgleichsanspruch gem. § 24 II BBodSchG besteht.

**Klausurhinweis:** Auch bei anwaltlichen Beratungen kann der im ordentlichen Rechtsweg (§ 24 II 6 BBodSchG) zu verfolgende Ausgleichsanspruch gem. § 24 II BBodSchG eine Rolle spielen. Bei diesem war bislang umstritten, ob derjenige, der freiwillig eine sachverständige Bodenuntersuchung veranlasst hat, gem. § 24 II BBodSchG Ausgleich beanspruchen kann. Auch wenn die Norm von »Heranziehung« spricht, hat das BVerwG festgestellt, dass die Freiwilligkeit der Gutachtenbeschaffung dem Anspruch nicht entgegensteht.[597] Dieser Auffassung hat sich jüngst der BGH angeschlossen.[598]

## 4. Abschnitt. Wasserrecht

204 Im Wasserrecht müssen Sie folgende Regelungsmaterien unterscheiden:

- Das **Wasserwirtschaftsrecht** regelt die Inanspruchnahme des Wassers, also zB die Gewässerbenutzung und -reinhaltung sowie die Abwasserbeseitigung. Die Vorschriften hierzu finden sich vorrangig im WHG und den Landeswassergesetzen. Klausurrelevant sind vor allem die Abgrenzung zwischen erlaubnis- bzw. bewilligungspflichtigem und erlaubnis-

596 VG Aachen Urt. v. 8.5.2008 – 6 K 101/08; aA *Frenz* § 10 Rn. 12, wonach das Merkmal »angeordnete Maßnahmen« in erster Linie der Unterscheidung zu freiwilligen Maßnahmen dient, für die § 24 I 1 BBodSchG keine Entscheidung trifft.

597 BVerwGE 123, 7.

598 BGH NVwZ 2009, 734.

bzw. bewilligungsfreiem Gewässergebrauch sowie behördliche Maßnahmen zum Gewässerschutz.[599]

- Das **Wasserwegerecht** ist in erster Linie im WasserstraßenG (Sartorius Nr. 971) geregelt, aber kaum examensrelevant, sodass auf eine Darstellung verzichtet wird. Diese Regelungsmaterie befasst sich unter anderem mit der Nutzung von Oberflächengewässern, soweit sie dem Schiffsverkehr dienen.[600]

## A. Rechtsschutz gegen die Versagung einer Gestattung

Gewässerbenutzungen iSv § 9 WHG bedürfen der vorherigen Gestattung, soweit nicht durch das WHG oder aufgrund des WHG erlassener Vorschriften etwas anderes bestimmt ist (§ 8 I WHG). In der Klausur kann zunächst nach einem Anspruch auf Erteilung einer wasserrechtlichen Gestattung gefragt sein. Für das auf die Erteilung einer wasserrechtlichen Gestattung gerichtete Begehren ist die **Verpflichtungsklage** (§ 42 I Var. 2 VwGO) statthaft. Wendet sich der Adressat einer Gestattung nur gegen eine der Gestattung beigefügte Nebenbestimmung (insbes. Auflage), kommt eine isolierte Anfechtung der Nebenbestimmung in Betracht. Die Rspr. hält eine **isolierte Anfechtungsklage** (§ 42 I Var. 1 VwGO) für zulässig, soweit die Nebenbestimmung von der Hauptregelung prozessual teilbar ist. Diese prozessuale (logische) Teilbarkeit fehlt, wenn die Bestimmung die Reichweite der Gestattung lediglich inhaltlich konkretisiert (sog. Inhaltsbestimmung; modifizierte Auflage). Benutzungsbedingungen iSd § 10 I WHG stellen idR solche nicht isoliert anfechtbaren Regelungen dar.[601] Wird hingegen die Gestattung wegen eines Verstoßes gegen eine Bewirtschaftungsbedingung von der Behörde aufgehoben, ist hiergegen eine Anfechtungsklage statthaft. 205

Die **Klagebefugnis** kann gem. § 42 II VwGO (»soweit gesetzlich nichts anderes bestimmt ist«) auch zugunsten von anerkannten Naturschutzverbänden bestehen. Im Übrigen vermittelt das wasserrechtliche Rücksichtnahmegebot zumindest einen Anspruch auf eine ermessensfehlerfreie Entscheidung über die Erteilung einer wasserrechtlichen Erlaubnis.[602]

**Übersicht: Anspruch auf Erteilung einer wasserrechtlichen Gestattung**

I. AGL: § 12 WHG
II. Gestattungsbedürftigkeit
  1. Gewässer (§ 2 WHG)
  2. Benutzungstatbestand (§ 9 WHG)
  3. Keine Ausnahme, insbes.
    a) Gemeingebrauch nach Maßgabe des Landeswasserrechts (§ 25 S. 1 WHG)
    b) Anlieger- und Gemeingebrauch (§ 26 WHG)
III. Gestattungsfähigkeit
  1. Kein zwingender Versagungsgrund (§ 12 I WHG)
  2. Ggf. besondere Erteilungsvoraussetzungen für bestimmte Gestattung (§ 14 WHG)
IV. Rechtsfolge: Ermessen (§ 12 II WHG)

Im Rahmen der **Gestattungsbedürftigkeit** prüfen Sie zunächst anhand der §§ 2 I, 3 WHG, ob ein »Gewässer« iSd WHG vorliegt. Bedeutsam sind insbes. oberirdische Gewässer (§§ 2 I 1 Nr. 1, 3 Nr. 1 WHG) und das Grundwasser (§§ 2 I 1 Nr. 3, 3 Nr. 3 WHG). Ausnahmen können landesrechtlich aus § 2 II WHG folgen (zB für Be- und Entwässerungsgräben).

Anschließend ist idR zu erörtern, ob die angestrebte Handlung einen gestattungspflichtigen **Benutzungstatbestand** darstellt. Insoweit ist zwischen *echter Benutzung* (§ 9 I WHG) und *unechter*, also gegenüber § 9 I WHG subsidiärer Benutzung (§ 9 II WHG) zu unterscheiden. Beachten Sie aber, dass der Gewässerausbau (§ 67 WHG) keine Benutzung mehr darstellt. Er bedarf keiner Gestattung, sondern einer Planfeststellung (§ 68 WHG).

599 Auf die Darstellung wasserrechtlicher Planfeststellungsverfahren, die – soweit ersichtlich – bisher nur in Bayern geprüft wurden, wird in diesem Skript verzichtet.
600 Leuze-Mohr/*v. Komorowski* ÖffR 293.
601 Leuze-Mohr/*v. Komorowski* ÖffR 310.
602 Leuze-Mohr/*v. Komorowski* ÖffR 310.

Für oberirdische Gewässer (§§ 2 I 1 Nr. 1, 3 Nr. 1 WHG) sind in den §§ 25 ff. WHG Ausnahmen normiert, die eine Gestattungsfreiheit auslösen.

- § 25 S. 1 WHG (lesen!) regelt die gestattungsfreie Benutzung im Rahmen des landesrechtlich zulässigen **Gemeingebrauchs**, soweit Befugnisse oder der Eigentümer- oder Anliegergebrauch anderer nicht beeinträchtigt werden. Sie müssen dann inzident die Voraussetzungen des landesrechtlich geregelten Gemeingebrauchs erörtern. Hierzu gehört vielfach zB das Baden, Waschen und das Befahren mit kleinen Fahrzeugen ohne eigene Triebkraft. Anschließend prüfen Sie die Beeinträchtigung der Befugnisse anderer oder eine Beeinträchtigung des Eigentümer- oder Anliegergebrauchs (§ 26 WHG).
- Die Gestattungsfreiheit für den **Eigentümer- und Anliegergebrauch** folgt aus § 26 WHG. Wer Eigentümer des Gewässers (vgl. § 26 I 1 WHG) ist, ergibt sich je nach Art des Gewässers aus § 4 WHG (ggf. iVm Landesrecht; § 4 V WHG).

Gestattungsfähig ist die Gewässerbenutzung nur, wenn **kein Versagungsgrund** des § 12 I WHG vorliegt. Der zentrale Begriff der schädlichen Gewässerveränderungen ist nach § 3 Nr. 10 WHG auszulegen. Inwieweit Nebenbestimmungen diese Veränderungen vermeiden oder ausgleichen können, ist nach § 13 WHG zu beurteilen. Für bestimmte Gestattungen sind ggf. **besondere Erteilungsvoraussetzungen** zu prüfen (vgl. § 14 WHG).

Auf der **Rechtsfolgenseite** steht der Behörde gem. § 12 II WHG ein umfassendes Bewirtschaftungsermessen zu. Damit besteht nur ein Anspruch auf eine fehlerfreie Ermessensausübung.[603] Folgende Kriterien sind dabei maßgeblich:

- Gewässerbezogene Planung (die wasserwirtschaftliche Vorsorge und Ressourcenpflege): Einschränkungen können sich zB aus einem Maßnahmenprogramm (§ 82 WHG) oder Bewirtschaftungsplan (§ 83 WHG) ergeben.
- Gesamtsituation des Wasserhaushalts: Eine Gestattung schafft einen Präzedenzfall für wassergefährdende Nutzungen.
- Gefährdung eines eingerichteten und ausgeübten Gewerbebetriebs: Das Erteilungsermessen kann auf Null reduziert sein.
- Selbstbindung der Verwaltung iVm Art. 3 I GG: Hat die Behörde in gleichgelagerten Fällen und bei gleichgebliebener wasserwirtschaftlicher Situation die beantragte Gestattung erteilt, kann das Ermessen ebenso auf Null reduziert sein.[604]

Die Gestattung kann entweder als widerrufliche **Erlaubnis** (§ 10 I Var. 1 WHG) oder als Bewilligung (§ 10 I Var. 2 WHG) erteilt werden. Im Gegensatz zur Erlaubnis kann die Bewilligung nur unter eingeschränkten Voraussetzungen widerrufen werden (§ 18 II WHG). Bei im öffentlichen Interesse liegenden Benutzungen kommt zudem eine **»gehobene Erlaubnis«** (§ 15 WHG) in Betracht.

Die Gestattungsart entscheidet nicht nur über die Rechtsstellung des Inhabers. Gerade auch im Nachbarschutz wirkt sich die Unterscheidung aus: Neben der gehobenen Erlaubnis (vgl. § 16 I WHG) beschränkt grds. nur eine unanfechtbare Bewilligung privatrechtliche Abwehransprüche (§ 16 II WHG).

206 **Klausurhinweis:** Ebenso wie im Bau- oder Immissionsschutzrecht können im Aktenauszug Fragen des wasserrechtlichen Nachbarschutzes problematisiert werden.

> **Beispiel:** Der Nachbar wendet sich gegen die dem beigeladenen Dritten erteilte wasserrechtliche Gestattung, einem oberirdischen Gewässer Wasser, zB zum Betrieb eines Fischteichs, zu entnehmen.

Zulässigkeitsprobleme bei der statthaften Drittanfechtungsklage (§ 42 I VwGO) ergeben sich insbes. bei der Klagebefugnis, die – insoweit gelten zunächst keine Besonderheiten – nur bei einer möglichen Verletzung einer drittschützenden Norm zu bejahen ist (§ 42 II VwGO). Unmittelbaren Drittschutz vermitteln zunächst § 14 III, IV WHG. Daneben hat das BVerwG unabhängig von der Art

603 *Schmidt/Kahl/Gärditz* UmwR § 8 Rn. 73 f.
604 *Schmidt/Kahl/Gärditz* UmwR § 8 Rn. 74.

der Gestattung aus einer Gesamtschau der §§ 6 I, 13 I, 68 I, III WHG ein wasserrechtliches Gebot der Rücksichtnahme entwickelt.[605] Dieses wirkt ähnlich wie im Baurecht drittschützend, wenn der Kläger in individualisierter und qualifizierter Weise betroffen ist.[606] Ist die Gestattung in einem förmlichen Verwaltungsverfahren ergangen, bedarf es nach den LVwVfG idR keines Vorverfahrens.[607]

## B. Rechtsschutz gegen gewässeraufsichtliche Verfügungen

Die nach Landesrecht zuständigen Gewässeraufsichtsbehörden überwachen im Rahmen der Landeswassergesetze den Zustand und die Benutzung der Gewässer sowie der Anlagen und Betriebe.[608] Die zur Durchführung dieser Aufgabe notwendigen Ermächtigungsgrundlagen sind teilweise in den Landeswassergesetzen enthalten;[609] teilweise ist ergänzend auf die gefahrenabwehrrechtlichen Generalklauseln zurückzugreifen.[610] Durch das WHG 2010 ist eine wesentliche Änderung eingetreten. In **§ 100 I 2 WHG** ist nunmehr bundesrechtlich geregelt, dass die landesrechtlich zuständigen Behörden die im Einzelfall notwendigen Maßnahmen anordnen dürfen, um Beeinträchtigungen des Wasserhaushalts zu vermeiden oder zu beseitigen oder die Verpflichtungen nach Bundes- oder Landesrecht sicherzustellen. Wegen des Vorrangs des Bundesrechts sind die noch geltenden landesrechtlichen Ermächtigungen (nur noch) heranzuziehen, soweit es sich um wasserrechtliche Verpflichtungen außerhalb des WHG handelt. 207

Materiell setzt eine Verfügung eine gewässerspezifische Gefahr voraus. Beachten Sie, dass für eine Verfügung (zB Untersagungs-, Beseitigungs- oder Sanierungsverfügung) bereits die formelle Illegalität ausreicht. Fehlt die erforderliche Gestattung, ist die Gewässerbenutzung gem. § 8 I WHG nicht nur formell, sondern auch materiell illegal.[611] Allerdings kann eine endgültige Maßnahme (Beseitigungsverfügung) unverhältnismäßig sein, wenn eine Legalisierung ohne Weiteres möglich ist.[612]

Schließlich prüfen Sie in der materiellen Rechtmäßigkeit die gefahrenabwehrrechtliche Verantwortlichkeit (Handlungsstörer bzw. Zustandsstörer) und anschließend die ordnungsgemäße Rechtsfolgensetzung.

# 6. Kapitel. Gewerberecht

## A. Klausuren aus dem Gewerberecht

### I. Klausuren aus dem stehenden Gewerbe

Die §§ 14–52 GewO[613] steuern die Überwachung des **stehenden Gewerbes**. Hierunter fällt jede Gewerbetätigkeit, die weder Reisegewerbe (§§ 55–61a GewO) noch Marktgewerbe (§§ 64–71b GewO) ist.[614] 208–209

605 BVerwG NVwZ 2005, 84 (85); *Schmidt/Kahl/Gärditz* UmwR § 8 Rn. 77.
606 VG Ansbach Urt. v. 9.3.2006 – AN 9 K 05.01117.
607 ZB § 70 NRWVwVfG NRW; § 137 SchlHLVwG.
608 ZB §§ 82 ff. BWWasserG; Art. 63 ff. BayWG; § 85 BlnWG; §§ 92 ff. BremWG; §§ 136 ff. NRWWasserG; § 93 RhPfWasserG.
609 *Schmidt/Kahl/Gärditz* UmwR § 8 Rn. 84 mwN.
610 ZB § 138 NRWLWG iVm § 14 NRWOBG.
611 VGH München ZfW 2005, 113; *Schmidt/Kahl/Gärditz* UmwR § 8 Rn. 85.
612 VGH München ZfW 2005, 113 (114).
613 Auch nach Inkrafttreten der Föderalismusreform besteht für das Gewerberecht die konkurrierende Gesetzgebungskompetenz des Bundes weitgehend fort. Nach Art. 74 I Nr. 11 GG sind hiervon nur das Gaststättenrecht, das Recht der Spielhallen (§ 33i GewO), der Schaustellung von Personen (§ 33a GewO), der Messen, Ausstellungen und Märkte (§§ 64 ff. GewO) ausgenommen. Solange landesrechtliche Regelungen nicht bestehen, gilt gem. Art. 125a GG das Bundesrecht bis zum Inkrafttreten landesrechtlicher Vorschriften fort.
614 *Kempen* NVwZ 2000, 1115 (1116).

Die Anwendbarkeit der GewO setzt das Vorliegen eines **Gewerbes** voraus. Der Begriff wird durch vier positive und drei negative Merkmale definiert. Danach ist ein Gewerbe (*positiv*)

- eine erlaubte,
- auf Gewinnerzielung gerichtete,
- selbstständige Tätigkeit,
- die nicht nur vorübergehend ausgeübt wird,

soweit es sich nicht *(negativ)* um

- Urproduktion (vgl. § 6 I 1 GewO),
- die Verwaltung eigenen Vermögens oder
- einen freien Beruf handelt. Nicht als freier Beruf anzusehen ist die selbstständige Tätigkeit eines Rechtsanwalts als Berufsbetreuer (§ 1897 VI BGB), da es an der für freie Berufe typischen fachlichen Unabhängigkeit fehlt.[615]

Hinsichtlich der »**Erlaubtheit**« der Tätigkeit differenziert die hM zwischen nicht dem Gewerbebegriff unterfallenden »generell verbotenen« Tätigkeiten und solchen, bei denen lediglich eine bestimmte Ausführungsform (etwa Schwarzarbeit) gesetzeswidrig ist. Ist die Tätigkeit strafrechtlich generell verboten, wie zB beim Betrieb unerlaubter Glücksspiele (§ 284 StGB), oder ist sie – bei Fehlen eines Verbotstatbestandes – »sozial unwertig«, weil sie den allgemein anerkannten sittlichen und moralischen Wertvorstellungen widerspricht (zB kommerzielle Sterbehilfe[616]), wird diese nicht vom Gewerbebegriff erfasst (Folge: Anwendbarkeit des allg. Gefahrenabwehrrechts). Nach den Maßstäben des ProstG ist auch die Ausübung der Prostitution oder der Betrieb eines Swinger-Clubs Gewerbe.[617] Problematisch ist die »Erlaubtheit« auch bei Maßnahmen gegen »**Sportwetten**«, die von der Rspr. als Glücksspiel angesehen werden.[618] Untersagungsverfügungen gegen diese ergehen daher grds. nach allg. Gefahrenabwehrrecht. Soweit vorhanden, gehen dem jedoch glücksspielrechtliche EGL vor. Diese sind idR in den Glücksspielstaatsverträgen der Länder bzw. in ergänzend hierzu ergangenen Gesetzen enthalten und werden ggf. im Aktenauszug abgedruckt sein.

### 1. Klausuren aus dem Bereich des erlaubnispflichtigen Gewerbes

Bei der Bearbeitung gewerberechtlicher Klausuren müssen Sie folgendes Grundkonzept im Auge behalten:

| | Genehmigungs-/ Erlaubnispflichtiges Gewerbe | Genehmigungs-/ Erlaubnisfreies Gewerbe |
|---|---|---|
| Die Tätigkeit ist … | … grds. illegal (präventives Verbot mit Genehmigungs- oder Erlaubnisvorbehalt). | … grds. legal (§ 1 I GewO, Art. 12 I GG). |
| Eine Genehmigung/ Erlaubnis … | … erzeugt materielle Legalität. | … ist nicht erforderlich. |
| Eine Aufhebung der Genehmigung/Erlaubnis … | … führt zur Illegalität. | … ist nicht möglich. |
| Bei Illegalität … | … ergeht idR eine Schließungsverfügung gem. § 15 II 1 GewO. | … kann die Gewerbeausübung wegen Unzuverlässigkeit gem. § 35 GewO untersagt werden. |
| Diese Verfügung … | … ist im Gegensatz zu der nur rechtsgestaltenden Aufhebung der Genehmigung/Erlaubnis vollstreckungsfähig. | … ist vollstreckungsfähig. |

615 BVerwG Urt. v. 27.2.2013 – 8 C 8/12.
616 Tettinger/Wank/*Ennuschat* § 1 Rn. 44 mwN.
617 BVerwG Urt. v. 6.11.2002 – 6 C 16/02, NVwZ 2003, 603; *Jahn* JuS 2004, 61 (65).
618 OVG Münster Beschl. v. 28.6.2006 – 4 B 961/06, BeckRS 2006 23985; VGH München Urt. v. 18.12.2008 – 10 BV 07.774, BeckRS 2009, 41760.

### a) Rechtsschutz auf Erteilung einer gewerberechtlichen Zulassung

Begehrt ein Gewerbetreibender eine Zulassung, sind insbes. folgende prozessuale Aspekte zu beachten: 210

- Im **Hauptsacheverfahren** ist eine Verpflichtungsklage gem. § 42 I Var. 2 VwGO statthaft. Da die Erlaubnis idR als gebundene Entscheidung ergeht, wenn keine Versagungsgründe gegeben sind, ist regelmäßig auch die Spruchreife zu bejahen (§ 113 V 1 VwGO). Zulässig ist auch eine hauptsächliche **Feststellungsklage** (§ 43 I VwGO), kombiniert mit einem hilfsweisen Verpflichtungsantrag: Falls der Gewerbetreibende meint, die Tätigkeit sei erlaubnisfrei, wird er vorrangig die Feststellung der Erlaubnisfreiheit und nur für den Fall einer bestehenden Erlaubnispflicht hilfsweise die Verpflichtung zur Erlaubniserteilung beantragen.
  Bei prozessualer Teilbarkeit kann auch eine mit der Erlaubnis verbundene Nebenbestimmung isoliert angefochten werden. Im Rahmen der statthaften **Anfechtungsklage** prüfen Sie die Rechtmäßigkeit der Nebenbestimmung nach den Voraussetzungen der GewO und im Übrigen nach § 36 I VwVfG (Sicherstellung der Voraussetzungen des VA).
- Im **vorläufigen Rechtsschutz** ist eine auf (vorläufige) Zulassung gerichtete Regelungsanordnung gem. § 123 I 2 VwGO denkbar, wobei neben dem Anordnungsgrund insbes. die Vorwegnahme der Hauptsache problematisch werden dürfte. Zwar ist die Vorwegnahme der Hauptsache idR unzulässig. Drohen dem Antragsteller allerdings unzumutbare Nachteile (insbes. Existenzgefährdung), kann ausnahmsweise im Hinblick auf Art. 19 IV GG eine Vorwegnahme zulässig sein. Hiernach ist beim stehenden Gewerbe die Vorwegnahme eher selten zulässig; denkbar ist dies eher im Marktgewerbe (zB Zulassung zu einem zeitlich befristeten Markt gem. § 70 GewO).[619]

**Klausurhinweis:** Examensrelevant und anspruchsvoll sind Drittanfechtungskonstellationen. Wendet sich der Kläger gegen eine dem Konkurrenten oder Nachbarn erteilte Erlaubnis, müssen Sie dessen Klagebefugnis (§ 42 II VwGO) anhand der Schutznormtheorie erörtern. Hier gilt Folgendes:

- Nachbarn sind nur klagebefugt, wenn diese sich auf eine Individualschutz vermittelnde Norm berufen können. In der GewO finden Sie entsprechende normative Anknüpfungen zB in § 30 I 2 Nr. 3 (Privatkrankenanstalten), § 33a II Nr. 3 (Schaustellung von Personen), § 33c I 3 u. § 33d I 2 (Gewinnspiel- und andere Spielgeräte) oder § 33i I 2 GewO (Spielhallen). Im GastG finden Sie Anknüpfungen in § 4 I 1 Nr. 3 GastG und § 18 I 2 GastG (Sperrzeitregelungen).[620]
- Der einfachgesetzliche Schutz von Konkurrenten ist schwächer ausgestaltet. So wird etwa den Ladenschlussgesetzen überwiegend kein Drittschutz entnommen. Grund dafür ist, dass in der freiheitlichen Marktordnung grds. niemand vor freiem Wettbewerb geschützt wird. Art. 12 und 14 GG können jedoch ausnahmsweise verletzt sein, wenn die Verwaltung gezielt oder faktisch die wirtschaftliche Betätigung im Verhältnis zu anderen Unternehmen beeinträchtigt und dadurch einen Auszehrungs- und Verdrängungswettbewerb auslöst.[621] Eine Verletzung des Art. 14 GG kommt gleichfalls nur bei einer hoheitlich verursachten Monopolstellung eines Konkurrenten in Betracht.[622]

In der Sache prüfen Sie das Vorliegen einer gewerblichen Tätigkeit und die Voraussetzungen der Zulassungstatbestände der GewO. Sind die in den §§ 30 bis 34f und § 34h GewO geregelten Versagungsgründe nicht gegeben, kann der Betroffene grds. die Erlaubnis beanspruchen.

#### Problem: Prüfungskompetenz für raumbezogene Anforderungen

Für einige Gewerbe werden neben personen- auch **raumbezogene Anforderungen** erhoben (zB Privatkrankenanstalten, Spielhallen).[623] Hier entfaltet eine für diesen Raum erteilte Bau-

---

619 BVerfG NJW 2002, 3691 (3692).

620 Beachten Sie, dass der Bund seit der Föderalismusreform nicht mehr über die Gesetzgebungskompetenz für das Gaststättenrecht verfügt (Art. 74 I Nr. 11 GG nF). Inzwischen sind verschiedene landesrechtliche Regelungen in Kraft getreten (→ Rn. 217).

621 BVerwG Urt. v. 15.12.2011 – 3 C 41.10 (Art. 12 I GG gewährt im Grundsatz keinen Schutz vor Konkurrenz; die Wettbewerber haben keinen grundrechtlichen Anspruch darauf, dass die Wettbewerbsbedingungen für sie gleich bleiben).

622 BVerwG DVBl. 1996, 152 (153).

623 Klausurrelevant wird diese Frage aber auch im Gaststättenrecht, da die Erlaubnis nach dem GastG eine raumbezogene Personalkonzession darstellt.

genehmigung Bindungswirkung, soweit es um bauaufsichtsbehördlich zu klärende Fragen geht. Fehlt eine Baugenehmigung, sind die baurechtlichen Fragen jedoch iRd gewerberechtlichen Genehmigungsverfahrens zu prüfen.

**b) Rechtsschutz gegen Maßnahmen im zulassungspflichtigen Gewerbe**

211 Im erlaubnispflichtigen Gewerbe erzeugt die Erlaubnis bzw. Genehmigung eine Legalisierungswirkung. In der Klausur sind aus der Sicht des Gewerbetreibenden insbes. folgende Rechtsschutzkonstellationen denkbar:

- Die nach § 155 II GewO iVm Landesrecht zuständige Behörde hebt (nur) die einem Gewerbetreibenden erteilte Erlaubnis auf. Der Gewerbetreibende begehrt mittels Anfechtungsklage (§ 42 I Var. 1 VwGO) die Beseitigung des **Aufhebungsbescheides**, um die Fortwirkung der Zulassung zu erreichen. Im vorläufigen Rechtsschutz ist dann ein Antrag gem. § 80 V 1 Var. 2 VwGO statthaft, sofern gem. § 80 II 1 Nr. 4 VwGO die sofortige Vollziehung angeordnet wurde. Materiell ist zu klären, ob spezielle EGL die §§ 48 ff. VwVfG verdrängen. Spezialregelungen sind zT innerhalb der Zulassungstatbestände der GewO selbst enthalten (zB in § 33d IV u. V GewO [Veranstaltung eines Spiels mit Gewinnmöglichkeit], vgl. aber auch § 33e II GewO). Fehlen spezielle Ermächtigungen, ist vielfach § 49 II 1 Nr. 3 VwVfG einschlägig, wenn sich nach Erlaubniserteilung die Unzuverlässigkeit ergibt. War der Betroffene bereits bei Erlaubniserteilung unzuverlässig, greift idR § 48 I, III–IV VwVfG ein. Ein Konkurrenzproblem außerhalb der GewO besteht mit **§ 15 GastG**: Neben § 15 I GastG bleibt § 48 VwVfG nach hM anwendbar; § 15 II und III GastG verdrängen hingegen als lex specialis § 49 VwVfG. Daneben sollten Sie an die Spezialvorschrift § 21 II 1 FahrlehrerG denken.
- Noch häufiger anzutreffen ist der Fall, in dem die Behörde nicht nur die Zulassung aufhebt, sondern nach § 15 II 1 GewO zugleich die Betriebsfortführung untersagt (idR durch **Schließungsverfügung**). Dies kommt in Betracht, wenn ein zulassungspflichtiges Gewerbe ohne die erforderliche Zulassung betrieben wird, etwa weil sie von vornherein fehlte, weil sie nie beantragt wurde oder der konkret ausgeübte Betrieb einer erteilten Erlaubnis nicht entspricht. Denkbar ist aber auch, dass die Tätigkeit aufgrund einer in demselben Bescheid erfolgten Aufhebung der Zulassung formell illegal wird. Dann ist inzident die Wirksamkeit der Zulassungsaufhebung zu erörtern.

**Übersicht: Rechtmäßigkeit einer Schließungsverfügung nach § 15 II 1 GewO**

I. EGL: § 15 II 1 GewO (ggf. iVm § 31 GastG)
   (P) Untersagung wg. Verstoßes gegen HandwO: § 16 III 1 HandwO; iÜ bei Unzuverlässigkeit des Handwerkers nach § 35 GewO
   (P) Rechtsgedanke des § 15 II 1 GewO: gilt in gewerberechtl. Nebengesetzen, soweit diese keine entsprechende Regelung enthalten
II. Formelle Rechtmäßigkeit
   1. Zuständigkeit (§ 155 II GewO iVm LandesR)
   2. Verfahren (insbes. Anhörung gem. § 28 I VwVfG)
   3. Form
III. Materielle Rechtmäßigkeit
   1. Tatbestand
      a) Vorliegen eines Gewerbes
      b) Zulassungspflicht des Gewerbes
      c) Betrieb ohne Zulassung (formelle Illegalität)
   2. Rechtsfolge: Ermessen

Die **Ermächtigung** zur Schließung ergibt sich aus § 15 II 1 GewO. Da im GastG[624] keine speziellen Vorschriften zur Schließung einer erlaubnispflichtigen Gaststätte enthalten sind, ermächtigt § 15 II 1 GewO kraft **§ 31 GastG** auch zur Schließung von Gaststätten. Der Rechtsgedanke der Norm kann auch auf gewerberechtliche Materien übertragen werden, in denen eine dem § 15 II 1 GewO entsprechende Regelung fehlt, zB zur Unterbindung einer

624 Hierzu im Einzelnen → Rn. 217 ff.

nicht nach dem PBefG genehmigten Personenbeförderung.[625] Demgegenüber ermächtigt **§ 16 III 1 HandwO** als Spezialgesetz zur Untersagung einer Betriebsfortsetzung, wenn der Betrieb entgegen der Vorschriften der HandwO ausgeübt wird. Allerdings regelt diese Norm nur die Untersagung wegen eines Verstoßes gegen die HandwO (zB Ausübung eines eintragungspflichtigen Handwerks ohne Eintragung in die Handwerksrolle). Soll das Gewerbe wegen Unzuverlässigkeit des Handwerkers untersagt werden, gilt auch im Handwerk § 35 GewO, da § 16 III 1 HandwO keine besondere Untersagungsvorschrift iSd § 35 VIII 1 GewO darstellt (hM), die § 35 GewO unanwendbar machen würde.[626]

Die **formell** erforderliche Zuständigkeit richtet sich gem. § 155 II GewO nach Landesrecht. **Materiell** prüfen Sie im Tatbestand des § 15 II 1 GewO das Vorliegen eines Gewerbes und anschließend dessen Zulassungspflicht. Diese Frage wird der Schwerpunkt der Klausur sein. Der Gewerbetreibende wird der Ansicht sein, seine Tätigkeit sei erlaubnisfrei und sich auf die Gewerbefreiheit (§ 1 I GewO) berufen. Demgegenüber unterwirft die Behörde den Sachverhalt einem Erlaubnistatbestand der §§ 30 ff. GewO. Dass Sie sich mit dem jeweiligen, oft entlegenen Zulassungstatbestand bisher nicht befasst haben, wissen die Prüfungsämter. Blättern Sie also im Examen die §§ 30–34f GewO einmal in Ruhe durch, legen Sie dann den Zulassungstatbestand juristisch überzeugend aus und subsumieren Sie den Sachverhalt genau unter die Norm.

Das Gewerbe wird ohne Zulassung betrieben, wenn die Zulassung nicht erteilt, aufgehoben worden oder gem. § 44 VwVfG nichtig ist oder wenn das Gewerbe außerhalb einer erteilten Erlaubnis ausgeübt wird. Letzteres verlangt eine Auslegung des im Aktenauszug idR abgedruckten Zulassungsbescheides.

Auf Rechtsfolgenebene ist bei der Anwendung des § 15 II 1 GewO **Ermessen** eröffnet, wobei die Rspr. zur Annahme »intendierten Ermessens« neigt, weshalb jedenfalls im Fall des Widerrufs der Erlaubnis die Anordnung der Betriebseinstellung idR sachlich gerechtfertigt ist. Im Regelfall bedarf es dann einer umfassenden Ermessensprüfung nicht, sodass zur Begründung auch grds. die Benennung der einschlägigen Normen ausreicht.[627]

**Problem: Ermessensüberschreitung bei erkennbarer materieller Legalität**

Grds. ist eine auf § 15 II 1 GewO gestützte Schließungsanordnung wegen Ermessensüberschreitung (unverhältnismäßiger Eingriff in Art. 12 I GG) fehlerhaft, wenn dem Adressaten zuvor nicht die Gelegenheit gegeben wird, eine mögliche Erlaubnis einzuholen. Widersetzt sich aber der Adressat der Aufforderung, die Erlaubnis zu beantragen oder kann diese – wegen nicht auszuräumender Versagungsgründe – ohnehin nicht erteilt werden, wäre die Aufforderung zur Einholung einer Erlaubnis bloße Förmelei. Dann ist eine Schließungsanordnung auch nicht unverhältnismäßig.

Macht der Gewerbetreibende eine Verletzung seiner **Berufsfreiheit** durch die gesetzlich angeordnete Zulassungspflicht geltend, ist zu beachten, dass die Zulassungspflicht nach der GewO tatsächlich den Schutzbereich des Art. 12 GG betrifft. Allerdings enthält Art. 12 I 2 GG einen Einschränkungsvorbehalt, der die Berufsfreiheit insgesamt regelt. An dieser Stelle ist auf die Drei-Stufen-Theorie des BVerfG einzugehen, die eine strenge Verhältnismäßigkeitsprüfung verlangt. Diese unterscheidet zwischen Berufsausübungsregelungen (»Wie« der Ausübung) und Zulassungsregelungen (»Ob« der Ausübung). Letztere können in Form von subjektiven und objektiven Zulassungsvoraussetzungen auftreten. Die Personalkonzessionen der GewO beinhalten eine subjektive Zulassungsregelung, da sie an persönliche Umstände anknüpfen. Solche Regelungen auf der zweiten Stufe sind zum Schutz eines wichtigen Gemeinschaftsgutes zulässig.

### 2. Klausuren aus dem Bereich des erlaubnisfreien Gewerbes

Behördliche Eingriffe erfolgen im erlaubnisfreien Gewerbe insbes. nach § 35 GewO. Der 212
Standardfall ist der Rechtsschutz gegen eine auf § 35 I GewO gestützte Untersagungsverfü-

625 OVG Weimar GewArch. 2002, 478.
626 *Glaser/Klement* Öff. Wirtschaftsrecht 75 mwN.
627 *Kuhla/Hüttenbrink* VerwProz K 204 mwN.

gung. Beachten Sie, dass es im zulassungsfreien Gewerbe nach einer Untersagungsverfügung keiner besonderen Schließungsverfügung (wie im erlaubnispflichtigen Gewerbe nach § 15 II 1 GewO) bedarf. Die Untersagung nach § 35 GewO ist selbst vollstreckungsfähig, da sie ein konkludentes Schließungsgebot enthält.

**Übersicht: Untersagungsverfügung gem. § 35 I GewO**

I. EGL: § 35 I GewO
II. Formelle Rechtmäßigkeit
  1. Zuständigkeit
    a) Sachlich: § 155 II GewO iVm LandesR
    b) Örtlich: § 35 VII GewO
  2. Verfahren: Anhörung gem. § 28 I VwVfG
    (P) Beteiligung der Fachkammern (§ 35 IV 1 und 2 GewO)
  3. Form
III. Materielle Rechtmäßigkeit
  1. Tatbestand
    a) Tatsachen begründen gewerberechtliche »Unzuverlässigkeit«
      (P) Maßgebender Zeitpunkt
    b) Untersagung zum Schutz der Allgemeinheit erforderlich
    c) (P) Richtiger Adressat
  2. Rechtsfolge
    a) Grds. gebundene Entscheidung (§ 35 I 1 GewO)
    b) Ermessen bei »erweiterter Gewerbeuntersagung« (§ 35 I 2 GewO)

Für ein auf die Aufhebung der Untersagungsverfügung gerichtetes Begehren (§ 88 VwGO) ist im Hauptsacheverfahren die Anfechtungsklage (§ 42 I Var. 1 VwGO) statthaft. Sie ist begründet, soweit die Untersagungsverfügung rechtswidrig ist und den Kläger in seinen Rechten verletzt (§ 113 I 1 VwGO). **EGL** für die Untersagungsverfügung ist § 35 I GewO. Im vorläufigen Rechtsschutz ist bei behördlicher AOsofVz (§ 80 II 1 Nr. 4 VwGO) ein Antrag auf Wiederherstellung der aW des Anfechtungsrechtsbehelfs gem. § 80 V 1 Var. 2 VwGO statthaft.

**Formell** ergeben sich kaum Besonderheiten. Die sachliche Zuständigkeit folgt aus § 155 II GewO iVm dem Landesrecht. Die örtliche Zuständigkeit folgt aus § 35 VII GewO. Häufig wird problematisiert, ob eine **Anhörung** nach § 28 II Nr. 1 VwVfG entbehrlich ist. Ein etwaiger Verfahrensfehler kann gem. § 45 I Nr. 3, II VwVfG geheilt werden. Zudem sollen gem. **§ 35 IV GewO** sonstige Stellen (IHK, HWK) beteiligt werden. Ggf. wird deren Stellungnahme im Aktenauszug enthalten sein. Sind nach dem Bearbeitervermerk »ggf. erforderliche Anhörungen anderer Stellen« erfolgt, ist dies im Rahmen des § 35 IV GewO zu verwerten.

**Materieller** Klausurschwerpunkt ist die Frage, ob Tatsachen vorliegen, die die Annahme einer gewerberechtlichen Unzuverlässigkeit begründen. Unzuverlässig ist ein Gewerbetreibender, der nach dem Gesamteindruck seines bisherigen Verhaltens nicht die Gewähr dafür bietet, dass er sein Gewerbe künftig ordnungsgemäß ausüben wird. Hierbei handelt es sich um eine gerichtlich voll überprüfbare Prognoseentscheidung, die nur auf objektive Tatsachen gestützt werden kann. Das sollten Sie im Urteilsentwurf kurz betonen! Soweit die Behörde nur reine Verdachtsmomente äußert, reicht dies nicht.

Die Zuverlässigkeit ist stets für das konkret ausgeübte Gewerbe zu prüfen. Sie fehlt insbes. in folgenden Fällen:

- Der Gewerbetreibende kommt seinen (ggf. auf Schätzungen beruhenden)[628] **steuerrechtlichen Erklärungs- und/oder Zahlungspflichten** nicht nach. Dadurch entstehen der Höhe nach (absolut) erhebliche Steuerrückstände, die auch (relativ) im Verhältnis zur gesamten Steuerpflicht erheblich wirken. Macht der Adressat nach einem Hinweis des Finanzamtes die Verletzung des Steuergeheimnisses (§ 30 IV Nr. 5 AO) geltend, beachten Sie § 14 V GewO. Danach dürfen Finanzbehörden gewerbebezogene Steuerrückstände mitteilen.

628 OVG Magdeburg NVwZ-RR 2012, 307 (307).

Neben Zahlungsrückständen können auch die Dauer der Nichtabführung oder das Zahlungsverhalten (ständig verzögerte Zahlung) relevant sein.

- Der Gewerbetreibende führt **Sozialversicherungsabgaben** nicht ab, insbes. die der Arbeitnehmer.[629] Hier besteht eine Mitteilungsbefugnis der Sozialversicherungsträger gem. § 35 II SGB I iVm § 69 I Nr. 1 SGB X.
- Der Gewerbetreibende verübt **gewerbebezogene Straftaten** oder Ordnungswidrigkeiten. Wichtig ist, dass Sie das Gebot der Gewerbebezogenheit beachten, woran es in den Aktenauszügen häufig mangelt: Das Fehlverhalten muss einen konkreten Bezug zur ausgeübten Gewerbetätigkeit haben. Hieran fehlt es zB, wenn die Unzuverlässigkeit mit einer nicht gewerbebezogenen Körperverletzung begründet wird. Abgeurteilte einschlägige Strafsachen, von denen die Behörden idR durch Führungszeugnisse Kenntnis erhalten (§§ 31 f. BZRG), können eine gewerberechtliche Unzuverlässigkeit begründen, wobei ggf. ein Verwertungsverbot gem. §§ 51 I, 46 ff. BZRG in Betracht kommt.
- Der Gewerbetreibende muss gewährleisten, dass Dritte in seinem Gewerbelokal nicht zu Schaden kommen. Liegt das Gewerbelokal etwa in einer Gegend, in der häufig mit Drogen gehandelt wird, muss er in der Lage sein, dem Missbrauch des Lokals durch die Drogenszene – ggf. durch den Einsatz zusätzlichen Wachpersonals – zu widerstehen.[630]
- Auch eine dauernde **wirtschaftliche Leistungsunfähigkeit** kann Unzuverlässigkeit begründen. Beachten Sie allerdings für den Fall der Insolvenz § 12 GewO, wonach während eines laufenden Insolvenzverfahrens eine Untersagungsverfügung zur Sicherung einer Sanierung grds. nicht erfolgen darf.
- Die Unzuverlässigkeit muss grds. in der Person des Gewerbetreibenden vorliegen. Dies ist auch der Fall, wenn er einem unzuverlässigen Dritten maßgeblichen Einfluss auf die Geschäftsführung einräumt.[631] Insofern wird von der Unzuverlässigkeit des Dritten auf die des Gewerbetreibenden selbst geschlossen (**»Reflexunzuverlässigkeit«**). Die Unzuverlässigkeit eines Stellvertreters (§ 45 GewO) wird dem Gewerbetreibenden sogar zugerechnet. Ähnlich gelagert sind **»Strohmannverhältnisse«**. Ein Strohmann tritt nach außen als Inhaber des Gewerbebetriebs auf, gibt aber in Wahrheit nur den Namen (quasi als Aushängeschild) für den wahren Gewerbetreibenden her. Dieser beherrscht das Gewerbe als Hintermann, kann es aber aus rechtlichen Gründen nicht betreiben. In der Rspr. wird der Strohmann als jederzeit steuerbare Marionette beschrieben, die vorgeschoben wird, um zur Täuschung im Rechts- und Wirtschaftsverkehr die wahren faktisch-wirtschaftlichen Machtverhältnisse zu verschleiern.[632] Beachten Sie, dass eine Anmeldung nach § 14 GewO durch den Vordermann allein die Annahme eines Strohmannverhältnisses nicht rechtfertigt.[633] Wegen des gesetzten Rechtsscheins wird der Strohmann so behandelt, als sei auch er selbst Gewerbetreibender. Wegen des kollusiven Zusammenwirkens von Strohmann und Hintermann können Gewerbeuntersagungen an beide adressiert werden.
- Der Gewerbetreibende verfügt nicht über die elementaren Kenntnisse für sein Gewerbe. Dies ist etwa der Fall, wenn ein Schwimmlehrer nicht schwimmen kann oder ein Abbruchunternehmer keinerlei Kenntnisse im Baugewerbe hat. Seien Sie aber mit der Annahme fehlender Sachkunde zurückhaltend. Ein allgemeiner Sachkundenachweis ist verfassungsrechtlich unzulässig und darf über § 35 GewO nicht indirekt eingeführt werden.[634]

**Problem: Maßgebender Zeitpunkt der Unzuverlässigkeitsbeurteilung**

Häufig bemüht sich der Adressat nach Abschluss des Verwaltungsverfahrens den Unzuverlässigkeitsvorwurf (zB durch Abführung der ausstehenden Abgaben) zu entkräften. Welcher Zeitpunkt für die Beurteilung der Sach- und Rechtslage maßgebend ist, bestimmt sich nach dem materiellen Recht. Gedanklich können Sie wie folgt vorgehen:

629 OVG Münster Urt. v. 13.6.2012 – 13 A 1073/09.
630 OVG Bremen NVwZ-RR 2010, 102.
631 OVG Lüneburg NVwZ-RR 2007, 244 (245).
632 BVerwG NVwZ 2004, 103 (104) = JuS 2004, 450 (451); VGH Kassel GewArch 2013, 39.
633 BVerwG NVwZ 2004, 103 (104).
634 Tettinger/Wank/*Ennuschat* § 35 Rn. 74.

- **Grundsatz:** Bei Anfechtungsklagen ist grds. der Zeitpunkt der letzten behördlichen Entscheidung maßgeblich.
- **Ausnahme:** Werden Dauer-VA angefochten, entscheidet grds. der Zeitpunkt der letzten mündlichen Verhandlung.
- **Gegenausnahme:** Es kommt unter anderem doch auf den Zeitpunkt der letzten behördlichen Entscheidung an, wenn andernfalls ein gesetzlich vorgesehenes Verfahren unterlaufen würde. Dies ist der Fall, weil § 35 VI GewO ein Wiedergestattungsverfahren vorsieht, das grds. erst ein Jahr nach Durchführung der Untersagung möglich ist.[635]

**Problem: Richtiger Adressat**

**Personengesellschaften** ohne eigene Rechtspersönlichkeit sind keine Gewerbetreibenden. Dies sind bei der OHG, der KG und der BGB-Gesellschaft vielmehr die geschäfts- und vertretungsberechtigten Gesellschafter. Auf ihre Unzuverlässigkeit kommt es an. An sie ist die Untersagungsverfügung zu richten.[636] Ist nur ein Gesellschafter unzuverlässig, führt dies dazu, dass die Gesellschafter das Gewerbe nicht länger zusammen ausüben dürfen.[637] Sie müssen ihn aus der Gesellschafterstellung entfernen oder jedenfalls von der Geschäftsführung ausschließen.

Wird der Gewerbebetrieb hingegen von einer **juristischen Person** geführt, kommt es auf ihre eigene Unzuverlässigkeit an. Sie muss sich die Unzuverlässigkeit ihrer gesetzlichen Vertreter zurechnen lassen. Adressat der Verfügung ist die juristische Person selbst; nicht etwa der Vorstand einer AG oder der Geschäftsführer einer GmbH. Die Unzuverlässigkeit dieser Vertreter kann aber eine Erweiterung gem. § 35 VIIa GewO rechtfertigen.

Danach kann die Untersagung auch gegen eine vertretungsberechtigte oder mit der Leitung des Gewerbebetriebes beauftragte Person ausgesprochen werden. Nach hM besteht eine eingeschränkte Akzessorietät zwischen § 35 VIIa GewO und § 35 I GewO. Aus der Systematik und der Formulierung in S. 2, das Verfahren könne unabhängig von dem Verlauf des Verfahrens gegen den Gewerbetreibenden *fortgesetzt* werden, ergibt sich Folgendes:

- Ein Verfahren nach § 35 VIIa GewO darf nur **eingeleitet** werden, wenn auch ein Verfahren gegen den Gewerbetreibenden eingeleitet worden ist.
- Der **weitere Verlauf** des Verfahrens gegen den vertretenen Gewerbetreibenden beeinflusst die Rechtmäßigkeit der gegenüber dem Vertreter verfügten Untersagungsverfügung grds. nicht. Relevant ist dies etwa, wenn § 12 GewO ein Verfahren gegen den Gewerbetreibenden selbst ausschließt.[638]

Häufiger wird die Frage aufgeworfen, welche Auswirkungen ein **staatsanwaltschaftliches Ermittlungsverfahren** hat. Hierauf deutet ggf. eine im Aktenauszug enthaltene Einstellungsmitteilung nach § 170 II StPO hin. Der Kläger meint dann, wegen der Einstellung der staatsanwaltschaftlichen Ermittlungen habe sich der Unzuverlässigkeitsvorwurf nicht erwiesen. Allerdings ist die Verwaltungsbehörde an die Bewertung der Staatsanwaltschaft nicht gebunden, sondern hat in eigener Verantwortung einen Verstoß gegen Gebotsnormen zu prüfen. Dies folgt bereits im Umkehrschluss aus § 35 III 1 Nr. 1 GewO, der nur für den Fall der Verurteilung eine Bindung an die Tatsachenfeststellung des Strafgerichts vorsieht.

Sind die tatbestandlichen Voraussetzungen des § 35 GewO erfüllt, ist die Gewerbeausübung zu untersagen (§ 35 I 1 GewO), sodass der Behörde auf **Rechtsfolgenebene** grds. kein Ermessen zusteht. Allerdings kann aus dem Grundsatz der Verhältnismäßigkeit das Gebot erwachsen, ein Gewerbe nur teilweise zu untersagen (zB Verbot der Beschäftigung eines bestimmten Arbeitnehmers). Nur im Fall der **erweiterten Gewerbeuntersagung** nach § 35 I 2 GewO hat die Behörde Ermessen auszuüben.

635 OVG Magdeburg NVwZ-RR 2012, 307 (307).
636 *Kuhla/Hüttenbrink* VerwProz K 190; OVG Lüneburg NVwZ-RR 2009, 103 (103 f.).
637 Tettinger/Wank/*Ennuschat* § 35 Rn. 93.
638 VGH Kassel NVwZ-RR 2012, 269 (270).

**Problem: Erweiterte Gewerbeuntersagung**

Ermessen steht der Behörde hinsichtlich der Entscheidung zu, die Untersagung vorsorglich auf unselbstständige Tätigkeiten oder andere Gewerbearten zu erweitern, die zum Zeitpunkt der Entscheidung noch nicht ausgeübt werden. Diese erweiterte Gewerbeuntersagung nach § 35 I 2 GewO ist ausweislich des Wortlauts (»Die Untersagung … auch …«) akzessorisch zur Untersagung nach § 35 I 1 GewO. Sie wird vielfach in demselben Bescheid geregelt.

> Ihnen wird die Ausübung des Gewerbes »Führung von Registerverzeichnissen« untersagt. Ihnen wird ferner die Ausübung eines Gewerbes untersagt, das in Zusammenhang mit der Führung von Registerverzeichnissen steht.

In der Klausur erörtern Sie zunächst die Untersagungsverfügung nach § 35 I 1 GewO. Anschließend prüfen Sie, ob die erweiterte Untersagung rechtmäßig ist. Dies ist nur der Fall, wenn sie erforderlich ist, um eine Umgehung der Untersagungsverfügung zu verhindern.[639] Aufgrund der weitreichenden Folgen der erweiterten Untersagung müssen Sie insbes. prüfen, ob eine Unverhältnismäßigkeit vorliegt. Dies ist nicht der Fall, wenn der Rahmen der Erweiterung begrenzt bleibt.

## II. Klausuren aus dem Reisegewerbe

Die Ausübung des Reisegewerbes ist nach § 55 II GewO grds. von einer Erlaubnis (»Reisegewerbekarte«) abhängig, die nur bei Zuverlässigkeit erteilt wird (§ 57 I GewO). Dieses Verbot mit Erlaubnisvorbehalt stellt sicher, dass der Gewerbetreibende zur Geltendmachung von Gewährleistungsansprüchen greifbar ist. Nur ausnahmsweise ist das Reisegewerbe nach § 55a und § 55b GewO erlaubnisfrei. Die behördlichen Eingriffsbefugnisse sind denen im stehenden Gewerbe nachgebildet. Auch hier wird zwischen *erlaubnispflichtigem* und *erlaubnisfreiem Reisegewerbe* unterschieden. 213

### 1. Rechtsschutz gegen Verfügungen im erlaubnispflichtigen Reisegewerbe

Der Rechtsschutz gegen eine Verfügung im erlaubnispflichtigen Reisegewerbe wird im Examen voraussichtlich in einen Anfechtungsrechtsbehelf gegen eine auf § 60d GewO gestützte Untersagungsverfügung eingekleidet sein. Diese kann – ähnlich wie § 15 II 1 GewO – mit Zwangsmitteln durchgesetzt werden. 214

**Übersicht: Rechtmäßigkeit der Untersagungsverfügung im erlaubnispflichtigen Reisegewerbe (§ 60d GewO)**

I. EGL: § 60d GewO
   (P) Eilmaßnahmen ggf. durch Polizei nach Generalklausel
II. Formelle Rechtmäßigkeit
   1. Zuständigkeit
      (P) Eilzuständigkeit der Polizei
   2. Verfahren: insbes. Anhörung (§ 28 I VwVfG)
   3. Form
III. Materielle Rechtmäßigkeit
   1. Tatbestand: Verletzung einer reisegewerblichen Pflicht; insbes. Ausübung ohne eine nach § 55 II GewO erforderliche Erlaubnis (Reisegewerbekarte)
      a) Vorliegen einer Reisegewerbetätigkeit (§ 55 I GewO)
      b) Keine ausnahmsweise Erlaubnisfreiheit gem. §§ 55a (beachte insbes. § 55a I Nr. 7 GewO) und 55b I GewO
      c) Illegalität der Reisegewerbetätigkeit
   2. Rechtsfolge: Ermessen

Eine auf **§ 60d GewO** gestützte Untersagung ähnelt strukturell einer Verfügung nach § 15 II 1 GewO. Bei Eilmaßnahmen ist ggf. die Polizei eingriffsbefugt. EGL ist dann ggf. die polizeiliche Generalklausel zum Schutz vor einer Verletzung des § 55 GewO. Zulässig wären hiernach aber nur vorläufige Maßnahmen.

639 Tettinger/Wank/*Ennuschat* § 35 Rn. 121.

**Tatbestandlich** kommt eine auf § 60d GewO gestützte Verfügung unter anderem bei einem Verstoß gegen § 55 II GewO in Betracht. Die anschließende Prüfung der Erlaubnispflicht ist vielfach der Schwerpunkt der Prüfungsaufgabe.

- Zunächst muss es sich um eine – nach allgemeinen Grundsätzen zu beurteilende – **gewerbliche Tätigkeit** handeln, wobei nach § 55 I GewO nur noch selbstständige Gewerbetreibende unter die Erlaubnispflicht fallen.
- Wesentlich für das Reisegewerbe ist – darin liegt ein Unterschied zum stehenden Gewerbe – die **fehlende vorherige Bestellung**. Problematisch sind »provozierte Bestellungen«, also solche, die formal vom Kunden ausgesprochen werden, nachdem er aber vom Gewerbetreibenden dazu veranlasst worden ist. Hierbei kommt es auf die Umstände des Einzelfalles an. Schließt der Betroffene in einer Überrumpelungssituation unüberlegte, für ihn ungünstige Geschäfte ab, liegt in der Gesamtbetrachtung eine Initiative des Gewerbetreibenden vor. Wird der Betroffene jedoch zuvor zur Verkaufsveranstaltung eingeladen, spricht dies für eine vorherige Bestellung.[640]
- Die Tätigkeit muss **außerhalb einer gewerblichen Niederlassung** (§ 4 III GewO) erfolgen. Eine Abgrenzung zum stehenden Gewerbe kann insbes. beim Ankauf von Luxuswaren in Hotels[641] sowie bei mobilen Verkaufsständen problematisch sein. Ein Reisegewerbe liegt vor, wenn der Standort der Verkaufsfläche in gewissen zeitlichen Abständen wechselt (zB Eiswagen). Wird hingegen regelmäßig derselbe Standplatz angefahren, kann dies auf eine Niederlassung hindeuten.
- Inhaltlich müssen die in Nr. 1 und 2 des Abs. 1 genannten **besonderen Merkmale** erfüllt sein. Entweder muss die Tätigkeit
  - sich auf den Vertrieb von Waren (einschließlich Presseerzeugnisse)[642] oder Leistungen (zB Schleifen von Messern) oder das Aufsuchen von Bestellungen beziehen (§ 55 I Nr. 1 GewO), wobei es nicht mehr darauf ankommt, dass die Tätigkeit »in eigener Person« ausgeübt wird, oder
  - unterhaltende schaustellerische Tätigkeiten beinhalten (§ 55 I Nr. 2 GewO).

Im Bereich des erlaubnispflichtigen Gewerbes nach § 55 II GewO wird die Tätigkeit durch die Reisegewerbekarte legalisiert. Nach Erteilung der Karte wird die Betätigung wieder illegal, wenn die Erlaubnis aufgehoben wird, wobei die §§ 48 ff. VwVfG (für den nachträglichen Widerruf insbes. § 49 II 1 Nr. 3 VwVfG) zur Anwendung gelangen. § 61 GewO enthält konkretisierende Regelungen für das Verwaltungsverfahren. Materiell ist regelmäßig der Versagungsgrund des § 57 GewO zu erörtern.

Liegt wegen Fehlens der Reisegewerbekarte ein Verstoß gegen § 55 II GewO vor, kann nach § 60d GewO eine Untersagungsverfügung erlassen werden. Zur Umsetzung bedarf es keiner besonderen Schließungsverfügung. Die Untersagung nach § 60d GewO ist selbst vollstreckungsfähig.

### 2. Rechtsschutz gegen Verfügungen im erlaubnisfreien Reisegewerbe

215 In den Fällen des §§ 55a und 55b GewO ist die Ausübung des Reisegewerbes grds. legal. Hier bedarf es keiner Erlaubnis, sondern nur einer Anzeige (§ 55c iVm § 14 GewO).

Rechtfertigen Tatsachen die Annahme, dass der Gewerbetreibende nicht die erforderliche Zuverlässigkeit besitzt, kann die zuständige Behörde unter den Voraussetzungen des § 57 GewO eine Untersagungsverfügung nach § 59 GewO erlassen. Der Unzuverlässigkeitsbegriff entspricht dem des § 35 GewO.

Eine auf § 59 GewO gestützte Verfügung kann als vollstreckbare Grundverfügung vollzogen werden.

640 VGH Mannheim NVwZ-RR 1997, 702 (703 f.) (keine Reisegewerbekartenpflicht für Tupperwarenberaterin).
641 Hierzu OVG Hamburg NVwZ-RR 2007, 170 (170).
642 Beachte insoweit aber die privilegierten Druckwerke nach § 55a I Nr. 10 GewO.

### III. Klausuren aus dem Marktgewerbe

Prüfungsaufgaben aus dem Recht des Marktgewerbes[643] problematisieren vielfach einen Anspruch auf Teilnahme an einem gem. § 69 I GewO festgesetzten Markt. Auf eine vertiefte Darstellung des im Wege einer Verpflichtungsklage (§ 42 I Var. 2 VwGO)[644] zu verfolgenden Anspruchs eines *Veranstalters*[645] auf Festsetzung nach § 69 I GewO wird an dieser Stelle verzichtet. Nur soviel: Sind die in § 69a GewO normierten Ablehnungsgründe nicht gegeben, besteht ein Anspruch auf Festsetzung. Für eine Bedürfnisprüfung (etwa: »Es gibt schon zu viele Märkte!«) besteht wegen der Wettbewerbsneutralität der Rechtsordnung und wegen Art. 12 I GG (Berufsausübungsfreiheit) kein Raum.[646] 216

**Klausurhinweis:** Dieses Rechtsgebiet eignet sich hervorragend für Anwaltsklausuren. Nach einer Festsetzung gem. § 69 I GewO kann der Mandant folgende Marktprivilegien in Anspruch nehmen:
- Er braucht keine Reisegewerbekarte und muss das Gewerbe nicht anzeigen.
- Die Verbotsvorschriften des § 56 GewO gelten nicht.
- Arbeitnehmer können auch an Sonn- und Feiertagen beschäftigt werden.
- Es sind ladenschlussrechtliche Sonderregelungen möglich (§ 19 LadSchlG).

Meistens begehrt jemand die Teilnahme an einer festgesetzten Veranstaltung im Wege vorläufigen Rechtsschutzes.

**Übersicht: Klausurprobleme des Rechts auf Marktteilnahme (§ 70 I GewO) im einstweiligen Rechtsschutz**

A. Zulässigkeit
  I. Verwaltungsrechtsweg (§ 40 I 1 VwGO)
    (P) Privatrechtliche Teilnahmebestimmungen
    (P) Verhältnis § 70 I GewO – Zulassungsanspruch nach GO
  II. Statthafter Rechtsbehelf: § 123 I 2 VwGO
    (P) Erfordernis eines Antrags gem. §§ 80a III, I Nr. 1, 80 V VwGO
  III. Antragsbefugnis (§ 42 II VwGO analog)
  IV. Antragsgegner: Veranstalter (traditionell Gemeinde)
    (P) Einschaltung eines Privaten
  V. Rechtsschutzbedürfnis
    (P) RSB bei bereits erfolgter Platzvergabe
B. Begründetheit
  I. Anordnungsanspruch
    1. Voraussetzungen
      a) Festgesetzte Veranstaltung
      b) Zugehörigkeit zum Personenkreis
    2. Rechtsfolge: gebundener Anspruch
      (P) Umwandlung in Ermessensanspruch bei Kapazitätserschöpfung
      (P) Bescheidungsanspruch im vorläufigen Rechtsschutz
  II. Anordnungsgrund
  III. Keine unzulässige Vorwegnahme der Hauptsache

Wird die Teilnahme an einer festgesetzten Veranstaltung begehrt, stellen sich zunächst Fragen des **Rechtswegs** (§ 40 I 1 VwGO). Für Streitigkeiten zwischen Veranstalter und Bewerber

643 Die konkurrierende Gesetzgebungskompetenz des Bundes für das im IV. Titel der GewO geregelte Recht der Messen, Ausstellungen und Märkte ist mit dem Inkrafttreten der Föderalismusreform entfallen (Art. 74 I Nr. 11 GG nF). Die bisherigen und in der nachfolgenden Darstellung zugrunde gelegten bundesrechtlichen Vorschriften (§§ 64–71b GewO) gelten gem. Art. 125a I GG fort, bis sie durch Landesrecht ersetzt werden.

644 Verpflichtungsklage, da die Festsetzung dem Veranstalter ggü. als VA iSv § 35 VwVfG ergeht.

645 Nicht zu verwechseln mit einem Rechtsschutzbegehren eines potenziellen *Anbieters.* Dieser ist nicht gem. § 42 II VwGO klagebefugt, da die Festsetzung für ihn nur eine positive Reflexwirkung auf Teilnahme gem. § 70 GewO ohne (bezweckte) Regelungswirkung entfaltet!

646 MPFormB VerwR/*Stelzer* Form. D.I.7 Rn. 9.

über das Teilnahmerecht an einer nach § 69 I GewO festgesetzten Veranstaltung können sowohl Zivil- als auch Verwaltungsgerichte zuständig sein. § 70 GewO findet nämlich nicht nur bei Trägern öffentlicher Gewalt, sondern auch bei privaten Veranstaltern Anwendung. Differenzieren Sie wie folgt:

- Typischerweise wird der Markt von einem **Träger hoheitlicher Gewalt** (typischerweise Gemeinde) veranstaltet. Der Verwaltungsrechtsweg ist ohne Weiteres eröffnet, wenn die Gemeinde die Teilnahme öffentlich-rechtlich (zB durch »Satzung«, durch »Bescheid«, durch »Gebühr« statt »Mietentgelt«) ausgestaltet.[647] Unterstellt die Behörde die Teilnahme kraft des ihr zustehenden Formenwahlrechts hingegen dem Zivilrecht, beurteilt sich der Rechtsweg nach der Zwei-Stufen-Theorie (hM).[648] Hiernach sind Fragen der ersten Stufe (»Ob« der Zulassung) dem Verwaltungsrechtsweg zugewiesen, während das »Wie« je nach Ausgestaltung öffentlich-rechtlicher oder auch zivilrechtlicher Art sein kann.[649]
- Wird die Veranstaltung durch eine von der Gemeinde beherrschte **juristische Person des Privatrechts** betrieben, bleibt es bei einer öffentlich-rechtlichen Streitigkeit. Der verfolgte Anspruch ist aber dann kein unmittelbarer »Zulassungsanspruch«, sondern ein »Einwirkungsanspruch« (gerichtet auf die Einwirkung der Gemeinde auf das Privatrechtssubjekt).

**Klausurhinweis:** Diese Differenzierung wirkt sich auch im (weniger klausurrelevanten) Hauptsacheverfahren aus. Zulassungsansprüche (einschl. Neubescheidungsansprüche) werden mit der Verpflichtungsklage (§ 42 I Alt. 2 VwGO) verfolgt (»Die Beklagte zu *verpflichten*, ... *zuzulassen*.«); der Einwirkungsanspruch mit der allgemeinen Leistungsklage (»Die Beklagte zu verurteilen, dergestalt auf ... *einzuwirken*, dass ...«).

**Problem: Verhältnis § 70 I GewO/gemeinderechtlicher Zulassungsanspruch**

Der gewerberechtliche Zulassungsanspruch (§ 70 I GewO) kann mit einem evtl. kommunalrechtlichen Zugangsanspruch zu einer gemeindlichen Einrichtung nach der GO konkurrieren. Die Normenkonkurrenz ist aufgrund des Vorrangs des Bundesrechts (Art. 31 GG) zugunsten des § 70 I GewO zu entscheiden (hM).[650] Der Bundesgesetzgeber hat nämlich die Zulassung zu einer nach § 69 I GewO festgesetzten Veranstaltung unter Inanspruchnahme der ihm (früher) zustehenden Gesetzgebungskompetenz speziell und abschließend normiert.

Daneben erweist sich der **statthafte Rechtsbehelf** als Problem. Unstreitig kommt ein Antrag nach § 123 I 2 VwGO in Betracht. Fraglich ist aber, ob außerdem noch ein Antrag gem. §§ 80a III, 80 V 1 VwGO hinsichtlich der an die zugelassenen Bewerber erteilten Genehmigungen gestellt werden muss. Dies hängt davon ab, ob in der Hauptsache neben der Verpflichtungsklage ein Anfechtungsrechtbehelf erforderlich ist. Nach traditioneller Auffassung ist dies notwendig, weil ein allein auf Neubescheidung zielender Antrag keinen gleichwertigen Rechtsschutz biete.[651] Die neuere Rspr. hält dies jedoch mit Blick auf Art. 19 IV GG zunehmend für entbehrlich.[652]

Sie erkennt an, dass dies bei einer Vielzahl ausgesprochener Genehmigungen zu einem unzumutbaren Kostenrisiko führen kann, zumal dem abgelehnten Bewerber vielfach nicht mitgeteilt wird, welche Bewerber positiv beschieden wurden. Aufgrund dessen hält ein Teil der neueren Rspr. eine auf Neubescheidung gerichtete Verpflichtungsklage für ausreichend.[653] Dennoch wird teilweise auch weiterhin eine Anfechtungsklage für erforderlich gehalten; ein allein auf Neubescheidung gerichteter Rechtsschutzantrag biete keinen gleichwertigen Rechtsschutz.[654]

647 Tettinger/Wank/*Ennuschat* § 70 Rn. 64.
648 Wird die Veranstaltung durch einen privaten Veranstalter betrieben, ist hingegen gem. § 13 GVG der ordentliche Rechtsweg gegeben. Die Festsetzung ist nach hM auch keine Beleihung des Veranstalters.
649 *Lässig* NVwZ 1983, 18 (19); *Kahl/Weißenberger* Jura 2009, 194 (200).
650 VGH Mannheim GewArch 2001, 420; Tettinger/Wank/*Ennuschat* § 70 Rn. 5.
651 OVG Lüneburg NdsVBl. 2010, 81.
652 VG Schleswig NVwZ-RR 1999, 308 (308).
653 VG Schleswig NVwZ-RR 1999, 308 (308).
654 OVG Lüneburg NdsVBl. 2010, 81.

**Klausurhinweis:** Klausurtaktisch raten wir Ihnen:

- Sind die Adressaten erteilter Genehmigungen im Aktenauszug **benannt** worden, sollten Sie einen Drittanfechtungsrechtsbehelf erheben und einen Antrag gem. §§ 80a III, 80 V VwGO stellen. Dies dürfte vor allem dann sinnvoll sein, wenn nur ein einziger Genehmigungsbescheid (bzgl. eines bestimmten Marktplatzes) erlassen wurde. Der bzw. die begünstigten Bewerber sind gem. § 65 II VwGO notwendig beizuladen.[655]
- Sind die begünstigten Adressaten **nicht bekannt**, dürfte der Lösungsvorschlag des Prüfungsamtes voraussichtlich der neueren Rspr.[656] folgen. Dafür können Sie zum einen anführen, dass der Rechtsschutzsuchende im Hinblick auf Art. 19 IV GG bei einer Vielzahl ausgesprochener Genehmigungen nicht mit einem unzumutbaren Kostenrisiko belastet werden darf. Außerdem wird ihm vielfach gar nicht mitgeteilt, welche Bewerber positiv beschieden wurden.

Die Klage ist gegen den **Veranstalter** (traditionell die Gemeinde) zu richten. Dieses gilt auch dann, wenn sie im Wege einer funktionellen Privatisierung durch Abschluss eines Konzessionsvertrages einen Privaten als »Verwaltungshelfer« mit der Durchführung der Veranstaltung beauftragt.

Im Aktenauszug ist häufig der Klagegegner der Ansicht, das **Rechtsschutzbedürfnis** fehle, weil bereits alle zur Verfügung stehenden Plätze vergeben seien. Dies trifft nicht zu. Die Behörde hat die Möglichkeit (und bei Erfolg des Antrags uU auch die rechtliche Pflicht), eine anderweitige Zulassung nach §§ 48 ff. VwVfG aufzuheben. Dafür wird sie im Vorfeld häufig mit Widerrufsvorbehalten oder der Vereinbarung von Kündigungsklauseln gearbeitet haben.[657]

**Materiell** ist zunächst der Anordnungsanspruch zu erörtern. Sie prüfen inzident, ob ein Zulassungsanspruch gem. § 70 I GewO besteht. Tatbestandlich muss es sich um eine nach § 69 I GewO iVm §§ 64 ff. GewO festgesetzte Veranstaltung handeln, also eine Messe, Ausstellung, einen Groß-, Wochen-, Spezial- oder Jahrmarkt. Zudem muss der Bewerber dem Teilnehmerkreis an der festgesetzten Veranstaltung angehören.

Ähnlich wie beim gemeinderechtlichen Zugangsanspruch zu öffentlichen Einrichtungen wandelt sich der in § 70 I GewO angelegte gebundene Anspruch insbes. bei Kapazitätsgrenzen in einen Anspruch auf ermessensfehlerfreie Auswahl (§ 70 III GewO). Einen Zulassungsanspruch hat der Bewerber in diesem Fall nur, wenn das behördliche Ermessen auf Null reduziert ist. Andernfalls kann er nur einen Anspruch auf Neubescheidung haben, sofern die Behörde ermessensfehlerhaft entschieden hat. Dieser Antrag ist als »Minus« im Zulassungsanspruch enthalten.

**Problem: Bescheidungsantrag im vorläufigen Rechtsschutz**

Im Gegensatz zum Hauptsacheverfahren ist im vorläufigen Rechtsschutz streitig, ob eine Verpflichtung zur Neubescheidung ergehen kann. Nach eA darf etwa im Prüfungsverfahren eine Verpflichtung zur Neubescheidung nicht erfolgen (Vorwegnahme der Hauptsache).[658] Sie können diesen Streit in der Klausur dahinstehen lassen, wenn jedenfalls kein Ermessensfehler vorliegt.

Die in die Aktenauszüge eingekleideten Fragen der ordnungsgemäßen **Auswahlentscheidung** ähneln den Parallelproblemen bei der Zulassung zu gemeindlichen Einrichtungen, auf die an dieser Stelle verwiesen wird. Bei der Prüfung gehen Sie zweistufig vor: Zunächst ermitteln Sie die Marktkonzeption des Veranstalters (welche Stände in welchem Umfang entsprechen der Vorstellung des Veranstalters). Anschließend klären Sie, ob das Auswahlermessen fehlerfrei ausgeübt wurde. Als **sachgerechte Auswahlkriterien** werden von der Rspr. anerkannt:[659]

- zeitliche Reihenfolge der Anmeldungen (Prioritätsprinzip),
- Losverfahren,

655 Zur Darstellung der Beiladung im Anwaltsgutachten und im praktischen Teil im Einzelnen *Kaiser/Köster/Seegmüller* Öffentlich-rechtliche Klausur Rn. 539 ff.
656 OVG Lüneburg Beschl. v. 13.6.2012 – 7 LA 77/10, NVwZ-RR 2012, 594.
657 BVerfG NJW 2002, 3691 (3692).
658 VGH Mannheim Beschl. v. 19.10.1984 – 9 S 2423/84.
659 Aufstellung aus Redeker/Uechtritz/*Gronemeyer/Gronemeyer* Teil 5 A Rn. 118.

- rollierendes System mit turnusmäßiger Berücksichtigung[660] und
- Unzuverlässigkeit des Bewerbers.[661]

Problematisch sind hingegen folgende Gesichtspunkte:

- Sofern auf die Kriterien »**bekannt und bewährt**« und »**ortsansässig**« zurückgegriffen wird, betont die Rspr., dass die der Marktfreiheit immanente Zulassungschance zu garantieren ist. Hieran kann es fehlen, wenn die Auswahlentscheidung allein auf die vorne genannten Kriterien gestützt wird und Neubewerber tatsächlich keine Teilnahmechance haben.[662] Zudem ist zu beachten, dass die »Bewährtheit« als persönlichkeitsbezogenes Urteil nur durch eine mehrfache Marktteilnahme erworben wird. Deshalb kann dieses Merkmal an einen Betriebsübernehmer (auch aus der Familie) nicht weitergegeben werden.[663]
- Bei dem grds. zulässigen Merkmal »**Attraktivität**« des Standes oder Geschäftes darf das VG die behördliche Attraktivitätsbeurteilung nicht durch eine eigene ersetzen, sondern lediglich überprüfen, ob die für die Beurteilung maßgebenden tatsächlichen Umstände in gebotenem Umfang erfasst, vollständig berücksichtigt und in vertretbarer, insbes. willkürfreier Weise gewürdigt wurden.[664]

**Klausurhinweis:** Ebenso wandelt sich – in dem hier nicht vertieft erörterten Rechtsschutzbegehren des Veranstalters auf Festsetzung gem. § 69 I GewO – der grds. Anspruch auf *Festsetzung* in einen Anspruch auf ermessensfehlerfreie Auswahl, falls mehrere Veranstalter die Festsetzung eines Marktes etc. begehren.

## B. Klausuren aus dem Gaststättenrecht

217 **Hinweis:** Infolge der Föderalismusreform ist die Gesetzgebungskompetenz des Bundes für das Gaststättenrecht (Art. 74 I Nr. 11 GG nF) entfallen. Inzwischen sind das BbgGastG, das ThürGastG, das BremGastG, das SaarlGastG, das SächsGastG, das NdsGastG und das HessGastG in Kraft getreten, die iS einer Vollregelung das GastG ersetzt haben. Ein wesentlicher Unterschied dieser Regelungen zum GastG besteht darin, dass – mit Ausnahme von Bremen – die personen- und raumbezogene Erlaubnispflicht durch eine Anzeigepflicht ersetzt wurde. In Baden-Württemberg gilt gem. § 1 BWLGastG das GastG mit einigen Ergänzungen; andernorts das nachfolgend zugrunde gelegte GastG fort (Art. 125a I 1 GG).

Die **Anwendbarkeit des GastG** setzt voraus, dass eine Gaststätte iSd § 1 I GastG vorliegt. Diese knüpft an folgende Merkmale an:

- Die Bewirtung erfolgt im Rahmen eines **stehenden Gewerbes.** Dies ist zB bei rollenden Imbisswagen nicht der Fall. Bei Vereinen und Gesellschaften, die (zB mangels Gewinnerzielungsabsicht) kein Gewerbe betreiben, finden die Vorschriften über den Ausschank alkoholischer Getränke gleichwohl Anwendung (§ 23 I GastG). Problematisch ist gegenwärtig die Anwendbarkeit des GastG bei »**Raucherclubs**«. Werden solche nur formal als Verein geführt, gelangt das GastG zur Anwendung, wenn der Club (wegen fehlender Einlasskontrollen) jedermann offen steht und Gewinne erzielt werden sollen.[665]
- Es muss sich in Abgrenzung zum Beherbergungsbetrieb um eine **Schank- oder Speisewirtschaft** handeln (§ 1 I Nr. 1 und 2 GastG).
- Der Betrieb muss in Abgrenzung zu einer rein privaten Veranstaltung (insbes. für nur geladene Gäste) für jedermann oder für bestimmte Personenkreise **zugänglich** sein.

660 VG Stuttgart Beschl. v. 27.10.2011 – 4 K 3545/11.
661 OVG Bremen NVwZ-RR 2007, 171 (171).
662 BVerwG NVwZ 1984, 585 (585); VG Hannover Beschl. v. 4.8.2008 – 11 B 2780/08.
663 VG Braunschweig Beschl. v. 12.9.2007 – 1 A 88/07.
664 VG Mainz Urt. v. 16.2.2009 – 6 K 560/08.
665 VG Stuttgart Beschl. v. 12.1.2009 – 4 K 4570/08; VG Schleswig Urt. v. 25.10.2010 – 12 A 144/08.

## I. Rechtsschutz gegen Versagung einer gaststättenrechtlichen Erlaubnis

Als Aufgabenstellung kommt zunächst der Rechtsschutz gegen die Versagung einer beantragten Gaststättenerlaubnis in Betracht. Prozessual ergeben sich regelmäßig keine Schwierigkeiten.

- In der **Hauptsache** ist idR eine Verpflichtungsklage gem. § 42 I Var. 2 VwGO statthaft. Brennt die Gaststätte ab, tritt Erledigung ein (Erlaubnis als raumbezogene Personalkonzession) und es kommt nur eine FFK in Betracht. Das Fortsetzungsfeststellungsinteresse lässt sich ggf. auf § 31 GastG iVm § 149 II 1 Nr. 1 GewO stützen.
- Im **vorläufigen Rechtsschutz** ist im *erlaubnispflichtigen* Gaststättengewerbe regelmäßig ein auf die vorläufige Zulassung gerichteter Antrag nach § 123 I 2 VwGO (Regelungsanordnung) statthaft, wobei das Verbot der Vorwegnahme der Hauptsache zu problematisieren sein dürfte. Insbes. für anwaltliche Aufgaben sollten Sie an die **vorläufige Erlaubnis** (§ 11 GastG) denken. Wird eine solche im vorläufigen Rechtsschutzverfahren begehrt, müssen Sie beachten, dass § 11 I GastG eine Ermessensentscheidung beinhaltet. Der Anordnungsanspruch ist daher nur gegeben, wenn im konkreten Fall eine Ermessensreduzierung dergestalt stattgefunden hat, dass die Behörde bei rechtmäßiger Ermessensausübung die vorläufige Genehmigung hätte erteilen müssen.[666]

**Materiell** regelt § 2 GastG nicht ausdrücklich die Voraussetzungen für die Erteilung der Erlaubnis. Diese lassen sich aber aus einem Umkehrschluss aus § 4 GastG herleiten. Sind dessen Versagungsgründe nicht gegeben, besteht ein gebundener Anspruch auf Erlaubniserteilung.

- Wichtig ist zunächst **§ 4 I 1 Nr. 1 GastG**, wonach die Erlaubnis bei fehlender Zuverlässigkeit zwingend zu versagen ist. Hierbei entspricht der Unzuverlässigkeitsbegriff dem des § 35 I GewO, wobei das Maß der Zuverlässigkeitsanforderungen je nach Betriebsart und Lage des Betriebs variieren kann.
  Der wichtigste der in § 4 I Nr. 1 GastG genannten Beispielsfälle ist das »Vorschubleisten der Unsittlichkeit«. Dies dürfen Sie nicht ohne Weiteres bejahen, nur weil in einer Gaststätte ein Bordell betrieben wird. Dafür spricht bereits, dass die Prostitution durch das Prostitutionsgesetz legalisiert worden ist. Außerdem orientiert sich die Auslegung des Begriffs nicht an moralischen Kategorien, sondern an Erwägungen der Gefahrenabwehr. § 4 I Nr. 1 GastG ordnet das Zusammenleben der Menschen, indem er das grundgesetzlich geschützte Menschenbild bewahrt und strafrechtlichen Verstößen vorbeugt. Sexuelles Verhalten ist demnach nur gefahrenabwehrrechtlich relevant, wenn es nach außen in Erscheinung tritt und dadurch die ungestörte Entwicklung junger Menschen in ihrer Sexualsphäre gefährdet oder andere Personen, die hiervon unbehelligt bleiben wollen, erheblich belästigt.[667]
- Eine wichtige Schnittstelle zum Baurecht enthalten § 4 I 1 Nr. 2 und 3 GastG. **§ 4 I 1 Nr. 2 GastG** implementiert bauordnungsrechtliche, **§ 4 I 1 Nr. 3 GastG** bauplanungsrechtliche Vorschriften in das gaststättenrechtliche Genehmigungsverfahren. Allerdings ersetzt die Gaststättenerlaubnis nicht die Baugenehmigung, weshalb für einen Gaststättenbetrieb sowohl eine Baugenehmigung als auch eine Genehmigung nach dem GastG erforderlich ist.[668] Eine bestandskräftige Baugenehmigung entfaltet aber in ihrem feststellenden Teil Bindungswirkung für das gaststättenrechtliche Erlaubnisverfahren, soweit es um *typischerweise* von dem baurechtlich genehmigten Vorhaben ausgehende Immissionen geht. Rechtsfragen, die in die »originäre Kompetenz« der Baugenehmigungsbehörde fallen bzw. zu ihr einen stärkeren Bezug haben, sollen also baubehördlich beantwortet werden.[669] Im Umfang dieser *typischen Immissionen* kann die Gaststättenerlaubnis nicht mit der Begründung verweigert werden, das Baurecht stehe der Erlaubnis entgegen.[670] Die für die Gaststättenerlaubnis zuständige Behörde kann nur bei *atypischen Besonderheiten* weitergehende gewerberechtliche Anforderungen zur immissionsrechtlichen Feinsteuerung erheben. Ist

666 *Kuhla/Hüttenbrink* VerwProz K Rn. 163k.
667 BVerwG NVwZ 2009, 909 (910).
668 VGH Kassel NVwZ 1990, 583 (583).
669 BVerwG NVwZ 1990, 559 (560).
670 Umgekehrt bewirkt die Gaststättenerlaubnis keine Bindungswirkung im Baugenehmigungsverfahren, da die Genehmigungsvoraussetzungen des § 4 I 1 Nr. 3 GastG (örtliche Lage der Gaststätte) nur Vorfragen im Rahmen der Gaststättenerlaubnis darstellen und an der Tatbestandswirkung der Regelung nicht teilhaben (Redeker/Uechtritz/*Gronemeyer*/*Gronemeyer* Teil 5 A Rn. 234).

eine bestandskräftige Baugenehmigung nicht erteilt worden, können die baurechtlichen Fragen von der für die Gaststättenerlaubnis zuständigen Behörde in eigener Zuständigkeit mitgeprüft werden.

## II. Rechtsschutz im gaststättenrechtlichen Nachbarstreit

218 Bei einem Drittanfechtungsrechtsbehelf gegen eine erteilte Erlaubnis vermittelt (nur) **§ 4 I 1 Nr. 3 GastG** subjektiven Drittschutz zugunsten der Nachbarschaft, soweit hiernach Schutz vor schädlichen Umwelteinwirkungen (vgl. § 3 I BImSchG) bezweckt wird. Dass eine bestandskräftige Baugenehmigung zugleich eine bindende Feststellung für das gaststättenrechtliche Genehmigungsverfahren beinhaltet (siehe oben), wirkt sich auf den Nachbarschutz aus: Der Nachbar muss primär die Baugenehmigung anfechten, um die bindende Feststellung zu verhindern, dass sich die von der bestimmungsgemäßen Gaststättennutzung typischerweise ausgehenden Immissionen im Rahmen des § 4 I 1 Nr. 3 GastG halten.[671] Eigenständigen Abwehrschutz vermittelt § 4 I 1 Nr. 3 GastG daher insbes. dann, wenn die abzuwehrenden Immissionen atypischer Art sind (also nicht »mitgenehmigt« wurden) oder der Betrieb der Gaststätte ausnahmsweise nicht baugenehmigungspflichtig ist (zB Festzelt auf Jahrmarkt).[672] Bei der Bemessung der von der Gaststätte ausgehenden und von der Nachbarschaft hinzunehmenden Lärmimmissionen ist – sofern es sich nicht um eine »Freiluftgaststätte« iSv Nr. 1 S. 2 lit. b) TA Lärm handelt – grds. auf die TA Lärm zurückzugreifen.[673]

Zudem wirken **Sperrzeitregelungen** (§ 18 GastG iVm Landesrecht) drittschützend, soweit diese vor schädlichen Umwelteinwirkungen bewahren sollen. Dies wird bedeutsam, wenn sich die Nachbarschaft gegen Sperrzeitverkürzungen wendet.

## III. Rechtsschutz gegen Auflagen gem. § 5 GastG

219 Bei erlaubnispflichtigen Tätigkeiten können selbstständige Auflagen gem. § 5 I GastG »jederzeit« ergehen. Bei einer nach der Genehmigung verfügten Anordnung handelt es sich idR nicht um eine (ggf. isoliert anfechtbare) Nebenbestimmung, sondern um einen typischen belastenden VA, gegen den die Anfechtungsklage (§ 42 I Var. 1 VwGO) ohne Weiteres statthaft ist. Bei erlaubnisfreien Tätigkeiten ist eine Anordnung nach § 5 II, I GastG zulässig.

**Hinweis:** Ebenso ist denkbar, dass die Auflage als Nebenbestimmung ergeht. Dann wird sie regelmäßig mit der nach § 3 I 2 GewO schriftlich zu erteilenden Erlaubnis verbunden. In der Praxis sind dies zB Befristungen, deren Zulässigkeit sich nach § 3 II GastG iVm § 36 II Nr. 1 VwVfG richtet.

Materiell sind die Voraussetzungen des § 5 I Nr. 1–3 GastG zu prüfen.

- Nach **§ 5 I Nr. 1 GastG** sind Auflagen unter anderem zum Schutz der Gäste gegen Gefahren für Leben, Gesundheit oder Sittlichkeit möglich. Mehrere Examensklausuren hatten Maßnahmen gegen **Flatrate- bzw. Ballermannpartys** zum Gegenstand. Eine behördliche Anordnung ist in diesen Fällen möglich, wenn der Gaststättenbetreiber Alkohol zu Spottpreisen anbietet und dadurch die Gesundheit der Gäste konkret gefährdet. Dies ist jedenfalls zu bejahen, wenn ein Verstoß gegen die spezialgesetzlichen Bestimmungen des § 9 I JuSchG und der §§ 20 Nr. 2, 6 S. 2 GastG vorliegt. Darüber hinaus können Sie eine Gesundheitsgefährdung annehmen, wenn der Betreiber Alkoholmissbrauch, also dem übermäßigen Verzehr alkoholischer Getränke,[674] durch bestimmte Veranstaltungskonzepte Vorschub leistet. So ist etwa davon auszugehen, dass Jugendliche durch massiv verbilligte

671 *Kuhla/Hüttenbrink* VerwProz K Rn. 169 mwN.

672 *Kuhla/Hüttenbrink* VerwProz K Rn. 171 mwN.

673 Problematisch ist die Lärmbemessung bei der Nutzung einer Außenterrasse oder eines Biergartens in der Nähe einer Wohnbebauung, wenn es sich um einen gemischten Betrieb mit Innen- und Außengastronomie, aber nicht um eine Freiluftgaststätte handelt. Die Rspr. lässt offen, ob es sachgerecht ist, die TA Lärm modifiziert (zB auf Grundlage der FreizeitlärmRiLi) anzupassen und stellt bei der planungsrechtlichen Zulässigkeit auf das drittschützende Rücksichtnahmegebot ab (hierzu OVG Münster Urt. v. 13.11.2009 – 7 A 146/08, BeckRS 2010, 45122; BVerwG Beschl. v. 3.8.2010 – 4 B 9.10).

674 *Wendt/Heintz* Jura 2012, 314 (318).

Preise (zB »Bier für 10 Cent« oder »Eintritt 10 EUR und Getränke frei«) und bestimmte Maßnahmen (zB Appelle zu mehr Konsum) zu einem übermäßigen und damit gesundheitsgefährdenden Alkoholkonsum ermuntert werden. Dass auch Mineralwasser verkauft wird, ändert daran nichts. Obgleich es bei Flatrate-Partys um Massenphänomene geht, verstößt die Behörde nicht gegen Art. 3 I GG, wenn sie in Ausführung eines Gesamtkonzepts zunächst nur einen Betreiber auswählt, bei dem besonders gravierende Exzesse aufgetreten sind. In diesen Fällen ist im Übrigen auch eine Aufhebung der Erlaubnis nach § 15 II und III GastG möglich.[675]

- **§ 5 I Nr. 2 GastG** ermöglicht Auflagen zum Schutz der Beschäftigten gegen Gefahren für Leben, Gesundheit oder Sittlichkeit.
- Nach **§ 5 I Nr. 3 GastG** können zum Schutz der Nachbarschaft sowie der Allgemeinheit Auflagen (zB Betriebszeitbeschränkungen) zum Schutz vor schädlichen Umwelteinwirkungen nach dem BImSchG ergehen.

## IV. Rechtsschutz gegen Beschäftigungsverbote gem. § 21 I GastG

Wiederholt spielte der Rechtsschutz gegen Beschäftigungsverbote eine Rolle. Hierbei handelt 220
es sich nicht um Auflagen nach § 5 I GastG, sondern um Regelungen, deren Rechtmäßigkeit sich nach der Spezialregelung des § 21 I GastG richtet.[676] Ergehen diese Beschäftigungsverbote als Nebenbestimmung, beurteilt sich deren Rechtmäßigkeit nach § 36 I VwVfG. Maßgebend ist, inwieweit durch die Auflagen sichergestellt wird, dass die Voraussetzungen für die Erteilung der Gaststättenerlaubnis erfüllt sind (§ 36 I VwVfG).

- Ein **Beschäftigungsverbot** verlangt entgegen dem Wortlaut des § 21 I GastG kein echtes unselbstständiges Beschäftigungsverhältnis (§ 7 I SGB IV), sodass auch andere vertragliche Formen erfasst werden (zB als Honorarkraft beauftragter Türsteher). Die Gefahr, der durch das Beschäftigungsverbot begegnet werden soll, knüpft nämlich an die ausgeübte Tätigkeit und nicht an ihre rechtliche Grundlage an.[677] Wegen dieses weitgehenden Beschäftigungsbegriffs sind sogar unentgeltliche Beschäftigungsformen erfasst.[678]
- Beachten Sie, dass neben einem Beschäftigungsverbot nach § 21 I GastG vielfach auch ein **Zutrittsverbot (Betretungsverbot)** verfügt wird. Dieses ergeht nicht nach § 21 I GastG, sondern stellt eine Auflage gem. § 5 I Nr. 1 GastG dar, die eine Umgehung des Beschäftigungsverbots verhindern soll.[679] Ist das Beschäftigungsverbot rechtmäßig, können Sie vielfach auch von der Rechtmäßigkeit des Zutrittsverbots ausgehen.

## V. Rechtsschutz gegen Schließungsverfügungen

Neben den oben genannten Rechtsschutzkonstellationen kann der Klausureinstieg auch über 221
eine nach § 31 iVm § 15 II GastG erlassene Schließungsverfügung erfolgen. Die hierfür erforderliche formelle Illegalität kann insbes. deshalb bestehen, weil eine nach § 3 I GastG notwendige Erlaubnis fehlt oder eine zuvor erteilte legalisierende Erlaubnis aufgehoben wurde. Zur Aufhebung der Gaststättenerlaubnis sind folgende EGL zu unterscheiden:

- **§ 15 I GastG** zwingt zur Rücknahme, wenn bei Erlaubniserteilung Versagungsgründe nach § 4 I 1 Nr. 1 GastG vorlagen. Außerhalb des Anwendungsbereichs des § 4 I 1 Nr. 1 GastG ist eine Ermessensrücknahme nach § 48 VwVfG zulässig.
- Treten Versagungsgründe des § 4 I 1 Nr. 1 GastG nach Erlaubniserteilung auf, zwingt **§ 15 II GastG** zum Erlaubniswiderruf. Ein Rückgriff auf § 49 VwVfG ist in diesem Fall versperrt (hM).
- Im Übrigen, also außerhalb der Fälle des § 4 I 1 Nr. 1 GastG, ist nach **§ 15 III GastG** ein Widerruf im Wege einer Ermessensentscheidung möglich. § 15 III GastG ist abschließend; § 49 VwVfG ist daneben nicht anwendbar (hM).

675 Nach § 2 BWLGastG, § 4 I Nr. 5 BremGastG, § 10 Nr. 5 SaarlGastG, § 8 I Nr. 3 SächsGastG, § 8 II ThürGastG sind solche Veranstaltungen sogar ausdrücklich verboten.
676 *Berger* JA 2008, 375 (381).
677 *Proppe* JA 2006, 377 (382).
678 *Berger* JA 2008, 375 (382).
679 VGH München NVwZ-RR 2009, 19 (21).

Da § 15 II GewO eine (intendierte) Ermessensentscheidung darstellt, treten die für eine gewerberechtliche Schließungsverfügung typischen Rechtsfolgenprobleme hinzu (zB Ermessensüberschreitung wegen Unverhältnismäßigkeit bei offenkundiger materiell-rechtlicher Legalität).[680]

## C. Klausuren aus dem Handwerksrecht

222 Dem Anwendungsbereich der HandwO unterfallen nach § 1 I HandwO nur Gewerbe, die die folgenden Voraussetzungen erfüllen:

- **Stehendes Gewerbe:** Dieses Merkmal dient der Abgrenzung zum Reisegewerbe (§§ 55 ff. GewO) und zum Marktgewerbe (§§ 64 ff. GewO) und bestimmt sich nach der allgemeinen gewerberechtlichen Definition.
- **Selbstständigkeit:** Selbstständig führt ein Handwerk, wer nach außen in eigenem Namen auftritt, das Gewerbe auf seine Rechnung betreibt und im Innenverhältnis in persönlicher und sachlicher Unabhängigkeit eigene Verantwortung trägt.[681]
- **Handwerksmäßigkeit:** Das Gewerbe wird in Abgrenzung zur industriellen Fertigung handwerksmäßig betrieben, wenn nach dem Gesamtbild des Betriebes die Elemente der handwerksmäßigen Betriebsweise überwiegen (»dynamischer Handwerksbegriff«).[682] Für eine handwerkliche Ausübung sprechen insbes. eine persönliche Mitarbeit des Betriebsinhabers, eine geringe Arbeitsteilung zwischen Inhaber und Arbeitnehmer sowie ein nur unterstützender Einsatz technischer Hilfsmittel.[683] Ob das konkrete Handwerk zulassungspflichtig ist, folgt aus § 1 II 1 HandwO iVm Anlage A zur HandwO.

Im Handwerksrecht ist – auch zur Auswahl der richtigen EGL – zwischen **zulassungspflichtigem** und **nicht zulassungspflichtigem Handwerk** (sowie **handwerksähnlichem Gewerbe** [Abschnitt 2 der Anlage B zur HandwO]) zu unterscheiden. »Wesentlich« iSd § 1 II 1 HandwO sind Tätigkeiten, die nicht nur fachlich zu dem betreffenden Handwerk gehören, sondern gerade den Kernbereich dieses Handwerks ausmachen und ihm sein essentielles Gepräge geben. Vorgänge, die aus der Sicht eines Vollhandwerkers nur einen Randbereich der Tätigkeit erfassen, erfüllen den Handwerksbegriff nicht. Hierbei kommt es auf die Gefahrgeneigtheit grds. nicht an.[684]

> **Beispiel:** Das bloße Aufstellen von Grabmalen ist keine wesentliche Tätigkeit eines Steinmetzes oder Steinbildhauers iSv § 1 II HandwO iVm Nr. 8 der Anlage A.

Die Abgrenzung in § 1 I und II iVm §§ 7 ff. HandwO in ihrer aktuellen Fassung ist verfassungsgemäß. Sie verletzt Art. 12 I GG nicht (Meistervorbehalt zur Gewährleistung der hohen Ausbildungsleistung und zur Abwehr von Gesundheitsgefahren für Dritte verhältnismäßig). Ebenso wenig liegt ein Verstoß gegen Art. 3 I GG vor (keine Inländerdiskriminierung, obwohl EU-Ausländer nach § 9 HandwO ohne Meisterprüfung tätig werden dürfen; nach dem Inkrafttreten der Altgesellenregelung [§ 9 HandwO] wird den deutschen Handwerkern für den Marktzugang in zeitlicher, fachlicher und finanzieller Hinsicht nicht deutlich mehr abverlangt als den ausländischen EU-Konkurrenten).[685]

**Klausurhinweis:** Bei einer Handwerkskammer handelt es sich um eine Körperschaft des öffentlichen Rechts mit Zwangsmitgliedschaft (§ 90 HandwO). Neben klassischen handwerksrechtlichen Aufgaben sind bereits Fragen des Innenrechts einer Handwerkskammer thematisiert worden. Entsteht zwischen deren Organen nach §§ 92 ff. HandwO (Mitgliederversammlung [Vollversammlung], Vorstand und Ausschüsse) Streit, ähneln diese Konflikte strukturell dem Kommunalverfassungsstreit, bei dem ebenfalls Organe einer (Gebiets-)Körperschaft streiten.[686] Hinsichtlich der dort auftretenden Probleme wird auf das Kapitel Kommunalrecht verwiesen.

---

680 Hierzu → Rn. 211.
681 *Glaser/Klement* Öff. Wirtschaftsrecht 77.
682 *Glaser/Klement* Öff. Wirtschaftsrecht 78.
683 *Frotscher/Kramer* WirtschaftsVerfR Rn. 546 f.
684 OVG Lüneburg NVwZ-RR 2010, 639 (640 f.).
685 BVerwG Urt. v. 31.8.2011 – 8 C 9.10; Urt. v. 9.4.2014 – 8 C 50/12; *Deiseroth* jurisPR-BVerwG 15/2014, Anm. 6.
686 Ähnliche Fragestellungen tauchen bei der IHK auf, die als Selbstverwaltungskörperschaft der Wirtschaft Aufgaben nach dem IHKG wahrnimmt.

## I. Rechtsschutzkonstellationen im zulassungspflichtigen Handwerk

### 1. Rechtsschutz im Eintragungsverfahren (§ 10 HandwO)

Ein **zulassungspflichtiges Handwerk** (§ 1 II HandwO iVm Anlage A zur HandwO) dürfen grds. nur Personen betreiben, die in der Handwerksrolle eingetragen sind (§§ 1 I, 7 HandwO). Die Eintragung entspricht der gewerberechtlichen Erlaubnis und legalisiert den Betrieb. Das Eintragungsverfahren erfolgt zweistufig: 223

- **Mitteilung gem. § 11 HandwO:** Die Handwerkskammer teilt dem Gewerbetreibenden die beabsichtigte Eintragung mit, wenn es sich bei dem Gewerbe um einen Handwerksbetrieb handelt und die Voraussetzungen des § 7 I und II HandwO vorliegen. Dazu gehört idR die Ablegung der Meisterprüfung gem. § 7 Ia HandwO. Weil mit der Mitteilung über die Eintragungsbedürftigkeit verbindlich entschieden wird, handelt es sich um einen VA.
- **Eintragung gem. § 10 HandwO:** Mit einem weiteren VA erfolgt die konstitutive Eintragung in die Rolle. Über die Eintragung wird gem. § 10 II HandwO eine Handwerkskarte ausgestellt.

Im Eintragungsverfahren gibt es folgende Rechtsschutzmöglichkeiten:

- **Anfechtungsklage:** Der Gewerbetreibende und die IHK (§ 12 GewO) können die Mitteilung und die Eintragung anfechten. Die Eintragung ist nur ausnahmsweise unanfechtbar, wenn der Mitteilungs-VA auf erster Stufe unanfechtbar geworden ist.
- **Verpflichtungsklage:** Sein Begehren auf Eintragung kann der Gewerbetreibende mit der Verpflichtungsklage verfolgen.
- **Feststellungsklage:** Soweit zwischen dem Gewerbetreibenden und der zuständigen Behörde Meinungsverschiedenheiten über die Reichweite der Erlaubnispflicht bestehen, ist eine allgemeine Feststellungsklage gegen die Ordnungsbehörde (also nicht gegen die HWK) statthaft; ggf. kann diese mit einer hilfsweisen Verpflichtungsklage auf Erteilung der Genehmigung verbunden werden. Hierbei darf die Behörde den Kläger nicht darauf verweisen, zunächst eine Untersagungsverfügung oder einen Bußgeldbescheid abzuwarten und die streitige Frage in einem hiergegen gerichteten Verfahren klären zu lassen.[687]

### 2. Rechtsschutz gegen Versagung einer Ausnahmebewilligung (§§ 8, 9 HandwO)

Kann der Gewerbetreibende weder eine bestandene Meisterprüfung noch einen vergleichbaren Abschluss vorweisen (vgl. § 7 Ia, II HandwO), kommt die Erteilung einer Ausnahmebewilligung in Betracht. 224

Prüfungsrelevant ist vor allem die Ausnahmebewilligung gem. § 8 HandwO.[688] Eine hierauf gerichtete Verpflichtungsklage hat unter zwei Voraussetzungen Erfolg:

- Der Gewerbetreibende verfügt über die notwendigen **Kenntnisse und Fertigkeiten**, die nach Inhalt und Umfang mit einer Meisterprüfung vergleichbar sind.[689]
- Die Ablegung der Meisterprüfung stellt für den Betroffenen eine **unzumutbare Belastung** dar, etwa wegen Alters oder gesundheitlicher Verfassung. Die Unzumutbarkeit setzt voraus, dass die mit der Ablegung der Meisterprüfung verbundenen Nachteile deutlich höher sind als im Regelfall. Ein mehrfaches Durchfallen reicht nicht.

### 3. Rechtsschutz gegen Untersagungsverfügungen

Beim Rechtsschutz gegen Untersagungsverfügungen sind im Wesentlichen zwei EGL im Auge zu behalten: 225

- Wird ein zulassungspflichtiges Handwerk entgegen den Vorschriften der HandwO betrieben, kommt eine Untersagung nach **§ 16 III 1 HandwO** in Betracht. Da diese Norm jedoch nur Verstöße gegen die HandwO ahndet, greift sie insbes. dann ein, wenn ein zulassungspflichtiges Handwerk ohne die notwendige Eintragung in die Handwerksrolle ausgeübt wird. **Formell** ist neben der Anhörung (§ 28 VwVfG) insbes. die nach § 16 III 2 HandwO vorgesehene Kammeranhörung (Handwerkskammer und IHK) zu beachten. Sie

687 BVerfG Beschl. v. 7.4.2003 – 1 BvR 2129/02.

688 Auf die Darstellung der weniger klausurrelevanten Ausnahmebewilligung nach § 9 HandwO wird verzichtet.

689 VG Neustadt a.d. Weinstraße Urt. v. 13.1.2011 – 4 K 930.10.NW.

wird vielfach im Bearbeitervermerk unterstellt. **Materiell** ist tatbestandlich zu erörtern, ob ein zulassungspflichtiges Handwerk als stehendes Gewerbe selbstständig ausgeübt wird. Als **Rechtsfolge** hat die Behörde nach pflichtgemäßem Ermessen über die Untersagung der Fortsetzung des konkreten Handwerksbetriebs (nicht der Gewerbeausübung an sich!) zu entscheiden. Der gesetzliche Zweck des § 16 III HandwO liegt in der Qualitätssicherung der handwerklichen Tätigkeit. Ähnlich wie im Gewerberecht ist – trotz des grds. anzunehmenden intendierten Ermessens – eine Ermessensüberschreitung denkbar, wenn die materiellen Eintragungsvoraussetzungen nach § 10 I HandwO offenkundig gegeben sind. Wird eine Untersagungsverfügung nach § 16 III 1 HandwO nicht befolgt, kann eine vollstreckungsfähige Betriebsschließung verfügt werden (§ 16 IX HandwO).

- Neben § 16 III 1 HandwO kann **§ 35 GewO** zur Anwendung gelangen. § 35 GewO ist einschlägig, wenn die Untersagungsverfügung wegen Unzuverlässigkeit des Handwerkers ausgesprochen wird. Zweifel an der parallelen Anwendbarkeit beider EGL bestehen nicht, da § 16 III 1 HandwO keine besondere Untersagungsvorschrift iSd § 35 VIII 1 GewO darstellt, die § 35 GewO unanwendbar machen würde (hM).[690]
- Bedenken Sie außerdem, dass eine bewilligte Ausnahmegenehmigung nach § 8 I HandwO nicht gem. **§ 49 II 1 Nr. 3 VwVfG** zurückgenommen werden kann, wenn die Behörde aufgrund nachträglich eingetretener Tatsachen nicht mehr zur Erteilung der Genehmigung berechtigt wäre. Da diese an die Stelle der Meisterprüfung tritt, müssen die Voraussetzungen des § 8 I HandwO wie bei der Meisterprüfung nur im Bewilligungszeitpunkt vorliegen. Bei Unzuverlässigkeit bleibt nur ein Vorgehen nach § 35 GewO.

### II. Rechtsschutzkonstellationen im zulassungsfreien Handwerk

226 Zum **zulassungsfreien Handwerk** gehören Handwerksgewerbe gem. § 18 II 1 HandwO iVm Anlage B Abschnitt 1 und handwerksähnliche Gewerbe nach § 18 II 2 HandwO iVm Anlage B Abschnitt 2. Diese Gewerbe müssen nur angezeigt werden (§ 18 I HandwO). Die Inhaber sind in ein Verzeichnis einzutragen (§§ 19, 20 HandwO). Überwachungsmaßnahmen richten sich nach § 20 iVm § 17 HandwO. Da § 16 III HandwO systematisch unanwendbar ist, kann eine Untersagungsverfügung nur auf § 35 I GewO gestützt werden.

## D. Klausuren aus dem Personenbeförderungsrecht

226a **Klausurhinweis:** Weil Klausuren aus dem Personenbeförderungsrecht vereinzelt im Examen auftreten, sollten Sie sich die nachfolgenden Grundlinien des PBefG merken. Hiernach ist unter anderem die (nach § 1 I 2, II PBefG weit auszulegende) entgeltliche oder geschäftsmäßige Beförderung von Personen mit Kraftfahrzeugen einem Genehmigungsvorbehalt (§ 2 I PBefG) und einer Überwachung (§ 54 PBefG) unterworfen.[691] Das PBefG findet auch auf die unter der Applikation »uber pop« betriebene, vom Unternehmer als »Vermittlung privater Fahrten« bezeichnete Tätigkeit Anwendung. Dabei handelt es sich um eine entgeltliche Personenbeförderung im Gelegenheitsverkehr, die jedoch nach dem PBefG nicht genehmigungsfähig ist. Ein auf die ordnungsrechtliche Generalklausel gestütztes Verbot der Personenbeförderung mit dem »Geschäftsmodell« »uber pop« verstößt auch nicht gegen Art. 12 I GG. Es sprechen überragende Interessen der Allgemeinheit dafür, dass Gelegenheitsverkehr zur Personenbeförderung jedenfalls dann nicht genehmigt wird, wenn der Unternehmer für die gewerbliche Nutzung nicht versicherte Fahrzeuge einsetzt und das Entrichten von Einkommensteuer und Sozialabgaben für die Fahrer sowie von Umsatzsteuern für die Entgelte in dem Geschäftsmodell des Unternehmers nicht vorgesehen sind.[692] Grundlegend wird im PBefG zwischen Linienverkehr mit Straßenbahnen, Omnibussen und Kraftfahrzeugen und Gelegenheitsverkehr mit Taxen unterschieden.

### I. Linienverkehr

Im Bereich des Linienverkehrs begegnen Ihnen insbes. Verpflichtungsbegehren auf Erteilung einer Genehmigung (§§ 13, 15 PBefG) oder die (Dritt-)Anfechtung einer hiernach erteilten Genehmigung. **Formell** sind die Zuständigkeit der Behörde (§ 11 PBefG), die spezifischen

690 *Glaser/Klement* Öff. Wirtschaftsrecht 75 mwN.
691 Schoch/*Huber* BesVerwR 3. Kap. Rn. 350.
692 OVG Hamburg Beschl. v. 24.9.2014 – 3 Bs 175/14, NVwZ 2014, 1528.

Antragserfordernisse (§ 12 PBefG) sowie das Anhörungsgebot (§ 14 PBefG) zu beachten. Neben der in § 15 I 5 PBefG normierten Genehmigungsfiktion sind **materiell** zunächst die in § 13 I PBefG enthaltenen allgemeinen (subjektiven) Zulassungsvoraussetzungen zu erörtern. Beim Linienverkehr – sowie mit Einschränkungen auch im Taxiverkehr – müssen außerdem die in § 13 II und IIa PBefG enthaltenen besonderen (objektiven) Genehmigungsvoraussetzungen erfüllt sein. Es handelt sich dabei um objektive Zulassungsvoraussetzungen iSd der zu Art. 12 GG entwickelten Drei-Stufen-Theorie.

**Problem: Klagebefugnis bei Drittanfechtung**

Bei einer Drittanfechtung durch andere Verkehrsunternehmer dürfte insbes. die Klagebefugnis erörterungsbedürftig sein. Während Konkurrenten in der marktwirtschaftlichen Ordnung grds. nicht nach § 42 II VwGO klagebefugt sind, können vorhandene Verkehrsunternehmer im Anwendungsbereich des PBefG einen »Konkurrentenabwehranspruch« gegenüber Neubewerbern haben.[693] Zwar kann der vorhandene Unternehmer nicht die fehlende Zuverlässigkeit (§ 13 I Nr. 2 PBefG) und die fehlende Leistungsfähigkeit (§ 13 I Nr. 1 PBefG) eines Neubewerbers rügen. § 13 II Nr. 3a–c PBefG (vgl. Wortlaut: »vorhandene Verkehrsmittel« bzw. »vorhandene Unternehmer«) und § 13 III PBefG vermitteln allerdings ein drittschützendes Gebot zur angemessenen **Berücksichtigung der Belange des vorhandenen Unternehmers.**[694] Beachten Sie, dass diese Klagebefugnis nicht für Verkehrsunternehmer gilt, die aufgrund einer einstweiligen Erlaubnis zum Linienverkehr zugelassen wurden. Bei mehreren, die Voraussetzungen des § 13 PBefG erfüllenden Bewerbern muss die Behörde eine sachgerechte Auswahlentscheidung treffen. Hierauf hat der Bewerber einen subjektiv-individuellen Anspruch. Bei dieser Auswahlentscheidung ist in erster Linie maßgebend, wer die bessere Verkehrsbedienung bietet. Bieten mehrere Bewerber eine gleich gute Verkehrsbedienung, ist es ermessensfehlerfrei, wenn die Behörde den Bewerber auswählt, der das Verkehrsbedürfnis als erster erkannt und zuerst einen Antrag auf Befriedigung des Verkehrsbedürfnisses gestellt hat.[695]

## II. Gelegenheitsverkehr

Im **Gelegenheitsverkehr** (mit Taxen) kommt ebenfalls ein Verpflichtungsbegehren auf Erteilung einer Genehmigung in Betracht. Auch hier prüfen Sie zunächst die allgemeinen Genehmigungsvoraussetzungen des § 13 I PBefG. Eine Genehmigung zum Taxenverkehr ist nach § 13 IV 1 PBefG zu versagen, wenn die öffentlichen Verkehrsinteressen dadurch beeinträchtigt werden, dass die Neuzulassung das örtliche Taxigewerbe in seiner Funktionsfähigkeit bedroht. Hierbei sind die in § 13 IV 2 PBefG genannten Aspekte zu beachten. Bei der Beurteilung, ob das örtliche Taxengewerbe iSd § 13 IV 1 PBefG gefährdet ist, müssen Sie Folgendes beachten: Es geht nicht darum, den bereits tätigen Unternehmern einen Schutz vor wirtschaftlicher Konkurrenz und Risiken zu bieten. Eine Zulassungsbeschränkung ist nur gerechtfertigt, wenn für das örtliche Taxengewerbe die **Gefahr eines ruinösen Wettbewerbs** besteht. Denn in verfassungskonformer Auslegung des Art. 12 GG ist nur die Funktionsfähigkeit des örtlichen Taxengewerbes ein überragend wichtiges Gemeinschaftsgut, das nach der Drei-Stufen-Theorie eine objektive Zulassungsbeschränkung rechtfertigen kann. Diese Gefahr muss konkret beweisbar eingetreten sein oder nach einer sorgfältigen verwaltungsseitigen Prüfung nachweislich drohen.[696] Die Abwägung der Verkehrsinteressen ist eine Prognoseentscheidung, bei der die Behörde einen gerichtlich eingeschränkt überprüfbaren Beurteilungsspielraum hat.[697] Für die Genehmigungsvergabe gibt § 13 V PBefG ein Prüfungsprogramm vor, das wesentlich auf das Prioritätsprinzip abstellt.[698] Ausgehend von diesem Prinzip führen die Behörden eine Vormerkliste, die für die Auswahlentscheidung materielle Wirkung entfaltet. Hieraus ergibt sich, dass ein Bewerber für ein Rechtsschutzverfahren auf Gewährung eines besseren Rangs auf dieser Liste klagebefugt (§ 42 II VwGO) ist.[699]

---

693 Schoch/*Huber* BesVerwR 3. Kap. Rn. 352.
694 BVerwG Urt. v. 25.10.1968 – 7 C 90.66, BVerwGE 30, 347.
695 Hk-VerwR/*Sennekamp* VwGO § 42 Rn. 152.
696 BVerwG Beschl. v. 31.1.2008 – 3 B 77/07.
697 Schoch/*Huber* BesVerwR 3. Kap. Rn. 354; im Einzelnen zur Prüfung unbestimmter Rechtsbegriffe und von Beurteilungsspielräumen *Kaiser/Köster/Seegmüller* Öffentlich-rechtliche Klausur Rn. 222 ff.
698 Hk-VerwR/*Sennekamp* VwGO § 42 Rn. 161.
699 Hk-VerwR/*Sennekamp* VwGO § 42 Rn. 161.

**§ 25 PBefG** regelt die Voraussetzungen für einen gebundenen bzw. (Ermessens-)Widerruf abschließend. Maßgebender Zeitpunkt für die Anfechtungsklage (§ 42 I Var. 1 VwGO) ist der der letzten behördlichen Entscheidung.[700]

**Klausurhinweis:** Bei der Bearbeitung dieses Skriptes sind Sie wiederholt auf den Begriff der Unzuverlässigkeit eines Gewerbetreibenden gestoßen. Dieser ist aus dem Blickwinkel der GewO oder des GastG bereits beleuchtet worden. Der Begriff der Zuverlässigkeit/Unzuverlässigkeit tritt daneben als Schlüsselbegriff in einer Vielzahl weiterer examensrelevanter Normen auf, die häufig in Randgebieten des besonderen Gewerberechts zu finden sind. Die Zuverlässigkeit stellt nämlich im erlaubnispflichtigen Gewerbe die typische Erlaubnisvoraussetzung[701] und im erlaubnisfreien Gewerbe den zentralen Maßstab für die Gewerbeüberwachung dar. Zudem bildet die Unzuverlässigkeit einen wichtigen Widerrufsgrund.[702] Er ist auch idR die wichtigste tatbestandliche Voraussetzung für eine Untersagungsverfügung.[703] Auch umweltrechtliche und gefahrenabwehrrechtliche (WaffG, JagdG) Vorschriften knüpfen oft an den Zuverlässigkeitsbegriff an. Sie werden unmöglich die gesamte Rechtsprechung zum Zuverlässigkeitsbegriff aus sämtlichen examensrelevanten Vorschriften lernen können. Wichtig ist vielmehr, dass Sie die nachfolgende Prüfungsstruktur beherrschen.[704]
Zunächst stellen Sie fest, dass die in Rede stehende Vorschrift an die Unzuverlässigkeit anknüpft. Anschließend liefern Sie die allgemeine **Definition** der Unzuverlässigkeit: Unzuverlässig ist derjenige, der aufgrund von relevanten Tatsachen nicht die Gewähr dafür bietet, die angestrebte oder ausgeübte Tätigkeit ordnungsgemäß iSd jeweiligen Fachgesetzes auszuüben.
Bisweilen enthalten Gesetze Merkmale, bei deren Erfüllung zwingend auf die Unzuverlässigkeit zu schließen ist (**Negativkatalog**). Dies gilt etwa bei besonders schwerwiegenden Vergehen (zB in § 5 I WaffG), ist aber wegen der eindeutigen Rechtsfolge weniger klausurrelevant. Wichtiger sind Fälle, in denen **Regelvermutungen** normiert wurden (zB in §§ 33c II, 33d III, 33i II GewO, § 5 II WaffG, § 17 IV BJagdG). Liegen die Voraussetzungen des Regelbeispiels vor, ist zu prüfen, ob sie wegen der Umstände des Einzelfalles entkräftet werden können. Inwieweit die waffenrechtliche Regelvermutung iSd § 5 II WaffG widerlegt werden kann, war umstritten.[705]
Schwieriger ist der Fall, in dem der sachliche Anwendungsbereich des Regelbeispiels zwar eröffnet ist, die Voraussetzungen aber gerade nicht erfüllt sind. Dann kann die Unzuverlässigkeit nur begründet werden, wenn weitere Indizien vorliegen, die vom Vorwurfgehalt her gleichwertig sind. Dies müssen Sie in der Klausur umfassend begründen.
Konkretisieren weder Negativkataloge noch Regelbeispiele die Unzuverlässigkeit, müssen Sie deren **Prüfung selbst vornehmen**. Hierzu sammeln Sie das gesamte Tatsachenmaterial aus dem Aktenauszug, das die Annahme der Unzuverlässigkeit stützen kann. Diese Gesichtspunkte lassen sich vielfach in Charaktermängel (zB Hang zur Missachtung gesetzlicher Vorschriften) und grundlegendes Unvermögen (zB dauernde Unfähigkeit, Steuern zu zahlen) unterscheiden. Auch fehlende Sachkunde ist ein berücksichtigungswürdiger Aspekt (hM). Im Anschluss an die Sammlung des Tatsachenmaterials bewerten Sie – hier liegt oft ein Klausurschwerpunkt – ob die ermittelten Umstände die Unzuverlässigkeit in der konkreten Regelungsmaterie begründen. Beispielsweise begründen Charaktermängel in Form von wiederholten Straßenverkehrsdelikten idR keine Unzuverlässigkeit als Gastwirt, wohl aber für einen Gewerbetreibenden im Güternahverkehr oder im Bereich des PBefG. Nach Auffassung des BVerwG begründet jedoch eine langjährige aktive Beteiligung eines Bezirksschornsteinfegermeisters und NPD-Mitglieds an »Totenehrungen« für die Mörder Walther Rathenaus eine persönliche Unzuverlässigkeit iSd § 11 II Nr. 1 SchfG.[706] Sie müssen also den Schutzzweck der gesetzlichen Vorschriften genau ermitteln und darlegen.
Die Zuverlässigkeit knüpft als **Prognosebegriff** daran an, dass der Gewerbetreibende »künftig« sein Gewerbe ordnungsgemäß ausüben wird. Sie müssen daher erklären, ob und ggf. weshalb auch künftig von einem Fehlverhalten des Gewerbetreibenden auszugehen ist.

700 Schoch/*Huber* BesVerwR 3. Kap. Rn. 352.
701 Aus der GewO zB § 30 I Nr. 1 GewO, § 33c II Nr. 1 GewO, § 33i II Nr. 1 iVm § 33c II Nr. 1 GewO, § 34 I Nr. 1 GewO; daneben zB § 4 I GastG, § 2 I Nr. 4 ApoG, § 12 II PBefG, § 23 I 2 BImSchG.
702 Neben §§ 15 II iVm 4 I Nr. 1 GastG zB § 25 I PBefG, § 4 iVm § 2 I Nr. 4 ApoG.
703 §§ 35, 59 iVm §§ 57 I, 70a GewO.
704 Darstellung entspricht *Eifert* JuS 2004, 565 ff.
705 Hierzu siehe oben → Rn. 118e.
706 BVerwG Urt. v. 7.11.2012 – 8 C 28/11.

# 7. Kapitel. Kommunalrecht

Das Kommunalrecht ist ein Rechtsgebiet, in dem die Unterschiede zwischen den Bundesländern besonders deutlich zu Tage treten. Wir widmen diesem Rechtsgebiet ein eigenes Kapitel, weil nach unseren Erkenntnissen gerade im Assessorexamen Rechtsschutzkonstellationen mit länderübergreifender Bedeutung vorkommen. Gleichwohl kann es ratsam sein, dass Sie Ihre Unterlagen aus dem Ersten Examen zur Hand nehmen und landesrechtliche Besonderheiten ergänzend wiederholen.

## A. Rechtsschutz gegen Versagung des Zugangs zu kommunalen öffentlichen Einrichtungen

In kommunalrechtlichen Klausuren spielt der Zulassungsanspruch zu gemeindlichen Einrichtungen eine große Rolle. Die Verpflichtung, öffentliche Einrichtungen zu schaffen, besteht im öffentlichen Interesse. Deswegen kann ein Einwohner mangels Klagebefugnis (§ 42 II VwGO) grds. nicht auf Errichtung (Widmung), Änderung (Umwidmung) oder Schließung (Entwidmung) einer entsprechenden Einrichtung klagen.[707] Er hat als Einwohner allerdings einen Anspruch darauf, die bestehenden öffentlichen Einrichtungen im Rahmen der Widmung nach gleichen Grundsätzen nutzen zu dürfen.[708] Dieser Zulassungsanspruch wird in verwaltungsgerichtlichen, daneben in verwaltungsbehördlichen, vor allem aber auch in Anwaltsklausuren relevant. 227

### I. Prozessuale Probleme

Bei der **Eröffnung des Verwaltungsrechtswegs** wird die Zwei-Stufen-Theorie relevant. Danach stellt die Entscheidung über das »Ob« der Zulassung, also die Frage des Zugangsrechts als solchem, eine öffentlich-rechtliche Streitigkeit iSv § 40 I 1 VwGO dar. Rechtsfragen aus einem bestehenden Benutzungsverhältnis (etwa Haftungskonstellationen) betreffen hingegen die konkrete Ausgestaltung des bestehenden Benutzungsverhältnisses. Dieses »Wie« kann aufgrund der Wahlfreiheit der Gemeinde öffentlich-rechtlich oder privatrechtlich ausgestaltet sein. Im letzteren Fall ist der Zivilrechtsweg eröffnet. 228

**Problem: Abgrenzung des gewerberechtlichen vom gemeinderechtlichen Zulassungsanspruch**

Der gemeinderechtliche Zulassungsanspruch wird von dem bundesgesetzlichen gewerberechtlichen Zulassungsanspruch nach § 70 I GewO verdrängt.[709]

Die **statthafte Klageart** richtet sich nach dem Begehren des Klägers (§ 88 VwGO).

- Entscheidet die Gemeinde über den Benutzungsanspruch zu einer von ihr betriebenen öffentlichen Einrichtung durch VA, so ist die **Verpflichtungsklage** auf Erteilung der Zulassung statthaft. In diesem Fall muss damit grds. (sofern nach jeweiligem Landesrecht vorgesehen) ein Vorverfahren durchgeführt und die Klagefrist eingehalten werden.
- Wird die öffentliche Einrichtung von einem selbstständigen (idR privaten) Rechtsträger (Anstalt, GmbH) betrieben,[710] kann die Gemeinde den Zulassungsanspruch selbst nicht erfüllen. In dieser Dreieckskonstellation ist das Begehren auf eine Einwirkung des Hoheitsträgers auf den verselbstständigten Rechtsträger gerichtet: Der Hoheitsträger soll seinen gesellschaftsrechtlichen Einfluss gegenüber dem privaten Rechtsträger geltend machen. Da diese Einwirkung nichtregelnder Natur ist, ist in diesem Fall die **allgemeine Leistungsklage** statthaft. Bisweilen bereitet die Formulierung des Antrags im Fall des Einwirkungsanspruchs Schwierigkeiten. Achten Sie neben einer konkreten Benennung des begehrten Nutzungszeitraums insbes. auch darauf, den Terminus »verurteilen« statt »verpflichten« zu verwenden.

707 Hk-VerwR/*Sennekamp* VwGO § 42 Rn. 139.
708 *Rennert* JuS 2008, 211 (211).
709 VGH Mannheim GewArch 2001, 420; Tettinger/Wank/*Ennuschat* § 70 Rn. 5.
710 Zu den Grenzen der Privatisierung siehe BVerwG NVwZ 2009, 1305 (1307). Wenn die Gemeinde Angelegenheiten des örtlichen Wirkungskreises privatisiert, muss sie sich Steuerungsmöglichkeiten vorbehalten.

> Die Beklagte wird verurteilt, auf die Stadthalle M. GmbH dergestalt einzuwirken, dass diese dem Kläger die Räumlichkeiten der Stadthalle M. GmbH am ... zu den üblichen Benutzungsbedingungen zur Verfügung stellt.

Vereinzelt wird in der zuletzt genannten Konstellation das **allgemeine Rechtsschutzinteresse** problematisiert. Wird die gemeindliche Einrichtung in selbstständiger Rechtsträgerschaft betrieben, könnte die Gemeinde den Einwand erheben, dass der Einwohner sich direkt an den verselbstständigten Rechtsträger wenden soll. Dieser Umstand lässt jedoch das allgemeine Rechtsschutzinteresse nicht entfallen. Ein etwaiger Kontrahierungsanspruch (bspw. nach den §§ 823, 826 BGB) folgt anderen Voraussetzungen und ist – bei privatrechtlicher Grundlage – zudem vor Zivilgerichten unter Geltung anderer Verfahrensgrundsätze durchzusetzen.

### II. Materiell-rechtliche Probleme

229 In **persönlicher Hinsicht** muss der Anspruchsteller Einwohner der Gemeinde sein, also in der Gemeinde wohnen.[711] Bei juristischen Personen stellt man auf den Sitz im Gemeindegebiet ab. Zulassungsberechtigt sind auch Personenvereinigungen, sofern sie ihren Sitz in der Gemeinde haben, überwiegend aus Einwohnern der Gemeinde bestehen und ihre Tätigkeit gerade in der Gemeinde ausüben.[712] Dazu gehören etwa ortsansässige Schausteller- oder Werbevereine und Ortsvereine einer politischen Partei, nicht hingegen Landesverbände. Nichteinwohner haben grds. keinen Zulassungsanspruch. Stellt die Gemeinde aber im Rahmen ihrer Verwaltungspraxis auch Nichteinwohnern die Einrichtung zur Verfügung, haben andere Nichteinwohner (wenn nicht schon aus der Widmung ein Teilhabeanspruch folgt jedenfalls) aus Art. 3 I GG iVm dem Grundsatz der Selbstbindung der Verwaltung einen Anspruch auf ermessensfehlerfreie Auswahlentscheidung.[713]

In **sachlicher Hinsicht** kommt es darauf an, dass der Zugang zu einer öffentlichen Einrichtung der Gemeinde beansprucht wird. Dahinter verbergen sich zwei Tatbestandsmerkmale.

- Es muss sich um eine **öffentliche Einrichtung** handeln. Das sind solche Einrichtungen, die eine Gebietskörperschaft ihren Einwohnern zur allgemeinen Benutzung zur Verfügung stellt. Ein sachlicher Bestand an Mitteln ist nicht erforderlich. Auch freie Flächen, wie etwa Kirmesplätze, sind erfasst. Besonders klausurträchtig sind Stadthallen, gemeindliche Schwimmbäder und Stadttheater. Öffentlich wird die Einrichtung durch den Widmungsakt. Er kann formell durch Rechtsakte oder durch konkludentes Handeln erfolgen. Eine konkludente Widmung, die auf der tatsächlichen Vergabepraxis beruht, ist nur wirksam, wenn sie von dem kommunalverfassungsrechtlich zuständigen Organ zumindest stillschweigend gebilligt wird.[714]

> **Klausurhinweis:** In anwaltlichen Klausuren müssen Sie dann ggf. daran denken, eine solche konkludente Widmung nachzuweisen.

- Die Einrichtung ist darüber hinaus auch **gemeindlich,** wenn die Gemeinde maßgeblichen Einfluss auf ihren Zugang besitzt. Ist die Einrichtung selbstständig organisiert, kann dieser Einfluss bspw. vertraglich oder durch die personelle Besetzung der Einrichtungsorgane mit Gemeindeorganen gesichert werden.

Problematisch sind in der Klausur typischerweise die **Grenzen des Zugangsanspruchs.** Grenzen können sich aus rechtlichen wie tatsächlichen Gründen ergeben.

- Auf die **rechtlichen Begrenzungen** weist bereits der Wortlaut der gemeinderechtlichen Anspruchsgrundlagen hin (»im Rahmen des geltenden Rechts«). Sie ergeben sich vor allem aus dem Widmungszweck.[715] Er lässt sich typischerweise aus einer Benutzungssatzung oder aus der bisherigen Verwaltungspraxis ermitteln. Liegt die projektierte Nutzung außerhalb des Widmungszwecks, so besitzt der Antragsteller zwar keinen Benutzungsan-

711 Bürger sind hingegen nur Einwohner, die Deutsche oder EU-Angehörige sind.
712 *Rennert* JuS 2008, 211 (212) mwN.
713 *Rennert* JuS 2008, 211 (212).
714 BayVGH DVBl. 2012, 253.
715 OVG Münster NVwZ 1984, 665 (666).

spruch. Bisweilen wird aber diskutiert, ob der Antragsteller einen Anspruch auf ermessensfehlerfreie Entscheidung über eine widmungsfremde Nutzung (»Anspruch auf Sonderbenutzung«) besitzt, der als Minus zum Benutzungsanspruch angesehen werden kann. Die Rechtsprechung lehnt dies ab.[716]

**Problem: Polizeirechtliche Einwände als rechtliche Begrenzung**

Fraglich ist, ob einem Zulassungsanspruch polizeirechtliche Erwägungen entgegengehalten werden können. Oft befürchtet die Gemeinde etwa, dass anlässlich der Nutzung Ordnungswidrigkeiten oder Straftatbestände verwirklicht werden oder dass eine gewalttätige Gegendemonstration stattfindet. Die Rspr. erkennt solche polizeirechtlichen Einwände als rechtliche Begrenzung trotz Kritik in der Literatur an, wenn der Veranstalter als Verhaltensstörer oder (besonders relevant: als Nichtstörer) polizeirechtlich verantwortlich ist. Allerdings dürfen Sie die Verantwortlichkeit des (nichtstörenden) Antragstellers nicht zu früh bejahen: In erster Linie muss nämlich die örtliche Polizei durch geeignete Maßnahmen sicherstellen, dass es bei der geplanten Veranstaltung nicht zu gewalttätigen Gegendemonstrationen kommt.[717] Ein Ausschluss des Veranstalters von der Nutzung der Einrichtung ist zudem dann unzulässig, wenn die Gemeinde ihren Einwand durch Nebenbestimmungen ausräumen kann, zB durch eine Versicherungsauflage oder eine Kautionshinterlegung (§ 36 I VwVfG).[718]

- **Tatsächliche Begrenzungen** folgen insbes. aus dem Kapazitätsangebot. Dies ergibt sich aus dem Teilhabecharakter des kommunalrechtlichen Benutzungsanspruchs. Sind die Kapazitäten erschöpft, wandelt sich der Benutzungsanspruch um in einen Anspruch auf ermessensfehlerfreie Auswahl.[719] Der Gemeinde ist es zudem verwehrt, den Zugang ohne sachlichen Grund faktisch zu behindern. Ist aber zB aufgrund konkreter Anhaltspunkte damit zu rechnen, dass Schäden entstehen können, liegt in der Pflicht, eine Kaution zu hinterlegen oder einen Versicherungsnachweis vorzulegen, keine unzulässige Behinderung des Bewerbers.[720] Trifft die Gemeinde eine fehlerhafte – etwa unzureichende – Auswahlentscheidung, ohne dass sich der Anspruch des Einwohners auf Null reduziert hat, so ist die Klage nur teilweise (hinsichtlich einer Neubescheidung) erfolgreich, im Übrigen aber abzuweisen (§ 113 V 2 VwGO; Kostenfolge: § 155 I 1 Var. 2 VwGO).

**Klausurhinweis:** Häufig sind Klausuren im Zusammenhang mit dem Benutzungsanspruch in ein Verfahren **einstweiligen Rechtsschutzes** eingekleidet. Für ein auf die vorläufige Zulassung gerichtetes Rechtsschutzgesuch ist der Verwaltungsrechtsweg gegeben. Statthafte Antragsart ist eine Regelungsanordnung (§ 123 I 2 VwGO), da durch die einstweilige Anordnung der Rechtskreis erweitert werden soll. Die Antragsbefugnis analog § 42 II VwGO ergibt sich aus dem möglichen Anspruch des Antragstellers aus der gemeindeordnungsrechtlichen Zulassungsvorschrift.[721]
In der Begründetheit prüfen Sie zunächst die Glaubhaftmachung eines Anordnungsanspruchs. Diese Frage ist idR der Kern der Klausur. Hier ist zunächst zu fragen, ob der Antragsteller zu dem berechtigten Personenkreis der GO gehört und ob es sich um eine »öffentliche Einrichtung« iSd GO handelt. Auf Rechtsfolgenebene ist zu untersuchen, ob das Auswahlermessen ordnungsgemäß ausgeübt worden ist. Anschließend erörtern Sie im Rahmen des Anordnungsgrundes, ob die Regelung notwendig ist, um wesentliche Nachteile oder drohende Gefahren abzuwenden. In der Klausur werden Sie an dieser Stelle ggf. Hinweise finden, dass der Antragsteller seinen Umsatz in erheblichem Umfang aus der konkreten Veranstaltung zieht. Er wird dann vortragen, dass ohne die Zulassung zu

716 HessVGH Urt. v. 11.5.1989 – 6 UE 3016/86.
717 BayVGH Beschl. v. 21.2.2008 – 4 ZB 07.3489; VGH Mannheim NVwZ 1994, 587.
718 *Rennert* JuS 2008, 211 (213).
719 Die Anforderungen an die Ermessensausübung wurden bereits für den vergleichbaren Fall der Marktzugangskonkurrenz unter → Rn. 216 dargestellt.
720 VGH Mannheim NJW 1987, 2697 (2698).
721 §10 II BWGemO; Art. 21 I 1 BayGO; in Berlin folgt der Anspruch aus Gewohnheitsrecht, vgl. OVG Berlin Urt. v. 26.4.1978 – II B 36.78; § 12 I BbgKVerf; Art. 27, 35 BremVerf, § 15 VerfBrhv; in Hamburg folgt der Anspruch ebenfalls aus Gewohnheitsrecht; § 20 I HGO; § 14 II MVKV; § 30 NdsKomVG; § 8 II NRWGO; § 14 II RhPfGemO; § 19 SaarlKSVG; § 10 II, III SächsGemO; § 22 I, II LSAGO; § 18 SchlHGO; § 14 ThürKO.

dem Volksfest seine wirtschaftliche Existenz gefährdet ist. Dies ist die klassische Ausnahmesituation von dem Verbot der Vorwegnahme der Hauptsache. Ausnahmsweise darf hier die Hauptsache vorweggenommen werden, da effektiver Rechtsschutz im Hauptsacheverfahren idR zu spät kommen würde. Im Hinblick auf Art. 19 IV GG darf dann zur Sicherstellung effektiven Rechtsschutzes die Hauptsache vorweg genommen werden, wenn andernfalls irreparable, nicht hinnehmbare Nachteile entstünden.

**Klausurhinweis:** IdR ist die zu vergebende **Platzfläche räumlich begrenzt**. Dann ist – bei erfolgter Zulassung eines Konkurrenten – dieser zu verdrängen (Konkurrentenverdrängungsklage). Dies stellt eine Drittanfechtungssituation dar, in der in der Hauptsache eine Anfechtungsklage gem. § 42 I VwGO statthaft ist und im Verfahren vorläufigen Rechtsschutzes der Erfolg eines Antrags gem. § 80 V VwGO zu prüfen ist. Auf Zulässigkeitsebene sprechen Sie neben der Statthaftigkeit des Antrags die Antragsbefugnis an. Beachten Sie, dass durch die Verdrängung des Konkurrenten eine evtl. erstrebte eigene Zulassung nicht erreicht werden kann. Insoweit ist ein Antrag gem. § 123 I VwGO statthaft.[722] Eine andere Konstellation ergibt sich dann, wenn der Konkurrent seine Zulassung nur unter dem Vorbehalt des jederzeitigen Widerrufs, insbesondere für den Fall des Erfolgs eines Konkurrenten mit einem Zulassungsanspruch vor Gericht, erhalten hat. Dann genügt es, den Zulassungsanspruch im Wege des § 123 I VwGO zu verfolgen. Im Obsiegensfalle kann und muss der Veranstalter den erforderlichen Platz durch Widerruf einer bereits ausgesprochenen Zulassung schaffen.

**Klausurhinweis:** Examensklassiker sind die sog. »**Stadthallenfälle**«. Der gemeinderechtliche Zugangsanspruch zu öffentlichen Einrichtungen steht regelmäßig nur den Ortsverbänden politischer Parteien zu. Landesverbände können aber gem. Art. 3 iVm Art. 21 GG, Art. 38 GG sowie § 5 ParteienG anspruchsberechtigt sein, wenn die Einrichtungen auch für politische Veranstaltungen überörtlicher Art zur Verfügung gestellt werden. Der Grundsatz der Chancengleichheit aller Parteien ist verletzt, wenn nur bestimmten Parteien die Nutzung gestattet und andere ausgeschlossen werden. Beachten Sie, dass ein Anspruch wiederum nur im Rahmen der Widmung bestehen kann.[723]
Sind in der Klausur Vergaberichtlinien der Gemeinde abgedruckt, müssen sie ggf. deren Rechtmäßigkeit prüfen. Sofern die tatsächliche Nutzungs- und Vergabepraxis über die Richtlinien hinausgeht, sollten Sie an eine konkludente Widmungserweiterung denken.[724] Diese ist aber nur wirksam, wenn von einer zumindest stillschweigenden Billigung der Vergabepraxis durch das nach der Kommunalverfassung zuständige Organ ausgegangen werden kann.[725] Eine nicht verbotene Partei darf nicht als verfassungswidrig abgelehnt werden, weil dadurch das Verwerfungsmonopol des BVerfG unterlaufen würde (Art. 21 II 2 GG). Außerdem gebietet es der Grundsatz der Chancengleichheit, auch Parteien zuzulassen, die die 5%-Klausel nach § 6 VI BWG nicht erfüllen.
Prozessual gilt: Die Ortsverbände sind selbst gem. § 61 Nr. 2 VwGO beteiligtenfähig. Gleichwohl können die Landesverbände für sie nach § 3 S. 2 ParteienG in gesetzlicher Prozessstandschaft auftreten.[726]

## B. Rechtsschutz gegen kommunale Satzungen

Es kann vorkommen, dass Sie eine kommunale Satzung auf ihre Rechtmäßigkeit prüfen müssen. Der Schwerpunkt solcher Klausuren liegt dann vielfach bei dem Umfang der kommunalen Selbstverwaltungsgarantie. Sehr beliebt ist auch die Verknüpfung zwischen Baurecht und Kommunalrecht: So kann der Kläger in einer baurechtlich eingekleideten Klausur etwa geltend machen, dass ein Bebauungsplan oder eine Veränderungssperre nicht ordnungsgemäß zustande gekommen ist. Dann müssen Sie die Rechtmäßigkeit dieser Satzung inzident prüfen.

722 OVG Lüneburg Beschl. v. 17.11.2009 – 7 ME 116/09, NVwZ-RR 2010, 208.
723 Dreier/*Morlok* Art. 21 Rn. 93.
724 VGH Mannheim NVwZ 1998, 540.
725 BayVGH DVBl. 2012, 253.
726 OVG Saarlouis NVwZ-RR 2009, 533 (533 f.).

## I. Rechtmäßigkeit einer kommunalen Satzung

Im Studium werden Sie sich wiederholt mit der Prüfung der Rechtmäßigkeit einer kommunalen Satzung befasst haben. Aus diesem Grund wird nachfolgend nur eine Übersicht zu dieser Standardkonstellation dargestellt. 230

**Übersicht: Rechtmäßigkeit einer kommunalen Satzung**

I. Rechtsgrundlage
   1. Spezialnormen: zB GemO, StrWG, § 10 I BauGB, LBO
   2. Generalklausel der GemO oder Stadtverfassung
II. Formelle Rechtmäßigkeit
   1. Zuständigkeit
      a) Verbandskompetenz der Gemeinde (Art. 28 II GG)
         (P) Grenzen des örtlichen Bezugs
         (P) Allgemeinpolitisches Mandat
      b) Organkompetenz des Rates
   2. Verfahren
      a) Einberufung
      b) Bekanntmachung der Tagesordnung
      c) Öffentlichkeit
      d) Abstimmung
   3. Form
      a) Niederschrift
      b) Unterschrift
      c) Ggf. Genehmigung durch die Aufsichtsbehörde
      d) Bekanntmachung
   4. Ggf. Unbeachtlichkeit von Verfahrens- und Formfehlern
III. Materielle Rechtmäßigkeit der Satzung
   1. Tatbestandsvoraussetzungen der Ermächtigungsgrundlage
   2. Keine Überschreitung des Satzungsermessens
      = kein Verstoß gegen höherrangiges Recht (zB Bestimmtheitsgebot)

Einleitend ist bereits darauf hingewiesen worden, dass – bei entsprechender landesrechtlicher Regelung nach § 47 I Nr. 2 VwGO – eine unmittelbare (prinzipale) Normenkontrolle denkbar ist. Im Assessorexamen ist diese Rechtsschutzkonstellation allerdings eher die Ausnahme. Dort, wo eine prinzipale Normenkontrolle landesrechtlich nicht vorgesehen ist, kann mit der Feststellungsklage nach § 43 I VwGO festgestellt werden, dass durch die Satzung ein bestimmtes Rechtsverhältnis nicht begründet wird. Höhere Examensrelevanz hat hingegen die inzidente Rechtmäßigkeitsprüfung einer Satzung: Typische Klausureinkleidung ist dann eine Anfechtungsklage (§ 42 I VwGO) gegen einen auf die Satzung gestützten VA. In diesem Fall ist die Satzung innerhalb der Begründetheit der Klage zu prüfen. Dort ist zu untersuchen, ob die Satzung eine wirksame Ermächtigungsgrundlage für den VA bildet. In einer verwaltungsbehördlichen Klausur müssen Sie möglicherweise aus der Perspektive der Kommunalaufsicht entscheiden, welche aufsichtsbehördlichen Maßnahmen zu ergreifen sind.

## II. Rechtmäßigkeit eines Anschluss- und Benutzungszwangs

Eher selten ist die Rechtmäßigkeit eines Anschluss- und Benutzungszwangs zu prüfen. Hier geht es regelmäßig um ähnliche Fragestellungen, nur in unterschiedlichen Einkleidungen. Im Rahmen der Zulässigkeit müssen Sie genau untersuchen, welche Klageart statthaft ist. Insoweit sind verschiedene Klagearten denkbar: 231

- Falls der Anschluss- und Benutzungszwang satzungsrechtlich begründet wird, ist eine **Feststellungsklage nach § 43 I VwGO** mit dem Ziel statthaft, festzustellen, dass ein Anschluss- und Benutzungszwang nicht begründet wurde. Hilfsweise kann auf die Verpflichtung zur Genehmigungserteilung geklagt werden. Auch ein Normenkontrollantrag gem. § 47 VwGO ist denkbar.

- Falls die Gemeinde einen Adressaten (nach entsprechendem Satzungsbeschluss) mittels VA einem Anschluss- und Benutzungszwang unterwirft, ist eine **Anfechtungsklage gem. § 42 I Var. 1 VwGO** statthaft. Innerhalb dieser Anfechtungsklage werden Sie die Rechtmäßigkeit der Satzung prüfen müssen.
- Falls ein Bürger eine Befreiung von dem Anschluss- und Benutzungszwang anstrebt, kommt eine **Verpflichtungsklage gem. § 42 I Var. 2 VwGO** in Betracht. Auch diese Klausureinkleidung erfordert die Inzidentprüfung der Satzung.

**Übersicht: Rechtmäßigkeit eines Anschluss- und Benutzungszwangs**

I. Rechtsgrundlage
  1. Spezialnormen: zB § 17 I–III KrWG iVm LAbfG, LWasserG
  2. Gemeindeordnungsrechtliche (Spezial-)Ermächtigung

II. Formelle Rechtmäßigkeit der Satzung

III. Materielle Rechtmäßigkeit der Satzung
  1. Tatbestand
    a) Öffentliche Einrichtung
      (P) Verselbstständigte Leistungserbringer
    b) Grundstücksbezug des Anschlusszwangs
    c) Öffentliches Bedürfnis für Anschluss- und Benutzungszwang
  2. Keine Verletzung des Satzungsermessens

Die **Rechtsgrundlage** für die Satzung über einen Anschluss- oder Benutzungszwang finden Sie vorbehaltlich spezieller Regelungen in der gemeindeordnungsrechtlichen Spezialermächtigung. Haben Sie dabei bitte im Hinterkopf, dass eine allgemeine kommunale Satzungsermächtigung diese grundrechtsintensive Maßnahme nicht stützt. Ansprechen müssen Sie dies im Assessorexamen aber nur ausnahmsweise.

**Formell** sind häufig inzident die typischen kommunalrechtlichen Fehlerquellen einer Satzung (Befangenheit etc.) zu untersuchen. Insoweit wird auf die Übersicht zur Rechtmäßigkeit einer kommunalen Satzung verwiesen.

**Materiell** sind die tatbestandlichen Voraussetzungen der GemO zu prüfen.

- Zunächst muss es sich um eine **öffentliche Einrichtung** der Gemeinde handeln. Dies ist in Klausuren selten problematisch. Schwierigkeiten treten allenfalls auf, wenn die Gemeinde einen Anschluss- und Benutzungszwang zugunsten eines verselbstständigten privaten Rechtsträgers begründet (zB »Fernwärme Stadt X GmbH«). Dies setzt nach der Rspr. des BVerwG voraus, dass sich die Gemeinde eine hinreichende Steuerungsmöglichkeit auf die Einrichtung gesichert hat.[727]
- Diese Einrichtung muss **grundstücksbezogen** sein. Das Erfordernis gilt jedenfalls im Fall des Anschlusszwangs. Daher unterliegen auch Grundstückseigentümer, die nicht in der Gemeinde wohnen, dem Anschlusszwang (häufiger Einwand in Klausuren).
- Es muss ein **öffentliches Bedürfnis** für den Anschluss- und Benutzungszwang vorliegen. Dieses ist gegeben, wenn vernünftige Gründe des Gemeinwohls für den Anschluss- und Benutzungszwang sprechen, maW das Wohl der Gemeindeeinwohner objektiv gefördert wird. In der Klausur liegt dieses öffentliche Bedürfnis häufig im Gesundheitsschutz. Problematisch ist derzeit die Frage, ob der Schutz der Umwelt ein öffentliches Bedürfnis darstellt. Zweifelhaft ist dies, weil Umweltschutz nur einen eingeschränkten örtlichen Bezug aufweist. Daher hat das BVerwG entschieden, dass jedenfalls das Interesse an einem überörtlichen Klimaschutz einen Anschluss- und Benutzungszwang nicht stützen kann.[728] Etwas anderes kann dann gelten, wenn der Umweltschutz landesrechtlich ausdrücklich als öffentliches Bedürfnis anerkannt wird[729] oder der Aktenauszug einen örtlichen Umweltschutz in den Mittelpunkt stellt. Nicht ausreichend sind rein wirtschaftliche Zielsetzungen der Gemeinde.[730] In vielen Aktenauszügen wird darüber gestritten, inwieweit das Vorliegen

727 BVerwG NVwZ 2005, 963 (964).
728 BVerwG NVwZ 2006, 595 (597).
729 Etwa § 11 I BWGemO; § 17 II SchlHGO.
730 *Dietlein/Burgi/Hellermann* ÖffR NRW § 2 Rn. 375.

eines öffentlichen Bedürfnisses gerichtlich überprüfbar ist. Bitte merken Sie sich, dass das öffentliche Bedürfnis als unbestimmter Rechtsbegriff nach der überwiegenden Rspr. einer vollen gerichtlichen Kontrolle unterliegt.[731]

Schließlich darf das »**Satzungsermessen**« nicht überschritten worden sein; insoweit kann sich vor allem die Frage stellen, ob der Zwang verhältnismäßig ist. So kann etwa ein Benutzungszwang für Friedhöfe mit Art. 4 GG kollidieren. Wichtig ist allerdings vor allem eine evtl. Verletzung des Art. 14 I GG. Ein Anschluss- und Benutzungszwang stellt eine Inhalts- und Schrankenbestimmung des Eigentums dar (Art. 14 I 2 GG). Diese ist regelmäßig im Hinblick auf Art. 14 II GG (Sozialpflichtigkeit des Eigentums) verfassungsgemäß, soweit die maßgebenden öffentlichen Zwecke sichergestellt werden sollen (Grundwasserversorgung etc.).

## C. Rechtsschutz im Zusammenhang mit kommunalrechtlichen Bürgerbegehren

Eher selten, aber nicht auszuschließen ist, dass Sie eine Klage auf Zulassung eines Bürgerbegehrens[732] prüfen müssen. Wenn Sie in einer Anwaltsklausur einen Bürger beraten sollen, wird es insbes. auf die formellen Anforderungen ankommen. Bei einer anwaltlichen Beratung der Verwaltung sollten Sie außerdem sorgfältig prüfen, ob das Begehren nicht ausnahmsweise unzulässig ist. Möglich ist auch der Entwurf einer gerichtlichen Entscheidung. 232

**Übersicht: Rechtsschutz gegen verweigerte Zulässigkeitserklärung für Bürgerbegehren**

A. Zulässigkeit
 I. Statthafte Klageart
  (P) Außenwirkung der Ratsentscheidung
 II. Klagebefugnis
 III. Vorverfahren
  (P) Gemeinschaftserfordernis
 IV. Klagefrist
 V. Beteiligtenfähigkeit
B. Begründetheit
 I. Passivlegitimation
 II. Formelle Voraussetzungen des Bürgerbegehrens
  1. Schriftform
  2. Begründung
  3. Benennung der Vertreter
  4. Mindestunterschriften
  5. Kostendeckungsvorschlag
  6. Ggf. Frist
 III. Materielle Voraussetzungen des Bürgerbegehrens
  1. Angelegenheit des Gemeinderats
   a) Verbandskompetenz
   b) Organkompetenz
  2. Keine Unzulässigkeit nach Negativkatalog der GemO

In der **Zulässigkeit** nehmen Sie zunächst zur statthaften Klageart Stellung: der Verpflichtungsklage. Der Kläger begehrt den Erlass eines VA, mit dem der Rat sein Begehren für zulässig erklärt. Der Ratsentscheidung kommt deshalb ausnahmsweise Außenwirkung iSv § 35 S. 1 VwVfG zu. Klagebefugt ist nicht das Bürgerbegehren als solches, sondern die Vertreter des Begehrens, wenn sie geltend machen können, durch die Ablehnung in ihrem einfachgesetzlichen Recht auf Durchführung des Bürgerentscheids nach der GemO verletzt zu sein. Das grds. erforderliche Vorverfahren müssen die Vertreter des Bürgerbegehrens gemeinschaftlich

731 SächsOVG SächsVBl 2005, 256 (259f.).

732 § 21 III BWGemO; Art. 18a BayGO; § 45 BlnBezVG; § 15 I BbgKVerf; § 6 BremBBetG; HmbBezAbstDurchfG; § 8b I HGO; § 18 MVKV; § 32 NdsKomVG; § 26 NRWGO; § 17a RhPfGemO; § 21a SaarlKSVG; § 25 SächsGemO; § 25 LSAGO; § 16g SchlHGO; § 17 ThürKO.

durchlaufen. Der Widerspruch eines Einzelnen ist unbeachtlich. Der Rat ist gem. § 61 Nr. 3 VwGO beteiligtenfähig; die Vertreter des Bürgerbegehrens als Prozessstandschafter nach § 61 Nr. 1 VwGO.

Zu Beginn der **Begründetheit** können Sie ansprechen, dass der Rat (vorbehaltlich anderslautendem Landesrecht) der richtige Klagegegner und damit passivlegitimiert ist. Ob ein Anspruch auf Erlass des begehrten VA besteht, hängt davon ab, ob die Zulassungsablehnung des Rats rechtswidrig gewesen ist. Dies beurteilt sich nach der Zulässigkeit des Bürgerbegehrens. Von den formellen Voraussetzungen wird insbes. die Ordnungsgemäßheit des schriftlichen Antrags oft thematisiert. Merken Sie sich außerdem, dass evtl. Fristerfordernisse nur für Begehren gegen Ratsbeschlüsse gelten; nicht aber für Initiativbegehren. Materiell muss das Begehren eine Angelegenheit des Gemeinderats betreffen und darf nicht nach dem Negativkatalog der GemO unzulässig sein.

## D. Rechtsschutz im Kommunalverfassungsstreit

233 Kommunalverfassungsrechtliche Streitigkeiten spielen im Zweiten Examen eine nicht unbedeutende Rolle. Hierbei geht es um einen Streit zwischen Organen oder Organteilen einer kommunalen Gebietskörperschaft über die Rechtmäßigkeit einer Maßnahme, deren Rechtswirkungen sich auf die Beziehungen innerhalb der Körperschaft beschränken. Unterscheiden Sie zwischen **interorganschaftlichen Streitigkeiten** (Streit zwischen verschiedenen Gemeindeorganen) und **intraorganschaftlichen Streitigkeiten** (Streit innerhalb eines Gemeindeorgans). Jenseits dieser spezifisch kommunalrechtlichen Konstellation müssen Sie im Examen an artverwandte Erscheinungsformen denken, in denen zB die Funktionsträger einer IHK untereinander streiten. Die nachfolgende Übersicht gilt für diese Konstellationen entsprechend.

**Übersicht: Rechtsschutz bei kommunalen Innenrechtsstreitigkeiten (Kommunalverfassungsstreit)**

A. Zulässigkeit
   I. Eröffnung des Verwaltungsrechtswegs
      (P) »Nichtverfassungsrechtlichkeit«
   II. Statthafte Klageart
      (P) Klage sui generis?
   III. Klagebefugnis
      (P) Konfusionsargument
      (P) Verlust durch Zeitablauf
   IV. Ggf. Feststellungsinteresse
   V. Beteiligtenfähigkeit
      (P) Kollegialorgane
B. Begründetheit der Klage
   I. Ggf. Passivlegitimation
   II. Voraussetzungen je nach Klageart

### I. Zulässigkeit der Klage

234 Der **Verwaltungsrechtsweg** ist gegeben, da die Beteiligten nicht über staatsverfassungsrechtliche Fragen streiten. Die Nichtverfassungsrechtlichkeit sollten Sie nur ansprechen, wenn im Aktenauszug ausdrücklich § 40 I 1 VwGO in Zweifel gezogen wird.

Der **Klageart** nach handelt es sich nach inzwischen ganz hM nicht um eine Klageart sui generis, sondern entweder um eine Feststellungsklage (§ 43 I VwGO) oder um eine allgemeine Leistungsklage. Eine Anfechtungs- oder Verpflichtungsklage kommt jedenfalls mangels VA (§ 35 VwVfG) nicht in Betracht. Den Entscheidungen, die Gegenstand eines Inter- oder Intraorganstreit sind, fehlt es am Merkmal der Außenwirkung. Damit scheidet auch eine Fortsetzungsfeststellungsklage analog § 113 I 4 VwGO aus.[733]

733 Statt vieler: *Ogorek* JuS 2009, 511 (512 f.).

In der Klausur entscheiden Sie sich deshalb wie folgt:

- **Allgemeine Leistungsklage:** Der Kläger begehrt ein Tun, Dulden oder Unterlassen. Dabei geht es oft um einen innerorganisatorischen Störungsbeseitigungsanspruch. Klausurtypisch ist der Fall, in dem Abhilfe gegen Beeinträchtigungen bei der Mandatswahrnehmung geschaffen werden soll (zB Rauchverbot, Entfernung eines Kruzifixes von der Wand des Sitzungssaals).
- **Allgemeine Feststellungsklage:** Der Kläger möchte etwa festgestellt wissen, dass sich aus den geltenden Rechtsnormen kein Verhältnis zwischen ihm und dem maßgeblichen anderen Organ oder Organteil ergibt, das dieses zu der in Frage stehenden Maßnahme berechtigt hat. Dies ist der Fall, wenn die Maßnahme rechtwidrig gewesen ist.

IRd **Klagebefugnis** analog § 42 II VwGO müssen Sie – abweichend von der typischen Terminologie – prüfen, ob der Kläger möglicherweise in seinen organschaftlichen Rechten beeinträchtigt ist. Es kommt nicht darauf an, ob eine subjektive Rechtsverletzung iSe Grundrechtsverletzung vorliegt, da sich der Mandatsträger in dieser Eigenschaft nicht auf Grundrechte berufen kann (Konfusionsargument). Entscheidend ist vielmehr, ob der Mandatsträger in einer sog. »wehrfähigen Innenrechtsposition« beeinträchtigt wird. Dies ist der Fall, wenn die ungestörte Mandatsausübung gefährdet ist. Vor allem folgende Rechtspositionen sind examensrelevant:

- Als geschützte Rechtsposition kommt in Klausuren insbes. das **Informationsrecht** des Mandatsträgers in Betracht. So haben etwa die wahlberechtigten Ratsmitglieder vor der Wahl eines Beigeordneten einen Anspruch, sich über den Kreis der Bewerber zu informieren.[734] Eine Ratsfraktion oder eine Gruppe von Ratsmitgliedern, die das erforderliche Quorum erfüllt, kann die **Aufnahme eines Beratungsgegenstandes** in die Tagesordnung beanspruchen, ohne dass seitens des Bürgermeisters eine Vorprüfung vorgenommen wird.[735] Allerdings hat das Ratsmitglied keinen allgemeinen Anspruch auf eine rechtmäßige Beschlussfassung, solange es als Organteil nicht individuell nachteilig betroffen ist.[736]
- Streitig ist, ob die **Wahrung der Sitzungsöffentlichkeit** eine wehrfähige Innenrechtsposition vermittelt. Während die überwiegende Rspr. dies verneint, ist das OVG Münster der Auffassung, dass das einzelne Ratsmitglied einen wehrfähigen Anspruch auf Wahrung der Öffentlichkeit habe, da über Angelegenheiten in nichtöffentlicher Sitzung Verschwiegenheit zu wahren sei und diese Verschwiegenheitspflicht mit dem Recht auf freie Mandatsausübung kollidieren könne. Letzteres könne nämlich nur dann wirksam ausgeübt werden, wenn die Beratungsgegenstände der öffentlichen Meinungsbildung zugänglich gemacht werden könnten.[737] Dieser Auffassung hat sich jetzt auch der VGH Kassel angeschlossen.[738] In diesem Zusammenhang kann der Verlust der Klagebefugnis thematisiert werden. Der Beklagte wird ggf. einwenden, dass das Ratsmitglied erst im gerichtlichen Verfahren Bedenken gegen die Rechtmäßigkeit der Verfahrensgestaltung geäußert hat. Tatsächlich folgt aus dem Verhältnis zwischen kommunalen Organen und Organteilen auch der Grundsatz der Organtreue, der eine Obliegenheit erzeugt, in der verfahrensrechtlich gebotenen Form frühzeitig Bedenken gegen die Rechtmäßigkeit einer Verfahrensgestaltung zu äußern. Wird diese Obliegenheit verletzt, ist eine spätere Geltendmachung der Rechtsverletzung treuwidrig und deshalb unzulässig.[739] Allerdings werden Sie im Aktenauszug voraussichtlich Hinweise finden, wonach der Kläger bereits zeitnah und erfolglos den Versuch unternommen hat, den später im gerichtlichen Verfahren geltend gemachten Verfahrensverstoß zu verhindern. Dann hat das Ratsmitglied das Klagerecht nicht verloren.
- Das Ratsmitglied hat einen Anspruch auf eine ungestörte Mandatsausübung. Wird die Ausübung rechtswidrig beeinträchtigt, besteht ein **innerorganisatorischer Störungsbeseitigungsanspruch**, der die Klagebefugnis stützt. So kann etwa ein Mandatsträger beanspruchen, dass bei Ratssitzungen ein Rauchverbot angeordnet wird.[740] Wichtig ist, dass die Störungen nicht zwingend von anderen Ratsmitgliedern ausgehen müssen; der Störungs-

734 OVG Münster NVwZ-RR 2003, 225.
735 OVG Münster NVwZ-RR 2005, 427; VGH Mannheim NVwZ 1984, 664.
736 *Tettinger/Erbguth/Mann* BesVerwR Rn. 185.
737 OVG Münster NVwZ-RR 2002, 135.
738 VGH Kassel NVwZ-RR 2009, 531.
739 OVG Münster Urt. v. 2.5.2006 – 15 A 817/04; OVG NRW NWVBl. 2009, 221.
740 OVG Münster NVwZ-RR 1991, 260 (260 f.).

beseitigungsanspruch vermittelt auch einen Anspruch auf Einschreiten gegenüber störendem Verhalten von Zuhörern. Dann ist die Verpflichtungsklage statthaft, weil das Einschreiten gegenüber dem Zuhörer ein VA ist.[741]

- Denkbar ist auch, dass eine Untergliederung des Rates (insbes. eine Fraktion oder – bei fehlender personeller Fraktionsstärke – eine Gruppe) Ansprüche verfolgt. Neben dem Rechtsschutz eines Fraktionsmitglieds gegen einen Ausschluss dürfte insbes. der Anspruch der Fraktion auf Gewährung von **Zuwendungen aus Haushaltsmitteln** relevant sein. Landesrechtlich ist vielfach geregelt, dass Fraktionen aus Haushaltsmitteln Zuwendungen zu den sachlichen und persönlichen Aufwendungen für die Geschäftsführung zu gewähren sind. Als »innerorganisatorische Anspruchsnorm« kann eine Fraktion hierauf gestützt in einem Kommunalverfassungsstreitverfahren zB geltend machen, die ihr gewährte Zuwendung sei zu niedrig oder eine andere Fraktion werde dem auch zwischen kommunalen Organen und Organteilen geltenden Grundsatz der Chancengleichheit widersprechend bevorzugt.[742] Beachten Sie, dass die gemeindeordnungsrechtlichen Regelungen keinen unmittelbaren Rechtsanspruch auf Zuwendungen begründen (sodass insbes. die Geschäftsführungsaufwendungen nicht vollständig zu erstatten sind). Dem Grundsatz der Chancengleichheit folgend, kann eine Fraktion aber eine sachgerechte und willkürfreie Entscheidung über die Zuwendungsgewährung beanspruchen. Im Hinblick auf den Förderungszweck, die finanzielle Ausstattung einer Fraktion zu sichern, damit diese funktionsgemäß die Willensbildung innerhalb des Rates bündeln und fördern kann, sind Zuwendungen für überregionale oder parteipolitische Aufgaben unzulässig. Notwendig ist stets eine sachliche Rechtfertigung für unterschiedlich hohe Zuwendungen. Eine solche kann im Grundsatz der »abgestuften« Chancengleichheit liegen, der die Zuwendungshöhe an die Größe der Fraktion oder Gruppe koppelt.[743]

Schließlich ist bei Statthaftigkeit der Feststellungsklage noch auf das **Feststellungsinteresse** einzugehen. Dieses folgt bei einem Sitzungsausschluss idR daraus, dass zukünftig erneut ein Ausschluss ausgesprochen werden könnte.

Die **Beteiligtenfähigkeit** von Kollegialorganen folgt aus § 61 Nr. 2 VwGO. Die Beteiligtenfähigkeit eines Organteils, also zB des Mandatsträgers, ergibt sich nach hM nicht aus § 61 Nr. 1 VwGO, sondern aus § 61 Nr. 2 VwGO analog. Vertiefen Sie dieses Problem in der Klausur aber nicht künstlich.

**Klausurhinweis:** Bitte merken Sie sich die vorstehenden Grundsätze. Diese sollten Sie in der Klausur kurz, aber vollständig ansprechen. Viele Prüfer bemängeln, dass bei kommunalverfassungsrechtlichen Streitigkeiten die Zulässigkeitsprüfung »aufgebläht« wird.

## II. Begründetheit der Klage

235 **Der richtige Klagegegner** ist das Organ bzw. der Organteil, dessen Maßnahme gerügt wird bzw. von dem ein Tun oder Unterlassen verlangt wird, nicht aber dessen Rechtsträger.

Die Klage ist begründet, wenn das Kollegialorgan bzw. der Organteil tatsächlich in seinen organschaftlichen Rechten verletzt ist. Um dies beurteilen zu können, müssen Sie sich das innerorganisatorische Funktionsgefüge der Gemeinde verdeutlichen, wobei hierbei landesrechtliche Besonderheiten gelten können:

- Der **Rat** entscheidet über sämtliche Angelegenheiten des eigenen und übertragenen Wirkungskreises, für die nicht evtl. beschließende Ausschüsse bestellt sind oder über die der Bürgermeister selbstständig entscheidet. Der Rat übt die Kontrolle über die Verwaltung (einschließlich der Ausführung der Ratsbeschlüsse) aus und wählt ggf. Beigeordnete. Klausurrelevant ist vor allem das sog. Rückholrecht des Rates, das häufig zu Konflikten im Verhältnis zum Bürgermeister führt. **Unterorgane** des Rates sind (neben dem Bürgermeister) Ratsmitglieder, die Fraktionen, Ausschüsse sowie ggf. sachkundige Einwohner/Bürger.

741 *Ogorek* JuS 2009, 511 (515 Fn. 42).
742 *Tettinger/Erbguth/Mann* BesVerwR Rn. 149 mwN.
743 OVG Lüneburg DVBl. 2009, 917.

- Der **Bürgermeister** übt den Ratsvorsitz und das Hausrecht in der Ratssitzung aus, beruft den Rat ein, legt die Tagesordnung fest. Außerdem führt er die Geschäfte der laufenden Verwaltung aus, wobei er allerdings dem Rückholrecht des Rates unterworfen ist (siehe oben). Laufende Geschäfte sind solche, die für die Gemeinde keine grds. Bedeutung haben und keine erheblichen Verpflichtungen auslösen. Dies richtet sich sowohl nach der Größe als auch nach der Struktur und der Wirtschafts- und Finanzkraft der Gemeinde.

**Klausurhinweis:** Wiederholt ist die Zulässigkeit eines **Fraktionsausschlusses** problematisiert worden. IRd Zulässigkeit kommt neben den oben angesprochenen Aspekten das Problem des Rechtswegs hinzu. In Aktenauszügen wird häufig geltend gemacht, der Streit sei zivilrechtlicher Natur. Bitte merken Sie sich, dass Fragen der Beziehungen innerhalb der Fraktion nach überwiegender Ansicht als öffentlich-rechtliche Streitigkeit nach § 40 I 1 VwGO anzusehen sind.[744] Auf der Begründetheitsebene prüfen Sie, ob der Ausschluss in formeller und materieller Hinsicht nicht zu beanstanden ist. Formell erfordert der Ausschluss

- eine Anhörung des Betroffenen,
- eine ordnungsgemäße Ladung aller Fraktionsmitglieder,
- die Aufnahme des Ausschlusses auf die Tagesordnung,
- einen Mehrheitsbeschluss und
- eine schriftliche Mitteilung über die Ausschlussgründe.

Materiell setzt der Ausschluss das Vorliegen eines wichtigen Grundes voraus.[745] Diese Frage wird neben der etwas umfassenderen Zulässigkeitsprüfung (siehe oben) der Schwerpunkt der Klausur sein. Ob ein wichtiger Grund vorliegt, ist unter Beachtung des Verhältnismäßigkeitsgrundsatzes durch Abwägung zwischen dem Status des in Abstimmungen freien Ratsmitglieds einerseits und der Arbeitsfähigkeit der Fraktion als Kollegialorgan andererseits zu untersuchen. Im Hinblick auf die Arbeitsfähigkeit der Fraktion sind in bestimmtem Umfang vereinbarte Grundlinien einzuhalten. Wenn das Fraktionsmitglied wiederholt durch eine Abweichung in zentralen Fragen das Vertrauensverhältnis nachhaltig stört und damit eine weitere Zusammenarbeit nicht möglich erscheint, liegt ein wichtiger Grund vor.
Wird der Fall in ein **vorläufiges Rechtsschutzverfahren** eingekleidet, ist ein Antrag nach § 123 I VwGO (idR Sicherungsanordnung) statthaft. Dies gilt auch im oben erörterten Fall des Fraktionsausschlusses.

**Klausurhinweis:** Für die anwaltliche Beratung eines Organs bzw. Organteils sollten Sie sich merken, dass die Rspr. regelmäßig davon ausgeht, dass die Körperschaft, das Organ oder das Gesamtorgan des Organteils die **Kosten** des unterlegenen Organs zu tragen hat. Insoweit trägt das Ratsmitglied etwaige Verfahrenskosten also nicht persönlich. Entsprechende Fragestellungen können im Gesprächsvermerk zwischen Anwalt und Mandanten angedeutet sein. Dieser Kostenerstattungsanspruch kann materiell auf den Organstatus gestützt werden: Jede öffentlich-rechtliche Körperschaft muss die Ausgaben tragen, die sich aus der Wahrnehmung ihrer Aufgaben durch ihre Organe ergeben. Eines Rückgriffs auf den allgemeinen öffentlich-rechtlichen Erstattungsanspruch bedarf es nicht.[746] Dieser mit einer Leistungsklage zu verfolgende Anspruch ist gegen die Gemeinde zu richten. Ein Anspruch auf Kostenerstattung kommt aber erst in Betracht, wenn das zuständige Gemeindeorgan über organschaftliche Rechte entschieden hat, sodass eine Verteidigung von Rechten erforderlich ist. Bei einer bloßen Meinungsverschiedenheit kommt ein Anspruch auf Ersatz von Beratungskosten nicht in Betracht.[747] Für einen etwaigen VA fehlt es an der VA-Befugnis, sodass eine Anfechtungsklage gegen einen solchen VA begründet ist.

## E. Rechtsschutz gegen kommunalaufsichtliche Maßnahmen

Fragen im Zusammenhang mit dem Rechtsverhältnis zwischen Gemeinde und Land (Staat) **236**
werden vielfach in eine kommunalaufsichtsrechtliche Klausuraufgabe eingekleidet. In der examensrelevanten Standardkonstellation greift die Aufsichtsbehörde nach Fassung eines

744 OVG Lüneburg NVwZ 1994, 506 mwN.
745 *Dietlein/Burgi/Hellermann* ÖffR NRW § 2 Rn. 216.
746 OVG Münster NWVBl. 2009, 363 (365).
747 OVG Münster NWVBl. 2009, 363 (365).

Ratsbeschlusses durch die Gemeinde zu einer Aufsichtsmaßnahme, gegen die sich die Gemeinde mittels Anfechtungsklage zur Wehr setzt.

Vertiefte Ausführungen erwartet das Prüfungsamt bei der **statthaften Klageart**: An dieser Stelle ist nämlich zu erörtern, ob die Gemeinde als Adressat eines belastenden VA betroffen ist. Dies ist zB bei fachaufsichtsrechtlichen Weisungen ohne Außenwirkung nicht der Fall; wohl aber bei der Aufhebung eines Ratsbeschlusses. Überwiegend wird auch der vorgeschalteten Beanstandung VA-Qualität zugemessen. Das Gebot, den Beschluss zu ändern, stellt eine Regelung mit Außenwirkung dar, die nicht nur vorbereitende Funktion (iSv § 44a VwGO) hat.

**Übersicht: Formen der Kommunalaufsicht**

| | | |
|---|---|---|
| Aufgabenbereich | Kommunale Selbstverwaltung (Art. 28 II GG) | Übertragene Aufgaben[748] |
| Art der Aufsicht | Rechtsaufsicht | Fach- und Rechtsaufsicht |
| Kontrollmaßstab | Rechtmäßigkeit | Recht- und Zweckmäßigkeit |
| Aufsichtsmittel | • Informationsrecht<br>• Beanstandung des Ratsbeschlusses<br>• Aufhebung des Ratsbeschlusses<br>• Ersatzvornahme des Ratsbeschlusses | |
| | | Zusätzlich:<br>• Weisungsrechte |

In der Klausur werden Sie voraussichtlich auf einen Fall der **Rechtsaufsicht** stoßen. Hier vermittelt die mögliche Verletzung des gemeindlichen Selbstverwaltungsrechts (Art. 28 II GG) zugleich die nach § 42 II VwGO notwendige Klagebefugnis der Gemeinde, nicht des Rates.

Ein **Vorverfahren** kann entbehrlich sein. Beachten Sie § 68 I 2 VwGO iVm einer speziellen gemeindeordnungsrechtlichen Anordnung[749] oder iVm dem jeweiligen AGVwGO des Landes. Die Gemeinde wird als **beteiligungsfähige juristische Person** (§ 61 Nr. 1 VwGO) von ihrem landesrechtlich vorgesehenen Vertretungsorgan (zB Bürgermeister) vertreten (§ 62 III VwGO iVm §§ … GO).

Die Anfechtungsklage ist **begründet**, soweit die Aufsichtsmaßnahme rechtswidrig ist und die Gemeinde in ihren Rechten verletzt (§ 113 I 1 VwGO). Anschließend prüfen Sie die formelle und materielle Rechtmäßigkeit des angefochtenen VA, also der kommunalaufsichtlichen Verfügung.

- **Formell** setzt die Aufsichtsverfügung voraus, dass die Aufsichtsbehörde zuständig ist und das evtl. erforderliche vorherige Beanstandungsverfahren ordnungsgemäß durchgeführt wurde. Eine besondere Anhörung gem. § 28 VwVfG ist nach hM entbehrlich, da die gemeindeordnungsrechtlichen Vorschriften über das Beanstandungsverfahren eine abschließende spezialgesetzliche Sonderregelung darstellen, die § 28 VwVfG verdrängt (vgl. § 1 I VwVfG).
- Weiterer Schwerpunkt der Klausur ist die **materielle Rechtmäßigkeit** der Aufhebungsverfügung. Diese setzt zunächst voraus, dass der Ratsbeschluss rechtswidrig ist.

**Übersicht: Rechtmäßigkeit eines kommunalen Ratsbeschlusses**

I. Formelle Rechtmäßigkeit
   1. Zuständigkeit
      a) Verbandskompetenz der Gemeinde (Art. 28 II GG)
      b) Organkompetenz des Rates

748 Im landesrechtlich übertragenen Wirkungsbereich besteht ggf. nur eine sog. Sonderaufsicht. Im Gegensatz zur Fachaufsicht ist die Zweckmäßigkeitskontrolle ggf. eingeschränkt. Siehe etwa § 119 II NRWGO; § 57 II NRWKrO; § 121 I BbgKVerf (Sonderaufsicht) im Vergleich zu § 118 II BWGemO; § 135 HGO; § 170 I 2 NdsKomVG (Fachaufsicht).

749 ZB § 126 NRWGO.

2. Verfahren
3. Form

II. Materielle Rechtmäßigkeit
1. Spezialgesetzliche Voraussetzungen
2. Allgemeine Rechtmäßigkeitsanforderungen (zB Bestimmtheit)
3. Kein Verstoß gegen höherrangiges Recht (insbes. Grenzen der einfachgesetzlichen Ermächtigung, daneben aber auch GG, LVerf)

Daneben müssen die weiteren tatbestandlichen Voraussetzungen der aufsichtsrechtlichen Ermächtigungsgrundlage erfüllt sein. Hierbei ist zu beachten, dass kommunalaufsichtliche Befugnisse in einem gestuften Verfahren anzuwenden sind. So ist zB eine sofortige Aufhebung rechtswidrig.

**Klausurhinweis:** Manchmal erhebt auch ein außenstehender Bürger eine Kommunalaufsichtsbeschwerde auf aufsichtsrechtliches Einschreiten. In diesen Fällen fehlt dem Bürger die Klagebefugnis, weil staatliche Aufsichtsmaßnahmen gegenüber der Gemeinde nur verwaltungsinterne Wirkung haben. Er hat aber wegen Art. 17 I GG gleichwohl einen formellen Bescheidungsanspruch. Wenn Sie den »Beschwerdebescheid« fertigen müssen, gilt es einige Besonderheiten zu beachten.[750] Sofern der Ratsbeschluss tatsächlich rechtswidrig sein sollte, müssen Sie auch daran denken, eine Aufsichtsverfügung gegenüber der Gemeinde zu entwerfen.

## F. Klausuren aus dem kommunalen Wirtschaftsrecht

Vereinzelt gibt es auch Klausuren aus dem kommunalen Wirtschaftsrecht. Der Einstieg erfolgt typischerweise durch eine Leistungsklage (zB in Form einer Unterlassungsklage) eines konkurrierenden Privatunternehmers. Dieser Klausurtyp unterscheidet sich insoweit von der ebenfalls denkbaren Einkleidung in eine kommunalaufsichtsrechtliche Klausur, als bei der Konkurrentenklage nur die Verletzung drittschützender Vorschriften relevant ist. Die Prüfung des Drittschutzes bildet daher bei der Konkurrentenklage einen Klausurschwerpunkt. 237

### I. Zulässigkeit der Konkurrentenklage

In der Klausur ist ggf. kurz auf den **Verwaltungsrechtsweg** einzugehen. Der private Konkurrent wird seinen Abwehranspruch bzgl. des »Ob« der kommunalwirtschaftlichen Betätigung unter anderem auf eine Verletzung der gemeinderechtlichen Bestimmungen über die Zulässigkeit wirtschaftlicher Betätigungen stützen. Diese Bestimmungen sind öffentlich-rechtlicher Art, sodass der Verwaltungsrechtsweg eröffnet ist.[751] Im Hinblick auf § 17 II 1 GVG ändert sich hieran auch nichts, wenn die Klage ergänzend auf Bestimmungen des privaten Wettbewerbsrechts (UWG) gestützt wird. 238

**Statthafte Klageart** für die Konkurrentenklage eines privaten Mitbewerbers gegen die Gemeinde ist stets die allgemeine Leistungsklage, wobei Sie hinsichtlich des Klageziels unterscheiden müssen:

- Betreibt die Gemeinde das Unternehmen **selbst**, ist die allgemeine Leistungsklage gerichtet auf ein künftiges Unterlassen statthaft.
- Ist demgegenüber die Gemeinde nur an einem privaten selbstständigen Unternehmen **beteiligt**, zielt die Klage auf eine Verurteilung der Gemeinde zur Einwirkung auf den privaten Rechtsträger dergestalt, dass dieser die in Rede stehende Betätigung zukünftig unterlässt.

Zur Annahme der **Klagebefugnis** reicht es aus, wenn der Kläger geltend machen kann, in einem ihn schützenden Recht verletzt zu sein (§ 42 II VwGO). Das setzt voraus, dass die maßgebenden Vorschriften des Kommunalwirtschaftsrechts zumindest auch den Interessen der

---

750 Zum Aufbau des »Bescheides« an den Beschwerdeführer im Einzelnen *Kaiser/Köster/Seegmüller* Öffentlich-rechtliche Klausur Rn. 423 ff.

751 Bei einem Streit bzgl. des »Wie« ist demgegenüber nach hM gem. § 13 GVG der ordentliche Rechtsweg eröffnet.

privaten Konkurrenten zu dienen bestimmt sind (Schutznormtheorie). Diese Frage ist das eigentliche Kernproblem des Gemeindewirtschaftsrechts. Hier sollten Sie klausurtaktisch vorgehen: Um die Klagebefugnis zu bejahen, reicht es aus, dass die Annahme eines subjektiven Rechtsschutzes zumindest nicht offensichtlich ausgeschlossen ist. Diese geringen Anforderungen können Sie ohne Weiteres annehmen, da durchaus die Auffassung vertreten wird, dass die Vorschriften des Kommunalwirtschaftsrechts den Gemeinden nicht nur eine Zurückhaltung bei der unternehmerischen Betätigung aus Gründen des Selbstschutzes auferlegen, sondern auch dem Wettbewerbsschutz zugunsten von Konkurrenten dienen.[752]

## II. Begründetheit der Konkurrentenklage

239 Anspruchsgrundlage für einen evtl. Unterlassungsanspruch des Konkurrenten ist der gewohnheitsrechtlich anerkannte Abwehr- und Unterlassungsanspruch. Das tatbestandlich erforderliche hoheitliche Handeln liegt bzgl. des »Ob« der wirtschaftsrechtlichen Betätigung vor. Schwerpunkt der Anspruchsprüfung ist idR die Frage, ob in ein subjektives öffentliches Recht des Klägers eingegriffen wird. Ein solches könnte sich aus einfachgesetzlichen Vorschriften des kommunalen Wirtschaftsrechts oder aus Grundrechten (insbes. Art. 14 GG, Art. 12 GG, Art. 2 I GG) ergeben.

### 1. Abwehranspruch aus einfachgesetzlichen Normen

Ob die **einfachgesetzlichen Bestimmungen der Gemeindeordnungen** über die kommunalwirtschaftliche Betätigung subjektiven Rechtsschutz vermitteln, hängt wesentlich von deren jeweiliger landesrechtlicher Ausgestaltung ab. Diesen Vorschriften ist zunächst gemein, dass sie die Zulässigkeit der wirtschaftlichen Betätigung einer Schrankentrias unterwerfen.[753] Danach ist erforderlich, dass

- die wirtschaftliche Betätigung durch einen (ggf. »dringenden«) öffentlichen Zweck »gerechtfertigt« ist bzw. (je nach Landesrecht) ein öffentlicher Zweck das Unternehmen »erfordert«;[754]
- das Unternehmen nach Art und Umfang in einem angemessenen Verhältnis zur Leistungsfähigkeit der Gemeinde steht sowie
- die sog. Subsidiaritätsklausel gewahrt wird.

Vorab müssen Sie allerdings prüfen, ob diese Schrankentrias überhaupt **anwendbar** ist. Bei nichtwirtschaftlichen Unternehmen ist dies nicht der Fall. In den Gemeindeordnungen wird festgelegt, dass Einrichtungen, die bestimmte gemeinwirtschaftliche Aufgaben erfüllen, der Schrankentrias nicht unterworfen sind.[755] Diese privilegierten Einrichtungen sind im Einzelnen gesetzlich im Wege eines Positivkatalogs benannt. Eine solche Privilegierung hat zur Folge, dass diese Einrichtungen nicht den gesetzlichen Beschränkungen wirtschaftlicher Betätigung unterliegen, sodass darauf auch kein Unterlassungsanspruch des privaten Konkurrenten gestützt werden kann.[756]

Liegt hingegen ein wirtschaftliches Unternehmen vor, muss dieses durch einen **öffentlichen Zweck** gerechtfertigt sein, also in einem (wenngleich gerichtlich nur begrenzt überprüfbaren) Interesse der örtlichen Gemeinschaft liegen.[757] Insoweit ist zu beachten, dass landesrechtlich unter bestimmten Voraussetzungen auch eine wirtschaftliche Betätigung außerhalb des Gemeindegebiets zulässig sein kann.[758]

752 *Rennert* JuS 2008, 211 (215).
753 § 102 I BWGemO; Art. 87 I 1 BayGO; § 91 II, III 1 BbgKVerf; § 121 I 1 HGO; § 68 I MVKV; § 136 I 1, 2 NdsKomVG; § 107 I 1 NRWGO; § 85 I 1 RhPfGemO; § 108 I SaarlKSVG; § 94a I 1 SächsGemO; § 128 I LSAKomVG; § 101 I SchlHGO; § 71 II ThürKO.
754 So in Bayern und NRW.
755 ZB angenommen für eine öffentlich zugängliche Saunaanlage OVG Lüneburg NVwZ 2009, 258.
756 § 136 I 2 Nr. 3 Hs. 1 NdsKomVG.
757 *Rennert* JuS 2008, 211 (215).
758 So zB Art. 87 II BayGO; § 121 V HGO; § 107 III, IV NRWGO; § 128 III, IV LSAKomVG; § 101 II, III SchlHGO; § 71 V ThürKO. Teilweise ist sogar eine Betätigung im Ausland zulässig, etwa gem. § 107 III, IV NRWGO.

Zur Annahme eines öffentlichen Zwecks ist eine unmittelbare Gemeinwohlförderung erforderlich, also ein öffentliches Interesse an der Versorgung mit der angebotenen Dienst- oder Sachleistung. Hieran fehlt es etwa, wenn die Betätigung ausschließlich der Gewinnerzielung dient.[759] Eine bloße Randnutzung, bei der die Ressourcen wirtschaftlich nur besser genutzt werden, ist allerdings ausnahmsweise zulässig.[760]

Ob diese Anforderungen allerdings für den klagenden Konkurrenten **Drittschutz** vermitteln, wird von den Gerichten sehr unterschiedlich beurteilt. Überwiegend wird wohl (noch) die Auffassung vertreten, dass die Zweckbindungsklausel keinen Drittschutz zugunsten eines privaten Konkurrenten vermittelt.[761] Demgegenüber wird von dem OVG Münster die Annahme eines Drittschutzes bejaht: Wenn landesrechtlich (wie in § 107 V NRWGO) die kommunalwirtschaftliche Betätigung von einer Marktanalyse abhinge, wolle der Gesetzgeber auch einen privaten Konkurrenten des öffentlichen Unternehmens schützen.[762]

**Hinweis:** Falls die Rspr. des jeweiligen Bundeslandes den Drittschutz zugunsten des privaten Konkurrenten tatsächlich verneint, wird von den Prüfungsämtern gerne die Einbettung in eine kommunalaufsichtsrechtliche Klausur gewählt.

Schließlich ist die Einhaltung der **Subsidiaritätsklausel** zu prüfen. In den Gemeindeordnungen sind diese zT sehr unterschiedlich ausgestaltet. Überwiegend enthalten die kommunalrechtlichen Vorschriften über die erwerbswirtschaftliche Betätigung von Kommunalverbänden echte drittschützende Regelungen. Dies ist etwa der Fall, wenn sie eine wirtschaftliche Betätigung für unzulässig erklären, wenn der öffentliche Zweck »durch einen anderen«[763] oder »durch einen privaten Dritten«[764] ebenso gut erreicht werden kann. Diese Gesetzesfassung spricht für einen subjektiven Drittschutz.[765] Wird demgegenüber eine wirtschaftliche Betätigung nur dahingehend eingeschränkt, dass »der öffentliche Zweck auf andere Weise ebenfalls erreicht werden kann«, dient die Subsidiaritätsregelung nur allgemeinen Interessen und vermittelt keinen subjektiven Rechtsschutz.[766]

### 2. Abwehranspruch aus Grundrechten

Im Anschluss an die Prüfung der einfachgesetzlichen Bestimmungen des Gemeinderechts prüfen Sie einen evtl. **Abwehranspruch aus Grundrechten**. Denkbar ist in erster Linie ein Abwehrrecht aus Art. 14 I GG, Art. 12 I GG sowie Art. 2 I GG.

- Allerdings schützt **Art. 14 I GG** nur die Substanz des Eigentums, nicht etwa Erwerbs- oder Wettbewerbschancen. Auch schützt Art. 14 I GG nicht vor Konkurrenz, sodass eine Verletzung von Art. 14 I GG in aller Regel ausscheidet.[767]
- Zwar umfasst die in **Art. 12 I GG** verbriefte Berufsfreiheit auch die Teilnahme eines Unternehmers an dem Wettbewerb. Allerdings liegt bei dem infolge einer wirtschaftlichen Betätigung nur möglichen mittelbaren Eingriff eine Verletzung nur vor, wenn der Betroffene in seiner Wettbewerbsfreiheit in unerträglichem Maß eingeschränkt oder unzumutbar geschädigt wird.[768] Diese Voraussetzungen für einen Verdrängungswettbewerb sind in aller Regel nicht erfüllt.
- Schließlich schützt **Art. 2 I GG** die Teilnahme am Wettbewerb (als Teil der allgemeinen Handlungsfreiheit). Die Vorschrift ist aber subsidiär gegenüber Art. 12 I GG. Zudem ist

---

759 *Rennert* JuS 2008, 211 (215); zT auch landesrechtlich ausdrücklich angeordnet (Art. 87 I 2 BayGO).
760 *Rennert* JuS 2008, 211 (215).
761 *Rennert* JuS 2008, 211 (216) mwN.
762 OVG Münster NVwZ 2003, 1520, so auch VGH BW VBlBW 2006, 348 für § 102 I Nr. 3 BWGemO und VerfGH RhPf NVwZ 2000, 801 (803) für § 85 I Nr. 3 RhPfGO.
763 So § 102 I Nr. 3 BWGemO; Art. 87 I Nr. 4 BayGO; § 136 I 2 Nr. 3 NdsKomVG; § 108 I Nr. 3 SaarlKSVG; § 128 I 1 Nr 3 LSAKomVG; § 71 II Nr. 4 ThürKO.
764 § 91 III 1 BbgKVerf (»von privaten Anbietern«); § 121 I Nr. 3 HGO; § 68 II Nr. 3 MVKV (»wie Dritte«); § 85 I 1 Nr. 3 RhPfGemO; § 94a I 1 Nr. 3 SächsGemO.
765 *Rennert* JuS 2008, 211 (216).
766 § 101 I Nr. 3 SchlHGO; beachten Sie, dass die Rspr. in NRW den Drittschutz auf die Bindung der Gemeinde an den »öffentlichen Zweck« gem. § 107 I Nr. 1 NRWGO stützt – OVG Münster NWVBl. 2005, 68; 2008, 418.
767 *Manssen* StaatsR II Rn. 675; im Einzelnen → Rn. 290.
768 BVerwG DVBl. 1996, 152 (153).

ein Eingriff erst gegeben, wenn die hoheitliche Maßnahme die Fähigkeit des Konkurrenten des öffentlichen Unternehmens derart einschränkt, dass dieser sich nicht mehr als verantwortlicher Unternehmer betätigen könnte. Auch dies scheidet regelmäßig aus. Mit diesen Erwägungen wird von der Rspr. in aller Regel ein grundrechtlicher Abwehranspruch verneint.

### 3. Abwehranspruch aus privatem Wirtschaftsrecht

240 Schließlich könnte ein evtl. **Anspruch aus privatem Wirtschaftsrecht** in Betracht kommen. Insbes. ist wegen § 17 II 1 GVG auch zu fragen, ob ein Unterlassungsanspruch aus §§ 3, 8 UWG folgt. Dieses scheidet allerdings aus, wenn und soweit sich der Kläger nur gegen den Marktzutritt des kommunalen Wettbewerbers wendet (»Ob« der Marktteilnahme) und sich hierzu auf die Verbotsnormen des kommunalen Wirtschaftsrechts beruft. Diese Bestimmungen sind nämlich nicht dazu bestimmt, im Interesse der Marktteilnehmer das Marktverhalten zu regeln.[769] Anders liegt es allerdings, wenn sich der Kläger zugleich gegen das konkrete Marktverhalten wendet (»Wie« der Marktteilnahme). Wenn dieser Gesichtspunkt allerdings einen anderen Streitgegenstand bildet, lässt sich insoweit eine Prüfungskompetenz (des VG) nicht aus § 17 II 1 GVG herleiten.

## 8. Kapitel. Beamtenrecht

**Klausurhinweis:** Durch die mit der Föderalismusreform I im Jahr 2006 erfolgte Änderung des GG hat der Bund die konkurrierende Gesetzgebungskompetenz zur Regelung der Statusrechte und -pflichten der Beamten der Länder und Gemeinden erworben. Ziel dieser Neukonzeption ist die Festlegung von Grundstrukturen zur Gewährleistung der erforderlichen Einheitlichkeit des Dienstrechts.[770] Ausgenommen von der konkurrierenden Kompetenz des Bundes ist das Recht der Laufbahnen sowie die Besoldung und Versorgung (Art. 74 I Nr. 27 GG). Dies hat zur Folge, dass die Länder den Status der Landesbeamten nur noch regeln dürfen, soweit das BeamtStG Regelungsbereiche offen lässt. Im Laufbahnrecht sowie in den klausurrelevanten Materien des Besoldungs- und Versorgungsrechts (hierzu nachfolgend → Rn. 243 ff. und → Rn. 246 ff.) ist zukünftig Landesrecht maßgebend. Allerdings sind die Regelungen des BBesG sowie des BeamtVG weiterhin anwendbar, bis landesrechtliche Regelungen vorliegen (Art. 125a I GG, § 85 BBesG; § 108 BeamtVG). Bei der Neuregelung der nun in ihren Kompetenzbereich fallenden Materien gehen die Länder häufig nicht den Weg der vollständigen Neukodifikation.[771] Vielmehr knüpfen sie an den bundesrechtlichen Bestand an und ändern ihn nur partiell ab[772] oder überführen den übernommenen bundesrechtlichen Bestand in Landesrecht und ändern diesen dann ab.[773]

### A. Rechtsschutz des Beamten gegen dienstliche Anordnungen

241 In einigen Aktenauszügen suchen Beamte Rechtsschutz gegen dienstliche Anordnungen. Es kann etwa um die Weisung gehen, die Haarlänge zu kürzen, die Dienstwaffe herauszugeben oder ein bestimmtes Dienstzimmer zu nutzen. In der **Zulässigkeit** der Klage müssen Sie dann erörtern, ob eine Anfechtungsklage (§ 42 I Var. 1 VwGO) **statthaft** ist. Dienstliche Anordnungen stellen allerdings idR mangels bezweckter Außenwirkung keinen VA iSd § 35 S. 1 VwVfG dar. Außenwirkung wird immer dann verneint, wenn dienstliche Anordnungen ihrem objektiven Sinngehalt nach lediglich auf organisationsinterne Wirkung abzielen.

- Diese ausschließlich interne Wirkung haben Anordnungen, die den Beamten nicht in seiner persönlichen Rechtsstellung, sondern als **Amtswalter** ansprechen. Sie regeln nur, auf welche Art und Weise der Beamte seinen dienstlichen Verpflichtungen nachkommen soll und werden auch nicht dadurch zum VA, dass sie sich auf die subjektiven Rechte des Beamten

769 BGHZ 150, 343.
770 BT-Drs. 16/4027, 1.
771 So zB BWLBesG, BayBesG, HmbBesG, HBesG, MVLBesG, NdsBesG, RhPfLBesG, SaarlBesG, SächsBesG, LSALBesG, SchlHBesG, ThürBesG.
772 ZB BremBesG, NRWLBesG.
773 ZB BlnBBesG.

auswirken. Dies wird zB bei dienstlichen Anweisungen über die zulässige Haarlänge[774] relevant. Ebenso wird der Anordnung gegenüber einem Polizeibeamten, dem wegen eines dienstlichen Vorfalls die Dienstwaffe entzogen wird, die VA-Qualität abgesprochen.[775] Auch die Anordnung, sich amtsärztlich untersuchen zu lassen, ist kein VA.[776] Folglich ist die allgemeine Leistungsklage der statthafte Hauptsacherechtsbehelf. Im vorläufigen Rechtsschutz ist § 123 I VwGO statthaft.
- Außenwirkung haben hingegen Maßnahmen, die über eine organisationsinterne Weisung hinausgehend die **persönliche Rechtsstellung** des Beamten betreffen. Rechtsschutz hiergegen gewährt die Anfechtungsklage gem. § 42 I Var. 1 VwGO bzw. im vorläufigen Rechtsschutz § 80 V 1 VwGO. Hiervon erfasst sind die Ernennung und Beendigung des Beamtenverhältnisses, die Festsetzung des allgemeinen Dienstalters, die Mitteilung über den (negativen) Ausgang eines Bewerbungsverfahrens (!), die Festsetzung eines Schadensersatzanspruchs des Dienstherrn gegen den Beamten und die Rückforderung überzahlter Dienstbezüge[777].

Bitte beachten Sie, dass auch vor einer evtl. allgemeinen Leistungsklage (oder subsidiär der allgemeinen Feststellungsklage) die Durchführung eines **Widerspruchsverfahrens** erforderlich ist (§ 126 II 2 BBG, § 54 II 2 BeamtStG), sofern nicht landesbeamtenrechtlich ein Vorverfahren unstatthaft ist.

Ermächtigungsgrundlagen für dienstliche Anordnungen sind § 62 I 1 BBG (für Bundesbeamte) und § 35 S. 2 BeamtStG (für Landesbeamte). Danach sind alle Beamten verpflichtet, dienstliche Anordnungen auszuführen und allgemeine Richtlinien zu befolgen. Manche Landesbeamtengesetze enthalten zusätzlich allgemeine oder besondere[778] Gehorsamspflichten. Die allgemeine Leistungsklage auf Aufhebung einer innerdienstlichen Weisung oder die Klage auf Feststellung der Rechtswidrigkeit einer Weisung ist **begründet**, soweit die Weisung rechtswidrig ist. Das ist anzunehmen, soweit der Dienstherr sein Weisungsermessen rechtswidrig ausgeübt hat. Bei der Ausübung seines Ermessens ist ihm allerdings ein weiter Spielraum eingeräumt. Die Grenzen dieses Spielraums sind erst verletzt, wenn der Dienstherr die Entscheidung ohne sachliche Erwägungen trifft, sie sich also als willkürlich erweist.

**Klausurhinweis:** Ein Klausurklassiker sind Veränderungsmaßnahmen im konkret-funktionellen Amt (= Dienstposten). Beachten Sie folgende Besonderheiten im einstweiligen Rechtsschutz:
- Beamtenrechtliche **Versetzungen** (§ 15 BeamtStG, § 28 BBG) oder **Abordnungen** (§ 14 BeamtStG, § 27 BBG) sind VA. Da Widerspruch und Anfechtungsklage gem. § 54 IV BeamtStG und § 126 IV BBG keine aufschiebende Wirkung haben, ist im vorläufigen Rechtsschutz ein Antrag auf Anordnung (!) der aufschiebenden Wirkung gem. § 80 V 1 Var. 1 VwGO zu erheben.
- **Umsetzungsanordnungen** oder Änderungen des **Aufgabenbereichs** sind hingegen bloße Interna ohne VA-Qualität. Im vorläufigen Rechtsschutz kommt nur § 123 I VwGO in Betracht.

## B. Rechtsschutz im beamtenrechtlichen Konkurrentenstreit

Im beamtenrechtlichen Konkurrentenstreit müssen Sie zwischen zwei Situationen unterscheiden. Fall 1: Der Konkurrent ist noch nicht ernannt. Fall 2: Die Ernennung ist bereits erfolgt. 242

### Fall 1: Konkurrierender Beamter ist noch nicht ernannt – Rechtsschutz des unterlegenen Beamten?

In der Hauptsache sollten Sie zunächst prüfen, ob es bereits einen VA gibt. Liegt noch kein VA vor, fehlt für einen Rechtsbehelf regelmäßig das Rechtsschutzbedürfnis. Hat der Bewerber dagegen bereits eine Mitteilung erhalten, seine Bewerbung sei erfolglos geblieben, stellt dies einen

774 BVerwG Beschl. v. 17.3.1994 – 2 B 33/94; für das OVG Münster NJW 1989, 2770 stellt demgegenüber das Verbot, Ohrschmuck während des Dienstes zu tragen, einen VA dar.
775 VG Wiesbaden NVwZ-RR 2007, 528.
776 BVerwG NVwZ 2012, 1483; aA unter anderem OVG Münster NVwZ-RR 2012, 692.
777 Beispiele aus Hk-VerwR/*Schwarz* VwVfG § 35 Rn. 108.
778 ZB § 42 NRWLBG.

VA dar, gegen den ein Verpflichtungswiderspruch zu erheben ist.[779] Statthafte Klageart ist in diesem Fall eine auf beurteilungsfehlerfreie Neubescheidung gerichtete **Verpflichtungsklage** (§ 113 V 2 VwGO). Gelegentlich liest man auch, der Beamte habe Anspruch auf »ermessensfehlerfreie« Neubescheidung seines Beförderungsbegehrens. Das ist aber jedenfalls sprachlich unsauber. Denn wegen Art. 33 II GG steht dem Dienstherrn bei der Auswahl von Bewerbern für ein öffentliches Amt kein Ermessen zu. Er muss vielmehr den nach Ausfüllung seines Beurteilungsspielraums aus seiner Sicht Geeignetsten auswählen. Die Klagebefugnis folgt aus dem möglicherweise verletzten subjektiven Recht, nämlich dem aus Art. 33 II GG folgenden Anspruch darauf, dass über eine Bewerbung nur nach leistungsbezogenen Kriterien entschieden wird (Bewerbungsverfahrensanspruch). Ein beamtenrechtliches Widerspruchsverfahren ist regelmäßig durchzuführen. Der Widerspruch bzw. die Klage ist begründet, wenn die getroffene Entscheidung den Bewerbungsverfahrensanspruch verletzt. Der Bewerbungsverfahrensanspruch vermittelt dem Beamten, wie ausgeführt, einen subjektiv-rechtlichen Anspruch auf Berücksichtigung der aus Art. 33 II GG folgenden Auswahlgrundsätze. Ob diese Auswahlkriterien beachtet worden sind, wird einen Schwerpunkt der Begründetheitsprüfung der beamtenrechtlichen Konkurrentenklage bilden. Deshalb sollten Sie sich die nachfolgenden materiell-rechtlichen und verfahrensrechtlichen Anforderungen an eine ordnungsgemäße Auswahlentscheidung merken:[780]

**Maßstab für die Kontrolle beamtenrechtlicher Auswahlentscheidungen**

Art. 33 II GG gebietet, eine Bewerbung nur aus leistungsbezogenen Kriterien zurückzuweisen. Die verwaltungsgerichtliche Rechtmäßigkeitskontrolle beschränkt sich darauf, ob der Dienstherr

- den **anzuwendenden Begriff** verkannt hat,
- den **gesetzlichen Rahmen**, in dem er sich frei bewegen kann, verkannt hat,
- von einem **unrichtigen Sachverhalt** ausgegangen ist,
  (P) Dienstliche Beurteilungen dürfen nicht zu alt sein (idR nicht älter als 1 Jahr in den Ländern bzw. 3 Jahre im Bund)
  (P) Dienstliche Beurteilungen müssen vergleichbar sein (nach bewerteten Kriterien und Zeiträumen)
- **allgemeingültige Wertmaßstäbe** nicht beachtet hat,
- **sachwidrige Erwägungen** angestellt
  (P) Sachwidrige Einengung des Bewerberkreises mit unzulässigen Kriterien
  - Grds. ist es nur zulässig, das Anforderungsprofil an den Anforderungen des Statusamtes auszurichten.[781] Zudem dürfen nur solche Kriterien/Fähigkeiten zu konstitutiven Anforderungsmerkmalen erhoben werden, die nicht auch durch Einarbeitung auf der vergebenen Stelle erfüllt/erworben werden können.

  (P) Abbruch des Auswahlverfahrens darf nur nach sachlichen Kriterien erfolgen
  (P) Leistungsbezug der Auswahlkriterien (nicht Lebensalter, Geschlecht, usw.), als Hilfskriterien zB Berufserfahrung
- oder gegen **Verfahrensvorschriften** verstoßen hat.
  (P) Beachtung der Verpflichtung zur Ausschreibung der vergebenen Stelle
  (P) Beachtung von Beteiligungsrechten zB des Personalrats
  (P) Beachtung von Verwaltungsvorschriften über Beurteilung und Auswahl

Um zu verhindern, dass der Konkurrent ernannt wird, ist die Verpflichtungsklage aber nicht ausreichend.

- Dies können Sie in der **Hauptsache** mit einer allgemeinen Leistungsklage erreichen, die auf das Unterlassen eines VA (hier: Ernennung/Beförderung) gerichtet ist. Im Rahmen der Zulässigkeit der Klage sollten Sie nach einer einleitenden Klärung der Eröffnung des Verwaltungsrechtswegs nach § 126 I BBG (für Bundesbeamte) bzw. § 54 I BeamtStG (für Landesbeamte) auf die statthafte Klageart eingehen. Das für die Klage erforderliche qualifizierte Rechtsschutzbedürfnis besteht, da im Fall der Ernennung des Konkurrenten für den unterlegenen Bewerber ein grds. nicht wiedergutzumachender Schaden eintritt.

779 BVerwGE 80, 127 (129).
780 Umfassend hierzu *Kuhla/Hüttenbrink* VerwProz K 214 ff. mit Nachweisen zur Rspr.
781 BVerwGE 147, 20 ff. (Achtung neue Rechtsprechung!) Früher war Orientierung an den Anforderungen des Dienstpostens zulässig.

- IdR reicht ein gerichtliches Hauptsacheverfahren nicht aus, sodass Sie darüber hinaus einen **Antrag auf vorläufigen Rechtsschutz** stellen müssen. Insbes. würde die aufschiebende Wirkung eines Widerspruchs gegen die Ablehnung des unterlegenen Bewerbers den Dienstherrn nicht hindern, einen Konkurrenten zu befördern.[782] Der vorläufige Rechtsschutz erfolgt über § 123 I VwGO. Er dient dem Ziel, den **Bewerbungsverfahrensanspruch** zu sichern (Sicherungsanordnung). Der Antrag ist begründet, wenn die Voraussetzungen für den Anordnungsanspruch und den Anordnungsgrund glaubhaft gemacht worden sind. Im Rahmen des Anordnungsanspruchs ist glaubhaft zu machen, dass der Dienstherr den Bewerbungsverfahrensanspruch des Antragstellers verletzt hat (siehe oben). Der Anordnungsgrund folgt im Fall der sog. Statuskonkurrenz (Verhinderung der Statusverbesserung des ausgewählten Bewerbers) idR bereits aus dem Umstand, dass nach Ernennung des Konkurrenten ein Anfechtungsbegehren Erledigung findet. Bei dem Antrag auf vorläufigen Rechtsschutz müssen Sie schließlich das Verbot der Vorwegnahme der Hauptsache berücksichtigen. Daher können Sie idR nicht die (vorläufige) Ernennung des eigenen Mandanten beantragen, sondern nur eine vorläufige Verpflichtung des Antragsgegners beanspruchen, es zu unterlassen, den nach § 65 II VwGO beizuladenden Konkurrenten zu befördern.

**Fall 2: Konkurrierender Beamter ist bereits ernannt – Rechtsschutz des unterlegenen Beamten?**

Es stellt sich zunächst die Frage, ob der unterlegene Beamte seinen Bewerbungsverfahrensanspruch (= Anspruch auf beurteilungsfehlerfreie Neubescheidung seines Beförderungsbegehrens) weiterhin mit der **Verpflichtungsklage** verfolgen kann. Das Rechtsschutzbedürfnis für die Klage entfällt, wenn der Konkurrent ernannt worden ist, da keine Planstelle mehr vorhanden ist und damit rechtliche Unmöglichkeit besteht. Allerdings setzt die Begrenzung des Rechtsschutzes voraus, dass sich der Kläger zumindest mit einem vorläufigen Rechtsschutzverfahren hätte zur Wehr setzen können. Alles andere wäre mit Art. 19 IV GG schwer vereinbar. Daher ist es nach der Rspr. des BVerfG erforderlich, dass der Dienstherr den unterlegenen Bewerber rechtzeitig vor der Ernennung des Konkurrenten über die Auswahlentscheidung informiert, sodass dieser vorläufigen Rechtsschutz beantragen kann. Diese Informationspflicht besteht in inhaltlicher und zeitlicher Hinsicht:

- **Inhaltlich** muss der Dienstherr neben dem Namen des Konkurrenten auch mitteilen, welche Wertungsmaßstäbe für den Dienstherrn maßgebend waren.[783]
- In **zeitlicher Hinsicht** ist erforderlich, dass der unterlegene Bewerber noch hinreichend Zeit hat, Rechtsschutzmöglichkeiten in die Wege zu leiten. Hinsichtlich dieser Zeitspanne wird eine Frist von zwei Wochen für erforderlich gehalten.

Eine **Erledigung** tritt damit nicht ein, wenn es der Dienstherr unterlassen hat, den unterlegenen Bewerber rechtzeitig über die Absicht zu informieren, die Stelle mit einem anderen Bewerber zu besetzen oder wenn er unter Missachtung einer vom unterlegenen Beamten erwirkten einstweiligen Anordnung gem. § 123 I VwGO die Stelle anderweitig besetzt hat. In diesem Ausnahmefall kann also der unterlegene Beamte seinen Bewerbungsverfahrensanspruch trotz Ernennung des Konkurrenten weiter verfolgen.[784] Zugleich kann der unterlegene Beamte in den beiden genannten Ausnahmefällen mit der Anfechtungsklage die Aufhebung der Beförderung des Beamten anstreben. Eine Anfechtungsklage kann außerdem zulässig sein, wenn eine Beförderung gänzlich ohne Auswahlverfahren durchgeführt wurde.[785]

Im Übrigen kommt grds. nur noch **Schadensersatz** des unterlegenen Bewerbers gem. Art. 34 GG iVm § 839 BGB oder ein Anspruch analog § 280 I BGB im Rahmen einer verwaltungsrechtlichen Sonderbeziehung in Betracht. Letztere bietet vor allem den Vorteil des vermuteten Verschuldens.

782 *Finkelnburg/Dombert/Külpmann* Vorläufiger Rechtsschutz Rn. 1343.
783 OVG Schleswig DÖV 1993, 962.
784 BVerwGE 138, 102; BVerwG NJW 2004, 870 (871).
785 BVerwGE 138, 102 (112); VG Berlin, Urt. v. 20.11.2013 – 7 K 610.12.

## C. Ansprüche des Dienstherrn

243 Sofern im Aktenauszug Ansprüche des Dienstherrn (ggü. dem Beamten) problematisiert werden, können diese entweder Schadensersatzansprüche (hierzu → Rn. 244) oder Erstattungsansprüche (hierzu → Rn. 245) gegen den Beamten sein.

### I. Rechtsschutz des Beamten gegen die Geltendmachung eines Schadensersatzanspruchs des Dienstherrn

244 Verlangt der Dienstherr von dem Beamten Schadensersatz, wird dieser im Aktenauszug voraussichtlich mittels Leistungsbescheid geltend gemacht worden sein. Gegen diesen wendet sich der Beamte.

**Prozessual** stellt sich vielfach die Frage, ob dieser Anspruch überhaupt mittels **Leistungsbescheid**, also in Form eines VA geltend gemacht werden kann. Der Beamte wird ggf. einwenden, dass dieser Anspruch von dem Dienstherrn nur durch Leistungsklage verfolgt werden kann. Allerdings erkennt die Rspr. einhellig die für den Erlass eines regelnden Leistungsbescheides erforderliche VA-Befugnis mit der Überlegung an, dass der Staat im Über-/Unterordnungsverhältnis gewohnheitsrechtlich berechtigt sei, seine Ansprüche mittels VA festzustellen.[786] Ausgeschlossen wäre aber auch eine Leistungsklage des Dienstherrn nicht. Für diese wäre der Verwaltungsrechtsweg ebenfalls eröffnet. Es handelte sich um eine Klage des Dienstherrn »aus dem Beamtenverhältnis« (§ 54 I BeamtStG, § 126 I BBG). In der letztgenannten Klausureinkleidung wird ggf. das **Rechtsschutzinteresse** des Dienstherrn in Zweifel gezogen. Dass der Dienstherr als einfacheren Weg einen VA erlassen könnte, steht ihm aber nicht entgegen. Die Verwaltung hat nach der Rspr. des BVerwG ein Wahlrecht.

**Materiell** müssen die Voraussetzungen des § 75 BBG für Bundesbeamte bzw. des § 48 BeamtStG für Landesbeamte erfüllt sein. Ergänzende landesrechtliche Regelungen finden sich regelmäßig in den Landesbeamtengesetzen zu Verjährung,[787] Aufrechnung und Abtretung von solchen Ansprüchen. Gelegentlich gibt es auch noch eigene landesrechtliche Anspruchsgrundlagen. Die relevanten Prüfungspunkte ergeben sich aus der folgenden Übersicht:

**Übersicht: Voraussetzungen für beamtenrechtlichen Schadensersatzanspruch**

I. Verletzung einer beamtenrechtlichen Dienstpflicht
II. Vorsatz oder grobe Fahrlässigkeit
   (P) Beweislast
III. Schaden des Dienstherrn
   (P) Mitverschulden eines anderen Beamten
   (P) Drittschadensliquidation

Denken Sie bei der Prüfung der verletzten **Dienstpflicht** insbesondere an die Treuepflicht (§ 33 I 3 BeamtStG, § 60 I 3 BBG), die Folgepflicht (§ 35 S. 2 BeamtStG, § 62 BBG) und die Pflicht zum rechtmäßigen Handeln (§ 36 BeamtStG, § 63 I BBG). Aufgrund der **Haftungsbeschränkung** in den § 48 S. 1 BeamtStG, § 75 I 1 BBG haften Beamte nur für Vorsatz und grobe Fahrlässigkeit. Ihr Verschulden wird aber analog § 280 I 2 BGB vermutet. Sie können sich exkulpieren, indem sie den Einzelfallcharakter des Fehlverhaltens darlegen. Die Schadensberechnung erfolgt nach den allgemeinen Regeln in §§ 249 ff. BGB. Dabei ist das Mitverschulden eines anderen Beamten grds. nicht relevant, sondern führt nur zu einer gesamtschuldnerischen Haftung (§ 48 S. 2 BeamtStG, § 75 I 2 BBG). An die **Drittschadensliquidation** müssen Sie denken, wenn nicht der Dienstherr, sondern ein Dritter durch eine schuldhafte Dienstpflichtverletzung des Beamten geschädigt worden ist. Dies ist etwa der Fall, wenn ein Lehrer als Landesbeamter in der Schule grob fahrlässig einen Kopierer beschädigt, der der Gemeinde als Sachkostenträger gehört.

786 Grundlegend: BVerwGE 28, 1ff.; vgl. auch BVerwG NVwZ 1985, 905 (906).

787 § 59 BWLBG; Art. 78 BayBG; § 72 BlnLBG; § 60 BbgLBG; § 51 BremBG; § 52 HmbBG; § 56 HBG; § 52 MVLBG; § 51 NdsBG; § 81 NRWLBG; § 60 RhPfLBG; § 65 SaarlBG; § 76 SächsBG; § 56 LSALBG; § 51 SchlHLBG; § 60 ThürBG.

**Klausurhinweis:** Versäumt es das Land in diesem Fall, im Wege der DSL gegen den Beamten vorzugehen, kann der Gemeinde ein Anspruch aus verwaltungsrechtlicher Sonderbeziehung zustehen. Er wird durch »schulrechtliches Gemeinschaftsverhältnis« zwischen Land und Gemeinde begründet.

Allerdings ist der Schadensersatzanspruch der **Verjährung** innerhalb von drei Jahren nach Kenntnis des Schadens und des Schädigers unterworfen.[788]

Als weitere Anspruchsgrundlage kommt vielfach der allgemeine **öffentlich-rechtliche Erstattungsanspruch** in Betracht. Dieser ist auch anwendbar. Durch § 48 BeamtStG und § 75 BBG sind nur andere Schadensersatzansprüche spezialgesetzlich verdrängt. Bei dem öffentlich-rechtlichen Erstattungsanspruch handelt es sich aber um ein auf Art. 20 III GG gestütztes Rechtsinstitut. Der Rechtsgedanke, dass rechtsgrundlose Vermögensverschiebungen rückgängig zu machen sind, bleibt anwendbar. Auf die Entreicherungseinrede des § 818 III BGB kommt es nicht an. Maßgeblich sind die öffentlich-rechtlichen Vertrauensschutzvorschriften, auf die sich der Anspruchsgegner nicht berufen kann. Auch eine entsprechende Anwendung der Verjährungsvorschriften greift nicht ein.

## II. Rechtsschutz des Beamten gegen die Geltendmachung sonstiger Ansprüche des Dienstherrn

Neben dem unter I. erörterten Schadensersatzanspruch kommt ggf. eine Rückforderung **245**
überzahlter Dienstbezüge in Betracht.

**Prozessual** wird (ähnlich wie oben) ggf. Streit darüber bestehen, ob der Dienstherr berechtigt ist, einen Leistungsbescheid zu erlassen, was aber auch hier ganz überwiegend anerkannt wird. Nur, wenn die Überzahlung von Erben zurückgefordert wird, ist eine Leistungsklage zwingend. Diese sind schließlich nicht von dem Über-/Unterordnungsverhältnis erfasst, das die gewohnheitsrechtliche Anerkennung der VA-Befugnis im Verhältnis zwischen Dienstherrn und Beamten stützt.

Die **materiellen Voraussetzungen** der Rückforderung ergeben sich im Wesentlichen aus § 12 II BBesG (bzgl. überzahlter Besoldungsansprüche), aus § 52 II BeamtVG (bzgl. überzahlter Versorgungszahlungen) bzw. aus der jeweiligen landesrechtlichen Parallelvorschrift. Diese Vorschriften setzen zusammenfassend voraus, dass die zurückgeforderte Leistung ohne Rechtsgrund geleistet worden ist. Schwierigkeiten kann die Frage bereiten, ob der Beamte, der die Zahlungen verbraucht hat, sich auf den Entreicherungseinwand (§ 818 III BGB) berufen kann, auf den kraft Rechtsfolgenverweisung verwiesen wird. Eine solche Entreicherungseinrede lässt die Rspr. nur bei einem Verbrauch geringer Überzahlungen zu.

Schließlich kann aus **Billigkeitsgründen** ganz oder teilweise von der Rückforderung abgesehen werden (§ 12 II 3 BBesG). Bei der zu treffenden Ermessensentscheidung sind unter anderem der Grad der Mitverursachung der Überzahlung durch den Dienstherrn, das Alter, die Leistungsfähigkeit und sonstige Lebensverhältnisse des Herausgabepflichtigen zu berücksichtigen.[789]

# D. Ansprüche des Beamten

Spiegelbildlich zum Anspruch des Dienstherrn gegen den Beamten kann die Frage aufgewor- **246**
fen werden, welche Ansprüche der Beamte gegen den Dienstherrn hat. Innerhalb dieses Aufgabenkreises spielt der nachfolgend dargestellte Anspruch auf Anerkennung eines Dienstunfalles die klausurrelevanteste Rolle (hierzu → Rn. 247). Daneben kann die Frage des Schadensersatzanspruchs des Beamten problematisiert werden (hierzu → Rn. 248). Beide Problemkreise können in einem Aktenauszug etwa auf die Weise verbunden werden, dass sich der Beamte auf einer Dienstreise verletzt und gleichzeitig dessen PKW beschädigt wird.

788 § 79 II BBG; § 59 BWLBG; Art. 78 BayBG; § 72 BlnLBG; § 60 BbgLBG; § 51 BremBG; § 52 HmbBG; § 56 HBG; § 52 MVLBG; § 51 NdsBG; § 81 NRWLBG; § 60 RhPfLBG; § 65 SaarlBG; § 76 SächsBG; § 56 LSALBG; § 51 SchlHLBG; § 60 ThürBG.

789 OVG Hamburg Urt. v. 10.12.2009 – 1 Bf 144/08.

### I. Anspruch auf Anerkennung eines Dienstunfalles

247 In unterschiedlichen Klausureinkleidungen wird das Vorliegen eines Dienstunfalles gem. § 31 I BeamtVG bzw. der landesrechtlichen Parallelvorschrift problematisiert. Der Klausureinstieg erfolgt häufig über ein Verpflichtungsbegehren. Manchmal verfolgt der Beamte (nur) die Anerkennung als Dienstunfall. Vielfach beansprucht er aber mit der Klage auch eine Leistung im Rahmen der Unfallfürsorge (§§ 30 II, 32 ff. BeamtVG). Dann ist das Vorliegen eines Dienstunfalls iRd § 30 I 1 BeamtVG inzident zu erörtern.

Nach der in § 31 I 1 BeamtVG enthaltenen Legaldefinition stellt ein Dienstunfall ein auf äußerer Einwirkung beruhendes, plötzliches, örtlich und zeitlich bestimmbares Ereignis dar, das einen Körperschaden verursacht und in Ausübung oder infolge des Dienstes eingetreten ist.

**Übersicht: Anspruch auf Anerkennung eines Dienstunfalls (§ 31 I BeamtVG)**

I. Anspruchsgrundlage
II. Tatbestand
   1. Äußere Einwirkung
      (P) Anlagebedingtes Leiden
   2. Plötzliches Ereignis
      (P) Verhältnis zu § 31 III BeamtVG
   3. Örtliche und zeitliche Bestimmbarkeit
   4. Körperschaden
   5. Kausalität
      (P) »Gelegenheitsursache«
   6. Zusammenhang mit Dienstausübung
      (P) Dienstreisen, dienstliche Veranstaltungen
      (P) Außerdienstliche Körperschäden und Schädigungen im Ausland
III. Rechtsfolge
   (P) Anerkennungsfähigkeit von Unfallfolgen

§ 31 I BeamtVG beinhaltet nach übereinstimmender Auffassung der Rspr. über die Legaldefinition hinausgehend zugleich die Anspruchsgrundlage für die Verpflichtung des Dienstherrn, ein schädigendes Ereignis als Dienstunfall anzuerkennen.[790]

- Durch das Erfordernis eines **äußeren Ereignisses** soll sichergestellt werden, dass Ereignisse, die auf der Veranlagung oder auf inneren Vorgängen in dem Beamten selbst beruhen, keinen Anspruch auf Unfallfürsorge auslösen. Daher besteht zB kein Anspruch auf beamtenrechtliche Versorgung, wenn sich ein anlagebedingtes inneres Leiden nur zufällig während des Dienstes äußert.

  **Beispiel:** Beamter leidet anlagebedingt unter einer erheblichen Kniescheibenfehlform, die häufig (auch bei privaten Verrichtungen) zu Luxationen führt.

  Etwas anderes kann gelten, wenn unabhängig von dem inneren Leiden ein äußeres Ereignis auf den Körper einwirkt.

  **Beispiel:** Eine dienstbedingte, plötzliche körperliche Drehbewegung führt zur Luxation.

  Auch ein Personalgespräch ist kein äußeres Ereignis.[791] Gleiches gilt für sonstige dienstlich veranlasste Gespräche ohne objektivierbares Schädigungspotenzial.[792]

- **Plötzlich** ist ein Ereignis, wenn es in einem »verhältnismäßig kurzen Zeitraum« wirkt. Es muss sich nicht um ein »Augenblicksereignis« handeln. Allerdings unterscheidet sich ein Unfall von einer Krankheit (vgl. auch § 31 III BeamtVG) durch die enge zeitliche Begrenzung. Die Rspr. begrenzt die Plötzlichkeit auf Einwirkungen innerhalb einer Arbeitsschicht. Infolgedessen kann eine Sehnenscheidenentzündung, die durch erhebliche Belas-

790 VG Göttingen Urt. v. 2.4.2008 – 3 A 263/06.
791 VG Frankfurt Urt. v. 31.8.2009 – 9 K 354/09.F.
792 VG Arnsberg Urt. v. 20.1.2010 – 2 K 833/07 (kein Dienstunfall, wenn Beamter an Gefährderansprache und nachfolgender Dienstbesprechung teilnimmt und anschließend psychisch erkrankt).

tungen innerhalb einer Arbeitsschicht verursacht wird, das Merkmal der Plötzlichkeit erfüllen; nicht hingegen länger andauerndes »Mobbing«.[793]

- Das Ereignis muss **örtlich und zeitlich bestimmbar** sein. Dieses Merkmal setzt die Feststellung voraus, dass der Beamte an einem bestimmten Ort zu einem konkret bestimmbaren Zeitpunkt geschädigt wurde. Lassen sich Ort und Zeit des Ereignisses nicht hinreichend genau feststellen, geht dieses zulasten des Beamten, da jener die materielle Beweislast trägt. An diesem Merkmal kann zB die Anerkennung eines Zeckenstichs (und der nachfolgenden Neuroborreliose) als Dienstunfall scheitern, wenn unter anderem nicht feststellbar ist, dass sich der Beamte bei dienstlichen Arbeiten zu einem bestimmten Zeitpunkt infiziert hat.[794] Allerdings hat das BVerwG betont, dass die Anerkennung eines Zeckenbisses und einer darauf zurückzuführenden Neuroborreliose als Dienstunfall (bzw. Unfallfolge) in Betracht kommt, wenn Tag und Ort des Zeckenbisses hinreichend genau festgestellt werden können und der Beamte in Ausübung des Dienstes infiziert worden ist.[795]
- Die Anerkennung eines schädigenden Ereignisses als Dienstunfall setzt zudem einen **Körperschaden** voraus. Hierzu gehören neben äußerlich sichtbaren Schäden auch seelische Gesundheitsstörungen (posttraumatische Belastungsstörungen).
- Zwischen dem schädigenden Ereignis und dem Körperschaden muss zudem ein **rechtlich wesentlicher ursächlicher Zusammenhang** bestehen. Diese Kausalität fehlt, wenn der Gesundheitsschaden in seiner Ausprägung nicht rechtlich wesentlich durch die äußere Einwirkung verursacht worden ist.
- Schließlich – gerade diese Voraussetzung hat Klausurrelevanz – muss das schädigende Ereignis **in Ausübung des Dienstes** eingetreten sein. Dieses Merkmal verlangt eine besonders enge ursächliche Verknüpfung des Unfallereignisses mit dem Dienst.[796] Ausgehend von dem Normzweck des § 31 I BeamtVG stellt die Rspr. maßgeblich auf das Kriterium der räumlichen Beherrschbarkeit des Risikos ab. Ereignet sich der Unfall in den vom Dienstherrn beherrschbaren Räumen, ist der Zusammenhang mit der Dienstausübung daher regelmäßig gegeben, solange sich der Beamte bestimmungsgemäß im räumlichen Machtbereich des Dienstherrn bewegt. Eine Ausnahme besteht, wenn die im räumlichen Machtbereich ausgeübte schädigende Tätigkeit vom Dienstherrn verboten wurde oder dessen wohlverstandenem Interesse zuwiderläuft.[797] Etwas anderes gilt allerdings dann, wenn sich der Beamte in den räumlichen Machtbereich ohne einen dienstlichen Anlass für den Aufenthalt begeben hat.[798] Leistet ein Beamter außerhalb des eigentlichen Dienstortes Dienst (zB Schullandheimaufenthalt eines Lehrers), besteht Dienstunfallschutz, wenn die konkrete Tätigkeit, bei der sich der Unfall ereignet, in einem engen natürlichen Zusammenhang mit den dienstlichen Aufgaben oder dienstlich notwendigen Verrichtungen steht, der Unfall also seine **wesentliche Ursache in den Erfordernissen der Dienstverrichtung** hat.[799] Beachten Sie, dass gemäß § 31 I 2 BeamtVG unter anderem auch Dienstreisen (hierzu § 2 I 1 BRKG) und die Teilnahme an dienstlichen Veranstaltungen zum Dienst gehören.

Sind die tatbestandlichen Voraussetzungen erfüllt, besteht ein Anspruch auf Anerkennung des körperschädigenden Ereignisses als Unfallfolge.

## II. Sonstige Fürsorgeansprüche

Liegt ein Dienstunfall vor, kann der Beamte die in §§ 30 II, 32 ff. BeamtVG geregelten Unfallfürsorgeansprüche geltend machen. Detailkenntnisse werden hier nicht erwartet. Zu der Erstattungsfähigkeit von **Sachschäden** sollten Sie aber wissen, dass § 32 S. 1 BeamtVG eine **248**

793 VG Göttingen Urt. v. 2.4.2008 – 3 A 263/06.
794 VG Augsburg Urt. v. 26.3.2009 – Au 2 K 08.1789.
795 BVerwG NVwZ 2010, 708 (709) (Anerkennung bei einer Lehrerin, die einige Tage auf Klassenfahrt auf einem im Wald gelegenen Bauernhof infiziert wurde).
796 BVerwG NVwZ-RR 2008, 269.
797 BVerwG NVwZ-RR 2008, 269 (Verletzung eines Beamten, der auf dem Weg zum Fenster seines Dienstzimmers zu Schaden kommt, nachdem er einen Knall gehört hat; der Zusammenhang mit der Dienstausübung wurde vom BVerwG bejaht).
798 BVerwG BayVBl. 2009, 347.
799 BVerwG NVwZ-RR 2008, 410 (Unfall eines Lehrers beim morgendlichen Duschen während Schullandheimaufenthalt ist Dienstunfall).

Ermessensvorschrift ist. Ähnlich wie beim Begriff des Dienstunfalles kommt es also maßgebend auf die sinnvolle Verteilung der Risikosphären an. IdR wird kein Ersatz für Gegenstände geleistet, die der Beamte »aus freien Stücken und ohne Veranlassung des Dienstherrn in dessen Risikosphäre bringt«.[800] Gleiches gilt, wenn der Beamte anstelle dienstlich vorhandener Arbeitsmittel private Gegenstände nutzt.[801] Stehen dienstliche Arbeitsmittel hingegen nicht zur Verfügung, sodass der Beamte aus dienstlichen Gründen einen privaten Gegenstand verwendet, wird eine Schadensübernahme gerechtfertigt sein.

## 9. Kapitel. Schulrecht

Strukturell vielfach mit dem Beamtenrecht vergleichbare Fragestellungen können sich in schulrechtlichen Klausuren stellen. Da diese Klausuren allerdings nach unserer Erfahrung eine eher untergeordnete Rolle spielen, sollen nachfolgend nur die wichtigsten Gesichtspunkte erörtert werden. Zuletzt wurden im Schulrecht vor allem Aufgabenstellungen mit Bezug zur **Freiheit der Religionsausübung** gestellt. Konkret ging es jeweils um Befreiung vom Unterricht aus Glaubensgründen[802] oder um Einräumung von freier Zeit bzw. freiem Raum, um den Glauben im Schulunterricht zu leben.[803] Ansatzpunkt zur Lösung solcher Fälle ist regelmäßig eine Norm im Schulgesetz über die Möglichkeit, vom Schulunterricht aus wichtigem Grund befreit zu werden oder eine Norm, die die Ausübung von Religion in der Schule einschränkt.[804] Die genannten Normen geraten regelmäßig in Konflikt mit dem Recht der Schüler aus Art. 4 GG bzw. dem Recht der Eltern, die Erziehung ihrer Kinder zu bestimmen (Art. 6 II GG). Die Einschränkungen der Glaubensfreiheit können daher nur Bestand haben, wenn sie mit Werten von Verfassungsrang gestützt werden. Dazu gehören die negative Glaubensfreiheit anderer Schüler (Art. 4 GG), das Erziehungsrecht anderer Eltern (Art. 6 II GG), die Verpflichtung des Staates zu weltanschaulich-religiös neutraler Erziehung (Art. 4 GG) und der staatliche Unterrichts- und Erziehungsauftrag (Art. 7 I GG). Die Anspruchsteller können in den beiden genannten Konstellationen regelmäßig nur dann Erfolg haben, wenn die Abwägung der widerstreitenden Verfassungswerte zu ihren Gunsten ausgeht. Solche Klausuren sind daher nur scheinbar »schulrechtliche« Klausuren. In Wirklichkeit handelt es sich um Klausuren mit verfassungsrechtlichem Schwerpunkt, bei denen es darauf ankommt, die praktische Konkordanzprüfung dogmatisch korrekt und überzeugend vorzunehmen (siehe dazu unten).

### A. Rechtsschutz gegen Schulordnungsmaßnahmen

249 Sofern im Aktenauszug der Rechtsschutz gegen schulische Ordnungsmaßnahmen problematisiert wird, erwarten die Prüfungsämter zunächst im Rahmen der **Statthaftigkeit** der Klage eine vertiefte Auseinandersetzung mit dem VA-Begriff.[805] Betroffen sind insbes. die Merkmale »Regelung« und »Außenwirkung«.

- **Förmliche Ordnungsmaßnahmen** treffen Schüler idR in ihrer persönlichen Rechtsstellung. Dann stellen sie als regelnde Maßnahme mit Außenwirkung einen VA dar. Zu den förmlichen Ordnungsmaßnahmen gehören zB der disziplinarische Ausschluss von Klassenfahrten, der schriftliche Verweis, die förmliche Umsetzung in eine Parallelklasse, der zeitweilige Ausschluss vom Unterricht, die Entlassung von der besuchten Schule oder dem Schulbesuch überhaupt oder die Überweisung in eine andere Schule.[806] Im vorläufigen Rechtsschutz ist dann ein Verfahren nach § 80 V 1 VwGO statthaft, sofern nach § 80 II 1

800 VG Saarland Urt. v. 29.9.2009 – 3 K 373/09.

801 OVG Lüneburg NdsRpfl. 2009, 171; VG Saarland Urt. v. 29.9.2009 – 3 K 373/09.

802 OVG Münster NVwZ-RR 2009, 923.

803 BVerwG NVwZ 2012, 162.

804 OVG Münster NVwZ-RR 2009, 923 (Anspruch auf Befreiung vom Schwimmunterricht – Burkini); BVerwG NVwZ 2009, 56; BVerfGE 47, 46 (77) (Anspruch auf Befreiung vom Religionsunterricht).

805 Probleme des Verwaltungsrechtswegs werden sich wohl nicht stellen; nur bei Streitigkeiten in Privatschulen ist der ordentliche Rechtsweg eröffnet; § 13 GVG.

806 Beispiele nach *Finkelnburg/Dombert/Külpmann* Vorläufiger Rechtsschutz Rn. 1408 mwN.

Nr. 4 VwGO die sofortige Vollziehung angeordnet worden ist. Landesrechtlich kann die aufschiebende Wirkung eines Anfechtungsrechtsbehelfs ausgeschlossen sein.

- Anders verhält sich dies bei **nichtregelnden Maßnahmen** im Vorfeld einer förmlichen Ordnungsmaßnahme. Dazu gehört zB das formlose vorübergehende Umsetzen in eine Parallelklasse oder die Verweisung aus dem Unterrichtsraum.[807] Diese beinhalten keine regelnde Außenwirkung und können mangels VA-Qualität daher nur Gegenstand einer allg. Leistungs- bzw. Feststellungsklage bzw. im vorläufigen Rechtsschutz eines Antrags nach § 123 I 1 VwGO sein.

Die **Klagebefugnis** folgt für die betroffenen Schüler aus Art. 2 I GG. Daneben ist bei wesentlichen Eingriffen sogar eine Verletzung des Art. 12 I GG (»Ausbildungsstätte«) möglich. Die Klagebefugnis der Eltern kann sich aus dem Recht auf Erziehung und Pflege der Kinder (Art. 6 II 1 GG) ergeben, sofern sie noch erziehungsberechtigt sind (§ 1626 I BGB); also bis zur Vollendung der Volljährigkeit.

Ein für die Anfechtungsklage grds. erforderliches **Vorverfahren** kann gem. § 68 I 2 VwGO landesrechtlich unstatthaft sein.[808]

Probleme können sich zudem im Rahmen der **Prozessfähigkeit** ergeben, solange die Schüler noch minderjährig sind. Dann werden sie von den Eltern gemeinschaftlich vertreten (§ 1629 I BGB). Grds. müssen die Eltern die Klage gemeinsam erheben, es sei denn, es liegt eine abweichende Entscheidung des Familiengerichts vor.[809] Angesichts der möglichen Verletzung der Eltern in ihrem Grundrecht aus Art. 6 II 1 GG können diese sowohl Vertreter (des minderjährigen Schülers) als auch Beteiligte des Verfahrens sein (als Kläger im Hinblick auf das Erziehungsrecht aus Art. 6 II 1 GG). In diesem Fall liegt eine (unproblematisch zulässige) subjektive Klagehäufung im Aktivrubrum vor. Eine weitere Besonderheit ergibt sich in Streitigkeiten, die die Religionsausübung der Schüler betreffen. Dort gilt das Gesetz über die religiöse Kindererziehung.[810] Nach dessen § 5 steht jedem Kind nach Vollendung des 14. Lebensjahres die Entscheidung darüber zu, zu welchem religiösen Bekenntnis es sich halten will (Religionsmündigkeit) und vermittelt ihm insoweit partielle volle Geschäftsfähigkeit und darüber insoweit auch Prozessfähigkeit.

Sofern landesrechtlich das Behördenprinzip gilt, kann die Schule selbst als Behörde **richtige Beklagte** sein. Diese wird ggf. durch den Schulleiter vertreten.

Die in den Aktenauszügen problematisierten Ordnungsmaßnahmen stellen idR einen VA dar, sodass im Rahmen der **Begründetheit der Klage** (§ 113 I 1 VwGO bzw. § 113 I 4 VwGO) zunächst die **formelle Rechtmäßigkeit** der Ordnungsverfügung zu erörtern ist. Hierzu enthalten die Bearbeitervermerke oft wesentliche Hinweise.

- Hierbei ist zunächst zu klären, ob die Entscheidung durch das nach dem Landesschulrecht für Ordnungsmaßnahmen **zuständige Schulgremium** (idR Lehrerkonferenz) getroffen wurde.
- Zudem folgt aus den landesschulrechtlichen Bestimmungen häufig, dass die Ordnungsmaßnahme zuvor **angedroht** werden muss.
- Außerdem wird teilweise verlangt, dass die Entscheidung über die Ordnungsmaßnahme auf die Tagesordnung der Sitzung des zuständigen Gremiums aufgenommen worden ist und der betroffene Schüler und seine Eltern Gelegenheit hatten, ihren Standpunkt darzulegen. Beachten Sie insoweit die ggf. im Aktenauszug abgedruckten Verfahrensbestimmungen.
- Das Erfordernis einer hinreichenden Begründung gem. § 39 VwVfG und der Anhörung gem. § 28 I VwVfG ist zu beachten. Beachten Sie, dass im Aktenauszug die Heilungsmöglichkeiten gem. § 45 I Nr. 2 und 3, II VwVfG problematisiert werden können.

---

807 *Finkelnburg/Dombert/Külpmann* Vorläufiger Rechtsschutz Rn. 1410 mwN.

808 Beachten Sie für NRW die Regelung in § 110 II 1 Nr. 3a NRWJustG. Danach entfällt das Vorverfahren nicht, wenn es sich um einen VA im Bereich des Schulrechts handelt, soweit er von Schulen erlassen wurde.

809 *Finkelnburg/Dombert/Külpmann* Vorläufiger Rechtsschutz Rn. 1394.

810 Vom 15.7.1921 – RGBl. 939, BGBl. III 404-9.

Innerhalb der **materiellen Rechtmäßigkeit** der Ordnungsverfügung kann zu erörtern sein, ob die Ordnungsverfügung überhaupt auf eine hinreichende Ermächtigungsgrundlage gestützt werden kann. Sofern die Maßnahme für den Betroffenen wesentlich ist, bedarf es nämlich im Hinblick auf den Grundsatz des Vorbehalts des Gesetzes (Art. 20 III GG) einer hinreichend konkreten Ermächtigungsgrundlage.[811] Die früher vertretene Lehre vom besonderen Gewaltverhältnis als rechtsfreier Raum gilt nicht mehr.[812]

Die in diesem Zusammenhang problematische Frage, ob die vielfach in den Landesschulordnungen enthaltenen Rechtsgrundlagen diesem Erfordernis gerecht werden, sollten Sie nur dann vertieft erörtern, wenn der Aktenauszug einen dahingehenden Vortrag der Beteiligten auch enthält. Aber auch dann wird es idR sinnvoll sein, die Rechtsgrundlage als ausreichend anzuerkennen. Hierfür kann insbes. auch angeführt werden, dass bei der Anwendung der Ermächtigung eine grundrechtsfreundliche restriktive Auslegung möglich ist.

Die im Examen zu prüfenden und voraussichtlich im Aktenauszug abgedruckten Rechtsgrundlagen für die Ordnungsmaßnahme werden voraussichtlich von **unbestimmten Rechtsbegriffen** wie »schwere Verfehlung« oder »wichtiger Grund« beherrscht sein. Ein Klausurschwerpunkt wird deshalb bei einer umfassenden Erörterung liegen, ob das im Aktenauszug belegte Fehlverhalten des Klägers die konkrete Ordnungsmaßnahme stützt. Wesentlich ist hierbei zunächst, dass die Wertungen des zuständigen Gremiums gerichtlich grds. voll überprüfbar sind (Art. 19 IV GG). Ein Beurteilungsspielraum besteht idR nicht (arg.: Die Überprüfung ist auch nach einer zeitlichen Distanz möglich und mit einer Prüfungssituation qualitativ nicht vergleichbar). Soweit allerdings die zu treffende Entscheidung maßgeblich an pädagogischen Gesichtspunkten orientiert ist, besteht ein nur eingeschränkt überprüfbarer Beurteilungsspielraum. Dieser betrifft etwa die Frage, welche Ordnungsmaßnahme konkret ausgesprochen wird.

Beachten Sie bitte, dass die genannten Maßnahmen nach einhelliger Ansicht nicht dazu dienen, vergangenes Fehlverhalten zu sanktionieren (also kein Schulstrafrecht). Es geht vielmehr darum, zukünftiges Fehlverhalten auszuschließen, also um **Gefahrenabwehr**. Ihre Subsumtion muss daher immer in den Blick nehmen, ob nach den vorhandenen tatsächlichen Anhaltspunkten zukünftig wieder eine schwere Verfehlung oÄ droht. Zur Abwehr einer solchen neuen Verfehlung müssen die getroffenen Maßnahmen dienen und insbes. verhältnismäßig sein. In diesem Zusammenhang ist zu beachten, dass die Schulgesetze idR von einem gestuften Maßnahmenkonzept ausgehen, in denen pädagogische Mittel gegenüber Ordnungsmaßnahmen vorrangig sind.

## B. Rechtsschutz gegen Schulorganisationsmaßnahmen

250 Entscheidungen zur Schulorganisation ergehen als VA, wenn sich die getroffenen Maßnahmen unmittelbar auf die Rechtsstellung des Schülers, seiner Erziehungsberechtigten oder eines Schulträgers auswirken. Dies ist etwa bei der Auflösung oder der Zusammenlegung bzw. Verlegung einer Schule der Fall. Hiergegen können auch die betroffenen Gemeinden klagebefugt sein (Art. 28 II GG). Sofern im Aktenauszug eine Elternvertretung (im Rahmen einer subjektiven Klagehäufung) handelt, ist zu beachten, dass diese nicht klagebefugt ist.[813]

Keine VA-Qualität haben solche schulorganisatorischen Maßnahmen, die den Bestand und die Zugehörigkeit des Schülers zur betroffenen Schule unberührt lassen (zB Zusammenlegung von Klassen, Stundenplangestaltung). In diesem Fall ist nur eine Leistungsklage statthaft.

811 Etwa § 90 BWSchulG, Art. 86 BayEUG, §§ 62 f. BlnSchulG, §§ 63 f. BbgSchulG, § 49 HmbSG, § 82 HSchG, §§ 60 f. MVSchulG, § 61 NdsSchG, § 53 NRWSchulG, § 66 RhPfSchulG, § 32 SaarlSchoG, § 39 SächsSchulG, § 44 LSASchulG, § 25 SchlHSchulG, § 51 ThürSchulG.

812 *Rux/Niehues* SchulR § 1 Rn. 21 ff.

813 *Kuhla/Hüttenbrink* VerwProzR K Rn. 344 mwN.

# 10. Kapitel. Straßen- und Straßenverkehrsrecht

## A. Klausuren aus dem Straßenrecht

Während das Straßenverkehrsrecht (hierzu → Rn. 252) vorrangig eine gefahrenabwehrrechtliche Sonderordnungsmaterie darstellt, handelt es sich beim Straßenrecht um öffentliches Sachenrecht. Dies wird im Wesentlichen im FStrG (für Bundesfernstraßen, also Bundesautobahnen und Bundesstraßen mit den Ortsdurchfahrten, § 1 I FStrG) sowie für die übrigen Straßen in den Landesstraßengesetzen geregelt.[814] 251

**Hinweis:** An dieser Stelle wird auf eine vertiefte Darstellung der Begründung, Veränderung und Beendigung des öffentlichen Straßenstatusverhältnisses verzichtet.[815] Zum Rechtsschutz gegen eine straßenrechtliche Widmung nur soviel: Da die Widmung idR als VA (§ 35 S. 2 VwVfG) ergeht, erfolgt der Rechtsschutz vorrangig über eine Anfechtungsklage (§ 42 I Var. 1 VwGO). Wird eine Widmung oder Beschränkung begehrt, ist eine Verpflichtungsklage (§ 42 I Var. 2 VwGO) statthaft. Ggf. kann eine Feststellungsklage (§ 43 I VwGO) in Betracht kommen. Insoweit sind bloße Straßenbenutzer nicht iSv § 42 II VwGO klagebefugt, Anlieger (insbes. private Eigentümer von Straßengrundstücken) ebenso wie grds. Straßenbaulastträger wohl. IRd Klagefrist (§ 74 I VwGO) ist die Bekanntgabe der Widmungsverfügung zu klären (ggf. Zustellung der Verfügung an betroffene Grundstückseigentümer). In der Begründetheit prüfen Sie die formellen und materiellen Voraussetzungen der Widmung. Die Zuständigkeit liegt bei den Straßenbaubehörden. Verfahrensrechtlich wird eine öffentliche Bekanntmachung der Widmung verlangt (§ 2 VI 4 FStrG). Materielle Voraussetzung für die Widmung ist die Verfügungsbefugnis des Straßenbaulastträgers (vgl. § 3 FStrG) über das betroffene Straßengrundstück. Ist der Träger der Straßenbaulast nicht Eigentümer oder nicht aufgrund besonderer Rechtstitel zum Besitz befugt, bedarf die Widmung der Zustimmung des Eigentümers oder des sonst dinglich Berechtigten (§ 2 II FStrG). Fehlt die notwendige Zustimmung, liegt dennoch der äußere Tatbestand einer Widmung vor. Das Fehlen der Zustimmung führt mangels Offenkundigkeit nicht zur Nichtigkeit (§ 44 I VwVfG).

Straßenrechtliche Klausuren steuern vielfach auf eine Abgrenzung des erlaubnisfreien Gemeingebrauchs von der erlaubnispflichtigen Sondernutzung zu. Folgende **Klausureinkleidungen** sind typisch:

- Rechtsschutz gegen einen VA, mit dem Maßnahmen gegen eine Sondernutzung verfolgt werden (§ 8 VIIa 1 FStrG),
- Rechtsschutz gegen einen Kostenbescheid, mit dem die Behörde Kosten für die Beseitigung einer unerlaubten Sondernutzung zurückverlangt (§ 8 VIIa 2 FStrG) und
- Rechtsschutz gegen einen Sondernutzungsgebührenbescheid mit der Begründung, die Nutzung liege noch im Rahmen des Gemeingebrauchs.

Für die Abgrenzung zwischen erlaubnisfreiem Gemeingebrauch und erlaubnispflichtiger Sondernutzung gelten folgende Grundsätze:

- **Erlaubnisfreier Gemeingebrauch** (§ 7 I 1 FStrG) ist die Nutzung der Straße im Rahmen des Widmungszwecks. Gewidmet ist die Straße in erster Linie für den Verkehrszweck. In diesem Rahmen kann jeder die Straße zulassungsfrei und unentgeltlich nutzen. Klausurträchtig sind Konstellationen, in denen auf der Straße (über das bloße Gelangen »von A nach B«) kommunikative Elemente verfolgt werden. In Abgrenzung zur erlaubnispflichtigen Sondernutzung (§ 8 FStrG) legt die Rspr. den Widmungszweck der Straße erweitert aus (»erweiterter Verkehrsbegriff«). Sie erkennt eine Erlaubnisfreiheit an, wenn der Erlaubnisvorbehalt wegen der Bedeutung einer grundrechtlichen Gewährleistung unverhältnismäßig wäre und die Grundrechtsausübung keine Beeinträchtigung des widmungsgemäßen Gebrauchs auslöst. Dies ist aber zB bei Spontankunst der Fall. Da es hierfür keine Bagatellgrenze gibt, liegt häufig kein erlaubnisfreier Gemeingebrauch, sondern eine er-

814 In der nachfolgenden Darstellung werden im Interesse der Einheitlichkeit die Normen des FStrG des Bundes zitiert; die landesrechtlichen Vorschriften sind im Wesentlichen vergleichbar.
815 Im Einzelnen hierzu Schoch/*von Danwitz* BesVerwR 7. Kap. Rn. 41 ff.

laubnispflichtige Sondernutzung vor. Eine andere Frage ist allerdings, ob auf die Erteilung der Sondernutzungserlaubnis ein Anspruch besteht, weil das Erteilungsermessen auf Null reduziert ist. In diesen Fällen ist ggf. ein Vornahmebegehren (§ 113 V 1 VwGO) erfolgreich. Im Eilfall (zB Wahlwerbung) kommt auch eine einstweilige Anordnung (§ 123 I VwGO) in Betracht.

- Der einfachgesetzlich in einzelnen Ländern geregelte **Anliegergebrauch** gewährleistet als »gesteigerter Gemeingebrauch« den Straßenanliegern das Recht, die an das Grundstück angrenzende Straße für Zwecke der Grundstücksnutzung auch über den Gemeingebrauch hinaus in Anspruch zu nehmen, soweit dies erforderlich ist.[816] Ob noch Anliegergebrauch vorliegt oder schon eine (gebührenrelevante) Sondernutzung, richtet sich nach den konkreten (örtlichen) Umständen unter Berücksichtigung der Verkehrsanschauung. Bei einer kurzfristigen Lagerung von Baumaterialien oder dem Aufstellen von Fahrradständern bejaht die Rspr. noch Anliegergebrauch.[817] Auch das kurzzeitige Aufstellen von Abfallbehältern auf dem Gehweg vor dem eigenen Grundstück zur turnusmäßigen Entleerung gehört – unabhängig von dem Vorliegen einer abfallrechtlichen Verpflichtung zur Nutzung solcher Behälter – zum erlaubnisfreien Anliegergebrauch.[818] Restriktiver geht die Rspr. hingegen bei Werbeschildern gewerblich genutzter Grundstücke, bei Verkaufsautomaten[819] oder bei der Aufstellung von Altkleidercontainern vor.[820]
- Eine über den Gemeingebrauch hinausgehende Nutzung der Straße ist **Sondernutzung** (§ 8 FStrG). Sobald diese geeignet ist, den Gemeingebrauch zu beeinträchtigen, bedarf es einer Sondernutzungserlaubnis. Im Hinblick auf die fehlende Bagatellgrenze sind »Großplakatanschlagtafeln« schon Sondernutzung, wenn sie mehr als 20–30 cm in den Straßenraum hineinragen.[821] Beim Aufstellen von Plakattafeln im öffentlichen Straßenraum gilt dies allemal.[822]

Zur Abgrenzung zwischen Gemeingebrauch und Sondernutzung merken Sie sich folgende Grundsätze:[823]

- Bei der **kommunikativen Straßennutzung**, dh solchen Nutzungen, bei der die Straße nicht in erster Linie zu Verkehrszwecken gebraucht wird, erfolgt die Abgrenzung vor allem vor dem Hintergrund grundrechtlicher Gewährleistungen. Gemeingebrauch liegt vor, wenn in einer Fußgängerzone Medien an vorbeigehende Passanten unentgeltlich und ohne zusätzliche Hilfsmittel (zB Infostände) verteilt werden, solange eine deutliche Werbung (zB durch Ansprechen von Passanten) nicht erkennbar ist. Dann bewegt sich die Nutzung im Rahmen des Widmungszwecks, der bei einer Fußgängerzone auch in der Begegnung und der Kommunikation mit anderen Verkehrsteilnehmern besteht.[824] Nach der (umstrittenen) Rspr. kommt es hierbei auf das äußere Erscheinungsbild der Tätigkeit an. Sobald gewerbliche Motive verfolgt werden, bei denen ein Verkehrsinteresse nur nebensächlich besteht, liegt eine Sondernutzung vor. Grundrechtliche Gewährleistungen führen also nicht ohne Weiteres dazu, dass die Straßennutzung zum Gemeingebrauch wird. Diese Kriterien gelten auch bei religiöser Betätigung. Zwar kann sich eine Religionsgemeinschaft auch im Rahmen der notwendigen erwerbswirtschaftlichen Betätigung auf Art. 4 GG beru-

816 Schoch/*von Danwitz* BesVerwR 7. Kap. Rn. 69; OVG Saarlouis Beschl. v. 25.4.2014 – 1 A 401/13: Die uneingeschränkte Anfahrtsmöglichkeit zu einem Grundstück, in dem der Eigentümer wohnt, bis »unmittelbar vor die eigene Haustür« gehört im städtischen Ballungsgebiet einer Fußgängerzone hingegen nicht zu dem durch Art. 14 I GG geschützten Kernbereich des Anliegerrechts.
817 Schoch/*von Danwitz* BesVerwR 7. Kap. Rn. 69 mwN.
818 OVG Bautzen Urt. v. 5.3.2012 – 1 A 966/10 (auch für »Blaue Tonnen«, »Gelbe Tonnen/Gelbe Säcke« und Biotonnen).
819 BVerwG NVwZ-RR 2000, 837 (838): Aufstellung eines Verkaufsständers für Ansichtskarten in Fußgängerzone ist kein Anliegergebrauch.
820 VG Saarlouis NVwZ-RR 2014, 127 (128 f.).
821 *Sauthoff* NVwZ 1998, 239 (244) mwN; nach VGH Kassel NVwZ-RR 2002, 540 auch bei einer Plakattafel an einem Brückenpfeiler; nach OVG Münster NWVBl. 2010, 119 (120) auch bei Anpflanzungen, die in das Lichtraumprofil einer Straße hineinragen.
822 VGH Mannheim Urt. v. 27.2.1987 – 5 S 2185/86, BeckRS 2009, 38036.
823 Umfassend hierzu *Sauthoff* NVwZ 1998, 239 (243 ff.).
824 OVG Lüneburg NVwZ-RR 1996, 247.

fen, dies ändert aber nichts an der Erlaubnispflicht, wenn sie die Straßenwerbung planvoll in das Vermarktungskonzept einbezieht.[825]

- Die **gewerbliche Nutzung** einer Straße ist unabhängig von der Dauer der gewerblichen Tätigkeit und des genutzten Verkaufsraums Sondernutzung.[826] Daher liegt Sondernutzung vor, wenn Hilfsmittel wie zB Informationsstände genutzt werden. In Klausurfällen, in denen ein Informationsstand aufgestellt wird, werden Sie idR von einer Sondernutzung ausgehen können. Dasselbe gilt, wenn ein mit einer Werbetafel versehenes Kfz als Werbemedium (also mit »verkehrsfremdem Zweck«) im Straßenraum abgestellt wird. Das Parken ist nur erlaubnisfrei, sofern es noch Teil des »ruhenden Verkehrs« ist. Dies folgt aus der StVO, die bundesrechtlich konkretisiert, wann Parken straßenverkehrsrechtlich zulässig ist. Nur in diesem Umfang ist Parken aufgrund des Vorrangs des Straßenverkehrsrechts (Art. 31 GG) Gemeingebrauch. Beim Abstellen von Fahrrädern geht die Rspr. (ähnlich wie beim Abstellen betriebsbereiter Mietwagen) von einem erlaubnisfreien Gemeingebrauch aus.[827] Wenn der Hauptzweck eines Transportmediums darin besteht, Partys oder Feiern auf der Straße durchzuführen (zB mittels »Bierbike« oder »Partybike«), tritt der zugleich bestehende Verkehrszweck (Ortsveränderung zum Personentransport) ebenfalls völlig in den Hintergrund, sodass eine Sondernutzung vorliegt.[828] Nach diesen Grundsätzen dürfte auch bei »Google-Street-View«-Fahrten zu entscheiden sein: Hierbei wird es sich um Gemeingebrauch handeln, soweit die Ortsveränderung im Vordergrund steht. Demgegenüber wird man eine Sondernutzung bejahen können, wenn wegen besonders langsamen Fahrens oder häufigen Anhaltens und Anfahrens der Verkehrszweck in den Hintergrund tritt.

Liegt eine Sondernutzung vor, steht die Entscheidung über die Erteilung der Erlaubnis im **Ermessen der Behörde**. Häufiger Klausurschwerpunkt ist die Frage der ordnungsgemäßen Ermessensausübung. Diese darf sich grds. nur an straßenrechtlichen Gesichtspunkten orientieren. Dabei darf die Straßenbaubehörde andere Gesichtspunkte berücksichtigen, wenn sie mit dem Widmungszweck in einem sachlichen Zusammenhang stehen. Dies gilt vor allem für Ordnungskriterien, die in einem sachlichen Zusammenhang mit der Straße stehen. Daher ist es zulässig, bei der Erlaubnisentscheidung zugunsten einer extremen politischen Partei, die einen Infostand aufstellen will, evtl. massive Auseinandersetzungen von »Links« einzubeziehen. Fehlerhaft ist es allerdings, wenn allgemeine ordnungsrechtliche Aspekte in die Entscheidung eingestellt werden (hierfür sind Straßenbehörden nicht zuständig!). Problematisch sind auch Erwägungen zum Verbraucher- oder Umweltschutz (zB Verbot von Einweggeschirr, Untersagung der Erlaubnis wegen schlechter Energieeffizienz einer Heizpyramide[829]) oder allgemeine städtebauliche Aspekte (str.). Diese werden nur bei einem sachlichen Bezug zur Straße für zulässig gehalten. Unzulässig wäre zB die Steuerung allgemeiner Ladenöffnungszeiten durch Sondernutzungen.[830]

> **Beispiel:** Eine Auflage, die aus Gründen des Verbraucherschutzes gemeinnützigen Vereinen das Spendensammeln und den Abschluss von Fördermitgliedschaften verbietet, ist rechtswidrig.[831] Beim Verteilungsermessen (zwei Gaststätteninhaber begehren jeweils eine Erlaubnis für ein und dieselbe Straßenfläche) ist das Abstellen auf einen (höheren) Grad der Auslastung der Außenbewirtungsfläche als ausschließlich geschäftsbezogenen Belang gleichfalls rechtswidrig.[832]

Keine öffentliche, sondern eine **privatrechtliche Sondernutzung** liegt vor, wenn die Straße über den Widmungszweck hinausgehend genutzt, aber die Widmung nicht beeinträchtigt

825 OVG Bremen GewArch 1997, 285; *Sauthoff* NVwZ 1998, 239 (246).
826 VGH Mannheim NZV 1996, 127.
827 OVG Hamburg NVwZ-RR 2010, 34; VG Hamburg NVwZ 2009, 84; OVG Hamburg NVwZ-RR 2010, 34.
828 OVG Münster Urt. v. 23.11.2011 – 11 A 2325/10, BeckRS 2011, 56104 – Bierbike; OVG Münster Urt. v. 23.11.2011 – 11 A 2511/10, BeckRS 2012, 47051 – Partybike.
829 Hierzu OVG Berlin-Brandenburg Urt. v. 3.11.2011 – OVG 1 B 65.11, BeckRS 2012, 45536 (Klimaschutz als »straßenferner Belang« [nur] aufgrund der besonderen landesrechtlichen Regelung des § 11 II 1 des Berliner StraßenG ausnahmsweise berücksichtigungsfähiger Belang, der in die [im konkreten Fall ablehnende] Ermessensentscheidung eingestellt werden darf).
830 VGH Mannheim NVwZ-RR 2010, 164.
831 VGH München NVwZ-RR 2010, 830 (831).
832 VGH Mannheim Urt. v. 18.3.2014 – 5 S 348/13.

wird. Hiervon umfasst ist zB die Nutzung außerhalb des unmittelbaren Verkehrsraums (zB Versorgungsleitungen unterhalb der Straße). Für eine solche privatrechtliche Sondernutzung sind die Vorschriften des Zivilrechts maßgebend (zB §§ 903 ff. BGB). Zuständig zur Erteilung von Benutzungsrechten in Form einseitiger Gestaltungen, stillschweigender Duldungen oder zum Abschluss von Verträgen (Miete, Pacht etc.) sind die Träger der Straßenbaulast.[833]

## B. Klausuren aus dem Straßenverkehrsrecht

252 Straßenverkehrsrechtliche Fragen stellen sich insbes. in folgenden Rechtsschutzkonstellationen:

### I. Rechtsschutz gegen Entziehung einer Fahrerlaubnis

#### 1. Entziehung der Erlaubnis wegen mangelnder Eignung (§ 3 I 1 StVG iVm § 46 I 1 FeV)

253 Im Rahmen der **Begründetheit** der statthaften Anfechtungsklage prüfen Sie nach der formellen Rechtmäßigkeit der Entziehungsverfügung die tatbestandlichen Voraussetzungen des § 3 I 1 StVG iVm § 46 I 1 FeV. Dass die FeV wirksam aufgrund von § 6 I Nr. 1 StVG erlassen worden ist, sollten Sie mit einem Satz feststellen. Die EGL wird verdrängt, sofern die Erlaubnis nach dem Punktesystem (§ 4 StVG) aufgehoben wird (hierzu nachfolgend 2.).[834] Um § 20 FeV nicht zu umgehen, kommt es grds. darauf an, ob im Zeitpunkt der letzten behördlichen Entscheidung die Entziehungsvoraussetzungen erfüllt waren.[835] Ein späteres Wohlverhalten kann daher grds. nur in einem späteren Wiedererteilungsverfahren berücksichtigt werden.

Eine gerichtlich voll überprüfbare Ungeeignetheit zum Führen von Kfz iSd § 3 I 1 StVG liegt vor, wenn aufgrund erwiesener Tatsachen (Zweifel an der Geeignetheit reichen nicht![836]) feststeht, dass der Erlaubnisinhaber nicht die notwendigen körperlichen und geistigen Anforderungen erfüllt. Dieses gilt vor allem bei – in der Klausur idR vertieft zu prüfenden – Erkrankungen und Mängeln nach den Anlagen 4, 5 und 6 zur FeV.

- Als **körperliche Mängel** (§ 12 FeV) kommen zB Beeinträchtigungen des Sehvermögens in Betracht.
- Als **geistige Mängel** sind vor allem Eignungsmängel wegen Alkohol- oder Drogenkonsums (§§ 13 ff. FeV) von Bedeutung. Nach § 46 I 2 FeV iVm Anlage 4 Nr. 8 liegt Ungeeignetheit vor allem bei Alkoholabhängigkeit und Alkoholmissbrauch vor, da der Inhaber dann Alkoholkonsum und das Führen eines Kfz nicht mehr sicher trennen kann. Wann eine Ungeeignetheit wegen des Konsums von **Betäubungsmitteln** gegeben ist, regelt Nr. 9 der Anlage 4. Wird der Betroffene berauscht (THC-Blutkonzentration von mind. 1,0 ng/ml) im Straßenverkehr angetroffen, liegt grds. Ungeeignetheit vor.[837] Im Übrigen enthält Anlage 4 unterschiedliche Regelungen für den Konsum von Cannabis einerseits und dem Konsum »harter« Drogen (übrige Betäubungsmittel) andererseits.
  - Bei **Cannabis** wird zwischen *regelmäßigem/gewohnheitsmäßigem* und *gelegentlichem/einmaligem* Konsum unterschieden. Gelegentlicher/einmaliger Konsum reicht zur Annahme der Ungeeignetheit grds. nicht aus (es sei denn, es treten weitere Unzuverlässigkeitsgründe hinzu). Demgegenüber rechtfertigt der nahezu tägliche Konsum von Cannabis die Annahme der Ungeeignetheit, ohne dass es hierfür einer MPU bedarf.[838] Die Regelbewertung der Nr. 9.2.2 der Anlage zur FeV, dass der gelegentliche Cannabiskonsum mit zusätzlichem Gebrauch von Alkohol zum Verlust der Fahreignung führt, ver-

833 Leuze-Mohr/*Nagel* ÖffR 236.
834 Zur Entziehung der Erlaubnis aufgrund begangener Straftaten vgl. § 69 StGB; zum Fahrverbot wegen Ordnungswidrigkeiten vgl. § 25 StVG.
835 BVerwG NJW 2010, 3318 (3318).
836 BVerwG NJW 2005, 3081 (3081).
837 Macht ein Erlaubnisinhaber die unbewusste Aufnahme eines Betäubungsmittels geltend (zB Beimischung von Amphetamin in einem in einer Disko konsumierten Getränk), kommt ein Absehen von der Entziehung nur in Betracht, wenn zu dem in Rede stehenden Vorfall in allen Einzelheiten widerspruchsfreie, schlüssige und überzeugende Angaben gemacht werden; OVG Koblenz Beschl. v. 25.1.2012 – 10 B 11430/11.OVG, BeckRS 2012, 47446.
838 BVerwG Urt. v. 26.2.2009 – 3 C 1.08.

letzt nicht den Grundsatz der Verhältnismäßigkeit. Voraussetzung ist allerdings ein Mischkonsum, der eine kombinierte Rauschwirkung zur Folge haben kann.[839]

- Bei **»harten Drogen«** (Kokain, Heroin) lässt die Rspr. schon den einmaligen Konsum ohne MPU für eine Entziehung ausreichen.[840] Hier kommt es nicht darauf an, ob der Betroffene unter Einwirkung der »harten« Droge ein Fahrzeug geführt hat (Nr. 9.1 der Anlage 4). Die zum Cannabiskonsum entwickelten Grundsätze werden nicht auf »harte Drogen« übertragen, weil Cannabis schwächer wirkt.[841] Dies ist relevant, wenn nach dem Konsum harter Drogen geltend gemacht wird, es habe sich nur um einen einmaligen Konsum »harter Drogen« gehandelt.

**Klausurhinweis:** Bedeutsam ist auch § 46 III iVm § 11 VIII 1 FeV, wonach die Behörde auf die Ungeeignetheit schließen kann, wenn sich der Erlaubnisinhaber weigert, einer rechtmäßigen Untersuchungsanordnung Folge zu leisten. Sie prüfen iRd Anfechtungsklage gegen die Entziehung (die Untersuchungsanordnung ist gem. § 44a VwGO nicht selbstständig anfechtbar) inzident die Voraussetzungen des § 46 III iVm §§ 11–14 FeV. War die Untersuchungsanordnung rechtmäßig (insbes. anlassbezogen und verhältnismäßig), kann bei ungerechtfertigter Verweigerung der Teilnahme auf die Ungeeignetheit geschlossen werden. Eine Untersuchungsanordnung kann zB rechtswidrig sein, wenn im Zeitpunkt der Anordnung ein Berücksichtigungsverbot gem. § 3 III StVG besteht (siehe unten).

Bei der behördlichen Entziehung ist der **Vorrang des Strafverfahrens** zu beachten (§ 3 III StVG). Danach ist eine Verwertung des Sachverhalts durch die Verwaltungsbehörde verboten, solange dieser Gegenstand eines Verfahrens ist, in dem die Entziehung der Fahrerlaubnis (§ 69 StGB) in Betracht gezogen wird. Die Wirkung des § 3 III StVG besteht ab der Einleitung des Strafverfahrens bis zu dessen förmlichem Abschluss und bezieht sich auf alle Straftaten, die ihrer Art nach die Erlaubnisentziehung rechtfertigen könnten.[842] Hiernach ist eine Entziehung während des laufenden Strafverfahrens sogar rechtswidrig, wenn zu einem späteren Zeitpunkt rechtskräftig festgestellt wird, dass der Inhaber zum Führen des Kfz ungeeignet ist.[843] Tatsächliche Feststellungen in einem Strafurteil binden die Fahrerlaubnisbehörde nach § 3 IV StVG.

Sofern eine Blutentnahme unter Verstoß gegen § 81a II StPO ohne richterliche Anordnung erfolgt, stellt sich die Frage eines **Beweisverwertungsverbots** für das fahrerlaubnisrechtliche Erlaubnisentziehungsverfahren. Da die Fahrerlaubnisbehörde gerade die Rechtsgüter Dritter schützen muss (öffentliches Interesse am Schutz vor ungeeigneten Erlaubnisinhabern), ist es gerechtfertigt, ein evtl. strafprozessuales Verwertungsverbot gegenüber dem Interesse der Allgemeinheit an der Sicherheit des Straßenverkehrs zurücktreten zu lassen. Hierfür spricht auch folgende Abwägung: Der staatlichen Schutzpflicht für Leib und Leben anderer Verkehrsteilnehmer aus Art. 2 II 1 iVm Art. 1 I 2 GG steht das unter einfachem Gesetzesvorbehalt stehende Grundrecht auf körperliche Unversehrtheit (Art. 2 II 1 GG) gegenüber, wobei eine ärztliche Blutentnahme eine relativ geringe Grundrechtsrelevanz hat.[844]

Der Entzug der Fahrerlaubnis steht **nicht im behördlichen Ermessen**. Nach Entzug ist der Führerschein (Bescheinigung der Fahrerlaubnis [§ 2 I 3 StVG]) einzuziehen. Die Einziehung ist der Vollzug der Entziehung und kann ggf. im Wege des § 113 I 2 VwGO (bzw. gemäß § 80 V 3 VwGO vorläufig) rückgängig gemacht werden.

**Klausurhinweis:** Anfechtungsrechtsbehelfe gegen die Entziehung der Fahrerlaubnis nach § 3 I 1 StVG haben – anders als gem. § 4 IX StVG bei der Entziehung nach dem Punktesystem – aW (§ 80 I 1 VwGO). Allerdings ordnen die Behörden idR gem. § 80 II 1 Nr. 4 VwGO die sofortige Voll-

839 BVerwG Urt. v. 14.11.2013 – 3 C 32/12.
840 OVG Münster Beschl. v. 6.3.2007 – 7 E 335/05, BeckRS 2007, 21491; VG Gelsenkirchen Beschl. v. 13.12.2010 – 7 L 1308/10, BeckRS 2011, 45399.
841 OVG Bremen Beschl. v. 30.6.2003 – 1 B 206/03.
842 VGH Mannheim NJW 2014, 484.
843 OVG Koblenz NZV 2006, 559.
844 VG Berlin NJW 2009, 245; OVG Lüneburg NJW 2010, 629; OVG Koblenz Beschl. v. 29.1.2010 – 10 B 11226/09.OVG.

ziehung an. In diesem Fall besteht die Verpflichtung zur Vorlage des Führerscheins. Dies gilt auch im Fall der Anfechtung der Entscheidung (§ 47 I 2 FeV). Im Verfahren nach § 80 V 1 VwGO wird sich die Frage nach der ordnungsgemäßen Begründung der AOsofVz stellen (§ 80 III VwGO). Die Rspr. stellt keine überspannten Anforderungen, zumal die Interessenlage idR gleich ist: Dem Interesse des Betroffenen an der weiteren Straßenverkehrsteilnahme steht das öffentliche Schutzinteresse anderer Verkehrsteilnehmer gegenüber. Die Rspr. lässt es daher ausreichen, wenn die Behörde diese Interessenlage aufzeigt und darlegt, dass sie auch im konkreten Fall gegeben ist.[845] Im Übrigen gelten die allgemeinen Grundsätze. Ist die Entziehungsverfügung bei summarischer Beurteilung offensichtlich rechtmäßig, wird auch das Eilbedürfnis (Herbeiführung sofortiger Verkehrssicherheit) bejaht werden können.

#### 2. Entziehung der Erlaubnis nach dem Punktesystem (§ 4 V 1 Nr. 3 StVG)

253a Neben der Entziehung wegen mangelnder Eignung kommt eine Entziehung aufgrund des »Flensburger Punktesystems« nach § 4 V 1 Nr. 3 StVG in Betracht, wenn der Betroffene 8 Punkte oder mehr gesammelt hat und vor der Entziehung die Maßnahmen des abgestuften Sanktionssystems durchgeführt worden sind (§ 4 V 1 Nr. 1 und 2 StVG). Sind über den Erlaubnisinhaber Punkte in mindestens dieser Höhe erfasst, gilt er als ungeeignet mit der Folge, dass die Erlaubnis zu entziehen ist. Zeitlich »ergibt« sich der Punktestand iSd § 4 V 1 StVG nach hM im Moment der Rechtskraft der maßgebenden behördlichen und gerichtlichen Entscheidungen, nicht im Zeitpunkt der Tathandlung.[846] Die Rückgabe der ggf. bereits eingezogenen Fahrerlaubnis kann ebenfalls über einen Annexantrag nach § 113 I 2 VwGO verfolgt werden.

**Klausurhinweis:** Beim **vorläufigen Rechtsschutz** ist § 4 IX StVG zu beachten, wonach die Anfechtung der Entziehung keine aW hat (daher ggf. Antrag nach § 80 V 1 Alt. 1 VwGO auf *Anordnung* der aW).

### II. Rechtsschutz gegen die Anordnung eines Fahrtenbuchs

254 Gem. § 31a I 1 StVZO kann die Behörde eine Fahrtenbuchauflage anordnen, wenn es ihr nach einer Zuwiderhandlung gegen Verkehrsvorschriften nicht in zumutbarer Weise möglich war, den Fahrzeugführer festzustellen.

**Materiell** muss der Verkehrsverstoß »erhebliches Gewicht« haben. Dieses nimmt die Rspr. (behördenfreundlich) bereits an, wenn der Verstoß nach dem Punktekatalog punktbewährt (§ 40 FeV iVm Anlage 13 zur FeV) ist.[847] Anschließend wird zu prüfen sein, ob die Feststellung des Fahrzeugführers nicht möglich war. Dies ist der Fall, wenn die Behörde[848] ihn nicht ermitteln konnte, obwohl sie alle angemessenen und zumutbaren Maßnahmen ergriffen hat. Dies ist auch anzunehmen, wenn sich der Halter im Straf- oder OWi-Verfahren auf ein Aussage- oder Zeugnisverweigerungsrecht beruft und die Ermittlungen daher erfolglos bleiben.[849] Die Geltendmachung des Zeugnisverweigerungsrechts wird durch die Anordnung der Fahrtenbuchauflage auch nicht rechtsstaatlich bedenklich sanktioniert.[850]

Die Fahrtenbuchanordnung stellt einen Dauer-VA dar. Maßgebender Zeitpunkt für die Beurteilung der Rechtmäßigkeit ist grds. der Zeitpunkt der mündlichen Verhandlung. Sind in diesem Zeitpunkt die Voraussetzungen für die Auflage nicht mehr erfüllt, ist die Auflage ex nunc aufzuheben.

---

845 VGH München Beschl. v. 4.1.2006 – 11 CS 05.1878; *Finkelnburg/Dombert/Külpmann* Vorläufiger Rechtsschutz Rn. 1463.

846 OVG Lüneburg Beschl. v. 24.1.2007 – 12 ME 384/06, BeckRS 2007, 20810; OVG Münster Beschl. v. 9.2.2007 – 16 B 2174/06, BeckRS 2007, 21656.

847 BVerwG NJW 1995, 2866 (Fahrtenbuchauflage wegen einmaliger Missachtung eines Überholverbots); OVG Lüneburg NJW 2004, 1124 (Auflage wegen einmaligem »einfachen« Rotlichtverstoß rechtmäßig).

848 OVG Lüneburg Beschl. v. 1.2.2013 – 12 LA 122/12 (für die Beurteilung, ob der Fahrzeugführer nach einer Zuwiderhandlung mit hinreichender Sicherheit identifiziert werden kann, ist die Einschätzung der Ordnungswidrigkeitenbehörde maßgebend; etwas anderes gilt allenfalls dann, wenn die Bewertung nicht nachvollziehbar ist, insbes. sich die Täterschaft der Behörde hätte aufdrängen müssen).

849 ZB OVG Bautzen Beschl. v. 4.8.2014 – 3 B 90/14.

850 VG Düsseldorf Beschl. v. 30.9.2013 – 14 L 1781/13.

Auf Rechtsfolgenebene ist eine ordnungsgemäße **Ermessensausübung** zu prüfen. Wenn sich ein Verkehrsverstoß verkehrsgefährdend auswirken kann, ist eine Unverhältnismäßigkeit sogar bei einem Rotlichtverstoß zu verneinen.[851]

Klausurrelevant ist zudem § 31a I 2 StVZO, wonach ein Ersatzfahrzeug für ein vom Halter veräußertes oder anderweitig abgeschafftes Fahrzeug bestimmt werden kann. Ziel dieser Bestimmung ist, zu verhindern, dass sich der Halter des Tatfahrzeugs entledigt und sich dadurch seiner Verpflichtung entziehen kann. Aus diesem Grund sind als »Ersatzfahrzeug« sämtliche Fahrzeuge anzusehen, die im Zeitpunkt der Veräußerung des »Tatfahrzeugs« vom Halter betrieben werden und demselben Nutzungszweck dienen.

**Klausurhinweis:** Im vorläufigen Rechtsschutz kommt ein Antrag auf Wiederherstellung der aW (§ 80 V 1 Var. 2 VwGO) in Betracht, sofern die AOsofVz gem. § 80 II 1 Nr. 4 VwGO ausgesprochen wurde. Ein Fall des § 80 II 1 Nr. 2 VwGO liegt nicht vor.[852] Hinsichtlich der Anforderungen an § 80 III VwGO und das besondere Eilinteresse gelten die Ausführungen zur Entziehung der Fahrerlaubnis entsprechend.[853]

## III. Rechtsschutz bei verkehrsbeschränkenden Maßnahmen

Begehrt (insbes.) ein Anlieger verkehrsbeschränkende Maßnahmen, ist zu unterscheiden: **255**

### 1. Rechtsschutz auf Vornahme verkehrsregelnder Maßnahmen

Werden verkehrsbeschränkende Maßnahmen begehrt, ist nach behördlicher Ablehnung (nach **256**
ggf. erforderlichem Widerspruchsverfahren) eine **Verpflichtungsklage** (§ 42 I Var. 2 VwGO) statthaft. Ge- und verbietende Verkehrszeichen nach §§ 41 ff. StVO sind VA in Form sachbezogener Allgemeinverfügungen (§ 35 S. 2 Var. 3 VwVfG).[854] Sie regeln die Benutzung der Straße in einer konkreten räumlichen Verkehrssituation, wenden sich allerdings an alle Verkehrsteilnehmer, die die Straße befahren. Insofern ist die Zahl der Adressaten zwar unbegrenzt, aber zumindest bestimmbar.[855] Ein Schwerpunkt der Zulässigkeitsprüfung wird die **Klagebefugnis** (§ 42 II VwGO) sein: Rechtsgrundlage für verkehrsregelnde Maßnahmen ist idR § 45 I 1 StVO, der durch die konkretisierenden Einzelermächtigungen in § 45 I 2 bis § 45 IX StVO ergänzt wird. Zwar dient § 45 I StVO primär dem Schutz der Allgemeinheit. Der Einzelne hat allerdings zumindest einen Anspruch auf eine ermessensfehlerfreie Entscheidung der Behörde über ein verkehrsregelndes Einschreiten, wenn eine Verletzung seiner Individualinteressen in Betracht kommt. Da der Schutzbereich des § 45 I StVO auch die Bewahrung des Einzelnen vor unzumutbaren Einwirkungen des Straßenverkehrs erfasst (zB Anordnungen zum Schutz der Wohnbevölkerung vor Lärm und Abgasen gem. § 45 I 2 Nr. 3 StVO), lässt sich die Klagebefugnis in der Klausur idR bejahen. Je nach landesrechtlicher Ausgestaltung ist ein **Widerspruchsverfahren** durchzuführen.

In der **Begründetheit** sind nach der Prüfung der formellen Voraussetzungen (Antrag bei zuständiger Straßenverkehrsbehörde gem. §§ 44, 45 StVO) die materiellen Voraussetzungen des § 45 StVO zu prüfen. Schwerpunkt der Klausur kann die Frage sein, ob die Verkehrsbeschränkung aus Gründen der Sicherheit und Ordnung des Verkehrs erlassen werden kann (§ 45 I 1 StVO). Dies beurteilt sich nach den konkretisierenden Bestimmungen der § 45 I 2 bis § 45 IX StVO. Hierbei sind vielfach Niederschriften über eine gerichtliche Ortsbesichtigung (Inaugenscheinnahme des Verkehrsbereichs) auszuwerten. Beachten Sie, dass nach § 45 I 1 StVO nur Gefahren abgewehrt werden dürfen, die sich im Straßenverkehr auswirken. § 45 I 2 StVO erfasst hingegen auch Gefahren, die durch den Straßenverkehr ausgelöst werden, sich aber nicht dort, sondern außerhalb des Straßenraums realisieren.[856] Dieser Gesichtspunkt kann eine Rolle spielen, wenn die Behörde geltend machen sollte, sie dürfe nur zum Schutz des Straßenverkehrs bzw. der Verkehrsteilnehmer einschreiten.

851 BVerwG Beschl. v. 17.7.1986 – 7 B 234.85.
852 VG Stuttgart NJW 2006, 792; BVerwG NJW 1979, 1054.
853 OVG Berlin NJW 2003, 2402 (2403).
854 *Kopp/Ramsauer* § 35 Rn. 170 mwN.
855 *Jochum/Thiele* JuS 2010, 518 (520).
856 BVerwG NJW 2003, 601 (602).

Besondere Relevanz hat § 45 I 2 Nr. 3 StVO, wonach insbes. Verkehrsregelungen zum Schutz der Wohnbevölkerung vor Lärm und Abgasen erfolgen können. Wichtig ist, dass die erforderliche Eingriffsschwelle tatbestandlich nicht erst überschritten wird, wenn die Immissionen so schwer sind, dass sie nachweislich Gesundheitsschäden auslösen oder gesetzlich bestimmte Schall- oder Schadstoffgrenzwerte überschritten werden. Maßgebend ist vielmehr, ob die Verkehrsimmissionen Beeinträchtigungen zeitigen, die jenseits dessen liegen, was unter Berücksichtigung der Belange des Verkehrs im konkreten Fall als ortsüblich hingenommen werden muss und damit zumutbar ist.[857] Hierbei können die Vorschriften der Verkehrslärmschutzverordnung allerdings eine Orientierungshilfe bilden.[858] In den Fällen des § 45 Ia StVO wird die Eingriffsschwelle noch weiter abgesenkt, indem schon an die Verhütung von Belästigungen angeknüpft wird. EGL für die besonders klausurträchtigen Verkehrszeichen und Verkehrsbeschränkungen bzw. -verbote des fließenden Verkehrs (wozu auch eine Radwegbenutzungsanordnung gehört) sind § 45 IX 1 bzw. § 45 IX 2 f. StVO.

Auf **Rechtsfolgenebene** ist wichtig, dass die Behörde bei der Anordnung verkehrsregelnder Maßnahmen einen Ermessensspielraum hat. Nur ausnahmsweise kommt ein gebundener Anspruch in Betracht, wenn sich der Ermessensspielraum auf Null reduziert hat. Dies ist etwa möglich, wenn der Verkehrslärm die Schwelle zur Körperverletzung überschritten hat. Im Übrigen besteht nur ein Anspruch auf ermessensfehlerfreie Entscheidung, sodass bei einem Ermessensfehler häufig nur ein Neubescheidungsausspruch (§ 113 V 2 VwGO) ergeht.

Bei der Frage, welche Maßnahmen angeordnet werden, muss die Behörde den **Vorbehalt des Straßenrechts** gegenüber dem Straßenverkehrsrecht beachten. Zwar ist die straßenverkehrsrechtlich zulässige Nutzung wegen Art. 31 GG Gemeingebrauch (»Vorrang des Straßenverkehrsrechts«); allerdings darf straßenverkehrsrechtlich die Nutzungsart nicht dauerhaft geregelt werden (sog. Vorbehalt des Straßenrechts). Die Einhaltung dieser Grenze kann als tatbestandliche Voraussetzung oder als Ermessensgrenze erörtert werden. Merken Sie sich also, dass durch straßenverkehrsrechtliche Anordnungen keine Nutzungszustände herbeigeführt werden dürfen, die auf eine dauernde Entwidmung oder Widmungsbeschränkung hinauslaufen. Zulässig sind nur Verkehrsverbote oder -beschränkungen, die auf eine bloße »Ausklammerung« einzelner widmungsrechtlich erlaubter Verkehrs- und Benutzungsarten hinauslaufen, den widmungsgemäßen Gebrauch also »verdünnen«.[859] Dass die angeordneten Maßnahmen diese Grenze einhalten, müssen Sie kurz ansprechen.

**Klausurhinweis:** Wird der Klausurfall in ein vorläufiges Rechtsschutzverfahren eingekleidet, sollten Sie folgende Grundsätze beachten: Strebt der Antragsteller die zeitnahe Verpflichtung der Straßenverkehrsbehörde zur Anordnung verkehrsregelnder Maßnahmen an, ist ein Verfahren nach § 123 I 2 VwGO statthaft (Regelungsanordnung, da Rechtskreis erweitert werden soll). Beim Anordnungsanspruch dürfte problematisch werden, dass grds. nur ein Anspruch auf ermessensfehlerfreie Entscheidung besteht. Nur im Ausnahmefall kann der Antragsteller die Verpflichtung zur Anordnung von Maßnahmen herbeiführen, wenn sich das Ermessen – etwa wegen erheblicher Gefährdungen für die Gesundheit – auf Null reduziert.[860] Zudem wird eine Verpflichtung vielfach die Hauptsache vorwegnehmen. Dieses ist nur bei besonders schwerwiegenden persönlichen oder wirtschaftlichen Nachteilen wegen Art. 19 IV GG zulässig.[861]

### 2. Rechtsschutz gegen verkehrsregelnde Maßnahmen

257 Wendet sich jemand gegen die Anordnung verkehrsregelnder Maßnahmen, ist eine **Anfechtungsklage** gem. § 42 I Var. 1 VwGO statthaft.[862] Die **Klagebefugnis** folgt für den von einer benutzungsregelnden Allgemeinverfügung Betroffenen aus Art. 2 I GG, da sich jeder Verkehrsteilnehmer, also nicht nur der Anlieger, darauf berufen kann, dass die Voraussetzungen

857 OVG Berlin-Brandenburg NVwZ-RR 2010, 15 (Anspruch auf Überprüfung bereits, wenn die Lärmbelastung noch nicht die Verkehrslärmwerte der Verkehrslärmschutzverordnung erreicht hat).

858 OVG Münster DVBl. 2009, 458 (Verkehrslärm durch Freizeitlärm von Motorrädern).

859 *Köckerbauer* NJW 1995, 621.

860 *Finkelnburg/Dombert/Külpmann* Vorläufiger Rechtsschutz Rn. 1481.

861 *Finkelnburg/Dombert/Külpmann* Vorläufiger Rechtsschutz Rn. 1482.

862 Umfassend zum Rechtsschutz gegen Verkehrszeichen auch *Weidemann/Barthel* JA 2014, 115.

für eine Verkehrsbeschränkung (insbes. nach § 45 StVO) nicht gegeben sind.[863] Eine »nachhaltige Betroffenheit« des Klägers wird wegen des Wortlauts des § 42 II VwGO und der Rechtsschutzgarantie (Art. 19 IV GG) nicht verlangt, sodass die Klagebefugnis zB nicht entfällt, wenn der Kläger durch Wegzug nicht mehr ständig mit der Regelung konfrontiert wird.[864] Achten Sie daher auf evtl. Einwendungen der Behörde, der Kläger mache sich zum Sachwalter fremder Interessen oder werde nicht qualifiziert betroffen!

Problematisch kann vor allem die **Anfechtungsfrist** sein. Gem. § 70 I 1 VwGO ist der Widerspruch innerhalb eines Monats nach der Bekanntgabe des VA zu erheben. Entsprechendes gilt gem. § 74 I VwGO für die Klagefrist. Die Bekanntgabe von Verkehrsschildern erfolgt nach §§ 39 I, 45 IV StVO durch Aufstellung. Diese Vorschrift geht § 41 IV VwVfG vor. Da die Allgemeinverfügung keine Rechtsbehelfsbelehrung (§ 58 I VwGO) enthalten wird, konnte der Anfechtungsrechtsbehelf – nach früher hM – nur binnen eines Jahres nach ordnungsgemäßer Aufstellung des Schildes erhoben werden (§ 58 II VwGO). Nunmehr geht die Rspr. davon aus, dass die Anfechtungsfrist erst ausgelöst wird, wenn sich der betreffende Verkehrsteilnehmer erstmals der Regelung des Verkehrszeichens gegenübersieht. Die Frist wird nicht erneut ausgelöst, wenn sich der Verkehrsteilnehmer abermals der Regelung gegenübersieht.[865]

Innerhalb der **Begründetheit** der Anfechtungsklage ist zunächst die **formelle Rechtmäßigkeit** der Maßnahme zu prüfen. Maßgebender Zeitpunkt ist die letzte mündliche Verhandlung, da es sich bei einer Ge- und Verbotsregelung um einen Dauer-VA handelt. Die Zuständigkeit wird vielfach vom Bearbeitervermerk vorgegeben. Eine Anhörung ist vor Erlass der Allgemeinverfügung nach § 28 II Nr. 4 VwVfG entbehrlich. Das Begründungserfordernis entfällt gem. § 39 II Nr. 5 VwVfG, wenn die Allgemeinverfügung (durch Aufstellen des Verkehrszeichens) öffentlich bekanntgegeben wird.

In **materieller Hinsicht** wird die Klausur – wie in einer auf den Erlass verkehrsregelnder Maßnahmen gerichteten Klage – auf die Prüfung der Voraussetzungen des § 45 StVO (insbes. § 45 IX StVO) hinauslaufen. Das bei § 45 IX 2 StVO tatbestandlich erforderliche »erhebliche Übersteigen« der allgemeinen Gefahrenlage setzt nicht voraus, dass Schadensfälle sicher zu erwarten sind; vielmehr ist eine konkrete Gefahrenlage ausreichend, die sich aus den besonderen örtlichen Verhältnissen ergibt.[866]

**Beispiel:** Das Zeichen 250 (Verbot für Fahrzeuge aller Art) mit dem Zusatzzeichen »Gespannfuhrwerke« kann im Hinblick auf die Nervosität von Pferden im besonders fußgängerträchtigen und baulich engen Altstadtbereich rechtmäßig und im übrigen Altstadtbereich mangels Gefahrenlage zu verneinen sein.[867]

**Klausurhinweis:** Eine auf die Aufhebung einer straßenverkehrsrechtlichen Anordnung gerichtete **Anfechtungsklage** kann in eventueller Klagehäufung mit einer **Verpflichtungsklage** kombiniert werden. So kann beispielsweise in der Hauptsache die Aufhebung einer nach § 45 Ib 1 Nr. 2a StVO errichteten Bewohnerparkzone begehrt werden und hilfsweise für den Fall der Erfolglosigkeit dieses Antrags die Erteilung eines Bewohnerparkausweises. Diese Vorschrift beinhaltet neben ihrer Qualität als EGL auch eine AGL für den Einzelnen zur Erteilung eines Bewohnerparkausweises (arg.: »im Zusammenhang« stehende Regelungen).[868] Obsiegt der Kläger/Antragsteller eines Anfechtungsbegehrens, kann er mit einem Annexantrag gem. § 113 I 2 VwGO bzw. § 80 V 3 VwGO den Anspruch auf Beseitigung des Verkehrsschildes verfolgen, wenn er ein entsprechendes schutzwürdiges Interesse (etwa an einer ungehinderten Zufahrt Dritter zu seinem Geschäftsgrundstück) geltend machen kann.[869] **Vorbeugender (!) Rechtsschutz** nach § 123 I VwGO gegen Verkehrszeichen scheidet mangels Rechtsschutzbedürfnisses idR aus. Demgegenüber kann der Anspruch auf entsprechende Anordnungen nach § 123 I 2 VwGO verfolgt werden, wobei dessen Erfolgsaussichten wegen des

863 OVG Lüneburg NJW 2007, 1609 (1610) mwN.
864 *Jochum/Thiele* JuS 2010, 518 (521).
865 BVerwG Urt. v. 23.9.2010 – 3 C 32.09; VGH Mannheim Urt. v. 10.2.2011 – 5 S 2285/09.
866 BVerwG Urt. v. 23.9.2010 – 3 C 32.09.
867 VGH München Urt. v. 3.8.2010 – 11 B 10.1100.
868 BVerwG NJW 1995, 473.
869 *Finkelnburg/Dombert/Külpmann* Vorläufiger Rechtsschutz Rn. 1479 mwN.

behördlichen Ermessensspielraums und wegen des grds. Verbots der Vorwegnahme der Hauptsache begrenzt sind. **Vorläufiger Rechtsschutz** gegen angeordnete Verkehrszeichen erfolgt nach § 80 V VwGO.

## 11. Kapitel. Ausländerrecht

258–259 Ausländer, also Personen, die nicht Deutsche iSv Art. 116 I GG sind (§ 2 I AufenthG), benötigen für die Einreise und den Aufenthalt in der Bundesrepublik gem. § 4 I 1 AufenthG grds. einen Aufenthaltstitel. Es gilt ein Einreise- und Aufenthaltsverbot mit Erlaubnisvorbehalt.[870] Der Anwendungsbereich des AufenthG ist allerdings nach § 1 II Nr. 1 AufenthG nicht für Personen eröffnet, die als Unionsbürger Freizügigkeit genießen, es sei denn, das für diese Personen maßgebende FreizügG/EU (Sartorius 560) regelt etwas anderes. Die in § 1 II Nr. 2–3 AufenthG genannten Fälle haben kaum Examensrelevanz.

### A. Rechtsschutz gegen Versagung eines Aufenthaltstitels nach dem AufenthG

Als mögliche Klausuraufgabe kann zunächst der Rechtsschutz gegen die Versagung eines Aufenthaltstitels nach dem AufenthG relevant werden. § 4 I 2 AufenthG unterscheidet folgende Aufenthaltstitel:

**Übersicht: Aufenthaltstitel nach dem AufenthG (§ 4 I 2 AufenthG)**

<table>
<tr><th>Titel</th><th>Legalisiert</th><th>Zeitliche Wirkung</th><th>Rechtsschutz gegen Ablehnung</th></tr>
<tr><td>Visum<br>(§ 6 AufenthG)</td><td>Aufenthalt und Grenzübertritt</td><td rowspan="3">Beschränkt</td><td>Verpflichtungsklage<br>• gg. Bundesrepublik Deutschland<br>• ohne Widerspruchsverfahren, § 68 I 2 Nr. 1 VwGO<br>• örtl. Zuständigkeit gem. § 52 Nr. 2 VwGO</td></tr>
<tr><td>Aufenthalts-erlaubnis<br>(§ 7 AufenthG)</td><td rowspan="4">Nur Aufenthalt</td><td rowspan="4">Verpflichtungsklage<br>• gg. Bundesland/dessen Ausländerbehörde, § 78 I VwGO<br>• grds. mit Widerspruchsverfahren[871]<br>• örtl. Zuständigkeit gem. § 52 Nr. 3 VwGO</td></tr>
<tr><td>Blaue Karte EU<br>(§ 19a AufenthG)</td></tr>
<tr><td>Niederlassungs-erlaubnis<br>(§ 9 AufenthG)</td><td rowspan="2">Unbeschränkt</td></tr>
<tr><td>Erlaubnis zum Daueraufenthalt-EU<br>(§ 9a AufenthG)</td></tr>
</table>

[870] *Dietz* JuS 2009, 700 (701).

[871] Gem. § 68 I 2 VwGO ist das Vorverfahren ausgeschlossen in Bayern gem. Art. 15 II BayAGVwGO; in Berlin gem. § 4 II BlnAGVwGO; in Hessen gem. § 16a I HessAGVwGO iVm Nr. 2.6 der Anlage zu § 16a HessAGVwGO; in Niedersachsen gem. § 8a NdsAGVwGO und in NRW gem. § 110 I NRWJustG.

## I. Rechtsschutz im Hauptsacheverfahren

In einer auf die Erteilung eines Aufenthaltstitels gerichteten Klage werden verschiedene **prozessuale Fragen** relevant: 260

**Statthaft** ist eine auf die Erteilung eines Aufenthaltstitels gerichtete Verpflichtungsklage (§ 42 I Var. 2 VwGO). Schwierigkeiten können sich vor allem bei der **Klagebefugnis** (§ 42 II VwGO) ergeben: Für den Antragsteller selbst ergibt sich diese aus der einfachgesetzlichen Anspruchsgrundlage für den Aufenthaltstitel. In Deutschland lebende Familienangehörige können sich im Rechtsschutz gegen die Ablehnung eines Aufenthaltstitels zum Zwecke des Familiennachzugs nach hM auf Art. 6 I GG berufen.[872] Notwendig beizuladen (§ 65 II VwGO) sind die Familienangehörigen aber nicht.

Beachten Sie (unter anderem für die Anfertigung des Rubrums), dass nach § 62 I Nr. 2 VwGO iVm § 80 AufenthG auch minderjährige Ausländer nach Vollendung des 16. Lebensjahres zur **Vornahme von Verfahrenshandlungen** befugt sind (gleiches gilt gem. § 12 AsylVfG).

Innerhalb der Begründetheit der Verpflichtungsklage prüfen Sie die formellen und materiellen Anspruchsvoraussetzungen für den Aufenthaltstitel.

**Übersicht: Begründetheit der auf die Erteilung des Aufenthaltstitels gerichteten Verpflichtungsklage**

A. Formelle Voraussetzungen
  I. Antrag bei der zuständigen Behörde (§ 81 I AufenthG)
  II. Beteiligung anderer Stellen (§§ 39, 72 ff. AufenthG)
B. Materielle Voraussetzungen
  I. Allgemeine Voraussetzungen (§ 5 AufenthG)
  II. Besondere Voraussetzungen des konkreten Titels
  III. Keine Versagungsgründe
    1. Zwingende Versagungsgründe
      a) Vorliegen von Regelausweisungsgründen (§ 5 IV AufenthG)
      b) Abgelehnter Asylantrag (§ 10 III 2 AufenthG)
      c) Bereits erfolgte Ausweisung, Zurück- oder Abschiebung (§ 11 I 2 AufenthG)
    2. Spezielle Versagungsgründe nach konkretem Aufenthaltszweck
  IV. Rechtsfolge

Innerhalb der Begründetheit der Verpflichtungsklage ist formell gem. § 81 I AufenthG grds.[873] ein Antrag bei der sachlich nach § 71 I AufenthG iVm Landesrecht zuständigen Ausländerbehörde erforderlich. In den §§ 72 ff. AufenthG sind zudem Beteiligungserfordernisse anderer Stellen normiert; deren Einhaltung wird sich voraussichtlich aus dem Bearbeitervermerk ergeben.

Innerhalb der **materiellen Anspruchsvoraussetzungen** für den Aufenthaltstitel prüfen Sie zunächst die allgemeinen, anschließend die besonderen Erteilungsvoraussetzungen und erörtern schließlich, ob evtl. Versagungsgründe eingreifen.

### 1. Allgemeine Erteilungsvoraussetzungen

Neben der in **§ 3 AufenthG** verankerten Passpflicht müssen die in **§ 5 AufenthG** normierten Mindesterfordernisse für alle Aufenthaltstitel vorliegen. Klausurrelevant sind vor allem § 5 I Nr. 1 und 2 AufenthG.

- Die nach § 5 I Nr. 1 AufenthG erforderliche **Sicherung des Lebensunterhalts** ist nur gewährleistet, wenn der Ausländer den Lebensunterhalt einschl. eines ausreichenden Krankenversicherungsschutzes ohne Inanspruchnahme öffentlicher Mittel bestreiten kann (§ 2 III AufenthG). Für die meisten Aufenthaltserlaubnisse sieht das Gesetz keine eigenen

872 Hk-VerwR/*Sennekamp* VwGO § 42 Rn. 89.

873 Ausnahmsweise kann von Amts wegen bei Geburt eines Kindes im Bundesgebiet ein Aufenthaltstitel erteilt werden (§ 33 S. 1 AufenthG).

Mindestbeträge vor. Dann können Sie sich an den Regelsätzen der §§ 20 ff. SGB II orientieren (»Hartz IV«). Kindergeld, Erziehungsgeld und durch Beitragszahlung erworbene Ansprüche (Rente, Krankengeld) sind dagegen keine öffentlichen Mittel im Sinne der Vorschrift (vgl. § 2 III 2 AufenthG). Wichtig ist, dass Sie § 5 I Nr. 1 AufenthG als Prognosebegriff interpretieren. Es geht nicht in erster Linie darum, ob der Antragsteller in der Vergangenheit schädliche Sozialleistungen bezogen hat, sondern darum, ob er voraussichtlich in Zukunft solche beziehen wird. Hat der Antragsteller schädliche Sozialleistungen bezogen, prüfen Sie, ob es Gründe gibt, die dafür sprechen, dass dies in Zukunft nicht mehr so sein wird. Der Lebensunterhalt muss grundsätzlich aus eigener Kraft erwirtschaftet werden. Sofern ein Dritter freiwillige Unterhaltsleistungen erbringt, werden an den Nachweis seiner (dauernden) Leistungsfähigkeit und -willigkeit hohe Anforderungen gestellt.

- Nach § 5 I Nr. 2 AufenthG steht es einem Aufenthaltstitel auch entgegen, wenn der Ausländer objektiv den Tatbestand eines **Ausweisungsgrundes** (vgl. § 55a AufenthG) erfüllt. Dies ist ggf. inzident zu prüfen. Erforderlich ist hierbei nicht, dass eine Ausweisung im konkreten Fall auch ermessensfehlerfrei und insbesondere verhältnismäßig verfügt werden könnte; die objektive Erfüllung eines Ausweisungsgrundes reicht vielmehr bereits aus, um den Regelversagungsgrund des § 5 I Nr. 2 AufenthG eingreifen zu lassen.[874]

Nach **§ 5 II AufenthG** gelten weitere Voraussetzungen für die Aufenthalts- und Niederlassungserlaubnis, die Blaue Karte EU und die Erlaubnis zum Daueraufenthalt/EU.

### 2. Besondere Erteilungsvoraussetzungen

**261** In den §§ 9, 9a AufenthG (für die Niederlassungserlaubnis und die Erlaubnis zum Daueraufenthalt/EU) und §§ 16 ff. AufenthG sind – bezogen auf den jeweiligen Aufenthaltstitel – weitere besondere Erteilungsvoraussetzungen genannt. Der Gesetzgeber differenziert zwischen den jeweiligen **Aufenthaltszwecken** (Ausbildungs- und Studienzweck: §§ 16 f. AufenthG; Zweck der Ausübung einer Erwerbstätigkeit: §§ 18 ff. AufenthG; völkerrechtliche und humanitäre Zwecke: §§ 22 ff. AufenthG; familiäre Zwecke; »Familiennachzug«: §§ 27 ff. AufenthG). Von den aufgezählten Fallgruppen hat der **Familiennachzug** die größte Bedeutung. Anspruch auf diesen Aufenthaltstitel besteht nur, wenn der Antragsteller mit hinreichender Wahrscheinlichkeit in Zukunft eine familiäre bzw. eheliche Lebensgemeinschaft im Bundesgebiet leben wird (§ 27 I AufenthG). Beweisbelastet hierfür ist der Antragsteller. Examensrelevanz dürfte in diesem Zusammenhang auch § 27 Ia AufenthG haben, wonach ein Familiennachzug nicht zugelassen wird, wenn feststeht, dass die Ehe nur dem Aufenthalt im Bundesgebiet dienen soll. Dies kann der Fall sein, wenn es sich um eine »Scheinehe« (formal wirksam geschlossene Ehe, die nur geschlossen wird, um dem einen Ehepartner einen ihm ansonsten nicht zustehenden Aufenthaltstitel zu verschaffen) oder um eine »Zwangsehe« (Ehe, bei der mindestens ein Ehegatte zur Eingehung der Ehe durch Täuschung, List, psychischen Zwang oder physische Gewalt bestimmt wurde) handelt.[875] Die Nachweispflicht für das Eingreifen dieses Versagungstatbestandes obliegt der Behörde. Nach allg. Meinung bestehen die Verpflichtung des Antragstellers, die hinreichende Wahrscheinlichkeit der Führung einer Lebensgemeinschaft im Bundesgebiet darzulegen, und die Möglichkeit der Behörde den Antrag abzulehnen, wenn sie nachweisen kann, dass der Versagungsgrund des § 27 Ia AufenthG eingreift, nebeneinander. Die Rspr. folgert dieses Ergebnis aus dem Inhalt der europäischen Richtlinie, die dem Erlass des § 27 Ia AufenthG zugrunde liegt. Denn diese sehe die Möglichkeit der Ablehnung des Antrags auf Erteilung eines Aufenthaltstitels sowohl bei Zweifeln an der Absicht eine familiäre/eheliche Lebensgemeinschaft zu führen vor als auch in dem von § 27 Ia AufenthG geregelten Fall.[876]

### 3. Keine Versagungsgründe

**262** Schließlich können evtl. Versagungsgründe dem Erfolg des Verpflichtungsbegehrens entgegenstehen. Hierzu werden Sie Hinweise im Aktenauszug finden.

874 BVerwG NVwZ 2005, 460 (461); *Hailbronner* Asyl- und AusländerR Rn. 99.
875 *Dietz* JuS 2009, 700 (702 Fn. 9, 10).
876 OVG Berlin-Brandenburg Urt. v. 29.1.2009 – OVG 2 B 11.08.

Auf **Rechtsfolgenebene** unterscheidet das AufenthG zwischen zwei Fällen:

- Ein **gebundener Anspruch** auf Erteilung der Erlaubnis besteht nur ausnahmsweise, etwa beim Ehegattennachzug eines Ausländers gem. § 30 I AufenthG oder beim Nachzug zu einem Deutschen (§ 28 I 1 Nr. 1 AufenthG). Daneben ist der Rechtsanspruch im Fall des Kindernachzugs (§ 32 I–III AufenthG) relevant.
- Im Übrigen besteht nur ein **Anspruch auf ermessensfehlerfreie Entscheidung.**

### II. Vorläufiger Rechtsschutz im Verfahren auf Erteilung des Aufenthaltstitels

Vielfach werden ausländerrechtliche Aktenauszüge in ein vorläufiges Rechtsschutzverfahren eingekleidet. Dies deshalb, weil im Ausländerrecht wegen der sog. Fiktionswirkung (§ 81 III, IV AufenthG) wichtige Besonderheiten zu beachten sind: 263

- Wird der Antrag des Ausländers auf Erteilung oder Verlängerung eines Aufenthaltstitels von der zuständigen Behörde abgelehnt, wird neben der Versagung des Titels zugleich auch die gesetzlich angeordnete Fiktionswirkung (des Fortbestandes des befristeten Aufenthaltstitels während des Verwaltungsverfahrens über den Antrag auf seine Verlängerung) beendet. Diese Belastung kann (theoretisch) mit einer Anfechtungsklage (isoliert) angefochten werden. Das wird aber praktisch nie gemacht, weil die Betroffenen bei Ablehnung ihres Verlängerungsantrages regelmäßig gleich Verpflichtungsklage auf Verlängerung ihres Aufenthaltstitels erheben. Da der Widerspruch gem. § 84 I Nr. 1 AufenthG keine aufschiebende Wirkung hat, ist einstweiliger Rechtsschutz mit dem Antrag auf Anordnung (!) der aufschiebenden Wirkung gem. **§ 80 V 1 Var. 1 VwGO für die Dauer des Gerichtsverfahrens in der Hauptsache** zu erlangen. Beachten Sie, dass dies nur gilt, wenn wegen der Ablehnung des Aufenthaltstitels die Fiktionswirkung des § 81 III und IV AufenthG erloschen ist, weil ansonsten das Bleiberecht nicht fingiert wird.
- Hat die Fiktionswirkung des § 81 III und IV AufenthG nicht bestanden, hilft ein Antrag nach § 80 V 1 VwGO nicht weiter. In einem solchen Fall kommt nur ein Antrag gem. **§ 123 I VwGO**, gerichtet auf die vorläufige Aussetzung der Abschiebung (§ 60a AufenthG), in Betracht. Ein auf die vorläufige Erteilung des Aufenthaltstitels gerichteter Antrag (§ 123 I 2 VwGO) dürfte wegen des grds. Verbots der Vorwegnahme der Hauptsache ausscheiden. Unter diese Fallgruppe fallen Sachverhalte, in denen der Ausländer ausgewiesen wurde oder unerlaubt eingereist ist.[877] Ist der Antragsteller unsicher, ob die Fiktionswirkung nach § 81 III oder IV AufenthG eingreift, sollte er – das ist eher für die mündliche Prüfung und die Praxis wichtig – hilfsweise einen Antrag nach § 123 I 2 VwGO stellen.[878] Aus gerichtlicher Sicht wäre ein fehlerhaft gestellter Antrag, § 80 V 1 VwGO statt § 123 I 2 VwGO oder umgekehrt, gemäß § 88 VwGO in den statthaften Antrag umzudeuten.

## B. Rechtsschutz gegen aufenthaltsbeendigende Maßnahmen

Wegen des ausländerrechtlichen Aufenthaltsverbots mit Erlaubnisvorbehalt ist der Ausländer zur Ausreise verpflichtet, wenn er den erforderlichen Aufenthaltstitel nicht oder nicht mehr besitzt (§ 50 I und II AufenthG). Die Gründe für das Erlöschen eines Aufenthaltstitels sind in § 51 I AufenthG normiert. Besondere Klausurrelevanz haben insoweit: 264

- Nach **§ 51 I Nr. 3 AufenthG** erlischt der Titel, wenn dieser nach § 48 VwVfG zurückgenommen wird, etwa weil ihn der Ausländer durch falsche Angaben erschlichen hat. Daneben kann der Titel nach § 48 VwVfG zurückgenommen werden, wenn er trotz Sperrwirkung des § 11 AufenthG erteilt wurde.[879]
- Gem. **§ 51 I Nr. 4 AufenthG** erlischt der Aufenthaltstitel durch Widerruf nach § 52 AufenthG, der als lex specialis die Anwendbarkeit des § 49 VwVfG ausschließt.
- Besonders klausurträchtig ist **§ 51 I Nr. 5 AufenthG**, wonach der Aufenthaltstitel durch Ausweisung erlischt. Hierfür reicht es aus, dass die Ausweisungsverfügung bekanntgegeben worden ist; auf die Bestandskraft oder sofortige Vollziehbarkeit kommt es nicht an (§ 84 II AufenthG).

877 *Finkelnburg/Dombert/Külpmann* Vorläufiger Rechtsschutz Rn. 1211.
878 *Finkelnburg/Dombert/Külpmann* Vorläufiger Rechtsschutz Rn. 1211.
879 VGH Mannheim Beschl. v. 31.5.2001 – 11 S 700/01.

## I. Rechtsschutz gegen Ausweisungsverfügungen (§§ 53 ff. AufenthG)

265 Möglicherweise werden Sie einen Sachverhalt bekommen, in dem der Ausländer Rechtsschutz gegen eine an ihn adressierte Ausweisungsverfügung begehrt. Eine Ausweisungsverfügung bezweckt, einen Ausländer zur Verhinderung evtl. Störungen der öffentlichen Sicherheit aus dem Bundesgebiet zu entfernen und die Wiedereinreise zu verwehren.[880] Diese Maßnahme ist das schärfste Ordnungs- und Sanktionsmittel des AufenthG.[881]

**Übersicht: Anfechtungsklage gegen eine Ausweisungsverfügung**

A. Zulässigkeit
- I. Statthaftigkeit
- II. Klagebefugnis
  - (P) Ehepartner (Art. 6 I GG)
- III. Vorverfahren
  - (P) Entbehrlich?

B. Begründetheit
- I. Rechtmäßigkeit der Ausweisungsverfügung
  - 1. Formelle Rechtmäßigkeit
    - (P) Schriftform (§ 77 I AufenthG)
  - 2. Materielle Rechtmäßigkeit
    - a) Tatbestand
      - aa) Positiv: Voraussetzungen der §§ 53 ff. AufenthG
        - (P)Maßgebender Zeitpunkt
      - bb) Negativ: Kein besonderer Ausweisungsschutz, § 56 AufenthG
    - b) Rechtsfolge
      - (P) Umwandlung Ist-/ Regelausweisung, § 56 I 4 und 5 AufenthG
      - (P) Einbeziehung der Gewährleistungen des Art. 6 I GG oder der EMRK
- II. Subjektive Rechtsverletzung

Gegen eine Ausweisungsverfügung ist die **Anfechtungsklage** (§ 42 I Var. 1 VwGO) statthaft. Neben dem ohne Weiteres **klagebefugten** Adressaten sind auch Familienangehörige für eine Drittanfechtungsklage klagebefugt, weil sie geltend machen können, durch die Ausweisung in ihrem Grundrecht aus Art. 6 I GG (Fortbestand der Ehe- und Familiengemeinschaft) verletzt zu sein. Ob die Familienangehörigen Deutsche oder Ausländer sind, ist hierbei irrelevant.[882] Ggf. treten diese im Aktenauszug in subjektiver Klagehäufung auf. Je nach Landesrecht kann das **Widerspruchsverfahren** vorgeschaltet sein.

Das in der Begründetheit der Anfechtungsklage in **formeller Hinsicht** neben der sachlichen Zuständigkeit der Ausländerbehörden (§ 71 I AufenthG iVm LandesR) zu beachtende Schriftformgebot (§ 77 I AufenthG) wird in Ihrem Aktenauszug gewahrt sein.

Die **Ermächtigungsgrundlagen** für eine Ausweisungsverfügung sind in §§ 53 ff. AufenthG enthalten.

**Problem: Maßgebender Zeitpunkt im Anfechtungsverfahren gegen Ausweisungsverfügung**

Bei der Anfechtungsklage, die die statthafte Klage gegen eine Ausweisungsverfügung ist, ist das grds. der Zeitpunkt der letzten behördlichen Entscheidung. Eine Ausnahme gilt, wenn sich die Klage gegen einen Dauer-VA richtet oder wenn sich aus dem zugrunde liegenden materiellen Recht ergibt, dass es auf den Zeitpunkt der **letzten mündlichen Tatsachenverhandlung** ankommt. Letzteres ist hier der Fall. Aufgrund des Richtlinienumsetzungsgesetzes von 2007 müssen neue Tatsachen bis zur letzten Verhandlung oder Entscheidung des Tatsachengerichts berücksichtigt werden.[883]

880 Leuze-Mohr/*Krämer* ÖffR 251.
881 *Dietz* JuS 2009, 700 (704).
882 *Finkelnburg/Dombert/Külpmann* Vorläufiger Rechtsschutz Rn. 1220.
883 BVerwG Urt. v. 15.11.2007 – 1 C 45/06, BVerwGE 130, 20.

Wir empfehlen Ihnen deshalb, sich nicht auf die Diskussion einzulassen, ob die Ausweisung einen Dauer-VA darstellt. Dies wird zwar mitunter im Hinblick auf die Sperrwirkung des § 11 I 1 AufenthG vertreten. Überzeugend ist das nicht. Dass ein Verwaltungsakt längerfristige Wirkungen entfaltet, bedeutet nicht, dass die Behörde ihre Entscheidung kontinuierlich anhand der neuesten Gesetzeslage überprüft und einer ständigen Anpassungspflicht unterstellt. Stattdessen besteht die Möglichkeit eines neuen Verfahrens auf Erteilung des Aufenthaltstitels.

**Klausurhinweis:** Auf die letzte mündliche Verhandlung stellt das BVerwG in aktueller Rspr. auch bei der Rücknahme eines Aufenthaltstitels ab.[884] Die Interessenlage sei bei der Rücknahme eines Aufenthaltstitels weitgehend mit der bei einer Ausweisung vergleichbar, die gleichfalls auf die Aufenthaltsbeendigung gerichtet sei.

**Materiell** unterscheidet das AufenthG zwischen folgenden Ausweisungen:

- Gem. § 53 AufenthG erfolgt bei erheblichen Straftaten eine **Ausweisung zwingend** (»Ist-Ausweisung«). Diese ist wegen der klaren Rechtsfolge weniger examensrelevant.
- Bei weniger dramatischen Verstößen kommt eine sog. **Regelausweisung** nach § 54 AufenthG in Betracht, es sei denn, es liegen besondere atypische Umstände vor. Dann ist nach pflichtgemäßem Ermessen über die Ausweisung zu entscheiden. Eine solche Regel-Ausnahme liegt vor, wenn im konkreten Einzelfall besondere Umstände gegeben sind, die den Ausländer entlasten oder die Ausweisung unverhältnismäßig erscheinen lassen. Deshalb sollten Sie – sofern der Aktenauszug einen Abdruck der strafgerichtlichen Entscheidung enthält – vor allem erörtern, inwieweit die Feststellungen zu Motiven und Tatumständen (situationsbedingte Einzeltat? negative Entwicklung einer »kriminellen Karriere«?) eine belastende Gefahrenprognose stützen.
- Bei der **Ermessensausweisung** nach § 55 AufenthG wird unter Berücksichtigung aller Umstände des Einzelfalles im pflichtgemäßen Ermessen über die Ausweisung entschieden.
- Sind die tatbestandlichen Voraussetzungen der §§ 53–55 AufenthG erfüllt, ist eine Ausweisung dennoch rechtswidrig, wenn der Betroffene einen **besonderen Ausweisungsschutz** gem. § 56 AufenthG beanspruchen kann. Wichtig ist hierbei etwa § 56 I Nr. 4 AufenthG, wonach ein Ausländer besonderen Ausweisungsschutz genießt, wenn er in einer Lebensgemeinschaft mit einem deutschen Familienangehörigen (oder ähnlichen Lebensformen) lebt. Kann sich der Ausländer auf einen besonderen Ausweisungsschutz nach § 56 I 1 AufenthG berufen, hat dies zur Folge, dass er gem. § 56 I 2 AufenthG nur aus schwerwiegenden Gründen der öffentlichen Sicherheit oder Ordnung ausgewiesen werden kann, wobei ein solcher schwerwiegender Grund in der Regel vorliegt, wenn ein Fall des § 53 oder § 54 Nr. 5–5b oder 7 AufenthG gegeben ist (§ 56 I 3 AufenthG). Außerdem verschieben § 56 I 4 und 5 AufenthG die Entscheidungsrahmen: Aus der zwingenden Ausweisung wird eine Regelausweisung und aus der Regelausweisung eine Ermessensausweisung. Bitte beachten Sie, dass das BVerwG einen atypischen Fall bei § 56 AufenthG inzwischen immer dann annimmt, wenn durch höherrangiges Recht oder Vorschriften der EMRK geschützte Belange des Ausländers eine Einzelfallwürdigung unter Berücksichtigung der Gesamtumstände des Falles gebieten. Dass damit der Ausnahme- zum Regelfall wird, nimmt das BVerwG ausdrücklich hin. Denn Belange, die eine Einzelfallwürdigung gebieten, wird es so gut wie immer geben.[885]

Auf der **Rechtsfolgenebene** ist ggf. zu prüfen, ob Ermessensfehler vorliegen. Nochmals: Dies etwa dann, wenn ein Fall des § 55 AufenthG vorliegt. Daneben aber auch, wenn sich die Rechtsfolge im Fall einer Regelausweisung nach § 54 AufenthG aufgrund des besonderen Ausweisungsschutzes zugunsten einer Ermessensentscheidung verschiebt (§ 56 I 5 AufenthG). Erkennt die Behörde dies nicht, liegt ein Ermessensfehler vor.

Für die Ausübung des pflichtgemäßen Ermessens gilt Folgendes: Sie müssen eine Abwägung zwischen den in § 55 I AufenthG genannten öffentlichen Interessen an der Beendigung des Aufenthalts mit den in § 55 III AufenthG (allerdings nicht abschließend benannten) Kriterien

884 BVerwG NVwZ 2010, 1369.
885 BVerwGE 129, 367 (373).

vornehmen. Für diesen Klausurschwerpunkt wird der Aktenauszug die wesentlichen Gesichtspunkte enthalten.

- Zugunsten des öffentlichen Interesses an der Beendigung des Aufenthalts sprechen häufig – jedenfalls, wenn der Ausländer gegen die öffentliche Sicherheit verstoßen hat – der Gesichtspunkt der Wiederholungsgefahr oder generalpräventive Gründe. Der Aspekt der **Generalprävention** trägt gerade bei Drogen- und Sexualdelikten oder schweren Gewaltstraftaten.[886]
- Relevant sind auf der anderen Seite unter anderem auch die Auswirkungen für die Familienangehörigen des Ausländers, die sich rechtmäßig im Bundesgebiet aufhalten (§ 55 III Nr. 2 AufenthG). In diesem Rahmen werden Sie insbes. **Art. 6 I GG** (Fortbestand der Ehe und Familiengemeinschaft) einbeziehen müssen. Daneben sind folgende Aspekte in die Beurteilung einzubringen:
  - Wenn der Ausländer längere Zeit berechtigt im Inland gelebt hat (§ 56 I Nr. 1 AufenthG) oder hier aufgewachsen ist (§ 56 I Nr. 2 AufenthG), können aufenthaltsbeendigende Maßnahmen seine persönliche Existenz wesentlich gefährden oder zerstören.
  - Ist eine soziale Reintegration im Heimatland überhaupt möglich?
  - Verfügt der Ausländer noch über persönliche Bindungen zum Heimatland?

**Problem: Einbeziehung der Gewährleistungen der EMRK in die Interessen- und Güterabwägung**

An dieser Stelle kann die Frage relevant werden, ob auch Gewährleistungen der EMRK (insbes. Art. 8 I EMRK – Anspruch auf Achtung des Privat- und Familienlebens) in die Abwägung einzustellen sind. Zunächst gilt, dass die EMRK aufgrund des Zustimmungsgesetzes (Art. 59 II GG) nur einfachen Gesetzesrang beanspruchen kann und damit vor allem keinen Vorrang vor sonstigen Bundesgesetzen hat (Art. 25 S. 2 GG). Verfassungsrang hat die EMRK ohnehin nicht.[887] Allerdings ist das GG **völkerrechtsfreundlich** ausgestaltet. Zur Bindung an Recht und Gesetz (Art. 20 III GG) gehört nach der Rspr. des BVerfG auch die Berücksichtigung von Gewährleistungen der EMRK im Rahmen methodisch vertretbarer Auslegungs- und Abwägungsspielräume.[888] Einen solchen haben Sie vor allem auch bei der Ermessensausweisung (§ 55 III AufenthG). Faktisch wird Art. 8 EMRK inzwischen von der Rspr. in Fällen, in denen der Ausländer zum faktischen Inländer geworden ist, sich also persönlich, sozial, wirtschaftlich und familiär wie ein Inländer in die bundesdeutsche Gesellschaft eingegliedert und sämtliche Bezüge zum früheren Heimatland verloren hat, als gesetzliche Ermessensgrenze verstanden.

**Merke:** Der besondere Ausweisungsschutz nach § 56 AufenthG besteht in doppelter Hinsicht:
- Verengung des Tatbestands: Die Ausweisung erfolgt nur aus »schwerwiegenden Gründen« (§ 56 I 2 AufenthG).
- Verschiebung des Entscheidungsrahmens: Die zwingende Ausweisung wird zur Regelausweisung (§ 56 I 4 AufenthG) und die Regelausweisung zur Ermessensausweisung (§ 56 I 5 AufenthG).

## II. Vorläufiger Rechtsschutz

266 Beachten Sie, dass sich der vorläufige Rechtsschutz gegen eine Ausweisungsverfügung nach § 80 V 1 Var. 2 VwGO richtet (Antrag auf Wiederherstellung der aufschiebenden Wirkung), wenn die Behörde gem. § 80 II 1 Nr. 4 VwGO die sofortige Vollziehung angeordnet hat. Die aufschiebende Wirkung entfällt nämlich nicht gem. § 84 I AufenthG. Insbes. greift nicht § 84 I Nr. 1 AufenthG, da dieser nur die Ablehnung eines Antrags auf Erteilung oder Verlängerung eines Aufenthaltstitels erfasst.

Wird vorläufiger Rechtsschutz sowohl gegen eine nach § 80 II 1 Nr. 4 VwGO sofort vollziehbare Ausweisungsverfügung als auch gegen die Versagung oder Nichtverlängerung des Aufenthaltstitels beantragt, kann es zum »kumulativen« Rechtsschutz kommen:

886 Leuze-Mohr/*Krämer* ÖffR 252, 253.
887 *Sachs* JuS 2005, 164 (165).
888 Sachs JuS 2005, 164 (166).

- Bzgl. der **Ausweisungsverfügung** muss der Antragsteller einen Antrag auf Wiederherstellung der aW gem. § 80 V 1 Var. 2 VwGO stellen.
- Bzgl. der Ablehnung der **Erteilung bzw. Verlängerung der Aufenthaltserlaubnis** ist grds. ein Antrag auf Anordnung der aW nach § 80 V 1 Var. 1 VwGO statthaft. Kann die Fiktionswirkung des § 81 III–IV VwGO nicht hergestellt werden, ist ein Antrag nach § 123 VwGO statthaft.

In dem gerichtlichen Verfahren wird zunächst entschieden, ob die aufschiebende Wirkung des Anfechtungsrechtsbehelfs gegen die Ausweisung wiederhergestellt wird. Bleibt es allerdings bei der sofortigen Vollziehung der Ausweisung, ist auch der vorläufige Rechtsschutz gegen die Versagung des Aufenthaltstitels erfolglos (vgl. auch § 51 I Nr. 5 AufenthG).

## C. Rechtsstellung von Unionsbürgern

Unionsbürger, also Staatsangehörige der Mitgliedstaaten der EU, haben nach § 1 II AufenthG, **267** § 11 FreizügG/EU Privilegien. Sie genießen ein **gesetzliches Freizügigkeitsrecht** (§ 2 IV 1 FreizügG/EU) und benötigen insbes. nach § 4 AufenthG keinen Aufenthaltstitel. Wegen dieser gesetzlichen Konzeption verändert sich auch das behördliche Eingriffsinstrumentarium. Nach Maßgabe des § 6 FreizügG/EU kann es zu einem Verlust des Rechts auf Einreise und Aufenthalt kommen, der im Rahmen einer Ermessensentscheidung durch Verwaltungsakt festgestellt werden kann (§ 6 I FreizügG/EU). Konkretisierende Voraussetzungen ergeben sich aus den §§ 6 II ff. FreizügG/EU. Ist eine solche Feststellung getroffen worden, tritt nach § 7 I FreizügG/EU eine Ausreisepflicht ein, die ggf. im Wege der Abschiebung vollzogen werden kann.

# 12. Kapitel. Subventionsrecht

## A. Rechtsschutz gegen die Versagung einer Subvention

Eine geeignete Klausurkonstellation bildet der Rechtsschutz gegen die Versagung einer Sub- **268** vention.

**Hinweis:** Subventionen im engeren Sinne sind vermögenswerte Zuwendungen, die der Staat oder ein anderer Träger öffentlicher Verwaltung unmittelbar oder durch Dritte an Privatpersonen zur Förderung eines im öffentlichen Interesse liegenden Zwecks leistet. Klausurrelevante Erscheinungsformen sind etwa zinsgünstige Darlehen, staatliche Bürgschaften oder staatliche Zuwendungen.

Bei der **Eröffnung des Verwaltungsrechtswegs** (§ 40 I 1 VwGO) operiert die Rspr. mit der »Zwei-Stufen-Theorie«.

- Streitigkeiten über das **»Ob«** der Gewährung (bzw. Nichtgewährung oder Rückforderung) sind stets öffentlich-rechtlicher Natur, sodass eine öffentlich-rechtliche Streitigkeit iSv § 40 I 1 VwGO vorliegt.
- Geht es demgegenüber um Rechtsfragen der Ausgestaltung der Leistungsgewährung (das **»Wie«**), ist zu prüfen, ob diese öffentlich-rechtlich oder privatrechtlich erfolgt. Die Behörde hat insoweit ein Wahlrecht: Sie kann die Leistungsgewährung, etwa Zahlungsmodalitäten, in einem privaten Darlehensvertrag oder durch VA regeln. Streitigkeiten im Zusammenhang mit einem solchen Darlehensvertrag sind dann im Zivilrechtsweg auszutragen (§ 13 GVG).

Wird die Zuwendung als **»verlorener Zuschuss«**, also als nicht zurückzuzahlende Leistung gewährt, fehlt es an einer dem »Wie« zuzuordnenden (zweiten) Ausgestaltungsebene. Dann ist auf die »Zwei-Stufen-Theorie« nicht zurückzugreifen. Der Zuwendungsvorgang wird dann als einheitlicher öffentlich-rechtlicher Vorgang verstanden. In Aktenauszügen können Begriffe wie »einmalige Beihilfe« oder »Prämie« auf einen verlorenen Zuschuss hindeuten.

**Statthafte Klageart** für den Rechtsschutz gegen die Versagung einer Subvention ist die **Verpflichtungsklage** (§ 42 I Var. 2 VwGO).

**Klausurhinweis:** Weil die Gewährung der Leistung idR in das Ermessen der Behörde gestellt ist, besteht grds. nur ein Anspruch auf ermessensfehlerfreie Entscheidung. Mangels Spruchreife ist daher idR lediglich eine Bescheidungsklage (§ 113 V 2 VwGO) sachgerecht. Nur bei einer Ermessensreduzierung auf Null kann eine Vornahmeklage (§ 113 V 1 VwGO) erfolgreich sein. Diese Reduzierung kann zB aus einer regelmäßigen Verwaltungspraxis iVm Art. 3 I GG (Selbstbindung der Verwaltung) folgen. Entscheidet die Behörde bestimmte Fallkonstellationen stets gleich, muss sie bei unveränderten tatsächlichen Verhältnissen diese Fallkonstellationen auch in Zukunft gleich entscheiden. Die für die Annahme der genannten Selbstbindung erforderliche gleichmäßige Verwaltungspraxis wird häufig durch Verwaltungsvorschriften begründet.

Zur Begründung der **Klagebefugnis** (§ 42 II VwGO) darf wegen des Anwendungsvorrangs einfachen Rechts nur subsidiär auf Grundrechte zurückgegriffen werden. Es reicht, wenn der Anspruch, der insbes. aus folgenden Positionen herrühren kann, nicht offensichtlich ausgeschlossen ist:

**Übersicht: Typische Anspruchsgrundlagen für Subventionsgewährung**

- Anspruch aus anspruchsbegründenden Subventionsgesetzen
  (P) Bereitstellung Haushaltsgesetz
- Anspruch aus öffentlich-rechtlichen Sonderbeziehungen
- Anspruch aus Verwaltungspraxis iVm Art. 3 I GG

Innerhalb der **Begründetheit** der Klage erörtern Sie, ob aus den vorgenannten Positionen tatsächlich ein Anspruch hergeleitet werden kann (für die Klagebefugnis reicht es, dass dieser Anspruch nicht offensichtlich ausgeschlossen ist).

Falls sich der Kläger – bei fehlender gesetzlicher Anspruchsgrundlage – auf eine Position in dem als Gesetz beschlossenen **Haushaltsplan** (vgl. für Bund Art. 110 GG) beruft, stützt diese Grundlage einen Anspruch nicht. Der Haushaltsplan vermittelt als bloß formelles Gesetz keinen Individualschutz, sondern stellt lediglich eine Legitimation für Ausgaben der Exekutive dar.

Wichtiger ist ein evtl. Anspruch aus **öffentlich-rechtlichen Sonderbeziehungen**.

- Soll ein **öffentlich-rechtlicher Vertrag** den Anspruch stützen, prüfen Sie umfassend dessen formelle und materielle Wirksamkeitsvoraussetzungen nach den §§ 54 ff. VwVfG.[889]
- Vielfach wird in Aktenauszügen ein möglicher Anspruch aus einer **Zusicherung** problematisiert. So lässt das Prüfungsamt den Antragsteller häufig vortragen, er könne aus einer früheren behördlichen Erklärung einen Zuwendungsanspruch herleiten. Bitte schauen Sie sich hierzu die Übersicht (→ Rn. 40) an. In aller Regel werden Sie zu der Feststellung gelangen, dass es der behördlichen Erklärung an dem Rechtsbindungswillen zum Erlass eines künftigen VA fehlt.

Zudem kann sich ein Anspruch aus einer regelmäßigen **Verwaltungspraxis iVm Art. 3 I GG** ergeben. Auf Verwaltungsvorschriften allein kann der Anspruch nicht gestützt werden, da diese bloßes Innenrecht der Verwaltung darstellen. Allerdings wird eine anspruchsbegründende Verwaltungspraxis häufig auf einer Verwaltungsvorschrift beruhen.

- Ein Anspruch auf eine Zuwendung setzt voraus, dass der Antragsteller die in der Verwaltungspraxis aufgestellten persönlichen und sachlichen **Voraussetzungen** für die begehrte Leistung erfüllt. Häufig wird Ihnen im Aktenauszug eine Verwaltungsvorschrift abgedruckt. An anderer Stelle erklärt die Behörde, die Verwaltungspraxis orientiere sich an den Vorgaben der Verwaltungsvorschrift. In der Klausur müssen Sie dann (ausnahmsweise) mit der Begründung (Verwaltungspraxis = Verwaltungsvorschrift) unter die abgedruckte Verwaltungsvorschrift subsumieren. Erfüllt der Antragsteller die Voraussetzungen der Praxis/Richtlinie, kann er grds. beanspruchen, dass er hiernach gefördert wird, solange diese Geltungsanspruch haben.[890] Als problematisch kann sich an dieser Stelle der »erste Fall« erweisen: Hierbei begehrt der erste Antragsteller aufgrund der Verwaltungsvorschriften ei-

889 Im Einzelnen hierzu → Rn. 41.
890 BVerwGE 118, 379.

ne Zuwendung, obwohl sich eine Verwaltungspraxis tatsächlich noch nicht entwickelt hat. Allerdings geht die Rspr. davon aus, dass sich die Verwaltung bereits mit dem Erlass der Verwaltungsvorschriften »antizipiert« gebunden hat, sodass auch in diesem Fall ein Teilhabeanspruch bestehen kann (Grundsatz der antizipierten Selbstbindung der Verwaltung).

- Der Anspruch kann **ausgeschlossen** sein, wenn ein sachlicher Grund für eine unterschiedliche Behandlung gegeben ist. In diese Richtung argumentieren häufig die Anspruchsgegner.
- Problematisch sind Fälle, in denen die Behörde ihre **Vergabepraxis geändert** hat.

> **Beispiel:** Seit 2000 gewährt die Behörde eine bestimmte Wohnbauförderung. Im Jahr 2009 schränkt sie die Förderung aufgrund der finanziellen Haushaltslage drastisch ein. Kann der Antragsteller dennoch einen Anspruch auf Förderung verfolgen?

Grds. kann die Behörde eine bestimmte Förderung aus willkürfreien, dh sachlichen Gründen ändern.[891] Formell setzt dies grds. voraus, dass die ändernde Vorschrift in der Form ergeht, in der die abgeänderte Vorschrift erlassen wurde. Materiell ist für die Änderung ein sachlicher Grund erforderlich. Da die Gewährung von Subventionen stets unter dem Vorbehalt des finanziell Möglichen steht (**Kapazitätsvorbehalt**), stellt der Wegfall der finanziellen Möglichkeiten für die Leistungsgewährung regelmäßig einen hinreichenden sachlichen Grund für eine Änderung der Vergabepraxis dar.

**Klausurhinweis:** Einige dieser Gesichtspunkte werden in Klausuren, in denen sog. **Anschlusssubventionen** verfolgt werden, verzahnt. Hier beansprucht der Antragsteller die Gewährung einer Zuwendung für einen Zeitraum, für die noch kein positiver Subventionsbescheid vorliegt (gefördert wurde bis zum 31.12.2014; begehrt wird Anschlussförderung ab 1.1.2015). Der Antragsteller wird geltend machen, dass sich aus dem früheren Subventionsbescheid bereits die Zusicherung auf eine Anschlusssubvention nach Ablauf der beschiedenen Geltungsdauer ergebe. In diesem Fall müssen Sie zunächst erkennen, dass sich die Zusicherung lediglich auf die Erteilung eines weiteren Subventionsbescheides, nicht aber unmittelbar auf die Auszahlung der Subvention bezieht. Zum Zweiten kommt es in einer solchen Konstellation regelmäßig darauf an, dass Sie genau untersuchen, ob eine auf die Anschlusssubvention gerichtete **Zusicherung** gem. § 38 VwVfG abgegeben wurde. Eine solche verlangt einen entsprechenden Rechtsbindungswillen der Behörde. Dieser muss sich analog §§ 133, 157 BGB ermitteln lassen und dürfte im Normalfall – gerade mit Blick auf künftige unsichere Haushaltslagen – fehlen. Deshalb kommt es im Regelfall gar nicht erst zur Prüfung der Wirksamkeit der Zusicherung im engeren Sinne. In der Regel werden Sie eine Zusicherung (für die Bezuschussung in Folgezeiträumen) mit der Begründung ablehnen können, dass sich der Beteiligungszeitraum auf einen bestimmten Zeitabschnitt bezieht. Der Bindungswille erstreckt sich dann gerade nicht auf die Zukunft.
Anschließend untersuchen Sie weitere Verpflichtungstatbestände. Denkbar ist der Anspruch aus der **Verwaltungsvorschrift iVm Art. 3 I GG iVm dem Grundsatz der Selbstbindung der Verwaltung**. Die Verwaltung ist jedoch berechtigt, ein durch Verwaltungsvorschriften festgelegtes Förderprogramm ohne Verstoß gegen den Gleichheitssatz aus sachlichen Gründen jederzeit zu ändern (Kapazitätsvorbehalt). In der Klausur wird der Antragsteller vortragen, es sei der subventionsgewährenden Stelle aus rechtsstaatlichen Gründen verwehrt, eine einmal eingeschlagene Subventionspraxis zu ändern. Ein etwaiger Vertrauensschutz wird durch eine Änderung der Subventionspraxis idR nicht verletzt sein, da es bereits am notwendigen Vertrauenstatbestand fehlen dürfte (wer einmal eine Subvention erhält, kann nicht berechtigt erwarten, dass diese auch in der Zukunft regelmäßig geleistet wird). Zudem kommt dem Staat bei der Leistungsverwaltung ein weites Gestaltungsermessen zu, das nicht nur berechtigt, Leistungen zu gewähren, sondern die Leistungsgewährung auch wieder einzustellen.[892] Der typische Vortrag des Antragstellers, die Behörde müsse eine Übergangsregelung schaffen, führt idR auch nicht weiter: Eine aus dem Verhältnismäßigkeitsgrundsatz folgende Verpflichtung zum stufenweisen Abbau einer Subvention kann nach der Rspr. nur bestehen, wenn bei dem Empfänger ein besonderer Vertrauenstatbestand geschaffen wurde, der über eine langjährige Subventionierung hinausgeht, der ohne Übergangsregelung vorgenommene Eingriff

891 BVerwG NVwZ 1998, 273 (274).
892 BVerwG Urt. v. 11.5.2006 – 5 C 10/05.

also zu untragbaren (existenzvernichtenden) Folgen für den Empfänger führt.[893] Falls der Antragsteller zudem vorträgt, das Rückwirkungsverbot sei verletzt, bedenken Sie bitte Folgendes: Nicht nur bei Rechtsnormen, sondern auch bei Verwaltungsvorschriften ist das Rückwirkungsverbot zu beachten.[894] Zu unterscheiden ist allerdings zwischen echter und unechter Rückwirkung:

- Eine grds. unzulässige **echte Rückwirkung** (Rückbewirkung von Rechtsfolgen) liegt vor, wenn nachträglich in abgeschlossene Sachverhalte eingegriffen wird und diese einer neuen Regelung zugeführt werden. Eine echte Rückwirkung ist nur in absoluten Ausnahmefällen zulässig (etwa bei unsicherer bzw. unklarer Rechtslage oder Bagatellen).
- Eine **unechte Rückwirkung** (tatbestandliche Rückanknüpfung) ist grds. zulässig. Eine solche liegt vor, wenn eine Norm auf gegenwärtige, noch nicht abgeschlossene Sachverhalte und Rechtsbeziehungen für die Zukunft einwirkt und damit die betroffene Rechtsposition nachträglich entwertet. Hier sind die Grenzen des Vertrauensschutzes und des Verhältnismäßigkeitsgrundsatzes zu beachten, die erst überschritten werden, wenn die unechte Rückwirkung zur Erreichung des Normzwecks nicht geeignet und erforderlich ist oder wenn die Bestandsinteressen der Betroffenen die Veränderungsgründe des Normgebers überwiegen. In der Klausur ist idR eine im Ergebnis zulässige unechte Rückwirkung gegeben.

## B. Rechtsschutz des Begünstigten gegen Aufhebung des Subventionsbescheids

269 Durch eine Aufhebung (Rücknahme oder Widerruf) verliert ein (ggf. bestandskräftiger) Bewilligungsbescheid seine Wirksamkeit. Das zu untersuchende Begehren richtet sich dann idR auf die gerichtliche Aufhebung des Aufhebungsbescheides mit der Folge, dass der frühere Subventionsbescheid wieder auflebt. In zulässiger objektiver Klagehäufung (§ 44 VwGO) wird gleichzeitig idR ein auf die Rückzahlung gerichteter Erstattungsbefehl gem. § 49a VwVfG mitangefochten. Die Klagehäufung ist jedoch idR unproblematisch zulässig und sollte daher in der Klausur nicht vertieft erörtert werden.

**Anwaltsklausurhinweis:** Dass die rechtsgestaltende Aufhebung (§§ 48, 49 VwVfG) einerseits und der Erstattungsbefehl (§ 49a VwVfG) andererseits zwei VA darstellen, sollten Sie bei der Abfassung des Antrags in der Klageschrift berücksichtigen. So könnten Sie etwa formulieren:

> ... den Widerrufs- und den Rückforderungsbescheid des Beklagten vom ... in der Fassung des Widerspruchsbescheides vom ... aufzuheben.

Statthaft ist in diesem Fall eine **Anfechtungsklage** (§ 42 I Var. 1 VwGO), für die der **Verwaltungsrechtsweg** nach § 40 I 1 VwGO eröffnet ist. Insbes. liegt eine öffentlich-rechtliche Streitigkeit vor, wenn die Leistung aufgrund eines VA gewährt worden ist (actus contrarius). Der Verwaltungsrechtsweg ist auch eröffnet, wenn die Zuwendung durch einen – aufgrund der maßgeblichen HaushaltsO – Beliehenen ausgezahlt wurde (zB »Investitionsbank XY«). In diesem Fall ist der Beliehene auch der richtige Beklagte.[895]

Im Rahmen der **Begründetheit** müssen Sie die formelle und materielle Rechtmäßigkeit des Aufhebungsbescheides prüfen. Ob § 48 VwVfG oder § 49 VwVfG einschlägig ist, richtet sich danach, ob der ursprüngliche Bewilligungsbescheid rechtmäßig oder rechtswidrig gewesen ist.[896] Die Ausführungen unter A. können auch hier eine Rolle spielen: Das Merkmal »**Rechtswidrigkeit**« verlangt grds. die Verletzung von Außenrechtsnormen. Verstößt die Behörde gegen Verwaltungsvorschriften, begründet dies allein nicht die Rechtswidrigkeit (da bloßes Innenrecht). Rechtswidrig ist die ursprüngliche Bewilligung erst, wenn die Verwaltungsvorschrift infolge behördlicher Selbstbindung iVm Art. 3 I GG Außenwirkung entfaltet hat. In der Klausur ist daher auf eine genaue sprachliche Darstellung zu achten.

893 Nach OVG Münster NWVBl. 2010, 150 (151) verstößt die Kürzung von Fördermitteln für ein jahrzehntelang gefördertes Frauenhaus nicht gegen den Verhältnismäßigkeitsgrundsatz.
894 BVerwG Urt. v. 11.5.2006 – 5 C 10/05.
895 *Kaiser/Köster/Seegmüller* Öffentlich-rechtliche Klausur Rn. 42.
896 Zu den Voraussetzungen der Aufhebung im Einzelnen → Rn. 14 ff.

In **materieller Hinsicht** sind vielfach die Voraussetzungen des **§ 49 III 1 VwVfG** zu erörtern. Hiernach kann ein (anfänglich) rechtmäßiger VA mit Wirkung für die Vergangenheit widerrufen werden. Diese Ermächtigungsgrundlage ist idR einschlägig, da bei einer Leistungsgewährung reduzierte Anforderungen an den Grundsatz des Vorbehalts des Gesetzes gelten, sodass die Leistungsgewährung idR anfänglich rechtmäßig gewesen ist. Beachten Sie, dass der Aufhebungsbescheid aufgrund des Gebots hinreichender Bestimmtheit erkennen lassen muss, in welchem Umfang der Bewilligungsbescheid aufgehoben wird.[897] Eine den Anwendungsbereich des § 48 VwVfG eröffnende anfängliche Rechtswidrigkeit liegt vor, wenn bereits im Zeitpunkt der Bekanntgabe der Entscheidung Außenrechtssätze verletzt worden sind. Dies kann auch der Fall sein, wenn die Voraussetzungen einer Verwaltungsvorschrift nicht erfüllt waren. Eine Verletzung von »Außenrechtsnormen« liegt nämlich vor, wenn gegen Verwaltungsvorschriften verstoßen wurde, die Grundlage der ständigen Verwaltungspraxis sind (Art. 3 I GG iVm mit dem Grundsatz der Selbstbindung der Verwaltung).

Ob die Leistung iSv § 49 III 1 **Nr. 1** VwVfG zweckwidrig verwendet worden ist, stellt vielfach einen Klausurschwerpunkt dar. Hier müssen Sie umfassend prüfen, ob gegen die im Aktenauszug idR abgedruckten Förderrichtlinien verstoßen worden ist. Klausur- und praxisrelevant ist zudem ein Verstoß gegen das haushaltsrechtliche »Verbot des vorzeitigen Vorhabenbeginns«, das in der Praxis vielfach als Auflage iSd § 49 III 1 **Nr. 2** VwVfG geregelt wird. Der Zweck dieses Verbots besteht darin, die Entscheidungsfreiheit der Bewilligungsbehörde und einen wirksamen Einsatz der Haushaltsmittel zu sichern. Es sollen keine Vorhaben gefördert werden, zu denen der Antragsteller ohnehin entschlossen war und die er ohne staatliche Unterstützung realisieren kann. In diesem Fall verlöre die Förderung ihre Anreizfunktion und würde zu unerwünschten »Mitnahmeeffekten« führen.[898]

Schließlich prüfen Sie, ob die Ausschlussfrist des **§ 48 IV VwVfG** eingehalten worden ist.[899] Denken Sie daran, dass die Rspr. diese als Entscheidungsfrist versteht. Sie beginnt erst zu laufen, wenn die Behörde die Rechtswidrigkeit des VA erkannt hat und ihr die für die Rücknahmeentscheidung erheblichen Tatsachen vollständig bekannt sind.[900] Da zur Herstellung der Entscheidungsreife auch die Anhörung des Betroffenen (§ 28 VwVfG) gehört, beginnt die Frist idR erst nach Abschluss des Anhörungsverfahrens.

Die Einschränkungen der §§ 48, 49 VwVfG können entfallen, wenn die Bewilligungsbehörde im Ausgangsbescheid ausdrücklich eine nur »vorläufige Regelung« trifft (sog. **»vorläufiger VA«** bzw. treffender: »VA, der nur eine vorläufige Regelung trifft«).[901] Ein solcher Vorbehalt eines abschließenden Schlussbescheides ist jedoch nur zulässig, wenn und soweit eine bestehende Unsicherheit hierfür einen sachlichen Grund bietet. Andernfalls hätte es die Behörde in der Hand, allein durch einen solchen Vorbehalt die Einschränkungen der §§ 48, 49 VwVfG zu umgehen. Eine vorläufige Regelung darf auch nur solange aufrecht erhalten bleiben, wie der die Vorläufigkeit rechtfertigende Grund besteht.[902]

Auf **Rechtsfolgenebene** geht die Rspr. davon aus, dass bei Erfüllung der Widerrufsvoraussetzungen das Ermessen regelmäßig zugunsten einer Aufhebung intendiert ist (arg.: Grundsatz der Wirtschaftlichkeit und Sparsamkeit, Gebot der Einhaltung des Haushaltsplans). Allerdings liegt ein zur Ermessensausübung zwingender abweichender Sachverhalt vor, wenn neben dem Fehlverhalten des Leistungsempfängers ein Fehlverhalten der Bewilligungsbehörde (zB Verwendung veralteter Bearbeitungsvorlagen, unzureichende Information über Mitwirkungspflichten des Leistungsempfängers) gegeben ist.[903]

897 BVerwG NVwZ 2001, 556 (556) (keine Aufhebung eines Bewilligungsbescheides nur »dem Grunde nach«, um die Konkretisierung des Rückzahlungsbetrages einer gesonderten Entscheidung vorzubehalten).
898 MPFormB VerwR/*Soltész/Hildebrandt* Form. D.V.1 Anm. 9.
899 Hierzu im Einzelnen → Rn. 22.
900 Zuletzt OVG Berlin-Brandenburg Beschl. v. 20.6.2011 – OVG 4a N 9.11, BeckRS 2011, 53797.
901 *Selmer* JuS 2010, 941 (942).
902 BVerwG NVwZ 2010, 643 (645).
903 VG Trier Urt. v. 22.4.2010 – 5 K 702/09.TR, BeckRS 2010, 48717.

Bei einer rechtmäßigen Aufhebung »sind bereits erbrachte Leistungen zu erstatten« (**§ 49a I 1 VwVfG**).[904] Diese Zahlungsverpflichtung trifft vorrangig den Empfänger der Leistung; nach aktueller Rspr. des BVerwG aber auch denjenigen, der aufgrund eines wirksamen »öffentlich-rechtlichen Schuldbeitritts« für eine Erstattungsschuld des Leistungsempfängers haftet.

> **Beispiel:** Das Land X gewährt der S-GmbH einen Zuschuss und vereinbart anschließend mit den drei Gesellschaftern durch wirksamen (insbes. nicht gegen § 56 VwVfG verstoßenden und gem. § 57 VwVfG schriftlichen) öff.-rechtl. Vertrag einen Schuldbeitritt. Nach der Insolvenz der S-GmbH widerruft die Behörde den Leistungsbescheid wegen Zweckverfehlung gem. § 49 III 1 Nr. 1 VwVfG und verlangt von einem Gesellschafter gem. § 49a I 1 VwVfG Rückzahlung.[905]

Nach Auffassung des BVerwG ist auch die – in der Klausur zweckmäßigerweise vor der formellen und materiellen Rechtmäßigkeitsprüfung zu erörternde – VA-Befugnis gegeben. Der Wortlaut des § 49a I VwVfG erfordere nicht zwingend, dass der Erstattungsschuldner auch der Zuwendungsempfänger sei. Es genüge vielmehr, dass der Erstattungsanspruch seine Wurzeln in der Zuwendung habe.

Bei der **Aufhebung unionsrechtswidriger Subventionen** können sich besondere Probleme ergeben, die nachfolgend zusammengefasst werden.[906] Die Prüfungsämter verlangen idR keine umfassende Inzidentprüfung der Unionsrechtswidrigkeit, sondern unterstellen (ggf. im Bearbeitervermerk oder in den angefochtenen VA), dass eine bestandskräftige Feststellung über die Unionsrechtswidrigkeit vorliegt. Wegen des Vorrangs des Unionsrechts befinden Sie sich hier im Rahmen des § 48 VwVfG (Bewilligungsbescheid ist wegen der Verletzung des Unionsrechts rechtswidrig) und nicht bei § 49 VwVfG. Aufgrund des Unionsrechtsbezugs wird das nationale Verwaltungsverfahrensrecht wesentlich modifiziert. Bitte merken Sie sich folgende Gesichtspunkte:

**Übersicht: Auswirkungen des Unionsrechts auf § 48 VwVfG**

I. Anwendbarkeit der §§ 48 ff. VwVfG auch bei Aufhebung unionsrechtswidriger Beihilfen im Rahmen des mitgliedstaatlichen Vollzugs
II. (P) Anwendbarkeit des § 48 VwVfG (Merkmal »Rechtswidrigkeit«): (+), wenn Verletzung der Art. 107 ff. AEUV; Verstoß steht nach bestandskräftiger Kommissionsentscheidung nach Art. 288 AEUV bindend fest; arg.: Anwendungsvorrang des Unionsrechts u. Art. 4 III EUV (»effet utile«)
III. § 48 II VwVfG
   1. (P) Modifizierte Anforderungen bei § 48 II 3 VwVfG: Nr. 3 (»grob fahrlässiges Nichterkennen der Rechtswidrigkeit«) allenfalls bei größeren Unternehmen (+), wenn dieses nicht geprüft hat, ob die Leistung unionsrechtskonform ist; im Übrigen (zB bei kleineren Handwerksbetrieben) wird überwiegend der Ausschluss des Vertrauensschutzes nach § 48 II 3 VwVfG verneint.
   2. (P) Modifizierte Anforderungen bei § 48 II 2 VwVfG: Unionsrechtskonform wird § 48 II 2 VwVfG so ausgelegt, dass regelmäßig Vertrauen nicht schutzwürdig ist, wenn andernfalls Art. 4 III EUV (effet utile) gefährdet wäre; zu demselben Ergebnis sollten Sie gelangen, wenn Sie eine Abwägung nach § 48 II 1 VwVfG vornehmen.
IV. § 48 IV VwVfG: Wegen des Anwendungsvorrangs des Unionsrechts wird § 48 IV VwVfG unionsrechtskonform teleologisch reduziert, wenn andernfalls die bestandskräftige Feststellung der Unionsrechtswidrigkeit durch die Kommission nicht effektiv umgesetzt werden kann.
V. Rechtsfolge: Nach § 48 I 1 VwVfG besteht zwar grds. Ermessen; hier ist aber ggf. das Rücknahmeermessen auf Null reduziert.

904 Im Einzelnen → Rn. 32.
905 BVerwG NVwZ 2011, 1192 (1192), zur VA-Befugnis bei öffentlich-rechtlichem Schuldbeitritt auch *Breder* LSV 2011, 441 (447).
906 Zum Verhältnis § 48 VwVfG – Unionsrecht auch *Kopp/Ramsauer* § 48 Rn. 7 ff., 100.

## C. Rechtsschutz des Wettbewerbers gegen die Begünstigung eines Konkurrenten

**Klausurhinweis:** Falls sich ein Wettbewerber gegen die Begünstigung eines anderen wendet, müssen Sie drei Klausurkonstellationen auseinanderhalten:
- Der Wettbewerber wendet sich nur gegen die Begünstigung eines Mitbewerbers (negative Konkurrentenklage – sog. **Konkurrentenabwehrklage**); hierzu I. → Rn. 270.
- Der Wettbewerber strebt die Gleichstellung mit einem Mitbewerber an (positive Konkurrentenklage – sog. **Konkurrentengleichstellungsklage**); hierzu II. → Rn. 271.
- (P) Der Wettbewerber möchte einen Mitbewerber verdrängen und strebt eine Begünstigung an dessen Stelle an (sog. **Konkurrentenverdrängungsklage** bzw. Mitbewerberklage); hierzu III. → Rn. 272.

### I. Rechtsschutz des Wettbewerbers (nur) gegen die Begünstigung eines Konkurrenten

Wendet sich ein Marktteilnehmer nur gegen eine Begünstigung eines anderen (strebt also 270
nicht auch gleichzeitig die eigene Begünstigung an), wird diese prozessuale Situation als negative Konkurrentenklage bezeichnet. **Statthafte Klageart** ist die Anfechtungsklage gem. § 42 I Var. 1 VwGO. Eine auf die Feststellung der Rechtswidrigkeit der Begünstigung des Konkurrenten gerichtete Feststellungsklage ist dieser gegenüber subsidiär (§ 43 II VwGO). Da es sich um eine Drittanfechtung handelt, werden vertiefte Ausführungen zur **Klagebefugnis** (§ 42 II VwGO) erwartet, die Sie nicht aus dem Adressatengedanken (Art. 2 I GG) herleiten dürfen. Sie können davon ausgehen, dass der Klagegegner vortragen wird, der Kläger sei nicht klagebefugt, da es mit der marktwirtschaftlichen Ordnung unvereinbar sei, wenn ein Wettbewerber gegen die Begünstigung eines anderen vorginge. Da es aber nur um die Zulässigkeit der Klage geht, sollten Sie sich kurz fassen und die Klagebefugnis mit dem Hinweis bejahen, dass es nicht offensichtlich ausgeschlossen ist, dass der Kläger in einem subjektiven Recht (Art. 12 I GG, Art. 2 I GG, vielleicht sogar Art. 14 GG) verletzt wird.

Die Drittanfechtungsklage ist **begründet**, wenn die angefochtene Begünstigung rechtswidrig ist und den Kläger in seinen Rechten verletzt (§ 113 I 1 VwGO). Denken Sie daran, dass es sich um eine Drittanfechtung handelt. Zu prüfen sind also lediglich drittschützende Vorschriften. Im Regelfall wird es um die grundrechtlichen Abwehrpositionen des Konkurrenten gehen. Namentlich in Betracht kommen Art. 12 I GG, Art. 2 I GG, Art. 14 I GG und ggf. Art. 3 I GG.
- Eine Verletzung des **Art. 12 I GG** (mittelbarer Eingriff in die Berufsausübung) oder **Art. 2 I GG** (Teilnahme am wirtschaftlichen Wettbewerb) scheidet aus, sofern der Staat die Wettbewerbsfreiheit nicht empfindlich stört (existenzbedrohende Verdrängungssituation).
- **Art. 14 I GG** wird idR nicht verletzt sein, da Art. 14 GG nicht ungehinderte Erwerbschancen schützen will, sondern grds. nur die Eigentumssubstanz.
- Eine Verletzung des **Art. 3 I GG** kommt allenfalls in Betracht, wenn einzelnen Anbietern gezielt Nachteile zugefügt werden.[907]

Nach diesen Maßstäben ist eine negative Konkurrentenklage idR unbegründet.

### II. Rechtsschutz des Wettbewerbers auf gleiche Begünstigung

Begehrt der Kläger die dem Konkurrenten gewährte Leistung ebenfalls, liegt eine »positive 271
Konkurrentenklage« vor. Im Gegensatz zur vorgenannten Konstellation ist beim **Verwaltungsrechtsweg** ein Rückgriff auf die Zwei-Stufen-Theorie notwendig, wonach eine öffentlich-rechtliche Streitigkeit nur gegeben ist, soweit Streit über das »Ob« der Leistungsgewährung besteht. Statthaft ist hinsichtlich der eigenen Begünstigung die **Verpflichtungsklage** (§ 42 I Var. 2 VwGO). Die für die Verpflichtungsklage erforderliche **Klagebefugnis** gem. § 42 II VwGO folgt aus einem möglichen Anspruch aus anspruchsbegründenden Subventionsgesetzen, öffentlich-rechtlichen Sonderbeziehungen oder aus Verwaltungsvorschriften

907 OVG Münster NVWZ-RR 2005, 738 (739).

iVm Art. 3 I GG iVm dem Grundsatz der Selbstbindung der Verwaltung. Ob dieser Anspruch tatsächlich besteht, ist Gegenstand der **Begründetheit**sprüfung.

### III. Rechtsschutz des Wettbewerbers auf Begünstigung anstelle des Dritten

272 Falls sich der Kläger an die Stelle des Wettbewerbers stellen möchte, liegt eine »Konkurrentenverdrängungssituation« vor. Der Kläger muss also für seine eigene Begünstigung eine Verpflichtungsklage nach § 42 I Var. 2 VwGO erheben.

**Problem: Erfordernis einer Anfechtungsklage bzgl. der Begünstigung der Mitbewerber**

Problematisch ist, ob der Antragsteller neben einer auf die eigene Begünstigung gerichteten Verpflichtungsklage eine oder sogar mehrere Anfechtungsklagen bzgl. der Begünstigung der Mitbewerber erheben muss. Diese Frage sollten Sie – ähnlich wie bei dem Zugangsanspruch zu öffentlichen Einrichtungen – klausurtaktisch lösen: Ergibt sich aus dem Sachverhalt eine zahlenmäßig begrenzte Anzahl von begünstigten Mitbewerbern, die zudem namentlich benannt sind, wird der Lösungsvorschlag voraussichtlich der **traditionellen Auffassung** folgen, wonach die Begünstigung der Mitbewerber mittels Anfechtungsklage angefochten werden muss. Sofern dahingehende Angaben fehlen, wird es unter Zugrundelegung der neueren Rspr. vertretbar sein, das Erfordernis weiterer Anfechtungsklagen im Hinblick auf das erhebliche Kostenrisiko des Antragstellers zu verneinen. Hiernach reicht eine auf ermessensfehlerfreie Neubescheidung gerichtete Verpflichtungsklage aus.[908] Die **neuere Rspr.** ist im Hinblick auf Art. 19 IV GG überzeugend. Zudem steht es der Behörde offen, durch entsprechende Nebenbestimmungen in den Begünstigungen der Mitbewerber die Möglichkeit einer nachträglichen Aufhebung sicherzustellen.[909]

## 13. Kapitel. Informationsfreiheitsrecht

273 Neben dem – nur Verfahrensbeteiligten (§ 13 VwVfG) vorbehaltenen – Akteneinsichtsrecht (§ 29 VwVfG) bestehen Möglichkeiten, auf spezialgesetzlicher Grundlage an behördliche Informationen zu gelangen. So wird etwa beamtenrechtlich ein Einsichtsrecht in Personalakten gewährt.[910] Examensrelevanter sind Ansprüche nach den Informationsfreiheitsgesetzen des Bundes und vieler Länder[911] sowie nach dem Umweltinformationsgesetz (UIG) und dem Verbraucherinformationsgesetz (VIG).

Klausurrelevant sind Klagen bzw. § 123er-Verfahren auf Informationszugang sowie Drittanfechtungskonstellationen mit dem Ziel, die Informationsfreigabe abzuwehren (zB zum Geheimnisschutz).

**Klausurhinweis:** Die wesentlichen Probleme finden Sie in *Kopp/Ramsauer* unter § 29 Rn. 45 ff. (zum IFG) bzw. Rn. 62 ff. (zum UIG) kommentiert. Der folgenden Darstellung liegt das IFG des Bundes zugrunde. Sofern Sie eine andere gesetzliche Regelung (insbes. Landes-IFG, UIG, VIG) anwenden müssen, sollten Sie das folgende Prüfungsschema – entsprechend modifiziert – zugrunde legen.

**Übersicht: Rechtsschutz iRd Informationszugangs nach dem IFG**

Rechtsschutz in der Hauptsache:

A. Zulässigkeit der Klage
   I. Verwaltungsrechtsweg gem. § 40 I 1 VwGO: (+), auch bei Informationszugangsanspruch ggü. Sozialleistungsträger bzw. Finanzverwaltung
   II. Statthafte Klageart

908 MPFormB VerwR/*Soltész/Hildebrandt* Form. D.V.3, Anm. 1.

909 *Kopp/Schenke* § 42 Rn. 42.

910 Auf Bundesebene § 110 BBG; landesrechtlich § 87 BWLBG, Art. 107 BayBG, § 87 BlnLBG, § 97 BbgLBG, § 88 BremBG, § 88 HmbBG, § 89 HBG, § 87 MVLBG, § 91 NdsBG, § 87 NRWLBG, § 92 RhPflBG, § 98 SaarlBG, § 87 LSALBG, § 88 SchlHBG, § 84 ThürBG iVm § 50 BeamtStG.

911 § 3 I 1 BlnIFG, § 1 AIG (Bbg), § 1 I 1 BremIFG, § 1 II HmbTG, § 1 II MVIFG, § 4 I NRWIFG, § 4 I 1 LIFG (RhPf), § 1 S. 1 SaarlIFG, § 1 I 1 LSAIZG, § 3 SchlHIZG, § 4 I ThürIFG.

1. Verpflichtungsklage (§ 42 I Var. 2 VwGO) wg. § 9 IV 1 IFG bzw. § 8 II 3 IFG
2. Drittanfechtungsklage (§ 42 I Var. 1 VwGO), soweit Freigabe von Drittbetroffenem angefochten wird

III. Klagebefugnis (§ 42 II VwGO): (+), wenn Anspruch nach IFG nicht offensichtlich (–)
IV. Vorverfahren gem. § 68 I, II VwGO
(P) Keine Entbehrlichkeit gem. § 68 I 2 Nr. 1 VwGO wegen § 9 IV 2 IFG (vgl. auch § 6 II UIG)
(P) Mangels ordnungsgemäßer RBB häufig Ausschlussfrist gem. § 58 II VwGO
V. Rechtsschutzbedürfnis
(P) Kein Ausschluss gem. § 44a VwGO, da keine bloße Verfahrenshandlung

B. Ggf. Beiladung des Drittbetroffenen
C. Begründetheit der Klage (§ 113 V 1 VwGO)
I. AGL nach dem IFG
(P) Anwendbarkeit des IFG
II. Formelle Anspruchsvoraussetzungen
1. Hinreichend bestimmter Antrag
2. Evtl. besondere Voraussetzungen nach jeweiligem IFG (zB Begründung gem. § 7 I 3 IFG)

III. Materielle Anspruchsvoraussetzungen
1. Anwendbarkeit des jeweiligen IFG (IFG/IFG des Landes/UIG/VIG)
(P) Anspruchsausschluss durch Zugangsregelungen in anderen Rechtsvorschriften
2. Anspruchsberechtigung (»jedermann«)
(P) Anspruchsberechtigung teilrechtsfähiger Personen des Privatrechts beim IFG str.
(P) Anspruchsberechtigung jur. Personen des öffentlichen Rechts
3. Anspruchsverpflichtung (§ 1 I IFG)
(P) »Behörde« iSv § 1 I 1 IFG nach § 1 IV VwVfG funktional auslegen
4. Tauglicher Anspruchsgegenstand: amtliche Information (§ 2 Nr. 1 IFG)
5. Keine Ausnahmetatbestände

IV. Rechtsfolge: Gebundener Anspruch auf Informationszugang; nicht Übersendung von Abschriften etc.

Vorläufiger Rechtsschutz:
RegelungsAO gem. § 123 I 2 VwGO
(P) Vorwegnahme der Hauptsache

## A. Zulässigkeit der Klage

In der Standardkonstellation begehrt eine Person Rechtsschutz gegen die behördliche Ablehnung eines Informationszugangs.

Der **Verwaltungsrechtsweg** (§ 40 I 1 VwGO) ist ohne Weiteres zu bejahen, weil der Informationszugangsanspruch eine Grundlage in den öffentlich-rechtlichen Vorschriften des IFG hat. Beachten Sie, dass der Verwaltungsrechtsweg unabhängig von der Art der begehrten Information eröffnet ist. Damit ist der Rechtsstreit zB der abdrängenden Sonderzuweisung an das Sozialgericht (§ 51 SGG) nicht unterworfen, wenn ein Insolvenzverwalter Informationsansprüche ggü. einem Sozialversicherungsträger verfolgt.[912] Entsprechendes gilt für einen Informationszugangsanspruch ggü. einer Finanzbehörde. Hier greift § 33 FGO ebenfalls nicht ein, weil der IFG-Anspruch nicht in einem abgaberechtlichen Verfahren geltend gemacht wird und keinen Annex zum Fachrecht darstellt.[913]

Hinsichtlich der **Klageart** ist zu unterscheiden:

- Die **Verpflichtungsklage** (§ 42 I Var. 2 VwGO) ist statthaft, wenn der Zugang zu den der Behörde zur Verfügung stehenden Informationen begehrt wird. Einzelne IFG ordnen die Statthaftigkeit der Verpflichtungsklage (zB auch § 9 IV 1 IFG Bund) sogar ausdrücklich an.

912 VG Stuttgart Urt. v. 18.8.2009 – 8 K 1011/09, BeckRS 2009, 37852; LSG Baden-Württemberg Beschl. v. 12.11.2010 – 11 5 KR 1815/10 B, BeckRS 2011, 65124.
913 OVG Hamburg Beschl. v. 21.12.2011 – 5 So 111/11, BeckRS 2012, 45641; *Schoch* Jura 2012, 203 (211).

Aber auch ohne ausdrückliche gesetzliche Regelung[914] erfolgt die Bereitstellung der Informationen durch VA (§ 35 S. 1 VwVfG). Zwar ist die Informationsverschaffung als solche ein bloß tatsächlicher Vorgang; diesem geht allerdings eine Prüfung der rechtlichen Voraussetzungen des IFG voraus, sodass eine regelnde Entscheidung ergeht. Dass nach dem Willen des Gesetzgebers eine Verpflichtungsklage statthaft sein dürfte, ergibt sich zudem aus dem Umstand, dass vielfach ausdrücklich Regelungen zum Widerspruchsverfahren statuiert werden. Ein solches ist aber bei Leistungsklagen grds. nicht statthaft. Da die IFG zudem von dem Antragsgrundsatz ausgehen, dürfte dem Gesetzgeber die Entscheidung durch VA vorgeschwebt haben.

- Will ein Drittbetroffener – etwa unter Hinweis auf schützenswerte besondere private Belange – die Informationsfreigabe verhindern, ist eine **Drittanfechtungsklage** (§ 42 I Var. 2 VwGO) statthaft.

Die **Klagebefugnis** (§ 42 II VwGO) folgt aus einem nicht offensichtlich ausgeschlossenen einfachgesetzlichen Anspruch nach dem IFG. Oftmals korrespondieren mit Ansprüchen nach dem IFG weitere AGL. So kann zB ein presserechtliches Informationsrecht nach dem jeweiligen Landespressegesetz bestehen. Daneben ergeben sich ggf. nach den jeweiligen Gemeindeordnungen Unterrichtungsansprüche der Gemeindeeinwohner (!) gegenüber dem Rat. Welche AGL im Ergebnis greifen, ist bei der Klagebefugnis noch nicht abschließend zu beantworten.

Vor gerichtlichem Hauptsacherechtsschutz ist ein **Vorverfahren** durchzuführen. Dies gilt entgegen § 68 I 2 Nr. 1 VwGO auch bei einer Entscheidung einer obersten Bundesbehörde (§ 9 IV 2 IFG). Fehlt eine ordnungsgemäße Rechtsbehelfsbelehrung, gilt die Ausschlussfrist von einem Jahr (§ 58 II VwGO).

Das in Aktenauszügen häufig bezweifelte **Rechtsschutzbedürfnis** entfällt nicht wegen § 44a VwGO.[915] Danach sind nur behördliche Verfahrenshandlungen nicht isoliert anfechtbar (zB die Ablehnung eines auf § 29 VwVfG gestützten Akteneinsichtsgesuchs). Allerdings stellt das Informationszugangsrecht nach dem IFG keine bloße Verfahrenshandlung dar, sondern beinhaltet einen eigenen materiellen Informationszugangsanspruch.

**Klausurhinweis:** Dritte, die ein schutzwürdiges Interesse an der Verweigerung des Zugangs besitzen können, sind nach § 8 I IFG zu beteiligen. Im Aktenauszug werden diese häufig als Beigeladene auftreten. In einer Anwaltsklausur sollten Sie die Beiladung in den Zweckmäßigkeitserwägungen erörtern und in dem praktischen Teil der Klausur nicht vergessen. Sofern Rechtsschutz erfolgversprechend ist, wird idR ein Schriftsatz an das Gericht zu entwerfen sein. Dort sprechen Sie die Beiladung bei den Anträgen und im Anschluss an die Begründung der Klage an.[916]

## B. Begründetheit der Klage

Die auf den Informationszugang gerichtete Verpflichtungsklage ist begründet, soweit die ablehnende behördliche Entscheidung rechtswidrig ist, den Kläger in seinen Rechten verletzt und die Sache spruchreif ist (§ 113 V 1 VwGO). Sind die Voraussetzungen für den Informationszugang erfüllt, ist die Sache idR zugleich spruchreif. Ein Drittanfechtungsrechtsbehelf ist begründet, soweit die behördliche Zugangsentscheidung rechtswidrig ist und den Kläger in seinen Rechten verletzt (§ 113 I 1 VwGO). Dies ist etwa der Fall, wenn durch die Informationsfreigabe Betriebs- und Geschäftsgeheimnisse offenbart würden.[917]

### I. Anwendbarkeit des IFG

274 Spezialgesetzliche Regelungen über den Zugang zu amtlichen Informationen außerhalb des IFG gehen diesem vor.

914 So fehlt zB im NRWIFG eine ausdrückliche Feststellung.
915 *Kugelmann* NJW 2005, 3609 (3613).
916 Im Einzelnen hierzu *Kaiser/Köster/Seegmüller* Öffentlich-rechtliche Klausur Rn. 530.
917 Redeker/Uechtritz/*Hartmannsberger* Teil 1 B Rn. 245.

**Problem: Verhältnis zur Insolvenzordnung**

Problematisch kann das Verhältnis zur InsO sein, insbes. wenn der Insolvenzverwalter einen Zugangsanspruch verfolgt. Ein solcher Zugangsanspruch wird durch die InsO nicht ausgeschlossen. § 97 InsO regelt nur Auskunfts- und Mitwirkungspflichten des Insolvenzschuldners (einschl. der Organe und Angestellten des Schuldners; § 101 InsO) gegenüber bestimmten Stellen.[918] Dem Informationszugangsanspruch des Insolvenzverwalters steht auch der Schutzzweck der InsO nicht entgegen.[919] Das IFG zielt nämlich darauf ab, einen Zugangsanspruch gegenüber Bundesbehörden zu statuieren. Dass ein Insolvenzverwalter hiervon ausgeschlossen sein soll, lässt das IFG nicht erkennen.

Der Ausschluss der Anwendbarkeit des IFG gilt nach § 1 III IFG nicht für **§ 29 VwVfG** bzw. § 25 SGB X. Daher können Zugangsansprüche nach dem IFG und (insbes. während eines laufenden Verwaltungsverfahrens) nach § 29 VwVfG bzw. § 25 SGB X nebeneinander geltend gemacht werden. Der Vorteil des IFG besteht darin, dass insoweit § 44a VwGO nicht gilt. Andererseits sind die Ausnahmetatbestände des § 29 II VwVfG zT enger gefasst als die §§ 3 ff. IFG. Ggf. sollten Sie diese Fragen im Anwaltsgutachten innerhalb der »*Zweckmäßigkeitserwägungen*« erörtern.

**Problem: Verhältnis zu presserechtlichen Ansprüchen**

Ein evtl. Zugangsanspruch nach dem IFG wird nicht dadurch ausgeschlossen, dass der Anspruchsteller zugleich nach dem Presserecht Ansprüche geltend machen kann. Das Presserecht ist ggü. dem Informationsfreiheitsrecht keine abschließende spezielle Regelung iSd § 1 III IFG.[920]

## II. Formelle Anspruchsvoraussetzungen

Formell setzt der Informationszugang einen hinreichend konkreten Antrag voraus. Der **Antrag** muss erkennen lassen, zu welchen amtlichen Informationen Zugang begehrt wird.[921] Da die Antragsteller vielfach über keine genaue Kenntnis verfügen, welche Unterlagen der Behörde vorliegen, dürfen die Anforderungen jedoch nicht überspannt werden; allerdings sind Informationsanfragen »ins Blaue hinein« nicht zulässig.[922] Gerade in einer Anwaltsklausur sollten Sie darauf achten, die begehrte Information hinreichend zu präzisieren.

## III. Materielle Anspruchsvoraussetzungen

### 1. Anspruchsberechtigung

Nach § 1 I 1 IFG hat grds. **»jeder«**, also jede natürliche und juristische Person mit Sitz im In- und Ausland voraussetzungslos einen Anspruch auf Informationen. 275

**Problem: Anwendbarkeit auf teilrechtsfähige Organisationen des Privatrechts**

Nach der Gesetzesbegründung sollen teilrechtsfähige Organisationen des Privatrechts (zB Bürgerinitiativen und Verbände, die als nichtrechtsfähige Vereine organisiert sind), nach dem IFG (anders die Rspr. zum UIG[923]) nicht anspruchsberechtigt sein.[924]

918 Daher auch Auskunftsanspruch des Insolvenzverwalters ggü. Sozialversicherungsträger nach dem IFG; VG Stuttgart Urt. v. 18.8.2009 – 8 K 1011/09, BeckRS 2009, 37852; SG Dortmund Beschl. v. 1.4.2009 – S 40 KR 73/09, NZI 2009, 404.

919 BVerwG NVwZ 2011, 235 (236); OVG Münster NWVBl. 2009, 59.

920 OVG Münster Urt. v. 26.10.2011 – 8 A 2593/10, BeckRS 2011, 55609.

921 *Schoch* Jura 2012, 203 (211) mwN.

922 VGH Kassel NVwZ 2007, 348 (350) zum UIG »... Hier hätte es der Darlegung bedurft, welche Umweltinformationen die Antragstellerin in bei der Antragsgegnerin vorhandenen Unterlagen vermutet und inwieweit ihr die Kenntnis des Inhalts dieser Informationen ermöglichen würde, in dem Zivilverfahren drohende Nachteile abzuwenden.«

923 BVerwG NVwZ 2008, 791.

924 BT-Drs. 15/4493, 7; aA *Schoch* Jura 2012, 203 (204).

**Problem: Anwendbarkeit auf juristische Personen des öffentlichen Rechts**

Juristischen Personen des öffentlichen Rechts wird die Anspruchsberechtigung unter Hinweis auf die Möglichkeit der Amtshilfe (§§ 4 ff. VwVfG) abgesprochen. Zudem könnten Verwaltungsträger nicht zugleich anspruchsberechtigt und anspruchsverpflichtet sein.[925]

### 2. Anspruchsgegner

276 Anspruchsverpflichtet sind gem. § 1 I IFG Bundesbehörden (zur Auslegung des Behördenbegriffs vgl. § 1 IV VwVfG [funktioneller Behördenbegriff])[926] sowie sonstige Bundesorgane und Einrichtungen, soweit sie öffentliche Verwaltungsaufgaben wahrnehmen (zB Auskunft eines Journalisten durch die Bundestagsverwaltung im Rahmen der Verwaltungsaufgabe »Fahrtkostenerstattung«, wie viele Bundestagsabgeordnete welche Rückzahlungen für den privaten Einsatz dienstlich erworbener Bonusmeilen an den Bundestag geleistet haben [»Bonusmeilenaffäre«]).[927] § 1 I 1 IFG unterscheidet nicht zwischen »normalem« Verwaltungshandeln (Behördentätigkeit) und Regierungshandeln, sodass auch das Bundeskanzleramt und die Bundesministerien unabhängig von der Art der Tätigkeit anspruchsverpflichtet sind.[928]

Der Anspruch ist stets **gegen die Behörde** zu richten (§ 7 I 2 IFG), also auch dann, wenn sich der Anspruch eigentlich gegen eine natürliche oder juristische Person des Privatrechts richtet, derer sich die Behörde zur Erfüllung ihrer Aufgaben bedient (vgl. § 1 I 3 IFG). Beachten Sie, dass unter »Private« iSv § 1 I 3 IFG nicht Beliehene fallen (selbst Behörde!), sondern insbes. Verwaltungshelfer.[929]

### 3. Tauglicher Antragsgegenstand

Der IFG-Anspruch ist auf den Zugang zu den der informationspflichtigen Stelle tatsächlich vorliegenden (!) **»amtlichen Informationen«** gerichtet. Der Informationsbegriff, unter den Sie die begehrte Information sauber subsumieren müssen, ist in § 2 Nr. 1 IFG legaldefiniert. Keine amtlichen Informationen stellen zB dienstliche Entwürfe und Notizen dar, die nicht Bestandteil des Verwaltungsvorgangs werden sollen.[930]

## IV. Kein Anspruchsausschluss (§§ 3–6 IFG)

277 Schwerpunkt der Klausur wird voraussichtlich die Prüfung des Anspruchsausschlusses sein. Erste Erfahrungen mit den verschiedenen IFG erwecken den Eindruck, dass Behörden häufig dazu neigen, einen Zugangsanspruch vorschnell zu verneinen. Daher ist die Auslegung der in den IFG normierten Ausschlussgründe häufig Gegenstand verwaltungsgerichtlicher Entscheidungen. Sie dürfen damit rechnen, gerade mit diesen Fragen konfrontiert zu werden.

Zur systematischen Orientierung können Sie geschriebene und ungeschriebene Ausschlusstatbestände unterscheiden, die Sie entsprechend dem Gesetzeszweck (voraussetzungslose Gewährleistung eines Informationszugangs) grds. eng auslegen sollten. Die Darlegungs- und Beweislast für das Vorliegen eines Ausschlusstatbestandes liegt bei der Behörde.[931]

- Ein nicht einer Abwägung zugänglicher absoluter Zugangsausschluss kann gem. § 3 IFG aus entgegenstehenden **besonderen öffentlichen Belangen** folgen. So kann nach § 3 Nr. 1a IFG ein Zugangsanspruch bei nachteiligen Auswirkungen auf internationale Beziehungen

925 BT-Drs. 15/4493, 7; *Schmitz/Jastrow* NVwZ 2005, 984 (987); Redeker/Uechtritz/*Hartmannsberger* Teil 1 B, Rn. 163; aA *Schoch* Jura 2012, 203 (204).

926 BVerwG NVwZ 2013, 431 (Bundesrechnungshof ist auch iR seiner Prüfungs- und Beratungstätigkeit Behörde); OVG Münster Urt. v. 26.10.2011 – 8 A 2593/10, BeckRS 2011, 55609.

927 VG Berlin ZUM 2008, 353 (355).

928 BVerwG NVwZ 2012, 256, Ls.: »Ein Bundesministerium ist auch insoweit anspruchsverpflichtete Behörde iSv § 1 I 1 IFG, als seine Tätigkeit dem Regierungshandeln zuzuordnen ist. Dem verfassungsrechtlich gebotenen Schutz des Kernbereichs der Regierungstätigkeit ist vorrangig im Rahmen der gesetzlich normierten Versagungsgründe Rechnung zu tragen; falls sich gleichwohl Schutzlücken auftun sollten, ist auf verfassungsunmittelbare Grenzen des Informationsanspruchs zurückzugreifen«.

929 *Schmitz/Jastrow* NVwZ 2005, 984 (988), vgl. iÜ → Rn. 4 ff.

930 *Schoch* Jura 2012, 203 (206).

931 *Schoch* Jura 2012, 203 (206) mwN.

ausgeschlossen sein. Eine dahingehende Gefahr kann etwa bei Auskünften über Fluggastbewegungen entstehen, sofern das Vertrauensverhältnis zu ausländischen Staaten beeinträchtigt werden kann.[932] Das BVerwG geht – trotz des Gesetzeszwecks – davon aus, dass der informationspflichtigen Stelle bei der Frage, was nachteilige Auswirkungen auf internationale Beziehungen sind, ein gerichtlich nur eingeschränkt überprüfbarer Beurteilungsspielraum zusteht.[933] § 3 Nr. 1c IFG steht der Veröffentlichung des Terminkalenders der Bundeskanzlerin entgegen, da dessen Offenlegung nachteilige Auswirkungen auf die innere Sicherheit, insbes. die Sicherheit der Bundeskanzlerin haben kann.[934]
Beachten Sie insbes. § 3 Nr. 2 IFG (Gefährdung der öffentlichen Sicherheit bei Bekanntwerden der Information). Zudem besteht kein Anspruch, wenn das Bekanntwerden der Information geeignet ist, fiskalische Interessen des Bundes im Wirtschaftsverkehr zu beeinträchtigen (§ 3 Nr. 6 IFG). Der von der Behörde hierauf gestützte Ausschluss greift aber nur, wenn tatsächlich Gefährdungen im Wirtschaftsverkehr zu befürchten sind. Die Abwehr von Ansprüchen gegen Hoheitsträger (zB nach § 839 BGB, Art. 34 GG) erfüllt diese Ausschlussregel nicht. Auch die Vermeidung von Kosten für die Auskunft sind keine »fiskalischen Interessen im Wirtschaftsverkehr«.[935]
- Zum **Schutz des behördlichen Entscheidungsprozesses**, also für die unmittelbare Entscheidungsvorbereitung, ergeben sich Einschränkungen aus § 4 IFG.
- Gem. §§ 5, 8 IFG iVm den jeweiligen Datenschutzgesetzen werden **personenbezogene Daten** geschützt.
- Zum **Schutz des geistigen Eigentums** (Urheberrecht an bestimmtem Werk gem. § 2 UrhG [Veröffentlichungsrecht gem. § 12 UrhG, Verwertungsrecht gem. §§ 15 ff. UrhG], gewerbliche Schutzrechte [zB Patentrecht, Markenrecht]) **und von Betriebs- und Geschäftsgeheimnissen** gewährt § 6 IFG einen absoluten Ausschluss. Hierunter fallen nach dem BVerfG alle auf ein Unternehmen bezogenen Tatsachen, Umstände und Vorgänge, die nicht offenkundig, sondern nur einem begrenzten Personenkreis zugänglich sind und an deren Nichtverbreitung der Rechtsträger ein berechtigtes Interesse hat.[936] Wesentlich an dieser Definition ist neben der Unternehmensbezogenheit, der fehlenden Offenkundigkeit und dem Geheimhaltungswillen insbes. das berechtigte Geheimhaltungsinteresse, das dann gegeben ist, wenn die Offenlegung der Information geeignet ist, exklusives technisches oder kaufmännisches Wissen Marktkonkurrenten zugänglich zu machen und damit die Wettbewerbsposition des Unternehmens nachhaltig zu beeinflussen.

Neben diesen geschriebenen Ausschlusstatbeständen werden ungeschriebene Ausnahmevorschriften diskutiert.
- Der häufig behauptete **unverhältnismäßige Verwaltungsaufwand** kommt allenfalls bei der Beantragung eines umfangreichen Dokumentenvorgangs in Betracht, der zudem umfassende Aussonderungen und Schwärzungen geschützter Informationen erfordert.[937] In diesem Fall sieht das IFG aber keinen vollständigen Ausschluss des Zugangs vor. Vielmehr wird in § 1 II 2 u. 3 IFG eine andere Art des Zugangs ermöglicht. Zudem kommt nach § 7 II 1 IFG eine teilweise Gewährung eines Informationszugangs in Betracht. Schließlich kann der besondere Aufwand gebührenrechtlich berücksichtigt werden (vgl. § 10 I, II IFG).
- Nach der Gesetzesbegründung handelt es sich bei dem **Kernbereich exekutiver Eigenverantwortung** um einen ungeschriebenen verfassungsrechtlichen Ausnahmetatbestand.[938] Dieser exekutive Kernbereich schließt allerdings (nur) einen selbst von parlamentarischen

932 BVerwG NVwZ 2010, 321 (321).
933 Im Einzelnen zur gerichtlichen Überprüfung von unbestimmten Rechtsbegriffen sowie zum Beurteilungsspielraum *Kaiser/Köster/Seegmüller* Öffentlich-rechtliche Klausur Rn. 222 ff.
934 OVG Berlin-Brandenburg Urt. v. 20.3.2012 – 12 B 27.11. Soweit das Begehren aber auf die Freigabe der Redevorlage, der Gästeliste und der Tisch- und Sitzordnung anlässlich des im Bundeskanzleramt gefeierten 60. Geburtstags des früheren Vorstandsvorsitzenden der Deutschen Bank AG Josef Ackermann gerichtet ist, besteht ein Anspruch nach dem IFG.
935 *Schmitz/Jastrow* NVwZ 2005, 984 (992).
936 BVerfGE 115, 205 (230 f.).
937 *Schoch* Jura 2012, 203 (210).
938 *Schoch* Jura 2012, 203 (210); Redeker/Uechtritz/*Hartmannsberger* Teil 1 B Rn. 205.

Untersuchungsausschüssen grds. nicht ausforschbaren Initiativ-, Beratungs- und Handlungsbereich der Regierung ein.[939] Das betrifft etwa Aufzeichnungen über Beratungen der Bundesregierung und vorbereitende Vermerke über die Ausfertigung von Gesetzen durch den Bundespräsidenten bzw. für die Ausübung seines Gnadenrechts.

939 Redeker/Uechtritz/*Hartmannsberger* Teil 1 B Rn. 205.

# 3. Teil. Staatsrecht

Wenngleich im Zweiten Staatsexamen verfassungsprozessuale Rechtsschutzkonstellationen (zB Verfassungsbeschwerde, konkrete Normenkontrolle gem. Art. 100 I GG) selten geprüft werden, verlangen viele verwaltungsrechtliche Klausuren zumindest Ausführungen zu Grundrechten: Sie spielen einerseits eine Rolle bei der Auslegung unbestimmter Rechtsbegriffe (Unzuverlässigkeit im Gewerberecht im Lichte von Art. 12 GG, Widerspruch zu öffentlich-rechtlichen Vorschriften bei Erlass bauordnungsrechtlicher Verfügungen vor dem Hintergrund des Art. 14 GG oder aber Vorliegen einer unmittelbaren versammlungsrechtlichen Gefahr unter Berücksichtigung des Art. 8 I GG) und müssen stets in die komplexe Abwägung der Verhältnismäßigkeitsprüfung eingestellt werden. Daher sollte man sich die wichtigsten Fallgestaltungen und infrage kommenden Grundrechte noch einmal in Erinnerung rufen. Abschließend sei darauf hingewiesen, dass Verwaltungsrecht gelebtes Verfassungsrecht ist. Sollten Sie also in verwaltungsrechtlichen Klausuren nach dem Hintergrund kryptischer Einwendungen des Antragstellers/Klägers/Mandanten (»die Maßnahme verstößt gegen elementare Grundsätze unseres Staates«) fragen, denken Sie insbes. auch an das Staatsrecht und die Vorschriften des Grundgesetzes. Es kann den einen oder anderen Punkt ausmachen. **278**

## 1. Kapitel. Bezüge zum (materiellen) Verfassungsrecht

### A. Anknüpfungen an das Rechtsstaatsprinzip (Art. 20 III GG)

#### I. Verstoß gegen das Rückwirkungsverbot

Häufig wird eine Verletzung des Rückwirkungsverbots problematisiert (zB Beamter wendet sich gegen die Streichung eines sog. Arbeitszeitverkürzungstages; Adressat wendet sich gegen eine auf § 10 I 1 BBodSchG gestützte Sanierungsverfügung und macht geltend, die – so jedenfalls ein wiederholt zu hörender Klägervortrag – erst 1996 mit Einführung des BBodSchG begründete Sanierungspflicht gem. § 4 III BBodSchG verletze das Rückwirkungsverbot). Grundlegend ist zunächst, dass Sie zwischen der echten und der unechten Rückwirkung unterscheiden, die beide in einem engen Zusammenhang mit dem auf Art. 20 III GG fußenden Grundsatz des Vertrauensschutzes stehen. Für das Assessorexamen reicht die Beherrschung folgender Grundsätze: **279**

- IRd Verhältnismäßigkeitsprüfung ist die **unechte Rückwirkung** anzusprechen (»tatbestandliche Rückanknüpfung« bzw. »retrospektive Rückwirkung«; für das Examen empfehlen wir die Verwendung des traditionellen Terminus). Eine solche liegt vor, wenn eine gesetzliche Vorschrift in einen noch nicht abgeschlossenen Sachverhalt für die Zukunft eingreift und eine bestimmte Rechtsposition nachträglich entwertet.[940] Sie ist idR zulässig, da solche gesetzlichen Vorschriften regelmäßig nicht gegen den Grundsatz des Vertrauensschutzes verstoßen.[941] Nur ausnahmsweise liegt eine Verletzung des Rückwirkungsverbots vor, wenn sich der Betroffene nach dem Ergebnis einer umfassenden Interessen- und Güterabwägung auf Vertrauensschutz berufen kann. Bei dieser Abwägung ist zu fragen, ob der Bürger auf den Fortbestand der Vorschrift vertrauen durfte (gerade dieses Merkmal wird idR zu verneinen sein) und wie gewichtig die von ihm getroffenen Dispositionen sind. Da allerdings ein Bürger grds. mit zukunftsbezogenen Gesetzesänderungen rechnen muss, werden Sie in aller Regel zur Zulässigkeit der unechten Rückwirkung gelangen. Damit bedarf es (im Examen) idR keiner Übergangsregelung, mit der besondere Belastungen und Härten abgemildert werden.
- Eine in Aktenauszügen in aller Regel nicht gegebene **echte Rückwirkung** (auch als »Rückbewirkung von Rechtsfolgen« bezeichnet) liegt vor, wenn ein Gesetz rückwirkend in einen

940 *Maurer* StaatsR I § 17 Rn. 105 ff.
941 BVerfGE 30, 392 (402); 95, 64 (86).

bereits abgeschlossenen Sachverhalt eingreift oder einen bereits abgeschlossenen Sachverhalt nachträglich belastend regelt. Im Gegensatz zur unechten Rückwirkung liegt hier ein abgeschlossener Sachverhalt vor. Eine echte Rückwirkung ist grds. unzulässig. Mit dem Grundsatz des Vertrauensschutzes ist es unvereinbar, dass eine gesetzliche Regelung, die für einen bestimmten Zeitraum gegolten hat, verbindlich war und angewendet wurde, nachträglich durch eine neue Regelung ersetzt wird und hierdurch die frühere Entscheidung zum Nachteil des Bürgers verändert wird.[942] Nur ausnahmsweise ist eine echte Rückwirkung zulässig: wenn der Bürger mit einer Neuregelung rechnen musste, die bisherige Regelung unklar und verworren war, die bisherige verfassungswidrige Regelung durch eine neue, verfassungskonforme Vorschrift ersetzt werden soll, die Belastung durch die neue Vorschrift unwesentlich ist (sog. Bagatellvorbehalt) oder (restriktiv zu bejahende) überwiegende Gründe des Allgemeinwohls die Rückwirkung erfordern.[943]

## II. Grundsatz der Gesetzmäßigkeit der Verwaltung

280 Das ebenfalls auf Art. 20 III GG gründende Gebot der Gesetzmäßigkeit der Verwaltung hat insbes. zwei Ausprägungen:

- Zunächst muss die Verwaltung den **Vorbehalt des Gesetzes** beachten (nicht mit grundrechtseinschränkendem »Gesetzesvorbehalt« verwechseln). Hiernach ist für das Handeln der Verwaltung eine Rechtsgrundlage erforderlich, wenn eine für den Bürger wesentliche Angelegenheit betroffen ist (Wesentlichkeitstheorie). Diese Wesentlichkeit ist bei belastenden oder sonstigen grundrechtsrelevanten Maßnahmen im Bereich der Eingriffsverwaltung ohne Weiteres zu bejahen (zB bei grundrechtsrelevanten Maßnahmen im Gefahrenabwehrrecht, etwa einer Gefährderansprache, oder im Schulrecht). Neben grundrechtsrelevanten Maßnahmen ist die Wesentlichkeit auch bei solchen Entscheidungen gegeben, die weitgehende Bedeutung für die Allgemeinheit haben. Ist der Anwendungsbereich des Vorbehalts des Gesetzes eröffnet, bedarf es einer hinreichend konkreten Rechtsgrundlage in einem materiellen Gesetz. Problematisch kann dies werden, wenn für eine grundrechtsrelevante Maßnahme im Gefahrenabwehrrecht keine ausdrückliche EGL vorliegt oder die (daher nur in Betracht kommende) Generalklausel im Hinblick auf die Wesentlichkeit der Maßnahme nicht konkret genug ist.

  > **Beispiel:** Bedarf es für die Gefährderansprache einer EGL? Dies ist nach hM mit Blick auf die Grundrechtsrelevanz zu bejahen. Reicht die Generalklausel, wenn es an einer Spezialermächtigung oder Standardbefugnis fehlt? Auch diese Frage wird von der Rspr. bejaht.

  Die Offenheit der Generalklausel lässt sich nämlich durch eine (richterliche) Präzisierung überwinden. Besonderheiten hinsichtlich des Vorbehalts des Gesetzes gelten insbes. in folgenden Fällen:
  - Ausnahmsweise reichen nach der Rspr. bloße Zuständigkeits- oder Aufgabenzuweisungen bei **Warnerklärungen** vor Gefahrenlagen (etwa Art. 65 S. 2 GG).
  - Besonderheiten gelten auch für die **Leistungsverwaltung**. Soweit nicht ausdrückliche gesetzliche Vorschriften die Erbringung von Leistungen von einem gesetzlichen Vorbehalt abhängig machen (zB für Sozialleistungen: § 31 SGB I) stellt sich die Frage, ob staatliche Leistungen ohne gesetzliche Grundlage erbracht werden dürfen. Für die klausurrelevante Gewährung von **Subventionen** reicht es aus, wenn das »Ob« der Leistungserbringung in einem Gesetz im formellen Sinne (Haushaltsgesetz bzw. -satzung) bestimmt ist. Die Ausgestaltung der Subventionsgewährung (»Wie«) kann in ermessenslenkenden Verwaltungsvorschriften geregelt werden. Nur ausnahmsweise, wenn in Grundrechte Dritter (insbes. Konkurrenten) eingegriffen wird, bedarf es einer weitergehenden gesetzlichen Grundlage.
- Daneben muss die Verwaltung stets den **Vorrang des Gesetzes** beachten. Deren Handlungen müssen also im Einklang mit höherrangigem Recht stehen. Damit ist ein VA nur

942 *Maurer* StaatsR I § 17 Rn. 117.

943 BVerfGE 88, 384 (404) (1. Senat); 87, 48 (60 f.) (2. Senat).

rechtmäßig, wenn dieser auf eine formell und materiell wirksame Rechtsgrundlage (Gesetz oder formell und materiell wirksame Rechtsverordnung) gestützt werden kann und der VA selbst formell und materiell rechtmäßig ist. Der Vorrang des Gesetzes gilt uneingeschränkt für den gesamten Bereich der Verwaltung;[944] streitig ist nur die unmittelbare Grundrechtsgeltung im Bereich der (wenig examensrelevanten) privatrechtlichen Hilfsgeschäfte (zB Beschaffung von Büromaterial) oder der erwerbswirtschaftlichen Betätigung (sog. fiskalische Verwaltungstätigkeit). Im Bereich des Verwaltungsprivatrechts (Träger öffentlicher Verwaltung handelt zur Erfüllung einer öffentlichen Aufgabe in privatrechtlicher Rechtsform) sind die Grundrechte hingegen nach hM anwendbar.[945]

## B. Verhältnis zwischen nationalem Recht und europäischem Unionsrecht

Bei einigen Aktenauszügen kann die Frage aufgeworfen werden, in welchem Verhältnis das nationale Recht zum europäischen Unionsrecht steht. Vielfach handelt es sich um Aktenauszüge, in denen der mitgliedstaatliche Vollzug von Unionsrecht eine Rolle spielt (zB Aufhebung eines Bescheides, mit dem eine unionsrechtswidrige Subvention gewährt wird nach §§ 48 ff. VwVfG; vorläufiger Rechtsschutz gem. § 80 V VwGO gegen Verfügung, mit der eine unionsrechtliche Verordnung umgesetzt wird). 281

- Nach Auffassung des **EuGH** genießt das primäre und sekundäre Unionsrecht (Art. 288 AEUV) Anwendungsvorrang vor dem nationalen Verfassungsrecht und den einfachgesetzlichen nationalen Bestimmungen.
- Im Verhältnis zwischen einfachgesetzlichen Vorschriften und dem Unionsrecht hat das **BVerfG** entgegen einem zT befürworteten Geltungsvorrang einen Anwendungsvorrang frühzeitig anerkannt. Inzwischen geht das BVerfG aber auch davon aus, dass das Unionsrecht Anwendungsvorrang gegenüber dem nationalen Verfassungsrecht beanspruchen kann, sofern das Unionsrecht die Grenze eines unabdingbaren Grundrechtsschutzes nicht unterschreitet.

Die examensrelevanteste Ausprägung des damit grds. anzuerkennenden Anwendungsvorrangs des Unionsrechts ist die unionsrechtskonforme Auslegung nationalen Rechts. Insbes. sind einfachgesetzliche Bestimmungen so auszulegen, dass der in Art. 4 III EUV verankerte Grundsatz der Unionstreue (»effet utile«) wirksam durchgesetzt wird. Mit dieser Zielsetzung sind etwa die §§ 48 ff. VwVfG auszulegen (zB § 48 IV VwVfG, § 51 I Nr. 1 VwVfG[946]) oder § 80 V VwGO.

## C. Verhältnis zwischen nationalem Recht und Europäischer Menschenrechtskonvention (EMRK)

Selten wird in Klausuren das Verhältnis zwischen nationalem Recht und den Gewährleistungen der europäischen Menschenrechtskonvention problematisiert. Eine sehr wichtige Ausnahme gilt im **Ausländerrecht**, insbes. beim Rechtsschutz gegen Ausweisungsverfügungen. Hier können die Gewährleistungen der EMRK relevant werden. So sind bei der Ermessensausweisung (§ 55 AufenthG) die öffentlichen Interessen an der Aufenthaltsbeendigung den Belangen des betroffenen Ausländers gegenüberzustellen. Je länger sich der Ausländer rechtmäßig im Bundesgebiet aufgehalten hat, hier verwurzelt ist und je länger er straffrei geblieben ist, desto eher wird sich sein Interesse am Verbleib im Bundesgebiet gegenüber dem Aufenthaltsbeendigungsinteresse durchsetzen. Klausurrelevant wird insoweit der Schutz von Ehe und Familie (nach Art. 6 I GG, aber auch nach Art. 8 I EMRK) und des Privatlebens nach Art. 8 I EMRK.[947] 282

944 *Maurer* Allg. VerwR § 6 Rn. 2.
945 Siehe zur Grundrechtsbindung → Rn. 284.
946 Ggf. unionsrechtskonforme Auslegung des Merkmals »Änderung der Rechtslage« bei Änderung der Rechtsprechung des EuGH Urt. v. 13.1.2004 – Rs. C-453/00, Slg. I-837 – Kühne und Heitz.
947 *Dietz* JuS 2009, 700 (705).

Sofern im Aktenauszug die Frage aufgeworfen wird, ob die Gewährleistungen der EMRK überhaupt in die Abwägung eingestellt werden müssen, sollten Sie auf folgende Grundsätze hinweisen:

Zunächst gilt, dass die EMRK aufgrund des Zustimmungsgesetzes (Art. 59 II GG) nur **einfachen Gesetzesrang** beanspruchen kann und damit vor allem keinen Vorrang vor sonstigen Bundesgesetzen hat (Art. 25 S. 2 GG). Verfassungsrang hat die EMRK ohnehin nicht.[948]

Allerdings ist das GG **völkerrechtsfreundlich** ausgestaltet. Zur Bindung an Recht und Gesetz (Art. 20 III GG) gehört nach der Rspr. des BVerfG auch die Berücksichtigung von Gewährleistungen der EMRK im Rahmen methodisch vertretbarer Auslegungs- und Abwägungsspielräume.[949] Einen solchen haben Sie vor allem auch bei der Ermessensausweisung (§ 55 III AufenthG).

## 2. Kapitel. Typische Grundrechtsprobleme im Assessorexamen

**Klausurhinweis:** Häufig sind im Assessorexamen Grundrechtsfragen zu erörtern. Die **klassischen Funktionen** werden mit den Begriffen **status negativus** (Abwehrrecht des Einzelnen gegenüber dem Hoheitsträger), **status positivus** (Grundrechte als Anspruchs-, Schutzgewähr-, Teilhabe-, Leistungs- und Verfahrensrechte) und **status activus** (Grundrechte als Mitwirkungsrecht, etwa Art. 33 I–III GG) erfasst.[950]
Daneben entfalten Grundrechte **objektiv-rechtliche Funktionen**. Sie stellen negative Kompetenznormen dar, indem sie den staatlichen Handlungs- und Entscheidungsspielraum begrenzen.

> **Beispiel:** Die Gesetzgebungskompetenz für das Presserecht endet dort, wo die Beschränkung der Pressefreiheit mit Art. 5 I und II GG unvereinbar ist.

Zudem bilden Grundrechte den Maßstab für die Auslegung einfachen Rechts. Schließlich begründen Grundrechte Einrichtungsgarantien: Sie garantieren als Institutsgarantien privatrechtliche (zB Garantie der freien Presse nach Art. 5 I GG; Eigentum und Erbrecht nach Art. 14 I GG) und als institutionelle Garantien öffentlich-rechtliche Einrichtungen (zB Berufsbeamtentum gem. Art. 33 V GG; kommunale Selbstverwaltung gem. Art. 28 II GG) und entziehen sie damit der Disposition des Gesetzgebers.[951]

### A. Grundfragen der Grundrechtsanwendung

#### I. Grundrechtsberechtigung

283 Unter Grundrechtsberechtigung wird die Fähigkeit verstanden, Träger bzw. Inhaber eines Grundrechts zu sein.

- Die Grundrechtsberechtigung **natürlicher Personen** ist in aller Regel unproblematisch. Hier stellt sich allenfalls (im Rahmen des persönlichen Schutzbereichs) die Frage, ob das Grundrecht als »Jedermann«-Grundrecht (etwa bei Art. 2 I, II GG, Art. 3 I GG) ausgestaltet ist oder sich nur ein Deutscher auf das Grundrecht berufen kann (etwa bei Art. 8 GG, Art. 12 GG; Art. 33 I–III GG). Grundsätzlich besteht die Grundrechtsberechtigung von der Geburt (Rechtsgedanke des § 1 BGB) bis zum Tod. Als Ausdehnungen vor bzw. nach dem Tod merken Sie sich:
  - **Postmortales Persönlichkeitsrecht** als besondere Ausprägung von Art. 2 I GG:[952] Dieses ist etwa bei Klausuren aus dem Friedhofs- oder Bestattungsrecht wichtig (zB Verpflichtungsklage auf Zustimmungserteilung zu einer Umbettung;[953] Problem der

948 *Sachs* JuS 2005, 164 (165).
949 BVerfG JuS 2005, 164 – Görgülü.
950 *Pieroth/Schlink/Kingreen/Poscher* GR Rn. 75.
951 *Pieroth/Schlink/Kingreen/Poscher* GR Rn. 88 ff.
952 BVerfGE 30, 173 (194) – Mephisto.
953 OVG Münster NWVBl. 2008, 471.

rechtlichen Unmöglichkeit des Folgenbeseitigungsanspruchs bei fehlerhafter Einbettung eines Leichnams in eigentumsrechtlich geschützte Grabstätte).
- **Schutz des ungeborenen Lebens** (Embryo, nasciturus) nach Art. 2 II 1 GG bzw. Art. 1 I GG: Dieses ist aber weniger klausurrelevant.

- Bei inländischen **juristischen Personen** (einschließlich teilrechtsfähiger Personengemeinschaften, etwa dem nichtrechtsfähigen Verein und der GbR) kommt es nach Art. 19 III GG darauf an, ob das Grundrecht seinem Wesen nach auf die Person anwendbar ist.
  - Juristische Personen **des öffentlichen Rechts** sind grds. nicht grundrechtsberechtigt. Als originär Grundrechtsverpflichtete können sie nicht zugleich grundrechtsberechtigt sein (sog. Konfusionsargument; streitig vor allem Eigentumsberechtigung von Gemeinden, nach hM aber auch zu verneinen).[954] Nur ausnahmsweise ist die Grundrechtsberechtigung bei juristischen Personen des öffentlichen Rechts im formellen Sinn anzunehmen (körperschaftlicher Status ohne Wahrnehmung von Staatsaufgaben, sodass Konfusionsargument nicht greift, etwa beim Bayerischen Roten Kreuz).[955] Grundrechtsberechtigt sind daneben juristische Personen des öffentlichen Rechts, wenn sie dem grundrechtlich geschützten Bereich spezifisch zugeordnet sind (zB Universitäten bei Art. 5 III GG).[956]
  - Juristische Personen des **Privatrechts** sind idR grundrechtsberechtigt. Es kommt darauf an, ob sich die Person in einer grundrechtstypischen Gefährdungslage befindet (etwa bei Kapitalgesellschaften oder Stiftungen) oder der Durchgriff auf die hinter der juristischen Person stehenden Menschen sinnvoll ist (sog. personales Substrat). In Klausuren kann dieser Gesichtspunkt etwa bei der von einem Verein angemeldeten Versammlung (Art. 8 I GG) relevant werden. Problematisch ist die Grundrechtsberechtigung bei gemischtwirtschaftlichen Unternehmen, also bei einer staatlichen Beteiligung an der Gesellschaft (zB Energieversorgungsunternehmen). Hier verneint die Rspr. eine Grundrechtsberechtigung, wenn der Hoheitsträger gesellschaftsrechtlich entscheidenden Einfluss auf den Geschäftsbetrieb nehmen kann (vgl. auch § 65 I Nr. 3 BHO).

## II. Grundrechtsbindung

Spiegelbildlich zur Grundrechtsfähigkeit stellt sich die Frage der Grundrechtsbindung. **284**
Hierunter ist die Verpflichtung juristischer oder natürlicher Personen zu verstehen, Grundrechte anderer zu beachten. Wegen Art. 1 III GG ist die Grundrechtsbindung der Gesetzgebung und Rechtsprechung unproblematisch, aber auch in Klausuren kaum relevant. Schwieriger ist hingegen die Grundrechtsbindung der Verwaltung: Grundrechtsgebunden ist jedenfalls das öffentlich-rechtliche Verwaltungshandeln, auch wenn Beliehene öffentlich-rechtliche Aufgaben wahrnehmen. Die Bindung erstreckt sich auch auf Sonderstatusverhältnisse (examensrelevant: beamten- bzw. schulrechtliche Beziehungen). Für die problematische Grundrechtsbindung im Bereich der privatrechtlichen Verwaltungstätigkeit gelten folgende Grundsätze:

- Nach hM ist im **Verwaltungsprivatrecht** eine Grundrechtsbindung zu bejahen. Handelt also ein Träger öffentlicher Verwaltung zur Erfüllung einer öffentlichen Aufgabe in privatrechtlicher Rechtsform, muss er die Grundrechte beachten. Dies ist insbes. bei der öffentlich-rechtlichen Zulassungsentscheidung (erste Stufe der oftmals anzuwendenden Zwei-Stufen-Theorie) zu beachten.
- Bei **privatrechtlichen Hilfsgeschäften** und der **Fiskalverwaltung** ist nur eine eingeschränkte Grundrechtsbindung gegeben: Zwar gelten die Grundrechte nicht unmittelbar, allerdings darf die Verwaltung nicht willkürlich handeln.

954 BVerfGE 61, 82 (98).
955 *Mannssen* StaatsR II Rn. 79.
956 BVerfGE 31, 314 (322); *Manssen* StaatsR II Rn. 80 f.

## B. Die »Basics« der am häufigsten zu prüfenden Grundrechte

**Klausurhinweis:** Im Assessorexamen ist eine Grundrechtsprüfung idR in zwei Einkleidungen vorzunehmen.

- Denkbar ist zunächst, dass eine von der Behörde herangezogene Ermächtigungsgrundlage auf ihre Verfassungsmäßigkeit zu überprüfen ist. Soweit der Kläger die Wirksamkeit einer einfachgesetzlichen Ermächtigungsgrundlage in Zweifel zieht, können Sie davon ausgehen, dass diese Einwendungen nicht durchgreifen, da andernfalls das Verfahren auszusetzen und das Verfahren dem BVerfG gem. Art. 100 I GG vorzulegen wäre (§§ 13 Nr. 11, 80 ff. BVerfGG).[957] Anders ist dies bei untergesetzlichen Normen, da hier ein Verwerfungsmonopol des BVerfG nicht besteht.
- Daneben kann eine Grundrechtsprüfung bei der Einhaltung des Ermessensrahmens oder dem Einwand des Klägers, die gebundene Entscheidung verstoße im konkreten Einzelfall gegen höherrangiges Verfassungsrecht, anzusprechen sein. Zudem begründet die mögliche Verletzung eines Grundrechts die Klagebefugnis (§ 42 II VwGO), wobei insoweit (bei Drittanfechtungs- und Verpflichtungsklagen) der Vorrang einfachgesetzlicher Bestimmungen zu beachten ist. Soweit eine behördliche Verfügung Freiheitsgrundrechte verletzt und damit unverhältnismäßig ist, liegt ein Ermessensfehler in Form einer Ermessensüberschreitung vor. Bei der Verletzung des allgemeinen Gleichheitsgrundsatzes liegt demgegenüber idR ein Ermessensfehler in Form eines Ermessensfehlgebrauchs vor.

### I. Freiheitsgrundrechte

In der Klausur prüfen Sie Freiheitsgrundrechte vor Gleichheitsgrundrechten (hierzu II. → Rn. 291).

**Übersicht: Prüfung eines Freiheitsgrundrechts**

I. Schutzbereichsbetroffenheit
(P) Bei juristischen Personen des Privatrechts Art. 19 III GG
II. Eingriff
III. Verfassungsrechtliche Rechtfertigung

Nachfolgend werden die im Assessorexamen am häufigsten zu prüfenden Grundrechte in Grundzügen erörtert.

#### 1. Allgemeine Handlungsfreiheit (Art. 2 I GG)

##### a) Schutzbereichsbetroffenheit

285
- Die allg. Handlungsfreiheit (Art. 2 I GG) hat als allgemeines Auffanggrundrecht einen weiten **sachlichen Schutzbereich**. Sie vermittelt den Anspruch, dass jede Beschränkung menschlichen Verhaltens nur aufgrund solcher Vorschriften zulässig ist, die formell und materiell verfassungsgemäß sind, orientiert an dem ursprünglichen Textentwurf »Jeder kann tun und lassen was er will«.[958]
- Der **persönliche Anwendungsbereich** erfasst natürliche Personen, nach dem BVerfG aber auch juristische Personen und Vereinigungen (Art. 19 III GG).[959] Auf Art. 2 I GG können sich Ausländer berufen, wenn sie sich auf Grundrechtsschutz im Anwendungsbereich eines Deutschengrundrechts berufen. Klausurrelevant ist dieses für Versammlungen von Ausländern, da Art. 8 I GG nur Deutschen offen steht.
  Klausurrelevante Anwendungsfälle sind zB:
  - Ausreisefreiheit aus dem Bundesgebiet, da Art. 11 I GG nur die Einreise schützt,[960]
  - Recht auf ungestörte Teilnahme am Gemeingebrauch,
  - Heranziehung zu Steuern und Abgaben, da kein Vermögensschutz über Art. 14 GG besteht, soweit keine konfiskatorische Steuer vorliegt und

957 Im Einzelnen *Kaiser/Köster/Seegmüller* Öffentliche-rechtliche Klausur Rn. 211.
958 BVerfGE 29, 402 (408).
959 BVerfGE 20, 323 (336).
960 *Manssen* StaatsR II Rn. 227.

– Teilnahme am wirtschaftlichen Wettbewerb (beachten Sie aber die Beschränkung des Eingriffsbegriffs).

#### b) Eingriff

- Wegen des weiten Schutzbereichs wird zur Verhinderung eines ausufernden Anwendungsbereichs vielfach ein Eingriff nur bejaht, wenn es sich um eine **rechtliche Maßnahme** (und nicht nur eine faktische) handelt, die an einen konkreten Adressaten (und nicht an einen Dritten) gerichtet ist. Speziell für Art. 2 I GG wird damit der moderne Eingriffsbegriff wieder eingeschränkt.
- Gegen **faktische bzw. mittelbare Beeinträchtigungen** bietet Art. 2 I GG idR (Besonderheiten gelten im PBefG) keinen Schutz. Ausnahmsweise erkennt das BVerfG einen mittelbaren Eingriff an, wenn es um die Teilnahme am wirtschaftlichen Wettbewerb geht, zB bei einem staatlich veranlassten Verdrängungswettbewerb (zB bei Erteilung von Ausnahmegenehmigungen an Konkurrenten).[961] IdR liegt ein solcher nicht vor, sodass dann Art. 2 I GG auch die Klagebefugnis für eine Konkurrentenklage nicht stützt (unbedingt merken!).

#### c) Verfassungsrechtliche Rechtfertigung

Einschränkungen ergeben sich aus der Schrankentrias des Art. 2 I GG. Wichtig ist insbes. die »verfassungsmäßige Ordnung«, die die gesamte verfassungsgemäße Rechtsordnung erfasst.

Im **Straßenrecht** geht es typischerweise um Fragen zu Gemeingebrauch und Sondernutzung. Gemeingebrauch ist zulassungsfrei; die Erteilung einer Sondernutzungserlaubnis steht im Ermessen der Behörde. Daher ist es wichtig, ob eine bestimmte Verhaltensweise noch als Gemeingebrauch bezeichnet werden kann oder nicht. Die entsprechenden Tatbestände enthalten verschiedene unbestimmte Rechtsbegriffe (»im Rahmen der Widmung«, »zum Verkehr«), die zunächst grundrechtskonform – und zwar im Lichte der Grundrechte des Antragstellers/Klägers oder Mandanten – zu interpretieren sind. Dies führt vor dem Hintergrund von Art. 4 GG, Art. 5 I GG sowie Art. 8 GG etwa dazu, dass in Fußgängerzonen auch kommunikativer Verkehr als Gemeingebrauch angesehen wird. Vergleichbares dürfte auch für Kleinkunst im Lichte des Art. 5 III GG gelten. Sprechen indes Gründe der Verkehrssicherheit oder konfligierende andere Belange dafür, die Nutzung der Straße als Sondernutzung einer präventiven Erlaubniskontrolle zu unterwerfen, sind die Interessen des Antragstellers/Klägers oder Mandanten dann aber nochmals bei der Ermessensprüfung zur Erteilung der Sondernutzungserlaubnis einzustellen. Dies kann mitunter dazu führen, dass eine bestimmte Nutzung zwar keinen zulassungsfreien Gemeingebrauch darstellt, aber das Ermessen für die Erteilung einer Sondernutzungserlaubnis zugunsten des Betroffenen auf Null reduziert ist und widerstreitende Gegenbelange lediglich mit Nebenbestimmungen abzusichern sind.

> **Beispiel:** Die Nutzung einer Straße für eine Demonstration ist eine Sondernutzung, die der Erlaubnis bedarf. Um die Verkehrssicherheit und -flüssigkeit im Übrigen zu gewährleisten, reicht es aus, Bedingungen, Auflagen oder Befristungen zu erteilen. Die Verweigerung einer Sondernutzungserlaubnis ist demgegenüber nicht angemessen.

### 2. Allgemeines Persönlichkeitsrecht (Art. 2 I iVm Art. 1 I GG)

#### a) Schutzbereichsbetroffenheit

Das APR ist vom BVerfG aus Art. 2 I iVm Art. 1 I GG entwickelt worden. Die Inbezugnahme des Art. 1 I GG ist für die Verhältnismäßigkeitsprüfung (Rechtfertigungsebene) wichtig. 286

- Der **sachliche Schutzbereich** erfasst die engere persönliche Lebenssphäre und die Erhaltung ihrer Grundbedingungen.[962] Klausurrelevant sind folgende Fallgruppen:
  – **Informationelles Selbstbestimmungsrecht**: Befugnis, über die Preisgabe und Verwendung persönlicher Daten zu bestimmen[963] (klausurrelevant: offene Videoüberwachung an Kriminalitätsschwerpunkten [auch bei Nichtaufzeichnung, sog. Kamera-Monitoring-Prinzip]; Raster- und Schleierfahndung),
  – **Schutz der Selbstdarstellung in der Öffentlichkeit**: Befugnis, selbst zu entscheiden, wie man sich ggü. Dritten oder der Öffentlichkeit darstellen möchte (klausurrelevant:

961 BVerfGE 65, 167 (174).
962 *Mannssen* StaatsR II Rn. 241 mwN.
963 BVerfGE 65, 1 (43).

Recht am eigenen Bild, das auch über das KUG geschützt wird; Recht am eigenen Wort; Recht auf Gegendarstellung und Berichtigung),
- »**Computergrundrecht**«: »Grundrecht auf Gewährleistung der Vertraulichkeit und Integrität informationstechnischer Systeme«.[964]

- Der **persönliche Schutzbereich** erfasst primär natürliche Personen. Der postmortale Persönlichkeitsschutz ist str.; zT insoweit nur Rückgriff auf Art. 1 I GG und nicht Art. 2 I iVm Art. 1 I GG. Bei juristischen Personen (Art. 19 III GG) nur Schutz über Art. 2 I GG (Gesichtspunkt: Teilnahme am Wettbewerb), str.

#### b) Eingriff

- Eingriffe erfolgen idR durch **faktische Einwirkungen** (Erhebung, Speicherung und Weitergabe von personenbezogenen Daten).
- **(P) Grundrechtsverzicht** (zB Betreten eines observierten Bereichs): idR mangels dahingehender wirksamer Verzichtserklärung (–).

#### c) Rechtfertigung

- **Schrankentrias (Art. 2 I GG)**; weitergehende Einschränkung aufgrund der Inbezugnahme auf Art. 1 I GG: Bei Art. 2 I iVm Art. 1 I GG ist die Verhältnismäßigkeitsprüfung damit strenger als bei Art. 2 I GG.[965]

### 3. Schutz der körperlichen Unversehrtheit (Art. 2 II 1 GG)

#### a) Schutzbereichsbetroffenheit

287
- **Sachlicher Schutzbereich**
  - Das **Recht auf Leben** erfasst körperliches Dasein. Ein negatives Recht auf Suizid gibt es nach hM nicht, aber ggf. eine objektive Schutzpflicht bei Gefahr der Selbsttötung (klausurrelevant: Vorliegen einer Gefahr im Sinne des POR).
  - Das **Recht auf körperliche Unversehrtheit** erfasst die Gesundheit im biologisch-physiologischen oder psychischem Sinn.
- **Persönlicher Schutzbereich:** jede natürliche Person bis zum Tod

#### b) Eingriff

Der Eingriff erfolgt idR durch **faktische Maßnahmen**, zB Wasserwerfereinsatz (insoweit oft auch Art. 8 I GG); polizeilichen Schusswaffengebrauch oder Brechmittelgabe (§ 81a StPO); denkbar aber auch bei zwangsweiser (!) Veränderung der Haar- oder Barttracht.

#### c) Verfassungsrechtliche Rechtfertigung

Es besteht ein Gesetzesvorbehalt (Art. 2 II 3 GG): Wegen der Wesentlichkeit ist ein förmliches Gesetz erforderlich.

### 4. Glaubensfreiheit (Art. 4 GG)

#### a) Schutzbereichsbetroffenheit

- **Sachlicher Schutzbereich**
  - Religion: Subjektive Gewissheit von der Eingliederung des Einzelnen in einen jenseitigen, nicht wissenschaftlich erklärbaren Zusammenhang.
  - Weltanschauung: Gedankliches System, das eine wertende Stellungnahme zum Sinn des Lebens bietet, ohne hierbei auf Gott/das Jenseits zurückzugreifen.
  - Gewissen: Höhere moralische Instanz, die Handlungsge- und verbote aufstellt.
  - Innere Glaubensfreiheit: Die Freiheit eine Religion/Weltanschauung zu haben bzw. nicht zu haben.
  - Äußere Glaubens-/Weltanschauungs-/Gewissensfreiheit: Das Recht seinen Glauben/seine Weltanschauung zu bekennen und dafür zu werben (positiv) bzw. von Bekenntnissen und Werbungen anderer verschont zu bleiben (negativ) bzw. sein Handeln nach seinem Gewissen auszurichten.

964 BVerfG NJW 2008, 822; *Mannssen* StaatsR II Rn. 258.
965 *Mannssen* StaatsR II Rn. 256.

- **Persönlicher Schutzbereich:** Jede natürliche Person. Kinder werden bis zu ihrer Religionsmündigkeit mit 14 Jahren nach dem Gesetz über die religiöse Kindererziehung vom 15. Juli 1921 (RGBl. S. 939) von ihren Eltern vertreten. Zudem bestimmt das Gesetz über die religiöse Kindererziehung, dass ein Kind ab dem 12. Lebensjahr nicht mehr gegen seinen Willen in einem anderen Bekenntnis als zuvor erzogen werden darf. Außerdem sind Kirchen und sonstige Religionsgemeinschaften erfasst.

#### b) Eingriff

Alle staatlichen Maßnahmen, die die Glaubens-/Weltanschauungs-/Gewissensfreiheit faktisch beeinträchtigen. Dazu gehört auch, dem Religions-/Weltanschauungsbekenntnis oder -werben eines Dritten aufgrund staatlichen Zwangs ausgesetzt zu sein (zB »Verhandeln unter dem Kreuz«, »Unterricht unter dem Kreuz«, »Schulpflicht in Angesicht der Religionsausübung von Mitschülern«).

#### c) Verfassungsrechtliche Rechtfertigung

Das Grundrecht enthält keinen Gesetzesvorbehalt. Es kann daher nur im Wege praktischer Konkordanz mit Blick auf konkurrierende Werte von Verfassungsrang eingeschränkt werden. Solche Werte sind insbesondere die Menschenwürde anderer (Art. 1 I GG), die Meinungs- und Pressefreiheit (Art. 5 I GG; zB »Mohammed-Karikatur«[966]), die Lehrfreiheit (Art. 5 III GG), der staatliche Erziehungsauftrag (Art. 7 I GG), das Recht auf Leben anderer (Art. 2 II GG), der Tierschutz (Art. 20a GG) und natürlich die positive/negative Religions- und Weltanschauungsfreiheit anderer (Art. 4 GG).

### 5. Versammlungsfreiheit (Art. 8 GG)

#### a) Schutzbereichsbetroffenheit

- **Sachlicher Schutzbereich** 288
  - **Versammlung** (Zusammenkunft mehrerer Personen an einem Ort zum Zweck der gemeinsamen Willensbildung und/oder -äußerung)[967]
    - **Personenmehrheit**: (+), wenn mindestens zwei Personen (hM) vorhanden sind.
    - **Gemeinsamer Zweck**: (P) Abgrenzung von einer Ansammlung, bei der nur mehrere Personen zufällig und ohne gemeinsames Interesse zusammenkommen.
    - **»Enger« Versammlungsbegriff** (hM): nur Schutz solcher Versammlungen, bei denen kollektive Meinungsbildung und/oder -kundgabe in öffentlichen Angelegenheiten erfolgt; daher (–) insbes. bei bloßen Eventveranstaltungen (Loveparade).
  - **Friedlichkeit**: (+), wenn nach dem Gesamtbild (!) kein gewalttätiger oder aufrührerischer Verlauf[968] vorliegt.
  - **Ohne Waffen**: (P) bei bloßer Mitführung von Schutzgegenständen besteht Waffenfreiheit.
- **Persönlicher Schutzbereich:** Deutsche (Art. 116 I GG); bei Ausländern ist ein Rückgriff auf Art. 2 I GG als Auffanggrundrecht möglich; anders: VersG erfasst auch Versammlungen von Ausländern.

#### b) Eingriff

Neben der in Art. 8 I GG genannten Anmelde- und Erlaubnispflicht fallen darunter alle staatlichen Maßnahmen, die die Versammlungsfreiheit faktisch beeinträchtigen (gerade faktische Eingriffe sind klausurrelevant, etwa: Videoüberwachung;[969] polizeiliche Anwesenheit bei Versammlungen;[970] polizeiliches Verbot eines Lautsprechereinsatzes;[971] Teilnehmerregistrierung).

966 VG Aachen Beschl. v. 8.5.2012 – 6 L 220/12.
967 *Mannssen* StaatsR II Rn. 485.
968 *Mannssen* StaatsR II Rn. 492 f.
969 Auch ohne Aufzeichnung des gewonnenen Bildmaterials (sog. »Kamera-Monitoring-Prinzip«); VG Münster Urt. v. 21.8.2009 – 1 K 1403/08, NWVBl. 2009, 487.
970 BayVGH BayVBl. 2009, 16.
971 OVG Berlin-Brandenburg NVwZ-RR 2009, 370.

#### c) Verfassungsrechtliche Rechtfertigung

- Für Versammlungen in **geschlossenen Räumen** greift der Gesetzesvorbehalt nach Art. 8 II GG nicht. Daher nur verfassungsimmanente Schranken (Grundrechte Dritter). Allerdings beinhalten §§ 5–13 VersG für öffentliche Versammlungen (§ 1 I VersG) in geschlossenen Räumen einfachgesetzliche Konkretisierungen der verfassungsimmanenten Schranken. Im Übrigen gilt für nichtöffentliche Versammlungen nach hM allg. POR, soweit nicht ausnahmsweise §§ 3, 21, 23 und 28 VersG einschlägig sind.
- Für Versammlungen unter **freiem Himmel** gilt das VersG (vgl. Art. 8 II GG). Seit 2006 besteht die konkurrierende Gesetzgebungskompetenz des Bundes nicht mehr (Art. 74 I Nr. 3 GG nF); aber ggf. gilt das VersG des Bundes über Art. 125a I GG fort.

**Versammlungsrechtliche Klausuren** handeln oft von der Zulässigkeit von Verboten, Auflagen oder Auflösungen. Im Regelfall geht es hierbei um den Schutz von Anwohnern aus Art. 2 II 1 GG, um den Schutz fremden Eigentums aus Art. 14 GG oder aber um das Ehrgefühl bestimmter Personen gem. Art. 2 I iVm Art. 1 GG. Die einfachgesetzlichen Tatbestände sowie die Rechtsfolgen der Eingriffsermächtigungen aus §§ 5, 13, 15 VersG eröffnen zahlreiche Spielräume, die als Einbruchstellen für grundrechtliche Wertungen fungieren. Die zu schützenden Belange stehen vielfach im Konflikt mit der Versammlungsfreiheit aus Art. 8 GG. Deren Schutz und Begrenzung dient das VersG. Deshalb ist es im Lichte dieses Grundrechts auszulegen. Art. 8 GG gewährt das Zusammenkommen mehrerer Personen (nach hM mindestens zwei) zu einem gemeinsamen Zweck, wobei str. ist, worin dieser bestehen muss. Auf diese Frage kann es ankommen. Entscheidend ist aber, dass die Vorschriften über Versammlungen unter freiem Himmel nach den §§ 14 ff. VersG Ausdruck des verfassungsrechtlichen Gesetzesvorbehalts nach Art. 8 II GG sind und Versammlungen in geschlossenen Räumen nur aufgrund kollidierenden Verfassungsrechts reglementiert werden dürfen. Die §§ 5 ff. VersG sind entsprechend restriktiv gefasst und auszulegen. Die grundrechtskonforme Interpretation des § 5 VersG führt beispielsweise dazu, dass das Verbot gegenüber weniger grundrechtsintensiven Maßnahmen unverhältnismäßig (nicht erforderlich) ist, wenn mildere Maßnahmen den gleichen Erfolg versprechen. Das Gebot der verfassungskonformen Interpretation führt bei § 5 VersG schließlich dazu, dass diese Vorschrift auch sog. Minus-Maßnahmen zum Verbot erlaubt.

### 6. Berufsfreiheit (Art. 12 GG)

#### a) Schutzbereichsbetroffenheit

289 
- **Sachlicher Anwendungsbereich:** Art. 12 I GG stellt ein einheitliches Grundrecht der Berufsfreiheit dar.
  - **Beruf** ist jede auf gewisse Dauer angelegte, der Schaffung und Erhaltung einer Lebensgrundlage dienende (Haupt-, Neben- oder Gelegenheits-)Tätigkeit, die nicht schlechthin gemeinschädlich ist. Ggf. ist zusätzlich Art. 33 GG bei unselbstständigen und staatlich gebundenen Berufen im Staatsdienst heranzuziehen.
  - Geschützt wird neben der **Berufsausübung** auch die **Berufswahl**, die **Wahl des Arbeitsplatzes** und die freie **Wahl der Ausbildungsstätte**[972]
- **Persönlicher Anwendungsbereich:** Deutsche (Art. 116 I GG); bei Ausländern ist ein Rückgriff auf Art. 2 I GG als Auffanggrundrecht möglich.

#### b) Eingriff

- (+), wenn die berufliche Tätigkeit bzw. Berufswahl durch imperative Regelungen geregelt oder beeinträchtigt wird (sog. Regelungen mit **subjektiv berufsregelnder Tendenz**); zB gesetzliche Erlaubnis- oder Auskunftspflichten[973].
- (+), bei mittelbaren oder tatsächlichen Auswirkungen, soweit sie **objektiv berufsregelnder Tendenz** sind; andernfalls Art. 2 I GG.[974] Bei staatlicher Wirtschaftskonkurrenz (wirtschaftliche Betätigung von Gemeinden) liegt nach der Rspr. kein Eingriff in Art. 12 I GG vor, allenfalls in Art. 2 I GG (Wettbewerbsfreiheit).

---

972 Nicht freie Ausbildung an sich; *Pieroth/Schlink/Kingreen/Poscher* GR Rn. 819.
973 *Mannssen* StaatsR II Rn. 605.
974 *Mannssen* StaatsR II Rn. 606.

### c) Verfassungsrechtliche Rechtfertigung

Die Verfassungsmäßigkeit der berufsregelnden Norm ist nach der Drei-Stufen-Theorie[975] zu beurteilen (systematisierte Verhältnismäßigkeitsprüfung):[976]

- **Bloße Berufsausübungsregeln** (»Wie« der Ausübung) sind gerechtfertigt, wenn sie zum Schutz eines Gemeinschaftsgutes geeignet, erforderlich und angemessen sind; klausurrelevant sind zB Ladenschlussregelungen;[977] Anmeldepflichten (zB im Wirtschaftsverwaltungsrecht); Werbebeschränkungen, Rauchverbote.
- **Subjektive Zulassungsvoraussetzungen** (»Ob« der Ausübung) sind gerechtfertigt, wenn die Ausübung des Berufs ohne Erfüllung der Voraussetzungen unmöglich, unsachgemäß oder (wichtig:) Gefahren oder Schäden für die Allgemeinheit mit sich brächte. Klausurrelevant sind insoweit insbes.: Erlaubniserfordernisse nach der GewO oder die Befähigungsnachweispflicht im Handwerksrecht.
- **Objektive Zulassungsvoraussetzungen** (»Ob« der Ausübung) sind gerechtfertigt, wenn sie zur Abwehr nachweisbarer oder höchstwahrscheinlicher schwerer Gefahren für ein überragend wichtiges Gemeinschaftsgut geeignet, erforderlich und angemessen sind.

Im **Gewerberecht** geht es regelmäßig um Personalkonzessionen, die an die Zuverlässigkeit des Gewerbetreibenden anknüpfen. Hinzu kommt, dass die meisten gewerberechtlichen Ermächtigungsgrundlagen Ermessen eröffnen. Beides führt zu Grundrechtsprüfungen. Bei der Zuverlässigkeit des Gewerbetreibenden müssen Sie berücksichtigen, dass sich dieser auf die Berufsfreiheit berufen kann. Art. 12 GG schützt die Wahl und Ausübung jeder auf gewisse Dauer angelegten Tätigkeit zur Schaffung und Erhaltung einer Lebensgrundlage, die nicht schlechthin verboten ist. Gewöhnliche Gewerbe erfüllen diese Voraussetzungen. Bei grundrechtskonformer Interpretation gewerberechtlicher Zuverlässigkeit führt dies zu einer restriktiven Bestimmung der Voraussetzungen. Unzuverlässig ist danach nur derjenige, der nicht die Gewähr dafür bietet, künftig das spezifische Gewerbe ordnungsgemäß auszuüben. Es kommt im Rahmen des unbestimmten Rechtsbegriffs also nicht zu einer umfassenden Moralprüfung des Gewerbetreibenden. Art. 12 GG verlangt vielmehr den belastbaren Nachweis, dass die entsprechende Person für den konkreten Betrieb des projektierten Gewerbes unzuverlässig ist. Danach muss ein Gaststättenbetreiber zwar die Gewähr dafür bieten, seine Gäste ordnungsgemäß bewirten zu können (er darf also nicht selbst an Trunksucht leiden oder Betrügereien begangen haben). Auf Tierliebe kommt es aber bei dem Betrieb der Gaststätte nicht an. Vergleichbares gilt für die Ermessensbetätigung. Beschäftigt die zuverlässige Ehefrau ihren unzuverlässigen Ehemann in der Gaststätte, dann darf die Behörde zwar ein Beschäftigungsverbot des Ehemannes nach § 21 GastG aussprechen. Ein Widerruf der Genehmigung wäre jedoch ggf. unverhältnismäßig, da zumindest unangemessen. Bedenken Sie, dass die Klausuren regelmäßig auf eine umfassende Angemessenheitsprüfung hinauslaufen. Dort gehen Sie in drei Schritten vor: Zunächst prüfen Sie das Gewicht der für die ergriffene Maßnahme sprechenden Umstände. Danach stellen Sie die Intensität des Grundrechtseingriffs dar. Und schließlich führen Sie die umfassende Angemessenheitsprüfung im engeren Sinne durch.

## 7. Eigentumsgarantie (Art. 14 GG)

### a) Schutzbereichsbetroffenheit

- Der **sachliche Schutzbereich** erfasst nicht das Vermögen als solches; die Auferlegung von Geldzahlungspflichten ist also grds. nicht von Art. 14 GG geschützt (Ausnahme: konfiskatorische Zahlungspflicht, diese im Examen wohl [–]). Geschützt sind konkrete private und öffentlich-rechtliche vermögenswerte Rechte. Wichtig sind etwa: 290
  - **Privatrechtliche Positionen:**
    - Grundeigentum (examensrelevante Ableitung: Baufreiheit)[978]
    - Besitzrecht, auch des Mieters aus seinem Mietvertrag mit dem Vermieter[979] (klausurrelevant zB bei Wohnungsverweisungen)

975 BVerfGE 7, 377 – Apothekerurteil; *Pieroth/Schlink/Kingreen/Poscher* GR Rn. 916 ff.
976 BVerfGE 13, 97 (104).
977 BVerfGE 13, 237 (240).
978 *Mannssen* StaatsR II Rn. 677.
979 BVerfGE 89, 1 (5 f.).

- Der eingerichtete und ausgeübte Gewerbebetrieb wird vom BGH, BVerwG und hL dem Eigentumsbegriff hinsichtlich der Gegenstände unterworfen, die den wirtschaftlichen Wert des Betriebes ausmachen.[980] Nicht geschützt wird das tatsächliche Umfeld; daher besteht kein Schutz vor Konkurrenz oder der Parkmöglichkeit auf einer öffentlichen Straße.
- **Öffentlich-rechtliche Positionen** sind geschützt, wenn die vermögenswerte Position
  - auf eigener Leistung beruht (klausurrelevant: Leistungsansprüche aus gesetzlicher Rentenversicherung, soweit sie auf eigener Leistung beruhen; daher sind die Hinterbliebenenversorgung der Rentenversicherung[981] oder Leistungen der Sozialhilfe nicht erfasst),
  - der Existenzsicherung des Rechtsinhabers dienen soll und
  - dem Rechtsinhaber als privatnützig zugeordnet ist.
- Der **persönliche Schutzbereich** erfasst natürliche und juristische Personen des Privatrechts oder andere Personenvereinigungen. Juristische Personen des öffentlichen Rechts sind nicht erfasst; dies auch dann nicht, wenn sie privatrechtlich Eigentum erworben haben. Art. 14 GG schützt nicht allgemein das Privateigentum, sondern das »Eigentum Privater«[982].

#### b) Eingriff

Eingriffe in Art. 14 GG sind in Form einer Inhalts- und Schrankenbestimmung (Art. 14 I 1 und 2, II GG) oder als Enteignung (Art. 14 III GG) denkbar. Die Unterscheidung richtet sich nach formalen Kriterien.

- Eine **Inhalts- und Schrankenbestimmung** (Art. 14 I 2, II GG) liegt vor, wenn der Gesetzgeber generell und abstrakt Rechte und Pflichten hinsichtlich solcher Rechtsgüter festlegt, die als Eigentum zu verstehen sind. Beschränkungen der Eigentümerbefugnisse sind damit idR als ISB zu verstehen, wenn diese die Rechte und Pflichten des Eigentümers neu bestimmen. Typische Erscheinungsformen:
  - Beschränkungen durch förmliche Gesetze, zB LBO, BImSchG/LImSchG, PolG (zB Wohnungsverweisung) und
  - Beschränkungen der Baufreiheit durch B-Pläne oder RechtsVO.
- Eine **Enteignung** (Art. 14 III GG) ist gegeben, wenn der Gesetzgeber (Legislativenteignung) oder die Verwaltung (Administrativenteignung) konkrete Eigentumsrechte entzieht. In Klausuren liegt sie idR nicht vor.

#### c) Verfassungsrechtliche Rechtfertigung

- **Inhalts- und Schrankenbestimmungen** dürfen insbes. das Übermaßverbot nicht verletzen. Beschränkende Maßnahmen müssen verhältnismäßig sein (Art. 14 III GG), also einen zulässigen Zweck verfolgen, geeignet, erforderlich und angemessen sein. Zudem darf die in Art. 14 I GG verbriefte Institutsgarantie nicht leer laufen. Im Examen werden Sie hiervon idR ausgehen können. Nur zur Vollständigkeit: Wenn die Verhältnismäßigkeit anders nicht zu erreichen ist, ist ggf. ein finanzieller Ausgleich zu leisten (sog. **ausgleichspflichtige Inhaltsbestimmung**).
- Auf die Darstellung der Rechtfertigungsvoraussetzungen für **Enteignungen** wird aufgrund der geringen Klausurrelevanz verzichtet.

**Baurechtliche Klausuren** handeln regelmäßig von der Zulässigkeit bauordnungsrechtlicher Verfügungen, sei es im Hauptsacheverfahren, als vorläufige Rechtsschutzklausur oder im Widerspruchsverfahren. Häufig geht es um die Rechtmäßigkeit einer **Baueinstellung, Nutzungsuntersagung oder Abrissverfügung**. In deren Rahmen ist regelmäßig ein Verstoß gegen öffentlich-rechtliche Vorschriften zu prüfen. Im Übrigen steht der Erlass bauordnungsrechtlicher Verfügungen stets im Ermessen der Baubehörden. Daher wird regelmäßig eine Verhältnismäßigkeitsprüfung verlangt, bei der die konkurrierenden Positionen in Abwägung zueinander gebracht werden. Auf der einen Seite geht es um die Durchsetzung der Belange, die hinter den verletzten Normen stehen. Wird also die Stellplatzpflicht missachtet, stehen die Leichtigkeit und Flüssigkeit des Straßenverkehrs und die

980 *Pieroth/Schlink/Kingreen/Poscher* GR Rn. 983 f.
981 BVerfGE 97, 271 (284).
982 BVerfGE 61, 82 (109).

damit verbundenen Interessen an Fortbewegung (Art. 2 II 2 GG) sowie Gesundheit (Art. 2 II 1 GG) in Rede. Auf der anderen Seite steht die Eigentumsgarantie des Bauherrn aus Art. 14 GG. Art. 14 GG schützt den Bestand und die Nutzung aller privaten vermögenswerten Rechte und Güter. Die Baufreiheit ist Ausdruck der Nutzungsfreiheit privaten Eigentums. Damit ist sie von Art. 14 GG erfasst. Deshalb läuft die Klausur auf eine Abwägung der widerstreitenden Interessen hinaus. Dies berührt vor allem die Erforderlichkeit und die Angemessenheitsprüfung. Sollte etwa der Verstoß gegen öffentlich-rechtliche Vorschriften als Voraussetzung für eine Abrissverfügung allein darin bestehen, dass das prinzipiell genehmigungsfähige Vorhaben nicht genehmigt wurde (Fall der sog. formellen Illegalität), wäre die behördliche Aufforderung an den Bauherrn, die Genehmigung zu beantragen, vor dem Hintergrund der verfassungsrechtlich verbrieften Eigentumsgarantie (Art. 14 GG) milder und ebenso effizient wie die damit nicht erforderliche Abrissverfügung.
Beliebt sind ferner Konstellationen, in denen einem Grundstückseigentümer oder Gewerbetreibendem **allgemein-polizeirechtliche oder umweltrechtliche Verpflichtungen** auferlegt werden.

> **Beispiele:** Dem Eigentümer eines Hanggrundstücks wird aufgegeben, einen brüchigen Felsen zu sichern oder der Inhaber eines altlastkontaminierten Grundstücks wird zur Sanierung verpflichtet.

In diesen Konstellationen müssen Sie die Interessen an den polizeirechtlichen bzw. umweltrechtlichen Maßnahmen, regelmäßig aus Art. 2 II 1 GG, den Interessen der Antragsteller/Kläger bzw. Mandanten gegenüberstellen. Diesen geht es zumeist um den Schutz ihres Eigentums aus Art. 14 GG oder den Schutz ihrer Berufsfreiheit aus Art. 12 GG. An der Geeignetheit sowie Erforderlichkeit der polizeilichen oder umweltrechtlichen Verfügungen ist regelmäßig nicht zu zweifeln, da weniger intensive Maßnahmen als die Inanspruchnahme des Eigentümers ausscheiden. Fraglich ist aber regelmäßig die Angemessenheit der Verfügungen. Bei der Inanspruchnahme eines Grundstückseigentümers geht die Rspr. etwa davon aus, dass Sicherungsmaßnahmen oder Sanierungsbescheide dann unangemessen sind, wenn die damit verbundenen Kosten für den Adressaten den Wert des Grundstücks nach der Sicherung bzw. Sanierung übersteigen. In diesem Fall liegt ein gestörtes Verhältnis zwischen Privatnützigkeit des Eigentums aus Art. 14 I GG und Sozialpflichtigkeit des Eigentums aus Art. 14 GG vor. Zwar berechtigt die Sozialpflichtigkeit grds. zu eigentumsbeschränkenden Maßnahmen; sie ist aber zugleich auch deren Schranke. Maßnahmen jenseits der Sozialpflichtigkeit sind daher unzulässig. Deshalb wäre es im Beispielsfall zwar zulässig, den Grundstückseigentümer zur Vornahme bestimmter Handlungen zu verpflichten. Dies darf dann aber nicht auf eigene Kosten geschehen, sondern muss von der Allgemeinheit getragen werden (Gemeinlastprinzip). Vor diesem Hintergrund erklären sich schließlich auch die einfachgesetzlichen Beschränkungen der Sanierungspflicht im Bundesbodenschutzgesetz (§ 4 V und VI) oder umgekehrt die nachwirkende Sozialpflicht für aufgegebenes Privateigentum im Rahmen der Dereliktion.

## II. Allgemeiner Gleichheitssatz (Art. 3 I GG)

Bei der Prüfung des sehr klausurrelevanten Art. 3 I GG sollten Sie nicht ausdrücklich von Schutzbereichsbetroffenheit sprechen. Die an den Gesetzgeber gerichtete Rechtssetzungsgleichheit (»Gleichheit des Gesetzes«) ist weniger examensrelevant. Wichtig ist hingegen die an die Verwaltung und Rechtsprechung adressierte Rechtsanwendungsgleichheit (»Gleichheit vor dem Gesetz«), die es verbietet, dass wesentlich gleiche Sachverhalte ungleich behandelt werden bzw. wesentlich ungleiche Sachverhalte gleich behandelt werden. 291

**Übersicht: Prüfungsschema Art. 3 I GG**

I. Feststellung der verfassungsrechtlich relevanten Ungleich- bzw. Gleichbehandlung (wird wesentlich Gleiches ungleich oder wesentlich Ungleiches gleich behandelt)?
II. Rechtfertigung der Ungleichbehandlung
   1. Differenzierungsziel
   2. Differenzierungskriterium
      (P) Differenzierungsverbote (Art. 3 II und III GG)
      (P) Art. 6 I GG
   3. Verhältnis zwischen Differenzierungsziel und Differenzierungskriterium
      (P) Alte/Neue Formel

Die Prüfung des Art. 3 I GG ist zweistufig aufgebaut. Zunächst müssen Sie die Sachverhalte (**Vergleichsgruppen**), die sie gegenüberstellen wollen, beschreiben. In der Regel knüpfen Sie an die Tatbestandsmerkmale der zu prüfenden Rechtsnorm an und entwickeln daraus eine Gruppe, die begünstigt wird (weil das Gesetz sie erfasst) und eine weitere (etwa durch Weglassen eines Tatbestandsmerkmals, das nach der zu prüfenden Norm Voraussetzung für die Begünstigung ist).

**Beispiel:** Eine Norm gewährt Personen unter 25 Jahren eine Ausbildungssubvention, die noch keinen Berufsausbildungsabschluss erreicht haben. Begünstigte Gruppe sind also Personen unter 25 Jahren ohne Berufausbildungsabschluss. Die (benachteiligte) Gruppe erhalten Sie, wenn sie eines für die Begünstigung erforderliche Tatbestandsmerkmal weglassen bzw. in sein Gegenteil verkehren (zB aus »ohne Berufsausbildungsabschluss« wird also »mit Berufsausbildungsabschluss«). Gegenüberzustellen sind also Personen unter 25 Jahren ohne Berufsausbildungsabschluss und Personen unter 25 Jahren mit Berufsausbildungsabschluss. Wesentlich gleich sind beide Gruppen dadurch, dass sie Personen unter 25 Jahren erfassen. Differenzierungsmerkmal ist der Berufsausbildungsabschluss.

Anschließend müssen Sie die Rechtfertigung der Ungleichbehandlung untersuchen. Zunächst überlegen Sie, welches **Differenzierungsziel** der Gesetzgeber verfolgt. Hierzu bekommen Sie regelmäßig im Aktenauszug Informationen mitgeteilt. Anschließend prüfen Sie, welches **Differenzierungskriterium** benannt wurde. Nicht zulässig sind die in Art. 3 II, III GG enthaltenen Gesichtspunkte. Die Förderung von Ehe und Familie kann mit Blick auf die Institutsgarantie des Art. 6 I GG grundsätzlich ein zulässiger Differenzierungsgrund sein.[983] Schließlich stellen Sie Differenzierungsziel und Differenzierungskriterium gegenüber und überlegen, ob das gewählte Differenzierungskriterium mit Blick auf das gewählte Differenzierungsziel verfassungsrechtlich Bestand haben kann. Dabei hängt der anzulegende Maßstab davon ab, ob der Gesetzgeber zwischen Personengruppen differenziert. Grundsätzlich darf sich das gewählte Differenzierungskriterium nicht als »willkürlich« zur Erreichung des Differenzierungsziels darstellen (»**alte Formel**«). Geht es um die Differenzierung zwischen Personengruppen,[984] darf das gewählte Differenzierungskriterium – bezogen auf das Gewicht des Differenzierungsziels – nicht unverhältnismäßig sein (»**neue Formel**«). Sie müssen also feststellen, welches Gewicht das Differenzierungsziel hat, welches Gewicht die Benachteiligung für die nicht begünstigte Personengruppe hat und sodann überlegen, ob das gewählte Differenzierungskriterium bezogen auf das Differenzierungsziel geeignet (iSv zweckförderlich), erforderlich (iSv kein gleich geeignetes, geringer belastendes Differenzierungskriterium besteht) und angemessen (iSv die Belastung durch die Differenzierung ist nicht völlig außer Verhältnis zum Gewicht des Differenzierungsziels) ist.

Viel Erfolg im Examen.

983 Das gilt aber nicht für das Verhältnis von Ehe und eingetragener Lebenspartnerschaft, vgl. BVerfGE 124, 199 (226).

984 BVerfGE 55, 72.

# Stichwortverzeichnis

Die aufgeführten Zahlen bezeichnen Randnummern.